■ 杨 芳 著

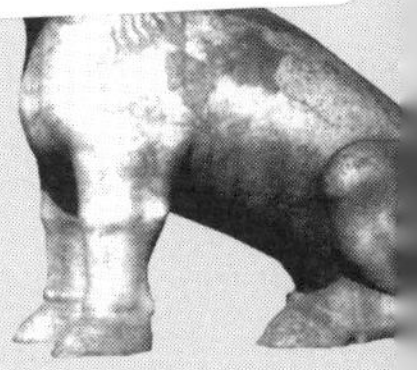

法学理念 · 实践 · 创新丛书

人类辅助生殖法律制度比较研究

中国人民大学出版社
· 北京 ·

前　言

人类辅助生殖已经成为自然生殖的重要补充形式，但是，人类辅助生殖技术的应用福祸相依。其飞速发展所带来的法律问题日益挑战传统秩序，其临床应用所引发的法律争议亟须法律治理。

在国外，人类辅助生殖技术引发的问题已经引起法学界的高度关注，自 1978 年第一例“试管婴儿”诞生以来，一批高水平的学术专著和专题论文问世，推动了立法进步和司法应对。

在我国，伴随着生殖医学的发展，人类辅助生殖技术的进步在生殖健康与人口增长中发挥着越来越重要的支撑作用。尽管我国人口出生率持续下降，但是经由人类辅助生殖技术所生子女（以下统称“人类辅助生殖子女”）的数量大幅增长。根据 2021 年 5 月发布的第七次全国人口普查数据，2020 年我国全年出生人口为 1 200 万，出生人口连续三年滑落，出生率为 1952 年该数据存在以来最低，总和生育率为 1.3。但是，出生人口中“二孩”生育率明显提升，占比从 2013 年的 30％左右上升到 2017 年的 50％左右，全国累计多出生 1 000 多万二孩。① 这说明“单独两孩”“全面

① 国新办举行第七次全国人口普查主要数据结果发布会［EB/OL］.（2021－05－11）［2021－05－12］. http：//www. scio. gov. cn/xwfbh/xwbfbh/wqfbh/44687/45470/index. htm.

两孩”政策取得了明显成效，促进了出生人口出现回升；也从某种程度上说明人类辅助生殖技术的广泛应用在客观上促进了人类辅助生殖子女的数量增加。为了进一步优化生育政策，积极应对少子老龄化带来的挑战，2021 年 5 月 31 日中央政治局作出“实施一对夫妻可以生育三个子女政策及配套支持措施”的重大决策部署。这是我国继“单独两孩”“全面两孩”政策实施后党中央作出的又一项重大生育政策改革。随着“三孩政策”的落地，可以预见将有越来越多的不孕不育夫妇采用人类辅助生殖技术生育子女，包括追生第二胎或第三胎。根据国家卫生健康委员会统计数据，经批准开展人类辅助生殖技术和设置人类精子库的医疗机构名单逐年增加，截至 2020 年 12 月 31 日已经分别增加到 536 家和 27 家。① 为了充分发挥立法的引领和推动作用，确保重大生育决策部署和政策措施于法有据、依法实施，2021 年 6 月 26 日，中共中央、国务院发布《关于优化生育政策促进人口长期均衡发展的决定》，把“以法治为保障”作为优化生育政策的主要原则之一，依法护航“三孩政策”顺利实施，依法保护生育利益和健康福祉。基于此，2021 年 8 月 20 日，第十三届全国人民代表大会常务委员会第三十次会议决定对《人口与计划生育法》作出修正。这是自 2015 年 12 月《人口与计划生育法》修改、实施“全面两孩”政策以来的又一次重大修改。修改后的《人口与计划生育法》内容丰富，包括国家提倡适龄婚育、优生优育，一对夫妻可以生育三个子女，减轻家庭生育、养育、教育负担等。妇女儿童的发展关乎我国亿万家庭的幸福与社会安定，2021 年 9 月 27 日国务院印发《中国妇女发展纲要（2021－2030 年）》和《中国儿童发展纲要（2021－2030 年）》，坚持男女平等、儿童优先的原则，规划部署了未来十年妇女儿童发展的目标任务，特别是围绕妇女与健康、妇女与法律等 8 个领域提出 75 项主要目标和 93 项策略措施，包括对规范不孕不育症诊疗服务以及规范人类辅助生殖技术应用进行科学规划、统筹安排。然而，《人口与计划生育法》和 2020 年出台的民法典等相关法律都未对人类辅助生殖进行明确规定。由于缺乏高位阶的立法跟进，庞大

① 更新《经批准开展人类辅助生殖技术和设置人类精子库的医疗机构名单》[EB/OL].（2021 - 05 - 27） [2021 - 05 - 30]. http://www.nhc.gov.cn/cms-search/xxgk/getManuscriptXxgk.htm? id=0cf528f318f84eafaf19b6e18ac2c44f.

的人类辅助生殖子女群体及其利益相关者的正当权益至今尚未得到有效的保障和保护，亟须加强理论研究，尽快将我国统筹解决人口与健康问题方面的创新理念、改革成果、实践经验转化为法律制度，以法治思维优化生育政策，以法治方式释放生育潜能，以法治手段保障人类辅助生殖技术稳健发展与人类辅助生殖子女健康福祉。

进入 21 世纪以来，我国法学界研究人类辅助生殖的热情高涨，集中探讨了人类辅助生殖的伦理基础、非法代孕的法律治理、人类辅助生殖子女的法律地位、死后生殖的法律纠纷等议题，提出若干建设性理论和立法建议。但是，由于研究起步比国外晚，这些研究的广度和深度都有待突破。研究的滞后制约了法律治理体系的及时升级，无法满足政府管制与权利保护之需。比较和借鉴世界上其他国家和地区人类辅助生殖法律制度的经验，是解决这些问题的重要路径，也是本书的写作目标所在。

本书的研究思路是以人类辅助生殖产生的消极影响和现实难题为背景，分析人类辅助生殖对传统法律秩序的挑战，提出问题；紧接着选择英国、以色列、美国、瑞典、德国、意大利、西班牙、韩国等代表性国家与地区的相关法律制度进行回顾、比较和评价，汲取可资我国借鉴的外来法治文化资源；再根据我国法律文化、道德传统和现实国情，提出既促进技术进步又保障权利的法律制度框架。

本书的创新之处主要体现在以下三个方面：第一，研究方法。一方面，运用文献研究法，梳理所要比较的不同国家和地区的有关立法、判例、学说资料和调查数据，特别是一些国家相关主管部门或行业自律机构的注册登记数据以及国际学术团体的统计数据，重点分析英国人类受精与胚胎学管理局、加拿大人类辅助生殖管理局、美国疾病预防与控制中心、美国食品药品监督管理局、美国生殖医学会、美国辅助生殖技术学会、瑞典国家医学伦理委员会、意大利精卵研究与保存中心、欧洲人类生殖暨胚胎学会、国际生殖技术监测委员会、国际妇产科联盟、国际生殖学会联盟等机构发布的权威数据。另一方面，将比较研究法贯穿始终，对中外法律制度进行横向与纵向比较研究，探索规律性，尊重差异性，并选择可能直接或者悄然推动法律制度变革的典型国家的立法和司法个案进行系统分析，研究“行动中的法”与“书面上的法”的紧张关系和统一路径，以推动我国法律制度的创新。

第二，研究视角。人类辅助生殖法律规制既涉及公法领域，也涉及私法领域，本书立足现实，展望未来，运用相关法学理论，探索科学有效的监管模式，勾勒人类辅助生殖法律制度的基本框架，以防范技术滥用，平衡利益冲突，维护家国和谐；并在总结世界上代表性国家或地区人类辅助生殖立法的共同理念的基础上提出我国未来人类辅助生殖立法的基本指导思想，构建符合子女最佳利益原则的亲子关系制度，在充分尊重私法自治的原则下，努力实现公法与私法的互动，运用公权力合理干预人类辅助生殖技术的临床应用。

第三，研究内容。本书对人类辅助生殖引发的法律议题进行了全面梳理，并对世界上代表性国家或地区人类辅助生殖法律制度进行了宏观与微观研究、横向与纵向比较。内容与范围较为系统、全面、集中，不仅有对立法理念和理论基础的分析，而且有对立法框架和具体制度的研究，具体分析人类辅助生殖核心制度的各个面向，如技术准入制度、受术对象制度、司法审查制度、第三人参与制度、配子与胚胎的监管制度以及人类辅助生殖子女亲子关系的认定制度等。

全书分为四个既相互独立又相互联系的部分，按照“总—分—总”的逻辑顺序层层推进。

第一部分（第一章至第三章）进行基础研究。第一章对人类辅助生殖技术临床应用产生的消极影响和现实难题进行了归纳，定位了相关立法的价值取向和目标。第二章科学分析了人类辅助生殖引发的主要立法议题，阐明了立法的重点领域、基本方向和基本原则。第三章全面回顾了全球人类辅助生殖立法的历史演进，在此基础上考察世界上代表性国家或地区立法模式及其特点。

第二部分（第四章至第六章）深化国别和区域研究，选取最有代表性的国家（较为开放的以色列和较为保守的意大利）和地区（北欧五国）的人类辅助生殖立法进行深度研究，通过宏观与微观研究、横向与纵向比较，总结归纳其本土价值、普适规律及借鉴价值。

第三部分（第七章至第九章）开展核心制度研究，对世界各地人类辅助生殖法的核心制度进行了具体分析。这些制度包括监管体制与管理制度（含司法审查制度）、技术准入制度、受术对象（生殖权主体）制度、第三方参与制度、配子与胚胎监管制度以及人类辅助生殖子女亲子关系的认定标准等内容。

第四部分（第十章和结论）系统研究了我国人类辅助生殖立法进展、制度框架与特色内容，在此基础上展望我国未来人类辅助生殖立法的基本原则、核心制度和具体立法建议，旨在促进我国未来人类辅助生殖立法的进步。

本书的研究难点是如何批判地吸收国外法律制度的合理内核，构造既注重立法与司法的对接，又促进公法与私法良性互动、法律与道德和谐共生的人类辅助生殖法律制度体系。尽管笔者在研究深度和广度上狠下了功夫，力求把学术研究中的热点和难点变成本书的亮点，但是，人类辅助生殖立法毕竟是一个非常宏大的综合性问题，所涉问题具有科技性、前沿性和跨学科性，而且相对于发展迅猛的人类辅助生殖技术而言，相关学术理论与实践探索的跟进速度还相对滞后，客观上影响了笔者对所涉问题的精准把握，再加上笔者才疏学浅，致使本书部分研究内容不够深入，所提出的理论和观点也未必完全正确，留下诸多缺憾，有待于进一步研究。另外，由于篇幅所限，笔者对非法辅助生殖和第三方生殖的法律规制、胚胎学研究的规制模式和人类配子商品化的法律应对、国际“生殖旅游”的治理等问题的部分研究成果，已收入他书，本书不再赘述。

安徽医科大学　杨芳

2021 年 9 月 28 日

目　　录

第一章　人类辅助生殖立法背景和价值定位 …………………… 1

一、规范人类辅助生殖技术的创新发展 …………………… 1

二、保障人类辅助生殖助推生育率提升 …………………… 10

三、防范人类辅助生殖技术的潜在风险 …………………… 19

第二章　人类辅助生殖立法议题和基本原则 …………………… 31

一、人类辅助生殖立法重点议题 …………………… 31

二、人类辅助生殖立法基本原则 …………………… 49

第三章　人类辅助生殖立法全球演进和模式选择 …………………… 61

一、人类辅助生殖立法历史演进 …………………… 62

二、人类辅助生殖立法模式选择 …………………… 83

第四章　以色列人类辅助生殖法律制度研究 …………………… 122

一、鼓励生育政策对人类辅助生殖及其立法的影响 …………………… 122

二、人工授精和“试管婴儿”技术立法概况 …………………… 132

三、《代孕协议法》研究 …………………… 139

四、《卵子捐赠法》研究 …………………… 150

第五章　意大利人类辅助生殖法律制度研究 …………………… 163

一、《医学辅助生殖法》的艰难出台 …………………… 163

二、《医学辅助生殖法》的主要制度 …………………… 167

三、《医学辅助生殖法》的公众批评 …………………… 175

四、《医学辅助生殖法》的司法审查 …… 183
五、《医学辅助生殖法》的社会影响 …… 188
第六章 北欧各国人类辅助生殖法律制度研究 …… 196
一、北欧各国辅助生殖立法概况 …… 196
二、瑞典：最早赋予辅助生殖子女基因知情权 …… 201
三、挪威：颁布全球首部综合性的辅助生殖法 …… 214
四、丹麦：从伦理规约走向法律治理 …… 224
五、冰岛：立法迟滞却勇于因时制宜 …… 234
六、芬兰：立法探索筚路蓝缕二十载 …… 242
七、北欧国家人类辅助生殖法律制度述评 …… 253
第七章 人类辅助生殖技术监管制度比较研究 …… 258
一、人类辅助生殖技术监管体制与运行机制比较 …… 259
二、人类辅助生殖技术准入与应用监管制度比较 …… 268
第八章 辅助生殖权的法律界定比较研究 …… 283
一、辅助生殖与生殖权利的扩张 …… 284
二、辅助生殖权法律属性的厘定 …… 294
三、辅助生殖权主体的法律界定 …… 305
四、第三方参与生殖的法律限制 …… 310
第九章 第三方生殖子女亲子关系法律认定比较研究 …… 319
一、辅助生殖对传统“分娩说”的挑战 …… 320
二、辅助生殖技术时代“父母”定义的多元化 …… 325
三、各国辅助生殖子女亲子关系立法概况 …… 332
第十章 我国人类辅助生殖法律制度研究 …… 351
一、大陆（内地）人类辅助生殖管理制度研究 …… 352
二、香港和台湾地区人类辅助生殖立法进展 …… 377
三、我国四法域人类辅助生殖立法比较 …… 419

结　论 …… 434

一、人类辅助生殖带来的伦理和法律议题 …………… 434
二、人类辅助生殖法律规制重点 ………………………… 435
三、我国未来人类辅助生殖立法模式的选择 ………… 436
四、我国未来人类辅助生殖立法框架和具体法律制度 ………………………………………………… 438

参考书目 ………………………………………………………… 441
后 记 …………………………………………………………… 464

第一章　人类辅助生殖立法背景和价值定位

一、规范人类辅助生殖技术的创新发展

不孕不育是一个全球性的生殖健康问题。世界卫生组织（WHO）调查数据显示，近年全球不孕不育趋势上升明显。不育症与年龄存在一定的关联，20～24 岁的妇女原发性不育比 25～29 岁的高 2.0%，比 30～34 岁的妇女高 1.6%；而继发性不育随年龄显著增长，从 20～24 岁的 2.6%增长到 40～44 岁的 27.1%。[①] 在我国，随着环境污染、社会压力的增大以及生殖道感染和癌症治疗需求的增多，近年来我国人口生育力逐渐下降，男性无精症、少精症、弱精症患者明显增加，而妇女则表现为月经不调和排卵障碍患者明显增多。国家统计局数据显示，我国育龄夫妇不育症的发生率已由之前的 3%～5%上升到 12%～18%。我国结婚登记的女性年龄

① MASCARENHAS MN，FLAXMAN SR，BOERMA T，et al. National，regional，and global trends in infertility prevalence since 1990：a systematic analysis of 277 health surveys [J]. PLoS medicine，2012，9 (12)：1－12.

占比中，35 岁及以上非最佳育龄妇女的占比正逐年增加。晚婚晚育与不孕不育增加的趋势也高度重合。① 即便是全面实施二孩政策的这几年，生育率下降之势也未得到扭转。国家统计局 2021 年 5 月 11 日发布的数据显示，2020 年我国新出生人口有较为明显的下降，比实施全面两孩政策时的 2016 年下降 33%，无论是出生率，还是新出生人口，都是历年来最低的一年。② 生育率下降的一个重要原因是越来越多的中国夫妻面临不孕不育的困扰。③

不孕不育受经济发展、社会心理、文化程度、地理环境以及医疗条件等诸多因素影响，病因非常复杂。根据曾否怀孕可分为原发性不育（primary infertility）与继发性不育（secondary infertility），原发性不育是婚后从未生育，自然流产或死产等从未活产的也视为原发性不育；继发性不育为曾经生育过一胎，但此后未能再产下活婴。④ WHO 使用最广泛的不育症分类方法是男性不育和女性不育。据估计，全球 8%～12%的育龄夫妇曾遭遇过不育困扰，其中男性不育因素占 20%～30%，女性不育因素占 20%～35%，男女不育因素占 25%～40%，原因不明的不育因素占 10%～20%。⑤ 女性不育以排卵障碍、输卵管疾病、子宫内膜容受性异常为主，男性不育主要是生精异常及排精障碍等。此外，诸如吸烟、体重、压力和年龄等生活方式因素也与不育高度相关。⑥ 性传播疾病是导致不育的主要原因，2018 年 WHO 统计数据显示，全球每天超过 100 万人发生性传播感染，每年超过 3.76 亿人新发衣原体、淋病、梅毒和滴虫病等四

---

① 央视新闻客户端．我国育龄夫妇不孕不育率达 12%至 18%［EB/OL］．（2021-09-15）［2021-09-28］．http：//news.cctv.com/2021/09/15/ARTIIDbSJoYzNDSmM7dXFnIi21095.shtml.

② 梁建章．梁建章谈生育新政 基本等于全面放开生育［N］．经济观察报，2021-07-26（032）．

③ 甘贝贝．2017 年二孩出生占比过半［N］．健康报，2018-01-19（001）．

④ MASCARENHAS MN，FLAXMAN SR，BOERMA T，et al. National，regional，and global trends in infertility prevalence since 1990：a systematic analysis of 277 health surveys［J］．PLoS medicine，2012，9（12）：1-12.

⑤ VANDER BORGHT M，WYNS C. Fertility and infertility：definition and epidemiology［J］．Clinical biochemistry，2018（62）：2-10.

⑥ DONDORP W，DE WERT G，PENNINGS G，et al. Lifestyle-related factors and access to medically assisted reproduction［J］．Human reproduction，2010，25（3）：578-583.

种性传播感染[1]，超过5亿人感染单纯疱疹病毒，超过2.9亿妇女感染人乳头瘤病毒。性传播感染是可防可治的，但是每年多达40%的被感染妇女未加治疗而导致输卵管损伤，因此造成30%到40%的妇女不孕。[2] 不健康的生活方式也是不孕不育的重要原因，如肥胖、厌食、压力、咖啡因和滥用尼古丁等都影响男性和妇女不育。近年来，环境因素对生殖的影响受到越来越多的关注。[3]

不孕不育容易产生复杂的个人、家庭和社会问题，不仅对妇女个人及其家庭成员心理健康产生普遍的负面作用[4]，困扰着无数家庭[5]，而且加重社会的疾病负担，耗费大量医疗资源。相应地，不孕不育问题的解决方案需要明智的个体选择（如收养）、组织化的社会支持、高效能的政府应对以及科学化的医学治疗等。就医学治疗而言，不孕不育的病因不同，治疗方法也多种多样，大致有传统治疗方法和人类辅助生殖。传统治疗方法包括器质性疾病的治疗、诱发排卵、促进或补充黄体分泌功能、改善宫颈黏液、输卵管内药物注射、输卵管造口术或吻合术等，这些治疗方法总的说来都是为了消除病因，对症施治，尽量恢复病人的生育力。

人类辅助生殖也称为医学辅助生殖（medically assisted reproduction，MAR；medically assisted procreation，MAP），是使用人类辅助生殖技术

---

① World Health Organization. Report on global sexually transmitted infection surveillance, 2018 [R/OL]. Geneva：World Health Organization，2018：1.

② World Health Organization. Sexually transmitted infections（STIs）（Fact sheet N°110）[R/OL].（2019-06-14）[2019-08-02]. http://www.who.int/mediacentre/factsheets/fs110/en/.

③ KLONOFF-COHEN H. Female and male lifestyle habits and IVF：what is known and unknown [J]. Human reproduction update，2005，11（2）：180-204.

④ VOLGSTEN H，SVANBERG AS，OLSSON P. Unresolved grief in women and men in Sweden three years after undergoing unsuccessful in vitro fertilization treatment [J]. Acta obstetricia et gynecologica Scandinavica，2010，89（10）：1290-1297.

⑤ COWARD RM，STETTER C，KUNSELMAN A，et al. Fertility related quality of life, gonadal function and erectile dysfunction in male partners of couples with unexplained infertility [J]. The journal of urology，2019，202（2）：379-384.

(assisted/artificial reproductive technology，ART）开展的替代性医疗方法。[①] 人类辅助生殖技术作为一种医学助孕技术，主要包括人工授精技术（artificial insemination，AI）和体外受精—胚胎移植技术（in vitro fertilization and embryo transfer，IVF-ET）及其衍生技术。

1. 人工授精技术

人类辅助生殖技术源远流长的是人工授精技术。人工授精是指用人工方式将精液注入妇女体内以取代性交途径使其妊娠的一种方法。该技术方法按照精子来源不同可分为夫精人工授精（artificial insemination by husband semen，AIH）或同质人工授精、供精人工授精（artificial insemination by donor semen，AID）或异质人工授精以及混精人工授精（artificial insemination by mixed semen，AIM）三种。尽管人工授精的安全性得到公认，但也有专家担心低温冷冻以及复融可能损伤精子的遗传物质或导致流产，保护剂也会有导致染色体畸变可能。[②] 供精人工授精的安全性和伦理问题尤其备受质疑。[③] 供精人工授精是生殖医学中最古老的技术之一，已经在不孕不育夫妇中使用几个世纪了。[④] 早在 20 世纪 60 年代早期，瑞典就已经正式实施供精人工授精。[⑤] 只是在精子显微注射实施体外受精—胚胎移植技术成为常规技术之前，供精人工授精仅用于少数男性不育症的治疗。即便到现在，子女的父母基于经济原因或得不到精子而不愿意接受卵细胞浆内单精子显微注射（intracytoplasmic sperm injection，ICSI），

---

① 国内外理论界和实务界对人类辅助生殖技术的称呼并不统一，有人类辅助生殖技术、生殖科技程序、人工生殖技术、人工受孕技术、辅助受孕技术、生殖治疗技术等称呼，相应地，人类辅助生殖也有（人类）辅助生殖、人工受孕、人工生殖等提法，本书一律采用我国卫生主管部门官方文件的提法。另外，如无特殊说明，本书对经由人类辅助生殖所生子女本书统称“辅助生殖子女”，经由捐赠精子或卵子所生子女（donor-conceived child）统称“捐赠所生子女”，经由第三人提供子宫代孕所生子女（surrogate-born children）统称“代孕所生子女”。而在论述各国或地区相关法律制度时则使用其法律文献中的原有术语。

② 陈子江，刘嘉茵．不孕不育专家推荐诊疗方案［M］. 北京：人民军医出版社，2013：328.

③ 罗丽兰．不孕与不育．2 版［M］. 北京：人民卫生出版社，2007：505－519.

④ HUMMELWP，TALBERT LM. Current management of a donor insemination programme［J］. Fertility and sterility，1989，51（6）：919－930.

⑤ LALOS O，INNALA E，LALOSA. et al. Sperm donors in Umea after 1985：increased number of sperm donors and higher pregnancy rate［J］. Lakartidningen，1998，95（49）：5636－5638.

供精人工授精仍然是治疗男性不育的唯一选择。①

2. 体外受精—胚胎移植技术

人来辅助生殖最具里程碑的一件大事是体外受精—胚胎移植技术的问世。体外受精—胚胎移植技术俗称“试管婴儿”技术（第一代“试管婴儿”技术），是从妇女体内取出卵子，在器皿内培养后，加入经技术处理的精子，待卵子受精后继续培养，到形成早期胚胎时再转移到子宫内着床，发育成胎儿直至分娩。体外受精—胚胎移植技术主要适应证包括输卵管因素、子宫内膜异位症引起的不育症、男性因素的不育症以及不明原因性不育症。目前，体外受精—胚胎移植技术已经成为治疗不育的常规方法在全球范围内广泛应用。另外，以体外受精—胚胎移植技术为基础发展起来的其他技术也日新月异，诸如卵细胞浆内单精子显微注射为男性不育提供了新的治疗手段，体外受精—胚胎移植技术与分子生物学和现代遗传学相结合促成的植入前遗传学诊断（preimplantation genetic diagnosis，PGD）和植入前遗传学筛查（preimplantation genetic screening，PGS）为避免亲代遗传疾病传递给子代提供了可能。此外，配子冷冻（gamete freezing）以及胚胎冷冻（embryo freezing，EF）等衍生技术的应用不仅能增加配子来源，而且为有生殖障碍者提供“生殖保险”等。②

但是，实施体外受精—胚胎移植可能发生卵巢过度刺激综合征（ovarian hyperstimulation syndrome，OHSS）、出血（血管损伤、腹腔内出血）、盆腔脏器损伤、感染、过敏反应、多胎引起的葡萄胎和绒癌等并发症以及异位妊娠和宫内外妊娠同时发生现象等。另外，体外受精—胚胎移植对后代的安全性可能产生影响，如发生肿瘤、核型异常、畸形以及改变性别比等。③ 意在使卵巢获得超生理水平反应的促排卵也可能超出可调控的范围。美国癌症协会研究显示，长期使用促排卵药物仍未生育，可能诱

① GOTTLIEB CLAES，LALOS OTHON，LINDBLAD FRANK. Disclosure of donor insemination to the child：the impact of Swedish legislation on couples' attitudes [J]. Human reproduction，2000，15 (9)：2052-2056.

② 林戈，卢光琇．“试管婴儿”技术 30 年——回顾和展望 [J]. 生命科学，2010，22 (12)：1200-1207.

③ 张慧琴．生殖医学理论与实践 [M]．上海：上海世界图书出版公司，2014：294-295.

发妇女患低度恶性倾向的卵巢肿瘤。① 欧洲人类生殖暨胚胎学会（European Society of Human Reproduction and Embryology，ESHRE）的体外受精监测联盟（European IVF Monitoring Consortium，EIM）调查发现，欧洲国家 2009 年共报告卵巢过度刺激综合征比例是 0.8%，2010 年是 0.3%②，2012 年是 0.6%，2013 年是 0.4%。③ 因此临床医师应防止滥用促排卵药物和治疗时间过长，对使用者积极监控和随访。④

3. 卵细胞浆内单精子显微注射技术

近年来，随着助孕技术的发展，为解决精子形态异常、功能缺陷、数量不足和活力不强的问题，生殖医学家做了诸多改进，不断推陈出新，先是采用部分透明带切割术（partial zone dissection，PZD）、透明带下人工授精术（subzonal insemination，SUZI），以后又发展到卵细胞浆内单精子显微注射技术。⑤ 1992 年卵细胞浆内单精子显微注射技术获得首例成功妊娠。⑥ 卵细胞浆内单精子显微注射技术又称第二代“试管婴儿”技术，是通过显微操作技术将单个精子注入卵母细胞浆内使精卵结合受精，并将受精卵体外培养形成早期胚胎植入母体子宫内的一种较为精细的助孕技术。⑦ 在卵细胞浆内单精子显微注射技术问世之前，那些因严重男性因素不育夫妇，由于精子计数低、活力受损以及精子形态学不良，常规体外受精—胚胎移植技术的效果并不理想，至于因睾丸功能损伤或者排精管道梗

---

① 庄广伦，卢光琇，石一复，等．辅助生育技术进展［J］. 中国实用妇科与产科杂志，2001，17（1）：4－31.

② KUPKA MS，FERRARETTI AP，DE MOUZON J，et al. Assisted reproductive technology in Europe，2010：results generated from European registers by ESHRE［J］. Human reproduction，2014，29（10）：2009－2113.

③ CALHAZ-JORGE C，DE GEYTER C，KUPKA MS，et al. Assisted reproductive technology in Europe，2013：results generated from European registers by ESHRE. Human reproduction，2017，32（10）：1957－1973.

④ 同①.

⑤ 况花荣，林卡莉，钟瑞冲．试管婴儿技术［J］. 赣南医学院学报，2003，23（2）：226－229.

⑥ PALERMO G，JORIS H，DEVROEY P，et al. Pregnancies after intracytoplasmic injection of single spermatozoon into an oocyte［J］. Lancet，1992，340（8810）：17－18.

⑦ 丘映，谭秀群．卵胞浆内单精子显微注射-胚胎移植的研究进展［J］. 广西医学，2002，24（3）：347－350.

阻造成的重度少精、弱精、畸精症、无精子症等，常规体外受精—胚胎移植技术更是无能为力。而卵细胞浆内单精子显微注射技术具有对精子形态及浓度要求不高，但是单精受精率和胚胎着床率高等优点，即便在精液质量较差的情况下，只要收集少量新鲜或冻融精子，或取自附睾与睾丸精子，或冻融附睾、睾丸精子，都能获得与常规体外受精—胚胎移植技术得到的受精率和妊娠率相似的结果。因而卵细胞浆内单精子显微注射技术是过去被视为不治之症的男性不育症最有效的治疗方法，也为将年轻妇女高质量卵子的卵胞浆移植入多次失败的高龄妇女提供妊娠机会，可谓体外受精—胚胎移植技术后又一次革命性的突破。①

体外受精—胚胎移植技术自问世以来稳步改善妊娠结局。然而，尽管卵细胞浆内单精子显微注射对男性因素不育症治疗的结果令人鼓舞，但由于技术本身具有损害性，而且绕开了自然选择机制，并可能导致基因异常配子受精，目前尚没有确切证据排除其对胚胎发育及后代的影响，包括外源性 DNA 或污染颗粒注入卵子胞浆内、卵子的孤雌受精、卵子胞浆生理或生化紊乱、胎儿染色体异常、先天畸形或生长发育异常等②，尤其可能导致精子携带的缺陷基因或突变基因或畸变的染色体通过卵细胞浆内单精子显微注射传递给下一代。③

4. 植入前遗传学诊断技术

体外受精—胚胎移植技术为在体外对卵母细胞及早期胚胎进行操作提供了可能和便利。植入前遗传学诊断或筛查也称第三代“试管婴儿”技术，是利用体外受精—胚胎移植平台，对患有遗传疾病风险的卵母细胞或者早期胚胎进行分子遗传学分析，再选择无遗传疾病表型的早期胚胎植入子宫从而获得健康胎儿的一种产前诊断方法④，具体包括聚合酶链反应和

---

① 卢光琇，林戈．“试管婴儿”技术 30 年——回顾和展望 [J]. 生命科学，2010，22 (12)：1200－1207.

② 胡海燕，郭小燕，吕淑兰．单精子卵胞浆内注射后代安全性的评估 [J]. 中国妇幼健康研究，2006，17 (4)：219－221.

③ 庄广伦，卢光琇，石一复，等．辅助生育技术进展 [J]. 中国实用妇科与产科杂志，2001，17 (1)：4－31.

④ 卢光琇，林戈．“试管婴儿”技术 30 年——回顾和展望 [J]. 生命科学，2010，22 (12)：1200－1207.

荧光原位杂交、全基因组扩增、比较基因组杂交以及基因芯片技术等，常用于诊断染色体异常、X-连锁性疾病、单基因遗传疾病、非整倍体筛查、人类肿瘤易感综合征的易感性分析以及非医学需要的性别选择等。① 利用植入前遗传学诊断相关技术对施行体外受精—胚胎移植技术的患者的极体进行染色体异常的检测，现统一称为植入前遗传学筛查，它主要用于无已知遗传风险但存在高度胚胎非整倍体风险的夫妇，以提高体外受精—胚胎移植的着床率和活产率，降低流产率。②

与传统产前诊断不同，植入前遗传学诊断或筛查技术不仅为有效阻断遗传病传播、从源头上实现优生开辟了广阔的前景，而且避免了选择性流产对患者可能造成的身心损害以及伦理道德观念的冲突。但是，植入前遗传学诊断或筛查技术也具有双刃剑效应。例如，卵裂期胚胎分裂过程产生的染色体不稳定性对植入前遗传学诊断准确率的影响需要进一步研究。胚胎活检作为一种创伤性显微操作对胚胎的发育潜能以及是否增加胎儿畸形率也有待于科学阐明，因此，植入前遗传学诊断的安全性和有效性是不容忽视的问题。③ 植入前遗传学筛查较植入前遗传学诊断更具有争议性，如出现胚胎发育过程中嵌合体风险、对胚胎活检的损伤以及异常胚胎处置带来的伦理质疑等。④

此外，辅助生殖技术还衍生出卵巢控制性超促排卵（controlled ovarian hyperstimulation，COH）技术、体外成熟培养（in vitro maturation，IVM）技术，以及卵子的玻璃化冷冻（vitrification cryopreservation）技术、子宫移植（womb transplant）技术等，此处不赘述。

总之，人类辅助生殖技术作为 20 世纪最伟大的医学成就之一，为无

---

① 李娜，范俊梅，刘忠宇，等．胚胎植入前遗传学诊断的新进展［J］. 国际生殖健康，2014，33（2）：136－139.

② LY KD，AGARWAL A，NAGY ZP. Preimplantation genetic screening：does it help or hinder IVF treatment and what is the role of the embryo?［J］. Journal of assisted reproduction and genetic，2011，28（9）：833－849.

③ 沈永生，杨芳，潘荣华．胚胎植入前遗传学诊断技术临床应用中的法律问题研究［J］. 医学与法学，2018，10（6）：26－30.

④ 曹云霞，郝燕，杨芳．植入前遗传学诊断技术产生的社会伦理问题及其监管对策［J］. 中华生殖与避孕杂志，2018，38（8）：657－661.

数希望拥有孩子的不育家庭繁衍子嗣打开了希望之门。进入新世纪，伴随着发育遗传学、细胞工程学等学科分支在生殖医学中作用和地位的日益凸显，人类辅助生殖技术为困扰人类生殖医学领域的众多难题提供了全新的思路和方法。分子生物学的进步将有助于进一步描绘 Y 染色体，睾丸衰竭症（testicular failure）男性将有望得到携带自己基因的孩子。未来有望通过取出未成熟卵体外成熟技术取代常规体外受精—胚胎移植技术。人类卵母细胞的冷冻保存将在胚胎冷冻及其道德争论之外另辟蹊径。延时成像技术的进步将会提高体外受精—胚胎移植技术的成功率，避免侵入性的昂贵的植入前遗传学诊断筛查染色体异常的胚胎。促性腺激素释放激素拮抗剂等新药有望迎来一个更好的卵巢刺激、卵子质量和移植率。从更年轻的捐赠者获取卵子将细胞质植入高龄卵子有望改善合子的发育，并给高龄妇女提供一个生出自己基因孩子的好机会，而且长期的流行病学调查也显示，与自然妊娠相比，体外受精不会导致子代先天畸形与染色体异常发生率增加。①科学家进一步追踪卵细胞浆内单精子显微注射治疗出生子代生长发育情况，发现子代在体格、运动与认知能力等方面与自然妊娠儿童并无差异。②

综上所述，作为 21 世纪生命科学中最受瞩目的前沿领域，人类辅助生殖通过各种医学技术和手段帮助不孕症患者实现为人父母的梦想，使得人类繁衍后代在理论上不再受疾病、年龄甚至生存与否的限制。1999 年，著名生殖医学家罗杰·戈斯登在《设计婴儿：生殖技术的美丽新世界》一书中预测人类辅助生殖技术的种种可能时③，他难以想象他所描绘的设计婴儿时代的美丽图景仅在短短的十年之内就已经成为现实。正如学者所言，医学领域极少像生殖医学这样发展之迅速④，应用

① 陈建明．实用不孕不育诊断与治疗［M］．广州：广东科技出版社，2013：296-297.

② PLACE I，ENGLERT Y. A prospective longitudinal study of the physical，psychomotor，and intellectual development of singleton children up to 5 years who were conceived by intracytoplasmic sperm injection compared with children conceived spontaneously and by in vitro fertilization［J］. Fertility and sterility，2003，80（6）：1388-1397.

③ ROGER GOSDEN. Designing babies：The brave new world of reproductive technology［M］. New York：W. H. Freeman & Co.，1999.

④ DIEDRICH K，STROWITZKI T，KENTENICH H. The state of reproductive medicine in Germany［J］. Geburtshilfe und frauenheilkunde，2012，72（3）：225-234.

之广泛，受益之众多。据统计，自1978年第一例“试管婴儿”诞生到2003年的25年间，全球共诞生100多万名“试管婴儿”；到2005年仅用两年的时间就达到200万；截至2009年，约有340万名婴儿通过人类辅助生殖技术出生①，而据2012年7月在伊斯坦布尔举行的欧洲人类生殖暨胚胎学会第28届年会上国际生殖技术监测委员会发布的权威数据，全球通过体外受精—胚胎移植技术和卵细胞浆内单精子显微注射技术生育的婴儿数量已达500万。如今这一数字已超过800万，而每年仍有50万辅助生殖子女出生。② 这一数据有力地证明了体外受精—胚胎移植技术和卵细胞浆内单精子显微注射技术已成为不育症治疗不可或缺的组成部分。

二、保障人类辅助生殖助推生育率提升

随着全球辅助生殖治疗利用率、有效性和安全性的普遍提高③，人类辅助生殖技术的临床应用为无数不孕不育家庭带来福音，尤其为处于低生育率水平而深陷人口老龄化泥潭的国家缓解人口零增长或负增长问题提供了全新的思路和途径，因此人类辅助生殖技术在一些国家人口政策中扮演了重要角色，一些国家甚至把人类辅助生殖技术作为应对人口老龄化和不孕不育挑战国家战略的一部分。④

由于人类辅助生殖技术为那些非自愿无子女的夫妇提供了生育机会，因此修订现行人口政策来增加人类辅助生殖技术的可得性（available）和

---

① CHAMBERS G，SULLIVAN EA，et al. The economic impact of assisted reproductive technology：a review of selected developed countries [J]. Fertility and sterility，2009，91（6）：2281-2294.

② FAUSER BC. Towards the global coverage of a unified registry of IVF outcomes [J]. Reproductive biomedicine online，2019，38（2）：133-137.

③ ADAMSON GD，DE MOUZON J，CHAMBERS GM，et al. International committee for monitoring assisted reproductive technology：world report on assisted reproductive technology，2011 [J]. Fertility and sterility，2018，110（6）：1067-1080.

④ SUNDE A. Europe's declining population and the contribution of ART [J]. Pharmaceuticals policy and law，2007，9（9）：79-89.

可及性（accessibility）不失为缩小各国生育现实和期望之间差距的有效措施。① 在过去的四十年里，人类辅助生殖技术的进步已大大提高了妊娠率及全球出生率，特别是人口老化严重的欧洲各国不断为公共健康和医疗费支出提供高比例的补贴②，并引入和修订现行人口政策来鼓励更多的自然出生和增加医疗干预措施（如人类辅助生殖技术）的可得性。在经济激励和法律保障之下，欧洲拥有大量满足人类辅助生殖治疗需求的医疗机构（欧洲人口不到世界总人口的15%，却拥有世界人类辅助生殖技术机构的60%）。当然，不同国家人均医疗机构也有差异，例如北欧国家每百万人有2～3个机构，西欧国家每百万人有1～1.5个机构，而苏联每10百万～30百万人才拥有1个机构。③ 目前，人类辅助生殖技术对提高欧洲国家生育率发挥了重要作用④，并成为许多国家人口政策组合的一部分⑤，进而使欧洲成为全球利用人类辅助生殖技术最充分的地区，根据2021年权威统计，每百万人口的辅助生殖治疗周期已达1 391，经济越发达，辅助生殖技术使用率越高。⑥ 根据北欧医学统计委员会（Nordic Medico-Statistical Committee，NOMESCO）2012年的统计，北欧五国育龄妇女2000—2010年体外受精—胚胎移植技术和卵细胞浆内单精子显微注射治疗率均达到5‰，其中，冰岛

① HOORENS S，GALLO F，CAVE JA，et al. Can assisted reproductive technologies help to offset population ageing? An assessment of the demographic and economic impact of ART in Denmark and UK [J]. Human reproduction，2007，22 (9)：2471-2475.

② ZIEBE S，DEVROEY P. Assisted reproductive technologies are an integrated part of national strategies addressing demographic and reproductive challenges [J]. Human reproduction Update，2008，14 (6)：583-592.

③ SCHENKER JG. Assisted reproduction practice in Europe：legal and ethical aspects [J]. Human reproduction update，1997，3 (2)：173-184.

④ HOORENS S，GALLO F，CAVE JA，et al. Can assisted reproductive technologies help to offset population ageing? an assessment of the demographic and economic impact of art in denmark and UK [J]. Human reproduction，2007，22：2471-2475.

⑤ ZIEBE S，DEVROEY P. Assisted reproductive technologies are an integrated part of national strategies addressing demographic and reproductive challenges [J]. Human reproduction update，2008，14 (6)：583-592.

⑥ AMIR L，GEFFEN L. Is there a correlation between total fertility rate，utilization of assisted reproduction technology and national wealth in Europe? [J]. Journal of medical economics，2021，24 (1)：536-539.

11.3‰、丹麦11.1‰、挪威7.6‰、芬兰7.0‰、瑞典6.7‰。[①] 相比之下，同样是发达国家的美国和日本尽管富有，却只满足了体外受精—胚胎移植技术实际需求的15%。这与其可得性差和治疗成本高有关。[②]

总体而言，发达国家人类辅助生殖技术的可得性和可及性水平高于欠发达国家和发展中国家的水平。例如，韩国是全球总生育率最低的国家之一，2018年总生育率为0.98。但是，韩国政府早已采取一系列政策回应这一挑战，当2005年总生育率还是1.08时，韩国就采取各种措施鼓励人口再生产，包括改变控制人类辅助生殖技术的立场转而慷慨资助人类辅助生殖技术。[③] 据2015年统计数据，韩国2012年75家诊所实施近3万个胚胎移植周期，新鲜胚胎和冷冻胚胎周期的临床总妊娠率也都高于往年的比率。[④] 近来，韩国政府为了提高出生率，又出台了补贴辅助生殖技术费用的政策。[⑤] 韩国的方法不失为人口下降国家的经验借鉴。中东国家以色列更是奉行鼓励生育政策的典范。为了实现其人口战略，以色列积极提高妇女的生育地位，包括资助和扶持多子女家庭、限制妇女堕胎、发展生殖健康服务和实施国家医疗保险的全覆盖。最重要的是，政府的政策激励和国家的法律保障不断加速生殖的医疗化。为规范人类辅助生殖治疗服务，以色列先后颁布多部法律为人类辅助生殖事业保驾护航。得益于强劲的法律支持，以色列成为全球生育率最高的国家，以色列人均体外受精诊所和治疗周期位居世界之冠。[⑥] 在各种激进激励制度的刺激下，以色列实现了配

---

① Editorial Committee for Health Statistics in the Nordic Countries. Health statistics in the Nordic countries [R]. Copenhagen: Nordic Medico-Statistical Committee, 2013: 34.

② NACHTIGALL RD. International disparities in access to infertility services [J]. Fertility and sterility, 2006, 85 (4): 871-875.

③ KIM, S. Reproductive technologies as population control: how pronatalist policies harm reproductive health in South Korea [J]. Sexual and reproductive health matters, 2019, 27 (2): 6-12.

④ LEE GH, SONG HJ, CHOI YM, HAN HD. The status of assisted reproductive technology in Korea in 2012 [J]. Clinical and experimental reproductive medicine, 2017, 44 (1): 47-51.

⑤ KIM CJ. The assisted reproductive technology subsidy in korea: criticism from a perspective of reproductive responsibility [J]. Acta bioéthica, 2018, 24 (2): 245-252.

⑥ BIRENBAUM-CARMELI D. Genetic relatedness and family formation in Israel: lay perceptions in the light of state policy [J]. New genetics and society, 2010, 29 (1): 73-85.

子捐赠全球化和代孕生殖商业化，体外受精—胚胎移植技术迅速扩张，经由此技术出生的婴儿持续增加。据统计，目前以色列妇女人均试管婴儿周期为位居第二的丹麦妇女的两倍。以色列试管婴儿技术的使用率是欧洲平均值的5倍，是国际平均值的10倍。以色列2012年体外受精周期从1990年的5 000次上升到40 000次，明显超过了当地人口的增长速度。① 有调查显示，辅助生殖技术进步在以色列发挥了积极的社会效益，产生了明显的社会反响，民众和体外受精患者对辅助生殖技术进步的重视程度较高，支付意愿也较高。换言之，技术进步有助于提升体外受精患者的幸福感。②

但是，人类辅助生殖技术在帮助不孕症患者实现为人父母的梦想的同时，也产生了人类辅助生殖技术的安全性和有效性等诸多问题，诸如：人类辅助生殖技术高成本与低成功率的矛盾如何改观？人类辅助生殖技术对亲代和子代的技术隐忧和潜在风险如何防范？人类辅助生殖技术在不孕不育治疗中的地位如何评价？人类辅助生殖技术是否为解决不孕不育的首选或最佳途径？一些国家的人类辅助生殖数据显示，情况并不乐观。

目前，美国是全球人类辅助生殖技术业务最活跃的国家之一。美国疾病预防与控制中心（Centres for Disease Control and Prevention，CDC）作为监管机构，自1995年开始依法收集美国生育诊所进行人类辅助生殖手术的数据。数据是通过美国国家ART监测系统（National ART Surveillance System）收集的，该系统是美国疾病预防与控制中心开发的一个基于互联网的数据收集系统。③ 作为辅助生殖技术学会会员的人类辅助生殖诊所可以通过该系统报告其数据。非辅助生殖技术学会成员的诊所可以直接将数据输入该系统。这些数据具体翔实，动态直观地反映了美国人类辅助生殖技术成功率情况。以2016年报告为例：尽管人类辅助生殖技术

---

① BIRENBAUM-CARMELI D. Thirty-five years of assisted reproductive technologies in Israel. Reproductive biomedicine and society online，2016（2）：16－23.

② GONEN LD. Social and private benefits of assisted reproductive technology：a national survey-based evaluation in Israel［J］. Journal of comparative effectiveness research，2016，5（1）：49－63.

③ National Assisted Reproductive Technology Surveillance System（NASS 2.0）［EB/OL］.（2019－05－07）［2019－09－01］. https://www.cdc.gov/art/nass/index.html.

的使用情况与实际需求相比要低得多，但是总使用周期比过去十年还是翻了一番。目前美国每年出生的新生儿至少有1%是人类辅助生殖技术助孕的结晶。502个生殖中心中有463个共实施263 577个辅助生殖周期，形成65 969例活产（分娩一个或多个活婴）和76 897个活婴诞生。美国人类辅助生殖技术种类繁多，范围广泛，生殖中心中有88%开展捐卵业务，63%实施胚胎捐赠（embryo donation，ED），99%为单身妇女提供人类辅助生殖技术服务，88%提供代孕服务，99%开展胚胎冻存业务，97%开展卵子冷冻。①

澳大利亚和新西兰的人类辅助生殖技术业务也欣欣向荣，每年约开展70 000个辅助生殖治疗周期。② 据2019年的统计，2017年澳大利亚和新西兰的医疗机构分别报告74 942和7 273个辅助生殖启动治疗周期（initiated treatment cycles），较2016年分别上升0.8%及8.5%。这相当于澳大利亚每1 000名育龄妇女中就有14.8个辅助生殖治疗周期，新西兰每1 000名育龄妇女中有7.6个辅助生殖治疗周期。其中，95%是妇女使用自己的卵子或胚胎的自体移植周期（autologous cycles），61.5%是新鲜周期（fresh cycles），38.5%是冻融周期；22.9%（18 860个周期）形成临床妊娠，18.1%（14 882个周期）有活产结局，胚胎移植周期的总临床妊娠率为33.9%。从2014年到2019年的五年间，新鲜胚胎移植周期的产活率由23.7%提高到24.1%，冷冻胚胎复苏移植周期的产活率由23.4%提高到28.9%。总的来说，胚胎移植的活产率从2013年的23.6%上升到2017年的26.8%，提高了13.6%。③

---

① National Center for Chronic Disease Prevention and Health Promotion Division of Reproductive Health. 2016 assisted reproductive technology national summary report [R/OL]. (2018-12-28) [2019-01-06]. https://www.cdc.gov/art/pdf/2016-report/ART-2016-National-Summary-Report.pdf.

② CHAMBERS GM, PAUL RC, HARRIS K, et al. Assisted reproductive technology in Australia and New Zealand: cumulative live birth rates as measures of success [J]. Medical journal of Australia, 2017, 207 (3): 114-118.

③ National Perinatal Epidemiology and Statistics Unit. Assisted reproductive technology in Australia and New Zealand 2017 [R]. Sydney: Australia's Global University, 2019: 4-33.

人口老化程度比较严重的欧洲是全球辅助生殖治疗周期最多的地区。[①] 据欧洲人类生殖暨胚胎学会的体外受精监测联盟 2021 年的统计，欧洲自 2003 年至 2017 年治疗周期数量持续增加，仅 2017 年就有超过 940 503个治疗周期，比 2016 年多 22 344 个周期，对许多国家的出生率的贡献越来越大。伴随着人类辅助生殖技术的成功率越来越高，代表母婴安全的重要指标——单胎移植率和单胎分娩率也大为提高，多胎（三胎或更多）移植率呈下降之势。[②]

人类辅助生殖技术的可得性和可及性也大为提高。据估计，全球约有 1.86 亿人患有不孕症[③]，体外受精需求量至少为每年每百万人口 1 500 个周期[④]，欧洲使用率极高。据欧洲人类生殖暨胚胎学会体外受精监测联盟统计，在辅助生殖治疗费用 100%覆盖的欧洲国家中，每百万人口平均辅助生殖治疗周期和每百万育龄妇女辅助生殖治疗周期都在逐年增加，丹麦、比利时、冰岛、芬兰、瑞典、挪威和捷克连续五年（2006—2012 年）跻身前十位，均能为每百万人口提供 1 300 个以上辅助生殖治疗周期，为每百万育龄妇女提供 4 000 个治疗周期，其中北欧五国均位居前十，丹麦和冰岛始终与西欧的比利时蝉联前三名。因此，北欧五国人类辅助生殖技术的可及性和可得性最令人瞩目。[⑤]

全球人类辅助生殖技术的可得性深受经济、政治、社会和文化力量的

---

① HOORENS S，GALLO F，CAVE JA，et al. Can assisted reproductive technologies help to offset population ageing? An assessment of the demographic and economic impact of ART in Denmark and UK [J]. Human reproduction，2007，22 (9)：2471 - 2475.

② The European IVF-Monitoring Consortium (EIM) for the European Society of Human Reproduction and Embryology (ESHRE)，WYNS C，DE GEYTER CH，et al. ART in Europe，2017：results generated from European registries by ESHRE [J]. Human reproduction open，2021：1 - 17.【doi】10. 1093/hropen/hoab026.

③ INHORN MC，PASQUALE P. Infertility around the globe：new thinking on gender，reproductive technologies and global movements in the 21st century [J]. Human reproduction update，2015，21 (4)：411 - 426.

④ COLLINS AJ. An international survey of the health economics of IVF and ICSI [J]. Human reproduction update，2002，8 (3)：265 - 277.

⑤ CALHAZ-JORGE C，DE GEYTER C，KUPKA MS. Assisted reproductive technology in Europe，2012：results generated from European registers by ESHRE. Human reproduction，2016，31 (8)：1638 - 1652.

共同影响。[1] 伴随着政府卫生投入的增加，辅助生殖治疗的可及性和可得性也大大提升。有学者基于特定国家的治疗成本和治疗周期数估计欧洲各国辅助生殖治疗成本占 GDP 的份额，比例较高的分别是丹麦、芬兰和斯洛文尼亚（>0.06%），其次是比利时、德国、冰岛、瑞典、希腊、法国和匈牙利（0.041%～0.05%），再次是挪威、西班牙和荷兰（0.031%～0.040%），而意大利、葡萄牙、爱尔兰、瑞士和英国较低（0.02%～0.03%），拉脱维亚、俄罗斯、波兰和保加利亚最低（<0.02%）。[2] 因此，在公共卫生体系健全的发达国家，每年通过体外受精受孕的新生儿占 2%～3%，在丹麦和芬兰这一比例分别高达 6.2%和 5.8%。[3]

然而，辅助生殖治疗周期数与 GDP 并不完全呈正相关。[4] 例如，挪威、瑞士、爱尔兰和英国等一些富庶的国家辅助生殖治疗周期比国民经济所能允许的周期要少得多，而斯洛文尼亚、芬兰和丹麦的辅助生殖治疗周期相对较多。以色列的人均辅助生殖治疗周期更多，并以政府为每个居民无限制支付辅助生殖治疗费用而闻名，因而成为政府有力的人口政策工具，以色列妇女比其他发达国家的更容易获得人类辅助生殖服务。以色列对人类辅助生殖技术可得性的重视不仅是历史、文化、宗教、政治和社会心理因素综合作用的结果，而且是政策激励和法律保障的产物。

那么，人类辅助生殖技术对提高生育率潜在的影响力究竟有多大？实证研究显示，人类辅助生殖技术在缓解生育率下降的贡献是不言而喻的。Hoorens 等人基于 20 世纪 60 年代以来的两个基本事实（一方面，寻求不孕症治疗夫妇的比例不断提高；另一方面，所生孩子的总数仍不断下降），以英国和丹麦 2002 年人口统计数据和辅助生殖治疗周期数量

---

① NACHTIGALL RD. International disparities in access to infertility services [J]. Fertility and sterility，2006，85 (4)：871-875.

② SUNDE A. Europe's declining population and the contribution of ART [J]. Pharmaceuticals policy and law，2007，9 (9)：79-89.

③ CALHAZ-JORGE C，DE GEYTER C，KUPKA MS，et al. Assisted reproductive technology in Europe，2013：results generated from European registers by ESHRE [J] . Human reproduction，2017，32 (10)：1957-1973.

④ AMIR L，GEFFEN L. Is there a correlation between total fertility rate，utilization of assisted reproduction technology and national wealth in Europe? [J] . Journal of medical economics，2021，24 (1)：536-539.

为依据，初步考察人类辅助生殖技术（不包括人工授精技术）随着时间的推移对总生育率和人口结构的贡献，评估辅助生殖治疗政策对人口老化的影响。①

研究表明，人类辅助生殖技术对总生育率和人口结构确实有潜在贡献。Gauthier 等人曾模拟 22 个经合组织国家政策和生育之间的关系，得出结论：儿童福利支出每增加 25%，生育率将会提高 0.07，对应的成本是每年 15 亿～25 亿英镑，或者每多生一例成本增加 5 万～10 万英镑。Hoorens 等人的成本效益分析显示：采用人类辅助生殖技术所需的必要成本与政府现有的鼓励生育政策和反节育政策等用来影响生育能力的惯常人口政策的成本旗鼓相当。所以人类辅助生殖技术是人口政策组合中一个高效的选择方案，也是鼓励生育的社会干预政策的重要补充。②

但是，也有反对者认为，上述支持人类辅助生殖技术的研究报告过高估计了人类辅助生殖技术的效果，忽视了使用人类辅助生殖技术前后发生的自然妊娠。③ 模拟辅助生殖对生育率的影响通常假定夫妇将完成一个假设的周期数。然而实际情况则不然，生育力低下的育龄夫妇只有部分寻求专业医疗保健。④ 此外，还有许多人因心理压力⑤、担心预后很差⑥，在治疗周期完成前就放弃了，或者因自然怀孕终止了治疗计划，或者尝试了

---

① HOORENS S，GALLO F，CAVE JA，GRANT JC. Can assisted reproductive technologies help to offset population ageing? An assessment of the demographic and economic impact of ART in Denmark and UK [J]. Human reproduction，2007，22 (9)：2471 - 2475.

② 同①.

③ VAN DER STEEG JW，STEURES P，EIJKEMANS MJ，et al. Pregnancy is predictable：a large-scale prospective external validation of the prediction of spontaneous pregnancy in subfertile couples [J]. Human reproduction，2007，22 (2)：536 - 542.

④ BOIVIN J，BUNTING L，COLLINS JA，et al. International estimates of infertility prevalence and treatment-seeking：potential need and demand for infertility medical care [J]. Human reproduction，2007，22 (6)：1506 - 1512.

⑤ ODDENS BJ，DEN TONKELAAR I，NIEUWENHUYSE H. Psychosocial experiences in women facing fertility problems：a comparative survey [J]. Human reproduction，1999，14 (1)：255 - 261.

⑥ MALCOLM CE，CUMMING DC. Follow-up of infertile couples who dropped out of a specialist fertility clinic [J]. Fertility and sterility，2004，81 (2)：269 - 270.

治疗但不成功后继续奉行自然妊娠①、辅助生殖治疗周期中流产等。② 另外还需要考虑诸多生理和行为因素，生理因素包括辅助生殖治疗成功率随女性年龄下降，行为因素包括想要孩子的数量以及想接受不孕治疗夫妻等待的时间。故 Leridon 等人认为，人类辅助生殖技术的广泛使用只能弥补一小部分生育率下降的损失。③

同时，人类辅助生殖技术可得性和可购买性（affordable）的扩大也可能产生一些不利影响，并不表明人类辅助生殖技术的可得性鼓励夫妇寻求帮助宜早不宜迟。因为研究证实，拓宽辅助生殖服务的使用权客观上可能进一步促使人们推迟生育。推迟生育的结果是更多夫妇不育并需要人类辅助生殖技术。④ 换言之，人类辅助生殖技术对生育率的积极影响可能会被高龄妇女成功妊娠机会的减少所抵消。⑤ 另外，医疗保险无门也是人们使用人类辅助生殖技术的障碍，进而可能影响总生育率。根据欧洲人类生殖暨胚胎学会体外受精监测联盟报告，报销政策可以对人类辅助生殖技术可及性和使用产生重大影响。⑥

总之，人类辅助生殖技术为预防总生育率持续下降提供了一个机会，进而助益于缓解人口老化问题。政府对人类辅助生殖技术的支持总体上有利于家庭幸福，但对总生育率的影响有限。⑦ 因而，人类辅助生殖技术不

---

① PENZIAS AS. When and why does the dream die? Or does it? [J]. Fertility and sterility, 2004, 81 (2): 274 - 275.

② ESHRE Capri Workshop Group. Europe the continent with the lowest fertility [J]. Human reproduction update, 2010, 16 (6): 590 - 602.

③ LERIDON H, SLAMA R. The impact of a decline in fecundity and of pregnancy postponement on final number of children and demand for assisted reproduction technology [J]. Human reproduction, 2008, 23 (6): 1312 - 1319.

④ SADEGHI MR. Advanced reproductive technologies and postponement of parenthood [J]. Journal of reproduction & infertility, 2013, 14 (4): 157.

⑤ LERIDON H, SLAMA R. The impact of a decline in fecundity and of pregnancy postponement on final number of children and demand for assisted reproduction technology [J]. Human reproduction, 2008, 23 (6): 1312 - 1319.

⑥ CALHAZ-JORGE C, DE GEYTER C, KUPKA MS, et al.. Assisted reproductive technology in Europe, 2013: results generated from European registers by ESHRE [J]. Human reproduction, 2017, 32 (10): 1957 - 1973.

⑦ ESHRE Capri Workshop Group. Europe the continent with the lowest fertility [J]. Human reproduction update, 2010, 16 (6): 590 - 602.

应被视为提高生育率的灵丹妙药，只能视为人口政策组合的一部分。至于我国，“试管婴儿”技术发展四十多年历经三次变革，但人们对它的误解依然普遍存在，在不断发展完善中对提高生育率的作用也是有限的。

三、防范人类辅助生殖技术的潜在风险

尽管人类辅助生殖技术在四十多年的历史长河中已经发展为常规医疗技术，但是至今仍然存在诸多难以克服的技术障碍与瓶颈（如患者年龄及其基础疾病性质和严重程度等），导致辅助生殖治疗的成功率并不尽人意。根据欧洲人类生殖暨胚胎学会定义的辅助生殖成功率，辅助生殖治疗的理想预期目标大致包括：足月、单胎、活产、顺产、出生体质正常以及无先天畸形，从起始治疗到获得成功耗费的时间最短，支出最少，而患者的不适与并发症降到最低限度。目前，这些指标在各地区和各国差异较大，辅助生殖治疗总体成功率徘徊在30%～50%，如，2008—2010年全球活产率为20%，2013年体外受精和ICSI成功率分别为28%和36%；2015年拉丁美洲体外受精和ICSI成功率分别为24%和21%；美国2015年活产率是24%；欧洲2014年体外受精和ICSI后的妊娠率为30%和28%[①]，2017年体外受精或ICSI后的新鲜周期妊娠率为18.4%～42.3%，冷冻胚胎的妊娠率和分娩率分别为22%～49.1%和3.2%～37.8%。[②] 为了减少多胎出生率和减少母婴风险，国际社会一直致力于推行单胎移植策略，但每个国家的努力程度各不相同，接受辅助生殖治疗后的多胞胎出生率总体上仍然很高。[③] 这些评估指标也证明人类辅助生殖技术不是绝对有效和安

---

① FAUSER BC. Towards the global coverage of a unified registry of IVF outcomes [J]. Reproductive biomedicine online, 2019, 38 (2): 133-137.

② The European IVF-Monitoring Consortium (EIM) for the European Society of Human Reproduction and Embryology (ESHRE), WYNS C, DE GEYTER CH, et al. ART in Europe, 2017: results generated from European registries by ESHRE [J]. Human reproduction open, 2021: 1-17.【doi】10.1093/hropen/hoab026.

③ BERGH C, KAMATH MS, WANG R, LENSEN S. Strategies to reduce multiple pregnancies during medically assisted reproduction [J]. Fertility and sterility, 2020, 114 (4): 673-679.

全的。未来仍然有必要客观科学评估人类辅助生殖技术的潜在风险和过度使用。

一方面，人类辅助生殖技术存在潜在的技术隐忧。众所周知，一项新的医疗技术通常需要通过动物实验、风险评估、人体试验、临床验证，再经主管部门审批后才能应用于临床，临床应用后也需经过一段时间的有效性与安全性跟踪评估才能正式列入常规诊疗项目。人类辅助生殖技术作为一种高新医疗技术，四十多年来日新月异，发展迅猛，但是在很多地区未经充分风险评估与跟踪监管就已遍地开花①，对母亲和子代的安全性令人担忧。实际上，体外受精—胚胎移植技术在诞生之初就曾饱受社会公众乃至科学界的质疑，认为经体外培养后出生的婴儿不良健康风险较自然妊娠婴儿的大。现在，第一批“试管婴儿”已经长大成人并生出健康的子代。同时，接受体外受精—胚胎移植或卵细胞浆内单精子显微注射治疗后出生婴儿的流行病学调查研究也显示人类辅助生殖技术基本安全。然而，这一结论尚不足以排除辅助生殖对子代的远期影响。② 例如，美国一项研究发现，单胎体外受精所生婴儿足月出生时低体重和极低体重发生率比对照组增加 2.6 倍。③ 同时，多项循证医学分析发现辅助生殖治疗发生多胎妊娠、子代早产、低出生体重、出生缺陷和染色体异常等风险的概率比自然怀孕者明显增加。人类辅助生殖技术潜在的安全风险主要有卵巢过度刺激综合征、多胎妊娠、急腹症、生殖器肿瘤、表观遗传改变、卵细胞浆内单精子显微注射潜在遗传风险、体外成熟培养和植入前遗传学诊断的可能风险、出生缺陷以及天使综合征（angelman syndrome）等。④

多胎妊娠是辅助生殖治疗医源性风险最突出的问题。多胎妊娠部分与

---

① 王一飞．回顾 反思 挑战 展望——中国大陆辅助生殖技术成功应用 25 周年有感［J］. 国际生殖健康，2013（3）：149 - 153.

② 卢光琇，林戈．“试管婴儿”技术 30 年——回顾和展望［J］. 生命科学，2010，22（12）：1200 - 1207.

③ SEHIEVE LA，MEIKLE SF，FERRE C，et al. Low and very low birth weight in infants conceived with use of assisted reproductive technology［J］. New England journal of medicine，2002，346（10）：731 - 737.

④ 王一飞．生殖安全转化医学研究：挑战与展望［J］. 国际生殖健康，2013，32（4）：225 - 228.

高孕龄相关，但更与不孕治疗相关[①]，促排卵后的多胎妊娠率长期居高不下。为了保证体外受精—胚胎移植技术的成功率，临床上通常是在卵巢控制性超促排卵后向宫腔内移植 2～3 枚甚至更多胚胎以提高单次移植的妊娠率。单胎婴儿甚至已被证明比自然妊娠有更糟糕的结果[②]，多胎妊娠更容易导致妊娠期高血压疾病、妊娠期糖尿病、胎盘早剥、产后出血、流产、早产高危因素等多种不良产科结局[③]，也容易导致胎儿生长受限，低出生体重、脑垂体及中枢神经系统发育异常等现象，在围生儿死亡率方面，双胎是单胎的 4 倍，三胎是单胎的 5 倍，与双卵多胎相比，单卵多胎的围生儿死亡率明显增加。[④] 多胎妊娠不仅可能危及母婴安全，而且会冲击社会和家庭观念。[⑤] 尽管目前国际社会推荐采用选择性单胚胎移植（elective single embryo transfer，e-SET），一些国家也已经通过要求单胎移植控制医源性多胎的发生，但是由于单胎移植成功率相对较低，多胎移植在全球许多地方依然常见。包括美国和亚洲，多胎出生率高达 20%到 30%。[⑥] 我国每移植周期的平均移植胚胎数虽然已从 2013 年的大于 2 枚降至 2016 年的小于 2 枚，但多胎率仍高于 30%。[⑦]

表观遗传改变也不容忽视。人类辅助生殖技术是在有别于正常生理情况的内分泌刺激条件下操作的，人类辅助生殖技术的体外操作及胚胎培养环境均有可能影响配子和胚胎的染色体、DNA 和线粒体，尤其影响基因

---

① BLONDEL B，KAMINSKI M. Trends in the occurrence，determinants，and consequences of multiple births [J]. Seminars in perinatology. 2002，26 (4)：239 - 249.

② BARNHART KT. Assisted reproductive technologies and perinatal morbidity：interrogating the association [J]. Fertility and sterility，2013，99 (2)：299 - 302.

③ 孙赟. 辅助生殖中心全面质量管理 [J]. 中华生殖与避孕杂志，2020，40 (11)：880 - 887.

④ 王一飞. 生殖安全转化医学研究：挑战与展望 [J]. 国际生殖健康，2013，32 (4)：225 - 228.

⑤ 卢光琇，林戈. "试管婴儿"技术 30 年——回顾和展望 [J]. 生命科学，2010，22 (12)：1200 - 1207.

⑥ TEMPLETON A. Elective single versus double embryo transfer [J]. British medical journal，2010，341：c7083.

⑦ 沈朗，谢利嘉，王志坚. 多胚胎植入及孕早期减胎 [J]. 实用妇科杂志，2019，35 (9)：641 - 643.

印迹的表达，从而影响受精着床、胚胎发育和胎儿生长等。① 研究表明，人类辅助生殖技术与印迹缺陷有关。基因印迹是一种不遵循孟德尔定律的等位基因差异表达，不对称表达的基因称为印迹基因。印迹基因对胚胎和胎儿的生长发育有重要调节作用。配子和早期胚胎发育是甲基化印迹擦除、重建和维持的动态过程，配子和胚胎体外培养操作过程有可能干扰印迹重建或维持，进而影响基因表达和表型，从而导致胚胎停育或出生缺陷，甚至诱发肿瘤。据报道，辅助生殖可能导致 DNA 甲基化异常与基因印迹失调②，可能出现天使综合征（AS）、母体甲基化综合征以及 Beckwith-Wiedemann 综合征（BWS）等表观遗传疾病。③ 另外，卵子经体外受精后通常要在体外培养若干个细胞胚胎或胚囊才能进行移植，但是，体外培养环境显著地、选择性地影响印迹基因的表达，导致的印迹紊乱和错误也随机发生。④ 实验研究显示，培养基对胚胎同时存在有利和不利的影响，特别是高浓度的葡萄糖溶液与胚胎质量下降可能有关，血清也可能对卵裂率不利。⑤ 此外，体外培养时间的延长、显微操作的使用、快速的温度改变以及在液氮中的开放式储存等都可能对配子和胚胎产生潜在的不利影响。⑥

卵细胞浆内单精子显微注射也有潜在的遗传风险。卵细胞浆内单精子显微注射治疗出生子代畸形率总体上类似于体外受精与自然妊娠，但卵细胞浆内单精子显微注射绕过了自然妊娠对精子的自然选择法则，其显微操作过程对精子的纺锤体、微管、染色质等存在一系列细胞生物学影响，若精子选择不当可能引起胎儿流产，甚至将亲代遗传缺陷传给子代。2012 年澳大利亚的一项大样本回顾性研究分析了 6 163 例辅助生殖所生婴儿，

---

① 王一飞．生殖安全转化医学研究：挑战与展望［J］．国际生殖健康，2013，32（4）：225－228.

② RHON-CALDERON EA，VROOMAN LA，RIESCHE L，et al. The effects of assisted reproductive technologies on genomic imprinting in the placenta［J］. Placenta. 2019，84：37－43.

③ LI Y，HAGEN DE，JI T，et al. Altered microRNA expression profiles in large offspring syndrome and Beckwith-Wiedemann syndrome［J］. Epigenetics，2019，14（9）：850－876.

④ 汪彩珠，冯贵雪，张波．辅助生殖技术中基因印迹分析［J］．国际生殖健康，2013，32（6）：468－470.

⑤ 丁婷，乔杰．辅助生殖技术与出生缺陷［J］．国际生殖健康，2013，32（6）：442－445.

⑥ 卢光琇，林戈．“试管婴儿”技术 30 年——回顾和展望［J］．生命科学，2010，22（12）：1200－1207.

发现卵细胞浆内单精子显微注射与自然妊娠相比，妊娠并发症与新生儿疾病发生率相似，但尿道下裂畸形、染色体异常、早产、低出生体重婴儿发生率等出生缺陷风险增高。① 卵细胞浆内单精子显微注射慢速冷冻（slow-cooling）胚胎移植后出生缺陷发生率也较高。②

此外，高难度的子宫移植技术的风险性也备受关注。由妇女子宫缺失或无能造成的不孕在医学上几乎是不可医治的。子宫移植技术就是将活体或尸体的子宫移植到缺失子宫妇女的身上以解决其不孕问题。子宫移植技术尚在临床研究阶段，其技术风险尚难预知，况且允许将活体或尸体子宫移植给缺失子宫的妇女难免会发生伦理问题。③

通过体外受精技术出生孩子的远期健康问题也被提了出来。④ 研究显示，辅助生殖治疗所生婴儿脑瘫发病风险增加，肥胖症、高血压、心血管疾病和代谢疾病等生长发育异常现象的发生率较高。⑤ 发生神经母细胞瘤、视网膜母细胞瘤、组织细胞增生症、急性淋巴细胞性白血病和非霍奇金淋巴瘤等恶性肿瘤的风险也在增加，只是致病因素是源于父母高龄抑或潜在因素尚无定论。⑥ 伴随着体外受精—胚胎移植技术的扩张，多胎妊娠和早产占出生人数的比率上升，这种新生儿往往要消耗过多的医疗资源，成为“超级使用者”⑦。

人类辅助生殖技术扩张带来的副作用还有诸多表现，例如当事人及子代

---

① DAVIES MJ，MOORE VM，WILLSON KJ，et al. Reproductive technologies and the risk of birth defects [J]. The New England journal of medicine，2012，366（19）：1803 - 1813.

② 张迎春. 人类辅助生殖技术子代安全性问题 [J]. 山东大学学报（医学版），2019，57（10）：52 - 59.

③ Practice Committee of the American Society for Reproductive Medicine. American Society for Reproductive Medicine position statement on uterus transplantation：a committee opinion [J]. Fertility and sterility，2018，110（4）：605 - 610.

④ PINBORG A. Short-and long-term outcomes in children born after assisted reproductive technology [J]. BJOG：An International journal of obstetrics & gynaecology，2019，126（2）：145 - 148.

⑤ YEUNG EH，DRUSCHEL C. Cardiometabolic health of children conceived by assisted reproductive technologies [J]. Fertility and sterility，2013，99（2）：318 - 326.

⑥ BERTONCELLI TANAKA M，AGARWAL A，ESTEVES S C. Paternal age and assisted reproductive technologies：problem solver or trouble maker? [J]. Panminerva medica，2019，61（2）：138 - 151.

⑦ KAMPHUIS EI，BHATTACHARYA S，VAN DER VEEN F，et al. Are we overusing IVF? [J]. British medical journal，2014 348：g252.

的心理影响。众所周知，不孕症使大多数不育夫妇产生抑郁、焦虑等不良心理后果。Domar 等人早就发现，不孕妇女承受的心理压力与癌症、艾滋病毒和疼痛患者类似。① 不孕症及其治疗可能导致男性和妇女长期的心理压力②，而且可能持续表现出危机感。特别是在接受 IVF 治疗期间，妇女比男性更易患严重的抑郁症和焦虑症。③ 这些心理压力恰是不孕或是治疗造成的。期待已久的成功怀孕都可能会引起夫妇情绪紧张，试验性治疗更是身体和心理上的双重挑战，也是夫妻关系心理压力的重要影响因素。④ 研究还表明，不孕妇女治疗三年后比男性更容易表现出悲伤情绪。⑤ 因此，这一群体在怀孕期间似乎比其他夫妻需要更多的心理支持。⑥ 研究还显示，IVF 后不久显示抑郁的妇女此后更容易情绪低落。⑦ 治疗不成功的夫妇 20 年后，当同龄人儿孙绕膝时仍然可能感受到初时的刻骨铭心之痛。⑧

第三方生殖（third-party reproduction）当事人及所生子女的心理健康也值得关注。众所周知，相当一部分特殊人群成功受孕需要第三方（配

---

① DOMAR AD，ZUTTERMEISTER PC，FRIEDMAN R. The psychological impact of infertility：A comparison with patients with other medical conditions ［R］. Journal of psychosomatic obstetrics and gynecology，1993，14：45－52.

② 刘智慧，李昆明，董跃彦，等．辅助生殖反复种植失败患者心理弹性与生育生活质量关系的研究［J］．解放军护理杂志，2020，37（10）：35－38.

③ IKEMOTO Y，KURODA K，ENDO M，et al. Analysis of severe psychological stressors in women during fertility treatment：Japan-female employment and mental health in assisted reproductive technology（J-FEMA）study ［J］. Archives of gynecology and obstetrics，2021，304（1）：253－261.

④ SCHMIDT L，HOLSTEIN B，CHRISTENSEN U，et al. Does infertility cause marital benefit?：An epidemiological study of 2250 women and men in fertility treatment ［J］. Patient education and counselling，2005，59（3）：244－251.

⑤ VOLGSTEN H，SVANBERG AS，OLSSON P. Unresolved grief in women and men in Sweden three years after undergoing unsuccessful in vitro fertilization treatment ［J］. Acta obstetricia et gynecologica Scandinavica，2010，89（10）：1290－1297.

⑥ 邝钰贤，肖红，宗文华，等．行体外受精一胚胎移植患者的情绪调节自我效能感与睡眠质量分析［J］．中华生殖与避孕杂志，2021，41（1）：55－61.

⑦ VERHAAK CM，SMEENK JMJ，VAN MINNEN A，et al. A longitudinal，prospective study on emotional adjustment before，during and after consecutive fertility treatment cycles ［J］. Human reproduction，2005，20（8）：2253－2260.

⑧ WIRTBERG I，MÖLLER A，HOGSTRÖM L，et al. Life 20 years after unsuccessful infertility treatment ［J］. Human reproduction，2007，22（2）：598－604.

子与胚胎捐赠者或代孕者）介入生殖过程，或者由捐赠者提供配子，或者由代孕者提供子宫，此即第三方生殖。① 由于捐精、捐卵、捐赠胚胎和代孕等已经超越"父亲—母亲合作"的传统生殖模式，造成生殖与性爱、婚姻的分离和"父""母"职能的断裂。从理论上看，所生子女可能有六个父母，即基因父亲、社会父亲、遗传母亲、妊娠母亲、社会母亲以及原核置换后的线粒体DNA遗传学母亲。② 在这种情况下，"父""母"认定标准是否需要重新厘定？谁是"父""母"，意思父母、基因父母和妊娠母亲的法律地位是什么？尽管第三方生殖令更多的人有机会生育子女，但是越来越多的国家（如瑞典、新西兰、奥地利、澳大利亚、英国和加拿大等国）立法限制捐赠者的匿名权（right to anonymity）。③ 这就意味着捐赠所生子女知晓其基因来源已经作为一项基本人权受到法律的严格保护，换言之，捐赠所生子女基因（来源）知情权（right to the genetic origin）的实现意味着其作为受赠人的养父母或有关部门应履行告知或者协助查询义务。这样一来，捐赠者、受赠人和所生子女都可能因此长期不安，如养父母可能担心子女一旦找到捐赠者将不愿和自己亲近④，捐赠者也可能因为害怕子女将来找寻自己而进退两难。

人类辅助生殖技术的扩张难免产生技术过度使用或滥用之嫌。2014年年初《英国医学杂志》发表了一篇被誉为具有里程碑意义的文章，英国

---

① American Society for Reproductive Medicine. Third-party reproduction (Sperm, egg, and embryo donation and surrogacy): a guide for patients revised 2012. (2013-03-20) [2019-08-09]. http://www.reproductivefacts.org/uploadedFiles/ASRM_Content/Resources/Patient_Resources/Fact_Sheets_and_Info_Booklets/thirdparty.pdf.

② 原核置换技术有望阻止线粒体遗传疾病。线粒体是独立于细胞核的细胞器，拥有自己的遗传物质并且只通过母亲遗传。目前科学家可以用捐赠者卵子的健康线粒体置换母亲的有缺陷线粒体后再实施人工授精，所生子女将同时拥有自己父母的基因和捐赠者的少部分基因。2016年4月，世界首例"三亲婴儿"在墨西哥诞生。目前该项技术的安全性及有效性尚待进一步评估，不少国家立法禁止或限制该技术的使用。Lane A，Nisker J. 'Mitochondrial Replacement' technologies and human germline nuclear modification [J]. Journal of obstetrics and gynaecology Canada，2016 (38)：731-736.

③ VAN DEN AKKER O. A review of family donor constructs：current research and future directions [J]. Human reproduction update，2006，12 (2)：91-101.

④ LYCETT E，DANIELS K，CURSON R，et al. School-aged children of donor insemination：a study of parents' disclosure patterns [J]. Human reproduction，2005，20 (3)：810-819.

和澳大利亚相关专家组成的国际体外受精循证医学团队根据多年对辅助生殖技术风险的长期跟踪调查撰写的这篇文章警告说，体外受精—胚胎移植程序已经被滥用（overused）了，过度治疗（overtreatment）带来的技术风险常常威胁为生孩子而苦苦挣扎的夫妇。专家建议妇女应当在穷尽其他治疗方案之后才选择使用体外受精—胚胎移植技术。① 此观点一出，立即引起另一研究团队的质疑。这支由英国、荷兰和比利时专家组成的课题组指出，体外受精—胚胎移植技术已经被视为一个有多年循证医学数据来支撑其成功率和安全性的可选择的、低风险的主流医疗程序。当前不孕症患者面临的最大问题不是体外受精—胚胎移植技术使用的过度，而是医疗权和治疗费的有限。但是，作者也不否认正是缺乏有效的替代性医疗手段使得体外受精—胚胎移植技术更加引人注目，因此导致了令人困惑的“过度使用”②。

事实上，自 1978 年第一例“试管婴儿”诞生以来，这项被誉为 20 世纪重大医学突破的人类辅助生殖技术主要应用于妇女输卵管疾病和严重的男性不育③，但其适应证不久就扩大到更广泛的有合理机会自然受孕的生育力低下夫妇，如轻微的男性生育力低下、子宫内膜异位、原因不明的生育力低下等。在美国，每年提供的体外受精—胚胎移植技术周期数量不断增加，但其中适用于输卵管问题的比例从 25%降至 16%。④ 在英国，目前已经实施了 100 万例以上体外受精周期，有超过 30 万的婴儿出生。据人类受精与胚胎学管理局（Human Fertilisation and Embryology Authority，HFEA）调查的最新趋势和统计数据显示，英国 2014—2016 年间体外受精治疗周期每年增加 4%，治疗成功率比 1991 年时高出 85%。调查显示，体外受精最常见的原因是男性不育占 37%、原因不明占 32%、排卵障碍

① SUNKARA SK，SESHADRI S. Are we overusing IVF? Increase in older women presenting as unexplained subfertility may explain overuse of in vitro fertilization [J]. British medical journal，2014（348）：g1583.

② KAMPHUIS EI，BHATTACHARYA S，VAN DER VEEN F，et al. Are we overusing IVF? [J]. British medical journal，2014（348）：g252.

③ STEPTOE PC，EDWARDS RG，WALTERS DE. Observations on 767 clinical pregnancies and 500 births after human in-vitro fertilization [J]. Human reproduction，1986，1（2）：89-94.

④ KAWWASS JF，CRAWFORD S，KISSING DM，et al. Tubal factor infertility and perinatal risk after assisted reproductive technology [J]. Obstetrics and gynecology，2013，122（4）：1263-1271.

占13%、输卵管疾病占12%和子宫内膜异位症占6%。报告还显示，自2014年以来，无伴侣者接受试管授精治疗的数量增加了35%，仅2016年单身女性就实施1 272例（2%）。①

20世纪末，卵细胞浆内单精子显微注射开始用于治疗男性精液质量差的夫妇。尽管支持为这些新适应证使用体外受精—胚胎移植技术的证据并不充分，但是许多健康儿童的诞生还是增加了患者和提供者对体外受精—胚胎移植技术安全性的信任。目前，原因不明的生育力低下占接受体外受精—胚胎移植技术夫妇的25%～30%，他们中的许多人两到三年左右自然妊娠②，也可能在治疗中怀孕。荷兰一项调查显示，500名原因不明的不孕夫妇中有60%经过生育诊所初步评估后自然怀孕。③ 普通公众对体外受精—胚胎移植技术态度的转变也值得考虑。在澳大利亚，公众对体外受精—胚胎移植技术的接受程度从1981年的77%增长到2011年的90%以上。④ 同样，在爱尔兰，一半以上的公众认为体外受精—胚胎移植技术利大于弊，而且，支持者甚至扩大到自己不使用这种治疗方式的群体。⑤ 换言之，当前体外受精—胚胎移植技术已经建立在广泛的社会共识之上。总之，体外受精—胚胎移植技术扩张原因复杂并且势不可当。需要强调的是，人类辅助生殖技术程序越来越集中在私立医疗机构，对商业回报的过分关注导致对辅助生

① Human Fertilisation and Embryology Authority. IVF treatment safer, more available and more successful than ever before, new report shows [EB/OL]. (2019-05-20) [2019-08-09]. https://www.hfea.gov.uk/about-us/news-and-press-releases/2018-news-and-press-releases/press-release-ivf-treatment-safer-more-available-and-more-successful-than-ever-before-new-report-shows/.

② TROUDE P, BAILLY E, GUIBERT J, et al. Spontaneous pregnancies among couples previously treated by in vitro fertilization [J]. Fertility and sterility, 2012, 98 (1): 63-68.

③ BRANDES M, HAMILTON CJ, VAN DER STEEN JO, et al. Unexplained infertility: overall ongoing pregnancy rate and mode of conception [J]. Human reproduction, 2011, 26 (2): 360-368.

④ KOVACS GT, MORGAN G, LEVINE M, et al. The Australian community overwhelmingly approves IVF to treat subfertility, with increasing support over three decades [J]. Australian and New Zealand journal of obstetrics and gynaecology, 2012, 52 (3): 302-304.

⑤ WALSH DJ, SILLS ES, COLLINS GS, et al. Irish public opinion on assisted human reproduction services: Contemporary assessments from a national sample [J]. Clinical and experimental reproductive medicine, 2013, 40 (4): 169-173.

殖监督的忽视。① 而且，体外受精—胚胎移植技术中的商业利益还会导致生殖中心夸大手术的成功率和忽视临床试验的精心设计②，以此鼓励人们进一步支持辅助生殖服务。③ 所以，目前全球许多地区的生殖中心似乎对人类辅助生殖技术安全性的远期研究不是很感兴趣，而把关注的焦点投入成功妊娠和活产带来的收益方面，这在私立诊所和研究机构都是不争的事实。研究机构也从它们招募的接受生育治疗的夫妇那里获取经济利益。因此有学者指出，有必要在知识生产和政府监管之间搭起桥梁④，重新审视辅助生殖的基本设计方法以确定安全、低成本的体外受精—胚胎移植技术是否可以提供给支付能力较弱的发展中国家或发达国家患者。⑤

发达国家面临的严重不孕危机也刺激了人类辅助生殖技术的滥用。例如，英国早就有专家预言：经历怀孕问题夫妇的数量在 10 年内将翻一番，而体外受精—胚胎移植技术在技术与伦理上还都不十分完美，这种治疗方法的较低成功率意味着越来越多的人将没有孩子⑥，而通过体外受精—胚胎移植技术方法生育的婴儿比自然生育的青少年面临更多的健康问题，他们中的许多人长大成人后会因遗传其父母的不孕基因而不能自然生育，特别是卵细胞浆内单精子显微注射治疗，其成本比常规体外受精—胚胎移植技术高两倍，而亲代缺陷基因遗传给孩子的风险大大增加。随着越来越多的英国不孕夫妇生育“试管婴儿”，这些婴儿的数量将逐渐与正常夫妇的

① BERG BRIGHAM K，CADIER B，CHEVREUL K. The diversity of regulation and public financing of IVF in Europe and its impact on utilization [J]. Human reproduction，2013，28 (3)：666 - 675.

② HENG BC. Reluctance of medical professionals in adopting natural-cycle and minimal ovarian stimulation protocols in human clinical assisted reproduction [J]. Reproductive bioMedicine online，2007，15 (1)：9 - 11.

③ PETERS K，JACKSON D，RUDGE T. Failures of reproduction：problem arising “success” in assisted reproductive technology [J]. Nursing inquiry，2007，14 (2)：125 - 131.

④ KAMPHUIS EI，BHATTACHARYA S，VAN DER VEEN F，et al. Are we overusing IVF? [J]. British medical journal，2014，348：g252.

⑤ HOVATTA O，COOKE I. Cost-effective approaches to in vitro fertilization：means to improve access [J]. International journal of gynaecology and obstetrics，2006，94 (3)：287 - 291.

⑥ MAXINEF. “Infertility timebomb” looming in UK [EB/OL]. (2005 - 06 - 22) [2014 - 12 - 07]. http://www.nzherald.co.nz/world/news/article.cfm?c_id=2&objectid=10331952.

子代持平，而不孕基因也随之遗传给下一代①，这将为英国未来人口生育问题埋下一颗一触即发的“不孕定时炸弹”。

在过去的四十年里，人类辅助生殖技术成功率翻了一番，但我们仍有很长的路要走。事实上，大多数接受生育治疗的人都是不成功的，这就是治疗前、治疗中、治疗后的情感支持是如此重要的原因之一。对于少数幸运者来说，试管授精是一项“奇迹”科学，给他们带来了梦寐以求的孩子。对大多数人来说，这是一条充满痛苦和沮丧的道路，治疗成本高，手术风险大。

综上所述，人类辅助生殖技术毕竟是一种比较昂贵的风险技术，在给人类带来巨大福祉的同时也可能带来各种祸端，甚至成为一种影响和压抑人的本性的异己力量。人类辅助生殖技术的“登峰造极”不得不令人反思一个问题：人类辅助生殖技术是解决人类不孕不育的首选方案和最佳途径吗？毫无疑问，不孕不育的高发趋势给越来越多的人群与家庭带来的创伤需要国家正确面对，社会有责任和义务帮助他们解决生育问题。人类辅助生殖技术是必要的医疗手段之一，但不一定是“首选的、最佳的、唯一的和最终的途径”，医务人员应当正确评价人类辅助生殖技术在不孕不育治疗中的权重，认真研究与探索辅助生殖治疗与其他治疗措施之间的互补联动，既要充分发挥有限卫生资源的最大效益②，又要防范辅助生殖的技术风险。因此有必要对所生子代安全性问题进行长期跟踪研究，尽快建立健全严格的辅助生殖中心准入和退出制度以及完整的辅助生殖治疗周期注册登记制度，并建立辅助生殖不良反应监测和报告制度，实时更新、分析和评估各种辅助生殖数据库资料，进而制订科学的辅助生殖技术指南与操作规范及人类辅助生殖技术最佳临床路径，特别要长期跟踪子代安全性结果（包括健康足月婴儿出生率、出生体重、性别、出生缺陷发生率及缺陷种

① MASCARENHAS M，MEHLAWAT H，KIRUBAKARAN R，et al. Live birth and perinatal outcomes using cryopreserved oocytes：an analysis of the Human Fertilisation and Embryology Authority database from 2000 to 2016 using three clinical models [J]. Human reproduction，2021，36 (5)：1416－1426.

② 王一飞．回顾 反思 挑战 展望——中国大陆辅助生殖技术成功应用25周年有感 [J]. 国际生殖健康，2013 (3)：149－153.

类、妊娠异常发生率、流产及死产发生率、新生儿发病率与死亡率等），重点开展辅助生殖所生子代健康的流行病学监测，采取大样本、多中心、前瞻性队列研究分析子代的体格、心理与认知状况，以及成年子代的生育力和子代子女的发育状况及子女成年以后的疾病谱特征①，并将研究成果和调查结论转化为防止技术风险的新方法和新途径，以最短的时间和最少的花费提供最佳方案②，重点是提高人类辅助生殖技术成功率，减少人类辅助生殖技术的潜在风险。③

此外，人类辅助生殖技术的应用不仅可能产生技术风险，而且可能给个体、家庭、社会及卫生管理带来诸多伦理和法律挑战，关于这一问题笔者将在第二章专门论述。

总之，尽管特定条件下的经济因素和社会因素还会阻碍这些技术的推广，尽管社会对是否有必要以及如何监管和控制辅助生殖实践的争论悬而未决④，尽管立法的滞后不可避免地拖住人类辅助生殖技术飞速发展的步伐，尽管试图加速通过议会立法也可能导致官僚主义和许可政策泛滥而与人类辅助生殖技术的发展方向背道而驰，但是人类辅助生殖技术终将继续蓬勃发展并确立其在主流医学中的地位，并且将为不育夫妇治疗取得重大突破提供有效途径，这已经是一个不争的事实。

---

① 王一飞．生殖安全转化医学研究：挑战与展望［J］．国际生殖健康，2013，32（4）：225－228.

② 蔡令波，黄洁，刘嘉茵．辅助生殖技术的安全核查管理与流程［J］．中华生殖与避孕杂志，2018，38（8）：647－648.

③ 王一飞．回顾 反思 挑战 展望——中国大陆辅助生殖技术成功应用25周年有感［J］．国际生殖健康，2013，（3）：149－153.

④ DE GEYTER C. Assisted reproductive technology：impact on society and need for surveillance［J］. Best practice & research clinical endocrinology & metabolism，2019，33（1）：3－8.

第二章　人类辅助生殖立法议题和基本原则

一、人类辅助生殖立法重点议题

人类辅助生殖技术不同于普通医疗技术之处在于，它在造福无数不孕不育家庭的同时，也因各种复杂的社会因素对个体、家庭、社会和国家产生全面而深刻的影响。其次是市场因素的影响，其中最主要的是市场因素的影响，生殖的商业化尤其容易引起“市场失控”和“政府失灵”。

众所周知，临床医生的职业操守对保护亲代和子代健康以及社会稳定是至关重要的，但临床医生在利益的驱使下可能玩忽职守、不当使用或者滥用新技术以及提供低质量的配子或胚胎。医学研究及其临床应用的最新发展也清楚地表明人类缺乏必要的自我控制能力，当自然流产胚胎的未成熟卵与车祸中丧生者的成熟卵子成为医学家觊觎的对象、克隆人呼之欲出、高龄老人生育“试管婴儿”频频打破世界纪录、男子死亡之后精子被取出受精、媳妇生出长辈或同辈的孩子或者长辈为晚辈生育子女、非不孕症患者保存生育力等事件频频见诸报端，人们不得不怀疑研究者和医生是不是做得太过了。威胁不仅存在于医学共同体中，而且存在于更加广阔的社会与政治网络中。例如，一些哗众取宠的媒体经常高调报道备受瞩目的医疗事故与过失，对普通公众正确认识人类辅助生殖技术产生了负面影响。再如政府对某些合法辅助生殖的限制、被视为不合理的高成本、政府对资助辅助生殖研究的不情愿和对专业人员流动的限制、医疗保险公司对提供资金支持辅助生殖的冷漠苛刻都限制了人类辅助生殖技术的可及性。①

人类辅助生殖技术可及性的障碍理应由政府解决。在欧洲，这不仅意味着为人类辅助生殖技术接受者提供经济援助，而且意味着尽可能制定辅助生殖法并且与其他相关法律相衔接。有些国家不断扩大人类辅助生殖技术的使用范围，并将辅助生殖制度视为欧洲人口政策组合的一部分。

20 世纪 80 年代，关于辅助生殖的伦理和政策的讨论已经较为成熟，许多欧洲国家加强了法律跟进，虽然立法进展不同，但几乎都为人类辅助生殖技术设置了不同程度的禁区。澳大利亚的维多利亚是全球最早颁布法律规范人类辅助生殖技术的地区。② 这部《不育（治疗程序）法》［Infertility（Medical Procedures）Act，1984］只赋予异性夫妻使用体外受精的权利，允许补偿配子捐赠者医疗费和交通费，要求准父母和捐赠者互相隐瞒其身份信息，宣布代孕协议无效并以刑罚制裁商业代孕及代孕广告。③ 1987 年，挪威通过了全球第一部综合性的辅助生殖法，只允许已婚夫妻使用试管授精并要求他们使用自己的配子。1988 年西班牙也通过一部综合性辅助生殖法，允许使用所有现有人类辅助生殖技术（代孕除外），而且不限制必须是已婚夫妻进行治疗。瑞典同年颁布的《体外受精法》允许供精人工授精，但只允许异性恋夫妻使用自己的配子尝试体外受精。

此后，其他国家不断加入立法规制辅助生殖行列，出台了各具特色的

---

① ZIEBE S，DEVROEY P. Assisted reproductive technologies are an integrated part of national strategies addressing demographic and reproductive challenges ［J］. Human reproduction update，2008，14（6）：583－592.

② SZOKE H. Australia：A federated structure of statutory regulation of ART ［C］//GUNNING J，SZOKE H. The Regulation of Assisted Reproductive Technology ［M］. Aldershot：Ashgate Publishing Group，2003：75.

③ Infertility（Medical Procedures）Act，1984（No. 10163）.

辅助生殖法，在英国、美国、以色列等国家和地区，备受争议的代孕不仅为社会公众所接受，而且受到法律保护，如以色列就是第一个承认有偿代孕协议法律拘束力的国家。① 而在我国，根据《人类辅助生殖技术管理办法》第 24 条规定，合法的人类辅助生殖技术只包括人工授精技术和体外受精—胚胎移植技术及其各种衍生技术，但是从各种网络代孕中介服务屡禁不止的情况来看，似乎越来越多的公众已经认同代孕服务。

进入 21 世纪，为了解决辅助生殖产生的各种负面影响，许多国家纷纷建立健全法律法规，通过制度创新合理配置辅助生殖中心的准入和退出机制，健全监管框架和重建公众信心。这就意味着国家或政府需强化道德宣教、舆论监督、政策支持和法律应对，包括综合评估诸如有利无伤原则的落实、告知义务的履行、子代权益的保障、基因信息应否披露及如何披露等伦理问题，在尽量避免伦理争议的同时还应进行技术安全方面的考虑，科学制定配子捐赠和代孕的排除标准、每个周期的胚胎移植数量以及卵子冷冻保存期限、捐赠的法律效力、赠受双方的权益、亲子关系、潜在的损益、费用或报酬的给付以及"配子银行"的监管等。例如，冰岛辅助生殖法规定，合法的辅助生殖实践包括夫精人工授精、体外受精和卵细胞浆内单精子显微注射、精子捐赠和卵子捐赠，但是胚胎捐赠被禁止，代孕不合法，配子储存可以用于将来自己或捐赠他人受精与研究。冰岛法律还禁止下列遗传干预：创造单卵双胞、胎儿性别选择、种族选择、创造嵌合体、体外成熟、人类胚胎的基因干预、创造克隆人。捐赠者在被充分告知储存配子的影响和条件等信息后应提供与储存目的一致的书面知情同意。同意捐赠的丈夫视为孩子的父亲，除非他能证明这个孩子不是辅助生殖的结晶。在冰岛辅助生殖费用可以从国家社会保障系统报销，但接受者须支付一定比例的成本。其人类辅助生殖技术的监管机关由卫生部任命，由卫生部授权对胚胎进行研究。

综上所述，人类辅助生殖技术造成了"社会失控"和"政府失灵"，也产生各种复杂的社会伦理议题，诸如：配子和胚胎是何法律地位，是财

① JOSEPH G，SCHENKER. Legal aspects of ART practice in Israel [J]. Journal of assisted reproduction and genetics，2003，20 (7)：250 - 259.

产还是人？它们有没有自己的权利或利益？配子和胚胎操作应当遵循哪些法律原则？那些被废弃的冷冻胚胎应当如何处置，能否用于科学研究或捐赠给他人供移植？个体可否自由捐赠配子、租借子宫、设计婴儿、选择孩子性别和自行决定生育时间（如推迟生育至高龄）和胚胎移植数量？亲属间、代际、单身者及同性间实施人类辅助生殖技术能否允许？捐赠者的匿名权和子代的基因知情权何以保障？诸如此类，都挑战着传统法律观念和法律秩序，也是法律规制的现实动因和立法重点。

（一）人类辅助生殖技术种类的限制

由于人类辅助生殖技术在基础研究和临床应用中可能产生各种有效性、安全性和社会适应性问题①，再加上传统文化、伦理观念、宗教信仰以及社会制度的影响，不同人类辅助生殖技术的社会可接受性也不相同，有的被认为正当，有的则被视为不当。

作为第三代“试管婴儿”技术的植入前遗传学诊断或筛查技术，自应用以来更是面临各种伦理诘难。因为经植入前遗传学诊断或筛查，有遗传缺陷的胚胎是被丢弃的，所以需要夫妇在堕胎和丢弃受影响的胚胎之间作出道德判断，此外，植入前遗传学诊断或筛查还有高成本和低效率等缺点，临床应用也受到限制。② 然而，随着技术的不断发展这些都不再是争论的焦点，可否通过植入前遗传学诊断或筛查选择性别是问题的核心。体外受精—植入前遗传学诊断或筛查为选择胚胎性别提供了更多便利和准确性，赞成性别选择者有之，反对性别选择者亦有之。赞成者认为：每个人都有权选择自己的生活方式和生活经历，选择自己子女性别纯属个人决定，与他人无涉；允许家长通过性别选择避免诞下有严重遗传缺陷的子女，既避免严重伴性遗传病令病人及家人受苦，也可减轻社会医疗和福利体制负荷；通过性别选择诞下所偏爱的性别的孩子，可缓解妇女的家庭和社会压力，使受偏爱孩子获得更多的照顾和关注，避免不受偏爱孩子遭受

---

① SEIFER DB. Relevance of International Committee for Monitoring Assisted Reproductive Technology (ICMART) Registry report 2011 [J]. Fertility and sterility, 2018, 110 (6): 1032-1033.

② Simpson JL: Preimplantation genetic diagnosis at 20 years [J]. Prenat diagn, 2010, 30 (7): 682-695.

歧视和迫害；为个别人提供性别选择对人类性别比并无重大影响，并不会令大自然失去平衡。但是反对者担忧性别选择可能导致未来孩子工具化以及妇女健康受损①，甚至导致优生学的“大滑坡”，助长医学技术的随意滥用②，威胁家庭稳定和代际和谐③，造成无根据的性别歧视以及男女比例失调④，产生医疗资源分配的不公。⑤ 宗教界尤其抵制性别选择，如罗马天主教深信受精卵有权受到保护，反对通过植入前遗传学诊断选择性别扮演上帝角色⑥；犹太教也反对非医学需要的性别选择。⑦ 我国香港地区曾热烈讨论使用生殖科技进行选择性别的问题，大多数立法委员认为，基于社会因素选择性别可能加深性别歧视，打破性别平衡，因此应只允许基于医学理由的性别选择⑧，且需拟备一份严重伴性遗传疾病一览表以防性别选择被滥用。生殖科技管理局就具体的监管制度给出如下建议：一是草案把借生殖科技程序进行的性别选择列为生殖科技程序中的一项，并禁止进行非医学需要的性别选择。二是应否批准采用这方法避免生下患有伴性遗传疾病的孩子，则取决于个案是否符合某些条件。三是《实务守则》规定生殖科技中心须向管理局呈报所有利用生殖科技达到性别选择目的的个案，通过这项汇报程序的安排，管理局便可有效地监管生殖科技中心进行

① KLIP H，BURGERCW，KENEMANS P，et al. Cancer risk associated with subfertility and ovulation induction：a review [J]. Cancer causes and control，2000，11（11）：319－344.

② GRAZI RV，WOLOWELSKY JB，KRIEGER DJ. Sex selection by preimplantation gen etic diagnosis（PGD）for nonmedical reasons in contemporary Israeli regulations [J]. Cambridge quarterly of healthcare ethics，2008，17（3）：293－299.

③ MCDOUGAL R. Acting parentally：an argument against sex selection [J]. Journal of medical ethics，2005，31（10）：601－605.

④ Ethics Committee of the American Society of Reproductive Medicine. Sex selection and preimplantation genetic diagnosis [J]. Fertility and sterility，1999，72（4）：595－598.

⑤ RUGER JP. Health，capability，and justice：toward a new paradigm of health ethics，policy and law [J]. Cornell journal of law and public policy，2006，15（2）：403－482.

⑥ DAAR JF. ART and the search for perfectionism：on selecting gender，genes，and gametes [J]. Journal of gender，race & justice，2005（9）：241－272.

⑦ WAHRMAN MZ. Fruit of the womb：artificial reproductive technologies and Jewish law [J]. Journal of gender，race and justice，2005（9）：109－136.

⑧ 生殖科技临时管理局就性别选择所作出的讨论摘要 [CB（2）979/98－99（01）] [R/OL]．（1999－01－20）[2013－06－07]. http://www.legco.gov.hk/yr98－99/chinese/bc/bc53/papers/p979c01.pdf.

这类活动的情况。①

神学伦理对配子（和胚胎）捐赠的尖锐抨击更是经久不息。在中东以逊尼派为主的伊斯兰国家，不论专门法律还是医学伦理都禁止配子捐赠，其生育诊所都会拒绝夫妇提出的这些服务要求。② 他们对医学辅助生殖的主要观点是：（1）使用丈夫精子进行的人工授精是合法的，所生孩子是夫妻的合法后代。（2）利用妻子的卵子和丈夫的精子体外受精，然后将受孕的胚胎植入妻子的子宫，这种方法是许可的，条件是实施这个程序是基于医学原因而且必须由医学专家实施。（3）第三方不应干扰婚姻的性和生殖功能，因为婚姻是妻子和丈夫就婚姻生活的一种协议。这就意味着第三方捐赠是禁止的（无论他或她提供精子、卵、胚胎或是子宫），利用第三方就相当于私通。（4）禁止收养以非法医学辅助生殖形式产生的捐赠的孩子。通过非法方法创造的孩子属于分娩孩子的母亲，该孩子是私生子。（5）如果离婚或丈夫死亡导致婚姻结束，即使精子来自前夫也不得在遗孀身上实施医学辅助生殖。（6）剩余的胚胎可以冷冻保存。冷冻胚胎是夫妇的独有财产，以后可以植入同一个妻子体内，但是仅限于婚姻关系存续期间。（7）如果多胎妊娠孩子的生存机会非常小可以减胎（或选择性流产）；如果母亲的健康和生命处于危险之中也可以实施选择性流产。（8）禁止所有形式的代孕。（9）应当严禁建立精子库，因为这样的措施会威胁到家庭和种族的延续。（10）医生是唯一可以实施医学辅助生殖的合格人员，医生如果实行了任何禁止性的技术是要定罪的。③ 罗马天主教会则长期抵制人类辅助生殖技术的研究和应用，呼吁政府进行立法干预。其曾发布书函，指责以医学方法取代婚姻行为的生殖，侵夺了夫妻的生殖职责和自然法则，损害夫妻和孩子的尊严。意大利在天主教会的影响下制定的《医学

---

① 由政府当局提供题为伴性遗传病一览表的文件［CB（2）1390/98－99（01）］［R/OL］.（1999－03－03）［2013－03－18］. http://www.legco.gov.hk/yr98－99/chinese/bc/bc53/papers/p1390c01.pdf.

② INHORN MC. The worms are weak：male infertility and patriarchal paradoxes in Egypt［J］. Men and masculinities，2003，5（3）：236－256.

③ SEROUR GI，ABOULGHAR MA，MANSOUR RT. Bioethics in medically assisted conception in the Muslim world［J］. Journal of assisted reproduction and genetics，1995，12（9）：559－565.

辅助生殖法》严禁配子捐赠、胚胎冷冻、植入前遗传学诊断以及代孕等，否则，对轻者罚款 300 000 欧元，对重者处 10 年到 20 年不等的监禁，并处 600 000 到 1 000 000 欧元罚款，责任医生将被永久剥夺从业资格。①

人类辅助生殖技术的扩张造成对部分妇女身体的控制，也增加了女权主义者的惶恐和不安。尽管一些女权运动者支持采用人类辅助生殖技术提供给确实需要的人，但反对将做母亲作为妇女最终的成就，认为在生殖技术上巨大投资将成为妇女的一种社会压力，使生育重新成为妇女生活的目的。他们还担心扩大人类辅助生殖技术的适用领域将使本由妇女控制的受精过程变成由医生控制，从长远趋势来看，这些技术对妇女害大于利。②特别是体外受精—胚胎移植技术的成功率并不理想，相当一部分依然抱着不切实际幻想的人们必然会吃尽苦头。他们更担心一旦辅助生殖政策支持体系建立起来后，一些社会伦理问题会被忽略，诸如：对单身母亲或更年期妇女实施辅助生殖是个好主意吗？父母的权利可以不受限制吗？为人父母的权利是平等的吗？用捐赠的精子、卵子、早期胚胎、被借用的子宫或者这些任意结合实施体外受精—胚胎移植技术是否损害子女的知情权，是否会让捐赠者在未来的人生中因为不知道其后代的下落而怅然若失？③

对违反自然法则用男子死亡时或死亡后的精子行宫腔内人工授精（intrauterine insemination，IUI）或卵细胞浆内单精子显微注射的死后生殖（posthumous assisted reproduction，PAR）虽然并不经常发生，但研究者还是高度重视，建议立法者充分评估死后生殖产生的伦理、法律和社会问题；呼吁立法者进行立法应对或伦理规约，明确死后生殖的知情同意权以及子代的亲权和继承权问题；要求医生在充分告知上述问题的基础上，帮助丧偶妇女作出理性判断。④ 毫无疑问，死后辅助生殖事关人性尊严与基本人权问题。人性尊严不可侵犯是许多国家宪法的最高指导原则自

---

① 杨芳．意大利《医学辅助生殖法》研究［J］．东方法学，2015（6）：138－149.

② STRICKLER J. The new reproductive technology：problem or solution？［J］. Sociology of health & illness，1992，14（1）：112－132.

③ HOLBROOK SM. Adoption，infertility，and the new reproductive technologies：problems and prospects for social work and welfare policy［J］. Social work，1990，35（4）：333－337.

④ BAHADUR G. Ethical challenges in reproductive medicine：posthumous reproduction［J］. International congress series，2004（1266）：295－302.

不待言。尊重遗体（处分）权是尊重人格尊严的重要组成部分。只是学术界对遗体的法律属性问题尚无定论，大体有“物权客体说”与“非物权客体说”两种观点，目前，前者已逐渐居于主流地位，只是遗体究竟为何种物，争论颇大。史尚宽先生认为，遗体因其特殊性，除了为供学术研究及合法目的之使用外，不得为财产权之标的，故原则上遗体应属于不融通物。① 通说认为，尸体为民法上的物，可以作为遗产为继承人所共有②，只是近亲属行使尸体处分权，只能基于尸体之埋葬、管理、祭祀及供奉为目的之权能与义务，或以无偿方式提供器官以供移植，除此以外应无法就尸体为其他之使用、收益及处分。③ 但是，无论尸体是否为民法上的物，对遗体的处分可能存在两种情形：一是死者生前通过遗嘱、协议或者声明等形式，对自己死后的身体作出处分（死后生效）。这种处分行为是基于死者生前对自己身体的支配权，是一种具体人格权。二是死者近亲属基于尸体所有权的处分行为。人死之后，身体成为遗体，身体权转化为近亲属（继承人）的共有权。基于前述理论，我们一贯认为，近亲属的处分权不能对抗死者生前的处分权。换言之，如果死者生前已经对自己的身体作出合法有效的处分行为，则近亲属不得违背民法上的意思自治原则，对其遗体作出与死者生前意思相反的处分行为，否则应认定无效。我们还认为，死后取精（posthumous sperm retrieval，PSR）生子事件始终是一场情感与人性尊严的角力，满足情感需要不能以牺牲人性尊严为代价。④ 无独有偶，2006 年欧洲人类生殖暨胚胎学会伦理法律工作组（ESHRE Task Force on Ethics and Law）也指出，死后生殖的伦理评估必须遵循自主与无伤原则，努力促进生存配偶的自主决策和降低未来孩子的风险。以此为依据，工作组建议，死后生殖获得伦理辩护须满足下列条件：死者生前留下书面同意书；配偶已经接受广泛咨询，手术前至少有 1 年的冷静期。我国香港地区《人类生殖科技条例》也慎重安排了死后生殖问题。《人类生

---

① 史尚宽．民法总论［M］．北京：中国政法大学出版社，2000：251.

② 王泽鉴．民法总则．增订版［M］．北京：中国政法大学出版社，2000：127.

③ 李悌恺．论尸体（骨）之法律性质［J］．台湾本土法学，2004（56）：9-22.

④ 杨芳，姜柏生．死后人工生殖的民法问题研究——兼谈台湾地区人工生殖立法新趋向［J］．河北法学，2006，24（11）：111-114.

殖科技条例》原则上只支持向已婚夫妻提供生殖科技服务，但是为了弹性处理一些特殊情况，授权法定管理局制定规例，指明在一些例外情况下可继续为已终止婚姻关系（如婚姻关系结束或婚姻一方去世）的人士提供生殖科技程序。其原因就是配子或胚胎提供者去世后使用其配子或胚胎所涉及的复杂问题，以及可能导致的后果严重，故需要明确储存的配子或胚胎不应用于配子或胚胎提供者去世后生出子女，并需要明确已开始进行的生殖科技程序应于哪一阶段及何时终止。为解决这一问题，香港政府建议在《人类生殖科技条例》中新增一个条款，规定：如在一段婚姻结束前，已依法将配子或胚胎置于某女性体内，则原条款的规定不应予以执行，即不应禁止该名女性在该段婚姻结束后继续进行生殖科技程序。然而，上述安排并不准许依据该程序另将配子或胚胎置于其体内。然而，《人类生殖科技条例》最终放弃了这一制度设计。我国虽然没有明确的法律规范死后生殖，但是司法实践中不乏死后生殖个案，如 2001 年要求为死刑犯丈夫取精生子的郑雪梨案、2014 年无锡冷冻胚胎案以及 2018 年覃惠萍与某生殖中心医疗服务合同纠纷案等，法院的判决依据和结果也有很多不一致。

（二）人类辅助生殖技术受术对象的资格和条件

关于人类辅助生殖技术受术对象的伦理争论①，实际上涉及生殖权的主体范围和辅助生殖服务的宗旨两个密切联系的问题。当前，生殖权作为一个充满争议的新型权利，面临双重挑战：一方面，由于全球生殖理念从“自由”向“对子女负责和对社会负责”的转变，无论是鼓励人口增长的国家还是抑制人口增长的国家都依法限制生殖权的过分扩张，努力实现有限生殖医疗资源尽可能公平合理的配置。另一方面，人类辅助生殖技术的临床应用客观上使生殖与性爱、婚姻乃至生命相分离成为可能，因而在加速人类生殖从“必然王国”向“自由王国”迈进的历史进程中，关于生殖权的争论比过去任何时候都更加尖锐，出现了诸如在押犯、单身妇女、同性恋者、失独老人、致病基因携带者、人类免疫缺陷病毒感染者的生殖权

① 大多数国家只允许合法夫妻施行人工生殖，夫妻施行人工生殖一般需要双方共同签署知情同意书后，委托有资质的医疗机构进行，所以受术对象（者）一般称为受术夫妻、委托夫妻、委托父（母），国外法律文献也把接受人工生殖技术生育子女的委托父（母）称为意思父母（intended parents）、意思父亲（intended father）、意思母亲（intended mother）。

之争，甚至出现了生者为死者追讨生殖权的个案。在此背景下，解决这些特殊人群的助孕问题，不仅需要突破传统生殖权概念，正面回答生殖权是否需要以婚姻为前提和基础；而且亟须准确定位辅助生殖服务的宗旨，是以治疗不孕不育“疾病”为目的，还是以满足个体生殖“需要”为依归。这些刺激了生殖权主体从夫妻共同体扩大到同性恋者和单身妇女，“这些权利逐步从生殖权发展到医学辅助生殖权，人们甚至要求政府承认在辅助生育过程中替代母亲的身份也是一种权利”①。事实上，自1989年丹麦同性恋合法化以来，目前，瑞典、冰岛、荷兰、比利时、西班牙、加拿大、英国、南非、挪威、葡萄牙、瑞士、捷克、奥地利、匈牙利、爱尔兰等国纷纷承认同性婚姻合法化或承认同性伴侣关系。在美国，自从1969年纽约“石墙事件”掀起了美国同性恋合法化浪潮以来，华盛顿、纽约、新罕布什尔、佛罗里达、艾奥瓦、康涅狄格和马萨诸塞等州陆续承认同性婚姻的合法地位，2015年美国联邦最高法院裁定同性恋合乎宪法，这意味着美国全境同性恋合法化已成事实。随着各国同性婚姻合法化趋势的凸显，同性恋者的生殖权也被提上议事日程，不同国家基于不同的经济发展水平、社会制度、传统文化和生育政策考虑都给出了各自的答案。

但是，应当看到，法律对生殖权的确认和保护，不应是个人主义的产物，而是维护社会利益的需要，生殖权的范围、权能、行使方式等均应受到法律的制约，个人的权利应与其负有的社会责任协调一致。但是，伴随着辅助生殖服务范围的扩大，人类辅助生殖技术的受术对象也趋于宽泛。一些国家甚至把社会性不育者（单身妇女和女同性恋者）纳入人类辅助生殖技术受术对象，如英国《人类受精与胚胎学法》（Human Fertilization and Embryology Act，1990）最初将人类辅助生殖技术的使用权只赋予有婚姻关系的配偶以及同居男女，禁止同性恋者实施人类辅助生殖技术。然而，2005年的《民事伴侣法》赋予同性伴侣与异性夫妻同样的民事权利。为顺应这种变化，修改后的《人类受精与胚胎学法》（2008年）承认了同性伴侣的生殖权和对子代的监护权。再如在澳大利亚，越来越多的大龄单

① 卡塔琳娜·托马瑟夫斯基．人口政策中的人权问题：为瑞典国际发展合作署作的一项研究［M］．北京：中国社会科学出版社，1998：7.

身妇女向诊所要求行体外受精—胚胎移植技术，主要是因为越来越多的找不到“白马王子”的妇女意识到生子是一个不错的选择，因此，当三十八九岁时她们就去接受精子捐赠（sperm donation，SD）和辅助生殖。澳大利亚生育学会（Fertility Society of Australia）的迈克尔·查普曼（Michael Chapman）称单身母亲将成为常态。她们看好体外受精—胚胎移植技术而不是“一夜情”，是因为生殖中心捐赠的精子经过了遗传缺陷和传染病筛查。当然，这一趋势也使一些捐精者深为忧虑，他们担心孩子没有父亲，因而不愿意让单身妇女和女同性恋者使用其精子，尽管大部分单身者是成功的职业妇女。① 再如意大利《医学辅助生殖法》第5条将人类辅助生殖技术受术对象限定于已经达到育龄的异性已婚者或同居者，且双方均健在。我国《人口与计划生育法》也申明了生殖权的属性：生殖权是夫妻身份权，是权利义务的统一。《人类辅助生殖技术管理办法》第3条进一步规定：人类辅助生殖技术的应用应当在医疗机构中进行，以医疗为目的，并符合国家计划生育政策、伦理原则和有关法律规定。禁止以任何形式买卖配子、合子、胚胎。医疗机构和医务人员不得实施任何形式的代孕技术。这就明确了辅助生殖并非创造生命、改造生命的工具，而是生殖权的延伸方法，是治疗不育的必要辅助手段。

（三）代孕生殖是否合法

代孕作为一种复杂的医疗过程，有特定的内涵与外延，与民间所流传的“借腹生子”“典妻”以及代孕网站宣扬的所谓代孕有着本质的区别，它是综合采用各种辅助生殖技术，将受术夫妻（或者捐赠者）的精子与卵子在实验室经过人工培育形成胚胎后，植入代孕者子宫内，从而代替怀孕及生产的医疗过程。但是，学术界与实务界对“代孕”的名词术语及各种形式的代孕定义一直很混乱。自愿接受人工授精或体外受精，代替委托夫妻之妻怀孕，并与之约定放弃其所分娩辅助生殖子女的妇女，我国通常称为“代理孕母”“代孕母亲”“代理母亲”“代替母职”“代母”“孕母”等，这些用语译自英语的“surrogate motherhood”“surrogate mother”，关于

① COOK M. More. “socially infertile” women turning to IVF [EB/OL]. (2012-11-11) [2014-11-08]. http://www.bioedge.org/index.php/bioethics/bioethics_article/10312.

"surrogate motherhood"的确切含义，有学者认为是"代孕者"（surrogate），有学者认为是被代孕者。

代孕通常发生于体外受精过程中，所以又称为"体外受精代孕"（IVF surrogacy）。代孕根据代孕者是否提供卵子可分为部分代孕（partial surrogacy）和完全代孕（full surrogacy），部分代孕是直接将委托父亲或者供精者精子结合，代孕者既提供子宫又提供卵子，与胎儿之间存在遗传关系，因此也称为基因代孕（genetic surrogacy），它与"借腹生子"的唯一区别是以医疗技术取代自然性交，故也称为传统型代孕（traditional surrogacy）、自然代孕（natural surrogacy）或者直接代孕（straight surrogacy）。基因代孕虽然排除了通奸嫌疑，但是却无法摆脱伦理责难与法律困扰。完全代孕则大大缓解了这一问题，因为它是将妻子（或供卵者）卵子与丈夫（或供精者）精子在实验室内受精，形成早期胚胎后再转移到代孕者子宫内着床，发育，分娩。代孕者只提供子宫不提供卵子，与所生子女无基因关系，故也称为借腹型代孕或妊娠代孕（gestational surrogacy）。代孕还可根据是否向代孕者付费分为利他性代孕（altruistic surrogacy）与商业性代孕（commercial surrogacy）。国际社会争论最大的是基因代孕与商业性代孕。

代孕作为一种第三方生殖模式，为不能怀孕而又不愿意收养子女的夫妻生育与自己有遗传关系的子女打开了方便之门。但是代孕对社会的重大影响仍然是毋庸置疑的，其最大挑战是由妻子以外的妇女提供子宫代为怀孕，打破了"分娩者为母"的传统母亲身份认定标准，导致亲子关系的混乱。[①] 亲子关系认定标准的混乱必然危及家庭稳定与社会和谐。基于此，"试管婴儿"技术自问世以来即激起关于代孕合法化问题的激烈争论，力主非法者有之，坚持合法化者有之，徘徊在合法与非法之间者亦有之。

代孕合法化之争的焦点是物化妇女问题。代孕客观上造成母亲职能的分解和母亲身份的断裂。医生介入生育过程并取代母亲成为生命的制造者，卵子、荷尔蒙、子宫则成为医生创造生命的零部件，女人则被物化为

---

① 杨芳．"分娩者为母"？第三方参与人工生殖子女法律父母的确认［J］. 国外社会科学前沿，2010（14）：404-417.

孵卵器、保温箱。① 反对代孕合法者认为：女性的非人性化必将造成女性的人间炼狱，加深女性的不公平现象。不仅如此，代孕一旦合法则无异于用一纸法律或者协议斩断母子深情，不但根本不合人之伦常，而且有违人类尊严。② 女性主义者为代孕引发的母亲身份的断裂危机感到无比焦虑和痛心，认为代孕不仅助长了“传宗接代”的迷思，而且为父权体制透过现代科技继续压迫女性平添助力，因而发出“新科技是旧传统的帮凶”的呐喊。③ 同样从女性主义立场出发，赞同合法化的人则指出：“代孕者究竟是不是被物化，实关乎代孕者的主体性，而不应由旁观的女性主义者来定义或代言。”④ 还有学者认为代孕合法化将为女性在生存发展与拥有子女问题上提供更大的选择空间，代孕者一方面可以凭借代孕维持生计，另一方面无须因怀孕而依附于任何男性，而得以保有自己的自主性，况且子宫原本就是一个工具，除了让孩子生长没有其他功能，妇女出于自愿提供子宫，既非胁迫，又何来剥削？⑤ 也有人承认代孕可能带来剥削，但是却反对把商品化和剥削作为禁止代孕的理由，认为禁止代孕从本质而言是性别偏见的产物，立法禁止代孕不但达不到预期效果，而且使女性权益裸露在法律保护之外，间接导致“地下代孕”市场的畸形繁荣。⑥

医学界对子宫工具化可能导致的子宫切除泛滥以及生殖医疗化（medicalization of reproduction）现象忧心忡忡。有学者指出，生育原本是公共卫生问题，对于不孕症应当遵循“预防为主，治疗为辅”的原则，因而对以代孕解决不孕带来的“公共卫生问题的医疗化”倾向颇有微词，认为以代

---

① 刘仲冬．代理怀孕：女性及医疗社会学观［J］. 应用伦理学研究通讯，1997（4）：23－29.

② 罗维萍，韩跃红．代孕与人的尊严辨析［J］. 昆明理工大学学报（社会科学版），2015，15（5）：9－14.

③ 林芳玫．新科技是旧传统的帮凶：代理孕母与母亲身份的问题化［J］. 骚动，1996（2）：50.

④ 陈美华．物化或解放：女性主义者关于代理孕母的争论［J］. 月旦法学杂志，1999（52）：18－28.

⑤ 陈昭姿．翘首期盼代理孕母合法化——等待生命的转折点［J］. 月旦法学杂志，1999（52）：29－30.

⑥ 张融．女性主义法学视角下的代孕规则检讨［J］. 中华女子学院学报，2017，29（4）：23－31.

孕来解决过度医疗化而导致的不孕问题，有失预防为主的立场，是为公共卫生问题的医疗化推波助澜，它所引起的问题比它可以解决的问题恐怕还要多。[①] 也有学者对生殖医疗化现象不以为然，认为建立代孕制度只是提供给不孕夫妇生育下一代的另一种符合人性化的选择而已，医生并没有因此取代上帝，掌握创造人类生命的权柄。[②]

与代孕合法化问题之争相伴而生的问题是代孕协议的有效性问题。倘若代孕行为合法，就意味着代孕协议具有合法性和强制执行力的可能。在民间代孕协议是否有效的问题上，反对者基于代孕本身有违公序良俗[③]、不具有合法性基础，主张代孕协议自然不具有法律拘束力。[④] 支持者则认为，代孕协议是当事人自愿缔结的，并不违背公序良俗；况且代孕关系通过合同约定，可以规范代孕者在怀孕与生产期间的各种行为与责任，承认代孕协议的效力，可以为孩子的归属提供稳定性与确定性，因此，当事人所缔结的协议原则上应当得到法院尊重。但是也有学者指出，代孕协议一手交付子女、一手支付报酬与买卖婴儿已无二致。[⑤] 代孕可否要求支付对价由此成为另一个争议焦点。反对有偿代孕者的重要理由之一就是婴儿与代孕者本非商品，一旦涉入金钱因素，代孕者的身体即会沦为赚钱的机器，这是明显的身体工具化、商品化行为，是对代孕者人格的贬抑，女性依其智力、肤色、健康与生育能力，将在代孕市场中被待价而沽。然而，若不给付报酬对代孕者也不公平。给予孕母适当报酬，反而是保护，可事先制定完善合约；无偿代孕是为了避开剥削，但反而会导致台面下交易，变得无法管制。[⑥] 而且即便禁止商业性代孕行为，也不能完全杜绝商业买卖事实的存在，因为委托人和代孕者双方会有很多的接触机会，委托人对代孕者给予补偿或者是代孕者向委托人索取报酬都无可避免。所以，赞成

---

① 陈美霞．公共卫生问题不应医疗化［N］．中国时报，1999－03－21（15）．

② 钟文宏．看待代理孕母何不跳出传统框框［N］．联合报．1997－11－08（43）．

③ 梁慧星．市场经济与公序良俗原则［J］．中国社会科学院研究生院学报，1993（6）：21－31．

④ 刘长秋．代孕规制的法律问题研究［M］．上海：上海社会科学院出版社，2016：113．

⑤ 曾淑瑜．医疗伦理与法律15讲［M］．台北：元照出版社，2010：309－312．

⑥ 杨遂全，钟凯．从特殊群体生育权看代孕部分合法化［J］．社会科学研究，2012（3）：77－83．

有偿代孕的人认为，除了必要的医疗费和误工费等费用，必须另外给付代孕者一笔报酬。至于代孕的对价范围，学者对是否订定报酬的上下限也存在分歧，有人认为，应订定下限以保障代孕者的基本工资；也有人认为，应订定上限，以避免哄抬价格，迫使贫困妇女从事代孕。[①] 反对有偿化代孕者虽然主张代孕应为互助、无偿方式，但也不能回避必要的经济补偿问题，建议设检查、医疗、交通、营养、工时损失等费用上限。[②] 另外，即便承认协议合法，代孕协议还面临着执行难的问题。因为一经立法规定协议就必须强制执行，但若代孕者所怀胎儿出现残障或严重疾病，这时若强制执行恐怕胎儿将会受到不好待遇；若不强制执行，则代孕者就必须抚育别人的子女，对胎儿的照顾也将因感情与经济因素而产生问题。但是，强制执行意味着对代孕者的身体自由进行某些限制，这种限制合法吗？有学者研究了国外的代孕协议，认为代孕合法化的国家大都对代孕协议的强制执行性持保留态度。在美国，合同当事人爽约的，并不强制执行，而是承担赔偿责任。[③]

代孕合法化之争的议题还有很多，例如：代孕是否涉嫌贩卖婴儿？是否可以适用于不孕者以外的人？是否只是有利于少数人？诸如此类，限于篇幅，此处不再赘述。总之，代孕不是一道简单的是非选择题，而是一个充满价值冲突的崭新社会法律议题，需要融合多学科的知识进行深入研究。在代孕合法化之争中，各种观点不断碰撞、交锋、融合，尽管论争回环曲折，悬念迭起，却也把争论焦点从原先盲目的立场选择，导向多视角和宽领域的深层次分析，从而有助于人们形成对代孕问题的理性认识和综合评价。换言之，代孕问题不仅折射了“新科技”与“旧价值”的对抗，反映了“新观念”和“旧制度”的矛盾，同时也凸显代孕关系的紧张，而这些也是立法者要认真对待的基本问题，立法者应当积极总结这些意见和建议，并努力将各种有益的观点转化为立法资源，以制定出符合法治精神

---

① 陈怡君．公民支持代理孕母有条件开放［N］．台湾立报，2004－09－23.

② 小欣．台湾拟有条件开放代孕［N］．人民日报（海外版），2013－12－20（9）.

③ HEVIA M. Surrogacy，privacy，and the American Convention on Human Rights［J］. Journal of law and the biosciences，2018，5（2）：375－397.

和时代潮流的规则体系，而不应罔顾社会实践的客观需求。[①]

（四）配子和胚胎捐赠有无禁区

起初，配子捐赠（gamete donation，GD）和胚胎捐赠（embryo donation，ED）在技术上并不特别复杂，其社会关注度也比代孕的低。然而，伴随着全球辅助生殖技术的广泛应用，辅助生殖治疗越来越依赖于第三方配子的捐赠。第三方捐赠客观上增加了全球获得辅助生殖技术的机会，并扩大了潜在使用者的范围，但是，配子捐赠、睾丸捐赠、卵巢组织以及胚胎捐赠也造成捐赠者、接受者、代孕者之间的尖锐冲突，第三方跨国捐赠、所生子女知情权和捐赠者匿名保护等新现象产生了新的伦理挑战。第三方捐赠的伦理正当性和社会可接受性问题也随之变得尖锐难解，并成为国家立法不可回避的重要议题。

以最具争议的卵子捐赠为例，据美国疾病预防与控制中心和美国生殖医学会（American Society for Reproductive Medicine，ASRM）的注册信息，2017 年采用卵子库捐赠卵子所获胚胎成功移植数为 1 447 例，只占总周期数（255 968）的极小的比例[②]，却依然产生大量难以预测的伦理困惑和法律纷争，不断考验从业人员、接受者以及政策制定者的道德意识和法律素质。[③] 这种论争在受宗教影响比较大的国家尤其尖锐。绝大多数信奉伊斯兰教的阿拉伯国家曾坚决反对第三方生殖，因为伊斯兰教认为：第三方捐赠是不能接受的，无论是赠精、卵、胚胎，还是提供子宫，均无异于通奸；采用非法医学助孕方法收养小孩也是违法的；如果因为离婚或丈夫死亡而导致婚姻关系结束的，遗孀不得再接受医学助孕，哪怕精子来自已死丈夫；任何形式的代孕均属违法。[④] 例如，伊朗有 15%～

---

① 时永才，庄绪龙．有限开放代孕的法理思考与基本路径［J］. 法律适用，2016（7）：43－47.

② Society for Assisted Reproductive Technology. National Data Summary（2017）［R/OL］.［2019－10－02］. https://www. sartcorsonline. com/rptCSR _ PublicMultYear. aspx?ClinicPKID=0.

③ Ethics Committee of the American Society for Reproductive，Medicine American Society for Reproductive Medicine. Misconduct in third-party assisted reproduction：an Ethics Committee opinion［J］. Fertility and sterility，2018，110（6）：1012－1016.

④ HANAFIN P. Gender，citizenship and human reproduction in contemporary Italy［J］. Feminist legal studies，2006，14（3）：329－352.

20%的夫妻患有不孕，近年来辅助生殖技术获得重大突破，为不孕症患者带来福音。第三方生殖也凸显了医学伦理被伊斯兰教接纳的重要性。可喜的是，伊朗的宗教领袖对这种挑战传统教义教规的新技术已经愿意秉持宽容开放的态度，并着手改革伊斯兰法律制度：2003 年，伊朗议会通过了向不孕夫妻开放的《捐赠胚胎法》（Act of Embryo Donation）。该法虽然对精子或卵子捐赠有所保留，但毕竟为胚胎捐赠的合法化铺平了道路。① 根据该法及其配套规定，捐赠人和受赠人的信息是保密的，与捐赠人或受赠人有关的文件只有通过法院判决才能公开。受赠人的资格应由法院确认。捐赠者和接受者的筛选均需基于新生儿的健康和幸福考量。②

鉴于配子、合子捐赠的伦理性，许多国家的生殖医学团体也都作出积极回应，并适时制定或更新相关评估指南。2008 年英国大不列颠男科学会（British Andrology Society，BAS）曾把 1999 年发布的捐精者疾病筛查指南和生殖学会（British Fertility Society，BFS）2000 年发布的卵子与胚胎捐赠筛查指南合而为一，作为统一的精子、卵子和胚胎捐献者的医学和实验室筛选指南。该指南由多个相关学会代表组成的多学科工作组共同完成，主要的修改内容包括传染性海绵状脑病（transmissible spongiform encephalopathies，TSEs）传播风险的必备条件以及人类 T 淋巴细胞病毒 1 和 2 的筛查建议等。③ 2019 年该指南经反复评估后再次更新，对传染性疾病筛查进行调整，对遗传性疾病的遗传风险进行了循证研究，认为男性

① LARIJANI B，ZAHEDI F. Ethical and religious aspects of gamete and embryo donation and legislation in Iran [J]. Journal of religion & health，2007，46 (3)：399 - 408.

② RAMEZANLI S，KARGAR M. Gamete and embryo donation in Iran [J]. Journal of Jahrom university of medical sciences，2014 (11)：58.

③ Association of Biomedical Andrologists，Association of Clinical Embryologists，British Andrology Society and Royal College of Obstetricians and Gynaecologists. UK guidelines for the medical and laboratory screening of sperm，egg and embryo donors [J]. Fertility and sterility，2008，11 (4)：201 - 210.

在46岁之前捐赠精子是可接受的。[①] 美国生殖医学会实践委员会和辅助生殖技术学会（Society for Assisted Reproductive Technology，SART）实践委员会也有类似指南发布，包括性传播疾病及遗传疾病的筛查和检测及其心理评估的最新信息，以帮助医生作出最佳决策。目前这一指南已从2008年版本更新为2012年版本。[②] 之所以经常更新，正是因为考虑到医学科学和生命伦理观念是不断发展变化的，临床医生不应拘泥于既定文本。

如何平衡配子捐赠者匿名权与辅助生殖子女知情权的冲突是配子捐赠问题的又一争议焦点。关于捐赠者的匿名权问题，传统医疗实践通常因为男性不育的污名化而采取供受双盲制，但是，随着子女最佳利益原则地位的提升，配子捐赠者的义务逐渐受到关注，互盲观念和惯例也被逐步打破，越来越多的国家立法试图限制捐赠者的匿名权和保护子女的基因知情权。早在1984年，瑞典就率先立法赋予成年供精人工授精子女基因知情权[③]，此后，基因知情权受到公众的关注，捐赠者匿名权遂受到强烈冲击，美国生殖医学会伦理委员会甚至鼓励受赠父母向子代公开捐赠事实，一些临床医生也开始建议供受双方签署就未来孩子和供受者之间权益的协议。[④] 我国香港特区草拟《人类生殖科技条例》时也深入探讨了捐赠人身份资料的查询和保护问题。主管部门主张，捐赠人身份信息应否绝对保密或者在特殊情况下可否披露，应以辅助生殖孩子福祉为要。若该孩子性命

---

① Association of Clinical Embryologists，Association of Biomedical Andrologists，British Fertility Society，et al. UK guidelines for the medical and laboratory procurement and use of sperm, oocyte and embryo donors（2019） [R/OL]. Human fertility，2019：1－13.（2019－05－17）[2019－08－06]. https://www.tandfonline.com/doi/pdf/10.1080/14647273.2019.1622040?needAccess=true.

② Practice Committee of the American Society of Reproductive Medicine，Practice Committee of the Society of Assisted Reproductive Technology. Recommendations for gamete and embryo donation：a Committee opinion [J]. Fertility and sterility，2013，99（1）：47－62.

③ JOHNSON L，KANE H. Regulation of donor conception and the "time to tell" campaign [J]. Journal of law and medicine，2007，15（1）：117－127.

④ Ethics Committee of the American Society for Reproductive Medicine，Birmingham，Alabama. Interests，obligations，and rights of the donor in gamete donation [J]. Fertility and Sterility，2009，91（1）：22－27.

危殆，需要移植捐赠人的骨髓，则剥夺其寻找基因父母的机会对其不公平，所以，若保存捐赠人资料的持牌人出于善意联络并告知捐赠人其所捐配子所生孩子病危，建议其同意披露身份并不触犯法律。但是有议员反对无条件披露捐赠人可识别身份的资料，理由是这种安排要捐赠人背负道德责任，对捐赠人是不公平的，况且辅助生殖子女的福利已受《父母与子女条例》有关条文的充分保障。还有议员提出，既然需要披露捐赠人身份主要基于医学理由（如小孩病危），鉴于披露资料可能对委托夫妻、捐赠人和所生孩子产生很大压力，捐赠前应先告知捐赠人的权利及其可能出现的后果，并要求他们作出日后是否同意披露其身份的意思表示，其同意披露其可辨识身份的信息的方可披露，但若同意披露身份的捐赠人改变主意，其精子应当销毁。也有议员指出，赋予捐赠人及委托夫妻选择权会对委托夫妻及生殖科技中心造成运作上的困难。香港家庭计划指导会认为，登记册内须保存的资料类别应作具体说明，向索取资料者提供的辅导若为必须，此项规定可能会造成资源及人手紧张。针对上述争论，为了求同存异，我国香港特区卫生福利局提出另一解决方案，建议放宽《人类生殖科技条例》草案相关规定，只容许特殊情况下取得捐赠人事前或事后同意后披露其资料。①

二、人类辅助生殖立法基本原则

法律原则是法律体系不可或缺的基本要素，贯穿于法律规则之中并为其提供基础性、本源性、综合性的原理或准则，承载着法律体系的根本价值，引领着法律调整的基本方向。任何法律都需要法律原则（principle of law），正如拉伦兹指出的："整个法秩序（或其大部分）都受特定指导性法律思想原则或一般价值标准的支配。"② 人类辅助生殖立法的基本原则源自国际社会长期医疗实践总结出来的具有价值导向性和伦理证成性的法

① 人类生殖科技条例草案（立法会 CB（2）1751/98－99 号文件）[R/OL].（1999－04－01）[2013－03－23]. http://sc.legco.gov.hk/sc/www.legco.gov.hk/yr98－99/chinese/bc/bc53/minutes/bc530902.htm.

② 拉伦兹．法学方法论 [M]. 陈爱娥，译，台中：五南图书出版有限公司，1999：255.

律原理和准则，奠基于生命伦理原则和规范，通过立法程序引入法律体系，并成为最低限度的道德的法律化身，其本质是道德的法律表达。① 现概括如下。

（一）行善原则

行善原则（beneficence）作为现代生命伦理学的首要原则，同时产生积极义务（有利）和消极义务（无伤）两个方面，要求医学活动恪守趋利避害、扬善止恶的矛盾律，既要保障患者（或受试者）利益最大化，又要将伤害（或风险）降到最低限度。在所有情况下的人类辅助生殖技术中，子女的利益是最重要的考虑因素。医生不应当协助实施严重损害未来孩子利益的高风险辅助生殖技术②，尤其不应当按照已死者父母或配偶要求为死者取精授精。③ 目前大多数国家的辅助生殖立法已经确立了子女利益最佳原则。例如，1990 年英国《人类受精与胚胎学法》首次把子女利益最佳原则作为妇女接受辅助生殖治疗的非临床标准，这在《执业守则》中被进一步明确，例如第八版《执业守则》（2008）要求进行儿童利益的风险评估，这些风险包括严重的生理、心理和医疗伤害或懈怠，准父母的身份识别，以及谁将承担法律父母的责任。2008 年版《人类受精与胚胎学法》承认单身女性和女同性恋者若生育子女则子女将没有法律父亲而只有养母的事实，甚至删除了“孩子需要父亲”条款，要求对准妈妈满足孩子需要的能力以及家庭中其他人或社会圈愿意承担满足他们需求责任的能力进行评估。目前澳大利亚、芬兰、意大利、新西兰、挪威、斯洛文尼亚、瑞典也像英国一样，以立法保护辅助生殖子女利益。有利于子女利益原则已经被许多国家所接受并成为评估受术者资格的重要因素。如冰岛先后颁布的《人工受孕法》（Act on Artificial Fertilization，55/1996）和《人工受孕及

① 胡君．原则裁判论：基于当代中国司法实践的理论反思［M］．北京：中国政法大学出版社，2012：61－62.

② PENNINGS G，WERT DE G，SHENFIELD F，et al. ESHRE Task Force on Ethics and Law 11：posthumous assisted reproduction［J］. Human reproduction，2006，21（12）：3050－3053.

③ RAM-TIKTIN E，GILBAR R，FRUCHTER RB，et al. Expanding the use of posthumous assisted reproduction technique：should the deceased's parents be allowed to use his sperm?［J］. Clinical ethics，2019，14（1）：18－25.

用于干细胞研究的配子和胚胎使用法》（Act on Artificial Fertilisation and Use of Human Gametes and Embryos for Stem-Cell Research，2006）始终把子女利益原则作为辅助生殖治疗及其立法的基本原则之一，其主要表现为如下规定：其一，辅助生殖是替代性治疗手段。人类辅助生殖技术的可得性也受不孕病因和疾病传播风险的影响。在求助于人类辅助生殖技术前应优先考虑其他治疗方法，人类辅助生殖技术获取条件有如下限制：不适用于非处于异性恋中的妇女和寡妇，即接受治疗者须处于异性婚姻期间或同居长达三年之久，年龄上限一般为42岁，最大不超过45岁。其二，保护未出生者的福祉是相关立法和伦理指南明确规定的人类辅助生殖技术获取条件的基本原则，负责评估该夫妇是否满足该条件的是医疗团队。如果医生拒绝治疗，该夫妇可以就其决定向卫生部任命的委员会（由律师、医生和社会工作者组成）申诉，该委员会的决定是终局的。

在人类辅助生殖技术实施过程中，行善原则始终是判断受术者资格、人类辅助生殖技术种类、第三方生殖以及胚胎移植数目的基本准则。在第三方捐赠配子和胚胎问题上，行善原则不仅意味着有利于供受双方当事人，而且要保护子代利益和社会公共利益。在生育力保存问题上，因为配子和胚胎保存方法具有一定的风险性，它的临床应用有必要充分评估各种可能风险（包括未来生育风险），进行必要的利益衡量，努力参照医疗新技术准入规范，审慎地选择安全可靠的冷冻保存方法，并且遵循以下原则：对捐赠者进行严格筛查，以避免或减少出生缺陷，防止性传播疾病的传播和蔓延；采取社会能够接受的形式和方法，尽可能扩大捐赠者群体，严禁用商业广告形式招募捐赠者；应配备相应的心理咨询服务，解除捐赠者可能出现的心理障碍；充分理解和尊重捐赠者在精液采集和取卵过程中可能遇到的困难，并给予最大可能的帮助；告知捐赠者其对捐赠所生的后代无任何权利和义务；建立完善的捐赠配子使用管理体系，精（卵）子库有义务在匿名的情况下，为配子捐赠所生后代提供有关医学信息的婚姻咨询服务；建立完善的捐赠者管理机制，严禁同一捐赠者多处捐赠。

在更复杂的死后生殖问题上对生存者和子女的利益进行评估至关重要，影响子女利益的主要因素之一是他或她将在一个单亲家庭中成长，第二个因素是孩子发现自己是遗传父母死亡后孕育的时可能会感到委屈或耻辱。死后生殖不同于匿名捐赠，孩子会知道他或她的基因起源和已死遗传父母的形象。如果父母把孩子视为“纪念孩子”或者死者的代替者将对孩子利益产生一定影响，因此治疗前进行必要的咨询和评估父母的动机是明智的。对于生存者而言，她或他没有法律或道德义务使用配子或胚胎进行生殖。然而，当有合适的可用配子或胚胎时，她或他有权作出配子或胚胎处理决定。重要的是这个决定应当是经过深思熟虑的。决策过程应当充分考虑丧亲之痛的复杂心理机制，因为它们可能会促使死者遗属作出草率决定。因此，咨询过程中也应当促进准父母考虑他或她的行动的社会影响，特别要关注未来孩子的福利。其家人和朋友对这一行为的态度和支持可能会对孩子成长的社交网络产生影响。①

（二）意思自治原则

意思自治原则的基础是尊重自主性。尊重自主原则是现代生命伦理的一大支柱，也是社会基本伦理要求在法律上的反映。② 尊重自主原则泛指尊重一个有自主能力的个体所作出的自主的选择，承认该个体拥有基于个人价值信念而持有看法、作出选择并采取行动的权利。③ 它承认个人是道德权威的来源，肯定个人是自己命运的主人。美国著名生命伦理学家恩格尔哈特将其归纳为允许原则，在他看来，在一个多元化的世俗社会中，允许或同意是权威的来源，干涉他人的行动的权威只能来自他人的允许，不经过他人允许或同意，行动没有权威性；同理，解决具有不同价值观的道德异乡人之间的道德争议也只能来源于争议者们的同意，因为它无法来源于理性论证或共同信仰。

首次明确规定自主自愿核心地位的国际文件是著名的《纽伦堡法典》。该法典明确强调“受试者的自愿同意绝对必要”，其终极理念就是尊重和

---

① PENNINGS G，WERT DE G，SHENFIELD F，et al. ESHRE Task Force on Ethics and Law 11：posthumous assisted reproduction [J]. Human reproduction，2006，21 (12)：3050 - 3053.

② 赵万一．对民法意思自治原则的伦理分析 [J]. 河南省政法管理干部学院学报，2003 (5)：133 - 141.

③ 黄丁全．医疗法律与生命伦理（上）[M]. 北京：法律出版社，2015：81.

承认受试者自主决定权的正当基础和合法地位。1964 年世界医学大会在《赫尔辛基宣言》中进一步明确“参与医学研究的医生有责任保护研究受试者的生命、健康、尊严、公正、自我决定的权利、隐私和个人信息的保密”，这正式确立了尊重自主的法律原则地位。从此以后，自主原则被确立为多个涉及人类受试者国际准则的基础而得到迅速扩散和广泛应用。美国的国家委员会（National Commission）《贝尔蒙特报告：保护人类受试者的伦理原则与指南》（Belmont Report：Ethical Principles and Guidelines for the Protection of Human Subjects of Research，1978）是首次正式确认自主原则的国内生命法规范。[①]《贝尔蒙特报告》作为涉及人的生物医学研究伦理的经典文献，把尊重人（Respect for Persons）确立为生物医学研究伦理的三大原则之一。根据《贝尔蒙特报告》，自主决定的判断依据主要有三个方面：第一，提供足够信息；第二，参加者理解信息；第三，同意且自愿。

自由的、知情的同意对家长主义盛行的亚洲国家医疗实践也产生了深刻影响[②]，而且已经转化为知情同意（informed consent）这一特定的表现形式被广泛运用于各种国际生命伦理文献和法律规范之中，其被作为生命伦理和生命法学中的一个基础性概念，置于基本原则之首。医患之间的观念冲突也需要以公平的协商程序予以解决，而自由的、知情的同意是这种程序的核心。[③] 知情同意根源于一个坚强的信念，那就是：任何个体均有权依照其个人的价值观、信仰、生活理念，在充分知情的情况下自由决定自己的事务。自主意味着尊重自主的个人和个人的决定。这个以患者自我决定权为中心的伦理原则落实到法律上就是上述“告知后同意法则”的建立[④]，患者有权按照自己的意愿支配其身体，不受未充分告知的医疗行为

---

① 肖健．密尔式生命伦理尊重自主原则辨析［J］．自然辩证法研究，2015，31（12）：31－35.

② JUKKA VARELIUS. The value of autonomy in medical ethics［J］. Medicine, health care and philosophy，2006，9（3）：377－388.

③ 恩格尔哈特．生命伦理学基础．2 版［M］．范瑞平，译，北京：北京大学出版社，2006：123，290.

④ 杨秀仪．谁来同意？谁作决定？从“告知后同意法则”谈病人自主权的理论与实际：美国经验之考察［J］．台湾法学会学报，1999（20）：367－410.

的侵袭。① 医务人员有义务充分告知接受辅助生殖治疗的患者实施该项技术的适应证、禁忌证、成功率、实施程序、大致费用、可能面临的风险以及为降低这些风险所采取的措施等，然后由患者在其完全自愿的情况下签署知情同意书后实施；接受辅助生殖治疗的患者在任何时候都有权提出中止该技术的实施，并且不会影响对其今后的治疗；医务人员必须告知患者及所生孩子随访的必要性；捐赠者也应完全自愿提供配子和胚胎，并在知晓其生殖细胞的用途、自身权利及捐赠次数的情况下签署知情同意书；捐赠者在心理、生理不适或其他情况下有权终止捐赠，并有权要求终止使用已被冷冻保存的生殖细胞；精（卵）子库不得采集、检测、保存和使用未签署知情同意书者的生殖细胞。

意思自治通常意味着必须尊重其决定。然而，这并不意味着无条件接受患者的愿望，原则即是限制。首先，真正尊重意思自治意味着为促进反映人的价值的周全决定创造条件。其次，准父母应当考虑其愿望对未来孩子的影响。这一限制同样适用于生育力保存者。为将来自用保存生育力者也应签署知情同意书。医务人员有义务告知其冷冻保存技术的费用、可能风险、冷冻复苏率和最终可能的治疗结果，尤其是关于万一生育力保存者死亡后如何处理冻存的生殖细胞。尽管要求死后生殖的案例不多，按照欧洲人类生殖暨胚胎学会的建议，诊所应当询问健康的患者万一其死亡应当如何处置其配子和胚胎，如果患者选择死后生殖，诊所即便反对这种治疗并拒绝合作，也应当向其提供冷冻保存同意书，并告知患者打算在其万一死亡时如何使用其配子和胚胎。书面知情同意有助于避免患者死后发生不必要的配子和胚胎争夺纠纷②，否则在人死亡后进行任何侵入性的手术都违背知情同意原则。

作为辅助生殖的常规及其立法原则，知情同意重在告知后同意的过程，而非一纸文书。欧洲人类生殖暨胚胎学会曾明确儿童生育力保存的伦

---

① 郭明龙．论患者隐私权保护——兼论侵害“告知后同意”之请求权基础［J］. 法律科学（西北政法大学学报），2013，31（3）：84-91.

② PENNINGS G，WERT DE G，SHENFIELD F，et al. ESHRE Task Force on Ethics and Law 11：Posthumous assisted reproduction［J］. Human Reproduction，2006，21（12）：3050-3053.

理要求和具体程序：当每个人面临疾病威胁、进行生育规划或者接受自愿性医疗干预手段（如行输精管切除术）时都有保存生育力的自主权利。承认病人自主性的途径是获取病人的知情同意，成年人和儿童的知情同意程序的不同取决于其决定能力（making capacity）的不同。对儿童的理想知情同意状态是，家长和医疗组能够就儿童的最佳利益达成共识。但是在双方意见不一致的情况下，如果该儿童已经发育成熟并且能够理解关系重大的问题，应当尊重儿童的决定；如果该儿童不够成熟，则应由其父母作出同意或不同意保存的决定，除非该决定损害儿童的利益。同意能力和信息充分是自主原则的关键，父母和儿童需要了解可选方案风险和利益的详细信息。①

（三）保密原则

实行保密和互盲也是辅助生殖的惯例，对利他性的捐赠者而言，尤其需要保护其隐私，避免对其造成不必要的心理压力。为此，凡使用捐赠配子和胚胎的第三方生殖，应当保持供方与受方夫妇之间互盲、供方与实施人类辅助生殖技术的医务人员之间互盲、供方与后代之间互盲；医疗机构和医务人员对使用人类辅助生殖技术的所有参与者有实行匿名和保密的义务；医务人员有义务告知捐赠者不可查询受术者及其后代的一切信息，并签署书面知情同意书。受术者夫妇以及实施人类辅助生殖技术的医务人员均无权查阅供精者真实身份的信息资料，供精者无权查阅受术者及其后代的一切身份信息资料。精（卵）子库的医务人员有义务为提供者、受术者及其后代保密，精子库应建立严格的保密制度并确保实施，包括冷冻精液被使用时应一律用代码表示，冷冻精液的受术者身份对精子库隐匿等措施。保密作为辅助生殖的基本原则虽然受到普遍尊重，但是一些国家的法律逐渐打破了保密原则，限制捐赠者匿名权。其伦理基础在于：一是利于保护子代的利益和知情权。随着《儿童权利公约》（Convention on the Rights of the Child）的颁布，儿童基因来源知情权成为一项基本人权。而保密和互盲原则下的第三方生殖实际堵塞了子代获知其基因父母的相关信

① ESHRE Task Force on Ethics and Law. TaskForce 7：ethical considerations for the cryopreservation of gametes and reproductive tissues for self use [J]. Human reproduction，2004，19(2)：460－462.

息的途径。二是有利于防止近亲结婚。通过配子捐赠所生的子女，因不知晓其法律父母与遗传父母分离的事实，可能会与他们的半血缘兄弟姐妹结婚，甚至有可能会与其配子捐赠者结婚。打破互盲原则可以有效阻断近亲结婚问题。基于此，目前，瑞典、英国、奥地利等欧洲国家和地区渐次通过立法允许子代查询其基因来源。例如，冰岛在捐赠者匿名性问题上尊重捐赠者意愿。如果捐赠者希望对其身份保密，则医疗机构的员工有义务尊重其请求；如果捐赠者不要求对其身份保密，则医疗机构应当将其身份信息记录在一个特殊档案里；如果配子捐赠治疗生下一个孩子，夫妇和该孩子的信息应保存在同一个文件中，以备所生后代年满 18 岁后查阅（如果孩子查阅文件，医疗机构应尽快将此事通知捐赠者）。我国香港地区讨论《人类生殖科技条例》时，也有人提议在法律条文里作出弹性安排，给予委托夫妻及捐赠人选择权，并赋予孩子查阅资料的权利。[①] 与此相反，《人类生殖科技条例》草案委员会建议不应向委托夫妻及辅助生殖子女透露捐精者身份，也不应向捐精者透露委托夫妻及辅助生殖子女的身份，但允许年满 18 岁者查证自己是否经由生殖科技程序出生，如果查明属实便应有权得知捐精者身份之外的资料。而生殖科技临时管理局指出，生殖科技程序如不涉及配子或胚胎捐赠与自然受孕并无不同，应由孩子父母决定是否告知孩子实情，故应规定甲登记册只记录使用生殖科技而又涉及配子或胚胎捐赠的个案，供那些经配子或胚胎捐赠所生子女查询捐赠者身份之外的资料。《人类生殖科技条例》最后采纳了卫生福利局的意见，即基于降低意外乱伦风险考虑，建议查询这些资料的人的最低年龄应定为 16 岁，以确保达到法定婚龄（即 16 岁）的人有权查证自己与结婚对象是否存在血缘关系。

（四）伦理监督原则

生命科学研究的突破及其临床应用产生大量伦理、法律和社会问题，成立专门监管机构（如伦理委员会），对医学技术临床应用加强政府监管和行业自律，是国际医学界通行的做法，有助于打破医学专家在生命价值

---

① 人类生殖科技条例草案（立法会 CB（2）1751/98－99 号文件）[R/OL].（1999－04－01）[2013－03－23]. http://sc.legco.gov.hk/sc/www.legco.gov.hk/yr98－99/chinese/bc/bc53/minutes/bc530902.htm.

评估中的垄断地位，规范生命伦理议题，强化专家的社会责任，促进社会公众参与技术决策，保护受试者安全和维护社会公益。如前述美国根据《国家研究法》（National Research Act）成立的国家委员会发布《贝尔蒙特报告》是美国生命伦理学史上的重要文件，报告提出的三大生命伦理原则（尊重个人、行善与平等公正）及三个具体规则（知情同意、险益评估与对象选择）对美国生殖医学的伦理监督起着重要指导意义。除了国家级生命伦理委员会，美国各医学院所、医疗服务机构与医学团体也成立了各种专业伦理委员会，如美国生殖医学会下设伦理委员会，对癌症患者的生育力保存、利用人类配子与胚胎进行医学研究的知情同意程序、配子捐赠所生子女的基因知情权、家庭成员之间的配子捐赠以及特殊人群生殖的配子来源等各种伦理法律问题都给出了具体伦理建议，对人类辅助生殖技术服务具有积极指导价值。新西兰还成立了国家生殖技术伦理委员会这一国家级生殖技术伦理委员会。一些国际组织也成立了专业伦理委员会，建立伦理审查机制，如国际妇产科联盟（International Federation of Gynaecology and Obstetrics，FIGO）和欧洲人类生殖暨胚胎学会，都建立了伦理监督机构。

近年来，随着人类辅助生殖技术的广泛应用，我国的生殖医学审查监督也逐渐制度化、法律化，并与国际接轨。《人类精子库管理办法》规定：申请设置人类精子库的医疗机构应当设有医学伦理委员会。修订后的《人类辅助生殖技术和人类精子库伦理原则》增加“伦理监督的原则”专条，首次提出伦理监督概念，确立了生殖医学伦理委员会的指导、监督和审查地位，明确了伦理监督的内容、范围、形式与途径等。此外，《涉及人的生物医学研究伦理审查办法》也是预防研究用胚胎用于辅助生殖的必要规范性文件。《涉及人的生物医学研究伦理审查办法》《涉及人的生命科学和医学研究伦理审查办法（征求意见稿）》等规范规定了医学伦理委员会的职责和任务，明确了医学伦理委员会的独立审查权，对保护受试者的正当权益和促进生命科技研发意义重大。医学伦理会员会也确实发挥了伦理审查、自我监督和风险防范的作用，但医疗实践中医学伦理审查委员会建设跟不上形势，审查能力有限，尚未完全摆脱内部利益的困扰和干预，难以保证伦理审查的独立、透明和公正。其重要影响因素在于现有制度和规范性文件过于笼统、抽象和框架化，伦理审查过程中解读空间过大，主观随意性过强，不同伦理委员会的审查结果不一致。如 2018 年 11 月曝光的“基因编辑婴儿”事件，凸显了我国现有规范体系的滞后和行业自律机制的漏洞。贺建奎基因编辑婴儿既是一起严重违反科研伦理的行为，更是一起非法辅助生殖个案，其认定理由如下：第一，研究过程不严谨，贸然敲除孩子的具有免疫功能的 CCR5 基因不是预防艾滋病所必须，也使孩子比其他孩子更易感染流感等流行病，违反科学精神。第二，知情同意过程不完整，未告知孩子父母阻断艾滋病母婴感染的其他安全有效方法，知情同意书设计了若干无效的免责条款，并给受试夫妇 28 万元，违反了自由同意原则。第三，伦理批件不真实，所有涉事单位和个人均声称伦理审查文件的签字与己无关，说明伦理审查是无效的，甚至可能是伪造的。第四，研究行为不合法，违反《人类辅助生殖技术规范》和《人胚胎干细胞研究伦理指导原则》关于“禁止对配子、合子、胚胎实施基因操作”，“利用体外受精、体细胞核移植技术、单性复制技术或遗传修饰获得的囊胚，其体外培养期限自受精或核移植开始不得超过 14 天”，“不得将前款中获得的已用于研究的人囊胚植入人或任何其他动物的生殖系统”等条款。基于以上规定，该行为也违反了保护后代原则和社会公益原则。未来，我国应加快立法跟进，明确生殖性基因编辑基础研究和临床应用的优先顺序和行为禁区，严禁以“增强或改良”为目的以及以“生殖”为目的的生殖系基因编辑和修饰的临床应用，在其风险性尚未得到有效控制、效果难以有效验证、社会共识尚未达成以及监管机制尚未到位的情况下，应当采取强有力的措施予以管控，其学术研究也应严格限定在实验室范围内。

（五）非商业化原则

人类配子作为人类生命的早期形式，子宫作为妇女身体的一部分，是人类繁衍生息的物质基础和社会永续发展的必要条件，不仅表达着个体的人格利益，也承载了人类整体的尊严和价值。人类辅助生殖必须遵循非商业化原则（non-commercialization）。如英国 1985 年颁布的世界首部《代孕协议法》（Surrogacy Arrangements Act，1985）把禁止商业性代孕作为核心内容之一，规定任何组织或个人以商业目的所进行的与代孕有关的倡议、斡旋、要约、承诺以及信息收集行为均为犯罪行为（第 2 条）。商业性代孕在英国指从事下列商业行为：（1）发起或参与代孕有关的交涉，（2）为成立代孕为要约或承诺，或（3）为成立或交涉代孕而收集信息，（4）本人或第三人在任何时间因该行为而收受给付，或意图使本人或第三人于未来收受给付而从事代孕的发起、协商或帮助行为（对代孕者或未来之代孕者为给付或为其利益而给付除外）。我国对辅助生殖也贯彻非商业化原则，禁止买卖精子和以营利为目的的供精行为；精子库只能向已经获得卫生部人类辅助生殖技术批准证书的机构提供符合国家技术规范要求的冷冻精液，不得向未获得批准的生殖中心提供精液，也不得为追求高额回报降低供精质量。当然，精子库建设需要大量人力、物力、财力进行精子的采集、冷冻、保存和冻融等工作，使用精子库的精子是需要收取一定的必要费用的，精子库也有必要对供精者给予必要的误工、交通费及医疗风险补偿，但这和精子供应商业化是两个不同的概念，实践中需要严格划分界限。

近年来，伴随着第三方生殖的发展，卵子供应与需求矛盾加剧，卵子相对于精子而言，具有独特的生物复杂性和稀缺性，是珍贵的人体组织。而且，卵子只能通过复杂的辅助生殖治疗方法得到，对妇女身体具有一定的侵入性和危险性。同时，再生医学也以卵子作为重要生物材料，与以生殖目的的卵子需求存在激烈竞争，导致卵子缺乏成为一个世界性难题①，并催生了一个庞大的国际卵子交易市场。卵子交易潜藏着巨大风险。首先，受金钱利益的驱使，为产生更多数量的可用卵子，过度刺激卵巢对女性造成卵巢过度刺激综合征风险。其次，卵子买卖被社会视为一种将生育商业化的行为，是对人类尊严的不恭和亵渎，不符合社会伦理道德要求。再次，卵子买卖不仅玷污了现代医学活动的高尚性，也是购买者对出卖者的一种剥削。② 最后，卵子买卖行为不具有合法性，大都在“地下交易”，缺乏有效监控，医疗机构准入标准、临床医师及护士资质、设备等不符合相关规定，取卵手术得不到安全保障。为此，国际社会一方面严申非商业化原则，另一方面积极探索增加卵子供给模式（如补偿捐赠模式和分享模

---

① Editorial. Eggs shared, given, and sold [J]. Lancet, 2003, 362 (9382): 413.

② 刘长秋．买卖卵子的伦理分析与法律对策 [N]. 检察日报，2012-11-01 (3).

式），例如以色列为了遏制本国妇女参与跨国卵子交易，允许妇女捐赠体外受精周期以外的卵子，并给捐赠者一定的补偿等，以有效地维护供受双方的健康、权利和尊严。我国也借鉴国外经验积极采用卵子分享（oocyte sharing）模式。卵子分享模式不仅避免了捐卵者纯粹为捐卵承受的医疗风险和身体不适，而且低收入患者群体通过分享自己的卵子可以获得减免治疗费用的机会，更容易获得治疗，因而更符合“有利”“无伤”的医学伦理原则。其不失为一种理想的互惠双赢模式，是目前增加供卵源的首选模式。

第三章　人类辅助生殖立法全球演进和模式选择

为趋利避害，合理使用人类辅助生殖技术，在较早开展辅助生殖服务的国家，如瑞典、英国、挪威、澳大利亚、新西兰、德国、法国等国家，在经历了道德规约或宗教控制、政府规制等治理模式后大都选择法律治理模式，并引领其他国家颁布或修订专门性人类辅助生殖法律（law）、法规（statute）或作为软法的指导方针（guideline），使人类辅助生殖成为一个受高度管制的医疗领域。根据国际生殖学会联盟（International Federation of Fertility Societies，IFFS）① 2019 年公布的权威数据，尽管全球辅助生殖规制模式不一，但都存在不同形式或程度的治理（governance）、监督（oversight）或监管（regulation），大都制定了国家法律划定医疗实践的边界，并以政府或专业机构发布的行为准则为补充。一些国家还出台了设立专门许可机关或行政监督的硬性规定，监管的领域也有所扩大，除了持续关注生殖中心、专业人员、实验室和工作人员外，还包括匿名捐

① 国际生殖学会联盟是一个与世界卫生组织有官方关系的非政府组织。

赠、跨境生殖、代孕、植入前基因诊断、胚胎实验、显微操作、婚姻状况以及特殊群体生殖权等。①

一、人类辅助生殖立法历史演进

世界各地的辅助生殖立法经历了从无到有、从粗放到严谨的变化过程，这一进程可以粗略地划分为三个阶段。20 世纪 80 年代是辅助生殖立法的奠基阶段，瑞典（1984 年）、英国（1985 年）、以色列（1987 年）、挪威（1987 年）和西班牙（1988 年）等欧洲国家率先探索和启动辅助生殖立法，产生一批早期的人类辅助生殖法律法规。值得一提的是，1984 年澳大利亚的维多利亚州颁布《不育（治疗程序）法》，这是澳大利亚第一个颁布人类辅助生殖法的州，也是世界上首个依法规范人类辅助生殖技术的地区。20 世纪 90 年代是辅助生殖立法的发展阶段，更多的国家加入辅助生殖立法的行列，它们是德国（1990 年）、奥地利（1992 年）、法国（1994 年）、哥斯达黎加（1995 年）、冰岛（1996 年）、土耳其（1996 年）、丹麦（1997 年）、爱沙尼亚（1997 年）、瑞士（1998 年）和芬兰（1999 年）等。进入 21 世纪，是辅助生殖立法的成熟和完善阶段，许多国家和地区都积极致力于辅助生殖立法的构建。但是，受到文化规范、宗教意识、伦理观念、政治偏好和公共舆论的影响，各个国家和地区辅助生殖立法进展和活跃程度并不完全相同。立法起步最早和最为活跃的是欧洲，其次是大洋洲和北美洲，再次是亚洲，拉丁美洲和非洲起步最晚，也最不活跃。2016 年以来，在立法比较活跃的国家和地区，法律制度更新也比较频繁，修订的内容主要聚焦于配子捐赠、体外受精代孕、植入前遗传学诊断、冷冻胚胎移植数量限制、死后生殖设禁、婚姻状况限制、同性或单亲

① International Federation of Fertility Societies. International Federation of Fertility Societies' Surveillance (IFFS) 2019: global trends in reproductive policy and practice, 8th edition [J/OL]. Global reproductive health, 2019, 4 (1): 9 - 12. [2019 - 10 - 10]. http://dx.doi.org/10.1097/GRH.0000000000000029.

政策、跨境生殖和胚胎实验的禁区等。①

（一）欧洲

欧洲国家普遍认为解决不孕症治疗可得性的障碍必须由政府承担，这不仅意味着要为接受人类辅助生殖治疗的夫妇提供经济援助，而且包括政府应制定相关法律法规以及协调适应不同国家的相关法律，以促进不孕症治疗的规范化，帮助减轻不育夫妇所遭受的情感和心理负担。相当数量的国家把增进人类辅助生殖技术使用视为人口政策组合的一部分，这反过来为人类辅助生殖技术的发展创造了一个良好的政治和社会环境。② 由于欧洲各个国家和地区的政治、经济、社会和文化发展并不完全平衡，所以在立法进展和具体法律制度上并不一致，起步最早的是北欧，其次是西欧，东欧较为迟滞。但是，伴随着欧洲一体化进程的发展，立法协调发挥了积极而有效的价值，因而立法趋同化成为21世纪各国辅助生殖立法过程中一种广泛的立法趋势，包括立法理念、调整手段、法律结构和法律规范的趋同。这种趋势的出现绝非偶然，它与当代全球人类辅助生殖技术应用带来的现实挑战有着密切联系，也昭示着人类生命伦理观以及人权保护思潮在新世纪的悄然改变及其在法律理念与法律规范上释放的一种信号。欧洲辅助生殖立法形式多样，既有欧盟机构出台的对成员国有拘束力的法律文件，也有由欧盟法律文件转化而来的国内法，还有欧盟成员国根据本国实际情况自行颁布的法律法规。此外，挪威、冰岛、俄罗斯、瑞士、乌克兰等非欧盟成员国也有自己的人类辅助生殖法律规范。

首先是欧盟的人类辅助生殖相关法律。欧盟法的表现形式多种多样，既有欧盟一体化进程中产生的国际条约、决议、宣言，也有欧盟机构颁布的条例、指令、决定和意见等附属立法，还有欧洲法院产生的判例以及一

---

① International Federation of Fertility Societies. International Federation of Fertility Societies' Surveillance (IFFS) 2019: global trends in reproductive policy and practice, 8th edition [J/OL]. Global reproductive health, 2019, 4 (1): 9-12. [2019-10-10]. http://dx.doi.org/10.1097/GRH.0000000000000029.

② ZIEBE S, DEVROEY P. Assisted reproductive technologies are an integrated part of national strategies addressing demographic and reproductive challenges [J]. Human reproduction update, 2008, 14 (6): 583-592.

般法律原则。一般而言，欧盟法的效力高于各成员国国内法的效力，成员国国内法不得违背欧盟法的规定，并需将欧盟法落实到本国的立法行动中。2004年以来，欧盟的人类辅助生殖法已经涵盖在三个欧盟细胞与组织指令（The European Union Tissue and Cells Directives，EUTCD）中。肇基于欧盟公共健康计划的欧盟细胞与组织指令，涉及除血液和血液制品以外的所有人体组织细胞捐赠的法定质量和安全标准问题，其目的是防范人体组织细胞应用（于人体）对人体健康产生威胁，并为27个成员国的组织细胞质量和安全提供一个安全、便利和统一的法律标准。欧盟细胞与组织指令由一个母指令（parent directive）《欧盟组织细胞质量和安全指令》（European Directive on the Quality and Safety of Tissues and Cells，2004/23/EC）和两个技术性指令（2006/17/EC与2006/86/EC）构成。母指令为在欧盟内部建立一个高水平治疗用人体组织和细胞质量与安全标准提供了统一的监管框架，以确保高水平的健康保护、提高组织细胞的可获得性、促进人体组织细胞的自愿捐赠、保护捐赠者的基本权利以及确保母指令的执行等。母指令适用于应用于人类的人体组织细胞（诸如人类卵子、精子、胚胎、造血外周血细胞、脐带血和骨髓干细胞等）的捐赠、获取、采集、检测、处理、保存、存储和分配。① 欧盟细胞与组织指令以“指令”这种强制性规范的形式要求欧盟成员国采取立法等措施全面落实三个指令，以免人体组织细胞在基础研究、临床试验、技术转化以及产业化应用中存在质量安全风险和疾病传播风险。欧盟细胞与组织指令的核心内容是要求成员国必须通过国内立法形式产生人体组织细胞主管机关负责指令的实施和组织机构（组织银行或医疗机构）的认可、指定、授权和处罚等。② 但是，医学辅助生殖与组织细胞移植又有显著不同，因为它大多数情况下不涉及组织细胞的“移植”问题，因此，相较于欧盟细胞与组织

① Directive 2004/23/EC of the European Parliament and of the Council of 31 March 2004 on setting standards of quality and safety for the donation，procurement，testing，processing，preservation，storage and distribution of human tissues and cells. (2009 - 08 - 07) [2014 - 6 - 16]. http://eur-lex.europa.eu/legal-content/EN/TXT/?uri=CELEX%3A32004L0023.

② 黄清华．欧盟关于细胞的三个指令及其执行情况与启示［J］．法治研究，2014（2）：122-131.

指令的广覆盖性而言，人类辅助生殖治疗具有一些特定性质（如对一些病人的大量重复性治疗周期），对其能否适用欧盟细胞与组织指令成为问题。基于此，各成员国辅助生殖立法对欧盟细胞与组织指令的贯彻落实情况也有差异。

其次是欧盟成员国的人类辅助生殖法律规范。欧盟各国立法最初是欧盟三个细胞与组织指令的国内法化。据欧洲人类生殖暨胚胎学会调查统计，截至 2009 年，除比利时相关法律尚未正式生效外，其余 26 个成员国国内法均已贯彻落实了欧盟细胞与组织指令，其中，芬兰、瑞典、丹麦、荷兰、德国、比利时、法国、西班牙、葡萄牙、意大利、奥地利、斯洛文尼亚、捷克、斯洛伐克、匈牙利、保加利亚、希腊和爱沙尼亚等 18 个成员国已经进行专门立法，塞浦路斯、爱尔兰、立陶宛、卢森堡、马耳他、波兰、罗马尼亚和拉脱维亚等 8 个成员国虽然没有专门立法，但有涵盖人类辅助生殖技术的普通法。例如，在罗马尼亚，尽管没有专门性的人类辅助生殖技术法，但是有以欧盟细胞与组织指令为基础转化而来的普通法规范人类辅助生殖治疗，拉脱维亚、波兰、卢森堡、爱尔兰和塞浦路斯也存在这种情况。总之，尽管欧洲的人类辅助生殖技术伦理共识已经基本形成，但是相关立法仍然在艰难探索中逐步建立健全。值得一提的是，27 个成员国中有 11 个（瑞典、拉脱维亚、德国、比利时、法国、西班牙、奥地利、斯洛伐克、匈牙利、罗马尼亚和保加利亚）国家的立法是由欧盟细胞与组织指令转化为国内法的结果，16 个有专门立法的成员国（芬兰、爱沙尼亚、立陶宛、波兰、捷克、丹麦、荷兰、卢森堡、葡萄牙、爱尔兰、意大利、斯洛文尼亚、希腊、塞浦路斯和马耳他）不是落实欧盟细胞与组织指令的结果，这说明部分国家在欧盟细胞与组织指令生效之前就已经出台具有本国特色的人类辅助生殖技术法了。例如在瑞典，2008 年 7 月 1 日出台的法律（2008：286）源于欧盟细胞与组织指令，而《基因人格法》（Genetic Integrity Act，SFS 2006：351）等其他法律法规不源于欧盟细胞与组织指令（详见该法第六章）。德国的人类辅助生殖法中，《组织安全法》及其实施办法源于欧盟细胞与组织指令，而《胚胎保护法》（Embryo Protection Act，1990）产生于欧盟细胞与组织指令之前。① 法国的人类辅助生殖技术法不是欧盟细胞与组织指令转化的结果。如1994年通过的《生物伦理法》(Bioethics Law)计划每隔五年修订一次，主要是为了吸收立法和医疗实践的经验和最新进展，而2004年更新的版本(2004/800法案)是由欧盟细胞与组织指令转化而来。目前该版本已在2011年和2021年修订。② 匈牙利的部门法令在欧盟细胞与组织指令后生效并写进2007年的《卫生法》(Act on Health，20/2007)第Ⅸ章中。罗马尼亚、拉脱维亚和斯洛伐克的普通法律规范人类辅助生殖技术实践，且是欧盟细胞与组织指令转化为国内法的结果。另外，除了特别立法的国家外，部分成员国也以特别软法(soft-regulation)规制人类辅助生殖技术。软法被命名为指导方针，而不是法律，具体包括良好的临床实践指导方针、良好的实验室实践指导方针和伦理指导方针，它们有助于各国以最适当的方式采取行动。据悉，欧盟27个成员国中有22个制定了适合自己的软法，只有塞浦路斯、爱沙尼亚、芬兰、立陶宛和波兰没有适合自己的软法(芬兰已就软法规范进行讨论，只是没有达成全民共识)。③

(二) 大洋洲

大洋洲两个主要国家——新西兰和澳大利亚都颁布了独具特色的人类辅助生殖法。澳大利亚的立法1984年肇基于维多利亚州，新西兰2004年也出台《人类辅助生殖技术法》(Human Assisted Reproductive Technology Act，92/2004)。④ 这里重点分析丰富多彩的澳大利亚人类辅助生殖法。

澳大利亚是一个联邦制国家，联邦政府并未在人类辅助生殖问题上承担首要的立法责任。澳大利亚政府既没有设立专门中央管理机构，也没有

---

① ESHRE Central Office. Comparative analysis of medically assisted reproduction in the EU：regulation and technologies (SANCO/2008/C6/051) -Final Report [R/OL]. (2010-12-10) [2012-08-09]. http://ec.europa.eu/health/blood_tissues_organs/docs/study_eshre_en.pdf.

② BELAISCH-ALLART J. The new bioethics law in France [J]. Gynecologie，obstetrique，fertilite & senologie，2021，49 (9)：649-650.

③ International Federation of Fertility Societies. International Federation of Fertility Societies' Surveillance (IFFS) 2019：global trends in reproductive policy and practice，8th edition [J/OL]. Global reproductive health，2019，4 (1)：10-13. [2019-10-10]. http：//dx.doi.org/10.1097/GRH.0000000000000029.

④ New Zealand Government. Human Assisted Reproductive Technology Act 2004 (92/2004).

颁布专门的人类辅助生殖法律[①]，而是采取分散立法体制，由各州自行立法，目前至少有四个州已经分别制定或更新了各自的人类辅助生殖法，维多利亚州的《辅助生殖治疗法》（Assisted Reproductive Treatment Act，2008）及其实施办法为全球最早的立法尝试，新南威尔士州的《辅助生殖技术法》（Assisted Reproductive Technology Act，2007）及其实施办法、南澳大利亚州的《辅助生殖治疗法》（Assisted Reproductive Treatment Act，1988）（也适用于北领地）、西澳大利亚州的《人类生殖技术法》（Human Reproductive Technology Act，1991）及相关许可制度和登记办法也都各具特色。各州立法框架的基本原理和监管模式不同，对澳大利亚人类辅助生殖实践所带来的影响也不同。维多利亚州、南澳大利亚州和新南威尔士州分别代表三种特殊的监管模式：维多利亚州采用刑事模式（criminal model），主要关注法律的执行；南澳大利亚州采取许可模式（licensing model），惩罚和限制力度小于维多利亚州[②]；新南威尔士州在制定指南或采用自我监管模式后，最近推出了所谓的轻触模式（light touch model）。表面上看各州立法似乎各自为政，但是这种分散立法体制并非一盘散沙，而是在重点领域（如胚胎研究、人工辅助受孕、代孕和子代基因工程等）取得了实质性的协调，其立法协调的重要方式是效法和借鉴彼此的经验。维多利亚州在人类辅助生殖领域居于领先地位。1982 年，伴随着"试管婴儿"数量的增加，维多利亚州呼吁法律改革委员会（Law Reform Commission）提出法律议案。1984 年，根据委员会的立法建议，维多利亚州颁布了世界上首部人类辅助生殖法。该法 1988 年生效，此后历经多次更新。2010 年 1 月 1 日正式实施的维多利亚州新版《辅助生殖治疗法》改变了最初的法律框架，并完善和发展了知情同意制度、代孕制度、配子使用和许可制度等，这使维多利亚州一如既往地成为世界辅助生

---

① KARIN H，LOUISE J，TRACEY P. Gamete and embryo donation and surrogacy in Australia：the social context and regulatory framework [J] . International journal of fertility and sterility. 2011，4 (4)：176 - 183.

② THORPE R，CROY S，PETERSEN K，PITTS M. In the best interests of the child? regulating assisted reproductive technologies and the well-being of offspring in three Australian states [J]. International journal of law，policy and the family，2012，26 (3)：259 - 277.

殖立法的领跑者。[①] 其他各州纷纷借鉴维多利亚州的立法经验，仿照维多利亚州的规定和方法颁布了自己的法律。西澳大利亚州 1991 年通过《人类生殖技术法》，2008 年颁布《代孕法》(Surrogacy Act)，新南威尔士州 2007 年生效的人类辅助生殖法也都受维多利亚州的法律影响。各州法律的重要变化之一是引入未出生者的利益作为立法的基本原则，并通过具体制度落实子女最佳利益原则，如把废除捐赠者匿名权作为保护儿童最佳利益的关键方式，并建立中央捐赠者登记中心（central donor registers），实行强制性捐赠者登记，以确保捐赠者所生后代（donor-conceived offspring）年满 18 岁后可以查询捐赠者的识别信息（identifying information）。维多利亚州率先废除了捐赠者匿名权[②]，南澳大利亚州和新南威尔士州也已经通过了类似规定。[③]

更为重要的是，澳大利亚联邦虽然放权给各州自行制定人类辅助生殖法，但并未放弃联邦在规管人类辅助生殖问题上的主导地位和协调作用。在澳大利亚，诸如健康权保护、亲子关系制度和相关的犯罪防治等人类辅助生殖技术的基本问题都由联邦法律管辖。至于人类辅助生殖技术程序及其研究的监管也由政府统一规定，如所有人类辅助生殖诊所都必须遵守生殖技术认证委员会（Reproductive Technology Accreditation Committee，RTAC）的《生殖技术单位行为守则》(Code of Practice for Reproductive Technology Units）的要求，进行一年一度的认证[④]，该守则是澳大利亚和新西兰生育协会（Fertility Society of Australia and New zealand）和相

---

① EKECHI - AGWU CA, NWAFOR AO. Regulating assisted reproductive technologies (ART) in Nigeria: lessons from Australia and the United Kingdom [J]. African journal of reproductive health. 2020, 24 (4): 82 - 93.

② VPLRC. Inquiry into access by donor-conceived people to information about donors: interim report of Victorian Parliament Law Reform Committee [R]. Melbourne: Victorian Parliament Law Reform Committee [R] . 2010.

③ THORPE R, CROY S, PETERSEN K, PITTS M. In the best interests of the child? regulating assisted reproductive technologies and the well-being of offspring in three Australian states [J]. International journal of law, policy and the family, 2012, 26 (3): 259 - 277.

④ Reproductive Technology Accreditation Committee. Code of Practice for assisted reproductive technology units [R/OL]. Melbourne: Fertility Society of Australia, 2014: 10. [2015 - 01 - 08]. http://www.fertilitysociety.com.au/wp-content/uploads/RTAC-COP-Final-20141.pdf.

关专家共同努力的结晶，目前已多次更新，其目的是为澳大利亚和新西兰提供人类辅助生殖服务的生育诊所设置最低标准，并鼓励这些诊所为接受治疗者持续改进护理质量。该守则要求所有澳大利亚和新西兰人类辅助生殖诊所都必须向澳大利亚健康福利局（Australian Institute of Health and Welfare，AIHW）的统计部门提供治疗种类、妊娠率和出生结局的详细数据，并发布治疗和妊娠结局数据的年度报告，该报告已更新到 2019 年。①

澳大利亚政府委员会（Council of Australian Governments，COAG）和司法部常务委员会（Standing Committee of the Attorneys General，SCAG）在人类辅助生殖法的协调方面也作出积极努力，并推动了代孕法的自由化。最初各州基本借鉴维多利亚州的禁止利他性和商业性代孕制度，但司法部常务委员会会议达成利他性代孕法律草案基本原则的联邦共识后，各州出现一个新的趋势，即出台允许利他性代孕的立法，就连严禁各种代孕形式的昆士兰州和塔斯马尼亚州的法律也顺应这种趋势，2010 年昆士兰州通过代孕法（Surrogacy Act），塔斯马尼亚州代孕法草案也已经立法机关审议。此外，新南威尔士州 2010 年也遵循同样的模式首次通过《代孕法》。总体而言，由于澳大利亚立法规制人类辅助生殖较早，对代孕的态度较为谨慎保守，只接受利他性代孕，而全境限制补偿性代孕。近年来，随着医学助孕需求的增加，社会呼吁改革现行法律制度的呼声高涨②，特别是要求打破新南威尔士州、昆士兰州和澳大利亚首都领地对委托跨国有偿代孕的法律限制。③ 这为澳大利亚人类辅助生殖法律制度的松动创造了舆论条件。

澳大利亚国家卫生与医学研究委员会（National Health and Medical

① NEWMAN JE，PAUL RC，CHAMBERS GM. Assisted reproductive technology in Australia and New Zealand 2019 [R/OL]. Sydney：National Perinatal Epidemiology and Statistics Unit，the University of New South Wales，2021. [2021 - 06 - 06]. https：//npesu. unsw. edu. au/sites/default/files/npesu/data _ collection/Assisted%20Reproductive%20Technology%20in%20Australia%20and%20New%20Zealand%202019. pdf.

② NEWSON AJ. Compensated transnational surrogacy in Australia：time for a comprehensive review [J]. Medical journal of Australia. 2016，204 (1)：33 - 35.

③ FEIGLIN J，SAVULESCU J. A new ethical model of commercial surrogacy arrangements for Australia [J]. Journal of law and medicine，2018 ，25 (4)：919 - 928.

Research Council，NHMRC）在各州立法的协调方面也发挥了积极的作用。例如，所有州和领地都积极构建辅助生殖子女的亲子关系法和代孕法并不能代表人类辅助生殖法的全部领域，为了弥补现有法律的缺陷和不足，特别是各州不同法律之间的漏洞，澳大利亚国家卫生与医学研究委员会1996年制定、2004年和2007年两次更新的《辅助生殖技术在临床实践和研究中使用的伦理指南》为人类辅助生殖的方方面面都制定了详尽的伦理目标和指导方针（从生殖技术认证委员会的认证到商业性代孕的禁止，再到配子提供者知情同意后的配子研究）①，这意味着，即使在没有辅助生殖立法的北领地辖区，所有人类辅助生殖程序都在实践中与制定立法指南的州充分协调一致。澳大利亚国家卫生与医学研究委员会制定指南的目标（如禁止商业性代孕的建议）有些部分已经体现在立法中，但也有很多仍没有法律效力，特别是在没有相对全面的辅助生殖立法的州。非法定性指南也在澳大利亚辅助生殖的发展政策中发挥着核心作用。生殖技术认证委员会使用这些指导方针指导政府委托的认证过程。生殖技术认证委员会有权注销生育诊所的认证，除非它们遵守澳大利亚国家卫生与医学研究委员会伦理指南。在没有政府立法规范人类辅助生殖重要领域的地方，临床医生使用这些指南指导研究和临床实践。尽管政府可以自由通过与此相反的立法，但其很少偏离澳大利亚国家卫生与医学研究委员会伦理指南。这些指南已经成为医生自我约束的规范化标准。澳大利亚国家卫生与医学研究委员会的努力表明非法定指导方针可以对政策结果产生巨大影响，并最终影响立法。总之，澳大利亚国家卫生与医学研究委员会伦理指南实现了最佳实践的实质性协调，尽管这些指南缺乏法律拘束力。

此外，澳大利亚《禁止克隆人法案》（Prohibition of Human Cloning Reproduction Act，2002）也有相关规定。如该法案第二部分“禁止的行为”规定了人类卵子、人类精子或人类胚胎的商业买卖。主要内容有：第一，因他人提供人类卵子、人类精子或人类胚胎，而故意给予此人或向其

① National Health and Medical Research Council（NHMRC）. Ethical guidelines on the use of assisted reproductive technology in clinical practice and research [R/OL]. Canberra：Australian Government，2007. [2015-02-02]. http://www.nhmrc.gov.au/_files_nhmrc/file/publications/synopses/e78.pdf.

提供对价（等价回报），即犯此罪，违者将可能面临最高10年有期徒刑。第二，因向他人提供人类卵子、人类精子或人类胚胎，有意识地从他人那里接受或提议接受等价回报，违者将可能面临最高10年有期徒刑。“合理的开支”是指：与提供人类卵子或人类精子相关的开支，包括但不限于与收集、储存和运输卵子或精子相关的费用，以及与提供人类胚胎相关的费用。“对价”即与某人提供卵子、精子或胚胎相关的回报，包括向该人提供服务过程中的引诱物、折扣或优先权，但不包括该人负担的与提供有关的合理开支。①

澳大利亚的立法经验为联邦制国家辅助生殖立法提供了有益的借鉴。首先，地方（联邦各州）可以发挥影响其他州立法和促进医疗实践健康发展的“领头羊”作用，如维多利亚州早期立法即通过为各州提供一个可供复制的法律框架影响了邻近各州的立法。其次，在强化地方立法职能的同时，联邦政府的作用可能被削弱，但政府间机构可以有效地促进法律的和谐与趋同。澳大利亚政府委员会和司法部常务委员会的努力证明政府指南可以为达成立法共识发挥重要作用。最后，国家指导方针（如澳大利亚国家卫生与医学研究委员会伦理指南）即使没有法律效力，也可以发挥很大的立法协调作用，因为它们是利益相关者广泛磋商和反复平衡的结果。当然，对澳大利亚模式不能简单照搬照抄。然而，这种模式至少表明政府和非政府利益相关者可以通过政府间机构和非法定指南的合作实现立法政策的一致性。

（三）北美洲

北美洲有二十多个独立国家和地区，美国和加拿大是代表性的国家，笔者将对其做重点研究。

在美国，自1981年首例“试管婴儿”诞生以来，人类辅助生殖服务及提供该服务的生殖诊所数量稳步增加。美国至今只有一部联邦层面的人类辅助生殖法律，即1992年10月出台的《生殖诊所成功率与认证法》（Fertility Clinic Success Rate and Certification Act）②，且仅要求所有生殖诊所都必须以规范化

---

① 谢广宽．澳大利亚2002年禁止克隆人法案（节译）［J］．法律与医学杂志，2004（1）：76-78.

② 106 STAT．3146 - Fertility Clinic Success Rate and Certification Act of 1992（Public Law 102-493）.

的方式向疾病预防与控制中心提供人类辅助生殖技术成功率相关数据，美国疾病预防与控制中心再依据这些数据编制生殖诊所成功率报告和制定胚胎实验室认证标准。但事实上，各州并不采用其标准，而是自行制定自己的规范和标准。① 基于此，学者普遍认为美国辅助生殖立法非常不充分，甚至认为美国人类辅助生殖服务是一个无法可依的领域②，但是笔者不这么认为。

众所周知，美国实行二元立法体制。在这种立法体制下，美国人类辅助生殖服务领域的立法分别由联邦议会和州议会行使，如一些领域只有议会有立法权（如关于生殖权和隐私权的内容），一些领域只受州立法规制（如关于代孕的法律定位），还有一些领域联邦和州都可以立法，前提是州法律与联邦法律不冲突（如各州通常都有权力规制医疗实践、保险行业、家庭生活、合同关系和财产归属，这些都与辅助生殖领域有密切联系），当然州立法权要受到联邦宪法的限制（如关于生育或不生育的宪法权利可能限制州立法调整辅助生殖的权力）。另外，美国也有大量判例法涉及生殖问题，特别是美国联邦最高法院曾有过有关生殖的隐私权判例以及对宪法“隐私权”的界定。在著名的 Bragdon v. Abbott 案中，一位牙医拒绝为一名女人类免疫缺陷病毒携带者提供服务，原告根据美国《残疾人法》提起诉讼。在判断人类免疫缺陷病毒感染是否受美国《残疾人法》中非歧视条款保护时，尽管下级法院认为感染人类免疫缺陷病毒并不会严重影响一个人的生活能力，但联邦最高法院认为生殖是主要的生活能力，人类免疫缺陷病毒呈阳性对生殖造成严重限制，因此，原告应受到《残疾人法》的保护。③ 从此以后，法院通常认为，不育也是一种身体损伤，会影响生殖这种主要生活能力，与不孕不育作斗争的人们也与《残疾人法》保护的群体一样不受歧视。④

---

① STOCKAGE A. Regulating multiple birth pregnancies: comparing the United Kingdom's comprehensive regulatory scheme with the United States' progressive, intimate decision-making approach [J]. Michigan journal of international law, 2010, 18 (3): 559-588.

② COEYTAUX F, DANOVSKY M, FOGEL SB. Assisted reproduction and choice in the biotech age: recommendations for a way forward [J]. Contraception, 2011, 84 (6): 652.

③ Bragdon v. Abbott, 524 U. S. 624.

④ MERCHANT J. Assisted reproductive technology (ART) in the Uited States: towards a national regulatory framework? [J]. Journal international de bioéthique, 2009, 20 (4): 55-71, 109.

在两级立法体制下，联邦立法不便干预公民的生育问题，而未制定涵盖辅助生殖各环节的专门法，更无辅助生殖子女法律地位的规范，而是由各州自行立法。但是，美国统一州法委员会（National Conference of Commissioners on Uniform State Laws，NCCUSL）和律师公会（American Bar Association，ABA）制定的相关法律草案范本，对美国各州的立法产生了深远影响。影响比较大的是美国统一州法委员会拟定的《统一人工受孕子女法律地位法》（Uniform Status of Children of Assisted Conception Act 1988，USCACA）和《统一父母身份法》（Uniform Parentage Act 2002，UPA）等法律范本，在统一规范辅助生殖子女亲子关系方面做了积极努力，也为各州制定相关法律提供了蓝本。① 《统一父母身份法》（2002）统一了全国婚生和非婚生子女、自然生殖和辅助生殖子女的亲子关系，法律专设第七章和第八章规定辅助生殖子女的亲子关系，明确捐赠者的法律地位、法律父亲认定标准、否认之诉的条件、知情同意的形式与撤销知情同意的法律效力、瑕疵婚姻情况下的亲子关系以及已故者的法律父母地位等。

美国律师公会继 1988 年草拟具有立法参考价值的《代孕法范本草案》（Draft ABA Model Surrogacy Act）后②，于 2008 年 2 月 11 日再推出《辅助生殖技术管理法范本》（Model Act Governing Assisted Reproductive Technology）并获得通过，该范本为解决当前人类辅助生殖争议问题的法律机制和指导现代家庭模式的构建提供了一个灵活的法律框架。美国律师公会还将与美国生殖医学会以及辅助生殖技术学会等医学专业组织合作，进一步补充范本中有关知情同意书及各种人类辅助生殖协议的必要条款，尽可能保护与发展人类辅助生殖技术催生的新型家庭模式。在美国缺乏一部综合性人类辅助生殖管理法的背景下，该范本无疑有助于为解决各州的

---

① 杨芳．人工生殖模式下亲子法的反思与重建——从英国修订《人类受精与胚胎学法案》谈起［J］．河北法学，2009，27（10）：117－122.

② American Bar Association Family Law Section. Draft ABA Model Surrogacy Act ［J］ Family law quarterly，1988，22（2）：123－143.

法律冲突提供一个模式[①]，至今具有一定的参考价值。[②]

在《统一父母身份法》和律师公会法律草案的影响下，各州的辅助生殖立法虽然有差异，但都把子女法律地位及其法律父母的认定作为各州成文法和判例法不可或缺的重要内容，且法律关注的核心几乎都与第三方生殖及代孕安排有关（详见本书第九章）。

加拿大经过十多年的研究、讨论和争论[③]，于 2004 年 3 月 29 日完成了《人类辅助生殖法》的所有立法程序，这是目前加拿大颁布的有关人类生殖技术最重要的立法之一。为了使法律对生命科技活动的管制有较为弹性的调整空间，该法特别规定在该法施行三年后进一步修订完善。《人类辅助生殖法》全文 87 条[④]，对辅助生殖、胚胎研究、生殖性克隆、代孕和子代基因工程等重要领域，依其伦理道德争议程度的大小，分为受管制的活动与被禁止的活动分别进行管理（这种管理模式与澳大利亚的颇为相似）。该法第 10～12 节的活动如果依法实施并且得到许可就可以被批准实施。被禁止的活动包括使用任何技术创造克隆人或克隆人植入人类或任何非人类生命形式、非以生殖目的创造体外胚胎或提供辅助生殖程序、以创造人类为目的以取自胚胎或胎儿的细胞或细胞的一部分创造人类或植入人类胚胎以创造人等。该法除了禁止人类的生殖性或治疗性克隆外，还禁止人类配子、胚胎或其他生殖材料的交易以及未经配子或胚胎捐赠者的同意使用其配子或体外胚胎；禁止从 18 岁以下的人那里获取配子（自己使用除外）以及商业性代孕安排。违者将视情节轻重处以罚金或 2～10 年有期徒刑，且处罚对象除了上述行为人之外，还包括中介人或宣传者，以及接受此等技术而支付酬金者。为了加强对人类辅助生殖及其研究的监管，加

---

① CHARLES P，KINDREGANJR，STEVEN HS. Clarifying the Law of ART：the New American Bar Association Model Act governing assisted reproductive technology [J]. Family law quarferly，2008，42 (2)：203 - 229.

② DAVIS，STIRLING J. Regulating surrogacy agencies through value-based compliance [J]. Journal of corporation law，2018，43 (3)：663 - 679.

③ RASMUSSEN C. Canada's Assisted Human Reproduction Act：is it scientific censorship，or a reasoned approach to the regulation of rapidly emerging reproductive technologies? [J]. Saskatchewan law review，2004，67 (97)：97 - 135.

④ Assisted Human Reproduction Act (S. C. 2004，c. 2).

拿大成立了人类辅助生殖管理局（Assisted Human Reproduction Agency，AHRA），旨在制定用于监督人类辅助生殖及相关研究的条例，审批并监督所有公私立生育诊所、研究机构与其他涉及人类配子或胚胎研究的机构。人类辅助生殖管理局由 13 位成员组成，任期 3 年，委员会与行政长官隶属卫生部，均由联邦内阁任命。尽管加拿大联邦和省级管辖权的争夺以及社会各界的妥协导致该国宽容民主型辅助生殖立法设计①，但是仍然有些代表不孕夫妇和生育专家的组织反对禁止向提供卵子的妇女支付报酬（合理费用除外）；一些保护残疾人权利的领导人更是号召废除关于性别选择问题的规定；一些科学家也认为该法所禁止的活动过于宽泛，制裁也过于严格；而一些亲生命的社团却想拓宽关于胚胎研究的禁令。在经过长期的争论之后，关于《人类辅助生殖法》是否部分或全部违宪的申请从魁北克上诉法院移送最高法院，2012 年 12 月 22 日，最高法院以极大的争议裁决《人类辅助生殖法》的部分内容超越了联邦政府的立法权②，因而法律效力大打折扣。

（四）亚非拉地区

在广袤的亚非拉地区，民族众多、教派林立、文化各异、经济发展不平衡、技术相对落后，大部分国家的辅助生殖立法比欧美国家和大洋洲的迟滞，尤其是中东地区。阿拉伯国家绝大部分没有成文法反对配子捐赠和代孕，但是宗教规范对这些程序的阻碍尤其强大，对人们的约束力也不比法律的小（黎巴嫩是个例外，各种人类辅助生殖程序似乎都可以在这里自由开展）③，具体表现如下。

大部分阿拉伯国家只允许已婚夫妇接受人类辅助生殖技术服务，埃及、阿尔及利亚、约旦、巴林、沙特阿拉伯、卡塔尔、黎巴嫩、阿曼和突尼斯等在人类辅助生殖问题上有明确规定的国家，都禁止第三方生殖以及

① VARONE F，ROTHMARY C，MONTPETIT E. Regulating biomedicine in Europe and North America：a qualitative comparative analysis [J]. European journal of political research，2006，45 (2)：317 - 343.

② Reference re Assisted Human Reproduction Act. [2010] 3 SCR 457.

③ MOHAMED ABOULGHAR. Ethical aspects and regulation of assisted reproduction in the Arabic-speaking world [J]. Reproductive biomedicine online，2007，14 (Supplement 1)：143 - 146.

对第三方进行经济补偿。苏丹、巴勒斯坦、摩洛哥、约旦、巴林、也门、叙利亚和阿联酋等国虽然没有专门的人类辅助生殖技术规范，但也有提供体外受精和其他人类辅助生殖服务的中心。

伊朗是配子和胚胎捐赠以及代孕都受到宗教机构规管并转化成法律的唯一伊斯兰国家（其他国家只允许同源体外受精），至于卵子捐赠，捐卵者的孩子有权继承其遗产，因为接受卵子的不孕妇女被视为孩子的养母。精子捐赠，捐赠精子所生的子女随不孕父亲的姓而不是精子捐赠者的姓，至于其法律父亲的认定规则与卵子捐赠相同。①

苏丹没有国家层面的人类辅助生殖指南，而是遵守国际指南。尽管人类辅助生殖技术已经在约旦广泛应用，但是没有明确的法律或规章进行监管②，只是在 2002 年 5 月 9 日卫生部曾审查和通过一份指南建议稿。该指南为被允许开展人类辅助生殖程序的后勤保障、实验室和技师制定了一系列标准。指南禁止精子、卵子和胚胎捐赠以及向捐赠者提供物质激励，但是允许植入前遗传学诊断（胚胎性别选择只可以在私立医疗机构得到满足）。配子和胚胎冷冻保存虽然被允许，但是关于保存时间一直争论不休。

巴林的人类辅助生殖技术一直由卫生部采用指南草案规制人类辅助生殖技术登记、许可和实验室、个人和中心的认证。指南草案代表巴林人类辅助生殖中心建设的最低要求，并且通过实施质量控制和质量安全制度，为胚胎实验室认证的长期和持续方法提供建议。指南草案允许出于医疗目的的胚胎性别选择，禁止代孕、配子和胚胎捐赠。指南草案还要求中心必须向卫生部定期提供相关信息用以登记注册。

埃及人类辅助生殖规范是卫生主管部门出台的职业道德规范指引，以及埃及医学联合会理事会（Council of the Egyptian Medical Syndicate）和埃及医生联合大会（General Assembly of the Egyptian Physicians）的决

---

① GOOSHKI ES, ALLAHBEDASHTI N. The process of justifying assisted reproductive technologies in Iran [J]. Indian journal of medical ethics, 2015, 12 (2): 57 - 96.

② International Federation of Fertility Societies. International Federation of Fertility Societies' Surveillance (IFFS) 2019: global trends in reproductive policy and practice, 8th edition [J/OL]. Global reproductive health, 2019, 4 (1): 10. [2019 - 10 - 10]. http: //dx. doi. org/10. 1097/GRH. 0000000000000029.

议。指引第三部分与自然过程的医疗干预相关，也涉及人类辅助生殖技术，第 44 条是与体外受精和卵细胞浆内单精子显微注射有关的问题。指引允许已婚合法夫妻进行医学辅助生殖，治疗程序必须严格遵守伦理指南和主管机关的法律。指引禁止建立配子银行，但是可以开展配子和胚胎研究，允许胚胎冷冻保存，但是中心不可以将其捐赠。所有医学辅助治疗都必须在被许可的中心进行，中心必须保存所有相关数据，包括夫妻的同意书。任何医生违反上述规定都将面临惩罚。埃及尽管没有特别规范涉及胚胎选择、HLA 试验和遗传疾病、捐赠者的经济补偿、产前诊断和选择性流产等问题，但是，来自不同渠道的建议已经被一些私立中心采纳。①

在阿尔及利亚，人类辅助生殖技术由 2001 年 5 月 12 日发布的卫生部指引（Ministerial Instruction）规管。阿尔及利亚第一例“试管婴儿”诞生于 2003 年，目前有多个私立和公立生殖中心开展体外受精。值得注意的是，这一领域与宗教教义的某些规则相违背。卫生部的指引规定了相关的伦理原则、程序和具体的操作规程，体外受精只面向已婚夫妻，患者必须是大于 35 岁小于 50 岁的不孕不育妇女，且需要传统方法予以检查。胚胎保存期限为 3 年，此后应当通知夫妻予以销毁，配偶一方罹患疾病后也应销毁胚胎和配子。

沙特阿拉伯由政府的第 2870/1/12 号文规范体外受精的许可和具体的管理体制以及违法者的监禁和罚款等。至于基于性别和基因疾病的胚胎选择问题，只允许基因诊断，并且需要伦理委员会的审批；禁止受精后保存卵子和精子，但是胚胎保存最长不超过 5 年，并且需要已婚夫妻的知情同意；体外受精也要遵守伊斯兰判例法。

卡塔尔没有法律规范人类辅助生殖，但是哈马德医疗集团（Hamad Medical Corporation，HMC）已经发布了指南，依据一定条件为夫妻提供体外受精。夫妻必须有书面的体外受精程序知情同意，并签署胚胎冷冻同意书表格（表格必须记载夫妻是否同意冷冻其胚胎，以及如果同意，则必须载明冷冻胚胎的数量，并说明他们已经被告知胚胎冷冻的原因），即为

① United Nations Education，Scientific and Culture Organization. Ethics and law in biomedicine and genetics：an overview of national regulations in the Arab states [M]. UNESCO Cairo Office，2011：51 - 53.

妇女在将来的治疗周期中将冷冻胚胎植入其子宫提供一个机会。缺陷胚胎可以销毁，精子、卵子和胚胎捐赠被禁止，代孕也不被许可。

黎巴嫩的人类辅助生殖技术实践始于 1980 年到 1985 年之间，其体外受精规范是辅助生殖技术法草案和医学伦理守则，法律草案提交后立即被卫生部采纳，但是，也面临各种来自部长委员会的障碍，他们需要咨询黎巴嫩不同教派在这个问题上的观点，因为有些教派禁止除已婚夫妻以外的人接受体外受精。草案禁止配子捐赠、代孕、基于性别的胚胎选择、胚胎操纵。只有在为了挽救母亲生命的情况下才可以进行产前诊断和选择性流产，违反草案的规定将受到严惩。医学伦理守则只允许合法的已婚夫妻采取医学辅助生殖。

在阿曼，人类辅助生殖技术受马斯科特私立医院 2002 年发布的辅助生殖机构执业守则规制，守则与伊斯兰价值观一致。配子和胚胎捐赠、代孕、基于性别的胚胎选择和减胎均被禁止。然而，守则允许精子和胚胎冷冻保存，因为缺乏必要的细胞遗传学实验室，植入前遗传学诊断也不可能实施。①

阿拉伯国家明文立法规范体外受精较有特色的国家是突尼斯。突尼斯每年有 6 000 至 8 000 对不孕症夫妻等待人类辅助生殖治疗，可以得到的治疗方法是人工授精、体外受精和卵细胞浆内单精子显微注射，截至 2019 年已有 12 个公立和私立医疗机构可以为国内外需求者提供体外受精服务，只是高昂的费用制约了体外受精的使用。② 在法律出台以前，突尼斯国家医学伦理委员会（National Medical Ethics Committee，NMEC）根据伊斯兰观点给出一些指导规范，如 1996 年 12 月 12 日的一号建议和 2003 年 4 月 28 日的《医学辅助生殖指令》（Medically Assisted procreation Decree No. 2003－1027）。上述文件绝对尊重突尼斯社会的宗教观点

---

① United Nations Education，Scientific and Culture Organization. Ethics and law in biomedicine and genetics：an overview of national regulations in the Arab states [R]. UNESCO Cairo Office，2011：51－53.

② MAFFI I. Governing reproduction in post-post-revolutionary Tunisia：contraception，abortion and infertility [J]. Medical anthropology，2021：1－13. 【doi】10. 1080/01459740. 2021. 1941004.

和伦理原则（尊重生命和父子关系），只允许向合法夫妻提供人类辅助生殖技术（不向单身妇女提供），夫妻必须知情同意并被告知可能的风险（如卵巢刺激和剖宫产）；禁止基于性别的胚胎选择、配子和胚胎捐赠、向捐赠者付酬；基因疾病的基因分型试验（HLA typing）、产前诊断和选择性堕胎需要夫妻双方知情同意书的授权，且必须严格出于诊断目的才可实施；胚胎和配子的保存只能为生育目的，且需要夫妻双方的知情同意（双方或一方死亡不应继续保存）。① 2001 年 7 月突尼斯正式依法规范人类辅助生殖。该法规定，人类辅助生殖技术只能使用来自已婚健在夫妻的配子，且夫妻双方达到生育年龄；冷冻配子和胚胎必须在夫妻健在、婚姻关系有效以及知情同意书合法的情况下才可以使用；禁止配子或胚胎捐赠；低温保存时间为 5 年，但是如果夫妻签署了同意书可以再续展 5 年，任何人一经离婚有权请求销毁冷冻胚胎。法律还为体外受精中心提供了详细的技术规范和标准，确保病人的安全和隐私，所有中心的治疗程序都必须保留完整而详细的登记册。违者将受到不同程度的法律制裁②，部分治疗费用可以获得报销，但有次数限制。③

当然，亚洲也有卓尔不群的人类辅助生殖法，这就是以色列的《代孕协议法》（Surrogate Motherhood Agreements Law，1996）和《卵子捐赠法》（Ova Donation Law，2010）。以色列是中东地区的一个发达国家，长期奉行旨在提高境内犹太人口生育率的生育政策促进了辅助生殖技术的开发与利用。辅助生殖技术的深度开发与充分利用又将其鼓励生育政策推向极致，并因辅助生殖法的卓尔不群备受关注。1996 年 3 月，以色列议会在最高法院的敦促下，不顾宗教界反对（犹太律法将代孕所生子女视为私生子），以《代孕协议法》取代了禁止代孕的《公共健康（体外受精）条例》

---

① United Nations Education，Scientific and Culture Organization. Ethics and law in biomedicine and genetics：an overview of national regulations in the Arab states [R]. UNESCO Cairo Office，2011：54.

② MOHAMED ABOULGHAR. Ethical aspects and regulation of assisted reproduction in the Arabic-speaking world [J]. Reproductive bioMedicine online，2007，14 (Supplement 1)：143 - 146.

③ MAFFI I. Governing reproduction in post-post-revolutionary Tunisia：contraception，abortion and infertility [J]. Medical anthropology，2021：1 - 13.

[Public Health (Extra-Corporeal Fertilization) Regulations, 1987]。① 《代孕协议法》允许异性夫妻通过代孕生子。其主要制度有：审批委员会对每一个案进行审批和监督，只允许妊娠代孕且须使用丈夫的精子，代孕者必须单身或离异，代孕可以合理付酬，分娩后孩子由委托夫妻照护，但是社工是孩子唯一的法定监护人，直到法院颁发亲权令（parentage order），委托夫妻才成为孩子的法律父母。《代孕协议法》是继英国 1985 年《代孕协议法》之后又一部开放代孕并赋予公权力监管审批和监控代孕过程的代孕专门法，也是世界上第一赋予代孕协议法律效力的法律。② 2014 年 3 月 2 日，以色列有关机关初步通过了《代孕协议法》修改草案，拟授权男同性恋和单身者代孕生子，增加代孕限制条件和遏制跨国代孕。2010 年，伴随着跨国卵子交易的蓬勃发展和以色列妇女的卵子供不应求，为了遏制以色列妇女参与跨国交易，规范医学研究用卵子使用，以色列颁布《卵子捐赠法》，允许妇女捐赠体外受精周期以外的卵子用于不孕症治疗和医学研究。《卵子捐赠法》规定了卵子供受双方的资格、取卵的条件、卵子的分配和移植、捐赠者的补偿等，有效地维护了供受双方的健康、权利和尊严。当然，以色列对辅助生殖的慷慨资助和法律支持也引发了诸多道德问题，其以公积金支持跨国生殖服务尤其遭受诟病。

新加坡在辅助生殖立法领域也颇有建树。新加坡是一个多元文化的移民国家，以和谐稳定的政局、廉洁高效的政府而著称。自 1983 年 5 月 19 日新加坡首个（也是亚洲首个）"试管婴儿"出生以来，新加坡有更多不孕夫妇通过体外受精—胚胎移植技术获益。根据新加坡卫生部提供的数据，该国通过人类辅助生殖技术出世的婴儿从 1993 年（141 名）至 2006 年（717 名）的 13 年期间增加 4 倍，体外受精平均成功率也逐年改善，从 2004 年的 21.8%提高至 2006 年的 25.4%。③ 自从卫生部 2008 年推出补

① SIEGEL-ITZKOVICH J. Israeli court paves way for surrogacy [J]. British medical journal, 1995, 311 (7001): 348.

② LANDAU R. The management of genetic origins: secrecy and openness in donor assisted conception in Israel and elsewhere [J]. Human reproduction, 1998, 13 (11): 3268 - 3232.

③ 过去 13 年 试管婴儿激增 4 倍 [N/OL]. 联合早报，2008 - 08 - 03. [2013 - 12 - 01]. http://www.zaobao.com/lifestyle/woman/living/story20080803 - 51470.

助计划资助一半的人工受孕费用以后，新加坡体外受精周期立刻倍增，由2006年的每100万人口约400周期增至2009年的800周期。各大医院进行的体外受精—胚胎移植技术逐年增加，由2008年的255周期增至2009年的374周期，2010年则增至383周期。① 但是人类辅助生殖技术带来的伦理法律问题接踵而至，特别是随着越来越多辅助生殖子女出生，这些孩子的地位尚未获得法律的明确承认。例如有人捐赠生殖细胞，有人接受或者同意接受生殖细胞，有人借他人之腹生子，有不想结婚的单身妇女用别人捐赠的精子生子，有丈夫与夫妻签署知情同意书实施异质辅助生殖后翻悔，也有生殖中心人为过失错配精子或卵子而其生母及其配偶不承认或接受孩子。② 例如，2010年一名华裔妇女和白种人丈夫在康生医院接受体外受精—胚胎移植技术生产后发现医院错配精子，这是至今新加坡首例已知错配事件。康生医院已因违背人工受孕指导原则，被罚款2万新元。事后该妇女起诉康生医院康生生育中心和两名胚胎学家疏忽，索赔精神损失费、医药费、误工费及育儿费约100万新元。双方律师各援引海外案例支持自己的当事人。康生医院方律师认为支付女童赡养费违反公共政策，而且不属于法律上承认的损伤赔偿。③ 配错精子事件发生后，卫生部下令康生医院康生生育中心（Thomson Fertility Centre）立即停止接受新病例，包括收集和处理精子。④ 此后，新加坡辅助生殖立法也大为提速。2013年8月12日新加坡通过《子女法律地位（人类辅助生殖技术）法》[Status of Children (Assisted Reproduction Technology) Act, 2013]。《子女法律地位法》的核心精神是尊重子女利益，确保凭借人类辅助生殖技术所生子女至少有一名合法家长抚养，即怀胎十月生下孩子的妇女，至于孩子的法律父亲是谁则根据不同情形而定。如果该妇女已婚，其丈夫在以下情况下都可成为孩子法律上的父亲：(1) 他是捐精者；(2) 他不是捐精者但同意妻子

---

① 黄慧敏．试管受精五年增一倍 [N/OL]. 联合早报，2011-03-22. [2013-12-01]. http://www.zaobao.com/lifestyle/health/specialists/story20110322-23991.

② 社论：人工受孕的法律和道德问题 [N/OL]. 联合早报，2012-11-21. [2013-12-01]. http://www.zaobao.com/wencui/zaobao-editorial/story20121121-142999.

③ 配错精子受孕案 妇女索育儿费失败 [N/OL]. 光明日报（马来西亚），2013-10-03. [2013-10-06]. http://www.guangming.com.my/node/181191?tid=3.

④ 王钰琪．卫生部禁康生医院接人工受孕新病例 [N]. 联合早报，2010-11-05 (4).

借精怀孕，除非可证明他没有同意；(3) 妻子借精怀孕而他不同意，但日后又接受了孩子。若产妇未婚但有一名同居伴侣，该伴侣可向法庭申请经宣判后成为孩子的父亲，具体情况同已婚妇女。该法案规定，如果精子或卵子由他人捐赠，除非有法律依据，捐赠者不得被自动视为孩子的父母。至于万一因失误或欺诈造成卵子或精子错配，如无人向法庭提出申请，孩子父母的身份将以假设错配事件没发生为准，但相关利益者也可申请成为孩子的父母。这样一来可确保孩子不会因无人认领而成为弃儿。①

我国对人类辅助生殖技术的规制也不落后，除澳门特区是在《民法典》(第 1723～1728 条) 中规定通过人类辅助生殖技术所生子女亲权关系之外，我国其他各法域先后制定了专门的法律法规，如香港特区有《人类生殖科技条例》(2007 年) 和《父母与子女条例》(2006 年)，台湾地区有“人工生殖法”(2007 年)。相比之下，大陆 (内地) 虽然加强了政府规制，但未充分重视立法跟进，尚无高位阶的法律规范。

综上所述，人类辅助生殖技术及其衍生技术的快速发展及其固有的伦理难题意味着为医生提供某种程度的管制是至关重要的。从全球来看，一个关于人类辅助生殖技术可得性及最佳实践的社会共识正在形成。尽管法律规制的利弊还存在激烈争议，尽管某些最新立法产生了意想不到的后果，如客观上鼓励病人通过“生育旅游”或“跨境生殖保健”出国寻求高成功率或本国难以获得的特定治疗，尽管新法的起草和实施往往受到宗教观念、政治偏好的影响，但毋庸置疑的是，人类辅助生殖技术已经被广泛接受，社会组织和政府在促进人类辅助生殖技术安全合理应用中不可替代的作用也已经确立。总体而言，尊重生命、保护人权和维护传统秩序等是各国所有辅助生殖立法的共同出发点和落脚点。进入 21 世纪，伴随着经济全球化的深化，人类辅助生殖技术已经超越了国界，从业人员和病人都可以轻而易举地到限制较小或没有限制的国度寻求他们意愿中的人类辅助生殖服务，世界各地辅助生殖立法的趋同性更加明显。

---

① 何惜薇，杨萌，等．法案三读 子女身份新法案通过 借助孕术出生孩子 怀胎生产妇女将是母亲 [N/OL]．联合早报，2013-08-13．[2013-12-01]．http://www.zaobao.com/news/singapore/story20130813-240084.

二、人类辅助生殖立法模式选择

纵观各国立法实践，不同国家的立法模式和规范体系有着显著差异，有的带有强烈的行业自律规范特点，有的带有浓厚的宗教戒律色彩，有的则是专门的成文立法或政府政策，还有的是在通盘考虑各种立法模式利弊的基础上实行多层次立法模式，即硬法与软法兼顾，行业自律、行政指导、行政规范与立法规定并行的立法模式；有的是在普通法里加以规定，有的则是颁布特别法进行监管；有的采用单行立法，单独规定辅助生殖，有的采取统一立法，一揽子规定辅助生殖、组织细胞捐赠、医学试验和克隆等相关问题（因为辅助生殖立法和干细胞立法有着高度的一致性）①；有的是私法保护型，有的是公法干预型，还有的是混合立法模式。仅就各国对植入前遗传学诊断、代孕、胚胎冷冻等各种特殊人类辅助生殖技术种类的开放程度不同而言，可以把各国辅助生殖立法分成谨慎规范型（cautious regulatory approach）、自由放任型（laissez-faire approach）与保守禁止型（prohibitive jurisdictions）等三种模式。②

（一）谨慎规范型

谨慎规范型立法体制，开放大部分人类辅助生殖形式，但是给予各种限制，特别是对配子捐赠匿名性进行严格的规定。③ 谨慎型介于开放型和保守型之间，也称为中间型，一般允许在特殊情况下对胚胎进行植入前遗传学诊断，也可能允许对已经完成治疗的不孕夫妻的剩余胚胎进行研究，

① VARONE F, ROTHMARY C, MONTPETIT E. Regulating biomedicine in Europe and North America: a qualitative comparative analysis [J]. European journal of political research, 2006, 45 (2): 317-343.

② Nielsen 曾将各国对人类胚胎问题的立法态度分为四类，鉴于胚胎干细胞立法和辅助生殖立法之间的高度相关性，笔者借鉴了这种分类方法。Nielsen L. Legal consensus and divergence in Europe in the area of human embryology—room for harmonisation? [C] //EVANS D (Ed.), Conceiving the embryo: ethics, law and practice in human embryology [M]. Boston: Martinus Nijhoff Publishers, 1996: 326.

③ JONES HW, COOKE I, KEMPERS R, et al. International Federation of Fertility Societies Surveillance 2010 [J]. Fertility and sterility, 2011, 95 (2): 65.

但禁止通过体外受精创造胚胎或治疗性克隆①，当然也禁止代孕。除了对这些医疗实践的限制外，法国只允许有着稳定关系的异性夫妻使用辅助生殖。北欧的瑞典、挪威和丹麦也采用谨慎监管型方式。

1. 瑞典

瑞典是欧洲也是世界各地辅助生殖立法最早的国家。早在1981年12月瑞典政府就在瑞典医学会（Swedish Society of Medicine）的倡议下组织调查委员会，对人工授精立法的必要性以及人工授精所生子女法律地位进行研究，20世纪80年代又率先采用分别立法模式在这个复杂而敏感的领域颁布了世界首部《人工授精法》（SFS 1984：1140），也是第一个要求精子捐赠者的个人信息登记在医院的特殊档案里并允许所生后代长大后查询。1989年生效的《体外受精法》（SFS 1988：711）奠定了现行瑞典人类辅助生殖法律的基础，要求体外受精提供给异性夫妻或同居男女，但是必须使用他们自己的生殖细胞，受精卵必须植入产生卵子的妇女子宫，代孕是行不通的，但是卵子捐赠和胚胎捐赠被允许。1991年的《用于医学筛查的基因技术法》（Act on the Use of Certain Genetic Technology in Medical Screening，SFS 1991：114）和《研究及治疗用人类受精卵使用法》（Act Concerning Measures for Purposes of Research or Treatment Using Fertilized Human Ova，SFS 1991：115）也都以严格著称，例如《研究及治疗用人类受精卵使用法》（2005年更新，以下统称《受精卵使用法》）禁止克隆胚胎和卵母细胞，否则可能处以刑罚。20世纪90年代以来，伴随着瑞典生物科技创新体系的高效运行和生命科学研究的突飞猛进，为适应生命科技临床转化和辅助生殖服务扩张的双重挑战，瑞典审时度势多次制定和更新相关法律。2006年7月1日生效的《基因人格法》，考虑到辅助生殖治疗与基础医学研究的“零距离”特点和联动效应②，采

① VARONE F，ROTHMAYR C，MONTPETIT É. Comparing biotechnology policy in Europe and North America：a theoretical framework [C] //MONTPETIT É，ROTHMAYR C，VARONE F. The politics of biotechnology in North America and Europe：policy networks，institutions，and internationalization [M] . Lanham：Lexington Books，2007：9.

② 辅助生殖治疗的核心操作过程（精卵的结合）并不在传统诊室或手术室进行，而是在现代化的实验室完成的。乔杰．辅助生殖技术：从基础到临床的转化医学 [J] . 北京大学学报（医学版），2013（6）：835－837.

取统一立法模式，将《人工授精法》与《体外受精法》及相关医学研究法律制度合并，统一调整涉及人的医学研究和生殖医学，实现管控病床和实验室的法律规范无缝对接，保护生物医学应用中的人格完整。《人工授精法》与《体外受精法》同时废止。①

不仅如此，瑞典辅助生殖法是首批辅助生殖立法中比较严格的代表。瑞典辅助生殖法的总体特征是限制成人的辅助生殖权与保障子女的最佳利益。瑞典作为生物科技创新的领军国家之一，也是配子和胚胎研究最自由的国家之一②，但是，瑞典辅助生殖法比其他大多数欧洲国家的严格③，早期的《人工授精法》和《体外受精法》通过近乎苛刻的制度安排，在全球首创这种崭新的（婚外）生育制度。④ 法律最初只允许已婚或有事实婚的妇女接受辅助生殖，且必须得到丈夫或同居者的书面知情同意，供精者也须将供精事实告知其配偶，以确保准父母和捐赠者充分了解捐精的法律效力，特别是对后代权利需求及其健康成长的意义。⑤ 丈夫的同意书意味着他完全承认和接受其法律父亲的角色，且同意在孩子足够成熟后有权获知其生物学父亲的身份。后来的法律修正案放宽了“适应症”，把受术对象扩大到同性伴侣（但不包括单身妇女），也不再禁止捐卵（精）合并体外受精，但是无论是异质人工授精还是异质体外受精都必须在公立医院或承担医师培训职责的医院实施，且在实施之前要对受术者进行全面的健康、心理和社会评估，以确保未来子女能在一个良好的环境中成长。法律既保障不孕夫妻或伴侣借助辅助生殖生育后代的权利，又通过限制捐赠者匿名权保护辅助生殖子女在成年后知晓其捐精者身份，为此，法律规定捐

① 姬妍，杨芳，潘荣华．《基因完整法》：瑞典辅助生殖立法最新进展——兼评辅助生殖子女基因知情权条款 [J]. 南京中医药大学学报（社会科学版），2015，16（1）：32－35.

② HAMBERGER L，WIKLAND M. Regulations and results concerning assisted reproduction in Sweden [J]. Journal of assisted reproduction and genetics，1993，10（4）：243－248.

③ HAZEKAMP JT. Current differences and consequences of legislation on practice of assisted reproductive technology in the Nordic countries [J]. Acta obstetricia et gynecologica Scandinavica，1996，75（2）：198－200.

④ ADRIAN SW. Sperm stories：policies and practices of sperm banking in Denmark and Sweden [J]. European journal of women's studies，2010，17（4）：393－411.

⑤ STOLL J. Swedish donor offspring and their legal right to information [J]. Uppsala universitet，2008：42.

赠记录必须保存 70 年。这一制度的目的是确保所生后代与其他子女（如收养子女）具有同等法律地位。瑞典辅助生殖法最具影响力的是子女基因知情权制度，这一制度以其创新精神和独特规定使瑞典在早期辅助生殖立法中独树一帜，吸引了广泛关注，并被其他国家积极效法。例如，新西兰诊所从 1985 年开始鼓励披露真相，2004 年非匿名捐赠立法开始有效，35%的 17～21 岁供精人工授精子女被告知了其来源。① 但是也有一些国家的政策和实践在悄然改变。例如，1992 年奥地利以瑞典法律为基础制定了几乎相同的法律，1995 年澳大利亚的维多利亚州也推行了类似制度，英国《人类受精和胚胎学法》最初规定捐赠者的身份信息由人类受精与胚胎学管理局保存，子女的知情权不包括捐赠者的可识别性生物学信息，而且后来扩大到捐赠者的姓名和最后的已知住址。② 在美国和西班牙，捐赠者匿名权如果影响到子女最佳利益就会被撤销（由法院裁决）。③ 还有一些国家和地区甚至颁布了新法律，废除原先的匿名制。瑞士、挪威、荷兰、新西兰、芬兰以及澳大利亚的西澳大利亚州、维多利亚州即是代表。

瑞典最新颁布的《基因人格法》作为生命科学时代保护基因完整的基本法，适应了辅助生殖与生命科技高度发展和紧密结合的趋势，增加基因筛查、生殖系细胞修饰、生殖性克隆、基于医学研究的胚胎创造和非医学需要的植入前遗传学诊断等新规定。新法还为基因治疗、保险领域的基因隐私以及人类卵子的研究与使用等设置了条件，严禁用于研究或治疗目的的使人类遗传基因改变的试验和治疗，限制遗传资源调查（含一般医学筛查中的遗传资源调查）及相关信息披露，规定用于研究或治疗的人类卵子

---

① DANIELS K，GILLETT W，GRACE V. Parental information sharing with donor insemination conceived offspring：a follow-up study [J]. Human reproduction，2009，24（5）：1099－1105.

② GUDIPATI M，REDHEAD G，et al. How has the Disclosure of Donor Information Act affected the donor program at a tertiary care fertility centre in the UK? [J]. Human reproduction，2011，26（Suppl 1）：i23.

③ GOTTLIEB C，LALOS O，LINDBLAD F. Disclosure of donor insemination to the child：the impact of Swedish legislation on couples' attitudes [J]. Human reproduction，2000，15（9）：2052－2056.

使用应当遵循知情同意原则，规范产前诊断、产前基因诊断（prenatal genetic diagnosis，PGD）和植入前遗传学诊断。在辅助生殖方面，《基因人格法》规定，孩子的生产者即孩子的生物学母亲，只有父母处于稳定的婚姻关系或同居关系或同性关系中，并且只有在同意将来告知孩子亲生父亲身份的情况下才能获得医学辅助生殖。另外，瑞典法律还严禁胚胎捐赠、代孕、死后生殖和单身女性接受辅助生殖，以此保证子女的生物学身份和基因完整性、连续性。很显然，瑞典虽然支持通过辅助生殖技术助人圆梦，但是其处理辅助生殖问题的方式也反映其通过法律规范尽可能模拟自然受精的设想，引导人们不要过于依赖医学技术。正如瑞典基督教民主党一贯主张的：从怀孕那一刻起每一个人的生命都是宝贵的、有价值的，医学伦理学应以每个人绝对的、独一无二的、不可剥夺的尊严为原则。因此，在生物医学实践中还应以谨慎为原则，主张在处理人类生命问题上尽可能谨慎严肃。辅助生殖应当尽可能避免由人类生殖的科技操作产生的伦理和法律问题。时至今日，尽管社会要求放宽辅助生殖技术及其衍生技术的呼声很高，相关法律草案也屡屡提交立法机关，但是瑞典一贯的谨慎政策始终未有根本转向。

2. 挪威

挪威 1987 年通过的《人工授精法》（Act on Artificial Fertilization，68/1987）是世界上第一部同时囊括人工授精与体外受精的法律。1994 年颁布的综合性《医用生物技术法》（Act on the Medical Use of Biotechnology，56/1994）不仅规范辅助生殖技术，也规范其他涉及人的医用生物技术，目前这部法律已历经多次大规模修订。此外，挪威政府已任命挪威生物技术咨询委员会（Norwegian Biotechnology Advisory Board）为独立的顾问委员会进行伦理审查和提出道德指南。人类辅助生殖治疗服务也提供给有婚姻关系或同居关系的男女，母亲的生育年龄上限虽然被建议为 38 岁，但并不受法律限制。捐精是被允许的，但精子捐赠者是匿名的。死后受孕（posthumous conception）和代孕是被禁止的，卵子和胚胎捐赠也是不允许的。使用植入前遗传学诊断受到限制，除非出于筛查伴性遗传性疾病。修订后的法律允许特定条件下的剩余胚胎研究，并向女同性恋夫妇开放人类辅助生殖技术的使用权。

3. 丹麦

相比之下，丹麦辅助生殖立法稍迟，直到1997年丹麦才出台一部《人工生殖法》（Act on Artificial Fertilization，460/1997），该法经2003年《胚胎干细胞研究法》和2004年《胚胎植入前遗传学诊断法》修正后，现在正面临新一轮的修改完善。人类辅助生殖实践不允许改变卵子和精子的基因组，人工授精只服务于有婚姻关系的夫妻和异性恋同居男女，妇女的生育年龄不得超过45岁。精子储存者一旦死亡，供其伴侣受精的精子必须销毁。禁止以买卖为目的提供已受精卵或未受精卵，受精卵在妇女子宫外保存时间不得超过14天。禁止以补救不孕不育为目的的卵巢移植。已受精卵或未受精卵冻存时间不得超过两年，超过两年或该妇女或男子一旦死亡、分居或离婚，卵子必须销毁。丹麦法律也禁止代孕和产前性别选择。丹麦1999年批准的《人权与生物医学公约》（Convention on Human Rights and Biomedicine）规定："除非为了避免与性别有关的严重遗传性疾病，不得使用医学辅助生育技术选择未来子女的性别。"

4. 法国

法国1994年7月出台三部与人类辅助生殖技术密切相关的法律规范，即健康研究过程中的《个人数据处理法》（94/548）、《人体尊重法》（94/653）以及《关于捐赠和使用人的身体部分及派生物、医学辅助生殖和产前诊断的规范》，后者确立的《生物伦理法》（Bioethics Law，2004/800）每五年修订一次，适用范围非常广泛，不仅涉及辅助生殖，还涉及器官移植、人类胚胎研究和基因学。2004年的版本在出台过程中引发了法国社会数年的伦理争论，集中体现在以下几个方面：获取人类辅助生殖技术的社会条件是否需要严格限定（单亲家庭、同性恋夫妇是否在人类辅助生殖服务范围之列）？在父母亲离婚或者是一方去世的情况下，冷冻胚胎应当如何处置？如何减少由多个胚胎移植引发的多胎妊娠？与《人权与生物医学公约》相悖的配子捐赠匿名制是否应当废除？产前诊断的适应证是否应当扩大到染色体异常发生率较高的高龄孕妇？讨论的结果是确立了如下基本原则：其一，捐赠人体的一部分须坚持匿名、无偿、自由和知情同意原则；禁止任何形式的人体商业交易。为此，法律加强了政府机构的管理力度，以确保医疗机构及医务人员遵守相关法律法规和指导原则。① 其二，维护社会秩序，尊重人权，尊重生育子女的合法性，保护孩子的正当利益，尊重胚胎的人类尊严，认真对待胚胎研究和剩余胚胎的原则，这些是争议较大的原则。为此，《生物伦理法》以现存的生育模式作为模型，限定由异性育龄夫妇使用人类辅助生殖技术：受精、胚胎移植时两人须健在，且结婚或同居至少两年；如果夫妻一方死亡，冷冻配子或胚胎须捐赠给健在的不育夫妇或者销毁。配子捐赠包括第三方提供精子和卵子，配子必须至少来自夫妻一方，并签署知情同意书，禁止使用非来自夫妻一方的配子受精（法国人视捐赠配子给不孕夫妇为对家庭生活的支持）。在法国，捐赠匿名保密，病史及其他事项记录在捐赠者档案。法国法律禁止代孕，基于伴性遗传疾病筛查目的的胎儿或胚胎性别选择是合法的。②《生物伦理法》的最终出台说明，为了减轻人类的痛苦，立法者采取必要行动干预医学技术未必是最完美的解决方案，但却是目前能够确保尊重人类自身及人伦原则的必要措施。③

2008 年前后启动的《生物伦理法》新一轮修订最终于 2011 年 7 月完成。新版本充分吸收了欧盟细胞与组织指令的核心内容，也进一步考虑到科学家和女权主义者的利益，为研究者提供了研究人类胚胎的机会，并继续保护妇女的权利，尤其是妇女控制自己身体、抵制身体商业化的权利，并达成以下五个方面的共识：其一，配子捐赠必须匿名，且不计报酬。捐赠者在捐赠之前必须已经生育过孩子，所生孩子至少与夫妻一方有基因遗传关系。其二，人工授精和体外受精只能用于治疗不孕夫妇。这种治疗只适用于已婚的异性夫妇，死后受精、女同性恋、单身和更年期妇女禁用。其三，禁止所有人类胚胎实验，包括为了研究创造胚胎。但是，允许在特殊情况下（且获得夫妻的书面同意）的产前或者胚胎植入前诊断，禁止性别选择。其四，代孕仍是不合法的，因为法国法律禁止人类买卖自己身体

① FOURNIER V, SPRANZI M. The French bioethics debate: norms, values and practices [J]. Medicine, health care and philosophy, 2013, 16 (1): 41-44.

② Loi n°2004-800 du 6 août 2004.

③ MONTAGUT J, MENEZO Y. How to legislate in human reproduction: the French experience: ART regulations around the world [J]. Journal of assisted reproduction and genetics, 2003, 20 (7): 287-289.

的一部分，包括配子。妇女也不能充当代孕者，即使没有酬劳。其五，生殖和治疗性克隆属于非法。生殖克隆是反人类的犯罪行为，应受到监禁惩罚。所有的人类胚胎研究都是违法的，但是，法律允许对体外受精剩余胚胎进行研究。本研究仅限于5年时间，并受卫生部新设的国家机关生物医学管理局（Biomedical Agency）监督。[①] 总之，《生物伦理法》虽然经历了2004年、2011年和2021年三次修订，但是对生殖技术获取条件的限制始终如一，如接受者须是达到生育年龄的健在异性夫妻，且至少一方患有医学上的不孕。很显然，法律的方向很明确：可以使用人类辅助生殖技术，但只能出于医学目的；传统家庭模式以外的个人原因不被接受。[②] 因而2021年版本一出台就受到诟病。[③]

（二）自由放任型

采取放任型（permissive jurisdictions）或自由主义（liberal jurisdictions）立法体制的国家，对大多数现有辅助生殖形式非常宽容开放（少数形式例外）。[④] 这种立法体制的典型特征是对代孕、使用第三方配子和胚胎以及捐赠补偿等问题虽然不予鼓励，甚至设置一些“门槛”（如仅开放治疗性代孕、妊娠代孕、非商业性代孕），但总体上较为宽容，并且以婚姻状况或性取向限制人类辅助生殖技术的使用权，另外，使用剩余胚胎进行研究、克隆胚胎用于干细胞研究以及借助植入前遗传学诊断进行胚胎选择也是自由主义立法所允许的。[⑤] 自由放任型立法除了前述以色列、美国

---

① REINEKE S. In vitro veritas：new reproductive and genetic technologies and women's rights in contemporary France [J]. International journal of feminist approaches to bioethics，2008，1 (1)：91-125.

② FOURNIER V，BERTHIAU D，D'HAUSSY J，BATAILLE P. Access to assisted reproductive technologies in France：the emergence of the patients' voice [J]. Medicine，health care and philosophy，2013，16 (1)：55-68.

③ BELAISCH-ALLART J. The new bioethics law in France [J]. Gynecologie，obstetrique，fertilite & senologie，2021，49 (9)：649-650.

④ JONES HW，COOKE I，KEMPERS R，et al. International Federation of Fertility Societies Surveillance 2010 [J]. Fertility and sterility，2011，95 (2)：13-14.

⑤ VARONE F，ROTHMAYR C，MONTPETIT É. Comparing biotechnology policy in Europe and North America：a theoretical framework [C] //MONTPETIT É，ROTHMAYR C，VARONE F. The politics of biotechnology in North America and Europe：policy networks，institutions，and internationalization [M]. Lanham：Lexington Books，2007：1-9.

各州立法外，英国、西班牙、荷兰和比利时也堪称这种模式的代表。[①]

1. 英国

英国是世界上第一例“试管婴儿”的诞生国，也是较早关注人类辅助生殖问题并积极作出立法回应的国家之一，先后颁布了《代孕协议法》[②]和《人类受精与胚胎学法》。[③] 1985 年颁布的《代孕协议法》是全球首部代孕专门法，虽然条文较少，态度却很鲜明，其主要宗旨是抑制商业性代孕和代孕广告。除了对代孕者、代孕协议以及代孕广告等相关名词术语进行法律界定（第 1 条、第 3 条）外，《代孕协议法》核心内容有二：第一，禁止任何组织或个人基于商业目的进行与代孕相关的倡议、斡旋、要约、承诺及信息收集行为，否则以犯罪行为论处（第 2 条）。商业性代孕指在英国境内，（1）发起或参与代孕协议有关的交涉，或（2）为成立代孕为要约或承诺行为，或（3）为成立或交涉代孕协议而收集信息，或（4）本人或第三人在任何时间因该行为而收受给付或意图未来收受给付而从事代孕协议的发起、协商或帮助行为（向代孕者或未来代孕者为给付行为除外）。第二，严禁以报纸、杂志、电台等发布代孕广告或中介信息，否则，（1）在英国境内出版的报纸杂志如刊登本条规定之广告，其经营者、编辑者与发行人构成犯罪；（2）在英国境内，任何经由电子通信系统传送前项广告者，则构成犯罪；（3）除前述方法外，如刊登或协助刊登本条规定之广告者，也构成犯罪。综观《代孕协议法》，不难发现，英国尽管不鼓励代孕，但是对非商业性代孕极为宽容，尤其是《代孕协议法》允许委托夫妻向代孕者付酬，也允许当事人为了签署代孕协议而进行倡议、斡旋或者收集代孕信息，加之《代孕协议法》并未设立任何机构有效规范合法非商业性代孕活动和监督代孕协议的履行，更未明确代孕当事人和所生子女的法律关系，因而很难实现有效管制和限制发展的立法宗旨，对当事人以及代孕所生子女的法律保护也失之乏力，故实施不久就遭到社会的尖锐批评。

---

① BASTIJN SE. Preimplantation genetic diagnosis (PGD) in a european context [J]. Biomedical ethics, 1998, 3 (3): 85-89.

② Surrogacy Arrangements Act 1985 (c. 49).

③ Human Fertilisation and Embryology Act 1990 (c. 37).

1990年，经过反复论证和讨论，英国立法机关通过了同时涵盖辅助生殖和胚胎研究问题的《人类受精与胚胎学法》，弥补了《代孕协议法》的缺憾。鉴于《代孕协议法》疏于调整代孕当事人之间的权利义务关系，《人类受精与胚胎学法》除了规范人类受精与胚胎学研究的发展、禁止从事特定的胚胎及基因实验和建立人类受精与胚胎学研究之主管机关外，宗旨之一就是弥补《代孕协议法》和《收养法》等法律规范的不足，重申代孕协议的法律效力，规定代孕产生的身份关系，并将利他性代孕上升为治疗不孕症的法定手段，依法保障不育者的生殖权，主要制度有：第一，贯彻落实《人类受精与胚胎学法》，设立人类受精与胚胎学管理局，审查和监督英国境内的人类胚胎研究；负责相关医疗机构的许可和监督；规范人类精子、卵子和胚胎的冷冻保存。实行代孕许可制度，将代孕控制在人类受精与胚胎学管理局的监管之下，以避免“地下交易”和“暗箱操作”可能带来的隐患。第二，重申代孕协议的法律地位。《人类受精与胚胎学法》第36条规定，代孕协议不得由当事人执行，也不得对抗当事人，更不能请求法院强制执行，换言之，代孕协议只是代孕事实的证明，不是权利义务的发生根据，依据代孕协议移交孩子或者支付（收受）酬金均不受法律保护。第三，禁止不合理给付。《人类受精与胚胎学法》改变《代孕协议法》有偿代孕除罪化的办法，规定在申请亲权命令和收养子女时除支付“合理费用”外，均不得为金钱给付或有金钱价值的给付。另外，《人类受精与胚胎学法》还维护传统父母定义标准，规定了代孕所生子女的法律地位（详见第九章）。

《人类受精与胚胎学法》的颁行对人工助孕和胚胎学研究的健康发展起到了积极作用，然而，法律不是万能的，况且《人类受精与胚胎学法》也确实存在一些缺陷，因此，在贯彻实施中也暴露了一些问题：一是随着人类辅助生殖技术的发展和代孕需求的扩大，出现了一些新情况、新问题，部分条款已经严重滞后。二是有关部门探索出了一些行之有效的管理经验需要赋予普遍约束力。三是《人类受精与胚胎学法》毕竟不是一部专门的代孕法，有些条款过于简单抽象，缺乏可操作性，难以有效地贯彻落实。在此背景下，社会公众不断要求改革现行法律，政府遂组织专家开展广泛深入的社会调研，提出了一系列立法改革建议和意见。① 2005 年 12 月 5 日《民事伴侣法》的正式生效客观上加速了《人类受精与胚胎学法》的修订。同性恋合法化意味着同性伴侣的生殖权被提上议事议程，借助捐卵、捐精和代孕方法实现生殖权的权利面临着合法化。然而，1990 年法案只允许有婚姻关系的配偶以及同居男女成为辅助生殖的受术对象，这就需要修订《人类受精与胚胎学法》打破这个制度藩篱。更重要的是，英国政府对生命科学研究的推崇和对胚胎干细胞的青睐，也迫切需要一部胚胎研究法为其保驾护航。终于，2009 年 4 月 6 日，在经历了长期的激烈争论之后，英国终于完成《人类受精与胚胎学法》的修订。新法一方面继续坚持 1990 年法案的基本精神，另一方面在胚胎研究的禁区范围、辅助生殖的受术对象、法律父母的定义以及亲子关系的认定等方面作出重大调整，如允许备受争议的人畜嵌合胚胎研究、禁止社会性胎儿性别选择、承认同性伴侣结成和异性夫妻同样的民事关系、删除子女需要“父亲”条款、利用捐赠精子所生孩子的母亲有权同意让近亲属以外的任何人（包括妇女）成为孩子的“第二家长”（second parent）。新法的颁布实施使英国继续保持其在立法保护胚胎研究的世界领先地位，而其在辅助生殖子女“父母”认定标准上的新规定，也使英国的亲子法完全摆脱单一的遗传因素的束缚而获得重大突破。②

2. 西班牙

在西班牙，伴随着世俗化和民主化的发展，教会对立法的影响逐渐式微。由于西班牙医生的大力倡导和女权主义者的暧昧立场，西班牙对辅助生殖立法持放任态度（permissiveness）。③ 西班牙早在 1988 年 11 月 11 日就颁布了《辅助生殖技术法》（35/1988），该法涵盖人工授精、体外受精

① 潘荣华，杨芳．英国“代孕”合法化二十年历史回顾［J］．医学与哲学（人文社会医学版），2006（11）：49-51.

② 杨芳．人工生殖模式下亲子法的反思与重建——从英国修订《人类受精与胚胎学法案》谈起［J］．河北法学，2009，27（10）：117-122.

③ DUBOUCHET J，KLÖTI U. ART in Spain：Technocratic Inheritance and Modernist Aspirations［C］//IVAR B，MALCOLM L，GOGGIN，et al. Comparative biomedical policy：governing assisted reproductive technologies［M］. New York：Routledge：Taylor & Francis，2003：102-119.

和腹腔镜下配子输卵管内植入术（gamete intrafallopian transfer，GIFT）等辅助生殖技术的重要方面，并建立了一些重要的其他制度，如创立国家捐赠者登记处（National Registry of Donors）和国家人类辅助生殖委员会（Spanish National Assisted Reproduction Committee，SNRHA）管理人类辅助生殖。此外，这部法律还包括了以前发布的科技研究相关文件。① 1996 年和 1997 年西班牙又颁布两份皇家法令和一份部长令：关于人类辅助生殖中心的条件的 413/1996（2）皇家法令、关于捐赠者的条件和建立捐赠者登记处的 412/1996（3）皇家法令和关于建立国家人类辅助生殖委员会的 415/1997（5）皇家法令。2003 年 11 月《辅助生殖技术法》在实施十多年后再被 45/2003 法案取代。其内容如下。

（1）人类辅助生殖是当其他治疗方法无效时而采取的战胜人类不育、促进生殖的医疗行为，在有充分诊断和疗效保证并有明确指征的情况下，方可使用人类辅助生殖技术预防和治疗基因或遗传疾病。任何以人类生殖以外目的的人卵受精均为法律所禁止。

（2）一般原则：所用技术必须有合理的成功率，不得危及妇女健康。接受治疗的妇女必须达到法定年龄，身体健康，拥有自由的意思能力和被充分告知有关人类辅助生殖的信息。禁止以人类生殖以外的任何目的的人类卵子受精。胚胎移植数必须是获得最佳妊娠结局的数量。

（3）捐赠者：捐赠不可为营利和商业目的。捐赠协议是为了合法目的进行的配子和胚胎捐赠，是捐赠者与被批准的人类辅助生殖中心之间无偿的、正式而秘密的协议。协议采用正式的书面形式。在签署协议之前，捐赠者必须被告知该行为可能的结果。捐赠匿名，有关捐赠者身份的数据将被严格保密，以代码的形式存储在国家捐赠者登记处的数据库里。使用这些技术出生的孩子或孩子的受托人有权得知捐赠者的一般信息（不包括捐赠者的身份）。配子接受者享有同样的权利。只有孩子处于生命垂危之际或在刑法典规定的例外情况下才可以透露捐赠者的身份。捐赠者必须年满 18 岁并且具有完全自主能力，其身心状况必须符合协议中的标准，该标

① BOADA M，VEIGA A，BARRI PN，Spanish regulations on assisted reproduction techniques [J]. Journal of assisted reproduction and genetics，2003，20（7）：271－275.

准描述了形态特征并须预防基因、遗传或流行病的传播。

(4) 技术使用者：任何妇女都可以依法成为技术的接受者或使用者，只要她自由地书面表达同意。她必须 18 岁以上且具有完全的自主能力。已婚妇女必须得到丈夫作出的自由、自觉和书面的同意，除非她已经合法分居或离婚。希望使用人类辅助生殖技术的妇女必须被告知怀孕期间自己和孩子可能存在的与其年龄相关的风险。人类辅助生殖技术必须在授权中心由专业人员执行。

(5) 冷冻保存技术：精液在被授权的中心最长冻存 5 年。除非确保卵子在解冻情况下有生存能力，否则不得冷冻保存。体外受精—胚胎移植过程中没有移植的胚胎最长可在被授权的中心冻存 5 年。非从捐赠者获得的配子和胚胎冷冻 2 年后由中心处置。

(6) 诊断和治疗：不应当对胚胎实施任何诊断或治疗程序，无论是在体外还是体内（法律另有规定的除外）。不得对子宫内的胚胎或胎儿进行任何干预，除非是促进其健康发育。①

(7) 父母和孩子：通过人类辅助生殖技术所生孩子的亲子关系由现行法律规定，另有规定的除外。身份登记绝不能出现可能推断孩子出身特性的数据。夫妻一旦同意实施涉及捐赠配子或胚胎的人类辅助生殖，丈夫和妻子都不能根据上述受精结果否认所生孩子的婚生性。捐赠者无论如何都不能提出亲权主张。当该妇女丈夫死亡时其生殖材料尚未植入妇女子宫的，则依据该法规管的技术所生孩子与死亡丈夫之间不产生法律上的亲子关系。尽管如此，丈夫可以在知情同意书或在遗嘱中表明其妻子在其死后 6 个月内使用其生殖材料受精，在这种情况下孩子认定为其婚生子女。知情同意书可以在人类辅助生殖技术实施前任何时候撤销。代孕协议无论是否为了报酬都是无效的。代孕所生孩子的父子关系将在出生时确定，在任

① 对体外胚胎或子宫内的胚胎和胎儿进行任何干预只能在满足以下要求时实施：(1) 夫妻或妇女自己需要时，必须事先对进行诊断和治疗程序作出知情同意，了解诊断和治疗中固有的机会和风险；(2) 疾病必须得到准确诊断，其预后必须是严重或极为严重的，治疗程序必须能够提供合理的改善；(3) 如果存在一个疾病列表列有严格的科学治疗方法；(4) 如果不会影响非病理的遗传特征，且该程序不是用来寻求个体或种族选择；(5) 如果治疗程序是在有必要的设备和合格的医疗队伍的授权中心执行的。

何情况下生物学父亲都应当遵守父权规定。

（8）严禁下列行为：非以人类生殖为目的的人类卵子受精；通过子宫冲洗获得人类胚胎；持续培养14天后的胚胎（不含冷冻时间）；保持胚胎活性以供将来获取使用的样本；买卖胚胎或细胞以及对其进行进出口贸易；除了依法用于诊断、治疗或科学目的以外的对胚胎或其细胞的工业化使用；将胚胎用于美容目的；将精液混合用于体外受精或将卵子混合用于体外受精或腹腔镜下配子输卵管内植入术；未经存活保证进行的配子或胚胎移植；除法律规定的情况外泄露捐赠者身份；利用克隆技术创造完全相同的人类或以其他程序优选人种；任何单性生殖方法；非以治疗为目的的性别选择或基因操纵；从同一性别的人身上创造胚胎；胚胎融合或任何生产杂种的其他程序；为了获得杂种与其他物种进行基因互换；将人类配子或胚胎移植到任何动物子宫内，或将动物配子或胚胎非法植入人类子宫内；实施体外发育；通过不同男性的精子创造胚胎用于移植；同时移植来自不同妇女的胚胎；利用基因工程和类似程序用于军事目的，来创造生物武器或任何其他毁灭性武器；任何不适法的研究等。①

2006年6月，西班牙再次颁布14/2006法案对45/2003法案进行完善，并规定防治遗传疾病的使用条件以及配子和胚胎的使用条件，保留了欧盟关于生殖性克隆的禁令。修订内容如下：对不能存活的胚胎才可以开展研究，特殊情况下才可以研究有活力的胚胎。胚胎在被批准的机构里的保存时间由早先的5年延长至妇女育龄期内。对于体外受精周期剩余胚胎，夫妇或妇女可以将其捐赠给他人用于生殖目的，但是不得用于研究（而在此之前剩余胚胎不仅可以用于生殖，也可以捐赠用于研究或销毁）。该法禁止向配子和胚胎捐赠者支付报酬，但是补偿其时间和精力损失以及取卵带来的身体不适除外（但补偿不能作为一种经济诱惑）。配子和胚胎捐赠是匿名的，尽管孩子可以得知捐赠者的一般信息（出于保护孩子生命或健康需要等特殊情况下，该法允许透露捐赠者的身份）②，这一点与其

① BOADA M，VEIGA A，BARRI P N. Spanish regulations on assisted reproduction techniques [J]. Journal of assisted reproduction and genetics，2003，20 (7)：271－275.

② LACADENA JR. The 14/2006 law on human assisted reproduction techniques：scientific and ethical considerations [J]. Law hum genome review，2006 (24)：157－184.

他欧洲国家大不相同。① 此外，新法案没有简单列举可使用的生殖技术，而是充分考虑新技术的发展情况，要求确保其有效性和安全性得到证明时才被允许采用。允许冷冻精子和胚胎，但考虑到技术的安全性，卵子冷冻被禁止。该法增加了配子捐赠者和接受生殖治疗者的条件以及所生孩子地位的规定。妇女通过国民卫生体系获得人类辅助生殖技术。新法最重要的变化是新的注册要求、当胚胎捐赠者同意时用于研究的胚胎批准、每周期至多受精三个卵子禁令的取消以及使用植入前遗传学诊断为第三方提供治疗的容许②，具体内容包括：第一，注册系统。考虑到人类辅助生殖技术的信息可能满足不了不育患者的需求，新法建立了另一套注册系统，即人类辅助生殖活动的注册系统。为了保护不育夫妻决策，新注册系统将记录使用的有关技术的类型、成功率和其他能影响中心质量因素的数据，这样的数据每年将公开一次。注册系统也将每个中心存储的胚胎数目记录在案。新法还保留了原来的配子和胚胎捐赠注册系统，该系统包含如下信息：来自特别捐赠者所生孩子的数量、使用捐赠者的配子或胚胎的人的身份、捐赠者捐赠时的住所和接受者接受时的住所。第二，2003 年之前的法案虽然允许胚胎研究，但是限制了冷冻胚胎的研究。新法消除了这些限制，并允许剩余胚胎用于研究，但仍需要夫妻（或某些情况下妇女）的知情同意。然而，新法特别指出同意捐赠胚胎用于研究目的必须包含详细的有关研究目的及其可能的后果的信息，也必须声明捐赠者将放弃源于胚胎研究获得任何利益的权利。第三，取消每周期卵子受精数目的限制是不育夫妻、组织和不育专家努力的结果。取消这一限制将有助于增加人类辅助生殖技术的成功率，并减少重复取卵手术次数。夫妻和妇女不使用的胚胎可以存储起来以备未来使用，或者捐赠给其他夫妻，或者用于研究目的。然而，新法保留了每个生殖周期最多移植三个胚胎的禁令。第四，法案允许应用植入前遗传学诊断检测治疗无效的有严重遗传病风险的胚胎。而新

① GARCIA-RUIZ Y，GUERRA-DIAZ DIANA. Gamete and embryo donation：a legal view from Spain. // RICHARDS M，PENNINGS G，APPLEBY JB. Reproductive donation：practice, policy and bioethics [M]. Cambridge：Cambridge University Press，2012：112－129.

② MELO-MARTÍN D，INMACULADA. Assisted reproductive technology in Spain：considering women's interests [J]. Cambridge quarterly of healthcare ethics，2009，18 (3)：228－235.

法扩大了这项技术的使用，包括符合第三方医疗需求的胚胎选择。植入前遗传学诊断的应用需要在取得国家人类辅助生殖委员会的审核同意后再经卫生当局批准。①

总之，西班牙颁布《辅助生殖技术法》时其他欧洲国家还只就人类辅助生殖发布相关规范性文件和建议，瑞典最早规定人工授精但不规范体外受精，挪威虽然同时规定人工授精和体外受精，但不规范相关的医学研究。有学者认为，西班牙是第一个就此单独立法也是立法最全面的国家②，该法也是全球最自由的人类辅助生殖法之一③，西班牙也因此成为欧洲的生殖旅游中心。然而，监管上的自由主义客观上导致了过度医疗（如重复无效的周期和不必要的附加治疗），特别是捐赠卵子的使用加剧了卵子商品化。因而，近年来要求改革现行制度的呼声高涨，要求尽快健全监管机构，完善监管体制，治理商业化运作。④

3. 希腊

希腊是另一个采用自由模式应对人类辅助生殖技术的国家。20 世纪 90 年代，希腊在缺乏政府规范的情况下实践体外受精，但是这些活动遵循了当地的文化信仰、社会习惯以及希腊东正教教义。⑤ 东正教不反对医疗援助，但反对不尊重和不敬畏上帝，主张妇女和男子在神的庇护下创造美好的生活。⑥ 在希腊，母亲身份被冠以神圣的光环，认为有了孩子，婚

① LACADENA JR. The 14/2006 law on human assisted reproduction techniques: scientific and ethical considerations [J]. Law and the human genome review, 2006 (24): 157 - 184.

② BOADA M, VEIGA A, BARRI PN. Spanish regulations on assisted reproduction techniques [J]. Journal of assisted reproduction and genetics, 2003, 20 (7): 271 - 275.

③ MELO-MARTÍN D, INMACULADA. Assisted reproductive technology in Spain: considering women's interests [J]. Cambridge quarterly of healthcare ethics, 2009, 18 (3): 228 - 235.

④ ALON I, GUIMóN J, URBANOS-GARRIDO R. Regulatory responses to assisted reproductive technology: a comparative analysis of Spain and Israel [J]. Journal of assisted reproduction and genetics, 2019, 36 (8): 1665—1681.

⑤ PAXSON H. Reproduction as spiritual kin work: orthodoxy, IVF, and the moral economy of motherhood in Greece [J]. Culture, medicine and psychiatry, 2006, 30 (4): 481 - 505.

⑥ NIKOLAOS M. The Greek Orthodox position on the ethics of assisted reproduction [J]. Reproductive biomedicine online, 2008, 17 (3): 25 - 33.

姻和妇女才是完整的。尽管如此，由于经济、文化和政治因素以及继发性不孕不育的影响，希腊却是欧洲生育率最低的国家之一。自 20 世纪 80 年代以来，许多希腊中产妇女越来越多地倾向于借助人类辅助生殖技术成为母亲。因此，体外受精在希腊甚至被作为一种生育常态被提及。① 截至 2002 年，希腊每年大约 100 000 出生者中有 2.5%是通过体外受精—胚胎移植技术诞生的。至 1994 年，整个体外受精疗程的全部费用大约是 2 000 美元，这对把生孩子放在优先地位的雅典工薪阶层来说并非遥不可及。② 随着希腊老龄化程度的加深，宽松的法律制度客观上刺激了辅助生殖助孕的需求，助长了希腊人对辅助生殖技术的青睐和依赖。据欧洲人类生殖暨胚胎学会 2021 年的统计，希腊 2017 年共实施 27 547 个辅助生殖治疗周期，共生下 6 276 个孩子，其中，高龄妊娠和多胎妊娠现象都比较突出。③ 这也表明希腊辅助生殖领域的技术滥用现象比较严重④，迫切需要改革治理方向和加大法律控制力度。在欧盟对希腊提出了依法规范体外受精的要求后，希腊 2002 年 12 月 19 日通过《医学辅助生殖法》（Medically Assisted Human Reproduction Act，3089/2002），2005 年 1 月 18 日通过《医学辅助生殖方法应用法》（Application of the Methods of Medically Assisted Reproduction Act，3305/2005），正式将人类辅助生殖技术纳入法制轨道以帮助无法通过自然方式受孕者实现生殖权和履行人口再生产责任。前者对民法相关规定进行了修订，后者则是前者的补充性文件，依据欧盟细胞与组织指令建立的国家医学辅助生殖管理局（National Authority of Medically Assisted Reproduction）负有对生殖中心认证、指定、授权、许

① BECKER，G. The elusive embryo：how women and men approach new reproductive technologies [M]. Berkeley：University of California Press，2000.

② PAXSON H. Reproduction as spiritual kin work：orthodoxy，IVF，and the moral economy of motherhood in Greece [J]. Culture，medicine and psychiatry，2006，30（4）：481－505.

③ The European IVF-Monitoring Consortium（EIM）for the European Society of Human Reproduction and Embryology（ESHRE），WYNS C ，DE GEYTER CH ，et al. ART in Europe，2017：results generated from European registries by ESHRE [J]. Human reproduction open，2021：1－17.【doi】10. 1093/hropen/hoab026.

④ GEROPOULOS，N. Research on human reproductive material，in the light of the law [J]. Archives of Hellenic Medicine/Arheia Ellenikes Iatrikes，2020，37（6）：801－809.

可和登记注册责任，但是上述机构至今还未发挥作用。① 宪法框架和国际法规定是 3089/2002 法案的基础。前者赋予每个人自由选择生育的权利以及国家在尊重和保护人的价值中的首要职责。另外，宪法修正案还保护基因身份，规定：人们都享有保护其健康和遗传身份的权利。② 后者是希腊已经签署和批准的欧洲《人权与生物医学公约》及其关于禁止克隆人的议定书。③ 该法适用于各种帮助夫妇战胜不孕不育的替代性生育模式，例如夫精人工授精、供精人工授精、体外受精—胚胎移植以及卵子捐赠和胚胎捐赠，死后受精和死后胚胎移植以及代孕也被法律所允许。该法努力实现三个目标，即帮助夫妇（包括同居者）战胜不孕不育（根本目的）、预防疾病和促进科学研究。其主要内容如下。

（1）适用对象：第 1455 条强调医学辅助生殖仅适用于没有能力以自然方式生孩子或避免严重的遗传病的情况。人类辅助生殖技术可以向希腊已婚夫妇、同居男女、未婚或单身妇女提供。根据其他欧盟国家的法律框架，只要这些技术适用于单身妇女就意味着它也适用于那些同性恋妇女，比利时、丹麦、爱沙尼亚、芬兰和英国等就是这种情况。但希腊立法似乎与这种宽泛的立法实践及社会准则不一致。希腊法律还规定想依靠这些技术的妇女最大年龄是 50 岁。胚胎移植数量也取决于妇女的年龄，40 岁以下（包括 40 岁）妇女胚胎移植数目最多 3 个，年龄更大的妇女最大数目应当是 4 个。

（2）同意这些程序必须采用书面形式，且必须在告知人类辅助生殖的风险和结果的适当信息后提供。对于未结婚或单身妇女，书面同意以公证文书的形式签署。配子、胚胎、妊娠及相关中介不能作为涉及经济报酬合同的标的。

（3）允许胚胎实验，容许将胚胎无偿用于研究和治疗，禁止生殖性克

---

① LEON G，PAPETTA A，SPILIOPOULOU C. Overview of the Greek legislation regarding assisted reproduction and comparison with the EU legal framework [J]. Reproductive biomedicine online，2011，23 (7)：820 - 823.

② KRIARI-CATRANIS I. Biotheical issues and human rights in Greece [J]. Law and the human genome review，2002，39 (16)：37 - 57.

③ KRIARI-CATRANIS I. Human assisted procreation and human rights—the Greek response to the felt necessities of the time [J]. European journal of health law，2003，10 (3)：271 - 280.

隆，允许适当的治疗性克隆。

（4）异源人工授精技术也被许可，生殖材料捐赠者的身份对受赠者是保密的，关于捐赠者的医疗信息是保密的，允许获得这一信息的唯一条件是为了孩子的治疗利益。孩子及其父母的身份对捐赠者也是保密的。接受捐赠的丈夫不得对异源受精所生子女的亲子关系提出否认之诉。

（5）与大多数欧洲国家不同，死后受精在希腊是合法的，在丈夫或男性伴侣死亡后，在满足一定条件下可以由法院批准实施死后受精（如配偶或者伴侣患有可能会影响生育或者危及生命的疾病、配偶或者伴侣已经通过公证文件同意死后受精、辅助生殖在配偶或者伴侣死亡6个月后2年内实施）。

（6）在代孕问题上，希腊立法也不同于大多数禁止代孕的欧洲国家。该法允许在满足特定条件下实施妊娠代孕（当事人需签订一份不附有任何经济利益的书面协议、想成为孩子母亲的妇女应当提供一份无法生育的医疗证明文件、双方都应当在希腊有住所），但是必须经过法院授权后才能进行胚胎移植。如孩子是依法由代孕所生，则获得法院批准的妇女推定为孩子的母亲，不过，推定可以在孩子出生6个月内由推定母亲或代孕母亲通过母亲权否认之诉推翻。换言之，在希腊，“分娩者为母”不再是铁律，在代孕情况下母亲不是生下孩子的妇女而是得到法院批准的人。

（7）剩余胚胎和冷冻胚胎的处理。剩余胚胎通常是妇女不再需要的胚胎，冷冻胚胎通常是为了将来使用、捐赠给第三方或实验研究使用的胚胎。法律规定，接受辅助生殖技术者应当以书面形式共同决策，任何不用于自己治疗的冷冻生殖材料（如剩余胚胎）应当做以下处理：捐赠给由医生或生殖诊所“决定”的其他需要生殖治疗者、用于研究或销毁；在没有相关人员共同声明的情况下，冷冻胚胎能够持续5年。在这个贮存期限之后，冷冻保存材料能被用于研究、治疗的目的或者销毁。未被冷冻保存的受精卵在受精完成后第14天要被摧毁，即使在那之前被冷冻保存了一小段时间也同样如此。

从上述制度来看，希腊立法与欧盟指令及相关公约大体一致。但是，当与其他欧洲国家的立法相比较时，希腊立法似乎在许多辅助生殖问题上有所不同，尤其是当把希腊与意大利立法的五个领域（同源生殖、异源生殖、死后受精、代孕及剩余胚胎）相比较时，两国唯一共同之处是都许可同源人工授精，其余四个方面却相反，希腊许可的意大利却禁止。另外，这项新立法的部分内容与希腊社会当下的实情不符，特别是新生儿法律地位、第三方参与生殖、代孕、死后受精以及胚胎冷冻保存等问题上的法律规定都表明，这部深受欧盟立法影响的法律正向实用主义方向发展（使更多的人受益于生殖技术资源）。而事实是希腊社会仍旧是相当传统的，希腊家庭结构和其他南欧国家一样有三个明显特征：青年人离开父母家庭相对较迟、推迟生育、同居率和离婚率低。这种立法趋同性试图把国外的规则强加于希腊社会可能导致希腊传统家庭关系破裂，因而研究希腊的这部法律有助于为欧盟国家未来的生殖立法改革提供有益的指导，特别是希腊本国，修订相关法律使其为希腊社会所接受是必须的。①

4. 荷兰

荷兰 20 世纪末以前没有专门的人类辅助生殖法，但相关法律涵盖人类辅助生殖技术。1989 年 7 月 20 日的体外受精规划令（IVF Planning Decree）为体外受精中心的许可提供了框架。此外，1997 年 11 月 17 日的《医疗合同法》（Medical Treatments Contracts Act）、1997 年的《卫生保健职业法》（Professions in Health Care Act）、1996 年的《保健机构质量法》（Care Institutions' Quality Act）、1997 年 10 月 24 日的《特别医疗法》（Special Medical Treatments Act）、1993 年的《捐赠数据法》（Donor Data Act）等都不同程度地规制人类辅助生殖。此外，1998 年 2 月 26 日的《人类受试者法》（Medical Research Involving Human Subjects Act）适用于医学研究，1993 年 9 月 16 日的刑法补充文件增加了商业性代孕的禁令。1998 年 5 月 26 日的规则禁止基于非医疗原因的性别选择而实施人类辅助生殖程序。② 总体而言，荷兰的宪法和欧洲人权法院均保护隐私，而生育是私生活的重要组成部分，提供不孕治疗和第三方参与生殖是应当

---

① LEON G，PAPETTA A，SPILIOPOULOU C. Overview of the Greek legislation regarding assisted reproduction and comparison with the EU legal framework [J]. Reproductive BioMedicine Online，2011，23 (7)：820－823.

② TE BRAAKE TA. Regulation of assisted reproductive technology in the Netherlands [J]. Texas International Law Journal，2000，35 (1)：93－122.

受到尊重的病史，和其他重要数据一样记录在案。2004 年以前，配子捐赠人有权保密隐私问题。荷兰不因婚姻状况而限制人类辅助生殖治疗的使用权，但有年龄上限。精子、卵子和胚胎捐赠是被允许的。商业性的代孕也被允许，从代孕谋取利益是非法的。每个捐赠者持匿名。但是，2004 年在荷兰诞生了一部新法律，赋予捐赠精子、卵子所生后代知悉捐赠者身份的权利。法律还要求他们的父母及医生向捐赠者后代提供信息。这部法律的特点主要有：荷兰的核心系统中央登记中心确保后代获得捐赠者信息的可能性。这个登记由一个独立的国家捐赠者数据基金会（foundation for donor data，FDD）控制。国家捐赠者数据基金会负责准确归档捐赠者及捐赠所生子女的父母的数据（相关记录要保存 80 年），该登记数据库的功能是处理相关请求和提供信息。知道或怀疑自己是捐赠所生子女的，在其年满 16 岁以后可以向国家捐赠者数据基金会申请查询和验证捐赠者身份信息。如果捐赠者和申请人的遗传关系存在疑问，可以通过血型或者 DNA 检测来验证或推翻，必要时法院可以介入。尽管法律赋予捐赠者后代基因知情权，但是捐赠者没有义务联系后代，也不负有任何法律或经济义务。①

（三）保守禁止型

与自由型立法体制相比，禁止型立法是禁止大部分人类辅助生殖形式，只允许少数特殊情况下实施某种人类辅助生殖，特别是限制了胚胎和干细胞研究以及植入前遗传学诊断选择胚胎性别②，因此其也被称为保守型。这种模式最普遍的是禁止或限制第三方捐赠配子（尤其是卵子），特别是对各种代孕技术不加区分，一概禁止，以避免伦理上的争议以及产生的法律难题。许多欧洲国家的立法还设置障碍，限制一些不孕夫妻和个人从本国获得治疗。德国、奥地利、瑞士和意大利等禁止型立法的代表性国

---

① JANSSENS PM，SIMONS AH，VAN KOOIJ RJ，et al. A new Dutch Law regulating provision of identifying information of donors to offspring：background，content and impact [J]. Human Reproduction，2006，21 (4)：852 - 856.

② VARONE F，ROTHMAYR C，MONTPETIT É. Comparing biotechnology policy in Europe and North America：a theoretical framework [C] //MONTPETIT É，ROTHMAYR C，VARONE F. The politics of biotechnology in North America and Europe：policy networks，institutions，and internationalization [M] . Lanham：Lexington Books，2007：8 - 9.

家甚至宣布在其他国家被视为主流程序的技术为非法。素以立法严谨著称的德国在辅助生殖方面也相当保守和严格，更以刑法手段禁止任何非以妊娠为目的的胚胎创造、将卵子用于非产卵妇女妊娠为目的的受精（即代孕）、胚胎捐赠、植入前遗传学诊断，每治疗周期最多移植三个胚胎，任何不适法的胚胎（或全能细胞）研究均为犯罪；在奥地利，1992 年开始大规模禁止某些人工受孕服务和胚胎研究，如禁止破坏性的胚胎研究和生殖细胞线的干预，体外胚胎只能用于医学辅助生殖，禁止胚胎捐赠，配子或胚胎冻存不超过 1 年，逾期须全部销毁；意大利还禁止捐赠的精子用于体外受精；瑞士除了禁止第三方捐赠配子外，还禁止植入前遗传学诊断；智利、中国、科特迪瓦和菲律宾等亚非拉国家也加入这一行列中来；印度和加拿大曾一度禁止植入前遗传学诊断，尽管非医学需要的性别筛选并不总是需要植入前遗传学诊断。①

1. 德国

现代国家的宪法几乎都把人格尊严保护置于重要地位，但是没有哪个国家走得像德国那样远。② 由于德国根深蒂固的基督教传统和纳粹滥用生物技术的历史之鉴，体外受精在妇女体外怀孕的成功虽然开辟了人类繁衍的前景，但也一度激起普通民众的恐慌、忧虑和反对，德国政府和议会对体外受精研究及应用更是保持高度的紧张和谨慎。试图彻底禁止或至少适当限制体外受精的主要理由如下：体外受精颠覆传统生育模式和家庭结构、破坏人类基因的完整性、侵害妇女健康和生殖权、危及胚胎的道德地位、导致孩子商品化和科学家污名化。③ 德国官方痛定思痛之后提出分而治之的态度，把生殖技术分为两种："利用"生殖技术作为帮助他人的"医疗"实践行为和"滥用"生殖技术作为医学的"研究"实践行为；相应地，从事上述活动的专家也分为两种：以利他动机并恪守专业原则与道德标准的维护人类生命的好医生和鲁莽地追求科学成就或经济利益的可疑研究人员。这一定义旨在

① JONES HW，COOKE I，KEMPERS R，et al. International Federation of Fertility Societies Surveillance 2010 [J]. Fertility and sterility，2011，95 (2)：95 - 96.

② 王晖．人之尊严的理念与制度化 [J]. 中国法学，2014 (4)：44 - 118.

③ WIESING U. In vitro fertilization：regulations in Germany [J]. Cambridge quarterly of health care ethics，1993 (2)：321 - 326.

提醒科学家和医生谨慎卷入和拒绝从事第三方生殖操作，也明确了立法机关负有防范科学家滥用生殖技术的责任。可见，“使用”和“滥用”的界限其实就是“治疗”和“研究”的界限，尽管这一界限很难定义。由于政府认为医生受到自身专业伦理和法律的约束、是值得信任的，所以其高度关注科学家而不是医生滥用生殖技术的可能性。基于此，德国议会把科学实践作为立法干预的重点，且体现在对胚胎研究的法律限制或禁止上。①

德国早在 1984 年 5 月就成立了一个由科学家、哲学家、律师、医生以及教会组织代表组成的立法调研委员会，由前联邦宪法法院专员邦达（Erunsuto Benda）担任主席，1985 年 11 月委员会发布调研报告《体外受精、基因分析和基因治疗》[《邦达报告》（Benda Report）]。这份报告认为非配偶间体外受精会危及孩子的归属感和身份认同；胚胎在子宫里的成长发育以及孩子和孕妇之间的生物联系和心理交流是孩子个性发展的重要组成部分，采用代孕方式生育子女会削弱生母与未出生者之间亲密特殊的自然联系，以报酬为目的的代孕尤其不尊重孩子的“人格尊严”，因此报告只支持夫妻之间的体外受精，而反对非配偶间的体外受精，并作出原则上禁止代孕的建议（如果是为了保护胚胎的生命或者妇女自愿为患不孕症的亲属代孕则另当别论）。② 在《邦达报告》的基础上，德国开始尝试以多种手段规制不同的人类辅助生殖领域，如 1985 年德国生殖学会（German Medical Association）的《职业伦理标准守则》（Model Code of Professional Ethics,）规定了与人类辅助生殖技术有关的医生权利与义务，此后德国联邦医务委员会（German Federal Medical Council）发布了关于腹腔镜下配子输卵管内植入术、体外受精与胚胎移植的指南，对前者进行了补充。1990 年德国历时 5 年完成了《胚胎保护法》的草拟工作。作为一部直接规范生殖医学的法律，《胚胎保护法》处于德国人类辅助生殖法的最核心地位。为了保护胚胎，《胚胎保护法》宣布一些人类辅助生殖技术应用和研究行为为犯罪行为，但是，由于《胚胎保护法》主要是为了避免

① AUGST C. Regulating dangerous futures: the German Embryo Protection Act of 1990: legislation in risk society [J]. Social and legal studies, 2000, 9 (2): 205 - 226.

② 陈英淙．从生殖医学及人类遗传学观点引介德国《胚胎保护法》之立法 [J]. 中大社会文化学报，2003 (17): 21 - 48.

胚胎的商业开发和试验以及禁止嵌合体，因而过于关注胚胎保护，而在人类辅助生殖方面的内容并不详备。①

作为一部特别刑法②，《胚胎保护法》集中体现了德国生殖医学政策的核心精神：一方面保护人性尊严和生命权以及研究自由权，另一方面保护早期人类胚胎乃至细胞阶段的“法益”，特别强化对前胚胎（fetuses and embryos）的保护，这种强烈的胚胎保护意识可能来自对第二次世界大战时期纳粹极端行为的深刻反思和高度警惕。③ 在德国，已经移植的胚胎拥有与其他自然人一样的生命权和人格尊严，受到德国基本法和德国民法典的严格保护。《胚胎保护法》的基本初衷是：前胚胎不具有人的法定地位，应当通过刑法的修改填补实定法的漏洞，故《胚胎保护法》立法宗旨申明：人类的生命于受精完成时即已存在，故需加以保护，但与后期的发育阶段比较，则不排除在方式、范围和程度上存在差异，特别是立法者可以对体外受精和由此欲完成之目的的技术及其所得出的特性加以考虑。本法将刑法之禁令局限于特别的、专属的、不可放弃之法益的保护，尤其将人性尊严及生命权之宪法价值纳入考虑，儿童福祉之保障亦受到特别的重视，因此，以刑法的方式保护特别高层次的法益是国家的任务，不能等到危害发生时，再采取行动。立法规范的目的在于任何关于人类生命的操作于其准备阶段即需有迹可循，而且要将所有与生殖医学方法相关的问题，全面加以规范。④

有鉴于此，《胚胎保护法》规定：“本法所称胚胎谓自细胞核结合时起已受精且具有成长能力的人类卵细胞；此外，任何一个得自胚胎有能力分裂，进而发育成为个体的全功能干细胞亦谓为胚胎。”“在细胞核结合后的

---

① ROTHMAYR C，RAMJOUE C. Germany：ART policies as embryo protection [C] // IVAR B，MALCOLM L，GOGGIN，et al. Comparative biomedical policy：governing assisted reproductive technologies [M] . New York：Routledge：Taylor & Francis，2003：174-191.

② BENÖHR-LAQUEUR S. Fighting in the legal grey area：an analysis of the German Federal Court of Justice decision in case preimplantation genetic diagnosis [J]. Poiesis and praxis：international journal of technology assessment and ethics of Science，2011，8 (1)：3-8.

③ DIEDRICH K，STROWITZKI T，KENTENICH H. The state of reproductive medicine in Germany [J]. Geburtshilfe und Frauenheilkunde，2012，72 (3)：225-234.

④ 陈英淙 . 从生殖医学及人类遗传学观点引介德国《胚胎保护法》之立法 [J]. 中大社会文化学报，2003 (17)：21-48.

前二十四小时内，已受精之人类卵细胞视为具有成长能力，亦称之为胚胎（但在该期间以前卵细胞已确定无法超越卵细胞阶段而成长者不在此限）。”“本法所称胚源细胞谓细胞系中所有胚细胞分化为人类之卵细胞及精细胞；此外，自精细胞核注入或植入卵细胞起到两细胞核结合完成受精亦被视为胚源细胞。”为此，《胚胎保护法》设置生殖技术滥用罪，人类胚胎滥用罪，禁止性别筛选罪，恣意受精、恣意植入胚胎及死亡后人工受精罪，人体胚源细胞之人为改变罪，无性繁殖罪，杂种及混种嫁接罪等七个罪名，并禁止实施以下辅助生殖服务和胚胎研究事项：故意制造人类胚胎以供研究之用（第1条第1款第3项）；在一个月经周期内以逾量卵子受精的移植（第1条第1款第5项）；不符合胚胎取得目的的人类胚胎使用（第2条）；故意筛查胎儿性别（第3条）；人体胚源细胞的基因移植（第5条）；基于研究和诊疗目的之人类胚胎全能干细胞分裂（第6条）；故意制造在基因上完全相同人类之无性繁殖（第6条）；故意制造人畜杂交之混种生物（第7条）。为了防范出现所谓的“分裂母亲效应”，《胚胎保护法》明文禁止下列事项：将他人卵子移植到某妇女体内（第1条第1款第1项）；为了将来捐赠胚胎，或将胚胎移植到代孕者体内进行的人类卵子的受精（第1条第1款第3项）；于受精时即已同意将胎儿出生后长期转让给第三方（第1条第1款第7项）。为了避免胚胎操纵，《胚胎保护法》全面禁止非以妊娠为目的的精卵结合。从这个意义上说，对人类分裂期或囊胚期细胞进行的任何不能明确保证胚胎存活及能够植入人类子宫的科学研究都违反《胚胎保护法》，只有保证胚胎不受到损伤并在研究期间或之后可能临床妊娠的情况下才能够进行胚胎研究。德国议会将每一个全能胚胎卵裂细胞视为平等的人格。为了与这一定义保持一致，《胚胎保护法》禁止从卵裂期提取细胞或细胞团用于研究或植入前遗传学诊断，从而对人类胚胎给予尽可能周密的保护，最大限度地防范了辅助生殖技术的滥用和误用。因此，《胚胎保护法》被认为是当时欧洲最严厉的一部胚胎保护法。①

总之，为了保护德国基本法保障的人格尊严，《胚胎保护法》强化前

① ROBERTSON JA. Protecting embryos and burdening women：assisted reproduction in Italy [J]. Human reproduction，2004，19 (8)：1693 - 1696.

胚胎的法律保护，把未出生者的法律保护前移到自受精之时。每个胚胎存在的本身就是目的，而不是他人的工具，以避免胚胎成为他人的工具，并以极其严厉的刑事制裁方式规范了人类辅助生殖技术的应用。作为不孕治疗的体外受精技术虽被承认，但是以研究为目的的受精卵培育与操作则完全被禁止。至于妇女的基本权利和人格尊严则被忽视，并被贬低为胎儿的生存环境和医学实践的对象。自始至终，妇女仅仅被视为卵子的容器。《胚胎保护法》一方面对妇女的生育力和妊娠进行各种控制，另一方面赋予胚胎以独立的法律地位，从而有效地将其置于其准母亲的对立面①，因而当时其被奉为世界上最严格的管理规定②，一度限制了生殖医学研究及其研究成果的临床转化，包括辅助生殖治疗。③ 这导致越来越多的德国人为了规避本国严苛的法律转移到其邻国，加入“生殖旅游”大军，而生殖医学专业人员再三呼吁《胚胎保护法》放宽限制，曾在德国和欧洲引起强烈反响和长期争论。④ 一项调查显示，德国普通公众对卵子捐赠、代孕、植入前遗传学诊断和克隆等的观点和态度已经有所改变，总的来说，同意和不同意生殖医学不同治疗方法的比率相当。对卵子捐赠合法化的支持率达 50.8%，对于医学原因引起的捐赠比例达到 35.9%。对代孕的支持率仅占 43.7%，且 28.5%的人支持医学原因导致的代孕。拒绝生殖性克隆的占 82.9%。但是伴随着各种新型人类辅助生殖技术被广泛接受，《胚胎保护法》面临强大冲击，平衡个人的生殖自由和选择权及伦理标准成为德国立法的一大挑战。由于卵细胞浆内单精子显微注射生殖医学新方法在德国的进步，供精人工授精及其所生孩子的数量正在下降，2006 年德国医学会制定了新的指导方针，以充分利用捐赠者的精子进行治疗。只不过这

① WALDSCHMIDT A. The embryo as a legal entity—woman as a fetal environment：the new German laws on reproductive engineering and embryo research [J]. Issues in reproductive and genetic engineering，1991，4 (3)：209 - 222.

② DIEDRICH K，STROWITZKI T，KENTENICH H. The state of reproductive medicine in Germany [J] . Geburtshilfe und frauenheilkunde，2012，72 (3)：225 - 234.

③ AUGST C. Regulating dangerous futures：the German Embryo Protection Act of 1990 — legislation in risk society [J]. Social and legal studies，2000，9 (2)：205 - 226.

④ SCHREIBER HL. The legal situation regarding assisted reproduction in Germany [J]. Reproductive biomedicine online，2003，6 (1)：8 - 12.

没有导致法律规则的改变。① 2010 年 7 月，德国联邦最高法院（Federal Court of Justice）的裁定显示了在某些情况下植入前遗传学诊断是被允许的。裁定起因于柏林一名妇产科专家从遗传角度检测了三对有遗传性疾病夫妇的受精卵，并移植了未检测出遗传缺陷的受精卵，其他的任其自生自灭，其中一位妇女娩出一名健康婴儿。该医生因为确信这一行为会产生法律影响，向当局自首并请求法院认定其无辜。2010 年 7 月联邦最高法院裁定这一程序没有违反德国《胚胎保护法》。裁定一出，德国舆论哗然，并引发一场关于修改《胚胎保护法》的争论。在这一背景下，德国议会自 2010 年秋以来讨论了三种法律草案：第一种完全禁止植入前遗传学诊断。第二种建议在存在流产、死产和严重基因缺陷风险的情况下才能接受植入前遗传学诊断。为了防范滥用，植入前遗传学诊断只能在许可的中心进行，妇女必须书面知情同意，并且需要强制咨询并得到伦理委员会同意。第三种草案不允许对可能存在的基因缺陷进行筛查并将植入前遗传学诊断限制在流产和死产风险情况下。2011 年国家科学研究院（National Academy of Science）表示支持植入前遗传学诊断。德国伦理委员会（German Ethic Council）也决定尽可能支持植入前遗传学诊断②，但是，是否允许使用植入前遗传学诊断选择性别仍然视具体情况而定。③

此外，新修订的《社会保险法》也宣布基于妊娠目的的医学治疗由公共健康保险覆盖，患者使用生殖医学的权利在德国《社会保险法》第 27a 段和第 121 a 段中有具体体现。依据这些条款，只有得到地方当局批准的医生才可以为被保险患者提供生殖医学服务。④ 德国议会最新的胚胎保护

---

① STÖBEL-RICHTER Y, GOLDSCHMIDT S, BRÄHLER E, et al. Egg donation, surrogate mothering, and cloning: attitudes of men and women in Germany based on a representative survey [J]. Fertility and sterility, 2009, 92 (1): 124-130.

② BENÖHR-LAQUEUR S. Fighting in the legal grey area: an analysis of the German Federal Court of Justice decision in case preimplantation genetic diagnosis [J]. Poiesis and praxis: international journal of technology assessment and ethics of science, 2011, 8 (1): 3-8.

③ WILHELM M, DAHL E, ALEXANDER H, et al. Ethical attitudes of German specialists in reproductive medicine and legal regulation of preimplantation sex selection in Germany [J]. PLoS ONE, 2013, 8 (2): 1-9.

④ DIEDRICH K, STROWITZKI T, KENTENICH H. The state of reproductive medicine in Germany [J]. Geburtshilfe und frauenheilkunde, 2012, 72 (3): 225-234.

立法成果是2002年通过的《胚胎干细胞法》(Stem Cell Act)，适用于胚胎干细胞研究，换言之，从此在德国从胚胎中分离干细胞受《胚胎干细胞法》约束，议会讨论中经常提出涉及整个相关领域的更加广泛的规定，《胚胎保护法》仅仅是捍卫胚胎权利的第一步，但是德国力图制定一部联邦层面的辅助生殖法的努力至今难成现实。①

2. 奥地利

奥地利自1982年诞生第一个“试管婴儿”以来，人类辅助生殖技术利用率稳步提高。人类辅助生殖技术作为奥地利的一个政治法律议题，首次讨论源于孩子和准父母的法律地位问题，包括在代孕和捐赠精子体外受精情况下如何认定法定父母，医生和诊所的责任问题也被涉及。然而，更紧要和最为突出的问题是体外受精产生的父母被分割为生物父母、法律父母和社会父母导致的新型家庭关系的构建，此外还有为免受技术侵扰的胚胎（和剩余胚胎）保护问题，以及生殖中心对妇女的剥削与人类生殖的商业化问题（如放开代孕中介和精子库、用体外受精进行胚胎研究、优生学和克隆）等。在大讨论之初，大多数奥地利决策者认为，为了防范体外受精滥用，采取法律措施是非常必要的。②

奥地利辅助生殖立法受多种因素影响。奥地利与其他西欧国家一样，生育率低于更替水平，且妇女有选择不生孩子的自由。因此，奥地利仍然坚持医疗制度的公共性，私营生物技术产业的影响力较西方其他国家的小。另外，基于对纳粹优生学的警惕，奥地利对生命干预技术比较敏感。而且，奥地利天主教传统认为，人类的受精卵应当被视为人并得到保护。这些因素结合起来足以说明为什么一些在英国和美国妇产科作为常规诊疗项目的体外受精技术在奥地利却被禁止。1992年6月4日，经过长期深入的讨论，奥地利颁布了《人工受孕法》(Federal Law Gazette，No. 275/

① SCHLEISSING S，KERSTEN J，THALER C J，VON SCHONFELDT V. Ethical issues currently being discussed in relation to reproductive medicine and the laws governing reproductive medicine [J]. Geburtshilfe und frauenheilkunde，2014，74 (5)：436－440.

② GRIESSLER E，HADOLT B. Policy learning in policy domains with value conflicts：the Austrian cases of abortion and assisted reproductive technologies [J]. German policy studies，2006，3 (4)：698－746.

1992)。《人工受孕法》并不过分关注道德和宗教期许，而意在平衡利益冲突和消弭伦理争论与法律政策的裂痕。当然，从法律在诸多问题上的严格规定仍可以窥见保守观点而非自由思想的端倪，其基本特征是“不禁止但是限制”①。主要表现在：人类辅助生殖技术只适用于有婚姻关系或类似婚姻关系的男女（禁止为单身妇女或女同性恋者施行人类辅助生殖技术），且需要在尝试其他替代办法无效之后才能求助人类辅助生殖技术（换言之，奥地利体外受精只允许已婚或同居的异性恋患者使用自己的配子）；开始治疗时妇女年龄必须不超过 40 岁，男性不超过 50 岁；第三方的精子、卵子和胚胎均不得用于体外受精（精子捐赠只能用于男性不育的夫妇，且不得与体外受精结合使用）；禁止代孕；医学辅助生殖只能由专业医生在设备精良的医院实施，并且得到配偶或同居者的书面同意。需要指出的是，奥地利法律高度重视所生子女的基因知情权，规定使用第三方精子所生子女有权查询相关数据（如果其申请查询并年满 14 岁），卫生保健机构收集的数据包括捐赠者全名、世袭头衔、出生地点、出生时间、国籍、住所和体检报告。此外，该法在 2009 年进一步修改后，禁止胚胎操纵、植入前遗传学诊断、卵子捐赠、代孕以及异质体外受精或卵细胞浆内单精子显微注射。②《人工受孕法》还推动了奥地利《婚姻法》和《民法典》中亲子关系制度的修订，如《婚姻法》规定：配偶一方不得把对方拒绝使用人类辅助生殖技术作为离婚的理由。《民法典》规定：生产孩子的妇女是孩子的母亲。孩子出生前 180～300 天内与母亲性交的男子是孩子的父亲。如果母亲使用捐赠者的精子接受医学辅助生殖治疗，同意接受治疗的男子（配偶或男性伴侣）是孩子的父亲（换言之，如果母亲的丈夫或伴侣同意使用第三方的精子，则不得对使用第三方精子所生孩子的婚生性提出异议），精子捐赠者任何情况下都不得视为孩子的父亲。《人工受孕

---

① BERNAT E. A human right to reproduce non-coitally? A comment on the Austrian constitutional court's judgement of 14 October 1999 [J]. University of Tasmania law review, 2002, 21 (1): 20-38.

② LEISCHNER-LENZHOFER A, ZEINHOFER C, URANUES S, et al. Medical law in Austria (3rd edition) [M]. Alphen aan den Rijn: Kluwer law international BV, 2018: 141-151.

法》的配套规定《体外受精基金法》规定，由体外受精基金（Fund for the Financing of in Vitro Fertilizations）对符合条件的不多于四个体外受精周期的治疗费用给予70%的补贴。①

奥地利生物伦理委员会关于卵子捐赠的讨论引发了有关卵子商品化和剥削捐赠者相关问题的争论。② 由于《人工受孕法》只规范人类辅助生殖，基因技术以及基因资源的利用或滥用都被排除在外，所以《人工受孕法》不是一部胚胎保护法，也不为胚胎提供特别保护，但是，作为法律的一个边界效应，生殖细胞还是受到一定的保护。《人工受孕法》规定，人类胚胎细胞仅用于生殖，禁止人类胚胎细胞用于研究以及从剩余的体外受精胚胎中获取干细胞。因此，奥地利被认为是欧洲胚胎研究限制最严格的国家之一。③ 但是，奥地利胚胎干细胞研究法律规范也在不断完善中。例如，《人工受孕法》未明确禁止胚胎干细胞的进口和使用，目前奥地利科学家正积极参与欧盟资助的胚胎干细胞研究项目④，目前的争论点之一是体外受精剩余胚胎在获得父母的知情同意后可否用于研究。另外，通过SCNT或单性生殖创造的胚胎也可以建立干细胞系，而这些胚胎至少在理论上不具有培育成人的潜质。再者，奥地利没有卵细胞研究的需求，卵子用于生殖以外目的的伦理问题还有待商榷。但是，最终把奥地利《人工受孕法》的改革提上议事日程的是旷日持久的“哈里等人诉奥地利案”（S. H. and others vs. Austria）。

1998年两对生活在奥地利的不育夫妇就《人工受孕法》的合宪性向宪法法院提出质疑，认为禁止捐赠精子或卵子用于体外受精是侵犯欧洲人权公约所保障的基本隐私权和建立家庭的权利。1999年法院裁决，法律

① Austrian IVF Fund Act（IVF Fonds Gesetz，no. 180/1999).

② SHALEV C，WERNER-FELMAYER G. Patterns of globalized reproduction：egg cells regulation in Israel and Austria [J] . Israel journal of health policy research，2012，18 (1)：15.

③ FINK S. Ethics vs. innovation? The impact of embryo research laws on the innovative ability of national economies [J]. Science，technology and innovation studies，2007，3 (2)：133-149.

④ FERRARETTI AP，PENNINGS G，GIANAROLI L，et al. Cross-border reproductive care：a phenomenon expressing the controversial aspects of reproductive technologies [J]. Reproductive biomedicine online，2010，20 (2)：261-266.

的确干预了诉请人的权利，但是从伦理道德和儿童利益角度来看是正当的。[①] 随后这两对夫妇上诉至欧洲人权法院，奥地利政府认为，尊重私人的生活包括拥有孩子的权利并不意味着国家有责任不加选择地允许所有在技术上可行的生殖方式。奥地利《人工受孕法》的立法设计是为了避免形成“不寻常”的亲子关系，例如一个孩子有一个以上的生物学母亲（一个是遗传母亲，一个是妊娠母亲），这种“割裂母职”的现象绝对是自然界和人类历史上的新事物，严重威胁儿童的利益。奥地利还以德国《胚胎保护法》为例，指出德国法律也禁止卵子捐赠，其目的是防范模糊母亲身份，保护孩子利益（孩子一般很难接受存在两个自然母亲的事实）。这种模糊性可能危及孩子的人格发展与自我认同，两个母亲之间的利益冲突也可能给孩子带来危害。奥地利还主张，《人工受孕法》的宗旨是防范妇女受到剥削和侮辱，特别是那些经济上处于弱势地位的妇女，她们可能为了接受她们负担不起的体外受精治疗费而被迫捐赠卵子给其他妇女。此外，孩子们拥有知悉其基因信息的合法权益，而用捐赠的卵子，孩子的真实父母不会显示在出生登记册里。欧洲人权法院指出，鉴于体外受精快速发展引发的道德问题比较敏感，欧洲人权公约缔约国享有规范人类辅助生殖的广泛权利，在这个自由裁量权范围内，缔约国可以完全禁止人类辅助生殖技术，但一旦允许某些技术应用，就必须遵守平等原则。道德考量或社会可接受性不足以成为禁止诸如卵子捐赠之类特定技术的充分理由，包括剥削妇女在内的风险可以通过减小限制性保障措施（如禁止有酬捐卵）降到最低限度。法院承认“母亲是确定的”是民法的一项基本原则，但是不因循传统生身父母关系建立的家庭关系（如收养）也很常见；至于个人知悉其父母身份的合法利益，并不是一项绝对权利，应当与捐赠者的匿名权冲突实现平衡。法院据此认为：《人工受孕法》配子捐赠条款没有违反《欧洲人权公约》。[②]

---

① BERNAT E. A human right to reproduce non-coitally? A comment on the Austrian constitutional court's judgement of 14 October 1999 [J]. University of Tasmania law review, 2002, 21 (1): 20-38.

② European Court of Human Rights. Case of S. H. and Others v. Austria (Application no. 57813/00) [R]. (2011-03-11) [2018-01-09]. http://hudoc.echr.coe.int/sites/eng/pages/search.aspx?i=001-107325# {"itemid": ["001-107325"]}.

总之，奥地利代表配子捐赠伦理之争的一个极端案例，这个国家在体外受精利用率、公共资助政策与法律规制上有诸多特色。但是在医学野心家的推动下，全球经济差距的驱动，以及跨国监管漏洞和消费者需求的刺激，使得这个国家的体外受精在国内稳定增长和出现跨境市场成为可能①，因而不断挑战现行法律的权威。正如欧洲人权法院在“哈里等人诉奥地利案”中指出的：奥地利议会至今未全面评估其辅助生殖规范，以适应科学与技术的飞速发展。奥地利立法机关根据《欧洲人权公约》的比例原则，以同源人工受孕为原则、以异源人工受孕为例外，反映了当时的医学和社会共识。然而，这并不意味着这些标准不根据将来的发展趋势而因时损益。2015 年，1992 年《人工受孕法》得到更新，持续几十年的僵局终于被打破。新法虽然仍然禁止代孕和对单身女性进行辅助生殖技术治疗，但从总体上看明显趋于宽松和自由，不仅支持卵子捐赠和 PGD，而且还允许女同性恋夫妇行 IVF/ICSI 和接受异体精子。当然，这都是有严格限制的，例如在第三方捐赠配子问题上，新法规定每位捐赠者最多允许三次捐赠，同时必须保留有关捐赠者和捐赠用途的医院记录，以保障儿童年满 14 岁时得以行使查明其生父身份的基本权利；卵子捐献的供体年龄限制为 18 岁～30 岁，受体年龄不高于 45 岁。为了避免商业化，禁止卵子和精子捐赠广告，捐赠者只能获得有限的补偿。在 PGD 问题上，新法只允许在特定情况下，即在三个或三个以上不成功的 IVF 周期后发生流产或在由于父母的遗传倾向而导致流产或遗传疾病风险增加时进行，而 PGD 基因筛查仍在禁止之列。②

3. 瑞士

1992 年，瑞士在经历一段时间的“支持生殖，尊重人权”的公众热议后，根据《联邦宪法》第 119a 条公投决定创制一套涵盖人类辅助生殖技术和基因技术的法律体系，旨在全面禁止体外受精和配子捐赠，以防人类辅助生殖、干细胞和胚胎被滥用以及个人和家庭被侵害。这部《医学生殖法》(Reproductive Medicine Act) 核心内容严格、技术种类受限，法律

---

① SHALEV C，WERNER-FELMAYER G. Patterns of globalized reproduction：egg cells regulation in Israel and Austria [J] . Israel journal of health policy research，2012，18 (1)：15.

② GRIESSLER E，HAGER M. Changing direction：the struggle of regulating assisted reproductive technology in Austria [J]. Reproductive biomedicine & society online，2017，3：68－76.

虽然没有全面禁止人类辅助生殖，但是禁止胚胎捐赠、卵子捐赠、胚胎冻存、植入前遗传学诊断和代孕，因而也被认为是欧洲最严格的人类辅助生殖法之一。① 继《生殖医学法》及其实施办法于2000年1月1日正式实施后，2003年12月19日瑞士再经全民公决制定了胚胎干细胞研究法及其实施办法规范胚胎干细胞研究。该法实施以来，社会结构不断调整，人类辅助生殖技术日新月异，人们的价值观也不断转变，当初的禁令是否正当合理也在讨论中，如瑞士国家生物医学伦理咨询委员会（National Advisory Commission on Biomedical Ethics，NEK-CNE）多次就《生殖医学法》的立法空白进行调查研究，推动公众就此展开热烈讨论和表达意见，并曾在2013年发布一份建议书，就未来制定新法提供伦理建议和法律框架。②

（四）各种规制模式的发展演变

奥地利和瑞士的人类辅助生殖法律变革之势说明各种辅助生殖立法模式并非绝对一成不变，而是随着社会状况和技术水平的发展而变化。特别值得一提的是意大利与比利时。这两个国家都曾作为人类辅助生殖技术科学研究和医疗实践的先驱者在欧洲鹤立鸡群。因为比利时和意大利都曾公开宣布不以立法方式监管人类辅助生殖，因而在整个20世纪末这两个国家的人类辅助生殖领域长期无法可依，使这两个国家成为那段时间人类辅助生殖技术实践最宽松、最自由的欧洲国家：意大利被讽为辅助生殖立法的“荒漠”③，比利时则被称为人类辅助生殖伦理的“天堂”④。有意思的是，在新千年之际这两个国家都改变了监管态度，但在立法方向上开始分

---

① ROTHMAYR C. Explaining restrictive ART policies in Switzerland and Germany：similar processes-similar results? [J]. German policy studies，2006，3（4）：595－646.

② Swiss National Advisory Commission on Biomedical Ethics（NEK-CNE）. Medically assisted reproduction：ethical considerations and recommendations for the future（Opinion no. 22/2013）[M]. Bern：Swiss National Advisory Commission on Biomedical Ethics，2013：7－8.

③ INHORN MC，PATRIZIO P，SEROUR GI. Third-party reproductive assistance around the Mediterranean：comparing Sunni Egypt，Catholic Italy，and multisectarian Lebanon [J]. Reproductive Biomedcine Online，2010，21（7）：848－853.

④ SCHIFFINO N. VARONE F. ART policy in Belgium：a biothical paradise? [C] //IVAR B，MALCOLM L，GOGGIN，et al. Comparative biomedical policy：governing assisted reproductive technologies [M] . New York：Routledge：Taylor & Francis，2003：21－41.

道扬镳：意大利转向最苛刻的禁止型模式，以立法严格著称；比利时则以技术水平高、程序创新、使用灵活闻名于世①，制度非常宽松。

2004 年 2 月 19 日，意大利议会经过长期的激烈争论，终于通过《医学辅助生殖法》。《医学辅助生殖法》共七章，分基本原则、技术的适用范围、新生儿保护、许可监管、罚则、胚胎保护措施以及过渡性条款等，这部法案深受天主教教义的影响，为强烈的保护胚胎意识所激励，在制度设计上自始至终把胚胎保护置于首要位置，并设专章保护胚胎利益，对违反各种禁令的行为给予严惩。这些严苛的禁令和惩罚使其与意大利其他法律规定的权利相违背，也使《医学辅助生殖法》成为欧洲范围内最保守、最严格的法律的标志性内容。特别是《医学辅助生殖法》禁止胚胎冷冻、植入前遗传学诊断和要求每个治疗周期最多培养三个胚胎并且立刻同时植入母亲子宫，被指侵害了受术夫妻的权利和阻碍了生殖医学服务。这就为社会反对和改革《医学辅助生殖法》埋下了伏笔。2005 年 6 月，激进派发起了一场全民公投来决定这部法律的命运。公投运动开始时，梵蒂冈成立“科学与生命”反公投组织，公开号召投票者放弃投票并取得胜利，该法案继续有效。2005 年 6 月公投运动失败后，一些政治人物、科学团体和生殖学家继续通过法院呼吁修改法案，要求废除禁止植入前遗传学诊断条款（第 13 条第 2 款）、三胎移植条款（第 14 条第 2 款）、禁止胚胎冷冻条款（第 14 条第 3 款），呼吁获得部分成功。2009 年 5 月，意大利宪法法院裁决法案部分违宪并废除相关限制性条款，理由是这些规定赋予胚胎与夫妻相同甚至更多的权利。② 2013 年 2 月欧洲人权法院宣布其中的植入前遗传学诊断条款违背《欧洲人权公约》后再次驳回意大利政府的上诉申请。③ 尽管如此，《医学辅助生殖法》仍将对意大利的辅助生殖实践、生命伦理原则乃至社会政治生活产生深远影响（详见本

---

① PENNINGS G. Decision-making Authority of Patients and Fertility Specialists in Belgian Law [J]. Reproductive biomedicine online，2007，15 (1)：19 - 23.

② Legge 19 febbraio 2004，n. 40. Norme in materia di procreazione assistita (Gazzetta Ufficiale n. 45 del 24 febbraio 2004).

③ ECHR condemns Italian law on assisted reproduction [EB/OL]. (2012 - 08 - 29) [2018 - 01 - 01]. http://www.presseurop.eu/en/content/news-brief/2601161-echr-condemns-italian-law-as-sisted-reproduction.

书第五章)。

比利时生物医学政策则经历了从程序性自律(procedural self-regulation)到宽松性法律(permissive law)的转变过程。20 世纪 80 年代比利时曾试图以大量的综合性的方式管理生物医学,失败后旋即以程序性安排取而代之,最后颁布了内容丰富的实质性规范。这一过程大致可以划分为四个阶段:第一阶段从 20 世纪 60 年代至 80 年代前后,以人工授精技术的开发和医疗团体的自我监管为特征。1975 年,全国医疗规程委员会(National Council of the Medical Order)制定了一个人工授精伦理守则,将供精人工授精限定为给出书面知情同意的已婚夫妻。此外,精子捐赠者仍必须匿名。第二阶段自 1982 年首次尝试从国家层面规范供精人工授精至 1987 年父权受到修订后的民法典的保护。1982 年法律草案的主旨有:(1)调控精子捐赠及其冷冻保存,禁止商业化;(2)建立供精人工授精规范,要求已婚夫妻或同居者的书面知情同意和匿名捐赠;(3)解决供精人工授精的父权问题,规定治疗后的生产母亲的丈夫为孩子的法律父亲,如果他已经事先签署知情同意书,且提不出相反证据足以推翻该父权主张。由于该草案与《民法典》相冲突而草案提交者无权修订《民法典》而未获通过。直至 1987 年 2 月 24 日《民法典》第 318 条的联邦修正案生效,修正案规定同意进行供精人工授精的丈夫不能否认他是所生孩子的父亲。第三阶段(1988—1995 年)的特征是创建国家生物伦理咨询委员会(National Consultative Committee for Bioethics, NCCB)。成立国家层面的伦理委员会的想法早在 1984 年就开始讨论,但是直至 1995 年 3 月 6 日才最终达成共识并为法律所确认。NCCB 对人类辅助生殖技术的功能和实践发挥了重大作用。1999 年 2 月 15 日出台的联邦法令列出了医院获得遗传分析与咨询、配子保存或者体外受精官方许可证的条件,所有的医院都有义务报告它们每年的活动。该法令还为人类辅助生殖部门制定了程序性的规范,只是没有对每种人类辅助生殖技术提供实质性的规范,也未宣布各种人类辅助生殖技术合法与否。第四阶段以有明确规范为特征,首先是针对人类干细胞研究和克隆的法律(2003 年 5 月),其次是关于人类辅助生殖的《医学辅助生殖和剩余胚胎配子使用法》(Medically Assisted Procreation and Destination of Supernumerary Embryos and Gametes Act，2007)。[①] 这些法律不仅回答了人类辅助生殖技术带来的各种伦理难题，如患者和捐赠者年龄限制、剩余胚胎处置、胚胎干细胞研究使用、性别选择、克隆以及捐赠者补偿等，而且增加了一些更为严格的规则，一定程度上限制了医疗保健及相关研究。

比利时人类辅助生殖法主要包括法律和皇家敕令（Royal Decree，RD)，主要有：第一，关于生殖医学中心设置规范的1999年2月15日皇家敕令，内容涉及生殖医学中心体外受精部门的合并、体外受精中心数目的限制、外部体外受精中心的排除以及强制注册登记等。[②] 第二，2003年5月11日颁布的关于胚胎体外研究的法律。这是比利时第一个全面管理胚胎干细胞和克隆的法律，也是欧洲最为宽松的体外受精胚胎研究法。它允许用受精后的14天内胚胎进行研究。值得一提的是，法律虽然规定了人类辅助生殖中心进行的胚胎研究和干细胞克隆，并确立人类辅助生殖技术相关花费的全额报销制度，但是并没有规范人类辅助生殖实践本身。第三，2003年6月4日关于报销和单胚胎移植的皇家敕令，包括体外受精实验室工作（例如卵细胞浆内单精子显微注射）花费由社会保障体系（覆盖95%的人口）报销，但医疗花费除外。2003年以前，比利时社会保障体系限制了人类辅助生殖治疗保险的覆盖面，只有少数私立医疗保险公司涵盖这些治疗费。[③] 新规要求病人报销须满足三个法定条件：(1) 妇女必须不大于42岁；(2) 报销不超过6个周期；(3) 移植到妇女体内的胚胎数量受到限制，第一周期强制单胚胎移植，第二周期可以移植一个（如果胚胎质量较好）或两个胚胎，第三周期及以后的周期或者胚胎移植周期，最多可植入两个胚胎，39岁以上的妇女不得植入最大数量的胚胎。[④] 1 182欧元的报销额度涵盖了所有常规体外受精的实验室费用（包括生殖细胞选

---

① SCHIFFINO N，RAMJOUE C，VARONE F. Biomedical policies in Belgium and Italy：from regulatory reluctance to policy changes [J]. West European politics，2009，32 (3)：559-585.

② GROOTE G D，VANDEKERCKHOVE F. Belgian legislation regarding IVF [J]. Fertility magazine，2010，12 (9)：9-11.

③ 同①.

④ VAN LANDUYT L，VERHEYEN G，TOURNAYE H，et al. New Belgian embryo transfer policy leads to sharp decrease in multiple pregnancy rate [J]. Reproductive biomedicine online，2006，13 (6)：765-771.

择、人工授精、胚胎培养及评估和冷冻保存），并且必须为国家健康保险体系覆盖（应用于所有治疗的患者），后来报销范围不断扩大（如 6 个体外受精/卵细胞浆内单精子显微注射周期[1]，或 43 岁以下妇女的其他治疗周期）。[2] 2008 年 7 月 2 日的皇家敕令则允许报销所有的人工授精或体外受精周期。[3] 第四，2007 年 7 月 6 日，比利时又通过了一部同样宽松自由的人类辅助生殖法律框架规定剩余胚胎和配子的地位，才最终实现对人类辅助生殖行为的法律监管。新法律不仅承认家庭形式的多样性和道德立场的多元化，而且给予病人、医生、生育诊所很大的决定权，如允许更多的人（夫妻或单身者、同性恋者或异性恋者）从人类辅助生殖技术中最终受益（但体外受精、配子及胚胎冷冻仅限于生殖医学中心进行），甚至允许植入前遗传学诊断和死后受精以及批准基于生殖目的的配子和胚胎冷冻、研究或者捐赠。该法还授予 11 个有资质的人类辅助生殖中心以充分的自主权。[4] 新法律重点规范以下四个方面的问题：基于辅助生殖前创造的胚胎处置、配子和胚胎捐赠管理的一般原则（匿名、无偿和自愿）、死后生殖和针对 HLA 分型的植入前遗传学诊断等特殊辅助生殖程序。除此之外，法律还包含了一些具有实践意义的规定，如需要签署合同、有最长保存期的限制、尊重医生基于良心反对（conscientious objections）的拒绝治疗权以及患者被拒绝后应当遵循的程序。新法的具体制度如下：（1）配子和胚胎处理的基本原则之一是父母有权决定胚胎如何处理。允许胚胎的植入前遗传学诊断和胚胎配型，严格禁止优生学或性别选择（伴性遗传疾病除外）；当病人不想再为自己的辅助生殖保存胚胎时，剩余胚胎的去向有三种选择：销毁、捐赠或用于研究（也可约定当这对夫妇死亡或离婚情

① GERRIS J. IVF and ICSI reimbursed in Belgium. Journal of assisted reproduction and genetics，2004，21（5）：135.

② OMBELET WILLEM. Access to assisted reproduction services and infertility treatment in Belgium in the context of the European countries [J]. Pharmaceuticals policy and law，2007，9（1-2）：189-201.

③ GROOTE G D，VANDEKERCKHOVE F. Belgian legislation regarding IVF [J]. Fertility magazine，2010，12（9）：9-11.

④ SCHIFFINO N，RAMJOUE C，VARONE F. Biomedical policies in Belgium and Italy：from regulatory reluctance to policy changes [J]. West European politics，2009，32（3）：559-585.

况下的胚胎处置权，如双方在最初的协议中都接受死后植入，则胚胎只能于死者死亡后6个月至2年内将胚胎用于此目的）。胚胎处理决定必须写在病人与生殖中心在治疗前签订的合同上，但是，病人任何时候都可以改变他们对胚胎的想法，只要双方都同意。（2）配子和胚胎的储存期。为个人使用的冷冻胚胎保存期为5年（在特殊情况下可以续展），自用配子的保存期是10年；以科学研究为目的的胚胎捐赠应当根据2003年5月11日的试管胚胎研究法来处理。① 直接用于科学研究和捐赠给他人的胚胎的存储时间由生育中心来决定，法律没有规定固定的储存期。（3）配子和胚胎捐赠给别人。捐赠免费是强制性的，禁止配子或胚胎用于商业用途。捐赠配子最多可用于6个不同妇女，但禁止以优生为目的或性别选择的胚胎捐赠。（4）向第三方捐赠胚胎实行双轨制，即原则上实行匿名制，以避免捐赠者和接受者互相认识情况下的商业化捐赠，但是，考虑到比利时妇女偏爱选择指定捐赠的现实，基于捐赠者和接受者都同意的非匿名捐赠是允许的。（5）设定年龄限制。取卵年龄最大45岁、移植年龄最大47岁（但是体外受精周期报销年龄仍然为43岁）。②

综上所述，伴随着人类辅助生殖技术的日臻成熟和广泛应用，各国对医学辅助生殖普遍积极应对，成立专家组或研究委员会，进行调查研究并形成调研报告或伦理指南，或者由立法机关直接颁布法律规范对人类辅助生殖进行规制。综观各国的调研报告、伦理指南、指导方针或法律规范（含草案），可以发现：各国均承认夫精人工授精的正当性。各国对供精人工授精和体外受精—胚胎移植大都较为谨慎，一般予以限制，诸如受术对象一般限于不孕的已婚夫妻和有永久同居意愿之男女。至于代孕，各国立法模式和态度则大为迥异。德国、奥地利、意大利、瑞士、保加利亚、中国、日本、丹麦和芬兰等大陆法系国家普遍采取禁止模式；英国、以色列、西班牙、比利时、澳大利亚、美国等英美法系国家对代孕的态度要开放得多。但是无论立法取向如何，各国均把辅助生殖子女的保护作为人类

① PENNINGS G. New Belgian law on research on human embryos: trust in progress through medical science [J]. Journal of assisted reproduction and genetics, 2003, 20 (8): 343－346.

② PENNINGS G. Belgian Law on medically assisted reproduction and the disposition of supernumerary embryos and gametes [J]. European journal of health law, 2007, 14 (3): 251－260.

辅助生殖规范的核心议题，对于供精人工授精所生子女，立法例大多以意思主义作为血缘主义的必要补充，尽量弱化所生子女的特殊性，而承认其婚生地位，但具体认定标准又可分为两类：一种是根据“分娩者为母”认定母亲身份，再推定分娩者的丈夫为子女的父亲；另一种则是根据分娩者的配偶（或同居者）的“意思”推定其为子女的父亲。在这两种情况下，父亲均有权在法定期间以未同意为由提起否认之诉。以此为基础，各国一般规定捐赠者与所生子女不产生法律上的亲子关系，但是，捐赠者的匿名权已经不再是绝对的权利，一些立法逐步打破了互盲惯例，允许捐赠所生子女在成年后有知悉其基因来源的权利。

总之，由于经济基础、法律文化、民族习惯和生育观念的差异，各国在对待和处理辅助生殖子女亲子关系问题时可能有很大的差异。但是，追求家庭的幸福和谐是所有国家立法的共同目标，解决人类辅助生殖对传统婚姻家庭结构造成的影响是每个国家面临的共同课题，在维护传统家庭道德、强化子女利益、重视公权力的监督、尊重当事人意思自治等方面殊途同归。

第四章　以色列人类辅助生殖法律制度研究

以色列建国以来长期奉行鼓励生育政策，辅助生殖技术人均使用率居世界之冠。为规范辅助生殖治疗服务，以色列先后颁布《体外受精条例》《代孕协议法》和《卵子捐赠法》等法律法规。得益于强劲的法律支持，以色列是世界上唯一承认代孕协议合法的国家，备受争议的补偿性卵子捐赠最终在2010年获得法律保护，另外，在许多国家视为禁区的辅助生殖服务项目，诸如死后生殖、实名捐赠以及通过胚胎植入前遗传学诊断进行非医学需要的性别选择等均可以实施。值得一提的是，政府几乎无限制地将所有公民的辅助生殖费用全部纳入医疗保险。2014年伊始，以色列又着手修改现行法律，赋予同性恋者和单身者代孕生殖权。以色列对辅助生殖的慷慨资助和法律支持也引发诸多道德问题，公积金支持跨国生殖服务尤其遭人诟病。以色列有必要充分认识过度使用人类辅助生殖技术的各种风险，重新评估现有法律规范的复杂影响。

一、鼓励生育政策对人类辅助生殖及其立法的影响

为了实现其人口战略，以色列提高妇女的生育地位，包括资助和扶持

多子女家庭、限制妇女堕胎权和生殖健康服务和国家医疗保险的全覆盖，最重要的是，政府政策激励和国家法律的保障加速生殖的医疗化。以色列成为世界上婴儿出生率、妇女生育率和人均辅助生殖技术使用率最高的国家。

（一）以色列人口政策的形成因素

以色列是中东地区工业化和现代化程度较高的发达国家，人均GDP与西方发达国家水平相当，公共福利水平也居世界前列。以色列还是一个鼓励生育的国家。这一政策是离散的犹太人两千年生存斗争的一部分，体现了犹太传统价值和民族共识的基本要义，并植根于国家安全和政治利益中。

第一，以色列生育观源于犹太传统，受圣经训诫影响，宗教色彩浓厚。生儿育女，繁衍后代是犹太人（古称希伯来人、以色列人）的宗教义务和民族使命。在《圣经》故事里，上帝甚至直接参与人类生殖过程，他依照自己的肖像造出亚当夏娃后的第一道指令就是要求他们多子多孙（be fruitful and multiply），遍满大地。① 耶和华对亚伯拉罕之子艾萨克的应许也是让他子嗣繁多，犹如同天上的星、海边的沙。② 圣经甚至将生育责任追溯到古希伯来人肇始之际，女祖先撒拉、拉结和哈拿都曾经历过生育考验或不孕挫折，并为之奋斗，最终因神的庇佑成功怀孕生子。塞缪尔的母亲哈拿婚后不育，丈夫以利加拿娶了毗尼拿，毗尼拿仗着育有儿女，经常羞辱哈拿。丈夫很爱哈拿，每逢献祭的日子，给毗尼拿及其儿女的祭肉是一份，给哈拿的却是双份，还安慰她说："有我不比十个儿子还好吗？"但是哈拿明白，夫妇之爱无法弥合无子之痛，否则他们之间不会有毗尼拿。哈拿内心愁苦却不怨天尤人，她向上帝许愿如果上帝赐予她儿子，她宁愿让他终身侍奉神，哈拿如愿生下塞缪尔后虽然渴望子嗣绕膝，却不忘子女乃神赐，遂将塞缪尔奉献给耶和华。③ 在哈拿看来，为人父母不仅承载着妇女的骄傲和家庭的幸福，而且是神赐的权柄和责任。

《圣经》之后的犹太教教义无论是积极内容还是消极成分也都将生育

---

① 《创世记》1：28.

② 《创世记》22：17.

③ 《塞缪尔记上》1：1－28.

作为重要主题反复强调。① 在犹太律法里，结婚和生育是神的福佑，独身的人是不完整的，男人没有妻子，就没有道德保护，也就没有赐福，男人只要娶了妻，就是蒙了耶和华的恩惠，他的罪恶也就埋葬了；男子阳痿，妻子可以与之离婚，结婚十年之后女方仍不生育，男子可以与她离婚。“多子多孙”的神学品质形成一个功能强大的动力机制，促使犹太人不惜一切代价得到孩子。

第二，长期的民族流亡和“大屠杀”记忆激起了犹太人的忧患意识和人口观念。犹太人自古命运乖蹇，历尽坎坷：其在巴勒斯坦地区建立的强大希伯来王国先后被埃及、亚述、巴比伦、波斯、希腊、罗马帝国征服和屠戮，特别是在反抗罗马人的大起义失败后，犹太人遭受三次大屠杀，死亡150多万人。从此，犹太民族主体被迫离开巴勒斯坦，流落到世界各地，开始了长达两千年的流散史，处在无独立民族国家的状态。在中世纪时期，寄居欧洲的犹太人又屡遭各国的迫害和驱逐。在纳粹统治德国时期，反犹恶潮升级为种族灭绝政策，仅1941年到1945年间，就有600万名犹太人被纳粹屠杀。大屠杀记忆给犹太民族留下了挥之不去的历史阴影，导致犹太民族形成根深蒂固的受害者心理，也激起了犹太人捍卫群体生存的强烈愿望和重回家园掌控权力的愿景，集体意识、民族精神和复国主义急剧高涨。正如犹太神学家艾米略·法根海伊姆倡导的：“犹太人被禁止传递希特勒死亡的消息，他们只能作为犹太人而活着，以免犹太种族消灭；他们必须记住奥斯维辛的受难者，以免他们的记忆力丧失……他们不得对以色列所信奉的上帝表示绝望，以免犹太主义失去其存在的基础。”② 犹太人的复国理想孕育了鼓励生育主义，其目标是增加犹太人口数量以确保在巴勒斯坦地区犹太人的主体地位。出于这种理念，多子多孙便成为国家建设任务的重要组成部分被明确提出。③

第三，以色列建国后所处的地缘政治环境和国家安全威胁进一步加剧

① PATAI R. Sex and family in the Bible and the Middle East［M］. New York：Doubleday，1959：120.

② 塔木德［M］. 赛妮亚，编译. 呼和浩特：内蒙古人民出版社，2004：67－68.

③ SHUVAL，J T. Social dimensions of health：the Israeli experience［M］. Westpor：Praeger，1992：66.

了以色列人的人口焦虑。巴勒斯坦是以色列的发祥地，也是巴勒斯坦阿拉伯人的故园，这两个民族曾在这块“流着奶和蜜”的沃土上繁衍生息，和平相处。犹太人主体流散在外期间，阿拉伯人一直自由生活在巴勒斯坦。随着欧洲排犹运动的变本加厉和犹太锡安主义的风起云涌，大批犹太人返回巴勒斯坦。自此这里的人口构成发生剧烈变化。犹太人和阿拉伯人为争夺土地、水源等冲突不断，再加上宗教、民族和文化差异，导致这个地区战火频仍。1947 年 11 月 29 日，联合国大会通过巴勒斯坦分治决议，激起埃及、伊拉克、叙利亚和黎巴嫩等阿拉伯国家的强烈不满，以色列建国翌日即爆发第一次中东战争，阿拉伯国家在战争失利的情况下接受联合国的调停与以色列签订了总停战协定。第二次世界大战后以色列占领了 4/5 的巴勒斯坦土地，巴勒斯坦人逃离家园，沦为难民。但是，此后以色列的国家安全威胁更加严峻，阿拉伯国家的敌视与封锁、巴勒斯坦人的报复与袭击、外国势力对中东地区的渗透与竞争，都迫使以色列把国家安全放在重要位置，并积极应对现实危机和潜在威胁。受悲情主义和民族主义濡染的以色列人即把人口作为立国之本，上升到战略高度，一方面大力推行移民政策，另一方面积极倡导生育。①

以色列人口的增长主要归因于移民政策。其首任总理本·古里安早在复国运动期间就主张向巴勒斯坦地区进行犹太移民，努力使犹太人在巴勒斯坦成为多数。移民奠定了现代以色列的基石，建国伊始，本·古里安进一步强调移民的重要性：“不仅我们的安全——那是我们的生存条件——而且我们的建设和进步都取决于我们吸收的移民的不断增加。”② “（移民是）当前头等大事，我们应当使其他一切活动都服从于这一任务”，“否则以色列就不可能长期存在下去”③。以色列移民政策一开始就以制度激励作为保障，《以色列国家独立宣言》明确宣告：“以色列国将向散居世界各

① PELEG I，SCHAM P. Israeli neo-revisionism and American neoconservatism：the unexplored parallels [J]. Middle East journal，2007，61 (1)：73 - 94.

② 尹崇敬，新华社国际部．中东问题 100 年（1897—1997）［M］. 北京：新华出版社，1998：144.

③ 吕晓明．走上权力巅峰：当代政坛首脑 100 位：上［M］. 西安：陕西人民出版社，1996：218.

国的犹太人敞开移居的大门……”临时政府颁布的第一项法令就是废除英国统治时期出台的《关于巴勒斯坦问题白皮书》对犹太人移居巴勒斯坦的限制；此后陆续颁布《回归法》（1950）和《国籍法》（1952），赋予每个犹太人移居以色列和自动取得以色列国籍的权利。这样，世界各地的犹太人掀起了回国浪潮，从1948年到1972年，先后有140万犹太人移居以色列：首先是第二次世界大战中幸存的欧洲犹太人和受歧视和迫害的东方犹太人，为了寻找庇护所和梦寐以求的自由和平等而回国；其次是波匈事件爆发后东欧国家的犹太人和受以色列高速发展吸引的南非和美国的犹太人；20世纪70年代以后东西方关系趋缓，欧安会签署《赫尔辛基协议》，苏联政府放松对犹太人离境的限制后，大批苏联的犹太人迁入以色列；此后，以色列还发动“摩西运动”和“所罗门行动”，将大批埃塞俄比亚的犹太人空运回国。[①] 移民政策改变了以色列的人口构成，使以色列成为一个典型的以犹太人为主体的移民国家，为以色列在长期险恶的战争环境中谋求生存和发展提供了安全保障，也为以色列的经济、科技、文教建设储备了丰富的人力资源。

（二）以色列鼓励生育政策的主要内容

以色列人口战略的重要举措是推行鼓励生育政策，强化妇女的生育地位。以色列人对多子多孙的期许和对民族安全的忧虑已完全嵌入国家各项制度安排，特别是健康服务和生育保险制度。以色列建国前，巴勒斯坦的犹太孕妇只能根据英国政府颁布的《妇女赋权条例》（1945）享受八星期的假期。在建国初期，生育的国家意义被提高到战略高度，但是因为建国初期百废待兴，经济资源匮乏，再加上大量经费用于移民政策，政府仅设置了一个象征性的“英雄母亲”奖，授予生育第十个孩子的妇女，以表彰其对国家和集体的忠诚。以色列人甚至把妇女生孩子与男子服兵役置于同等重要地位，妇女不生足够多的孩子同男子逃避兵役一样，为人所不齿。[②] 1953年的《国民保险机构法》为职业母亲提供为期3个月的工资津贴和免费住院生产。20世纪50年代，以色列经济飞速发展，国民生产总

---

① 宋全成．欧洲犹太移民潮与以色列国家的移民问题［J］．文史哲，2003（2）：71.

② SERED S. What makes women sick? maternity，modesty and militarism in Israeli society (Brandeis series on Jewish women)［M］. Boston：Brandeis University Press，2000：62.

值增长65%，人均产值提高30%。[①] 1954年的《妇女就业法》为鼓励生育政策提供了更多的保障措施，诸如提供12星期的产假、禁止产假期间雇用和解雇妇女、限制解雇妊娠期妇女、允许妇女基于生产相关理由（妊娠、流产、哺乳或收养）停工等。这部法律赋予并提升妇女在家庭和职场中的双重角色，既保证了妇女的工作相关基本权利，又确保了妇女的工作服从于其家庭角色。[②] 进入20世纪60年代，人口出生委员会（1962年）和人口统计中心（1968年）相继建立，为提高犹太人出生率提供了一个良好的环境。[③] 相继实施的《离职遣散费法》（1963年）、《雇员子女福利法》（1965年）和生育保险金制度（1968年），赋予离职后9个月内生育孩子的妇女求偿权，向雇员前三个不满18岁的孩子发放保险金（覆盖60%的犹太子女），一次性给付每个在指定医院生产的产妇一笔固定生育津贴。

鼓励生育政策的另一举措是资助和扶持多子女家庭。大家庭主要分布在迁入较晚的亚非移民中，占犹太人口的三分之一，他们文化教育水平较低，缺乏特殊技能，大多从事蓝领工作，经济收入低下，与活跃在政坛上的西方犹太人在宗教信仰、民族认同和社会政治地位上的差距日益扩大，阶层分化严重，不满情绪扩大。为缓解阶层分化造成的政治矛盾，政府批准了一个儿童补贴计划，建立一套以现金为支付形式、以全国儿童为覆盖范围的补贴制度，以改善东方犹太人的社会境遇。计划起初只覆盖全国10%的大家庭儿童，20世纪70年代后，政府扩大儿童补贴的覆盖面，提高补贴给付额度，向生育三个以上孩子的家庭提供双倍儿童补贴，大家庭则增至三倍。[④] 20世纪80年代鼓励生育政策进一步调整，1983年的《大家庭法》大幅度提高三个以上孩子家庭的补贴，1984年再增加四个以上

---

① BARKAI H. The evolution of Israel's social security system: structure, time pattern and macroeconomic impact [M]. Aldershot: Ashgate Publishing Group, 1998: 65-66.

② BIRENBAUM-CARMELI D. Reproductive policy in context: implications on women's rights in Israel, 1945-2000 [J]. Policy studies, 2003, 24 (2/3): 101-113.

③ BIRENBAUM-CAREMLI D. Cheaper than a newcomer: on the social production of IVF policy in Israel [J]. Sociology of health & illness, 2004, 26 (7): 897-924.

④ BARKAI H. The evolution of Israel's social security system: structure, time pattern and macroeconomic impact [M]. Aldershot: Ashgate Publishing Group, 1998: 66-73.

孩子家庭的个人所得税抵税额度。儿童补贴计划使正统犹太人多子女大家庭普遍受益，从而在一定程度上缩小了国内收入差距，缓解了社会矛盾，客观上也促进了正统犹太人口的增长和大家庭的发展①，德系犹太人社区每个妇女平均生 5.5 个孩子②，而正统犹太人总生育率则上升到每个妇女平均生 7.2 个孩子。③

鼓励生育的另一面是限制妇女堕胎。以色列建国后虽然不禁止堕胎，但是也施加各种限制。早在英国托管巴勒斯坦时期，对堕胎者和孕妇分别处以 14 年和 5 年以下监禁。1952 年的《堕胎法》（Abortion Law，1952）适度放宽堕胎罪的刑罚，追诉对象仅限于堕胎妇女死亡或者堕胎手术出现过失或者由非法行医者实施。1966 年政府进一步降低堕胎罪的刑责，在一定程度上改善了以色列妇女的社会和经济境遇。此后关于堕胎的争议不断激化。一方面，反对堕胎的宗教党派和积极分子成功地废除了流产法的相关条款，并且更加积极地试图改变公众对于这一问题的态度；另一方面，堕胎行为越来越被理解，医院堕胎委员会也越来越宽容，几乎批准所有的堕胎请求。④ 尽管如此，堕胎仍属非法（除非妊娠危及孕妇的生命，或强奸或通奸所致，妇女未成年或胎儿严重畸形或患病）。在这种制度环境下，虽然以色列妇产科学和生殖医学高度发达，但是计划生育服务和流产供给很不充分，避孕药未被纳入国家基本医疗服务，公积金也不资助与健康无关的堕胎。

生殖健康服务和医疗保险的全覆盖促进了生殖的医疗化。以色列医疗服务的可及性和可得性程度一直很高，四种疾病基金为 95%的以色列公民提供服务。政府资助的医疗服务覆盖了妊娠和与生育相关的费用。《国

---

① BERMAN E. Subsidized sacrifice：state support of religion in Israel [J]. Contemporary Jewry，1999，20 (1)：167 - 200.

② FRIEDLANDER D. Fertility in Israel：is the transition to replacement level in sight? [J/OL]. Population bulletin of the United Nations，2002 (48 - 49)：403 - 410. [2018 - 07 - 12]. http://www.un.org/esa/population/publications/completingfertility/RevisedFriedlanderpaper.PDF.

③ FRIEDLANDER D，FELDMAN C. The modern shift to below-replacement fertility：has Israel's population joined the process? [J]. Population studies，1993，47 (2)：295 - 306.

④ PORTUGUESE J. Fertility policy in Israel：the politics of religion，gender and nation [M]. Westport，CT：Praeger，1998：145.

民健康保险法》（National Health Insurance Law，NHIL）赋予所有不孕者和单身居民获得政府资助体外受精治疗周期的权利，其预算来源于政府征收的健康税，根据参保人群的规模和特点按比例分配。这一制度是以色列鼓励生育政策的独特性象征。① 在公积金制度的保障下，以色列妇女的生殖健康状况总体很好②，新生儿死亡率不仅逐年降低，而且低于其他国家历史同期水平，例如 2019 年，以色列新生儿死亡率是 3‰，远远低于西亚其他国家的平均水平（18‰），也低于美国（6‰）、加拿大（5‰）和英国（4‰）。③

综上所述，以色列鼓励生育政策是历史、文化、政治、宗教和社会心理因素综合作用的结果，并且为政策激励和法律保障，最终造成家族主义风气兴盛，使得多子多孙成为个人与社会、个人的悲欢荣辱与集体的生存发展紧密融合的标志。因此，以色列人口增长速度加快，即便在国际人口增长速度放缓背景下，以色列生育率与建国初期的 4.28 相比有所下降，但是犹太人的生育率十多年来仍然维持在很高水平，处于高出生率、高生育率和净再生产率并存的局面。据以色列中央统计局统计，截至 2013 年 4 月，以色列人口达 801.8 万，比上一年度增长 1.8%，而建国初期只有 80.6 万，其中，犹太人口首次突破 604 万，占总人口的 75.3%（阿拉伯人占 20.7%，其他族裔占 4%）。④ 尤其和发达国家相比，以色列还是世界上婴儿出生率和妇女生育率最高的国家。⑤ 据联合国 2019 年发布的《世

① BIRENBAUM-CARMELI D. The politics of "the natural family" in Israel：state policy and kinship ideologies [J]. Social science & medicine，2009，69（7）：1018－1024.

② HARDON A，MUTUA A，et al. Monitoring family planning and reproductive rights：a manual for empowerment [M]. London：Zed Books，1997：1－6.

③ United Nations，Population Division of the Department of Economic and Social Affairs of the United Nations Secretariat. World population prospects：The 2019 revision，File MORT/1－1：Infant mortality rate（both sexes combined）by region，subregion and country，1950－2100（infant deaths per 1 000 live births）[EB/OL].（2019－08）[2019－12－02]. https://population.un.org/wpp/Download/Standard/Mortality/.

④ ZEIGER ASGER. Israel at 65：Population tops 8 million. The Times of Israel [R/OL].（2013－04－14）[2018－10－02]. http://secondcomingherald.com/2013/04/israeli-population-hits-8-million-on-eve-of-65th-independence-day-celebrations.

⑤ SPERLING D. Commanding the "Be Fruitful and Multiply" directive：reproductive ethics，law，and policy in Israel [J]. Cambridge quarterly of healthcare ethics，2010，19（3）：363－371.

界人口展望》统计资料，以色列的出生率是 1.47，相比之下，北美（加拿大和美国）是 0.84，欧洲是 0.77，亚洲是 0.97，非洲是 1.90。[①] 这样高的生育率与鼓励生育政策是一致的。

以色列长期刺激人口增长和扶持多子女家庭塑造了有利于提高妇女生育率的社会环境和物质条件，客观上提升了妇女在国家中的特殊意义。对一些以色列妇女而言，生儿育女成为她们成就感和满足感的源泉。[②] 这一政策对以色列妇女的生殖自主权产生了双重负面影响：一方面，鼓励生育环境营造了“好母亲”的道德氛围，却限制了妇女的生育自主权，迫使妇女忍受长期的生育治疗；另一方面，鼓励生育政策促成了把母职作为妇女生活核心的思想观念。妇女因为被鼓励多生而被限制在家庭范围里，其繁衍后代的责任优先于其高薪的工作，而大型家庭比小型家庭更有特权，妇女的唯一价值就是生育，其地位和声望与繁衍后代紧密相连，多生则荣光，不育则羞耻。同时，生育津贴的给付以住院生产为条件。虽然绝大多数妇女理所当然地接受这种制度约束，及时调整了自己的生产偏好和选择，但是也有人主张生育自由，宁愿选择在家生产，并且批评强制住院有失公允，声称在家生产的妇女一样为国家延续香火，没有理由被剥夺保险金。

（三）鼓励生育政策对辅助生殖及其立法的影响

以色列以善于人类辅助生殖技术创新令世界瞩目。[③] 以色列自 1981 年引入体外受精—胚胎移植技术，1982 年成功获得第一例体外受精妊娠周期，生育治疗成为增加犹太人口的又一重要方法。最初，体外受精服务由赫尔辛基委员会（Helsinki Committee）根据《公共健康（涉及人的医

---

① United Nations，Population Division of the Department of Economic and Social Affairs of the United Nations Secretariat. World population prospects：The 2019 revision，File FERT/5：Net reproduction rate by region，subregion and country，1950 - 2100（surviving daughters per woman）[EB/OL].（2019 - 08） [2019 - 12 - 02]. https://population. un. org/wpp/Download/Standard/Fertility/.

② LIEBLICH A. Preliminary comparison of Israeli and American successful career women at mid-life [J]. Israel social science research，1987，5（1 - 2）：164 - 177.

③ International Committee for Monitoring Assisted Reproductive Technology（ICMART）. World collaborative report on assisted reproductive technology，2002 [J]. Human reproduction，2009，24（9）：2310 - 2320.

学实验）条例》［Public Health（Medical Experiments with Human Beings）Regulations，1980］等相关规定管理。最早批准开展体外受精的机构是哈达萨希伯来大学医院和耶路撒冷凯雷姆医院。随后，卫生部成立一个委员会为相关医疗机构的许可审批制定标准。① 相关法律法规也相继出台。这些法律法规奠基于《人的尊严与自由基本法》，包含大量权利和义务元素的《人的尊严与自由基本法》是为了保护人类尊严和自由，“以确保以色列作为一个犹太民主国家的价值”。这些基本权利并不意味着国家有义务支持可能损害社会或孩子利益的人类辅助生殖技术创新。因此，以色列人类辅助生殖技术公共专业委员会建议辅助生殖法律规范应当由议会制定，以确保父母和孩子的基本权利符合《人的尊严与自由基本法》。为了避免世俗与宗教的冲突以及不同教派的分歧，早先的人类辅助生殖业务并非由以色列议会立法确定②，而是由以色列卫生部颁布《公共健康条例》系列文件统摄，分别规范人工授精、精子库管理和体外受精—胚胎移植，涉及人类辅助生殖诊所及人员资质、体外受精获取途径、卵子捐赠、胚胎储存和处置、档案保存、知情同意、保密和匿名等方面。但是这些规范的法律效力不断遭到社会和当事人的质疑③，此后，以色列最高法院为了保障公民为人父母的宪法权利，不止一次打破《公共健康条例》的限制性规定。

1996 年，为进一步适应社会的代孕需求，以色列议会颁布独具特色的《代孕协议法》，允许有偿化妊娠代孕，但代孕母亲必须单身，且每一份代孕协议均需由依法成立的审批委员会授权，同时，婴儿从出生到收养程序完成前应交社会工作者监护。另外，在审批委员会的监督下，生物学父母可以向代孕母亲支付一定的补偿费。代孕母亲也可以解除代

① SCHENKER JG，LAUFER N，NAVOT D，et al. In vitro fertilization and embryo transfer：legal and religious aspects in Israel，patient selection，and a modified technique for oocyte collection［J］. Israel journal of medical sciences，1983，19（3）：218-224.

② GRUENBAUM BF，PINCHOVER ZS，LUNENFELD E，et al. Ovum donation：examining the new Israeli law［J］. European journal of obstetrics and gynecology and reproductive biology，2011，159（1）：40-42.

③ MOR-YOSEF S，SCHENKER JG. Sperm donation in Israel［J］. Human reproduction，1995，10（4）：965-967.

孕协议或获得孩子的监护权，但除非经法院裁判发生情势变更以及以不损及孩子的最佳利益为基础。① 尽管备受争议的卵子捐赠有种种宗教上的困扰，捐卵体外受精还是成为一种通行做法，并且催生了 2010 年的《卵子捐赠法》。得益于法律的强有力支持，技术适应证和受益人群的“设限”均小于其他欧美国家，另外，在许多国家被视为禁区的辅助生殖服务项目，诸如死后生殖、实名捐赠以及通过胚胎植入前遗传学诊断进行非医学需要的性别选择等都可以在这里实施。最重要的是，不孕症夫妇和单身居民的辅助生殖费用几乎全部由政府埋单。但是，以色列对辅助生殖的法律支持也引发诸多道德问题，以公积金资助跨国生殖服务尤其饱受争议。

二、人工授精和“试管婴儿”技术立法概况

（一）人工授精和精子库管理制度

以色列现有精子库 15 家，公立 13 家，私立 2 家，积极开展业务者 7 家②；继体外受精活产婴儿在总出生婴儿的占比从 1995 年的 1.7%上升到 2013 年的 4.3%之后③，2016 年该占比已经高达 4.7%，而且每 1 000 名妇女约有 20.6 个体外受精周期，这些数字在当时都是全球首屈一指的。④ 以色列人工授精服务最初依据 1957 年的《商品和服务管控法》（Commodities and Services Control Law）被列为“管控性服务”（controlled services）。1978 年和 1979 年卫生部先后颁布《公共健康（人工授精）条例》[（Public Health（Artificial Insemination）Regulations] 和《公共健康

① GROSS ML，RAVITSKY V. Israel：Bioethics in a Jewish-Democratic state [J]. Cambridge quarterly of healthcare ethics，2003，12（3）：247 - 255.

② EVEN D. State overhauls monitoring system for sperm banks [N/OL]. Haaretz，2011 - 06 - 29. [2018 - 06 - 28]. http://www.haaretz.com/print-edition/news/state-overhauls-monitoring-system-for-sperm-banks-1.370135.

③ BIRENBAUM-CARMELI D. Thirty-five years of assisted reproductive technologies in Israel [J]. Reproductive biomedicine & society online，2016，2（C）：16 - 23.

④ ALON I，GUIMóN J，URBANOS-GARRIDO R. Regulatory responses to assisted reproductive technology：a comparative analysis of Spain and Israel [J]. Journal of assisted reproduction and genetics，2019，36（8）：1665 - 1681.

（精子库）条例》[Public Health（Sperm Bank）Regulations]，经 1989 年和 1992 年两次修订后，1992 年再更名为《精子库管理规则》（Rules as to the Administration of Sperm Banks）和《人工授精操作指南》（Guidelines for Performing Artificial Insemination），内容如下。

1. 精子库审批和管理：卫生部主管精子库的监管工作，包括设施、器材和档案的监督和管理；精子库必须设在医院，且至少有两名能够运行精子库的专科医生；医院负责人必须向卫生部提交审批申请和注册登记；精子库负责人应当是经认证的妇科学、病理学、泌尿科学、内分泌学或血液学医生。

2. 精子提取和捐赠：捐赠人可以是已婚或单身男子；必须对供精者精液进行分析，筛查不育或低生育力的精液，检测遗传性疾病或性传播疾病，同时对血液样本进行梅毒、艾滋病、乙型肝炎和丙型肝炎检测；供精时及其后的 6 个月精液样本人类免疫缺陷病毒必须呈阴性才可以使用；同一供精者不得多次捐赠精液（但没有规定具体的捐赠或妊娠次数）；精子保存期限为 5 年，除非病人书面申请要求延长期限，逾期或病人死亡的情况下精子必须销毁。

3. 捐精人工授精：为了避免捐精人工授精落入为哈拉哈（犹太宗教律法）不容的通奸和自慰陷阱以及解决所产生的非血亲子女的身份尴尬和继承纠纷等，对已婚夫妇施行供精人工授精必须在常规治疗方法失败的情况下才可以，且只能使用精子库的冷冻精子，禁止使用新鲜精液；供精人工授精只能由认证的妇科医生或住院医师施行，医生有责任确保妇女在受精时尚未自然妊娠。妇女和捐赠者互盲。医生应当告知夫妇所使用方法的全部信息。夫妇应当明确供精人工授精不能确保妇女怀孕，有流产、并发症和畸形可能，也有自然妊娠可能。[①] 单身妇女从 1988 年起被批准接受供精人工授精，但是比已婚妇女的受术条件严苛，必须经心理学家和社会工作者评估后才能施行供精人工授精治疗，这一限制直到 1997 年被诉诸最高法院经裁决后才被卫生部取消。

---

① JOSEPH G，SCHENKER. Legal aspects of ART practice in Israel [J]. Journal of assisted reproduction and genetics，2003，20（7）：250－259.

4. 精子库档案：精子库必须妥善保管三种档案：一是捐赠者档案，包括捐赠者的身份信息、数字代码、体貌特征、健康状况（体格检查和病史）以及实验室检查结果；相关文件包括个人亲笔签名的声明，捐赠保密的意思表示（匿名捐赠是以色列法律的独特之处），对所生孩子不承担义务也不提出权利要求的承诺；文件还应当由精子库负责人负责，由医师作为证人签字，并妥善保管。二是受术夫妇档案，包括夫妇身份信息、身体信息及亲笔签名的声明，对孩子承担全部责任的承诺，不向捐赠者提出权利要求的声明；医生也必须在文件上签名。三是精子档案，包括精子质量和特征的信息，信息只会提及捐赠者的代码而不是他的名字。

2003 年 10 月，为了回应死者遗孀和父母从死者遗体取精的请求，以色列司法部出台了一份指南，允许死后取精，以备其遗孀将来行体外受精技术。指南包括两个步骤：第一步是应妻子或伴侣要求从已死或将死男子身上取精（不受理死者父母和其他人的请求）；第二步是授权精子使用。指南指出，取精子并不意味着必然授权使用，是否批准使用由法院基于具体案情裁决，但是必须以尊重死者的尊严和遗愿为前提。由于死后取精为各国法律所禁止和道德所不许，指南的发布引起社会广泛争论，认为指南导致成年人的自主权凌驾于孩子的基本利益，同时也侵犯死者的自主权和威胁幸存伴侣的自主权。因此，有学者认为，有必要为遗腹子的利益探明死者的“推定意愿”到底是什么，以防医学对死者的剥削利用，同时有必要重新审查司法部指南的正当性。①

2011 年以色列卫生部再次对上述规范进行大规模修订。修正案要求供需双方提供更详细的家族史，限制每个捐赠者可能孩子的数量，例如只允许捐赠者向一个精子库捐精，禁止提供 2 人以上的混合精液。新规定还涉及精子样本的解冻和毁弃规则，特别是已故癌症患者化疗前捐赠的精子样本，如果在捐赠人死亡后 1 年尚无人提出申请的应当销毁，捐赠者储存的和治疗无关的样本在其死亡 10 年后也必须销毁。修正案允许为新型家庭模式和未婚夫妇提供精子库服务，但是，未婚夫妇申请捐赠时必须签署

① LANDAU R. Posthumous sperm retrieval for the purpose of later insemination or IVF in Israel: an ethical and psychosocial critique [J]. Human reproduction, 2004, 19 (9): 1952-1956.

一份联合声明，而男子为其未婚伴侣寻求捐赠精子还需法院的授权。此前卫生部颁布但未能实施的指南也融进新规定中，包括调查和重估匿名捐赠问题。① 这是因为过去的规定坚持把匿名和保密作为供精人工授精基本准则，从而增加了近亲结婚的概率，并打破法定继承制，导致家系的混乱。司法部和卫生部共同任命的阿洛尼委员会（Aloni Commission）曾认为没有理由将人工授精所生孩子和自然出生的孩子区别对待，孩子应当可以获知基因捐赠者的信息。然而，在研究报告提交前，在各种反对声中委员会改变了主意，指出：授精的保密性要高于收养，应当尽可能不披露捐赠者信息。② 在这种背景下，修正案不得不在匿名和实名之间重新作出抉择。

（二）传统体外受精—胚胎移植制度

《公共健康（体外受精）条例》1987 年 4 月由卫生部长发布③，规定任何卵子的提取、受精或植入都必须在政府授权开展体外受精的医疗机构进行，具体制度如下。

1. 审批授权：提供体外受精—胚胎移植服务必须拥有执照，执照由卫生部办公室主任授予医院产科和妇科。辅助生殖服务授权后将接受质量保证评估（包括人员、机构、实验室和档案保存等）和伦理意识审查。

2. 取卵条件：只有在妇女因不孕而接受治疗并且对其有益的情况下才可以执行取卵和体外受精计划。取出的卵子只能用于随后的受精和移植。参与体外受精—胚胎移植计划的不仅限于已婚夫妇，但是，从未婚妇女提取并冷冻的卵子，只有在其死前签署知情同意书的情况下，才可以在她死后捐赠给另一名妇女。禁止未经同意植入已故配偶的卵子及其亲属捐赠的卵子。接受不孕症治疗或意在保存生育力的 30～41 岁妇女最多取卵 4 次，取卵总数不超过 20 个。

3. 体外受精精子的使用：体外受精—胚胎移植计划中的精子捐赠必

---

① EVEN D. State overhauls monitoring system for sperm banks [N/OL]. Haaretz，2011 - 06 - 29. [2018 - 06 - 28]. http://www.haaretz.com/print-edition/news/state-overhauls-monitoring-system-for-sperm-banks-1.370135.

② LANDAU R. Assisted reproduction in Israel and Sweden：parenthood at any price? [J]. International journal of sociology and social policy，1996，16 (3)：29 - 46.

③ Public Health (Extra-Corporeal Fertilization) Regulations，K. T. 5035 (1987)，K. T. 5762 (2001).

须符合卫生部发布的精子库操作指南和人工授精规范。捐赠必须匿名。捐赠者必须接受体格检查，必须接受遗传疾病和性传播疾病筛查；捐精者对使用其精子体外受精所生孩子没有权利义务关系。除此之外，《公共健康（体外受精）条例》还为体外受精精子使用设置了特别条件，即：不得将已婚妇女的卵子与捐赠者的精子或精子库的精子进行受精，除非供卵者及其丈夫均事先签署了书面知情同意书。同样，在缺乏书面同意的情况下，不得将捐赠者的卵子与打算植入受精卵妇女丈夫的精子进行受精。

4. 单身妇女接受体外受精的条件：（1）单身妇女必须有卵巢，且需由社会工作者提交一份体外受精认证部门同意妇女请求的报告；或者（2）受精卵主人植入前丧偶，只要受精卵在取出和受精后一年内未植入，并且移植为详细的报告所支持；或者（3）打算植入受精卵的妇女离婚，离婚前其卵子已经与丈夫精子受精，并且得到丈夫的同意。

5. 胚胎冷冻保存：胚胎冷冻保存只能由获准实施体外受精的医疗机构进行，且需要夫妇的书面同意。胚胎保存期限为5年，如果夫妇申请可以延长5年，但必须经过计划负责人的同意。冷冻保存的胚胎禁止捐赠。如果丈夫死亡，胚胎可以在丈夫死亡一年后植入遗孀子宫，但是必须有社会工作者的特别推荐。如果夫妇离婚，胚胎经前夫同意可转让给前妻，如果妻子死亡，胚胎不能转让给其他妇女。

6. 知情同意：应当告知打算通过体外受精治疗不育的夫妇或患者准确、全面的体外受精相关信息、并发症以及成功率，并在治疗前获得其书面同意。在异质体外受精情况下，应当获得精子捐赠者、卵子捐赠者、接受夫妇或单身妇女的同意书。

进入20世纪90年代，伴随着自由主义思潮的涌现，《公共健康（体外受精）条例》的限制性规定不断受到挑战。1996年，以色列公民权利协会（Association for Civil Rights）向最高法院提交一份材料，代表单身妇女要求接受精子捐赠或体外受精治疗。如前所述，根据卫生部规范性文件，将由精神科医生和社会工作者组成咨询组为她们进行健康筛查，以确定她们成为单身母亲是否适当，但对已婚妇女并无此项程序。公民权利协会要求取消这一规定。最高法院最后裁定，在人工授精或体外受精问题上歧视妇女是不合法的，无论妇女是同性恋者还是异性恋者，因为它限制了妇女的生殖自由权和为人父母的权利。同时，法院责令卫生部颁布新的规范，以确保程序执行的公平性。1998年年底，劳动法院在审理两宗涉及《国民健康保险法》（NHI）的个案时，试图打破健康基金仅覆盖七个体外受精周期（每七个周期两个孩子）的政策，一个得到解决，另一个被驳回，不久，卫生部明确表示在过渡期结束之前，将不会对体外受精周期数进行行政限制，直到生出两个孩子。①

（三）胚胎植入前遗传学诊断制度

以色列如何应对植入前遗传学诊断技术挑战，阿洛尼委员会的建议是，不孕症治疗决策的实现，应当像其他医学治疗一样基于专业医学判断，不应当考虑社会因素，除非在极端情况下，即有危害未来孩子利益之虞。在这一思想指导下，2005年5月9日，以色列卫生部发布《通过胚胎移植前基因诊断选择胎儿性别程序》（The Procedure for Selecting the Embryo's Sex Through Preimplantation Genetic Diagnosis，以下简称2005年通告）②，设置了用植入前遗传学诊断进行性别选择的各种程序和实质条件。根据这一规定，非医学需要的性别选择原则上是禁止的，但是某些罕见和特殊情况例外。依据2005年通告，批准通过植入前遗传学诊断进行性别选择需要满足以下四个标准。

1. 如果不实施申请的性别选择，将对孩子利益产生真实的、具体的风险，或者至少对一方父母的身心健康造成伤害。

2. 除罕见和特殊情况外，申请者至少已有4个相同性别的孩子（且是申请者双方所生的孩子，而非任何一方的继子女）。

3. 申请者已经接受遗传咨询服务。包括风险和成功率在内的各种详细情况必须向申请者一一解释说明，申请者也必须就性别选择行使知情权，且所有人都同意实施体外受精手术。

---

① SHALEV C，GOOLDIN S. The uses and misuses of in vitro fertilization in Israel：some sociological and ethical considerations [J]. Nashim：A journal of Jewish women's studies & gender issues，2006（12）：151-176.

② Israeli Ministry of Health. The procedure for selecting the embryo's sex through preimplantation genetic diagnosis. No. 21/05 [EB/OL].（2005-05-09） [2018-08-06]. http://abush.health.gov.il/download/forms/a2692_mk21_05.pdf.

4. 申请者应当被告知，如果产生的胚胎不是他们期望的性别，那么，只有在本周期所有胚胎都已经用于生殖目的后，才可以批准进行下一个体外受精周期。

尽管指南是世俗机构发布的，但是在很大程度上反映了以色列犹太律法的精神。一般而论，犹太律法热烈欢迎能帮助夫妇克服不育痛苦的新机会。然而，它也有自己的伦理之忧，可能会制约各种疗法的适用性或可接受性。关于捐赠配子尤其是精子的使用，犹太法律专家一直辩论激烈。一种观点认为，精子捐赠严重违背婚姻的排他性，与私通太过相似，因此应当被禁止。另一种观点认为，缺少身体上的性接触，让这个过程具有伦理可接受性。少数拉比认为通过人工授精或体外受精出生的孩子与其基因父亲无法律上的关系，实际上没有合法的父亲。但是，大部分人认为如果是自然受精，孩子和其基因父亲就有合法的父子关系。在这两种情况下，社会学父亲相当于养父。以色列卫生部发布指南时，拉比们对非医学需要的性别选择的反感得到证实。犹太当局认为性别选择和传统的犹太价值观相互对立。①

基于植入前遗传学诊断的伦理复杂性，为了落实这一制度，以色列成立了一个由心理学家、生物伦理学家、社会工作者、律师、专攻基因学的专家、妇产科专家和宗教官员组成的七人专业委员会，负责审查和裁决性别选择申请。根据2005年通告的规定，委员会在批准申请前，除要判断是否满足上述先决条件外，还必须考虑一些附加因素，以确保在有争议的情况下，生出所选性别孩子的理由令人信服。这些因素主要有：第一，必须了解父母是否是因医学原因而使用体外受精，如果父母因非医学需要使用体外受精，考虑到妇女的健康状态，委员会必须审查手术对妇女的风险。第二，委员会必须了解胚胎是否已经基于医学原因接受植入前遗传学诊断。第三，委员会必须审查申请者的家族史和社会关系。第四，已婚和未婚夫妇均可提交申请，单亲母亲原则上也可以申请。

2005年通告试图限制非医学需要的性别选择，但是其制度规范存在一定的模糊性，所设置的条件过于抽象化和主观化，而其赋予委员会以最

① GRAZI RV, WOLOWELSKY JB, KRIEGER DJ. Sex selection by preimplantation genetic diagnosis (PGD) for nonmedical reasons in contemporary Israeli regulations [J]. Cambridge quarterly of healthcare ethics, 2008, 17 (3): 293-299.

终的自由裁量权，在罕见和特殊情况下，不满足基本条件的社会性性别选择也可能获得批准。这种原则上反对社会性性别选择，实践中却降低审批门槛的制度规范，实际上已经为非医学需要的新生儿性别选择铺平了道路。[①] 因此，2005 年通告引起以色列社会的担忧和热议，议会先后两次召开听证会，研究非医学需要的性别选择对孩子的利益、亲子关系的影响和远期隐患，以及提升卫生部通告法律位阶的可能性，第一次听证会对卫生部通告的内容进行了详细解释和初步探讨，一年之后的第二次听证会进一步研究了通告实施的利弊。但是，现行规范在最终的法律出台之前依然有效。[②]

三、《代孕协议法》研究

（一）立法背景

在以色列这个鼓励生育的国家，不惜一切代价[③]繁衍犹太子嗣有深刻的历史和政治根源，在犹太人的观念里，生儿育女有助于平衡以色列人口比、为捍卫这个新生的国家补充兵源、弥补大屠杀的人口损失，但是更多的人只是基于以生育为中心的传统家庭观。基于同样的愿景，国家对生育的鼓励除了经济支持和政策激励外，最重要的就是提供法律上的保障，依法发展最先进的辅助生殖技术及其衍生技术。

体外受精—胚胎移植为代孕提供了可能，但是也引起宗教、社会及伦理争论，各国对这一问题的法律回应各不相同。英国早在 1985 年就颁布了《代孕协议法》，但是只开放利他性代孕，且不保护代孕协议。美国既不禁止也不支持，但是部分州已经宣布合法。以色列《代孕协议法》的出台源于司法部和卫生部的共同推动。早先的卫生部规章虽然没有明确肯定

---

① ZAFRAN R. Non-medical sex selection by preimplantation genetic diagnosis：reflections on Israeli law and practice ［J］. North Carolina journal of law & technology，2008，9（2）：187－217.

② GRAZI RV，WOLOWELSKY JB，KRIEGER DJ. Sex selection by preimplantation genetic diagnosis（PGD）for nonmedical reasons in contemporary Israeli regulations ［J］. Cambridge quarterly of healthcare ethics，2008，17（3）：293－299.

③ Landau R. Assisted reproduction in Israel and Sweden：parenthood at any price? ［J］. International journal of sociology and social policy，1996，16（3）：29－46.

或否定代孕协议合法性，但是在实践中禁止了代孕的临床应用，致使许多不育夫妇不得不到国外求助代孕服务，高昂的旅费、医疗费和代孕费令贫困者望而却步。况且犹太律法规定，犹太母亲生育的后代才是犹太人，犹太身份的取得不取决于父亲的宗教信仰，而犹太律法视生者为母（即使卵子来自另一位妇女）[①]，父亲是把子女抚养长大的人，而不是提供精子的人。[②] 因此，要求打破法律藩篱依法承认代孕关系的呼声日益高涨，最高法院裁判也不止一次援引隐私权和为人父母权，不断扩大体外受精治疗的范围，卫生部在答辩中承认，相关规范超越法定职权没有法律效力，从而为代孕立法扫除了障碍。

直接推动代孕立法的是公众高度关注的那曼尼案，此案前后十余年，历经两个阶段：第一阶段是那曼尼起诉卫生部。[③] 露丝（Ruth）与丹尼尔·那曼尼（Daniel Nahmani）结婚后因子宫切除无法怀孕，由于以色列不开展代孕业务，露丝和丹尼尔在美国加利福尼亚州签订了一份代孕体外受精—胚胎移植协议（但两人未商讨胚胎处置事宜），考虑到旅美的费用高昂，夫妇俩决定在以色列完成体外受精后再到美国实施代孕技术，以节约部分时间和费用，为此这对夫妇诉至高等法院，声称卫生部规章缺乏足够的权威和合理的基础。1991 年此案最终以庭外和解而结束，同时卫生部也承认其规范经不起司法审查，这对夫妇最终被允许在以色列实施体外受精。随后的 8 个月里，露丝经历了痛苦的取卵手术，取出 11 个卵子成功和丹尼尔的精子受精后冷冻保存以备移植。[④] 几年后那曼尼案再起波澜，原因是露丝受精后丹尼尔离开她，和另一名妇女同居生子。露丝与丹尼尔为冷冻胚胎的处理权打起官司。露丝想找人代孕生子但是遭到医院的拒绝，因为遗传学父亲丹尼尔不同意。初审法院认为丹尼尔违反了他和妻子之间的协议，支持露丝的诉请。丹尼尔不服，提起上诉。高等法院的 5

---

① SCHENKER JG. Assisted reproductive technology：perspectives in Halakha（Jewish religious law）[J]. Reproductive biomedicine online，2008，17（Suppl 3）：17－24.

② 塔木德 [M]. 赛妮亚，译．呼和浩特：内蒙古人民出版社，2004：140.

③ H. C. J. 1237/91，Nahmani v. the Minister of Health [1991]，see also C. A. 5587/93，Nachmani v. Nachmani，49（1）P. D. 485 [1995].

④ CA 5587/93，Nachmani v. Nachmani，49（1）P. D. 485 [1995].

人审判团推翻原判，支持丹尼尔不被强迫为人之父的权利。因为问题的特殊性，最高法院组成 11 人的审判团重审此案，最高法院认为母亲权是一种积极权利，父亲应当履行相关义务以避免阻碍母亲权利的实现，况且履行承诺并不损害丹尼尔的父亲权，因为他已与另外一名妇女育有一子的事实已经证明他不是不想当父亲，而是不想当露丝孩子的父亲而已。①

卫生部被诉后，阿洛尼委员会成立，为代孕立法的出炉奠定了基础。② 阿洛尼委员会专门调查不孕症治疗，特别是代孕及代孕协议的社会、伦理、法律和宗教问题，于 1994 年发布了一份涵盖诸多生育问题的调研报告，包括生育治疗获得权（rights of access）、亲子身份的确定、子女基因知情权和代孕协议监管问题。③ 委员会原则上同意不能阻碍和限制不孕症治疗获得权。所有成员都反对鼓励代孕的做法，但同时表示无视现实只会引起混乱，因而建议代孕合法化，但是需加强管理和规范，包括设立一个稳定的组织机构进行审查监督，依法批准和管理所有体外受精和代孕程序。委员会还建议：协议应当在全面的心理评估之后才能审批，应当补偿代孕母亲妊娠期间的医疗费、花费的时间、经历的痛苦和收入损失。收养婴儿的夫妇是孩子的父母，婴儿和代孕母亲之间无法律联系。如果代孕母亲改变想法，协议就失去强制执行力；而如果委托父母（commissioning parents）拒绝监护孩子，代孕母亲应享有优先拒绝权。也有委员认为代孕会伤害社会和孩子，如果国家决定允许代孕，应当建立有关所有孩子、代孕母亲和养父母的详细档案。另外，因为大多数犹太人视妊娠母亲为亲生母亲，所以孩子应当被委托夫妇正式收养。④ 报告强调尊重宪法中的个人隐私权和生育自主权，但未表明这些权利的本质是积极权利还是消

---

① SHALEV C，GOOLDIN S. The uses and misuses of in vitro fertilization in Israel：some sociological and ethical considerations [J]. Nashim：A journal of jewish women's studies & gender issues，2006（12）：151－176.

② HAND J. Surrogacy in Israel：a model of comprehensive regulation of new technologies [J]. Santa Clara journal of international law，2006，4（2）：111－116.

③ Israeli Ministry of Justice. Report of the public-professional commission in the matter of In-vitro Fertilization [R]. Jerusalem：State of Israel Ministry of Justice，1994.

④ SIEGEL-ITZKOVICH J. Israel considers surrogacy law [J]. British medical journal，1994，309（6951）：359.

极权利，也未对生殖技术保险问题提供任何建议。① 很显然，这份带有浓厚自由主义色彩的报告反映了绝大部分委员会成员的信念——“自主”和“隐私”原则要求国家对人类生育的干预最小化。②

此后，卫生部屡屡因侵犯生殖权被诉，经过数月的司法程序，最高法院宣布废止过去的限制性相关法规③，并且给政府 5 个月的时间推动议会立法。1996 年 3 月 17 日，基于委员会的正式提案，议会通过了《代孕协议法》。④ 该法也是立法机关颁布的第一部辅助生殖法（以往的规范都出自卫生部）。从此以后，代孕成为国家管控的、只对正式异性夫妇开放的辅助生殖技术。⑤

（二）《代孕协议法》的主要制度

《代孕协议法》的宗旨是规范代孕协议本身，换言之，法律关注的不是代孕的医学方面，而是规范协议本身的成立和效力并监督其实施，目的是使委托父母依法成为代孕所生子女的法律父母，并依法防范和处理协议当事人之间可能发生的纠纷。法律由两部分组成：第一部分是代孕协议的审批机构和审批条件，第二部分涉及新生儿的法律地位和父母身份的确定。该法吸收了阿洛尼委员会的建议，以当事人的隐私权和自主权为原则，但是关于亲子关系的规定也沿袭了哈拉哈的传统。

1. 代孕者和委托父母的条件：（1）委托父母和代孕者须年满 18 周岁，并且都是以色列居民。（2）代孕者与委托父母没有亲戚关系，且应当

---

① LANDAU R. Assisted reproduction in Israel and Sweden：parenthood at any price? [J]. International journal of sociology and social policy，1996，16（3）：29－46.

② WALDMAN E. Cultural priorities revealed：the development and regulation of assisted reproduction in the United States and Israel [J]. Health matrix：journal of law medicine，2006，16（1）：65－106.

③ Israeli court paves way for surrogacy [J] . British medical journal，1995，311（7001）：348；WEISBERG DK. The birth of surrogacy in Israel [M]. Gainesville：University Press of Florida，2005：127.

④ Israeli Knesset. Surrogate Mother Agreements（Approval of the Agreement and Status of the Child）Law，S. H. 1577（1996）.

⑤ BENSHUSHAN A，SCHENKER JG. Legitimizing surrogacy in Israel [J]. Human Reproduction，1997，12（7）：1832－1834.

单身或离异（犹太律法视已婚妇女与丈夫以外男子生育子女为私生子）。[①]（3）代孕母亲和委托母亲同属一个教派（依据犹太律法，孩子的教派决定于其生母的教派，如果代孕母亲不是犹太人，则孩子很可能失去其犹太教身份）。但是如果所有当事人都不是犹太人，审批委员会可以根据委员会宗教成员的意见而不考虑这一条件。（4）可以使用捐赠的卵子（代孕母亲的卵子除外），但是基于医学（近亲结婚风险）、社会（基因知情权是基本人权）、心理（想知道遗传学父母）、宗教（禁止私生关系）以及亲子关系混乱考虑，精子必须来自委托父亲。

2. 审批委员会：《代孕协议法》的显著特征是确保所有代孕协议都通过政府任命的审批委员会（Approving Committee）的严密监控以实现政府的高度管制，从而以这种特有的方式切实保护当事人及子女的利益。[②]据此，《代孕协议法》规定：这个特别委员会由卫生部长提名的七位各科专家所组成（包括两名产科专家、一名内科医生、一名临床心理学家、一名社会工作者以及一名律师公众代表和一名代表当事人宗教信仰的神职人员，其中女专家不得少于三人）。委员会主管每个代孕协议的审批。委员会的决定必须有包括主席在内的至少五位成员在场时才能生效，且表决意见必须以书面形式经多数人同意后作出。审批委员会的任务是确保所有申请审批的代孕协议都满足《代孕协议法》的要求和尽可能获得批准。

3. 代孕技术指南：（1）提交一份证明夫妇中的妻子不能怀孕或怀孕会危及生命的医学报告。（2）同意当事人都适合此程序的医学建议书。代孕母亲应当接受一般妇科检查，以排除可能因妊娠加重的疾病、可能影响妊娠的药物和酒精史；应当排除有可能引起流产和其他妊娠并发症的妇科史；进行包括艾滋病毒、B型和C型肝炎病毒、性病在内的传染性疾病试验；超声波的骨盆检查必须排除子宫主要畸形和子宫颈的其他疾病等。（3）各方提供心理评估，随后由心理学家、社会工作者声明指定夫妇已经

① GRUENBAUM BF，PINCHOVER ZS，LUNENFELD E，et al. Ovum donation：examining the new Israeli law [J]. European journal of obstetrics and gynecology and reproductive biology，2011，159 (1)：40-42.

② JANE S. Surrogacy arrangements and legal parenthood：Swedish law in a comparative context [M]. Uppsala：Juridiska institutionen，2013：208.

接受适当的专业咨询，讨论过为人父母的其他可能途径。(4) 该程序应当在有资质的体外受精—胚胎移植部门进行。(5) 如果当事人是通过收费的中介挑选，与中介的合同及中介人的姓名都必须提交委员会。[①]

4. 代孕协议的审批及其效力：请求批准代孕协议应包括下列条件：(1) 当事人已经签署代孕协议。(2) 提交一份有关委托母亲不能怀孕或者怀孕可能危及其健康的医学意见书。(3) 提交一份关于所有当事人都适合此种程序的医学或心理评估意见书。(4) 委托父母已经收到心理学家或社会工作者的适当专业咨询，包括关于为人父母的建议。(5) 如果当事人为了费用通过中介签署一份代孕协议，关于中介合同的信息和中间人的身份必须提交审批委员会。

审批委员会可以查看其他材料和传唤其他人，在评估所有文件和证据材料后，如符合下列条件，可以批准当事人的请求：(1) 当事人自愿签署代孕协议，完全理解代孕协议的意义和后果；(2) 不会对代孕母亲和新生儿的健康产生危险；(3) 代孕协议不存在可能危害或不利于新生儿或任何当事人权利的其他情况。代孕协议审批后必须在审批委员会成员在场时签署，协议的任何变化必须经过委员会审批，除非受精卵已植入代孕母亲。代孕协议一经审批委员会批准即产生法律拘束力，换言之，代孕母亲与委托父母之间的约定即受到法律保护，并产生强制执行力。当事人必须依法执行代孕协议，非依法律规定不得任意反悔：代孕母亲为委托父母生下子女并将放弃子女的母亲权，委托父母向代孕母亲支付补偿费并成为孩子的法律父母。

5. 代孕协议履行的监督程序：代孕协议批准履行后，当事人一旦反悔可能引发一系列问题，特别是可能损害代孕所生子女的利益。为此，《代孕协议法》进一步规定了代孕协议履行的监督程序：(1) 由福利机构提名的社会工作者，在法律手续完成以前是代孕所生子女唯一的法定监护人 (guardian)。(2) 委托父母及代孕母亲在妊娠 5 个月末应通知社会工作者孩子的预产期以及生产地点。在分娩后 24 小时内，代孕母亲或委托父

---

① SIEGEL-ITZKOVICH J. Israel considers surrogacy law [J]. British medical journal, 1994, 309 (6951): 359.

母需通知社会工作者。（3）孩子出生后，委托父母负有照顾（custody）子女的义务。（4）孩子出生后，代孕母亲在社会工作者在场的情况下，尽快将孩子交给当事人夫妇。委员会负责监督协议费用的给付，费用包括医疗费、保险费、法律咨询费、误工费以及其他合理补偿费。[①]

6. 代孕所生子女的法律母亲和法律父亲：根据犹太律法，母亲的认定依据是怀胎生产而不是遗传物质，据此，代孕所生子女出生时，代孕母亲应当是孩子的法律母亲。但是这样一来就有违代孕的初衷，对代孕母亲和委托父母也不公平。为解决这一矛盾，《代孕协议法》作出这样的制度安排：（1）孩子出生时代孕母亲以及与孩子没有妊娠关系的委托母亲都不是孩子的法律母亲，而是先由社会工作者充任孩子的监护人，再由委托父母依法定程序建立与孩子的亲子关系。即：分娩后7日内，委托父母依法向法院申请亲权令（若当事人不申请，社会工作者应提出申请）。[②]（2）法院在不违背孩子利益的情况下应当向委托父母颁发亲权令，委托父母一经取得亲权令即刻成为孩子的法律父母。（3）在特殊情况下，如果孩子畸形或在孕期中感染人类免疫缺陷病毒或委托父母撤销合同，代孕母亲成为新生儿的合法监护人。如果代孕母亲拒绝抚养，新生儿移交福利机构。[③]（4）在配子匿名捐赠制度下，精子或卵子捐赠者不是代孕协议的当事人，也不是孩子的法律父母，因此对孩子不履行任何法律义务，也不享有任何法律权利。如果代孕母亲特殊情况下不是未婚者，则代孕母亲的丈夫或伴侣和孩子也不产生法律上的权利义务关系。

7. 代孕母亲的法律权利和约定权利：无论委托父母还是其他人都无权干涉代孕母亲在怀孕期间的生活方式，包括营养情况、饮食习惯、性行为或者药物使用。委托父母也无权干涉代孕母亲按照自己的意愿使用或实施治疗（包括依法终止妊娠）以及产前护理，也无权罔顾代孕母亲本人意

---

① JOSEPH G，SCHENKER. Legal aspects of ART practice in Israel [J]. Journal of assisted reproduction and genetics，2003，20（7）：250－259.

② LANDAU R. The management of genetic origins：secrecy and openness in donor assisted conception in Israel and elsewhere [J]. Human reproduction，1998，13（11）：3268－3232.

③ BENSHUSHAN A，SCHENKER JG. Legitimizing surrogacy in Israel [J]. Human reproduction，1997，12（7）：1832－1834.

愿强迫她进行侵入性或非侵入性的产前检查（如羊膜穿刺术）等。① 代孕母亲有权撤销协议，除非社会工作者提供令人信服的证据证明这样做会对孩子产生威胁时法院才不会支持代孕母亲的撤销权；但是法律手续一经完成，不得撤销代孕协议。法院同意撤销协议的情况下应指定代孕母亲为孩子的合法母亲和唯一的监护人。法院也可以判决孩子与委托父母两人或一人的关系。法院在授予代孕母亲监护权的情况下，有权判决代孕母亲归还委托父母支付的费用。②

8. 法律责任：依据《代孕协议法》，在没有审批委员会授权的情况下缔结代孕协议是违法的，将受到1年监禁。禁止公布审批委员会讨论的当事人身份信息，否则处1年监禁。任何一方当事人在没有委员会允许的情况下为了缔结协议而给付或索要金钱或利益的属于犯罪行为。在没有社会工作者在场或法院指令的情况下移交或接受孩子的处1年监禁。③

《代孕协议法》作为以色列鼓励生育政策和犹太传统观念的体现，反映的是以色列政府特别是阿洛尼委员会对代孕生殖权的高度关注。《代孕协议法》虽然采纳了阿洛尼委员会关于审查代孕协议的建议，但是也在某些重要问题上偏离了委员会的观点，特别是委员会建议代孕应当以利他为基础，然而《代孕协议法》是以商业化为努力方向。例如，委员会主张妊娠母亲应当就怀孕生产期间的花费和损失获得经济补偿，但不得收受物质性报酬，而《代孕协议法》允许付酬；再如委员会建议向委托父母移交孩子应当直接确定孩子是他们的孩子，而《代孕协议法》则要求由法院颁发亲权令予以确定。由于面临以经济利益激励生育子女是否应当只施惠于已婚妇女的问题，阿洛尼委员会认为，政府资助应当具有广泛性，非传统家庭模式与以色列现有价值观一致，任何社会的进步都以尊重隐私权为前提，所有人都应当有机会通过人类辅助生殖技术生育，单身父母并不破坏

---

① JOSEPH G，SCHENKER. Legal aspects of ART practice in Israel [J]. Journal of assisted reproduction and genetics，2003，20（7）：250－259.

② HONIG D，NAVE O，ADAM R. Israeli surrogacy law in practice [J]. Israel journal of psychiatry and related sciences，2000，37（2）：115－123.

③ BENSHUSHAN A，SCHENKER JG. Legitimizing surrogacy in Israel [J]. Human reproduction，1997，12（7）：1832－1834.

社会道德，而是与主流价值一致的生活方式。①

（三）结语

作为第一个代孕协议合法化、有偿化的国家，以色列颁布《代孕协议法》在巩固委托者亲权地位的同时尽可能弱化妊娠母亲的权利，这样就为代孕大开方便之门，并且使以色列一举成为代孕协议合法化的急先锋。迄今为止，还没有哪一个国家的代孕立法比以色列《代孕协议法》更开放、更丰富、更具体、更具可操作性。②《代孕协议法》又将代孕过程置于严密的政府直接干预和严密监控之下，避免了私下交易的泛滥和可能产生的恶果。总之，《代孕协议法》通过法律手段为解决日益发展的代孕问题提供了一个富有特色的方案，也为更多的以色列人提供了一条独特的为人父母路径，从而适应了鼓励生育政策和犹太文化，也满足了更多个体的生育需求。据统计，自《代孕协议法》获批以来，向全国代孕审批委员会申请妊娠代孕的数量已经从最初6年（1996—2001年）的21份增加到2012—2017年的107份。妊娠代孕后出生的婴儿数量也相应增加，从1998—2001年的9.5例增加到2012—2017年的73例。③ 近年来，伴随着同性恋合法化呼声的高涨，男同性恋者要求通过代孕繁衍子嗣的要求也推动着《代孕协议法》的修订。如果草案成功通过，以色列将有更多代孕所生子女出生。

毋庸置疑，《代孕协议法》颁布以来即受到国内外的关注，质疑之声此起彼伏。事实上，整个20世纪90年代，以色列已经围绕那曼尼案展开激烈争论④，法官内部的意见不一就足以说明这个问题，在权衡露丝想当母亲的权利和那曼尼不想当父亲的权利孰轻孰重时，法官以7∶4支持露

---

① WALDMAN E. Cultural priorities revealed：the development and regulation of assisted reproduction in the United States and Israel [J]. Health matrix：journal of law medicine，2006，16 (1)：65-106.

② HAND J. Surrogacy in Israel：a model of comprehensive regulation of new technologies [J]. Santa Clara journal of international law，2006，6 (4)：111-116.

③ BIRENBAUM-CARMELI D，MONTEBRUNO P. Incidence of surrogacy in the USA and Israel and implications on women's health：a quantitative comparison [J]. Journal of assisted reproduction and genetics，2019，36 (12)：2459-246.

④ KAHN SM. Reproducing Jews：a cultural account of assisted conception in Israel [M]. Durham：Duke University Press，2000：64-70.

丝，但是每个法官给出的理由不完全相同①，支持露丝的多数人意见主要有：其一，那曼尼应遵守禁止反言原则信守承诺，因为他作出知情同意后，露丝已经对其同意产生信赖，并且因此将其卵子与他的精子受精，这是不可逆的。其二，犹太传统（也是以色列法律体系的基本原则之一）认为，生孩子是重要的价值，而不生孩子不是。其三，丈夫不要孩子的自由实质上次于丈夫要孩子的权利。其四，在缺乏制度安排的情况下，应当根据正义价值裁决本案。其五，受精前，每个当事人都可以改变当父母的决定，一方不当父母的基本权利优于配偶要求其履行合同的约定权利；卵子受精后，配偶希望完成手术生出孩子的权利因为卵子受精得到加强，并且从这一刻开始高于对方希望破坏受精卵的权利。从伦理正义上看，想当父母的权利远比不想当父母的权利更值得考虑。其六，在没有法律规范可以援引的情况下，我们必须发挥自己的正义感。针对摆在我们面前的案件的具体情况，根据我们认为相对公平的观念裁判，我们更加看重露丝想创造生命和当妈妈的地位。而 4 名少数人的意见则围绕知情同意权展开：其一，体外受精过程的每个阶段都需要知情同意，这个临界点是卵子植入母亲体内时。在缺乏这样的同意的情况下，丹尼尔不能被迫同意露丝以法官裁判之名，或以法律之名，或以正义之名，或以生命之名违背他的意愿。其二，当事人同意合作完成体外受精过程只是一个大致框架，它是建立在双方婚姻关系继续下去的基本假设上。但是同意不包括受精过程的所有阶段和所有方面。手术的每个阶段都需要夫妻双方的共同同意。其三，受精过程的每个阶段需要持续同意，关系已经结束时拒绝同意继续受精并不构成不守信用。②

2010 年，以色列草根女性主义组织（Isha L'Isha）发布一份措辞严厉的代孕协议法修订报告，谴责以色列代孕协议的泛化，认为必须承认代孕关系潜藏着风险和剥削，私人组织为了经济利益参与其中的情况更加复杂，因此，以色列应当禁止代孕，至少不该允许代孕作为公认的常规手术，而只作为罕见的极端情况下的解决方案。无论政府决策是什么，都有

① CFH 2401/95，Nachmani v. Nachmani，50（4）P. D. 661［1996］. C. A. 5587/93，Nachmani v. Nachmani，49（1）P. D. 485［1995］.

② CFH 2401/95，Nachmani v. Nachmani，50（4）P. D. 661［1996］. C. A. 5587/93，Nachmani v. Nachmani，49（1）P. D. 485［1995］.

义务制定明确的规则构建一个惠益共享的公平关系，并且确保这些规则的切实执行，以及做好参与者的长期随访，以确保任何一方免遭长期损害。为此，该组织为《代孕协议法》的修改提出以下具体建议：其一，明确代孕使用权的范围，任何情况下都不能让代孕从解决严重的病例滑到纯粹的生孩子的常规手术。其二，代孕中使用配子捐赠与单纯使用代孕产生的问题类似，没有理由把精子捐赠和卵子捐赠区别对待。其三，以色列如果不禁止代孕，则应当改变其操作方法，即：加强代孕关系的控制和监督，确保代孕母亲获得公平酬劳（取消酬金数目的限制），禁止限制代孕母亲未来索赔权的约定，保护代孕母亲的健康、利益和人权，禁止商业性中介，禁止在国外实施以色列国内禁止的行为，包括禁止从不保护代孕的国家“进口”代孕所生子女。①

2014 年伊始，以色列《代孕协议法》修订草案已获内阁立法委员会审议通过，拟赋予同性恋者代孕生殖权。法案的修改缘于男同性恋者索要代孕生殖权。现行《代孕协议法》颁布于 1996 年，只允许不孕症夫妻和单身妇女寻求代孕服务，未赋予男同性恋者以代孕生殖权。同性恋夫妇不得已到美国、印度、泰国等国家寻求代孕，但是所生孩子可能无法取得以色列籍和犹太人身份，而且耗资巨大，如到美国需要花费约 150 000 美元，到印度则需 8 000 美元左右。男同性恋者多伦·马梅特（Doron Mamet）费尽周折生下一美国女儿后，熟谙跨国代孕流程，遂在印度成立一家公司，专门承揽代孕“外包”业务，如使用以色列供精者的精子在北美实施体外受精后，再将胚胎运至印度植入印度妇女子宫，收费只相当于美国的一半。目前公司的业务量很大，顾客络绎不绝。同性恋伴侣平卡斯（Pinkas）和阿拉德（Arad）也想找人代孕生子，但是他们不想走国际路线，而想要一个土生土长的以色列孩子。② 2009 年他们向卫生部提出申请

① LIPKIN N，SAMAMA E，ROSENBLUTH D. Surrogacy in Israel Status Report 2010 and Proposals for Legislative Amendment [R/OL]. [2013-06-16]. http://www.isha.org.il/upload/file/surrogacy_Eng00%5B1%5D.pdf.

② Amid legal battles，more gay Israelis are raising children [EB/OL]. (2010-03-31) [2013-08-07]. http://forward.com/articles/126985/amid-legal-battles-more-gay-israelis-are-raising-c.

被驳回后再诉至最高法院，2012 年 5 月卫生部组织公众委员会建议赋予同性伴侣代孕生殖权。① 此后，卫生部、司法部、内政部和社会事务部共同促成现行法律的修订工作。2013 年 12 月卫生部提出一份《代孕协议法》修订草案，支持同性恋者和单身者通过代孕为人父母，但是反对跨国代孕，规定倘若未经审批委员会的批准擅自使用国外代孕者监禁一年。② 卫生部担心放宽《代孕协议法》可能会促成一个急功近利的代孕市场，产生有害的副作用：高需求可能抬高以色列代孕价格，而代孕可以成为贫困妇女的职业，使得她们的子宫成为待价而沽的工具。2014 年 3 月 2 日内阁立法委员会初步通过法律草案。草案限制每个代孕母亲怀孕三胎，每次妊娠最多接受三个体外受精周期。异性伴侣最多通过代孕生两胎，单身者只能生一胎。卫生部还建议代孕母亲的最高年龄从 36 岁提高到 38 岁，委托父母的年龄在签署代孕协议时不超过 54 岁。③ 草案一旦正式通过，将会为更多的以色列人提供通过代孕为人父母的机会。

四、《卵子捐赠法》研究

（一）立法背景

体外受精促进了第三方生殖细胞的利用，以解决异性夫妇的不孕症，以及同性恋者、单身者和夫妇的非医疗性障碍。在第三方生殖中，妇女身体与生殖细胞的价值似乎比男性的更高。由于最近几年卵子需求量也比子宫的要大，国际卵子交易大有压倒代孕市场之势。在以色列，请求批准代孕协议的数量 15 年内有几百人，但是 2010 年议会讨论卵子捐赠法时，寻

① Edelson Daniel. Committee to recommend legalization of surrogacy for gays [EB/OL].（2012－04－06） [2013－08－07]. http://www.ynetnews.com/articles/0，7340，L-4193544，00.html.

② Lior L. Bill would allow same-sex couples to use surrogate in Israel [EB/OL].（2014－02－04）[2014－02－10]. http://www.haaretz.com/news/national/.premium-1.572297.

③ Efrati I，Lior I，Lis J. Bill allowing surrogacy for Israeli singles，gay couples passes first hurdle [EB/OL].（2014－03－03）[2014－03－06]. http://www.haaretz.com/news/national/.premium-1.577522.

求卵子捐赠的妇女数量每年成千上万。[①] 卵子获取涉及诸多利益冲突，并引发复杂的法律、道德、社会和经济问题。但在医学家的推动下，以及随着消费者需求的增加，加上全球经济差距的驱动和跨国监管漏洞的存在，卵子交易猛增，跨境生殖旅游数量攀升。各国跨境生殖的原因各不同，最常见的原因是当法律禁止某项技术（如代孕）或排除某些人群（如女同性恋者）时人们不得不采取法律规避行动，另外国内生殖服务供不应求导致的漫长等待、国外更优质的服务质量以及更低的治疗成本等都促成了国际生殖旅游的繁荣。一项对欧洲六个国家的研究表明，每年有 11 000～14 000 个患者寻求跨境人类辅助生殖服务达 24 000～30 000 个治疗周期，德国妇女因为本国卵子捐赠非法不得不到国外寻求卵子，法国、挪威和瑞典的单身妇女和同性恋妇女也因本国法的苛刻而到国外寻求精子捐赠，而英国妇女则因为等待时间漫长而到国外寻求卵子捐赠。[②] 显然，跨国卵子捐赠也像其他生殖旅游一样，由各国法律和政策的差异所驱动。[③] 从总体上看，在发展中国家，体外受精—胚胎捐赠（移植）成本小，制度缺失，监管乏力，生殖旅游产业较为火爆，如印度、泰国等国家都是生殖旅游输入地。[④] 在欧洲，德国、意大利对卵子捐赠的限制较多，而西班牙、英国等国卵子捐赠控制较小。[⑤] 卵子报酬的差异也推动了生殖旅游的发展。卵子捐赠的支付标准在美国是 5 000 美元[⑥]，而据报道，在西班牙是 900 欧

---

① WALDBY C. Oocyte markets：women's reproductive work in embryonic stem cell research [J]. New genetics and society，2008，27 (1)：19－31.

② FERRARETTI AP，PENNINGS G，GIANAROLI L，et al. Cross-border reproductive care：a phenomenon expressing the controversial aspects of reproductive technologies [J]. Reproductive biomedicine online，2010，20 (2)：261－266.

③ SPAR D. Reproductive tourism and the regulatory map [J]. New England journal medecine，2005，352 (6)：531－533.

④ COLLINS AJ. An international survey of the health economics of IVF and ICSI [J]. Human reproduction update，2002，8 (3)：265－277.

⑤ STEINBOCK B. Payment for egg donation and surrogacy [J]. Mount Sinai journal medicine，2004，71 (4)：255－265.

⑥ Ethics Committee of the American Society for Reproductive Medicine. Financial compensation of oocyte donors [J]. Fertility and sterility，2007，88 (2)：305－309.

元，在捷克是500欧元①，在罗马尼亚的以色列诊所，妇女每取卵周期仅挣200美元。②

近年来，以色列妇女的卵子交易也蓬勃发展，越来越多的以色列妇女为帮助犹太夫妇远赴美国以及欧洲的罗马尼亚、乌克兰、塞浦路斯和西班牙等国捐赠卵子和实施体外受精。③ 据调查，美国至少有三家卵子捐赠公司主要或全部承接以色列犹太人的捐赠业务，公司员工精通希伯来文，也深谙犹太律法。有的捐赠完全是利他的，有的是补偿型的。毫无疑问，这种专业化卵子市场的发展虽然为绵延犹太人子嗣提供了便捷之路，但是引发了一个严重的道德问题——生育的商业化。④

以色列人广泛参与本国公民和境外以色列人的体外受精，其根源在于以色列法律制度的限制。以色列早先的法律规范对卵子捐赠所涉不多，制度比较粗疏，但对卵子捐赠的限制态度很鲜明，主要表现在：卵子捐赠者必须是参与体外受精计划，愿意捐赠自己剩余卵子的妇女；卵子捐赠必须是匿名的；供卵者对以其所供卵子所生孩子不享受权利也不负有义务；卵子捐赠者必须接受遗传疾病和性传播疾病筛查；卵子可以捐赠给单身妇女；基于孩子最佳利益，卵子捐赠者和接受者最好同属一个教派。⑤ 法律限制来源于哈拉哈传统的强大阻力。在以色列，提取生殖细胞通常不被哈拉哈接受⑥，伊斯兰教虽然也鼓励以体外受精为妊娠手段

---

① SHENFIELD F，DE MOUZON J，PENNINGS G，et al. Cross border reproductive care in six European countries [J]. Human reproduction，2010，25 (6)：1361-1368.

② NAHMAN M. Nodes of desire：Romanian egg sellers，'dignity' and feminist alliances in transnational ova exchanges [J]. European journal of women's studies，2008，15 (2)：65-82.

③ SOMFALVI A，ROMANIA. 30 Israelis detained in egg trafficking case [N/OL]. (2009-07-20) [2013-09-22]. http://www.ynetnews.com/articles/0，7340，L-3749054，00.html.

④ BECHAR A. Demand for Jewish eggs attracts Israeli donors：driven by altruism and money，a trend raises ethical concerns [EB/OL]. (2008-09-25) [2018-07-02]. http://forward.com/articles/14281/demand-for-jewish-eggs-attracts-israeli-donors-/.

⑤ JOSEPH G，SCHENKER. Legal aspects of ART practice in Israel [J]. Journal of assisted reproduction and genetics，2003，20 (7)：250-259.

⑥ ZIVOTOFSKY AZ，JOTKOWITZ A. A Jewish response to the Vatican's new bioethical guidelines [J]. American journal of bioethic，2009，9 (11)：26-30.

完成生育使命①，但是倾向使用夫妇自己的配子施行体外受精，反对卵子捐赠。② 哈拉哈还对体外受精—胚胎捐赠，特别是非犹太人卵子所生孩子宗教地位的模糊性表示担忧。犹太妇女所生的孩子是犹太人，但是犹太妇女卵子所生的孩子未必是犹太人。③ 出于这个原因，由非犹太人妇女所生孩子一经出生就改变教派。然而由于捐赠者的身份是匿名的，为了解决这个问题，赋予准父母知晓捐赠者教派的权利就非常重要了。④

尽管存在这些担忧，但是对多子多孙的追求，体外受精—胚胎移植还是被广为接受。事实上，第一个报道的捐卵所生子女使用的是犹太教徒病人的卵子，并且是在以色列首席拉比许可下实施的。⑤ 伴随着国际卵子市场的发展和许多以色列妇女竞相出国获取卵子，以色列政府不得不适当放宽对卵子供给的限制。1998 年，为配合《国民健康保险法》的实施，政府发布体外受精公积金临床指导方针⑥，规定体外受精的妇女接受公积金的资格为：用自己卵子的年龄不高于 45 岁，接受卵子捐赠的年龄不高于 51 岁；捐赠者不得收受经济补偿；治疗必须在国内进行；受赠卵子仍限于捐赠者体外受精周期中产生的剩余卵子⑦；来自夭亡婴儿和尸体的卵子捐赠是不可接受的；赠卵流程所需费用均由政府以接受者医疗保险的形式予以资助，不管赠卵是在私人机构还是公共机构施行的。事实表明，这一

---

① YEPREM MS. Current assisted reproduction treatment practices from an Islamic perspective [J]. Reproductive biomed online，2007，14 (Suppl 1)：44 - 47.

② ISIKOGLU M，SENOL Y，BERKKANOGLU M，et al. Public opinion regarding oocyte donation in Turkey：first data from a secular population among the Islamic world [J]. Human reproduction，2006，21 (1)：318 - 323.

③ ZAFRAN R. More than one mother：determining maternity for the biological child of a female same-sex couple-the Israeli view [J/OL]. Georgetown journal of gender and the law，2008，9 (1). [2013 - 05 - 01]. http://ssrn. com/abstract=1013426.

④ SCHENKER JG. Assisted reproductive technology：perspectives in Halakha (Jewish religious law) [J] . Reproductive biomed online，2008，17 (Suppl3)：17 - 24.

⑤ NAVOT D，LAUFER N，KOPOLOVIC J，et al. Artificially induced endometrial cycles and establishment of pregnancies in the absence of ovaries [J]. New England journal of medicine，1986，314 (13)：806 - 811.

⑥ Israel Ministry of Health. Medical guidelines for IVF treatment：recommendations of the Insler Committee [R]. Jerusalem：Israel Ministry of Health，1998.

⑦ SCHENKER JG. Assisted reproduction practice in Europe：legal and ethical aspects [J]. Human reproduction update，1997，3 (2)：173 - 184.

制度客观上有利于卵子供应的充足性、治疗费用的合理性、不同社会阶层的机会均等性、医疗保险覆盖下的医疗公正性和避免供受双方的直接经济往来。调查显示：1998—2000年，以色列每个卵子捐赠周期平均医疗保险费是1 742美元，价格由卫生部核算确定，每年都会更新。①

但是，即便如此，以色列卵子短缺局面并未根本改观，终至发生2000年的卵子交易丑闻：几名妇女向一家公立医院的首席妇科专家提起人身损害赔偿之诉，称医生迫使她们接受过度的卵巢刺激，从一个周期中获取多个卵子且未经其同意提供给私人诊所的患者。此案虽然庭外和解，但原告同时向警方投诉，导致了刑事调查②，后再提交专业纪律审裁庭调查，并吊销医师执业许可证两年半。③ 医患信任危机几乎导致以色列卵子捐赠资源枯竭。那时以色列约有2 000名妇女等待捐赠。④ 与此同时，妇女需求者数量仍然持续增长，到2007年等待卵子捐赠妇女的数量已经达到6 000人，比2000年增加2倍。⑤ 另外干细胞研究也扩大了科学家对卵子的需求，虽然以色列禁止生殖性克隆⑥，但是不禁止用克隆胚胎进行干细胞研究。遗憾的是，《公共健康（体外受精）条例》规定从妇女身上获取的卵子只能用于生殖不能用于研究。2003年，相关委员会呼吁立法变革允许将捐赠的卵子用于研究。⑦ 为满足日益增长的卵子需求⑧，卫生部

---

① KAZEM R，THOMPSON LA，HAMILTON MPR，et al. Current attitudes towards egg donation men and women [J]. Human reproduction，1995，10 (6)：1543－1548.

② REZNICK R. Four victims of the eggs affair will be compensated with 1.5 million [EB/OL]. (2005－06－20) [2018－07－06]. http://news.walla.co.il/?w=/1/733920.

③ SIEGEL-ITZKOVICH J. Doctor's licence suspended after he admitted removing ova without consent [J]. British medical journal，2007，334 (7593)：557.

④ SIEGEL-ITZKOVICH J. Israeli infertility experts investigated for "selling" ova [J]. British medical journal，2000，320 (7247)：1425.

⑤ SHALEV C，WERNER-FELMAYER G. Patterns of globalized reproduction：Egg cells regulation in Israel and Austria [J]. Israel journal of health policy research，2012，18 (1)：15.

⑥ Israeli Knesset. Prohibition of Genetic Intervention (Human Cloning and Genetic Manipulation of Reproductive Cells) (Amendment) Act，Sefer HaChukkim. 5764/2004.

⑦ Israel National Committee for Medical Experiments. Activity report of the Israel national committee for medical experiments in human beings [R]. Jerusalem，2003：6－7.

⑧ GROSS ML，RAVITSKY V. Israel：Bioethics in a Jewish-Democratic state [J]. Cambridge quarterly of healthcare ethics. 2003，12 (3)：247－255.

2001年修订了《公共健康（体外受精）条例》以支持卵子进口①，2005年10月27日再发出通告，支持国民健康保险覆盖在以色列境外提供的卵子捐赠服务。② 这就意味着，受精卵可以由以色列境外的机构提供，具体流程如下：丈夫的精子在以色列冷冻后运送到国外与捐赠的卵子受精；再把受精卵冷冻后送回以色列植入妻子子宫。③

限制国内卵子捐赠却以公积金支持赴外获取卵子成为以色列卵子捐赠制度的突出特点。这种制度选择是以色列哈拉哈传统和现代世俗利益之间微妙平衡的结果。旧传统质疑卵子捐赠出于对同一捐精者后代将来可能结婚的担忧和恐惧。基于此，外国非犹太人的精液比本国捐精者更容易被以色列人接受。这种政策导致了双重标准，不仅造成对境外规范不严谨国家的"问题"做法视而不见，而且模糊了医疗行为和商业行为的界限，从而产生和激化了利益冲突：一方面是必须信守的医病信托关系以及有利无伤伦理原则，另一方面是跨国交易中巨大经济利益的诱惑。在经济利益的驱使下，公立医院为了吸引病员不惜与私人诊所展开竞争，并在东欧建立体外受精机构。2009年7月，罗马尼亚警察突击检查了布加勒斯特的萨贝斯体外受精中心（Sabyc Medical Center），发现30名以色列妇女和一群以色列医生涉嫌卵子交易，这家私人诊所的医生们大都来自以色列。调查已经证实至少两位医生受雇于以色列公立医院。这两家医院2002年曾涉嫌卵子走私被查。萨贝斯网站宣传信息也显示以色列专家参与其生育治疗。据媒体报道，罗马尼亚诊所的大多数受益者是以色列妇女。资料显示，以色列卵子捐赠行业也都与国外的诊所有关联④，供卵妇女一般可获得270～335美元的酬金。这次"卵子事件"被描述为全球卵子交易的"警

---

① Public Health（Extra-Corporeal Fertilization）Regulations（Amendment），K. T. 5762（2001）.

② Israel Ministry of Health. Medical Administration Circular：Egg Donation from Abroad. Jerusalem. 39/2005（2005）.

③ KNESSET DRI. LOTAN O. Egg donations in Israel. Jerusalem：Knesset：Department for Research and Information［EB/OL］.（2006-06-20）［2013-09-12］. http://www.knesset.gov.il/mmm/data/pdf/m01584.pdf.

④ SOMFALVI A，ROMANIA. 30 Israelis detained in egg trafficking case［N/OL］.（2009-07-20）［2013-09-22］. http://www.ynetnews.com/articles/0，7340，L-3749054，00.html.

钟”，震惊了世界①，也震惊了以色列。Isha L'Isha 评论说，这起代表性案件只是跨国卵子交易丑闻的冰山一角，案件揭示了以色列生殖中心和医生为意图购买卵子的以色列妇女提供跨国卵子交易和实施手术行为的不当性。医生们标榜遵守“有利无伤”的伦理誓约，但是在一个不受控制的市场的巨大利润诱惑下实施侵入性取卵手术不可能不损害妇女身体健康。Isha L'Isha 自 2007 年起开始致力于反对人卵交易的工作，并与以色列各种社会组织建立对话与合作，力促立法机关建立健全相关立法②，并发布一份关于卵子捐赠法的研究报告③，对诸多社会鲜有关注的复杂问题提出看法。Isha L'Isha 主张应禁止以色列公众参与一切国内法禁止的跨国手术，并补偿捐赠者。④ 越来越多的人支持补偿，认为补偿卵子捐赠者是道德的。理由是，各种研究人员、科学家和医生都在为他们的取卵服务得到补偿，而对众多捐赠者不补偿似乎是不公平的。⑤ 在这种情况下，卫生部重新启动了被搁浅十年的立法调研，并于 2010 年经议会通过《卵子捐赠法》。

（二）主要内容

《卵子捐赠法》的目的是允许志愿者捐赠体外受精周期以外的卵子用于不孕症治疗，同时规范以医学研究为宗旨的卵子使用，以及维护供受双方的健康、权利和尊严。⑥ 其主要内容如下。

1. 供受双方的条件

《卵子捐赠法》规定，21 岁到 35 岁的以色列年轻妇女已经主治医生诊断能够以其卵子怀孕的，可以为经济补偿提交捐卵申请。最多三个取卵

① DARNOVSKY M. Israeli feminists respond to Romanian egg scandal [EB/OL].（2009-08-20）[2013-10-12]. http://www.biopoliticaltimes.org/article.php?id=4843.

② Department of Women and Medical Technologies, Isha L'Isha—Haifa Feminist Centre. The Romanian Egg Affair [R/OL]. [2013-06-08]. http://www.isha.org.il/files/files/File/pdfs/Romanian%20egg%20affair.pdf.

③ Isha L'Isha. Egg donation in Israel, action research, 2009-2010 [R/OL]. [2018-03-06]. http://www.isha.org.il/upload/file/EggDonationactionresearchEng2010.pdf.

④ STEHR E. Israeli feminists weigh in on egg donation and surrogacy laws [EB/OL].（2011-06-16）[2018-10-06]. http://www.biopoliticaltimes.org/article.php?id=5759.

⑤ GRUEN L. Oocytes for sale? [J]. Metaphilosophy, 2007, 38（2-3）: 285-308.

⑥ ISRAELI KNESSET. Ova Donation Law, S. H. 2242（2010）.

周期，每次捐赠间隔不少于 180 天，每周期接受者不超过两人，因此任何一个供者至多生出六个孩子。卵子只能捐赠给想要生孩子的妇女，但不能用于其他用途，包括用未使用的卵子进行研究。受体的年龄有一个上限，1998 年发布的体外受精公积金临床指导方针建议体外受精的妇女接受公积金的资格为：用自己的卵子的年龄不高于 45 岁，接受卵子捐赠的年龄限定为 51 岁①，《卵子捐赠法》规定为 54 岁，提高了 3 岁。经供卵所生子女视为卵子接受者的子女，捐赠者不享有父母权利或责任。捐赠者的身份是保密的，但是，为避免"试管婴儿"近亲婚配和生育，其年满 18 岁后有权从法院或福利局等机构确认自己的身份信息。法律还要求建立一个"数据库"来存储卵子提取和移植分配审批信息，以免供受双方具有遗传关系，同时还建立一个供卵所生新生儿的登记册，以免近亲婚姻，但参与其中的成人和出生的孩子都无权从中获取任何身份信息。为此，以色列建立一个特殊情况下的供卵审批委员会，违反上述规定者必须受到法律制裁。

2. 取卵条件

从供体取卵需要特别审批委员会的书面批准，委员会由下列人员组成：（1）一名医院内科专家任审批委员会领导，该内科专家也是医院职能部门的负责人，该部门不直接打理产科、妇科或体外受精事宜；（2）一名有体外受精经验但非主治医生的妇产科专家；（3）一名临床心理学家；（4）一名社会工作者；（5）一名律师或一名公众代表或宗教界官员，该代表是应捐赠者的请求，在某种程度上属于她的宗教、社交或文化圈子。供卵申请书由捐赠者提交审批委员会，并须载明以下事项：（1）取卵可能带来的直接和间接风险；（2）保存在数据库和注册表中的具体信息及其发布的条件；（3）她的法律权利和义务；（4）她的卵子使用指定权；（5）新生儿的法律地位；（6）免责事由。

在提交申请前，供卵者须接受医学和心理测试，以评估是否适合依法捐赠卵子。审批委员会批准供卵申请须证实：（1）捐赠者是 21 岁到 34 岁

① Israel Ministry of Health. Medical Guidelines for IVF Treatment：Recommendations of the Insler Committee [R]. Jerusalem：Israel Ministry of Health，1998.

的以色列居民；(2) 捐赠者有行为能力，能够养活自己，未被拘留或逮捕过；(3) 已经事先在审批委员会签署同意书表格；(4) 确定同意是其真实意愿的自由表达，而非来自家庭、社会、经济和其他压力；(5) 在她取卵前已经指定将其卵子捐给指定接受者（例如亲戚），已经获得知情同意且不考虑任何报酬。

3. 卵子的分配和移植

捐赠卵子的分配及植入接受者若依据《代孕协议法》植入代孕母亲子宫需要公认的体外受精部门负责人或其代理人的审批，审批权有严格的规定，例如，除精子库的精子每次使用前非经捐赠者事先的书面同意不得批准外，其个人信息也必须登记于数据库和新生儿登记册上。法律还规定了批准植入的先决条件：(1) 接受者是年满 18 周岁不满 53 周岁的以色列居民；(2) 主治医生已经证明接受者因医学原因使用他人卵子生育的正当性；(3) 公认的体外受精部门负责人或其代理人已经收到来自卫生部数据库相关体外受精信息，证明捐赠者和接受者属于同一教派；(4) 如果卵子取自已婚妇女，且与接受者不属于同一个教派，主治医师应当以适当方式告知接受者及其配偶关于捐赠者的信息，并取得同意接受该捐赠者卵子的书面文件。

4. 捐赠者的补偿

尽管各国捐赠条件有所不同，但是卵子提供者均不得索取报酬已经形成国际共识，以色列也遵从这一国际惯例。但是为了补偿供卵者的健康损失等，《卵子捐赠法》一方面禁止卵子交易和披露体外受精治疗信息，违者均要受到法律的严惩；另一方面要求政府给捐赠者一定数量的取卵补偿费，该费用部分来自请求植入卵子申请者支付的费用，具体补偿额度由卫生部确定。

总之，《卵子捐赠法》既保护了卵子捐赠者个体的权利，又为需要卵子的以色列妇女增加了治疗机会，因此增加的成本可以由国家承担，这无疑为那些没有卵子又想生育的妇女提供了方便。妇女团体和健康促进组织评价其为“革命性的法律”，劳动、福利和健康委员会主席说：“这无疑是健康领域最重要的一项立法”。卫生部法律顾问表达了相同的看法，称这部法律“十年磨一剑”①。Isha L'Isha 高度赞扬该法把捐卵过程置于政府监控之下并严厉打击违法行为的制度体系。②

毋庸讳言，《卵子捐赠法》也存在一些问题，诸如，为了防范近亲繁殖和遗传疾病传播，法律规定体外受精所生子女年满 18 岁有权知悉生物学身份，而捐赠又是匿名的，这就需要建立有效的告知机制③，但是法案在这方面并无具体的制度框架。再如法案赋予卫生部严密管控卵子捐赠，但是并未构建一个健全的监管机制。Isha L'Isha 预言，法案的通过并不能完全阻遏卵子贸易，而打算要孩子或供卵的以色列妇女仍然是这个交易链条中的一部分，法律的现有制度不足以保护捐赠者的权利。④

最不容乐观的就是有偿捐赠制能否实现立法的预期目的。过去以色列卵子捐赠以利他为基础，不提供经济补偿或其他形式的补偿。由于缺乏经济激励措施，那些选择捐赠卵子的妇女完全出于对生殖内在价值的认识，完全出于真心实意帮助别人，这种情况下作出的知情同意是最有效的。⑤但是在新的法律环境下，经济补偿的刺激很可能会削弱一个人的自主性和合理决策的能力。因此，在新的环境下，需要进一步研究经济补偿对捐赠者的影响，在充分调研的基础上确定一个足以补偿捐卵者为促排卵和取卵所遭受的不便和痛苦的合理补偿水平⑥，确保补偿充分但不过分。

---

① SZTOKMAN E. A decade in the making, egg donation bill passes Knesset [EB/OL]. (2010 - 06 - 08) [2018 - 07 - 16]. http://blogs.forward.com/sisterhood-blog/128609/a-decade-in-the-making-egg-donation-bill-passes-kn/.

② Department of Women and Medical Technologies, Isha L'Isha—Haifa Feminist Centre. The Romanian Egg Affair [R/OL]. [2013 - 08 - 08]. http://www.isha.org.il/files/files/File/pdfs/Romanian%20egg%20affair.pdf.

③ GRUENBAUM BF, PINCHOVER ZS, LUNENFELD E, et al. Ovum donation: examining the new Israeli law [J]. European journal of obstetrics and gynecology and reproductive biology, 2011, 159 (1): 40 - 42.

④ Department of Women and Medical Technologies, Isha L'Isha—Haifa Feminist Centre. The Romanian Egg Affair [R/OL]. [2013 - 06 - 08]. http://www.isha.org.il/files/files/File/pdfs/Romanian%20egg%20affair.pdf.

⑤ ROBERTSONJ A. Compensation and egg donation for research [J]. Fertility and sterility, 2006, 86 (6): 1573 - 1575.

⑥ GERMAN EK, MUKHERJEE T, OSBORNE D, et al. Does increasing ovum donor compensation lead to differences in donor characteristics? [J]. Fertility and sterility, 2001, 76 (1): 75 - 79.

综上所述，在高度重视哈拉哈传统和尊崇多子多孙诫命的以色列人看来，生儿育女不仅关乎个人荣辱，还关系国运兴衰。但是，以色列和其他西方发达国家一样，在全球金融危机、经济衰退和高失业率背景下，也面临着如何最合理地分配有限的稀缺医疗资源问题。然而，在过去的二十多年里，医疗资源日益紧缺并未妨碍以色列政府支持和资助所有公民实现生殖权，资助甚至没有年龄、性取向、婚姻状况、治疗周期等因素限制，这一切都体现在其不同时期颁布的辅助生殖法律制度里面。2010 年生效的《卵子捐赠法》把母亲资格限制从 51 岁提高到 54 岁，甚至涵盖捐卵的所有费用。这种独具特色的甚至是史无前例的法律支持模式是基于社会、人口、宗教和国家安全因素的综合考虑。浓厚的鼓励生育氛围促进了以色列生育治疗途径的自由和畅通，因而刺激了生殖领域的过度消费，促使妇女千方百计要成为母亲，以色列生殖医学家的努力和人类辅助生殖技术的重大突破进一步加剧了以色列的“人口痴迷”。鼓励生育政策促进了以色列人类辅助生殖的制度化和法律化。尽管这些法律法规由卫生部和议会发布，但是很大程度上反映出犹太律法的特殊地位，《代孕协议法》和《卵子捐赠法》的出台和实施为更多不孕症患者增进生育能力的同时也竭力维护捐赠者的个人权利①，体现了独特的正统观念与世俗主义、社会家长式统治与坚定的个人主义、禁止与许可、宗教标准与自由价值的交织，而根深蒂固的宗教戒律是世俗法律形成的强大动力，并且在世俗法律里扮演着重要角色。

受益于政府政策和国家立法的强劲支持，以色列体外受精的“适应证”相当广泛，“禁忌证”相对模糊，许多国家视为“禁区”的体外受精服务项目在以色列都可以实施，以色列还是世界上第一个也是唯一承认代孕协议合法的国家，曾引起较大争议的补偿性卵子捐赠最终在 2010 年获得法律保护，妇女接受非匿名已婚或离异男子精子捐赠的裁判都表明②，

① GRUENBAUM BF, PINCHOVER ZS, LUNENFELD E, et al. Ovum donation: examining the new Israeli law [J]. European journal of obstetrics and gynecology and reproductive biology, 2011, 159 (1): 40-42.

② SPERLING D. Commanding the "Be Fruitful and Multiply" directive: reproductive ethics, law, and policy in Israel [J]. Cambridge quarterly of healthcare ethics, 2010, 19 (3): 363-371.

匿名捐赠原则和已婚妇女须经配偶同意制度都被一一打破。司法部甚至为通过植入前遗传学诊断进行医学和非医学需要的性别选择大开方便之门。人类辅助生殖服务被纳入基本医疗保险范畴，如新的《妇女就业法》保护妇女或男子失业期间的不孕症治疗权，并禁止雇主解雇正在接受治疗的男女雇员。20 世纪 90 年代以来，依据《全民健康保险法》，健康保险公司开始免费提供第一胎和第二胎的所有体外受精周期，据初步统计，以每个体外受精周期 19 267 美元计，以色列政府每年为此支出大约 400 万美元。[①] 以色列对体外受精受术对象的限制很少，单身妇女、女同性恋者和已婚夫妇都一视同仁，可以凭借公积金享受两胎免费体外受精治疗。离婚过程中的妇女也允许施行人工授精。[②]

毋庸讳言，回顾以色列近 30 年的辅助生殖立法变迁史，不难发现其存在的诸多缺陷，从 20 世纪 80 年代的卫生部规章，到 20 世纪 90 年代的《代孕协议法》，再到 2010 年的《卵子捐赠法》，期间还屡有卫生部的操作规范、司法部的技术指南和高等法院的裁判介入辅助生殖规范领域，立法者和决策者在一些复杂的伦理法律上保持高度敏锐和关切，但缺乏协调和通盘考虑，有“头疼医头，脚疼医脚”之嫌。因此以色列相关法律规范不是连贯和系统的，而是支离破碎和缺乏彼此关照的，被人为地分割为不同的法律、法规、行政命令和高等法院的裁判等。尤其值得一提的是，世俗法律体系里弥漫着过多足以湮灭现代权利气息的宗教义务——公民千方百计繁衍犹太子嗣的义务和国家不惜一切代价为公民生儿育女提供帮助的义务。显然以色列政府和社会并不打算深入探讨生殖权的权利属性和生育治疗的限度问题。展望《代孕协议法》修改之路，以色列似乎将走得更远。新近颁布的《卵子捐赠法》也被司法裁判打破。据报道，Kfar Sava 镇地方法院 2011 年 8 月批准一个以色列家庭为其车祸死亡的 17 岁女儿施行取卵和冻卵的申请，开了死后取卵的先河。这与 2003 年的死后取精案不同，根据司法部指令，只有死者配偶有权从死者身上取精和使用，死者父母则

① BIRENBAUM-CAREMLI D. Cheaper than a newcomer：on the social production of IVF policy in Israel [J]. Sociology of health & illness，2004，26（7）：897－924.

② SPERLING D. Commanding the “Be Fruitful and Multiply” directive：reproductive ethics，law，and policy in Israel [J]. Cambridge quarterly of healthcare ethics，2010，19（3）：363－371.

需向法院申请。但以色列法院过去从未批准过死后取卵申请。[①] 总之，在法律的激励之下，那些没有孩子的人们设法寄希望于各种辅助生殖方法来改变命运[②]，只要不违反禁令，人们愿意用包括体外受精—胚胎移植技术在内的任何人类辅助生殖方法怀孕。[③]

可以预言，以色列对生育治疗的法律支持和慷慨资助将迎来诸多考验，因为它鼓励妇女冒着健康风险接受不限制周期的体外受精免费治疗，而公积金支持跨国体外受精治疗引发的诸多道德问题更加堪忧。因此，有学者认为，政府的激励政策会导致人类辅助生殖技术过度消费。基于过度使用体外受精，特别是高龄母亲的使用可能产生的健康风险以及情感和经济成本，政府应当阻止而不是鼓励妇女接受这种风险手术。而唾手可得的政府公积金也会诱使妇女采用这种方式当妈妈。[④] 生殖的医疗化和妇女身体的工具化必然造成男女不平等和滋生新型的剥削。也有学者认为，生殖服务的全球化和商业化带来新的跨国治理挑战，政府在采取适当措施确保其不被滥用之前，以公积金支持跨境体外受精有失妥当。[⑤] 况且，政府资助生育治疗还会产生严重的基本医疗服务公平性和可及性问题。诸如此类，都需要对支持这种模式的道德和法律影响进行重新评估。

---

① BAKLINSKI T. Israeli court allows dead girl's eggs to be harvested [EB/OL]. (2011-08-09) [2013-10-09]. http://www.lifesitenews.com/news/israeli-court-allows-dead-girls-eggs-to-be-harvested.

② REMENNICK L. Childless in the land of imperative motherhood: stigma and coping among infertile Israeli women [J]. Sex roles, 2000, 43 (11/12): 821-841.

③ Zivotofsky AZ, Jotkowitz A. A Jewish response to the Vatican's new bioethical guidelines [J]. American journal of bioethic, 2009, 9 (11): 26-30.

④ MARGALIT Y. Why Israel, in light of its shocking legal approach to 'Being Fruitful and Multiplying,' must create a national procreation authority [EB/OL]. (2013-08-07) [2013-10-26]. http://www.thereistikvahnyu.org/2013/08/07/why-israel-in-light-of-its-shocking-legal-approach-to-being-fruitful-and-multiplying-must-create-a-national-procreation-authority/.

⑤ SHALEV C, WERNER-FELMAYER G. Patterns of globalized reproduction: egg cells regulation in Israel and Austria [J]. Israel journal of health policy research, 2012, 18 (1): 15.

第五章　意大利人类辅助生殖法律制度研究

2004年，意大利出台了一部以严厉保守著称的《医学辅助生殖法》。该法禁止配子捐赠、代孕、胚胎冷冻、植入前基因诊断等，要求每个治疗周期最多培养三个胚胎并且立刻同时植入子宫。意大利立法机关至今未对这部长期备受批评的法律进行修订，只是通过法院判决进行协调，以缓解《医学辅助生殖法》与欧盟法律之间的冲突。

一、《医学辅助生殖法》的艰难出台

据统计，在意大利，每5对夫妻就有一对不孕不育①，每100个婴儿中就有28个“试管婴儿”，现有两百多家公立和私立机构从事不孕不育治疗②，不

① FINESCHI V，NERI M，TURILLAZZI E. The new Italian law on assisted reproduction technology [J]. Journal of Medical Ethics，2005，31 (9)：536 - 539.

② The European IVF—Monitoring Consortium (EIM) for the European Society of Human Reproduction and Embryology (ESHRE)，WYNS C，DE GEYTER CH，et al. ART in Europe，2017：results generated from European registries by ESHRE [J]. Human reproduction open，2021：1—17.【doi】10. 1093/hropen/hoab026.

育治疗需求的激增促使意大利科学家钻研生殖医学，并使意大利长期享有生殖科学前沿国家的盛誉。早在1785年，意大利生物学家斯帕扎尼（Abbe Lazarro Spallanzani）就对动物进行过人工授精。1982年意大利第一个生育诊所在西西里岛的巴勒莫（Palermo）建立，1984年诞下首个辅助生殖婴儿。① 1998年意大利某研究小组利用卵子冷冻和复融技术成功产出健康婴儿。② 2004年，意大利学者应用卵细胞浆内单精子显微注射对慢速冷冻卵子与冻融睾丸精子受精后再次冻存剩余胚胎，胚胎解冻移植后分娩一个健康女婴，此为世界首例“三冻”“试管婴儿”③。但是，2004年以前，意大利辅助生殖技术应用几乎处于无法可依的失控状态，医生长期在缺乏法律监管但又竞争激烈的环境下提供医学辅助生殖服务，难免不因利益驱使而滥用技术，最突出的表现是曾于1994年帮助一名63岁妇女成功怀孕和分娩而蜚声国内外的意大利最标新立异的妇产科专家塞维里诺·安蒂诺里（Severino Antinori）不顾世界舆论谴责，多次宣布进行克隆人实验。④ 辅助生殖技术的“泛滥成灾”使意大利成为世界著名的辅助生殖治理的“荒漠”⑤。在这种背景下，立法规范辅助生殖已是大势所趋。但是意大利辅助生殖立法深受政治、经济、文化、宗教、伦理等因素的交互影响而迟迟未能出台，以至于辅助生殖服务在很长时期内只能受行业自律规范以及天主教教义的有限约束。

医学伦理守则（Code of Medical Ethics，CME）是意大利医疗行业的重要行为规范，对辅助生殖领域有特别意义。为了使医疗机构及其从业人员不断适应医疗服务关系的风云变化，医学伦理守则版本历经多次更新，

① BENAGIANO G，GIANAROLI L. The new Italian IVF legislation [J]. Reproductive biomedecine online，2004，9 (2)：117-125.

② FABBRI R，PORCU E，et al. Oocyte cryopreservation [J]. Human reproduction，1998，13 (Suppl 4)：98-108.

③ LEVI SETTI PE，ALBANI E，NOVARA PV，et al. Normal birth after transfer of cryopreserved human embryos generated by microinjection of cryopreserved testicular spermatozoa into cryopreserved human oocytes [J]. Fertility and sterility，2005，83 (4)：1041.

④ PISTOI S. Father of the impossible children：ignoring nearly universal opprobrium，Severino Antinori presses ahead with plans to clone a human being [J]. Scientific American，2002，286 (4)：38-39.

⑤ HANAFIN P. Gender，citizenship and human reproduction in contemporary Italy [J]. Feminist legal studies，2006，14 (3)：329-352.

尤其是1995年版本，在重新定义医疗行业与社会、医疗群体与病人关系的基础上，针对医疗技术的日新月异及其带来的棘手伦理问题，特别重申临床医生在道义反对权问题上的选择自由。这是因为，伴随着辅助生殖、胚胎移植、胚胎试验和基因操作技术的突破及其临床应用，医生提供给病人的许多治疗方案越来越受到医生个人信仰的影响。为此，医学伦理守则明确医生有权拒绝从事违背其个人信仰和临床判断的医疗行为；与此相应，医学伦理守则扩大了医生在处理生命与死亡问题上的干预责任。当然，医生自由裁量权的边界，取决于其承担的保护病人生命和其他福祉的道德义务，受到病人基本权利的制约，必须在法律规定的范围内依法行使。事实上，到《医学辅助生殖法》颁布时，意大利法律只允许医务人员在自愿堕胎、辅助生殖以及相关动物实验等问题上表达良心反抗。医学伦理守则最具代表性的创新在于对诸如辅助生殖等缺乏国家立法的重要议题的关注和努力：一方面，医学伦理守则强调以系统化的制度规范监管生殖治疗的重要意义，极力呼吁立法机关采取切实行动，立法保护妇女、夫妻和新生儿的权利；另一方面，为了推动立法，医学伦理守则努力为临床实践提供精准而详细的伦理建议和技术指导。对医学伦理守则发挥主导作用的国家医学伦理研究委员会（Comitato Nazionale per la Bioetica，CNB）早在1994年即公布一份相关文件，就代孕服务、精子捐赠、胚胎管理等社会争议问题给出合理化建议。在社会未能就这些新技术达成共识之前，医学伦理守则竭力摒弃选择那些可能隐含道德判断的语言代之以无涉价值判断的中立术语，如刻意回避使用“人工（artificial）生殖”，而代之以“辅助（assisted）生殖”。是否将新生殖技术界定为医疗措施也会引发伦理争论，为此，医学伦理守则明确指出，生殖技术旨在“为合法之生育目的战胜不孕症”，以此表明这些技术完全是建立在其治疗价值基础上的；为了维护人体非商业化的伦理戒律，医学伦理守则明确禁止任何形式的代孕，同时只允许医生为异性夫妻提供辅助生殖，而将同性恋者、单身者、寡妇或者绝经女性排除在外，丈夫去世之后也不得再以其精子进行人工授精。[①] 上述伦理原则在1998年版本

① FINESCHI V，TURILLAZZI E，CATENI C. The new Italian Code of Medical Ethics [J]. Journal of medical ethics，1997，23（4）：239-244.

中得到重申，并在很大程度上影响着意大利《医学辅助生殖法》的走向。

生殖医学领域的自律规范也深刻影响着意大利辅助生殖立法的伦理定位。为了防范立法缺失带来的技术失范，确保辅助生殖服务合乎伦理精神，早在1992年，意大利精卵研究与保存中心便制定了自我监督守则(Self-regulation Code)。自我监督守则充分评估未来立法的可能走向，并根据医学伦理守则的最新精神制定，以确保已婚夫妻不可剥夺的为人父母的权利，以及未来孩子的安全与利益。它规定，辅助生殖介入治疗只能对达到生育年龄的异性已婚夫妻或者关系稳定的同居者实施；意大利精卵研究与保存中心必须配备采集和保存人类生殖细胞的相应设备；小于51岁的女性患者可以接受卵子捐赠；允许冷冻保存少量多余胚胎，但最多可移植4个胚胎；禁止使用死者事先冷冻保存备用的精子；胚胎操作仅限于诊断和治疗目的；性别选择仅限于基因性疾病；禁止以研究为目标的胚胎解剖、克隆以及嵌合体培育。显然，这些行业规范与医学伦理守则有明显的差异和冲突，可能引发一些不可避免的混乱。[①] 天主教神学伦理也影响了意大利辅助生殖立法的内容和进程，加剧了立法的复杂性和曲折性。[②]

事实上，早在1984年意大利第一例“试管婴儿”诞生后，意大利的政治精英就提出了辅助生殖立法的动议。1985年，卫生部为了遏制立法混乱引起的不可避免的滥用，专门组织了一个委员会开展医学辅助立法调研，并发布过一个通知，对辅助生殖进行限制和规范，以免人类配子和胚胎的商业化。但这些禁令只在国家公立医疗服务系统实施，私立医疗机构的辅助生殖则因为不受约束而大行其道，几乎任何人都可以在这儿通过任何方式实现为人父母的愿望。[③] 1994年起，国家卫生研究院、流行病学和生物统计实验室开始实施辅助生殖国家注册制度，以进一步掌握全国的辅

---

① NAPPI L，LOVERRO G，CARRIERO C，et al. Assisted reproductive technology in Italy：juridical and ethical considerations [J]. Journal of assisted reproduction and genetics，2000，17 (7)：400-403.

② ZANINI G. Jesus is in favor：Catholicism and assisted reproduction in Italy [J]. Medical anthropology，2019，38 (4)：356—369.

③ HANAFIN P. Gender，citizenship and human reproduction in contemporary Italy [J]. Feminist legal studies，2006，14 (3)：329-352.

助生殖情况，并为国家制定相关规范奠定必要基础。① 克隆羊多莉的诞生加速了辅助生殖制度化的进程，但是医生群体和政治家们在世俗和宗教之间的严重分歧，使得立法举步维艰。受其影响，1996 年 6 月 22 日，意大利国家生物伦理委员会发表了一份题为《人类胚胎的身份和地位》的报告，呼吁胚胎自受孕时即应当以位格人待之。这份报告对后来的辅助生殖立法产生了很大的影响。在此情况下，立法者决意为辅助生殖提供一个严格的法律文本，而不是抽象的行动指南。② 1998 年左翼联合政府提出一个草案，允许以治疗为宗旨的捐赠授精和胚胎研究，规定在每个治疗周期培育的胚胎数量应以实际需要为限，最多不准超过 4 个，但该草案遇到的阻力非常大。医学辅助生殖法草案在参众两院审议时进行了多项重大修改，作出巨大妥协和让步的天主教和保守派最终控制了立法方向和宗旨，形成了保守严格的新草案，几乎彻底改变了其原有的结构、内容甚至立法宗旨。修正后的草案把胚胎权利保护置于突出地位，设置了很多禁令，如禁止异质辅助生殖，禁止胚胎冷冻，禁止同性恋者和单身女性使用辅助生殖，禁止父亲就所生孩子提出否认之诉，禁止母亲分娩后宣称孩子来自匿名捐赠，禁止任何形式的优生选择和减胎术，禁止任何形式的代孕、死后生殖和人类克隆，禁止人类配子或者合子的进出口和商业化，禁止任何形式的人类胚胎实验冷冻贮藏和抑制，禁止人畜杂交。③ 2004 年 2 月 19 日，在各方的妥协和支持下，意大利议会最终通过《医学辅助生殖法》，同年 3 月 10 日开始实施。这是意大利首次对不孕治疗和研究进行法律规制。

二、《医学辅助生殖法》的主要制度

《医学辅助生殖法》共七章，分基本原则、技术的使用、新生儿保护、

---

① HANAFIN P. Conceiving life：reproductive politics and the law in contemporary Italy [M]. Aldershot：Ashgate Publishing Group，2007：55.

② FINESCHI V，NERI M，TURILLAZZI E. The new Italian law on assisted reproduction technology [J]. Journal of medical ethics，2005，31 (9)：536 - 539.

③ NAPPI L，LOVERRO G，CARRIERO C，et al. Assisted reproductive technology in Italy：juridical and ethical considerations [J]. Journal of assisted reproduction and genetics，2000，17 (7)：400 - 403.

许可和监管、罚则、胚胎保护措施以及过渡性条款等。[①] 具体内容和制度如下。

（一）基本原则

基本原则部分共两条。第 1 条第 1 款廓清了立法的目的性和针对性，即：促进不孕症的解决；明确辅助生殖应用的条件和方式；辅助生殖必须在没有其他有效治疗方法排除不孕不育的情况下方可允许；保障包括“孕育中的生命”在内的所有利益相关者的权利。

为了落实这一原则，法案在总则部分作出两项制度安排：其一是第 1 条第 2 款把辅助生殖严格地定位为自然生殖的必要的替代性、辅助性方法，只有在其他治疗不孕不育方法均不能奏效的情况下才有权求助辅助生殖技术；其二是第 2 条规定国家应对不孕不育的两项基本义务：不孕不育的预防、研究和生殖健康服务义务（第 1 款）和财政支持义务（第 2、3 款），规定相关部门在开展不孕不育研究上的责任，并规定采取必要措施消除病因，减少发病率，同时鼓励配子冷冻保存技术的调查和研究，加强相关知识的宣传工作，以预防不孕不育现象的发生。为了实现这一目标，自 2004 年起财政拨款 200 万欧元作为“特殊基金”，相关款项从 2004—2006 年的三年预算和卫生部储备中支出，财政部有权根据情况对预算进行调整。第 2 条在把不孕症的预防置于首要位置的同时，努力遏制对辅助生殖的过度需求，也与教会奉行的观念不谋而合：科学家应该继续开展以预防和治疗不育为目标的研究，使不育夫妻能在充分尊重个人及其胎儿尊严的条件下生儿育女。

很显然，加强不孕症的预防是有利于妇女的，但是从后面的规定来看，法案并未将妇女健康利益置于重要地位。法案的另一立法宗旨是保障所有利益相关者的合法权益，包括“孕育中的生命”（concepito），术语“concepito”是个宽泛的概念，包含孕期任何阶段的生命，如胚胎和胎儿。[②] 胚胎地位充满了伦理、社会和政治争议，也是各国相关立法的争点

① Legge 19 febbraio 2004，n. 40. Norme in materia di procreazione assistita（Gazzetta Ufficiale n. 45 del 24 febbraio 2004）.

② HANAFIN P. Gender，citizenship and human reproduction in contemporary Italy [J]. Feminist legal studies，2006，14（3）：329 - 352.

和难点。法案受“人类尊严始于生命之初”神学伦理影响，对包括胚胎和胎儿在内的未出生者给予严格的法律保护，虽然并未明确赋予胎儿以主体地位①，“concepito”在法案里也只出现一次，在其他条文中都代之以“embrione”，但是这足以说明所有生命一经受孕即作为一个独立的生命个体受到法律保护。有学者认为，这为司法实践中法官赋予胎儿主体地位打开了方便之门，也意味着妇女自怀孕那一刻就必须承认和接受这个未出生者，换言之，自那一刻开始该妇女即完全丧失其身体自由，成为一个不折不扣的“孵化箱”②，并且在母亲与胎儿之间发生利益冲突时牺牲的是母亲的权益。

（二）技术的使用

第二章主要规定辅助生殖技术的适用条件、实施原则、技术范围、受术对象、知情同意以及操作规程等。

第一，辅助生殖技术的适用范围（第 4 条），包括辅助生殖技术的条件、实施原则和技术种类，即：（1）辅助生殖技术只适用于无法通过其他手段排除生殖障碍时，且仅限于有医疗证明的不明原因的不孕不育或者经医疗程序认证的不孕不育（第 1 款）；（2）辅助生殖技术的实施必须遵守循序渐进原则、微创原则和知情同意原则（第 2 款）；（3）禁止异质辅助生殖技术的使用（第 3 款）。据此，辅助生殖技术仅适用于无法通过其他手段排除生殖障碍时，且仅限于有医疗证明的不明原因的不孕不育。换言之，有生育能力的妇女，无论出于何种原因均无权使用这种技术，即便携带遗传缺陷基因的夫妻，想通过这种技术避免疾病遗传也是不允许的。更有甚者，根据第四章的胚胎保护条款，这些夫妻一旦怀孕就必须无条件继续妊娠，即便将基因疾病遗传给后代。更不可思议的是，由于法律完全禁止第三方参与辅助生殖，只允许使用夫和妻的遗传物质进行人工受孕，因此，那些双方或者一方患有永久性不孕症而必须接受捐赠作为唯一生育方案的夫妻，无权通过接受精子、卵子和胚胎生育与自己有一半遗传基因的孩子。这就使意大利成为欧洲辅助生殖领域立法最为严格的国家。

---

① FENTON RA. Catholic doctrine versus women's rights：the new Italian law on assisted reproduction [J]. Medical law review，2006，14（1）：73-107.

② 同①.

第二，辅助生殖的适用对象（第 5 条）。本条在第 4 条第 1 款的基础上，进一步明确辅助生殖的主体范围，将其限定为异性配偶（已婚者或者同居者），达到生育年龄，并且双方均健在。本条款清楚地表明，不遵循传统家长制和教会法的单身女性和女同性恋者均无权使用辅助生殖。另外，法案未对生育年龄进行具体规定，但似乎特别禁止大龄妇女使用该项技术，要求受术双方健在，实际上就禁止了任何一方死亡后再以其生殖细胞或者名义实施辅助生殖生育子女，这一条也是“必须在婚姻中繁衍子女”的天主教教理的题中应有之义。但是立法者显然没有考虑到辅助生殖治疗期间夫妻一方死亡的特殊情形，因此，有批评者认为，法律作为社会正义的守护者应当是一个原则性的声明、一种象征性的符号，而不应当事无巨细地规定社会生活的方方面面，为每一个辅助生殖行为制定具体的规则，为每一个可能的法律问题提供解决方案。假设母亲或者父亲在胚胎受精后移植前死亡，当如何处置胚胎？在母亲死亡的情况下，依据胚胎冷冻禁令，理应将胚胎移植在第三方妇女子宫中，但这又与禁止代孕条款相冲突；在父亲死亡的情况下，无条件移植胚胎的义务又与禁止死后辅助生殖条款相抵触，甚至违背寡母的意愿和利益。在这些两难抉择中，任何一种决策都违反宪法规定的平等权、自由权和自我决定自由。① 显然立法机关放弃了在“生殖必须在婚姻中进行”和“胚胎有出生的绝对权利”的天主教教义中作出艰难选择，而这个立法空白只能留待此类案件发生时由法院裁量。

第三，知情同意程序（第 6 条）。本条是第 4 条第 2 款知情同意原则的具体体现，包括：(1) 辅助生殖技术应用前及治疗过程的每个阶段，都应当根据第 5 条规定的受术对象详细告知具体细节，包括医学伦理问题、可能的副作用、心理评估问题、成功的概率及对配偶双方和胎儿造成的可能风险，旨在确保双方在完全知情的情况下自愿接受风险手术。同时，配偶双方必须符合修订后的 184 法案所规定的收养或者监护程序，作为辅助生殖的替代方案（第 1 款）。(2) 私立授权机构实施辅助生殖，必须向受

① BOGGIO A. Italy enacts new law on medically assisted reproduction [J]. Human reproduction，2005，20 (5)：1153 - 1157.

术夫妻提供全部治疗过程的经济预算清单（第2款）。(3) 在法案生效之日起3个月内，配偶双方应当以书面形式向医疗机构的主治医师表达辅助生殖意愿，并按照司法部和卫生部1988年8月23日颁布的400法案第17条第3款规定的方式递交申请。在提出申请和实施手术之间至少保留7天的缓冲期。在受精之前，医患双方均有权依据本条款撤销意思表示（第3款）。(4) 负责实施手术的医师必须遵守本法规定，提前终止辅助生殖的决定仅在受术者健康状况不适宜手术的情况下作出，并需向配偶双方提供书面正当理由（第4款）。(5) 实施辅助生殖技术时，申请人必须根据本法第8条和第9条之规定正确书写及签署相关文件（第5款）。

第四，技术规程和实施细则（第7条）。法案规定，自其生效之日起3个月内，卫生部应当参考有关部门的意见，发布辅助生殖技术规程和行为指南。指南的目的是给所有授权的生殖中心和医务人员提供技术指导。指南应当定期更新，特别是涉及科学和技术的技术规程，应当至少每三年更新一次。据此，2004年7月卫生部出台了对所有中心都具有约束力的指南，制定了法案的实施细则，包括辅助生殖机构和人员条件、实施辅助生殖的准入和退出标准、知情同意程序、受术夫妻的条件以及人类胚胎实验等。此外，意大利高级卫生研究所也依法建立国家登记制度，详细记录辅助生殖中心名称、创造的胚胎数量和辅助生殖子女的数量。①

（三）新生儿的法律地位

第三章专门规定了新生儿的法律地位和权利。第8条规定，经辅助生殖出生的子女与婚生子女具有同等的法律地位，或者按第6条知情同意之规定被承认。尽管异质辅助生殖是非法的，但是为了保护新生儿的权益，法案还是采取了防范措施，规定违法实施异质辅助生殖情况下的法律父母身份，此即第9条关于父权否认和匿名母亲的禁令：凡违反第4条第3款之规定，实施异质辅助生殖技术的，配偶或者作出决定性知情同意者不能根据民法典第235条第1款第1、2项之情形作出亲权否认行为，也不能根据法案第263条提起上诉；经辅助生殖技术生育子女的母亲，不能否认

① FINESCHI V, NERI M, TURILLAZZI E. The new Italian law on assisted reproduction technology [J]. Journal of medical ethics, 2005, 31 (9): 536-539.

其母亲地位，除非符合2000年11月3日颁布的396号总统令第30条之规定；如果违反第4条第3款之禁令，实施异质辅助生殖技术，配子捐赠者与新生儿之间不产生法律上的亲子关系，也不能对抗权利人的权利和义务。确保知情同意的夫妻成为孩子的唯一法律父母，而不让作为捐赠者或者代孕者的第三方成为孩子的法律父母，既避免法律父母的混乱，又防止孩子被遗弃或者争抢。

（四）许可和监管机构

第四章主要规定辅助生殖技术的许可机构和注册登记。第10条规定的是辅助生殖技术的许可机构：(1) 公立或者私立机构开展辅助生殖干预措施，须经过本法第11条的授权，并注册登记。(2) 各地区和特兰托、波尔扎诺自治省应在本法生效后的3个月内制定如下条款：1) 技术要求和组织机构；2) 技术人员的素质要求；3) 确定授权期限和撤销授权的标准；4) 是否合乎本法的检查标准及持续的技术要求和组织机构。

注册登记制度（第11条）包括：(1) 国家授权注册的辅助生殖技术机构及采用该种技术培养胚胎，应遵守卫生部令，并在高等卫生研究院实施。(2) 第1款规定的注册登记须强制执行。(3) 国家卫生研究院与地方流行病观测所合作，收集并发布必要的信息，确保辅助生殖公开透明。(4) 国家卫生研究院征集辅助生殖科学社团的相关实例、知识、意见、建议和使用者信息。(5) 本条规定的机构需要根据本法第15条之规定，提供地方流行病观测所和国家卫生研究院数据以及其他必要信息，以行使其作为授权机构的监管责任。

（五）禁令与罚则

第五章罚则是对违反法案的一般性惩罚措施，包括行政制裁和刑罚。具体如下：(1) 任何人以任何方式违反第4条第3款之规定使用他人配子，请求外国机构实施辅助生殖的，处300 000到600 000欧元罚款。(2) 任何人以任何方式违反第5条之规定，为配偶一方亡故或者未及育龄、未婚者或者同性恋者实施辅助生殖的，处200 000到400 000欧元罚款。(3) 根据第2款之规定，医生须持有申请者签署的声明。如有虚假声明，应依据2000年12月28日的445号总统令76条第1、2款等法律法规的规定记录在案。(4) 任何人未按照第6条规定之方式获得知情同意而实施辅助生殖的，处 5 000 到 50 000 欧元罚款。(5) 任何人以任何方式在第 10 条规定以外的机构实施辅助生殖的，处 10 000 到 300 000 欧元罚款。(6) 任何人以任何形式制造、安排或者宣传贩卖配子、胚胎及代孕母亲的，处 3 个月到 2 年不等的监禁，并且处 600 000 到 1 000 000 欧元罚款。(7) 任何人企图实施单细胞克隆人类的操作，处 10 到 20 年不等的监禁，并处 600 000 到 1 000 000 欧元罚款。责任医生将被永久剥夺从业资格。(8) 违背第 1、2、4、5 条之规定实施辅助生殖技术，受术妇女或者男子不予处罚。(9) 违反本条之规定，被判处有罪的从业人员和卫生机构，除第 7 款规定的情形外，责令其暂停执业活动一到 3 年。(10) 根据第 10 条，被许可机构每违反本法一次应暂停活动一年，如果反复多次违反本条，依法撤销其许可。

（六）胚胎保护措施

法案最有特色的是第六章，专门规定了人类胚胎试验和胚胎技术应用的限制及违法后果（第 13、14 条）。第 13 条人类胚胎试验之规定适用于任何人类胚胎的任何试验（法律有特别规定的除外），禁止下列行为：(1) 以研究或者试验目的或者以本法规定以外的任何方式培育人类胚胎；(2) 对配子和胚胎进行任何形式的优生选择和干预措施，包括通过辅助生殖技术，或者用人工手段对配子或者胚胎进行基因修改或者预设（本条第 2 款规定的协助诊断治疗除外）；(3) 以生殖和研究为目的，通过细胞核移植、胚胎分裂或者早期体外发育进行干预性克隆；(4) 以人类配子与其他物种配子、杂交产物或者嵌合体进行受精；(5) 违反第 1 款禁令的，判处 2 个月到 6 年不等的监禁，并处 50 000 到 150 000 欧元不等的罚款。违反第 3 款禁令的，加重处罚。(6) 违反本条规定被判处有罪的专业机构并处暂停 1 到 3 年执业活动。很显然，本条款直接援引《生命祭》的相关训示，可以说是天主教教义的翻版。当然本条也有一定的模糊性，从而为胚胎试验留下一定余地，特别是关于胚胎诊断条款问题。虽然法律禁止基于优生学的胚胎诊断和筛选，任何形式的基因操作均须以携带缺陷基因的胚胎的自身健康和发展为宗旨，但从法律条文来看，这一条的立法宗旨似乎并无太大实现空间，关键是胚胎利益标准何以确定，谁来确定。如果医生利用植入前遗传学诊断对胚胎进行任何基因修改，理由都可以解释为基于胚胎利益考虑。因此，本条款过于模棱两可，须与第14条相结合方可以弥补。

第14条是关于胚胎技术临床应用的各种限制性规定。主要内容是：(1) 除1978年5月22日的194/1978法案（即《堕胎法》）的规定外，禁止堕胎或者冷冻胚胎；(2) 出于科学技术的考虑和第7条第3款的规定，培育的胚胎数绝对不能超过一次性同时移植的需要，无论如何不得超过3个胚胎；(3) 只有当严重的有文件证明的不可抗力影响母亲健康进而可能影响受精着床不适合移植胚胎时，才允许胚胎冷冻保存，但是必须尽快进行胚胎移植；(4) 除194/1978法案规定的情况外，法案禁止减胎；(5) 应当根据第5条的规定告知受术者胚胎的数量、需求情况、胚胎健康状况以及胚胎移植情况；(6) 违反上述禁止性条款和义务性条款，处3年以下监禁和50 000到150 000欧元罚款，对被判处有罪的专业机构并处暂停1年执业活动；(7) 配子的冷冻保存授权，需签署知情同意书，否则将处5 000到50 000欧元罚款。

综上所述，由于深受天主教教义的影响，法案把辅助生殖技术视为一种替代治疗方法，用以治疗被诊断为不孕的已婚夫妻或者异性伴侣，法案禁止配子捐赠、代孕、胚胎冷冻和基因诊断，禁止为单身者、同性恋者和死者实施辅助生殖服务，要求每个治疗周期最多培养3个胚胎并且立刻同时植入母亲子宫（除非发生严重的并发症）。法案为强烈的保护胚胎意识所激励，在制度设计上始终把胚胎置于首要位置，特别是设专章保护胚胎利益，规定：每个体外受精—胚胎移植或者卵细胞浆内单精子显微注射周期内最多只能培养3个受精卵并且必须立刻同时植入母亲子宫的硬性规定；禁止在胚胎植入前进行任何针对胚胎的基因或者染色体缺陷的遗传学诊断；禁止冷冻多余胚胎；禁止胚胎研究。加上法案禁止第三方生殖，排除同性恋者、单身者和死者接受辅助生殖治疗，这些内容使《医学辅助生殖法》成为欧洲范围内最保守、最严格的医学辅助生殖法，也使一度是这一领域最自由国家的意大利一跃成为欧洲法律监管最严格的国家。①

---

① MANNA C，NARDO L G. Italian law on assisted conception：clinical and research implications [J]. Reproductive biomedicine online，2005，11 (5)：532 - 534；BOGGIO A. Italy enacts new law on medically assisted reproduction [J]. Human reproduction，2005，20 (5)：1153 - 1157.

三、《医学辅助生殖法》的公众批评

《医学辅助生殖法》的特色不仅在于它备受争议的、保守性的制度规范及其在欧洲相关立法中的独特地位，而且在于充斥其中的以天主教教义为主导的各种利益集团的伦理立场的力量对比，所以有学者指出，法案不是以对辅助生殖领域进行有效管理为目标，而是以法律重建罗马天主教的家庭观和生殖观。① 法案与意大利其他法律规定相违背，因此，法案一经出台即激起来自国内外的尖锐批评，认为所有胚胎必须立刻同时移植，以及禁止配子捐赠、胚胎冷冻保存和植入前遗传学诊断条款，会大大降低妊娠率，增加治疗周期和多胎妊娠风险，进而影响辅助生殖的合理应用，损害基本人权。② 欧洲人类生殖暨胚胎学会主席强烈谴责这部法律是不道德的，是可悲的，是女性的灾难。③ 争论的焦点问题集中在以下几个方面。

其一，关于配子捐赠禁令。禁止使用第三方的配子从许多方面伤害了女性和不孕夫妻。例如一对因男性因素不孕不育的夫妻即便是女方有生育能力并且取得丈夫同意，也不能够借助捐赠者的精子生一个孩子，由于卵巢功能缺失或者低下而不能怀孕的妇女也不能使用捐赠的卵子同她伴侣的精子结合受孕。其实，无论异质人工授精还是同质人工授精，精子和卵子的结合都是一样的，唯一的区别就是前者脱离婚姻关系和同居关系，捐赠配子所生孩子与收养也没有多大区别，唯一的区别是前者没有被自然母亲或者父亲抛弃的事实。然而，不可思议的是，法案的支持者试图扩大二者之间的区别，以此证明异质辅助生殖的不可接受性。那么，为什么当许多国家至少允许使用捐赠的精子时，极力支持夫妻收养孩子的意大利却严禁

① HANAFIN P. Gender，citizenship and human reproduction in contemporary Italy [J]. Feminist legal studies，2006，14 (3)：329-352.

② BENAGIANO G，GIANAROLI L. The Italian Constitutional Court modifies Italian legislation on assisted reproduction technology [J]. Reproductive biomedicine online，2010，20 (3)：398-402.

③ ENGLISH V，MUSSELL R，SHEATHER J. Ethics briefings [J]. Journal of medical ethics，2004，30 (2)：235-236.

向他们捐赠配子呢？一种合理的解释是立法者因为担心第三方提供生殖细胞会削弱家庭的血缘基础。这在前述议会的争论中可以清楚地反映出来，法案的支持者坚持认为异质人工授精会在一定程度上破坏异性恋家庭概念，把异质人工授精与通奸相提并论——因为异质人工授精导致非源于丈夫的精子的孩子出生。① 基于此，法案第 4 条第 1 款以剥夺一些夫妻为人父母的机会为代价禁止异质人工授精，如此苛刻的规定，目的就是确保每一个孩子都源自父母家族的纯正血统，从而贯彻了天主教的自然法原则。显而易见，法案是帮助不孕者实现权利需求还是维护教会传统就不言而喻了。禁止异质辅助生殖是罗马天主教社会训示直接影响下的产物，也反映了意大利法律对父母的定义仍然专注于生物学基础而非单纯的父母之爱，这显然是强大的西方传统主流文化在起作用。然而，在欧洲和美国已经有成千上万的家庭使用配子捐赠，并没有证据表明因此导致家庭失序或者子代混乱，立法者的担忧无疑是站不住脚的。

禁止配子捐赠还可能出于担心支持配子捐赠可能导致大规模的卵子商业化。因为尽管商业化可能增加精子和卵子捐赠者，但也可能导致女性仅仅为了金钱而接受过度促排卵和取卵，从而促使卵子捐赠成为一种快速增长的产业。因此，批评人士指出人类卵子的商品化已经悄无声息地刺激了美国卵子业务的发展。但是担心卵子付酬会形成一个卵子市场而禁止捐卵无异于因噎废食，禁止无偿捐赠精子和卵子帮助不育症夫妻也有违人性。所以，许多国家鼓励妇女自愿捐赠并禁止付酬。但是，如此一来，不向捐赠者提供补偿又有剥削之嫌。② 事实上，许多国家已经意识到无偿捐赠的不公平性，并且努力探索合理的捐赠补偿形式，既满足了妇女的卵子需求，又避免了过度的商业化。英国的卵子分享模式就是这样一种替代方法，即允许需要供体卵子又负担得起体外受精周期费用的妇女分享需要实施体外受精手术而又缺乏资金支持妇女的剩余卵子，现在英国已经制定了

---

① HANAFIN P. Gender，citizenship and human reproduction in contemporary Italy [J]. Feminist legal studies，2006，14 (3)：329 - 352.

② ROBERTSON JA. Protecting embryos and burdening women：assisted reproduction in Italy [J]. Human reproduction，2004，19 (8)：1693 - 1696.

较为完善的卵子分享政策。[①] 目前美国也有大量卵子分享实践经验。[②] 如果意大利愿意满足不育夫妻的利益又要避免过度的商业化，就应当借鉴英国的卵子分享模式。

其二，关于植入前遗传学诊断。植入前遗传学诊断已为国际社会广泛接受和实践，只是各国调整植入前遗传学诊断的法律方法不尽相同，有些国家已经制定非常严格的法律（如奥地利、德国和瑞士），有些国家（如加拿大、丹麦、芬兰、法国、荷兰和英国）采用中间调整路线[③]，也有一些国家采取相当自由的监管法律或者没有法律监管，但植入前遗传学诊断问题也由行业标准加以约束（如美国）。[④] 这些国家中大多数有特定的机制来控制植入前遗传学诊断的使用，而且植入前遗传学诊断通常有专门的机关颁发许可证或者批准。[⑤] 在意大利，法案第 13 条第 3 款及卫生部随后制定的行政指南，只允许那些被检查出有“严重且不可治愈的”遗传疾病的夫妻进行遗传咨询和胚胎研究，但是禁止对配子或者胚胎进行任何形式的优生选择和干预措施，包括被检测出携带致病基因的所有受精胚胎都必须移植到子宫。这就意味着众多患有地中海贫血的夫妻要么放弃生育孩子，要么接受可能携带遗传疾病的孩子，而试图使用体外受精和植入前遗传学诊断拥有一个没有遗传疾病孩子的愿望断难实现。他们还有一个选择，即在自然妊娠和胚胎植入后通过产前诊断，一旦发现子代有基因遗传疾病，再依据此前颁布的《堕胎法》终止妊娠，因为《堕胎法》第 4 条规定，当胎儿严重异常或者畸形，可能会对孕妇身体或者精神健康构成严重威胁，可在妊娠 90 日内终止妊娠。很显然，194/1978 法案允许女人基于

---

① BLYTH E. Subsidized IVF：the development of “egg sharing” in the United Kingdom [J]. Human reproduction，2002，17 (12)：3254 - 3259.

② BOGGINO C，FISZBAJN G，COSCIA A. Predictive value of antral follicle count among anonymous oocyte donors in an egg-sharing donor program [J]. Fertility and sterility，2011，96 (Suppl3)：S200.

③ HUDSON KL. Preimplantation genetic diagnosis：public policy and public attitudes [J]. Fertility and sterility，2006，85 (6)：1638 - 1645.

④ NELSON EL. Comparative perspectives：regulating preimplantation genetic diagnosis in Canada and the United Kingdom [J]. Fertility and sterility，2006，85 (6)：1646 - 1652.

⑤ SOINI S. Preimplantation genetic diagnosis (PGD) in Europe：diversity of legislation a challenge to the community and its citizens [J]. Medicine and law，2007，6 (2)：309 - 323.

宽泛的“优生”作出流产选择，虽然这种选择必须“隐藏”在该妇女健康保护的标签后面。于是意大利生殖医学领域中出现了两部彼此矛盾的法律同时并存的尴尬现象：一部是严格保护植入前胚胎的《医学辅助生殖法》，另一部是允许抑制着床后胚胎的194/1978法案，妇女有权在妊娠3个月内堕掉健康胎儿，却无权在胚胎移植之前放弃缺陷胚胎。《医学辅助生殖法》自身也存在明显的矛盾，如第13条第2款与第14条第3款。根据第14条第2款之规定，即便违法实施植入前遗传学诊断，检测出胚胎携带遗传缺陷，这些胚胎也必须全部同时植入子宫，植入前遗传学诊断已经形同虚设，毫无用武之地，这对拥有先进植入前遗传学诊断技术的意大利来说不能不说是一个极大的讽刺。所以，有学者指出：国家高度重视保护胚胎的同时应当将女性负担最小化。① 这些问题正是司法实践中有关人员频频质疑第13条合宪性的根本原因。

其三，关于3个胚胎立刻同时移植政策。法案最令人诟病的是它规定每个体外受精治疗周期最多只能培养3个胚胎并且必须立刻同时植入母亲子宫的限制性规定（以下统称“三胎政策”）。有学者认为，任何稍微了解体外受精的人都应当知道，只允许培养3个胚胎并立刻同时移植，这在医学上是不可接受的：一方面，受孕率随年龄增加而下降，只培养3个卵子会削弱高龄妇女成功受孕的机会②；另一方面，对年轻妇女来说，移植3个胚胎可能过度。③ 这就意味着同时植入所有胚胎令妇女承受多胎妊娠和多胎生产的负荷和风险，而且胚胎培养出来后立刻移植几乎不给刚经历取卵手术的妇女任何恢复身体的机会；一旦胚胎移植手术未获成功，即无多余胚胎可供再次移植，因而限制妇女成功怀孕的机会。妇女若想再次尝试怀孕，就不得不重复进行先前的治疗周期，从而增加怀孕过程的复杂性和

---

① SAUER MV. Italian Law 40/2004: a view from the “Wild West” [J]. Reproductive biomedicine online, 2006, 12 (1): 8-10.

② LIM AS, TSAKOK MF. Age-related decline in fertility: a link to degenerative oocytes? [J]. Fertility and sterility, 1997, 68 (2): 265-271.

③ JONES JR, HOWARD W. Multiple births: how are we doing? [J]. Fertility and sterility, 2003, 79 (1): 17-21.

风险性，也因此加重妇女的身心痛苦。[①] 女性主义者因此尖锐地批评这一制度是对妇女的严重法律伤害，这一制度的医疗实践必然引发母亲和胚胎的利益冲突。因为胚胎选择不合法，不论胚胎的遗传特性如何，妇女都必须接受所有胚胎，伺胚胎植入后再行堕胎虽然可以避免产出缺陷儿，但是以牺牲妇女健康为代价。人们不禁要问，为了减轻女性负担而损毁胚胎是不应该的，那么为了保护胚胎而漠视妇女利益就是合理的吗？保护胚胎或者胎儿的利益难道就必须以牺牲妇女的健康与自由为代价？[②] 正是胎儿和未来父母的权益之争不断拷问着法案的合理性，推动着法案的变革。

其四，关于知情同意制度的依归。法案第 6 条规定，医师必须详细告知受术者每一个治疗过程的全部信息及其各种可能的风险，其后的第 14 条第 5 款明确要求夫妻对“拟植入胚胎的数量和健康状况”享有知情权，其原因在于辅助生殖技术具有侵袭性、风险性和不确定性，而知情同意可以确保受术者的意志自由和清醒表达。但是一些女性主义者认为，辅助生殖领域中的知情同意永远不可能实现，因为女性受制于社会建构的不孕“耻辱”，不可能有真正的“选择”[③]。特别值得一提的是关于备选方案的告知条款，这一规定强调当妇女被告知且不满于辅助生殖的种种痛苦和可能风险后，应被告知可供选择的收养方案，虽然这一规定可以理解为立法者出于保护妇女免受辅助生殖技术之苦的善意，但似乎也传达一种醉翁之意：立法者受制于根深蒂固的不提倡妇女接受辅助生殖的强烈动机，坚持解除无子女夫妻痛苦的最佳方案是收养或者寄养而不是医学辅助生殖，至于后者，无非是可以经历十月怀胎并且生了他自己的孩子而已。同意（书）不得撤销条款是出于胚胎保护意图，同意接受辅助生殖的任何一方在受精之后都必须无条件承认和接受未出生者，这一条款也可以保护妇女

① ROBERTSON JA. Protecting embryos and burdening women：assisted reproduction in Italy [J]. Human reproduction，2004，19 (8)：1693 - 1696.

② RIEZZO I，NERI M，BELLO S，POMARA C，TURILLAZZI E. Italian law on medically assisted reproduction：do women's autonomy and health matter? [J]. BMC women's health，2016，23 (16)：44.

③ GALLAGHER J. Eggs，embryos and foetuses：anxiety and the law//STANWORTH M. Reproductive technologies：gender，motherhood and medicine (feminist perspectives) [M]. Oxford：Polity Press，1987：139 - 150.

不因其伴侣改变主意而进退维谷，并确保配子不因同意撤销而移植和出生，以防出现埃文斯诉法庭之友案。① 然而这也可能引发另一个问题：假设该妇女是被强迫接受辅助生殖的也无法撤销有违其真实意思的同意书。这意味着法案剥夺了女人（实际上是双方当事人）在卵子取出后改变想法的权利，从而侵犯治疗自由这一基本人权。基于这一尴尬局面，法案第14条第1款这样协调与《堕胎法》的矛盾："除1978年5月22日第194号法案的规定外，禁止堕胎、冷冻胚胎和选择性减胎。"但是，临床实践中不孕夫妻的植入前遗传学诊断权并不被认可。如前所述，从第6条和第14条第5款字面上来看，既然法案和技术规程明确赋予夫妻知情（同意）权，要求医生尽可能为夫妻提供有关胚胎健康状况的信息，那么就应当有它的逻辑结论，即允许夫妻在所告知信息的基础上决定是否实施植入前遗传学诊断和是否终止妊娠，而第13条第2款也允许基于胚胎自身健康发展的临床和实验研究，实际上也意味着允许植入前遗传学诊断和终止妊娠。因此，利亚里法官曾宣称，遗传信息对于父母做好面对他们未来孩子可能的健康问题的心理准备以及保护孕妇的健康都是不可或缺的；同一部法律既然承认医生有终止辅助生殖过程的权利和义务，当胚胎植入程序严重影响孕妇健康时医生也应当有权终止辅助生殖过程。②

其五，关于胚胎干细胞研究和治疗。意大利关于胚胎干细胞研究和治疗的法律禁止任何操作或者使用早期人类胚胎，除非以植入女性子宫为宗旨的培育胚胎。因此，胚胎研究只能在临床治疗环境下进行，以治疗和诊断为目的，着眼于胚胎的健康和发育方面。法案同时还禁止下列行为：以人类胚胎研究和实验为宗旨的人类胚胎创造；任何形式的优生学选择，包括人为操纵或者以某种方式改变遗传密码或者预先决定胚胎的遗传性状的程序；通过胚胎分离和细胞核移植进行的克隆；用不同物种的配子培育人类胚胎。但是，遗憾的是，无论是法案本身还是技术规程都没有定义"胚

---

① Natallie Evans v. Amicus Healthcare Ltd & Others [2004] EWCA (Civ) 727 (2004 - 06 - 25).

② TURILLAZZI E, FINESCHI V. Preimplantation genetic diagnosis: a step by step guide to recent Italian ethical and legislative troubles [J]. Journal of medical ethics, 2008, 34 (10): e21.

胎”。意大利辅助生殖医学专家同时也是国家生物伦理委员会成员的 Carlo Flamigni 指出，从实用主义角度来看，含糊的“胚胎”法律概念有助于规避禁令。事实上，在配子融合之前对卵细胞进行基因筛选没有被明确禁止。① 但是由于《医学辅助生殖法》要求所有胚胎被移植到子宫并且禁止胚胎冷冻和胚胎研究，意即不允许从植入前的人类胚胎获得干细胞用于研究或者治疗。然而，仍悬而未决的问题是在意大利国内用来自外国的胚胎干细胞进行研究是否合法。有学者认为，胚胎干细胞本身不是胚胎，法案不应当成为直接障碍，意大利应当像德国一样禁止从本国获取胚胎干细胞而允许从国外获取胚胎干细胞，从而既保护胚胎又有利于干细胞研究，还能避免对成千上万可能受益于胚胎干细胞疗法的意大利单身女性、更年期妇女和女同性恋者造成灾难性影响。②

其六，法案是保护生殖权还是健康权。不育和不孕症是不良的健康状况，从这个意义上看，辅助生殖必须出于治疗的需要并且必须遵循医学规律，换言之，为解决不孕不育夫妻或者妇女的健康问题接受辅助生殖是合法的。因此，如果这是法案背后的主导思想，并且辅助生殖被定位为治疗的需要，那么就意味着所有医疗程序应当直接指向保护夫妻和妇女的健康，然而，法案为何排除第三方生殖就不得而知了。禁止配子捐赠意味着无法使用自己的配子解决不孕不育问题，或因有遗传风险基因疾病而不能生育的夫妻就不能获得辅助生殖服务。如果考虑 194/1978 法案允许妇女因将要诞生的孩子存在异常或畸形而自愿终止妊娠的话，这个矛盾将更加明显。同时，携带缺陷基因而有可能孕育畸形胎儿的夫妻却被禁止为了避免生出有基因病的孩子而使用植入前遗传学诊断。③ 总之，如果辅助生殖技术确实是维护不孕不育夫妻健康的医疗行为，试问立法机构把这些本来需要进行安全保护的不孕者排除在外的做法怎么能算是正当的呢？

---

① BOGGIO A. Italy enacts new law on medically assisted reproduction [J]. Human reproduction，2005，20 (5)：1153－1157.

② ROBERTSON JA. Causative vs. beneficial complicity in the embryonic stem cell debate [J]. Connecticut law review，2004，36 (4)：1099－1113.

③ CAMERON C，WILLIAMSON R. Is there an ethical difference between preimplantation genetic diagnosis and abortion? [J]. Journal of medical ethics，2003，29 (2)：90－92.

法案还为医生选择辅助生殖治疗措施的自由设定了非常精确的限制条件，如“三胎政策”和禁止胚胎冷冻保存条款，学者因此批评这些刻板的法律规范未给手术医生自由裁量权留下任何操作空间，这是一种立法专横，是立法者不尊重医学专业精神，无视科学知识、道德观和决策自治集于一身的医疗职业本身复杂特质的表现①，是以一种刻板的方式对一个纯自然的不可强制规定的对象进行规定。人们不禁会问：“难道生命伦理立法是非科学的吗?”②

社会围绕法案的争论还有诸多表现。诸如第 11 条第 1 款规定由国家卫生研究院负责授权全国实施辅助生殖的机构和经辅助生殖技术培养的胚胎及出生者的登记注册，这就侵犯了当事人的隐私权，因为该规定不保护经体外受精出生者的身份信息，从而剥夺了其匿名权；同样，接受体外受精的妇女身份信息保护也只字未提。与意大利法律缺乏对当事人进行人文关怀形成鲜明对比的是，英国《人类受精与胚胎学法》禁止披露任何在体外受精诊所接受治疗的任何人的身份识别信息。另外，法案也违反《欧洲人权公约》。为了禁止所有异质生殖，法案重申异性夫妻是唯一合适的家庭构建的对象，并且避免生殖过程引入第三方配子或者胚胎带来的危险，即：(1) 因拥有一个不与夫妻双方存在生物学联系的孩子威胁夫妻关系；(2) 因孩子不知道亲生父母的身份并且没有由亲生父母共同抚养成长而影响孩子的心理健康；(3) 婚姻关系破裂的逐渐增加给意大利全社会带来的损害和对孩子心理健康的危害。但是在意大利公民中流行的因不堪本国法案的限制而到国外寻求辅助生殖的现象引发了人们对异质生殖禁令的怀疑。尽管生物学联系非常重要，法案明确规定配子提供者对子女不享有亲权，委托夫妻（commissioning couple）是孩子当然的法律父母。尽管认为第三方配子捐赠者的参与会使家庭纽带变得脆弱，但是法案没有规定要求夫妻收养孩子来巩固家庭纽带，甚至未能就支持孩子获知基因父母的权利作出任何象征性表示，更没有任何对在国外使用第三方配子的管理规

① FINESCHI V，NERI M，TURILLAZZI E. The new Italian law on assisted reproduction technology [J]. Journal of medical ethics，2005，31 (9)：536 - 539.

② WRAY E，INCORVATI G. Assisted reproduction in Italy [J]. Bulletin medical ethics，2002，(180)：21 - 22.

定。尽管如此，意大利短期内似乎不可能废止利用捐赠配子或者胚胎生殖的禁令。① 总之，法案打开了一个亟须解决的道德和技术问题的潘多拉魔盒②，致使法案声名狼藉，社会争议不断，从最初的唇枪舌剑演变到立法实效的现实反思，并关注法案的前景和改革可能，期望法案在某些敏感问题上有所改变。③

四、《医学辅助生殖法》的司法审查

在一片哗然中生效的法案，不仅引发了激烈的大讨论，而且埋下了改革的伏笔。议会在这场改革之争中分化为两大阵营，并于 2005 年 6 月以全民公投决定法案的存废。反对法案的激进派、左派代表和科学家、医生以及病人群体组成公投委员会。公投提案最初旨在完全废除法案。但是宪法法院否决了这项提案，委员会又提出四种备选方案：方案一要求部分废除第 12、13、14 条关于胚胎冷冻和胚胎实验的禁令；方案二建议修改第 1、4、5、6、13、14 条，取消“三胎政策”限制，同时废除辅助生殖技术只适用不孕不育夫妻的限制，允许那些携带缺陷基因的夫妻享受这些服务；方案三要求废除法案对胚胎的承认，这将可能会导致第 1 条完全被废除和第 4、5、6、13、14 条的部分废除；最后一个方案主张部分废除第 4、9、12 条，取消捐精人工授精的禁令。④ 公投失败后，反对该法案的科学团体（如欧洲人类生殖暨胚胎学会）、生殖学专家和政治人物都惶惶不安，决意改革法案。争论最终移送司法机关裁决。2007 年 4 月 24 日，卫生部请求裁决某公共健康委员会提出的法案更新要求。一些不孕夫妻、生殖中

---

① STORROW RF. Religion，Feminism and abortion：the regulation of assisted reproduction in two catholic countries [J]. Rutgers law journal，2011，42 (3)：725 - 764.

② CLARKE H. Italy approves controversial legislation on fertility treatment [J]. Lancet，2003，362 (9401)：2076.

③ FINESCHI V，NERI M，TURILLAZZI E. The new Italian law on assisted reproduction technology [J]. Journal of medical ethics，2005，31 (9)：536 - 539.

④ HANAFIN P. The embryonic sovereign and the biological citizen：the biopolitics of reproductive rights [C] //GEARTY C，DOUZINAS，COSTAS. The Cambridge companion to Human Rights Law. Cambridge：Cambridge University Press，2012：201.

心、科学社团和NGO也通过法院呼吁修改法案，主要集中在三个方面：（1）禁止植入前遗传学诊断条款（第13条第2款）；（2）“三胎”条款（第14条第2款）；（3）禁止胚胎冷冻条款（第14条第3款）。在下级法院和宪法法院共同努力下，部分不合理条文被废止。

早在2004年5月卡塔尼亚（Catania）下级法院的司法审判中，原告就对禁止植入前遗传学诊断条款的合宪性提出质疑。当事人是一对不孕夫妻，2003年成功接受一次体外受精治疗，因发现携带β-地中海贫血基因遂终止妊娠，结果在进行第二个促排卵周期时法案生效了。夫妻俩书面请求治疗中心继续施行植入前遗传学诊断，一旦诊断出该缺陷基因则不能移植胚胎，而只能冷冻胚胎。医生以植入前遗传学诊断服务违反法案第13条第2款为由拒绝了这对夫妻的请求，声称只能进行旨在保护胚胎健康和发展的诊断和治疗措施。这对夫妻诉称医生的拒绝违背《意大利宪法》第2条和第32条第2款①，侵害了他们的健康权、自我决定权和自由选择权，请求法院维护自己植入健康胚胎和冷冻剩余胚胎的权利。法官驳回了当事人的诉请，认为此种情况下的植入前遗传学诊断实际上是以选择性堕胎为目的，这是法案明文禁止的。法院宣称，人们有生殖权，但是没有按照自己意愿生育子女的权利。在法官看来，本案中的孩子还只是一个潜在的孩子，当事人关心的不是该治疗过程产生的孩子的健康，而是他们想要的孩子的愿望，包括拥有健康孩子的愿望，而这些都不是宪法保护的范围。因此根据法案第14条，无论受精卵是否携带缺陷基因，所培养的胚胎都必须立刻同时植入子宫。

2006年10月，卡利亚里（Cagliari）法院受理一起类似讼案，一对接受辅助生殖的夫妻认为他们有权对胚胎进行植入前遗传学诊断，并且一旦诊断胚胎是地贫儿即终止妊娠。医生仍然以法案第13条为由拒绝其请求。这对不孕夫妻再次对第13条的合宪性提出质疑。法官也认为禁止植入前

① 《意大利宪法》第2条规定：共和国无论对个人还是对表现其个性的社团成员，均承认并保障其人权之不可侵犯，并要求履行政治经济和社会团结方面的不可违背的义务。第32条规定：共和国把健康作为个人的基本权利和社会利益予以保护，保证贫穷者能得到免费医疗；除非依据法律规定，不得强迫任何人接受某种医疗措施。在任何情况下，法律均不得破坏人格尊严应有的界限。

遗传学诊断有侵犯妇女健康权之虞和违反意大利宪法原则之嫌。但是，宪法法院裁定法案禁止植入前遗传学诊断合宪。宪法法院裁判凸显了宪法法院在打破法案迷局的特殊地位。宪法法院的裁定一出，法律界和医学界反应强烈。有学者批评法官武断地执行三个胚胎移植规则，却对地贫儿的可能出生视而不见，沉迷于机械地保护抽象的胎儿生命，却忽视发育中的孩子的身体健康，也无视妇女的健康——如果妇女实施移植手术后发现胎儿患病，摆在他们面前的就只有堕胎。如再次尝试妊娠将不得不启动新的治疗周期，但是每一次都不能保证类似结果不会发生。①

事实上，保护人类胚胎完全可以不必牺牲妇女的利益。例如，德国的《胚胎保护法》对前胚胎保护极其严格，但它支持配子无偿捐赠，允许医生同时提取多个卵子进行受精，每次可以移植两个或者三个，如果第一次移植失败就可以使用冷冻保存的胚胎进行下一次治疗，而不需要女性再次接受促排卵治疗和取卵手术，而且可以避免多胎妊娠和选择性减胎风险。就在宪法法院的否定性裁决作出后，这对夫妻再次诉请卡利亚里法院保护其植入前遗传学诊断权，理由是夫妻俩都受到地贫基因的影响。2007 年 9 月，卡利亚里法院承认这对夫妻的植入前遗传学诊断权，并责成医院对打算植入的胚胎进行植入前遗传学诊断。②

此后又有几份司法文书继续肢解这部法律。一份是 2007 年 12 月佛罗伦萨（Florence）民事法庭就第 14 条第 1、2 款以及第 6 条第 3 款的合宪性问题提出质疑。下级法院认为预先制定一个适用于所有妇女的统一医疗协议等于给妇女提供了不保护其健康的医疗措施，而第 6 条第 3 款知情同意撤销制度中，“任何一方在受精之前均有权依据本条款撤销意思表示”条款中不包含“妇女”和“即使在其后阶段”等措辞用语，似乎造成妇女的知情同意具有不可撤销性。第二份是拉丁姆（Latium）行政法庭 2008 年 1 月 21 日的裁决，要求废除法案的技术规程指南，并就第 14 条第 2、3

① HANAFIN P. Gender，citizenship and human reproduction in contemporary Italy [J]. Feminist legal studies，2006，14 (3)：329 - 352.

② TURILLAZZI E，FINESCHI V. Preimplantation genetic diagnosis：a step by step guide to recent Italian ethical and legislative troubles [J]. Journal of medical ethics，2008，34 (10)：e21.

款的合宪性作出裁定。第三份是2008年8月26日佛罗伦萨民事法庭就第14条第2、3款的合宪性作出裁定。这些裁决符合意大利宪法的价值观，并且捍卫了公民的基本权利，也证明了法案和技术规程的不可靠性。2009年3月31日，这三个案件送达宪法法院进行集中讨论，同年5月8日，宪法法院宣布法案至少部分违宪并废除了禁止植入前遗传学诊断条款和三个胚胎条款，并授权医学专家根据科学知识、临床实践和病人健康状况决定应当培养和移植多少胚胎。不过，宪法法院并未完全成为法案的拯救者。①

宪法法院并未推翻法案全部不合理的部分，认定违宪的裁决及理由也首鼠两端，闪烁其词。首先，宪法法院认为，第14条第2款和第3款并不意味着胚胎移植必须以损害妇女健康权益为条件。其次，胚胎保护并不是无条件的，即使“三胎政策”也是以承认部分胚胎不会活产为基础的，因此，法案并未形成对胚胎的绝对保护，而是被限制在确保成功受孕现实可能的需要上。这说明宪法法院似乎已经接受了一个基本生物学事实：即便在最正常的条件下也只有少数胚胎可能成活，因此法案提供的胚胎保护措施不能简单化和绝对化。这是宪法法院的第一个理论基点，以此为基础，宪法法院指出，第14条第2款可能导致妇女承受多个不必要的治疗周期，增加过度刺激和多胎妊娠风险，这与第4条第2款第1项的基本原则（尽可能减少侵袭性治疗）相悖。面对这样的不测，在法案禁止减胎的情况下，妇女只能借助于流产，随之而来的是失去所有胚胎。宪法法院认为，将妇女暴露于不必要的医疗程序和危险之下，或者减少高龄妇女生育机会都是不可接受的。② 强烈重申医生决策权的至高无上性是宪法法院的第二个理论基点。宪法法院的裁决似乎引导人们注意另一个事实：医学和实验进步一定程度上限制了立法者的自由裁量权，这就意味着医疗实践的

① TURILLAZZI E，FINESCHI V. Preimplantation genetic diagnosis：a step by step guide to recent Italian ethical and legislative troubles［J］. Journal of medical ethics，2008，34（10）：e21.

② BENAGIANO G，GIANAROLI L. The Italian Constitutional Court modifies Italian legislation on assisted reproduction technology［J］. Reproductive biomedicine online，2010，20（3）：398－402.

黄金法则是应由负有自治责任的主治医师在病人充分知情的条件下选择最适合病人的个性化治疗方案。宪法法院指出，法案违背意大利宪法第 3 条和第 32 条之规定，因为“三胎政策”忽略了每个妇女经历的辅助生殖技术的特殊性，强制不同病人采用同样的治疗措施，并且将妇女和胎儿置于某种危险之中。宪法法院废除法案的限制性条款对医疗实践产生两个变化：第一，不再限制胚胎移植数量（以前最多三个）和次数（以前只能一次）；第二，胚胎尽快移植义务不能排除保护母亲健康的需要。但是若要完全推翻法案全部不合理条款尚需假以时日，因为这需要议会的立法干预，这在短时间内是不太可能的。在这种背景下，意大利生殖学会在里乔内（Riccione）召开共识会议，决定在官方进一步澄清这些悬疑问题之前致力于制定一套科学的技术指南，既确保法案得以无争议地适用，又促进全意大利临床实践的标准化，为每位妇女和夫妻制定个性化的治疗方案，确定优质胚胎的移植数，最大限度提高怀孕率，同时尽可能减少冷冻胚胎数。基于此，生殖学会建议生殖中心未来工作应当遵循三个原则：其一，必须限制侵入性治疗的重复使用，以最低健康风险获得最佳疗效；其二，强力限制培育过量胚胎和胚胎冷冻，除非有一个明确的未来利用计划；其三，减少多胎妊娠，降低新生儿和产妇的发病率和死亡率。①

2013 年 2 月，欧洲人权法院的判决再次预示命运多舛的《医学辅助生殖法》可能会有新的走向：申请人 Costa 和 Pavan 2006 年生下一个囊肿性纤维化女儿，而他们都是这种基因的健康携带者。为了生出健康的生物学孩子，他们决定采取体外受精受孕，这样就可以进行植入前遗传学诊断选择健康胚胎移植。但是，医院以申请违反《医学辅助生殖法》第 4 条和第 13 条为由拒绝了其申请，因为《医学辅助生殖法》规定人类辅助生殖只服务于不孕症夫妇且禁止植入前遗传学诊断。如此一来，这对夫妇只能有两个选择，要么到国外寻求救助，要么自然妊娠后产前检查发现胎儿异常再施行人工流产。事实上，2010 年 Costa 已经因此经历了一次终止妊娠术。2012 年 8 月 28 日，欧洲人权法院宣布禁止健康的非不孕症（non-in-

① BENAGIANO G, GIANAROLI L. The Italian Constitutional Court modifies Italian legislation on assisted reproduction technology [J]. Reproductive biomedicine online, 2010, 20 (3): 398 - 402.

fertile）遗传病携带者的治疗违反《欧洲人权公约》第8条。① 判决生效前，意大利政府提出上诉，声称要保护国家司法制度的完整性和有效性。2013年2月11日，欧洲人权法院驳回了意大利政府的上诉。这就意味着意大利法律也应当为有生育能力的夫妇提供人类辅助生殖技术。②

尽管有了上述变化，意大利卫生主管部门负责人曾在2009年重申法案的正当性及其法律效力，宣布法案的总体架构及其基本原则不会被修改。③ 这样，意大利辅助生殖就形成了以《医学辅助生殖法》为主，194/1978法案、卫生部指南和操作规程以及意大利宪法法院和欧洲人权法院裁判等多种规范性文件共同规制的局面。

五、《医学辅助生殖法》的社会影响

（一）临床意义

意大利社会对法案展开的激烈讨论和强烈批评，也引发学者对法案实施效果的预测，认为法案实施对临床实践会产生消极影响，并最终损害母婴的安全和利益，如显著降低体外受精—胚胎移植和卵细胞浆内单精子显微注射技术成功率，提高多胎妊娠率和自然流产率。

那么法案对临床实践到底会产生哪些影响？这种影响是积极的还是消极的，还是兼而有之？会是人们预期的降低辅助生殖的成功率和提高多胎妊娠率吗？为此，学术界展开了大量回顾性临床实证研究，既有法案实施前后的比较分析，也有违宪审查前后的对照研究，还有两个时间节点前后三个阶段的长时段考察。令人惊讶的是，所得出的结论并不完全符合学者的理论预设。2004年首次开展的一项多中心回顾性研究并没有发现社会所担心的情况。Ragni等人的这项研究比较了法案实施后7个意大利不孕

① Costa and Pavan v. Italy，2012. European Court of Human Rights-Grand Chamber. Application No. 54270/2010.

② GIANAROLI L，CRIVELLO AM，STANGHELLINI I，et al. Reiterative changes in the Italian regulation on IVF：the effect on PGD patients' reproductive decisions ［J］. Reproductive biomedicine online，2014，28（1）：125－132.

③ ZANINI G. Abandoned by the State，betrayed by the Church：Italian experiences of cross-border reproductive care ［J］. Reproductive biomedicine online，2011，23（5）：565－572.

不育中心 4 个月（2004 年 3 月 10 日到 7 月 10 日）与前一年 1 861 个体外受精周期样本（法案实施前 961 个，法案实施后 900 个）数据，结果显示："三胎政策"对新鲜胚胎体外受精周期成功率的影响很小，法案实施后受精率虽然明显降低，但是，妊娠率仍与法案实施前持平，多胎妊娠率的差异也无统计学意义，表明较多的卵母细胞虽然可以显著提高受精率，但是如果胚胎移植不加选择的话，妊娠机会仍将大打折扣。① 2005 年 4 月，地中海生殖医学学会年会（Annual Meeting of the Mediterranean Society for Reproductive Medicine）在戛纳举行，专家进一步讨论法案对临床和研究的影响，认为每次取卵妊娠率不受法案的影响。② 出现这一结果可能是法案实施时间较短，临床影响尚未充分显示出来。

2005 年，La Sala 等人率先评估了"三胎政策"对多胎妊娠率的影响，结果发现：法案实施后妇女经体外受精—胚胎移植和卵细胞浆内单精子显微注射后，尽管胚胎移植数量比立法前明显减少，但是无论着床率，还是临床妊娠和分娩情况均明显改善；胚胎流失率显著降低，且有更多的单胎和双胞胎存活下来，说明"三胎政策"在单次或者多次辅助生殖中均发挥积极作用。2008 年，La Sala 等人进一步研究发现："三胎政策"并未影响多胎妊娠率，但是法案施行后，可观察到胚胎移植周期缩短和胚胎质量提高；卵子冷冻贮存效果并不理想，表明卵子冷冻并不是适宜的胚胎冷冻替代方案，也可能会降低累积妊娠率，并可能增加获取新鲜胚胎的体外受精周期，从而进一步提高孕妇年龄和降低成功率。与年轻女性相比，大于 39 岁的女性临床妊娠率和出生率显著下降，因此，应当考虑对法案关于高龄群体问题的适当修改。③

但此后的观察结果也显示法案产生了消极影响，Levi Setti 等人发现，

---

① RAGNI G，ALLEGRA A，ANSERINI P，et al. The 2004 Italian legislation regulating assisted reproduction technology：a multicentre survey on the results of IVF cycles [J]. Human reproduction，2005，20（5）：2224－2228.

② MANNA C，NARDO LG. Italian law on assisted conception：clinical and research implications [J]. Reproductive biomedicine online，2005，11（5）：532－534.

③ LA SALA GB，VILLANI MT，NICOLI A，et al. The effect of legislation on outcomes of assisted reproduction technology：lessons from the 2004 Italian law [J]. Fertility and sterility，2008，89（4）：854－859.

双胞胎妊娠率从35%降到23%，这是因为不经选择的胚胎移植减少了受孕机会，只是这一效应被“三胎政策”掩盖而已。[①] 法案的消极影响与不孕症的特别病因也有密切关系，严重的男性不育症患者或者受精率较低的夫妻尤其深受法案影响。Ciriminna在一项13个意大利辅助生殖中心参加的回顾性研究中，专门评估了严重男性不育症情况下“三胎政策”对卵细胞浆内单精子显微注射的负面影响，结果显示：法案实施后，用于移植的优质胚胎显著减少，临床妊娠率和移植率显著降低，流产率则由17.2%升高到22.5%，但受精率和胚胎质量整体更高了，在严重男性不育症情况下，NOA患者受“三胎政策”的影响较大，他们需要现行法案给予特别关照。[②] 另外，高龄患者也受限制性规定的严重影响[③]，这可以从宪法法院取消部分限制性规定后6个月的改善结果得到证实。因此，需要更为灵活的方法得到新鲜卵子才能实现辅助生殖。[④]

由于既有成果得出截然相反的结论，难以揭开法案实施5年是否真的导致妊娠率降低和多胎出生率增加，因而比较法案修改后的临床效果就显得特别有意义。为此，Levi Setti等人在既往跟踪调查基础上，开展了一项大样本研究，对法案修改前后的数据进行对照。发表多篇研究成果。在2012年的研究成果中，其对相关中心法案实施前1 179个周期、法案实施初期两年1 860个周期以及法案修改后6个月共三个阶段的相关临床数据进行对照研究，考察了限制性制度环境下5年的临床效果和宪法法院修改后采用更具接受性标准的临床效果，结果观察到一个有趣的现象：法案实施后，妊娠率和分娩率并没有显著降低，但当对结果进行病因学分析时，可以观察到严重男性不育因素患者的成功率受到法案限制性规定的影响。

---

① LEVI SETTI PE, ALBANI E, ALBANI E, et al. Results of in vitro fertilization in Italy after the introduction of a new law [J]. Fertility and sterility, 2008, 90 (4): 1081-1086.

② CIRIMINNA R, PAPALE M L, ARTINI P G, et al. Impact of Italian legislation regulating assisted reproduction techniques on ICSI outcomes in severe male factor infertility: a multicentric survey [J]. Human reproduction, 2007, 22 (9): 2481-2487.

③ LEVI SETTI PE, ALBANI E, ALBANI E, et al. Results of in vitro fertilization in Italy after the introduction of a new law [J]. Fertility and sterility, 2008, 90 (4): 1081-1086.

④ LEVI SETTI PE, ALBANI E, CESANA A, et al. Italian Constitutional Court modifications of a restrictive assisted reproduction technology law significantly improve pregnancy rate [J]. Human reproduction, 2011, 26 (2): 376-381.

宪法法院取消相关禁令之后实施的个性化治疗，让临床医生评判女性生殖过程的最佳利益，以决定受精卵母细胞数、胚胎移植数和冷冻数，显示出了更好的临床效果，每周期的妊娠率比以前的有显著提高。但在以年龄为基础进行亚组分析时发现，根据妇女年龄和胚胎质量决定胚胎移植的数量导致了多胎妊娠的减少。① 2013 年年初 Levi Setti 等人的一个长时段多元回归分析，显示法案对辅助生殖的 5 年限制可能是成功率降低的独立影响因素，总分娩率显著减少②，低于国际同期水平。根据 2010 年国际数据，欧洲体外受精周期成功率随着辅助生殖的发展明显提高，临床总妊娠率和分娩率分别为 29%和 21.5%③，而意大利同期的妊娠率和分娩率则分别下降到 21.4%和 13.4%。④

《医学辅助生殖法》对人类辅助生殖技术使用的重要影响还表现在植入前遗传学诊断服务上。2014 年年初，Gianaroli 等人发布最新的植入前遗传学诊断使用情况报告称，过去十年，意大利的植入前遗传学诊断治疗更依赖法律制度而非医疗决策：不仅表现在植入前遗传学诊断申请使用的数量上，还体现在跨境生殖服务（cross-border reproductive care，CBRC）的选择上。报告显示：植入前遗传学诊断禁令执行期间，植入前遗传学诊断申请使用数比法律生效前和 ECHR 判决后的明显减少，而夫妻选择跨境生殖服务的数量正好相反。⑤

综上所述，临床实证研究已经证实，法案实施 5 年的限制性规定业已严

---

① LA SALA G B，NICOLI A，CAPODANNO F，et al. The effect of the 2004 Italian law on outcomes of assisted reproductive technology in severe male factor infertility [J]. Reproductive biomedicine online，2010，20（1）：2－10.

② LEVI SETTI P E，ALBANI E，MATTE M. Five years（2004－2009）of a restrictive law-regulating ART in Italy significantly reduced delivery rate：analysis of 10 706 cycles [J]. Human reproduction，2013，28（2）：343－349.

③ DE MOUZON J，GOOSSENS V，BHATTACHARYA S，et al. Assisted reproductive technology in Europe，2006：results generated from European registers by ESHRE [J]. Human reproduction，2010，25（8）：1851－1862.

④ LEVI SETTI PE，ALBANI E，ALBANI E，et al. Results of in vitro fertilization in Italy after the introduction of a new law [J]. Fertility and sterility，2008，90（4）：1081－1086.

⑤ GIANAROLI L，CRIVELLO AM，STANGHELLINI I，et al. Reiterative changes in the Italian regulation on IVF：the effect on PGD patients' reproductive decisions [J]. Reproductive biomedicine online，2014，28（1）：125－132.

重影响辅助生殖实践，客观上限制和损害了不孕不育夫妻特别是占不孕不育人口大多数的高龄患者的利益。病人生殖权和医患双方自主权的丧失严重影响到许多不孕不育群体生儿育女和组建家庭的机会，并造成跨国生殖旅游业的蓬勃发展。可喜的是，宪法法院的裁决恢复了个性化的治疗原则，也显示出对辅助生殖实践的积极影响，提高了临床妊娠率，降低了多胎妊娠率。

（二）社会影响

尽管宪法法院的裁决对临床实践产生了积极的影响，但是很多技术和法律上的问题仍然悬而未决。① 例如，“三胎政策”和胚胎立刻同时移植条款的废止，以及随之而来的胚胎冷冻保存和植入前遗传学诊断的开禁都使法案的基本框架摇摇欲坠，使辅助生殖有了灵活的多样化的方案选择。然而，从实践上看，“三胎政策”的废除未能解决剩余胚胎的处置和利用问题。根据宪法法院的裁决，胚胎立刻同时移植条款的废除，实际上等于延伸到胚胎冷冻保存条款，意味着剩余胚胎可以冷冻备用，然而宪法法院并未明确裁定法案关于禁止胚胎冷冻条款无效。在这些矛盾问题解决以前，有的生殖中心已经探索出一些有效的方案，一方面尽量选择优质新鲜胚胎用于移植，另一方面采用延长培养和在胚泡阶段冷冻胚胎来规避法律。不过，尽管医生尽可能减少剩余胚胎的冷冻，但由于剩余胚胎即便被治疗夫妻废弃不用也不得被捐赠、损毁或者用于科研，随着时间的推移，废弃胚胎数量将不可避免地增加，生殖中心也将面临严重的胚胎管理和法律问题。此外，由于法案和技术规程指南缺乏对剩余胚胎归属和处置问题的安排，因此即使治疗夫妻签署表达放弃废弃胚胎所有权的知情同意书，中心也不便单方面处置这些胚胎。换言之，剩余胚胎将永远储存于生殖中心。因此，生殖专家呼吁在胚胎需求日益增加的情况下，意大利应当尽快制定相关规范，有效解决废弃胚胎的归属和合理利用问题。②

① CIPPITANI RO. Ethical issues and law－making power: how European case law has rewritten Italian law on medically assisted reproduction [J]. Monash bioethics review, 2019, 37 (1－2): 46-67.

② MOLINELLI A, BONSIGNORE A, DARRETTAV, et al. Results and unsolved problems following the amendment to the Italian Law on assisted reproduction brought about by the Constitutional Court [J]. European journal of obstetrics & gynecology and reproductive biology, 2012, 163 (1): 1-4.

禁止第三方生殖限制了意大利人使用国内的辅助生殖技术寻求配子和代孕，却催生了迎合意大利患者需求的跨境生殖服务的蓬勃发展。由于法案只在意大利本土适用，而对到境外接受被禁止的辅助生殖技术服务的意大利人不予处罚，而且意大利法律承认在境外获得配子捐赠而在意大利出生的孩子是治疗夫妻的孩子而不是配子捐赠者的孩子，因此，意大利人若想采用异质辅助生殖，完全可以绕过意大利国内的禁令，通过所谓的“生殖旅游”方法到法国、英国、西班牙、希腊和比利时等支持配子捐赠的欧洲国家寻求治疗。① 虽然生殖旅游花费巨大，但是，患者、医生和政策制定者似乎都倾向于跨境生殖服务。2005 年，意大利精卵研究与保存中心启动了一项生殖旅游观测项目，旨在监测法案在生殖旅游方面的实施效果。该中心报告称，2005 年赴境外治疗的夫妻数量比 2003 年多出 4 倍。最受意大利人欢迎的生殖旅游目的地国家是西班牙、瑞士、比利时、捷克、丹麦、斯洛文尼亚、奥地利、希腊和乌克兰，当然还有美国、加拿大和印度，特别是在选择代孕服务的情况下。② 2010 年，欧洲人类生殖暨胚胎学会曾调查比利时、捷克、丹麦、瑞士、斯洛文尼亚和西班牙 6 个欧洲国家和 46 个诊所的跨国生殖现象，初步估计每年在这些国家进行生殖旅游的至少有 24 000 个周期，其中 31.8%的夫妻是意大利人，他们中的 70.6%认为法律限制是他们选择跨境生殖服务的主要动因③，寻求配子捐赠的生殖旅游比例从 51%飙升到 76%，而且如果意大利继续禁止配子捐赠，这一比例仍将继续上升。④

“生殖旅游”作为一种法律规避行为，是意大利人对本国法律限制的

① PENNINGS G. Legal harmonization and reproductive tourism in Europe [J]. Human reproduction，2004，19 (12)：2689 - 2694.

② ZANINI G. Abandoned by the State，betrayed by the Church：Italian experiences of cross-border reproductive care [J]. Reproductive biomedicine online，2011，23 (5)：565 - 572.

③ SHENFIELD F，DE MOUZON J，PENNINGS G，et al. Cross border reproductive care in six European countries [J]. Human reproduction，2010，25 (6)：1361 - 1368.

④ LEVI SETTI PE，PATRIZIO P. The Italian experience of a restrictive IVF law：a review [J]. Jounral fertilization in vitro，2009，2 (1)：e109.

"创造性适应"[①]，同时也是道德多元化背景下政府和民众的"安全阀"[②]，有助于缓解道德冲突，允许"不同道德和宗教观点和平共存"，有助于"软化"法案的负面影响[③]，并且使严苛的法案保留下来。然而，生殖旅游也不可避免地加重了当事人所在国医疗保健的不公平性问题，不但穷人不能受益，即便那些有能力负担得起跨境生殖服务费用的人也必须承受背井离乡造成的额外经济、心理压力和时间损失。[④] 生殖旅游也引发了宪法上的问题：如果不孕不育夫妻接受的医学治疗由其经济能力决定，那么，宪法对医疗保健权和平等权的保护将大打折扣。[⑤] 另外，从某种意义上说，生殖旅游也是一种"流亡"，它削弱了欧洲监管机构的地位，使它们仅起到象征性作用。[⑥] 因而，生殖旅游也不是一个好的解决方案。

总之，不同国家对家庭的本质、胚胎的地位、不孕不育夫妻的关怀程度以及辅助生殖的开放程度等采取不同的立场，每个国家也有权自由选择反映其文化传统和社会需求的制度框架，但保护其价值观和实现其目标的制度的实际效果则可能千差万别。意大利《医学辅助生殖法》的背后是传统主义者企图使意大利回归以异性婚姻家庭结构为基础的传统社会，因此，立法的真正目的是对家庭传统观念的眷顾，而不是出于对辅助生殖应用的认同和促进。这就是意大利低生育力夫妻不得不面对的现实。另外，

---

① LAYNE L. Pregnancy loss, stigma, irony, and masculinities: reflections on and future directions for research on religion in the global practice of ivf [J]. Culture, medicine & psychiatry, 2006, 30 (4): 537-545.

② FERRARETTI AP, PENNINGS G, GIANAROLI L, et al. Cross-border reproductive care: a phenomenon expressing the controversial aspects of reproductive technologies [J]. Reproductive biomedicine online, 2010, 20 (2): 261-266.

③ MOLINELLI A, BONSIGNORE A, DARRETTAV, et al. Results and unsolved problems following the amendment to the Italian Law on assisted reproduction brought about by the Constitutional Court [J]. European journal of obstetrics & gynecology and reproductive biology, 2012, 163 (1): 1-4.

④ ROBERTSON JA. Causative vs. beneficial complicity in the embryonic stem cell debate [J]. Connecticut law review, 2004, 36 (4): 1099-1113.

⑤ BOGGIO A. Italy enacts new law on medically assisted reproduction [J]. Human reproduction, 2005, 20 (5): 1153-1157.

⑥ SHENFIELD F, DE MOUZON J, PENNINGS G, et al. Cross border reproductive care in six European countries [J]. Human reproduction, 2010, 25 (6): 1361-1368.

在法案被修改以前，意大利生殖专家和科学家也应当努力研究卵子选择和冷冻保存技术。这可能是既遵守法律又提高辅助生殖妊娠率以及遏制生育旅游的唯一方法。① 事实上，在“三胎政策”实行期间，意大利生殖学家在卵子冷冻方面积累了丰富经验，这是为打算再次尝试辅助生殖而无须重复促排卵的患者提供的唯一机会，当时许多中心采用慢速冷冻技术取得了很好的临床效果②，现在，许多中心已经采用更先进的玻璃化冷冻技术。③ 卵子大量冷冻保存和使用也是《医学辅助生殖法》直接作用的结果。据欧洲人类生殖暨胚胎学会体外受精监测联盟 2011 年 7 月 6 日在欧洲人类生殖暨胚胎学会第 27 次年会上报告，意大利冷冻卵子使用周期（3 284 个）居欧洲 19 个国家之首，远远领先位居第二的芬兰（325 个）。这是欧洲人类生殖暨胚胎学会体外受精监测联盟首次收集冷冻卵子数据。意大利在这一领域领先的原因在于其立法框架：《医学辅助生殖法》禁止胚胎冷冻和胚胎试验，而不反对卵子冷冻。因此，过去的很多年里，意大利各诊所在这个领域积累了很多的经验。④

① MANNA C，NARDO LG. Italian law on assisted conception：clinical and research implications [J]. Reproductive biomedicine online，2005，11 (5)：532 - 534.

② BORINI A，LEVI SETTI PE，ANSERINI P，et al. Multicenter observational study on slow-cooling oocyte cryopreservation：clinical outcome [J]. Fertility and sterility，2010，94 (5)：1662 - 1668.

③ UBALDI F，ANNIBALLO R，ROMANO S，et al. Cumulative ongoing pregnancy rate achieved with oocyte vitrification and cleavage stage transfer without embryo selection in a standard infertility program [J]. Human reproduction，2010，25 (5)：1199 - 1205.

④ For the First Time，the European IVF Monitoring Group Reports On Cycles Using Frozen Eggs [EB/OL]. (2011 - 07 - 06) [2013 - 12 - 08]. http://www.sciencedaily.com/releases/2011/07/110706093713.htm.

第六章　北欧各国人类辅助生殖法律制度研究

一、北欧各国辅助生殖立法概况

北欧一般指欧洲北部的瑞典、挪威、丹麦、芬兰与冰岛五个国家及其附属领土如法罗群岛、格陵兰与奥兰群岛的统称。北欧五国面积约1 320 000平方公里，总人口2 450万。北欧由于特殊的自然环境与共同的历史文化，走上了一条不同于其他欧洲国家的独特社会发展模式，即所谓“福利国家模式”、“斯堪的纳维亚模式”或“北欧模式”。由于冰岛人口稀少，经济结构特殊，芬兰在历史上曾受沙俄控制，在近代又长期受苏联社会经济模式的影响，因此在论及社会发展的所谓“北欧模式”时，“北欧”主要指瑞典、挪威与丹麦①，本章也重点论述这三个国家。北欧模式的突出特点是国家通过各种法定的福利保障制度，构建一种“从摇篮到坟墓”的全民

① 刘玉安．北欧福利国家剖析［M］．济南：山东大学出版社，1995：25.

社会保障体系，其重要基石是人人平等享有医疗保障。卫生保健资金融资虽然方式多种多样，但大部分从中央政府与地方政府财政预算中支出①，2009年以来欧洲各国卫生总支出占GDP的比例平均为7.5%，而北欧已达7.8%～11%②，仅人类辅助生殖一项就占GDP的0.03%～0.06%，其中，挪威为0.04%，瑞典和冰岛为0.041～0.05%，芬兰与丹麦超过0.06%。③ 相应地，北欧五国辅助生殖技术使用率也非常之高，例如，丹麦2016年在欧洲排名第三，高达每百万人口3 088个辅助生殖治疗周期。辅助生殖技术的高使用率与GDP有一定的关联④，有调查显示，GDP和辅助生殖治疗补贴较高的国家，辅助生殖技术使用率也较高，而且，辅助生殖治疗后出生的孩子在这些富庶的生长环境中长大更有利于他们的福祉和发展。⑤

北欧各国偏居欧洲一隅，生命科技创新能力与水平却誉满全球，人均人类辅助生殖周期数也居欧洲领先地位。⑥ 当然，尽管北欧各国的政策目标都是使卫生服务尽可能贴近居民，不孕症治疗及其医疗保障都具有覆盖全面、政府主导、公平优先与兼顾效率等特点，但是在具体制度安排上并不完全相同，特别是在人类辅助生殖地域分布与保障水平等方面差异显著，甚至大相径庭。首先，这些国家都为人类辅助生殖技术治疗提供某种形式的补贴，但是补贴模式并不相同⑦，补贴条件与补贴标准也不一致。

① Editorial Committee for Health Statistics in the Nordic Countries. Health Statistics in the Nordic Countries [R]. Copenhagen: Nordic Medico-Statistical Committee, 2013: 30.

② OECD. Health Data 2013 (health expenditure since 2000) [EB/OL]. (2013-07-27) [2013-12-03]. http://stats.oecd.org/index.aspx?DataSetCode=HEALTH_STAT.

③ SUNDE A. Europe's declining population and the contribution of ART [J]. Pharmaceuticals policy and law, 2007, 9 (9): 79-89.

④ AMIR L, GEFFEN L. Is there a correlation between total fertility rate, utilization of assisted reproduction technology and national wealth in Europe? [J]. Journal of medical economics, 2021, 24 (1): 536-539.

⑤ GOISIS A, HÅBERG SE, HANEVIK HI, et al. The demographics of assisted reproductive technology births in a Nordic country [J]. Human reproduction, 2020, 35 (6): 1441-1450.

⑥ CALHAZ-JORGE C, DE GEYTER C, KUPKA M S, et al. Assisted reproductive technology in Europe, 2013: results generated from European registers by ESHRE [J]. Human reproduction, 2017, 32 (10): 1957-1973.

⑦ GRANBERG M, WIKLAND M, HAMBERGER L. Financing of IVF/ET in the Nordic countries [J]. Acta Obstetricia et Gynecologica Scandinavica, 1998, 77 (1): 63-67.

丹麦与芬兰的补贴体制似乎最为慷慨，可以全额补贴 6 个宫腔内人工授精周期与 4 个体外受精或卵细胞浆内单精子显微注射周期，在芬兰，甚至在私立医院接受的捐赠配子治疗都有补贴。冰岛的补贴制度最不大方，补贴额度取决于治疗周期数：第一次治疗自付 50%，第二次到第四次治疗自付 30%，以后的治疗自付 100%，如果受术夫妻已有一个生物学孩子则要自付全部治疗费。在挪威的公立医院，前三次治疗费用夫妻自付 25%，以后的费用则需全额支付。在瑞典，卫生保健法虽然赋予公民平等医疗权，但是，补贴取决于受术夫妻的居住地、妇女的年龄以及他们是否有生物学孩子，可能是全额资助一次、两次或三次体外受精或卵细胞浆内单精子显微注射治疗，以及一到三次冻融周期；私立医院每次治疗的价格则因医院与地域不同而异。一些地区提供三次全免费治疗，有些地区只补贴一次。而芬兰私立医院每个治疗的周期的成本一般比北欧其他国家的私立医院低一些，芬兰公民在私立医院的人类辅助生殖治疗也可以获得 50%以上的补贴（药费不包括在内）。①

其次，私立医院也是北欧人类辅助生殖保障体系的重要组成部分②，只是私立医院的治疗费差别相当大。如前所述，芬兰最便宜，妇女在私立医院每个体外受精周期的花费是 1 750 欧元，政府补偿高达 50%（不含药费）。③ 公立医院与私立医院基于立法或惯例的不同，在是否允许提供配子捐赠上也有区别。瑞典仅允许大学附属医院及为医生提供教学任务的医院提供配子捐赠服务。在芬兰，配子捐赠主要由私立医院提供，招募精子捐赠者由精子库负责，提供卵子的医院则自己招募捐赠者。在挪威，受赠精子由该国南部的两所大学附属医院提供。在丹麦，捐赠卵子由三个大学附属医院提供。在冰岛，仅有一家医院招募卵子捐赠者，然而精子主要是

① SOL OLAFSDOTTIR H, WIKLAND M, MÖLLER A. Access to artificial reproduction technology in the Nordic countries in 2004 [J]. Acta Obstetricia et Gynecologica Scandinavica, 2009, 88 (3): 301-307.

② ANDERSEN AN, GOOSSENS V, GIANAROLI L, et al. Assisted reproductive technology in Europe, 2003. Results generated from European registers by ESHRE [J]. Human reproduction, 2007, 22 (6): 1513-1525.

③ GRANBERG M, WIKLAND M, HAMBERGER L. Financing of IVF/ET in the Nordic countries [J]. Acta Obstetricia et Gynecologica Scandinavica, 1998, 77 (1): 63-67.

从丹麦精子库进口。在同时拥有公立与私立医院的国家，私立医院治疗者的平均年龄往往比公立医院的高。在丹麦与瑞典，大部分公立医院与个别私立医院已不给已有生物学孩子的夫妻提供人类辅助生殖治疗。公立医院与私立医院的等待时间也不一样，大多数公立医院第一次会诊的等待时间是1～3 个月，甚至更长，而私立医院是 0.5～1 个月。此外，从地理空间上看，并不是所有居民都能平等地获得人类辅助生殖服务，因为 1/3 以上的公立、私立医疗机构通常分布在人口密集的大都市。这就意味着偏远地区居民的医疗成本要比城郊居民的高得多。仅就差旅费而言，目前在瑞典与丹麦受术者几乎不享受任何补贴，在芬兰、挪威、冰岛受术者虽然可以得到一些补贴，但只有符合特定条件的夫妻才有资格享受。①

最后，北欧国家的辅助生殖立法无论是在立法进程上还是在具体制度上都不完全一致。瑞典与挪威早在 20 世纪 80 年代就颁布了相关法律，并随着人类辅助生殖技术的发展而适时修订。自 1982 年歌德堡诞生北欧第一例“试管婴儿”，瑞典遂成为北欧人类辅助生殖技术与相关立法的先驱，先后颁布与修订《人工授精法》（1985 年）、《体外受精法》（1988 年）与《基因人格法》（2006 年），并赋予异质辅助生殖子女基因知情权，其经验与启示至今仍然引发全球研究者的浓厚兴趣。挪威 1987 年通过的《人工授精法》借鉴了瑞典制度的经验，却是世界上首部全面囊括人工授精与体外受精的法律。冰岛与丹麦直到 20 世纪 90 年代才实施人类辅助生殖法（冰岛 1996 年，丹麦 1997 年）。进入 21 世纪，北欧国家陆续更新它们的人类辅助生殖法。因为长期缺乏辅助生殖立法成为北欧人类辅助生殖实践最自由国家的芬兰也于 2006 年通过《辅助受孕治疗法》（Act on Assisted Fertility Treatments，2006/1237），从而结束长期无法可依的局面，有力地促进了芬兰人类辅助生殖服务的水平，一定程度上预防了跨境生殖旅游服务。② 各国法律制度的总体特征如下：瑞典立法最早，变化也较快，历

① SOL OLAFSDOTTIR H，WIKLAND M，MÖLLER A. Access to artificial reproduction technology in the Nordic countries in 2004 [J]. Acta Obstetricia et Gynecologica Scandinavica，2009，88 (3)：301 - 307.

② SOL OLAFSDOTTIR H. Nordic and Infertile：a study of option and decisions [M]. Gothenburg：Nordic School of Public Health，2012：33.

经多次修订，总体趋势是从严格走向宽松。挪威是北欧人类辅助生殖法最严格的国家，就这一点来说，与欧洲的德国、瑞士与意大利比较接近。冰岛与丹麦的人类辅助生殖政策设计与西班牙、法国、英国、荷兰相似，属于中间类型，但是冰岛最近宣称将构建较为宽松宽容的制度体系。① 更新后的各国法律更加注重彼此学习借鉴，对接受治疗与补贴的资格限制更加慎重，明确规定谁被允许提供人类辅助生殖治疗、谁有资格接受人类辅助生殖治疗以及哪种治疗手段是合法的。生殖专家应当依据法律规定，通过评估受术夫妻的医学、社会与精神状况来判断他们是否适合做父母。例如 2004 年以前在所有立法规范人类辅助生殖的国家，单身妇女与同性恋（夫妻）都没有资格获得人类辅助生殖治疗，而现今芬兰、冰岛与丹麦都允许这两个群体接受人类辅助生殖服务，而瑞典则允许同性恋者接受人类辅助生殖服务。丹麦设定受术妇女的年龄上限，冰岛为男子与妇女都设定了年龄上限，然而，其他国家没有这样的年龄限制。在配子捐赠问题上，所有国家精子捐赠都是合法的，卵子捐赠只在挪威是不合法的。胚胎捐赠目前只在芬兰是合法的。在捐赠者匿名制上各国也不同，在丹麦是强制性的，在冰岛是可选择的，在瑞典与挪威则没有匿名制，芬兰的最新立法则赋予了子女基因知情权。在五个国家的立法中，代孕都不合法。每个国家的卫生保健当局都是公立医院与私立医院的监督部门。在新一轮的立法中，挪威因禁止匿名捐精而迈向更加严格的立法方向。

各国立法的差异性，造成了北欧国家之间的跨国生殖服务，主要表现在：挪威与芬兰公立医院不向非常住居民提供治疗，在瑞典捐赠者治疗只提供给瑞典居民。其他国家虽然不限制居民身份，但要求非常住居民支付全部非补贴性治疗成本。所以北欧国家非常住居民虽然可以获得人类辅助生殖治疗，但主要是在私立生育诊所有限地使用。受术者主要来自挪威与瑞典（那儿有严格的法律），他们通常去没有立法或更宽松立法的国家（如芬兰与丹麦）。②

① Nordic Council of Ministers. Assisted reproduction in the Nordic countries: a comparative study of policies and regulation (TemaNor 2006: 505) [M]. Copenhagen: Nordic Council of Ministers, 2006: 15.

② SOL OLAFSDOTTIR H. Nordic and infertile: a study of option and decisions [M]. Gothenburg: Nordic School of Public Health, 2012: 35.

北欧国家辅助生殖立法有诸多共同之处，但差别与分歧也很明显，因此对这些国家进行比较研究是非常必要的。基于此，本章力图追溯北欧各国辅助生殖立法进程及其制度框架，总结其立法经验，具体行文采用总—分—总的方法，先瑞典，再挪威、丹麦，后冰岛与芬兰，由详至简，统筹兼顾。所采用的参考文献主要来自欧洲人类生殖暨胚胎学会及其体外受精监测联盟、北欧部长理事会（Nordic Council of Ministers）发布的统计数据、调查报告以及相关学术论文。

二、瑞典：最早赋予辅助生殖子女基因知情权

瑞典作为一个福利制国家，是欧洲少数几个妇女生育率与就业率呈正相关的国家之一。[①] 这可能是多种政策工具综合作用的结果。得益于社会福利制度与医疗保障体系的支持，瑞典每年约有3%的婴儿为辅助生殖所生。[②] 在瑞典，大多数医学治疗与保健项目原则上免费提供给瑞典公民，卫生主管部门也为不孕症患者提供免费的国家健康保险计划，甚至为妇女出国治疗提供经济补偿。[③] 瑞典还是实现体外受精治疗全免费的四个欧洲国家之一（另外三个分别是比利时、法国与荷兰），年均体外受精利用率也很高（1 751个周期），仅次于比利时（2 687个周期）、丹麦（2 450个周期）与希腊（1 826个周期）。[④]

然而，相较于其他欧洲国家，瑞典体外受精可及性与可得性仍存在诸多障碍性因素。以1992年为例，共实施3 965个体外受精治疗周期（其中7家公立诊所1 848个，6家私立诊所2 117个），但是，据估计，每年大

---

① SUNDSTROM M，STAFFORD FP. Female labour force participation，fertility and public policy in Sweden [J]. European journal of population，1992，8 (3)：199 - 215.

② SVENSSON A，CONNOLLY M，GALLO F，et al. Long-term fiscal implications of subsidizing in-vitro fertilization in Sweden：a lifetime tax perspective [J]. Scandinavian journal public health，2008，36 (8)：841 - 849.

③ HAMBERGER L，WIKLAND M. Regulations and results concerning assisted reproduction in Sweden [J]. Journal of assisted reproduction and genetics，1993，10 (4)：243 - 248.

④ BERG BRIGHAM K，CADIER B，CHEVREUL K. The diversity of regulation and public financing of IVF in Europe and its impact on utilization [J]. Human reproduction，2013，28 (3)：666 - 675.

约需要完成 8 000 个周期才能满足实际需要。因此，许多人不得不长时间排队等候，公立体外受精机构等待的时间是 2～4 年，私立医院等待 2 个月左右。① 但是，私立医院并不是不孕夫妻最满意的选择，其直接原因是私立医院收费较高且不得开展异质辅助生殖。目前，瑞典每个治疗周期约合 18 000～29 000 瑞典克朗，许多医院一般按照每三个周期 40 000～50 000 克朗的标准收费。② 但是这笔费用只有依法在公立医院实施才可以得到政府的全额补贴（病人需另付 100～150 克朗的管理费），而在私立机构的体外受精花费只能由病人自己买单（药费可以像公立机构一样报销 95%），因此，只有不愿意在公立医院排队等待或不符合受术条件的夫妻或单身妇女才不得不到私立医院接受治疗。③ 那些付不起这笔费用的夫妻或依法不能接受体外受精治疗的单身妇女只能赴国外接受治疗。④

（一）瑞典辅助生殖法的建立健全

1. 颁布世界首部《人工授精法》

1981 年，瑞典成立人工授精委员会（以下简称“授精委员会”）调查人工授精是否需要规制等事宜，1985 年 3 月 1 日，在授精委员会研究报告基础上颁布的《人工授精法》正式实施，这是世界首部人工授精法，也是首部规范辅助生殖的法律。1987 年瑞典国家卫生与福利委员会（National Board of Health and Welfare，NBHW）出台了《人工授精法》的实施细则（SOSFS 1987：6）。瑞典人工授精制度的主要内容有：夫精人工授精与供精人工授精可以用作不孕症的医学治疗，但仅适用于已婚妇女或与某男子有稳定同居关系之妇女（同居关系须达 2 年以上）。施术医院应当对受术夫妻（含有事实婚姻的男女同居者）进行医学、心理与社会评估，并判断其是否能预见且接受治疗对子女带来的影响，愿意告知子女的基因来

---

① HAMBERGER L，WIKLAND M. Regulations and results concerning assisted reproduction in Sweden [J]. Journal of assisted reproduction and genetics，1993，10（4）：243-248.

② Financing Policies of IVF in Sweden [EB/OL].（2006-06-08） [2018-12-06]. http://politiskfilosofi.com/2006/06/08/financing-policies-of-ivf-in-sweden.

③ GRANBERG M，WIKLAND M，HAMBERGER L. Financing of IVF/ET in the Nordic countries [J]. Acta Obstetricia et Gynecologica Scandinavica，1998，77（1）：63-67.

④ STANIEC JFO，WEBB NJ. Utilization of infertility services：how much does money matter? [J]. Health services research，2007，42（3Part1）：971-989.

源，且能够妥善处理可能产生的问题。实施人工授精前应当征得妇女配偶或同居者之同意，并允许配偶或同居者随时撤销其书面同意，撤销表示到达医师时生效。捐赠者健康且已婚，年龄小于50岁，捐精决定须告知其妻子。同一捐赠者只能成为六个供精人工授精子女的生物学父亲，且对子女不享有法律权利。供精人工授精只能在公立医院由妇产科医生实施，在非法医疗机构接受供精人工授精的妇女不直接受罚但无法享受政府买单的费用减免。禁止一个月经周期内使用两个或以上捐精者的混合精子，也不得使用已故捐赠者的精子。与收养不同，实施人工授精由国家付费。禁止匿名捐赠，捐赠者档案须保存70年。供精人工授精子女在其身心足够成熟且具有判断力时，有权在施术医院与福利机关帮助下获知基因父亲的身份。人工授精资料应当对外保密，当因所生子女的身份发生纠纷时，施术医疗机构有义务依据法院裁判提供相关档案。推定父亲提起否认之诉、认领无效之诉或确认父子关系之诉时，施术医院有义务提供相关资料。①

2. 不断完善《体外受精法》

瑞典《体外受精法》1988年实施后，经过2002年（允许体外受精合并配子捐赠）、2005年（授权同性恋夫妻接受体外受精）两次修订逐步完善。授精委员会在完成人工授精报告后即开展体外受精立法调研，全面评估体外受精、捐卵、代孕、特殊人群（单身妇女与女同性恋者）助孕的医学、伦理、法律、社会与心理问题，1985年年初授精委员会发布《通过体外受精所生子女》的调研报告，对在1983年报告中一笔带过的卵子捐赠进行详细分析，表达了对体外受精的高度谨慎，尤其是对配子捐赠合并体外受精问题的敏感，认为单独使用捐赠精子已经远离自然生殖，供精人工授精与体外受精结合更加令人担忧，因此建议对不孕症治疗设置门槛，禁止非医学需要的体外受精，只允许精子与卵子来自社会父母的体外受精。基于此，《体外受精法》规定了严格的体外受精条件，仅对配偶或同居者适用体外受精，禁止代孕和第三方参与，反对使用捐赠精子与卵子实施体外受精。这使瑞典成为20世纪除德国外人类辅助生殖临床应用规定

① Insemination Act-Lag（1984：1140）om insemination（Revision 2002/253，2005/443，2006/351）.

最严的国家。[①] 严苛的法律限制固然堵塞了诸多伦理法律难题，但同时向部分患者关闭了希望之门，许多夫妻苦于法律的限制不得不面对巨额的花费、语言的困难与伦理法律问题出国寻求治疗。因此，法律招来不孕夫妻特别是妇女患者的强烈不满与抵制。为此，瑞典 2002 年与 2005 年先后两次修订《体外受精法》，逐步放宽受术禁忌，扩大受术主体，2002 年修正案是开放异质体外受精，允许捐卵与捐精合并体外受精（但一个治疗周期内不得同时使用捐赠的卵子与精子），2005 年修正案是批准同性恋夫妻接受辅助生殖。

法律的修订得益于瑞典国家医学伦理委员会（Swedish National Council on Medical Ethics，SMER）的推动。《体外受精法》实施后，社会对异质体外受精禁令十分不解，尤其不能接受卵子捐赠禁令。为了回应社会的争论，瑞典国家医学伦理委员会对包括卵子捐赠在内的不同辅助生殖方法的伦理问题进行广泛调研，并于 1995 年向国家卫生与福利委员会提交题为《辅助生殖》的调研报告，建议开放异质体外受精，理由是：捐精体外受精与供精人工授精没有本质差异，没有必要进行差别对待；至于卵子捐赠，法律限制不仅严重损害男女平等——《体外受精法》禁止妇女通过接受赠卵成为母亲，而《人工授精法》允许不孕男性通过受赠精子成为父亲，而且迫使妇女赴英国和意大利等国家寻求卵子捐赠，助长跨国生殖旅游，加剧医疗不公。因而瑞典国家医学伦理委员会建议向妇女开放卵子捐赠（绝经期妇女除外），并规定经历十月怀胎之苦的妇女（非法代孕者除外）是子女的生母，即便生产者不是子女的遗传学母亲。当然“试管婴儿”与供精人工授精子女一样，有权在成年后获知其遗传学母亲身份。但是瑞典国家医学伦理委员会建议禁止捐卵体外受精合并捐精体外受精，因为这实际上是一种胚胎收养行为，夫妻完全可以去收养子女，而不必耗时耗力并承受怀胎之苦生育与自己没有基因联系的子女。关于冷冻受精卵（胚胎）处分权之争，瑞典国家医学伦理委员会认为胚胎应当由准父母共同所有，如果夫妻一方死亡，对方无权使用冷冻胚胎；关于胚胎冷冻的时限，瑞典国家医学伦理委员会建议从目前的 1 年延长至 5 年，这样既有利于延长妇女治疗时间与增加治

---

① HAMBERGER L，WIKIAND M. Regulations and results concerning assisted reproduction in Sweden [J]. Journal of assisted reproduction and genetics，1993，10 (4)：243 - 248.

疗次数，也不至于使冻融胚胎出生后与其他兄弟姐妹年龄差距过大。

2001年，瑞典国家卫生与福利委员会草拟的《体外受精法》修订稿采纳了瑞典国家医学伦理委员会的建议，允许用捐赠卵子或捐赠精子进行体外受精治疗。除了基督教民主党，所有党派都赞成这个草案，并最终促成瑞典议会2002年4月批准了草案。修订后的法律于2003年1月1日生效。国家卫生与福利委员会颁布的《辅助受孕实施办法与技术指南》(Regulations and Guidelines on Assisted Conception，SOSFS 2002：13）亦于同日实施，旧的实施办法同时废止。

与此同时，议会委员会也就同性伴侣的生殖权问题发布了题为《同性恋家庭中的儿童》的调研报告，认为登记为合法伴侣的同性恋夫妻可以为收养子女提供一个良好的成长环境，满足这些子女的特殊需要。这一结论直接导致2002年6月议会通过《伴侣关系与收养法案》(Act on Partnership and Adoption)，2003年2月《伴侣关系与收养法案》生效后，登记注册的同性恋夫妻拥有与异性夫妻相同的收养权，而且，伴侣一方可以收养另一方的子女（不论该子女是其伴侣的生物学子女还是养子女）。为了配合《伴侣关系与收养法案》的实施，司法部建议批准女同性恋夫妻使用辅助生殖，子女基因母亲（genetic mother）的伴侣应当自动成为子女的第二家长，精子捐赠者在基因母亲同意的情况下也可以拥有父权。① 以此为基础的《人工授精与亲子关系》议案建议《人工授精法》与《体外受精法》适用于同性伴侣。根据这个议案，2005年版《体外受精法》规定基因母亲的伴侣或同居者为子女的父亲，但是这种亲子关系须经法庭确认。这种安排仅适用于出生于瑞典卫生保健体制下的子女，如果子女是在国外出生或私自受精所生，母亲的伴侣或同居者要成为法律父亲就不得不收养子女。

另外，上述法律规范只调整大学附属医院的体外受精，法律允许女同性恋与异性夫妻（含同居关系）接受胚胎冷冻、生殖细胞捐赠与基于筛查遗传病的胚胎选择服务；禁止卵子分享；禁止匿名捐赠；鼓励单胚胎移植，在特殊情况下至多移植2个胚胎；每个捐赠者最多有6个受孕记录。

---

① Nordic Council of Ministers. Assisted reproduction in the Nordic countries：a comparative study of policies and regulation（TemaNor 2006：505）[M]. Copenhagen：Nordic Council of Ministers，2006：24.

3. 最新进展：《基因人格法》

瑞典偏居北欧一隅，科技创新能力与创新水平却誉满全球。根据欧盟发布的全球创新排行报告，瑞典是欧盟综合创新的领跑者之一，在国家科技创新体系的支持下，瑞典生命科学研究及其技术产业突飞猛进，生命科技法也不断健全。20 世纪末人类基因组计划启动伊始，瑞典率先颁布《用于医学筛查的基因技术法》与《受精卵使用法》，分别规范高新生命技术的临床转化及其相关的基础研究。进入 21 世纪，生物技术创新提速，分子遗传学取得了巨大发展，瑞典人类遗传资源开发与保护势头强劲①，为了规范大型遗传资源库的标准化与国内外共享，瑞典加快了立法步伐，密集颁布了《医疗保健中的生物银行法》（Act on Biobanks in Medical Care，2002：297）与《涉及人的研究的伦理审查法》（Act concerning the Ethical Review of Research involving Humans，2003：460）等法律。上述法律把瑞典的生命科学研究及其临床应用纳入合理的法律框架，使得医学基础研究、临床验证与应用得以安全有序地进行，并预示着公共健康与医疗领域中的变革。这种分散型、单独立法模式各自独立规定，灵活性、针对性与适应性很强，可以根据需要对社会上的新型问题予以规定，并可因时制宜，随时修订。但这种立法模式造成了立法的随意性与草率性，导致各单行法内部及单行法之间存在诸多不协调之处，特别是造成管控实验室与规范临床转化的法律的人为割裂。

在这种背景下，瑞典审时度势，改变分别立法模式，出台了《基因人格法》（或称 2006 年法案）②，将规范辅助生殖治疗及涉及人的生物医学研究的规范统一起来，并以法律的终极目标“基因完整”（Genetic Integrity）命名。③ 2006 年 7 月 1 日《基因人格法》正式生效，《人工授精法》、《体外受精法》、《用于医学筛查的基因技术法》与《受精卵使用法》等相

① 张育军，叶磊，高芳芳，等．生物样本库建设是临床医学研究的基石 [J]. 转化医学杂志，2014，3（6）：347－355.

② The Genetic Integrity Act（2006：351）（Revision 2009/262，2010/674，2010/1297）.

③ “Integrity”一词有“完整”“健全”“正直”“诚实”之意，在某些国际法律文件中与“dignity”同义，也有“人格尊严”之意，鉴于该法确实旨在通过保护“基因完整”维护“人格尊严”，本书将该法翻译为《基因人格法》。

关法律同时废止。

（二）现行《基因人格法》的主要制度

现行《基因人格法》部分条文历经多次修订更新，但始终把保护个人的基因完整、自我同一性与独特性作为贯穿生物医学研究与辅助生殖治疗的基本准则，原《人工授精法》与《体外受精法》分别规定在第六章与第七章，现行《基因人格法》的主要制度如下。

1. 法案的宗旨、适用范围以及与相关法律法规的衔接

《基因人格法》明确了对某些医用生物技术进行法律限制的效力，以保护个人的完整性与独特性免遭彻底破坏。这些技术活动也是《基因人格法》的适用范围，具体包括：遗传资源调查，遗传信息与基因治疗，普通医学筛查中的遗传资源调查，产前基因诊断与植入前遗传学诊断，使用人类卵子进行研究或治疗的措施，人工授精，体外受精，人类生物材料买卖等。患者自决权与医疗平等权适用《健康与医疗服务法》（Health and Medical Services Act，1982：763）；医务人员的法律义务遵守《健康与医疗服务（专业人员行为）法》[Health and Medical Services (Professional Activities) Act，1998：531]；《医疗保健中的生物银行法》调整基于特定目的的人类生物材料收集、存储与使用；《涉及人的研究的伦理审查法》保护研究中的个体与尊重人类尊严；除非本法或本法发布的实施办法另有规定，个人基因数据的处理适用《个人数据法》（Personal Data Act，1998：204），该法的目的是在处理个人数据时防范人格完整免受侵犯。

2. 遗传资源调查及其信息使用以及基因治疗制度

（1）遗传资源调查及相关信息使用。除非法律明文规定，任何一方不得以另一方应当参与遗传资源调查或提供其遗传信息作为协议的条件（不适用于家庭法领域，适用于保险领域的规则从 2007 年 1 月 1 日生效），任何一方不得调查与使用相关协议另一方的基因信息（不适用于家庭法领域，适用于保险领域的从 2007 年 1 月 1 日生效）；任何人未经许可不得对获取另一方遗传信息施加影响。

（2）保险中遗传信息的使用。为了签订、修订或更新协议，保险公司查询或使用投保人遗传信息，应当符合下列条件：被保险人年满 18 周岁，在一次保险赔付事件中应付金额是一次性给付且超过《国家保险法》规定

金额的30倍，或应付金额是定期给付且超过每年基本金额的4倍。

（3）普通医学筛查中的遗传资源调查制度。实施遗传资源调查应当得到国家卫生与福利委员会的许可；如果遗传资源调查旨在探索严重疾病信息或其他特别重要的医疗保健信息，可依据“许可要求”条款得到许可授权（无视相关条件或有其他特殊理由，许可授权应当被撤销）。许可授权应当特别考虑以下情形：计划好的调查是揭示或排除可预防的疾病风险，或存疑疾病是可治愈的；该调查被认为有助于明显揭示存疑疾病的高风险；那些负责并进行调查的人具备必需的能力，并且关于调查参与者的基因情况的资料的完整性保护令人满意。

（4）基因治疗制度。不得实施用于研究或治疗目的、使人类遗传基因改变的实验，也不得使用改变人类遗传基因的治疗方法。

3. 产前诊断、产前基因诊断与植入前遗传学诊断制度

（1）产前诊断。应当向所有孕妇提供关于产前诊断的一般信息。应当向有可能怀有残障子女的孕妇提供产前基因诊断的详细信息。孕妇收到信息之后经与其医生磋商决定是否接受产前诊断或产前基因诊断。孕妇应当接受关于胎儿健康状况产前诊断的所有信息；不涉及胎儿健康状况的资料只向提出要求的孕妇提供。

（2）胚胎植入前遗传学诊断。植入前遗传学诊断只用于男性或女性有严重的单基因遗传或染色体遗传病易感性的情况。治疗不能用于选择特征，只是为了防范孩子有遗传存疑疾病或障碍之虞。

4. 用于研究或治疗的人类卵子使用措施

（1）使用受精卵或供体细胞核移植的卵子，须向卵子、精子或体细胞捐赠者告知该措施的目的，并在告知后得到知情同意（本规定也适用于辅助生殖受精）。

（2）涉及人的研究的伦理审查，适用《涉及人的研究的伦理审查法》，关于“相关信息”与“知情同意”适用该法的第16、17和19节的规定。如果发生辅助生殖受精，研究对象应当与夫妻治疗中非卵子或精子捐赠者的妇女或男子同等对待。

（3）基于研究或治疗宗旨的受精卵实验及用于体细胞核移植的卵子，应当在受精或核转移后14天之内实施。如果受精卵或用于体细胞核移植

的卵子已用于这样的实验，应当于实验完成时及时销毁。

（4）受精卵或用于体细胞核移植的卵子可在冷冻状态下保存最多5年或由国家卫生与福利委员会决定的更长时期（如果有特殊理由，国家卫生与福利委员会可以依法同意延长冷冻存储时间）。卵子冷冻时间不包括依法进行的实验期间。

（5）如果受精卵已用于研究性或医疗性实验，该卵子不得再植入妇女体内；同样，如果卵子在受精前或用于受精的精子已用于这样的实验，或者如果该卵子已经用于体细胞核移植也不得再植入妇女体内。

5. 人工授精与体外受精制度

（1）治疗条件。卵子或精子的捐赠者应当达到一定年龄。捐赠者应当提供书面知情同意该卵子被授精或该精子被用于授精。授精以前，捐赠者可以撤销他或她的同意。如果妇女已婚或同居可以接受人工授精。人工授精需要配偶或同居者作出书面知情同意。将受精卵植入已婚或有稳定同居关系的妇女体内需要在公立医院实施，且需要得到其配偶或同居者的书面知情同意①；如果需要第三方提供卵子，则应当使用其丈夫或同居者的精子与该卵子受精。没有国家卫生与福利委员会的许可，不得进口冷冻精子。

（2）实施治疗的医疗机构。没有国家卫生与福利委员会的授权，实施来自一个男人的精子与未与之结婚的妇女或未与之同居的妇女的人工授精只能在公立医院由妇产科医生实施。没有国家卫生与福利委员会的授权，使用妇女配偶或同居者的精子与该妇女的卵子受精只能在公立医院进行。该规定也适用于植入受精卵的妇女。如果卵子不来自该妇女或如果该精子不来自该妇女的丈夫或同居者，卵子的受精与植入只能在大学附属医院或有医师培训项目的医院进行。

（3）特别审查。医生应当根据配偶或同居者的医疗、心理与社会环境评估其是否适合接受异质人工授精或体外受精。如果人工授精或体外受精被拒绝，配偶或同居者可以请求国家卫生与福利委员会重新评估。子女最佳利益是《基因人格法》的基础，但是法律规定却含混不清，只规定：人工授精或体外受精只能在未来的孩子被认为有良好成长环境的情况下才可以实施。

① Registered Partnership Act，1994：1117.

(4) 供精(卵)者的选择。实施供精人工授精或异质体外受精，医生应当选择合适的供精者。来自已故捐赠者的精子(卵子)不能用于人工授精或体外受精。

(5) 知情权。使用妇女配偶或其同居者以外男人的精子为妇女施行人工授精的，所生子女如果已足够成熟，有权获得医院特别档案中记录的捐赠者信息(本条也适用于使用该妇女以外妇女的卵子或该妇女配偶或同居者以外男人的精子通过体外受精所生的子女)。如果某人有理由相信孩子是经由人工授精或体外受精方式所生，则他有权请求国家卫生与福利委员会帮助他查明特殊档案是否有相关记录(根据法不溯及既往原则，1985年3月1日以前捐精者捐赠的精子不适用上述规定)。供精(卵)者的资料应当记录在特殊档案中且至少保存70年。

(6) 向法院提供信息的义务。按照《亲子法》的规定，在关于父权(paternity)或母权(parenthood)认定的案件中，如果有必要获知人工授精或体外受精的现存资料，施术负责人或其他保管资料的人有义务按法院要求披露有关信息。

违反上述法律规定应当处以罚款或一定时间的监禁。如果为了营利，从生者或死人或流产胎儿的组织中提取、交换、接受或获取生物材料，处以罚款或2年监禁。那些使用或利用这些材料进行移植者也应当受到上述处罚。用于犯罪的生物材料应当没收，犯罪的所得也同样没收。

(三) 瑞典辅助生殖法的特点

瑞典辅助生殖法的总体特点是限制辅助生殖技术的使用。限制成人的辅助生殖治疗权是为了保护后代健康与平衡代际利益。这一政策是瑞典人口与社会发展的必然选择。瑞典是世界上人口自然增长率最低、平均预期寿命最长与老龄化程度最高的国家之一，这种趋势仍将持续一段时间。同时，瑞典又是一个高税收的福利制国家，人口老龄化将直接导致纳税人口的减少与养老、医疗保健需求的增加，从而威胁整个社会福利体系。在这种背景下，如何既保障成人的生殖权又保护子孙后代的利益就成为瑞典的重要目标。这种限制具体表现如下。

1. 谨慎处理胚胎问题，避免胚胎伦理之争

辅助生殖领域无法回避敏感的胚胎问题。但是，瑞典生物科技法始终

没有出现“胚胎”术语。例如《体外受精法》规定：“为了保护生命与健康……”《受精卵使用法》规定：“受精卵或用于体细胞核移植的卵子可在冷冻状态下保存最多 5 年或由国家卫生与福利委员会决定更长的时间。”《基因人格法》也禁止受精卵捐赠（主要考虑到这种治疗方法下孩子与准父母无基因联系）。笔者认为，以“受精卵”取代“胚胎”只是立法者的语言策略。法律语言作为法律规范的表达工具，不仅表征着法律规范的正当性，承载着立法者的倾向性意见，而且是法律配置社会资源与分配权力的一种手段①，是立法者通过语言技术授予某机构以最广泛的裁量权的一种策略。② 出于某种策略考虑，立法者通常利用模糊性语言的包容性与开放性，以彰显与强调立法者对某一领域或问题的优先考虑，或回避某种立法领域的争论或难题，以增加法律的前瞻性、稳定性与社会适应性，从而确保法律价值的实现。用“受精卵”取代“胚胎”，正是为了回避复杂的胚胎伦理之争。瑞典遗传完整委员会在研究报告《干细胞研究法律规制》中也曾直言法律语言的策略意义：语言是影响思想的强大力量，应当慎用胚胎术语，受精卵是描述受精后生命的最合适的术语。显然，这种策略对为瑞典成功赢得生物科技“创新国家”一席之地的干细胞研究有很大的推动作用，这样的地位要求营造一个有利于胚胎干细胞研究的宽松法律环境。③ 很明显，瑞典辅助生殖政策设计反映了其在生物技术上的优先考虑。瑞典处理胚胎问题的审慎态度还表现在胚胎移植的数量限制上。为了降低多胎妊娠及其造成的风险，瑞典医学界一直致力于提高单胚胎移植技术的成功率④，现在单胚胎移植已成为标准化的移植方案。只有 38 岁以

① 周少华．法律中的语言游戏与权力分配［J］．法制与社会发展，2006（5）：51－64.

② 劳伦斯·M．弗里德曼．法律制度［M］．李琼京，林欣，译．北京：中国大百科全书出版社，1994，308.

③ ROTHMAYR C，VARONE F，SERDUELT U，et al. Comparing policy design across countries：What accounts for variation in ART policy？［C］//IVAR B，MALCOLM L，GOGGIN，et al. Comparative biomedical policy：governing assisted reproductive technologies［M］. London：Routledge，2004：246.

④ VILSKA S，TIITINEN A，HYDEN-GRANSKOG C，et al. Elective transfer of one embryo results in acceptable pregnancy rate and eliminates the risk of multiple births［J］. Human reproduction，1999，14（9）：2392－2395.

下妇女多胎生产风险降到最低的情况下才可以考虑双胚胎移植。① 2003年，瑞典国家卫生与福利委员会曾发布一份指南建议单胚胎移植，当政府将草案提交通过的最后阶段，立法者认为这条规定不需写进法律，但应当由瑞典国家医学会（Swedish Society of Medicine，SSM）监管，且所有体外受精诊所都要遵守这条规定。②

2. 奉行不保护代孕政策

瑞典长期奉行反代孕政策。这一政策最早可追溯到20世纪80年代，授精委员会的两份报告都建议不开放受精卵捐赠③，以堵塞变相代孕的通道。《体外受精法》接受了这一建议，但未明确禁止代孕。这样做可能是为了避免造成非此即彼的逻辑困境。④ 《基因人格法》则明确禁止代孕，该法第七章第三部分规定：将受精卵植入已婚或有稳定同居关系的妇女体内需要在公立医院实施，且需要得到其配偶或同居者的书面知情同意；如果需要第三方提供卵子，则应当使用其丈夫或同居者的精子与该卵子受精。这一规定实际上是禁止在公立医院实施代孕。在这种背景下，不满足于在私立医院与国外进行代孕的瑞典人不断呼吁代孕合法化。瑞典政府开始考虑代孕合法化的可行性。但是，瑞典国家医学伦理委员会2010年的伦理调查结论显示分歧仍然很大。支持者认为：对不能怀孕的妇女与男同恋群体来说，代孕不失为一个为人父母的机会。因此，在特殊条件下，利他性代孕作为一种辅助生殖方式在伦理上是可以接受的。这个条件是：代孕者与准父母有密切关系，曾生产过且有子女，与所生子女无基因联系；所生子女应当自幼被告知是如何出生的，长大后有权知道生产母亲信息。反对者认为：代孕在某种意义上使人沦为他人的手段，有损人类尊严。代

① KARLSTRÖM PO，BERGH C. Reducing the number of embryos transferred in Sweden：impact on delivery and multiple birth rates [J]. Human reproduction，2007，22（8）：2202 - 2207.

② SVENSSON A，CONNOLLY M，GALLO F，et al. Long-term fiscal implications of subsidizing in-vitro fertilization in Sweden：a lifetime tax perspective [J]. Scandinavian journal public health，2008，36（8）：841 - 849.

③ Barn genom befruktning utanför kroppen（SOU 1985：5）. Betänkande av inseminationsutredningen [R] . Stockholm：Justitiedepartementet，1985：10.

④ STOLL JANE. Surrogacy arrangements and legal parenthood：Swedish law in a comparative context [M]. Uppsala：Juridiska Institutionen，2013：108 - 114.

孕与代孕协议的后果存在诸多不确定性与风险。如果代孕者反悔不愿放弃孩子或准父母拒绝接受孩子都可能对子女产生不良影响。即便是利他性代孕长久以往也可能演变为商业性代孕，从而导致对弱势妇女的剥削。基于以上原因，瑞典国家医学伦理委员会委员一致认为：商业性代孕有剥削妇女之嫌，并且造成生育过程与所生子女的商业化，损害代孕者的自决权与自主原则，得不到伦理辩护。但是，在国外借助代孕所生子女应当与其他子女具有同等地位。①

3. 禁止单身妇女接受辅助生殖

瑞典作为性别平等与少数人权利保护先驱者，是西方国家单身母亲比例（48.2%）最高的国家之一②，但是，瑞典的单身妇女无缘接受辅助生殖。根据瑞典法律，将妇女卵子与丈夫或伴侣的精子受精后植入另一个妇女子宫违法，但是捐赠卵子或精子合法，只是接受精子或卵子的妇女应当已婚或有同居伴侣（含同性伴侣）。这就是说，瑞典辅助生殖的对象已放宽到只剩下单身妇女无权使用辅助生殖技术。禁令迫使许多瑞典单身妇女到国外寻求服务。随着自由主义思潮的发展，近年来瑞典再次掀起单身妇女生殖合法化运动，议会的中间派、自由派与温和派都支持修订法律，认为“是否适合为人父母并不完全取决于其稳定的关系”，然而基督教民主党坚决反对草案“剥夺孩子拥有双亲的权利”，2009 年 2 月 24 日，立法机关决定暂缓投票 3 年后，草案再次提交审议，但无果而终。2012 年 3 月，大多数议员力促赋予单身妇女生殖权。瑞典国家医学伦理委员会则建议，议会通过法案前应当优先进行伦理考虑，充分评估单身妇女的社交网络、接受治疗可能产生的不同结果以及所生子女的心理健康与社会适应性等。③

4. 尊重与保障捐赠所生子女的基因知情权

瑞典辅助生殖法最令世界瞩目的是赋予供精人工授精子女与亲生子女

① Swedish National Council on Medical Ethics. Assisted reproduction-ethical aspects（Summary of a report）[R/OL]. [2013 - 12 - 17]. http://www.smer.se/wp-content/uploads/2013/03/Slutversion-sammanfattning-eng-Assisted-reproduction.pdf.

② LANDAU R. Assisted reproduction in Israel and Sweden: parenthood at any price? [J]. International journal of sociology and social policy, 1996, 16 (3): 29 - 46.

③ 同①.

或养子女同等法律地位，特别是保护（异质）辅助生殖子女的基因知情权。在瑞典，基因知情权是一项法定权利。《辅助生殖实施办法与技术指南》第十章的标题为“儿童的基因知情权”，《基因人格法》第六章与第七章则称为“知情权”（right to information），这一术语来自国家卫生与福利委员会立法委员会2002年提交的《体外受精法》修订稿，原为“儿童的知情权”（child's right to information），后来考虑到知情权的主体也包括成人，遂改成现在的概念，但是内涵与外延都没有任何改变。《基因人格法》规定：使用非妇女配偶（同居者）的精子为妇女人工授精所生子女足够成熟时有知情权，任何确信自己生于供精人工授精的人也有这一权利。这一规定同样适用于使用该妇女以外妇女的卵子或使用该妇女配偶或同居者以外男人的精子通过体外受精所生子女。但是，通过私人安排或生殖旅游的辅助生殖活动在瑞典为非法，这种情况下所生孩子的知情权当然无法得到保障，同样，父母与捐赠者没有办法知晓对方的身份，捐赠者也无从知晓捐赠后代的身份。

三、挪威：颁布全球首部综合性的辅助生殖法

挪威辅助生殖立法较早，紧跟瑞典领先世界，1987年颁布世界首部同时囊括人工授精与体外受精的《人工授精法》，1994年辅助生殖法并入新颁布的《医用生物技术法》。挪威辅助生殖法以严格著称，具体包括禁止单身妇女与同性恋者使用人工受孕，禁止卵子与胚胎捐赠、胚胎研究，禁止代孕，设置受术者的资格与实施人类辅助生殖的条件，厘定人类辅助生殖的合法种类，加强辅助生殖技术应用的监管，从而严格限制辅助生殖服务的可得性以及医务人员的专业自主性①，法律特别要求精子捐赠者的身份应当保密，也不应告知精子捐赠者所生孩子的身份。

（一）20世纪80年代的《人工授精法》

从20世纪80年代开始，生物技术逐渐成为挪威政治议题的突出问

① BLEIKLIE I. Legislation for protection: why Norway designed restrictive policies in the field of ART [C] //IVAR B, MALCOLM L, GOGGIN, et al. Comparative biomedical policy: governing assisted reproductive technologies [M]. London: Routledge, 2004: 209-227.

题，进而催生《人工授精法》。早在挪威第一例“试管婴儿”在特隆赫姆医院诞生的第二年（1985 年），挪威议会卫生与社会事务委员会（Parliamentary Committee of Health and Social Affairs）就要求政府准备人工授精与体外受精立法草案。此时正值激烈的流产合法化问题大讨论之际。曾强烈反对《流产法》的基督教民主党在挪威辅助生殖政策与立法中发挥着重要作用。① 围绕辅助生殖的争论给基督教民主党再次提供了一个强烈呼吁尊重人类尊严，特别是未出生者生命的机会。② 在这一观点的影响下，《人工授精法》明确表达了人类辅助生殖技术应用的核心目标：保护未出生者生命尊严与防范人类健康免受威胁。这一宗旨奠定了挪威辅助生殖立法的伦理基础。

《人工授精法》的主要内容如下：（1）人工授精只能由社会事务部（Ministry of Social Affairs）特别授权的机构实施。（2）只有依法授权实施人工授精的机构方可冻存精子与受精卵。进口精子应当得到卫生署（即后来的卫生部）的批准。受精卵只能用于植入妇女子宫且不得保存 12 个月以上。禁止冷冻未受精卵。禁止受精卵用于研究。（3）只能对已婚妇女实施人工授精。治疗前应当得到妇女及其丈夫的书面知情同意。只有当丈夫不育或有严重遗传性疾病时方可实施人工授精。（4）人工授精治疗决策由医生作出，且须对受术夫妻进行医学与心理评估。受术夫妻应当被告知治疗带来的医学与法律后果。精子捐赠者也由主治医生选择，受术夫妻不能影响医生的决策。（5）医疗人员有责任对精子捐赠者的身份保密。精子捐赠者也不应被告知受术夫妻或所生子女的身份信息。（6）体外受精只能在妇女不孕时实施，且只能使用受术夫妻自己的配子。受精卵只能植入排卵妇女子宫。（7）违法故意实施人工授精、保存卵子或精子或从事研究，应当处以罚款或 3 个月以下监禁。（8）如果接受人工授精妇女的丈夫同意

---

① KALLERUD EGIL. The ambiguity of progress—biotechnology in Norway [C] // HÄYRINEN-ALESTALO M, KALLERUD E. Mediating public concern in biotechnology: a map of sites, actors and issues in Denmark, Finland, Norway and Sweden [M]. Oslo: Norwegian Institute for Studies in Research and Higher Education, 2004: 85 - 100.

② BLEIKLIE I. Legislation for protection: Why Norway designed restrictive policies in the field of ART [C] //IVAR B, MALCOLM L, GOGGIN, et al. Comparative biomedical policy: governing assisted reproductive technologies [M]. London: Routledge, 2004: 212 - 216.

授精，则丈夫无正当理由应当被视为父亲，精子捐赠者不视为子女的父亲。①

《人工授精法》内容简单粗疏，却是北欧第一部同时涵盖人工授精与体外受精两种技术的辅助生殖法。② 法案给辅助生殖设置了许多限制与禁令，诸如禁止卵子与胚胎捐赠、胚胎研究、卵子冷冻，限制已婚夫妻使用辅助生殖等。但是即便这样，基督教民主党党员与中间党派仍投票反对这个法案，认为法案过于宽容③，随即围绕 1987 年法案展开激烈的辩论，挪威议会要求劳工政府提交一份关于生物技术研究与发展伦理指导方针的报告，从此，生命伦理道德之争就逐渐演化成体外受精及其他医用生物技术规则的竞技场。④ 分歧的结果是挪威政府任命两个伦理委员会——1987 年 6 月成立的生物技术委员会（Biotechnology Committee）和 1988 年 4 月成立的伦理委员会（Ethics Committee），并且产生两个独立的生物技术法——1993 年 4 月的《基因技术法》（Gene Technology Act）调整生物技术的卫生、安全与环境方面，1994 年 6 月的《医用生物技术法》解决生物技术的医学应用问题。⑤

（二）20 世纪 90 年代的《医用生物技术法》

《医用生物技术法》经历了一个全面、彻底的立法准备过程，并在通过前就现代医学生物技术开发与应用的社会层面展开广泛的辩论，其中道德争论尤为激烈，并在某些方面造成挪威社会公众的重大分歧。1990 年

---

① Current European laws on gamete donation（Norway：Law No. 68 of 12 June 1987 on artificial fertilization）[J]. Human reproduction，1998，13（Suppl 2）：122-123.

② BLEIKLIE I. Legislation for protection：why Norway designed restrictive policies in the field of ART [C] //IVAR B，MALCOLM L，GOGGIN，et al. Comparative biomedical policy：governing assisted reproductive technologies [M]. London：Routledge，2004：209.

③ 同②215-216.

④ NIELSEN，HVIID T，et al. Norway：biotechnology and sustainability [C] //Gaskell G，Bauer M. Biotechnology 1996-2000—the years of controversy [M]. London：Science Museum，2001：269.

⑤ KALLERUD EGIL. The ambiguity of progress—biotechnology in Norway [C] // HÄYRINEN-ALESTALO M，KALLERUD E. Mediating public concern in biotechnology：a map of sites，actors and issues in Denmark，Finland，Norway and Sweden [M]. Oslo：Norwegian Institute for Studies in Research and Higher Education，2004：87-88.

11月伦理委员会发布的调研报告《人类与生物技术》(On Humans and Biotechnology，NOU 1991：6) 奠定了《医用生物技术法》的基础。虽然政府力图放宽1987年法案的限制，但是被挪威议会驳回，《医用生物技术法》最终还是“向更宽容的方向小心迈进”①。《医用生物技术法》秉承《人工授精法》的宗旨：法案的目的是基于作为我们西方文化遗产一部分的道德规范，确保生物技术的医学应用裨益于包容性社会的每个人，以尊重人类尊严、人权与人格完整为原则，以及不因其基因背景而遭受任何形式的歧视。具体表现为：(1) 控制现代生物技术固有的危险及其风险的可能性；(2) 调整“病人”(夫妻) 的利益与他们的法律地位；(3) 平衡与患者、医学与研究的利益相悖的社会集体利益，并在保持这种平衡中作出明智选择；(4) 实现复杂伦理问题的明智法律解决方案。《医用生物技术法》适用于涉及人的生物技术的医学应用，包括辅助生殖技术与其他医用生物技术，主要内容如下。

1. 辅助生殖

(1) 受术者条件。这是一个富有争议的问题，鉴于在挪威同居而不结婚很常见，《医用生物技术法》规定：辅助受孕治疗适用于已婚或与某男子有稳定伴侣关系的妇女。在立法准备阶段立法者还讨论过人工授精是否应当提供给单身妇女（或女同性恋者）。但是，《医用生物技术法》要求妇女与一个男子生活在一起。换句话说，这个选项不适用于单身妇女，亦不包括生活在一个稳定关系中的两个妇女。

(2) 治疗前的性别选择。《医用生物技术法》规定：治疗前只有妇女可能是伴性遗传病携带者方可预先选择子女的性别。这条规则也适用于妇女配偶与同居者的精子以及捐赠者的精子携带伴性遗传病的情况。当然，这些情况下也应当满足人工受孕的其他先决条件。挪威法律禁止影响子女性别的精子处理，其动机在某种程度上是考虑性别平等：无论性别比是否具有更大的价值，也没有理由把医疗资源用于满足基于性别歧视的个人意愿。

① BLEIKLIE I. Legislation for protection：why Norway designed restrictive policies in the field of ART [C] //IVAR B，MALCOLM L，GOGGIN，et al. Comparative biomedical policy：governing assisted reproductive technologies [M] . London：Routledge，2004：217.

（3）供精人工授精与体外受精的适用条件。当丈夫或伴侣患有不孕症并且是某种遗传病的携带者时方可实施供精人工授精；当妇女是前述伴性遗传病携带者的特殊情况下也可实施供精人工授精。当妇女或其丈夫或伴侣是不孕症患者或在原因不明的不孕症或携带严重遗传病的情况下方可实施体外受精，但只能使用受术夫妻自己的精子与卵子，无论是卵子捐赠还是精子捐赠都不允许用于异质体外受精。捐赠者应当是一个身心健康的年轻人，不是遗传病或传染疾病的携带者。但是《医学生物技术法》既没有要求捐赠者进行基因检测，也没要求捐赠者以已生育健康小孩来证明其生育能力。

（4）精子捐赠者、子女与受术夫妻的身份。精子捐赠者、受术夫妻与子女的身份是一个敏感且颇多争议的话题。挪威《人工授精法》并没有沿袭瑞典《人工授精法》的实名捐赠制，而是采用以保护捐赠人隐私为宗旨的匿名捐赠制。进入20世纪90年代，随着挪威批准加入《儿童权利公约》，该公约中子女有权知悉其基因来源条款对挪威产生法律拘束力，废除匿名制的呼声随之高涨。[①] 对保密规则的批评是捐精者的匿名权妨碍子女知道他或她的亲生父亲。立法准备文件指出：精子捐赠者应当同意他的精子用于其他妇女的受精，但不能对所生子女享有权利或履行义务。他也应当被告知他的身份与子女的身份将被保密。在冷冻保存其精子的情况下也应当征得其同意。禁令是为了避免捐赠者与子女之间产生情感或法律联系。基于此，《医用生物技术法》重申捐赠者的匿名权，规定：开始治疗前，主治医生应当获得妇女及其丈夫或伴侣的书面同意；应当确保同意书在开始治疗时是有效的，应当告知受术夫妻治疗的医疗与法律后果。医务人员不得披露精子捐赠者的身份，也不可将受术夫妻或子女的身份信息泄露给精子捐赠者。

（5）配子与胚胎的保存与使用。禁止胚胎植入产生卵子妇女以外妇女体内，禁止异质体外受精，禁止受精卵用于研究，禁止保存受精卵，这适用于任何目的（如研究）的存储（立法者认为冻存非受精卵不破坏染色体

---

① 杨信尊，潘荣华．北欧各国配子捐赠制度及其对我国的启示［J］．南京医科大学学报（社会科学版），2015（2）：98－103．

材料是不可能的）。只有依法被授权实施体外受精的机构方可保存胚胎，但是，胚胎保存不得超过3年（此前的最长存储时间是1年）。3年后受精卵应当销毁。

（6）辅助生殖治疗的许可。合法的治疗形式应当得到卫生部的许可；卫生部决定是否许可前应当依法提交生物技术咨询委员会评议。生物技术咨询委员会基于1989年6月基督教民主党成员向挪威议会提出的基因科技监管建议，于1991年由政府设立。生物技术咨询委员会的任务是评估现代生物技术的社会与伦理问题与可持续发展的方法。此后，这个委员会在挪威政府的生物技术政策中发挥着关键作用。①

2. 其他医用生物技术的应用

《医用生物技术法》除了重申辅助受孕制度外，还增加了植入前遗传学诊断、产前诊断、产后基因检测、基因疗法与受精卵研究等医用生物技术的应用规范。

（1）产前诊断与遗传咨询。基于检测或排除遗传病或胎儿发育异常为目的胎儿或孕妇检测或检查应当提交卫生部审批。在授权批准实施植入前遗传学诊断前，妇女或夫妻应当接受遗传学咨询，并被告知产前检查可能揭示的信息等。产前诊断以前，妇女或夫妻应当被告知检查应当完全出于自愿，并且被告知检测的手段以及对子女、妇女及其家庭的可能后果。如果产妇是严重伴性遗传病的携带者，胎儿产前诊断结果的告知，应当在产妇妊娠12周以前作出。

（2）产后基因检测。基因检测只能用于医疗用途进行诊断或治疗疾病。基因检测及其方法应当提交卫生部审批，在卫生部决定是否审批前，相关事宜应当依法提交生物技术咨询委员会审查。基因检测以前，应当得到被检测者的书面同意。不满16周岁未成年人的基因检测应当得到父母或监护人同意。应当在检测前、检测中与检测后给予受试者全面的遗传咨询；如果受试者是16岁以下未成年人，应当向未成年人的父母或监护人

① KALLERUD E. The ambiguity of progress—biotechnology in Norway [C] // HÄYRINEN-ALESTALO M，KALLERUD E. Mediating public concern in biotechnology：a map of sites，actors and issues in Denmark，Finland，Norway and Sweden [M]. Oslo：Norwegian Institute for Studies in Research and Higher Education，2004：88-90.

进行遗传咨询。不得对16岁以下儿童进行基因检测，除非这种检测能够检测出可以防止或减少损害子女健康的治疗条件；如果早期诊断有助于预后的显著改善，父母可以请求检测。禁止请求、接受、保存或利用有关另一个人通过基因检测得来的基因信息；禁止询问是否进行了基因检测；如果基因检测用于研究目的，应当从被告知者处获得同意书。

（3）基因治疗。基因治疗合法化为体细胞基因治疗改变人类基因组开辟了道路，但是，《医用生物技术法》规定基因疗法只能用于治疗严重疾病或预防这种疾病的发生；同时，为防止基于优生目的使用基因疗法创造超人，该法全面禁止生殖细胞基因治疗。《医用生物技术法》允许体细胞基因治疗而禁止将基因疗法应用于植入子宫前的受精卵。体细胞基因治疗由卫生部批准，卫生部批准前应当提交生物技术咨询委员会审查。基因治疗前应当获得接受治疗者的书面同意。对16岁以下未成年人开始基因治疗前，应当获得其父母或监护人的书面同意。

除上述制度外，《医用生物技术法》还规定：医用生物技术应当在卫生部特别授权的专门机构实施。所有授权机构都应当依法向卫生部书面汇报其医疗活动。违反本法或后续法律规定要受到法律惩处，但是处罚比较温和，最重的惩罚是3个月监禁或罚款，且只限于故意犯。《医用生物技术法》实施后《人工受孕法》废止。挪威现行《儿童法》也做了修订。

（三）改革进展

挪威生物技术立法自20世纪80年代以来即受到议会政治局势的强烈影响，一方面是以基督教民主党、中间党与自由党为核心组成的技术悲观主义者联盟，崇尚传统家庭价值观，对生物科技立法积极性不高；另一方面是以劳工党与保守党为代表的技术乐观主义者联盟，主张先行立法保障生物科技发展。① 不孕症医生群体作为立法设计的目标群体之一，虽然有机会通过参与研究与解释生物技术的科学问题对立法设计产生影响，但是影响相对有限：一则因为医学群体对辅助生殖问题也有分歧，二则因为21世纪的立法以党派政治设计为特点，是严格意义上的国家立法活动，

① BLEIKLIE I. Legislation for protection：Why Norway designed restrictive policies in the field of ART［C］//IVAR B，MALCOLM L，GOGGIN，et al. Comparative biomedical policy：governing assisted reproductive technologies［M］. London：Routledge，2004：221.

而早期立法往往参酌医学精英的建议与意见，在立法模式中表现出一定的专家立法元素。[①] 然而，挪威生殖医学界仍然试图在立法博弈中占据一席之地。2000 年 12 月挪威议会批准了让不孕症夫妻自己承担治疗费用的建议，但是，仅仅半年后政府在挪威不孕症学会（Norwegian Infertility Association）的游说下被迫妥协，部分医疗费由国民健康保险承担。

进入 21 世纪，挪威《医用生物技术法》面临新一轮修订，有望朝着相对严格的方向发展。2002 年 3 月，卫生部向议会提交一份法案实施效果的评估报告，建议生物医学发展应当遵循挪威道德传统，尤其要以人类尊严为生物技术规范的基础：人的尊严是其自身的价值，生命是人类尊严的最重要方面，人的生命不应成为他人之工具，因此，未出生者的道德地位应当得到尊重，通过诊断与治疗疾病保护生命的生物技术也应当被接受。评估期间，先后有几个法律修正案出台，要求放宽对医用生物技术使用权的法律限制[②]，最令人瞩目的变革是取消捐赠者匿名制。当然，也有一些社会组织反对变革，例如挪威医学会（Norwegian Medical Association）认为法律变革会对子女、生物学父亲与社会学父亲带来不必要的麻烦与矛盾。但是 2003 年版《医用生物技术法》（100/2003）最终还是力排众议，规定：供精人工授精子女年满 18 岁时有权知悉捐赠者身份。这项新规定意味着挪威供精人工授精实践将发生明显改变，因为在其生效以前，捐赠精子大都从丹麦进口，而丹麦的捐赠匿名制是受法律保护的。

这次修订还将植入前遗传学诊断的适用对象从“没有治愈希望的遗传病”限制为“严重的没有治疗希望的伴性遗传病”。但是，妇产科学专家认为这种限制是对相关科学的误读，社会公众也深为不满。2004 年年初，植入前遗传学诊断再次成为挪威政治与公众热议的主题，导火线是穆罕默德·伊尔迪斯（Mehmet Yildiz）案。穆罕默德是瑞典籍土耳其地中海贫

① ROTHMAYR C，VARONE F，SERDUELT U，et al. Comparing policy design across countries：what accounts for variation in ART policy?［C］//IVAR B，MALCOLM L，GOGGIN，et al. Comparative biomedical policy：governing assisted reproductive technologies［M］. London：Routledge，2004：251.

② BLEIKLIE I. Legislation for protection：Why Norway designed restrictive policies in the field of ART［C］//IVAR B，MALCOLM L，GOGGIN，et al. Comparative biomedical policy：governing assisted reproductive technologies［M］. London：Routledge，2004：218.

血病患者，唯一可行的治疗方案是进行骨髓移植，但是其家庭成员没有配型合适的捐赠者。穆罕默德的父母想再生一个不受地中海贫血病影响的孩子，并希望孩子与穆罕默德成功配型将来作为哥哥的骨髓捐赠者。于是穆罕默德父母决定尝试体外受精合并植入前遗传学诊断。但是，挪威不实施这种治疗方法，加上新修的《医用生物技术法》的严格限制，2003 年穆罕默德父母被迫远赴土耳其接受治疗，后因宫外孕而流产。2004 年 1 月 1 日新修订生效的《医用生物技术法》禁止植入前遗传学诊断，除非胚胎携带严重的不可治愈的伴性遗传病。2 月 28 日与 29 日电视报道了穆罕默德的病情，称再不进行骨髓移植，穆罕默德将不久于人世。节目引起社会的强烈反响，议会社会事务委员会的领导接受采访称："要挽救穆罕默德的生命，应当立即改变法律。仁慈应当战胜法律。"几天后，激进派提出一份修订《医用生物技术法》植入前遗传学诊断条款的议案，在接下来的几周里，各党派掀起植入前遗传学诊断大讨论。卫生部虽然极力为植入前遗传学诊断条款辩护，声称《医用生物技术法》刚修订几个月就再次修订是不负责任的，但是最终顶不住社会压力，不得不默许这项探究性治疗。①

社会各界打破法律的呼吁与努力还在继续。2004 年 11 月，挪威不孕症专家成立挪威辅助生殖学会（Norwegian Society for Assisted Reproduction，NOFAB）作为加强他们在辅助生殖立法博弈中的一股力量。不孕症专家坚称《医用生物技术法》的法律限制对人类辅助生殖技术发展有害无益，致使 20 世纪 80 年代曾与其他北欧国家处在同等水平的挪威远远落后。以胚胎研究为例，自从《医用生物技术法》禁止包括单纯的方法论研究在内的胚胎研究后，挪威成为北欧除了冰岛之外唯一禁止干细胞研究的国家，这不仅阻碍了挪威在这一重要医学领域的发展，而且实际完全依赖其他国家，只发展单纯的胚胎培育与操作技术。② 这种依赖不仅耽搁了采用更新、更安全和更有效的治疗方法，而且引起对"双重标准"的谴责。

① TEN HAVE，HENK AMJ，GORDIJN B. Handbook of global bioethics [M]. Berlin：Springer，2014：1362 - 1364.

② HAZEKAMP JT，HAMBERGER L. Regulation of artificial reproductive technology：the Nordic experience [C] //PETER R. Brinsden. 3rd Edition [M] . London：Taylor & Francis，2005：435 - 440.

正如一位辅助生殖专家的批评，当 1994 年挪威允许卵细胞浆内单精子显微注射的时候，“所有采用卵细胞浆内单精子显微注射的医院都需要执照。为了获取执照我们需要展示知识与技能。为了获取知识与技能，我们不得不到处去训练。所以我们不得不用文件证明我们已在瑞典与比利时的妇女卵子领域得到训练了，这种训练在挪威是被严格禁止的，但是我们不得不用文件证明我们已做过训练了”①。

不孕症夫妻、单身妇女与同性恋者要求通过受赠配子与代孕实现为人父母的权利追求也在冲破法律的藩篱。挪威对男女平等具有很强的政策导向，但是在涉及捐赠卵子与捐赠精子平等实施时得不到议会的强力支持。②《医用生物技术法》允许供精人工授精却禁止卵子捐赠，同时禁止单身妇女与同性恋者人工受孕，代孕也不可用。因此，挪威人要获得这些本国禁止或限制性的服务不得不去国外。这种背水一战的“生殖旅游”或“不孕症旅游”逾越了国界，也逾越了法律边界。2007 年夏天一则代孕新闻轰动挪威：6 月 16 日的挪威《日报》（*Dagbladet*）刊载一篇题为《允许将受精卵带到国外吗?》的消息称：挪威卫生部官员透露，《医学生物技术法》并不排除在医院保存胚胎的夫妻将胚胎带出国外植入代孕母亲。报道源于一对不孕症夫妻的申请。夫妻俩在挪威接受试管授精并保存了冷冻胚胎，治疗期间妻子因癌症切除了子宫不能怀孕，因而想把胚胎带到国外寻求代孕服务。③ 卫生部的解释一石激起千层浪，《医用生物技术法》规定妇女的受精卵应当植入同一妇女子宫，换言之，将妇女受精卵植入其他妇女子宫的代孕是违法的，违法者可能面临罚款或 3 个月以下监禁。卫生部的解释实际上是一种特别授权，不仅颠覆了传统亲子法制度，而且释放出改革《医用生物技术法》的明确信号。正如挪威生物技术咨询委员会官

---

① Nordic Council of Ministers. Assisted reproduction in the Nordic countries：a comparative study of policies and regulation（TemaNor 2006：505）[M]. Copenhagen：Nordic Council of Ministers，2006：39.

② SPILKER K，LIE M. Gender and bioethics intertwined：Egg donation within the context of equal opportunity [J]. European journal of women's studies，2007，14（4）：327－340.

③ Litland Jorunn. Får ta befruktede egg til utlandet：Norske par får lov til å ta befruktede egg til surrogatmødre i utlandet [EB/OL]. Dagbladet.（2007－06－16）[2013－12－10]. http://www. dagsavisen. no/samfunn/far-ta-befruktede-egg-til-utlandet.

员所言：卫生部批准夫妻将受精卵植入代孕者试图打破挪威法律着实令人惊讶。

社会各界的努力取得了一些成功。此后的修订版不断放宽法律的限制。例如，2005 年 6 月挪威议会指示政府草拟《医用生物技术法》修正案，正是基于植入前遗传学诊断的限制性使用与胚胎研究禁令。此外，2007 年人类胚胎研究禁令正式解除，14 天以内的剩余体外受精胚胎研究被批准。2011 年 12 月，挪威生物技术咨询委员会提交一份《医用生物技术法》评估报告，建议取消卵子捐赠禁令，以便于卵子与胚胎捐赠给需要的不孕妇女。① 尽管如此，相对其他北欧国家，挪威辅助生殖法总的来说还是比较严格的，医务人员的自主性与辅助生殖服务的可得性范围都与其他北欧国家相去甚远。《医用生物技术法》的修订揭示：日新月异的人类辅助生殖技术不断促进法律进步；立法者也要跟上新知识、新技术的发展步伐，主动适应生殖医学发展的需要，否则，如果法律一味限制与禁止新技术的合理应用，不但会妨碍新技术的健康发展，而且会使法律在一次次修订中削弱自身的权威地位。

四、丹麦：从伦理规约走向法律治理

丹麦的人类辅助生殖技术发展肇基于 20 世纪 70 年代的体外受精研究。自 1983 年丹麦第一例“试管婴儿”诞生，体外受精逐步受到关注与重视，并于 1986 年被批准在公立医院实施。② 20 世纪 80 年代以来丹麦将辅助生殖纳入卫生保健系统。时至今日，丹麦已成为人均人类辅助生殖治疗周期与辅助生殖子女出生率最高的国家③，也是辅助生殖治疗可得性较高的国家，排队等候的时间非常短（大约 3 个月），公立医院实施的辅助生殖均纳入国家

① STEN HAVE，HENK A M J，GORDIJN B. Handbook of global bioethics [M]. Berlin：Springer，2014：1362.

② The Danish Council of Ethics. Assisted reproduction：a report [R]. The Danish Council of Ethics，1995：14.

③ FERRARETTI AP，GOOSSENS V，et al. Assisted reproductive technology in Europe，2009：results generated from European registers by ESHRE [J]. Human reproduction，2013，28 (9)：2318-2331.

医疗保障计划免费提供给无子女者（最多可以移植 3 个胚胎）。[①] 然而，尽管丹麦人类辅助生殖发展快、应用广，但是相关立法进展很滞缓，从 1984 年政府委员会发布第一份辅助生殖立法报告，到 1997 年 5 月出台一部综合性的《治疗、诊断与研究相关的辅助生殖法》（以下简称《辅助生殖法》），此前只在伦理委员会组织法与生物医学研究法等相关规范中零星涉及，既不全面也不系统。由于制度环境比较宽松，人类辅助生殖技术的应用比较自由，不仅单身妇女与同性恋者可以在私立医院获得服务，而且就连其他国家禁止的代孕方法也在积极实践。关于人类辅助生殖补贴，丹麦过去为已婚与未婚夫妻、单身妇女与同性恋者提供三个辅助生殖周期的报销。但是，根据 2010 年的新储蓄计划，丹麦已削减人类辅助生殖补贴，人类辅助生殖不再是免费公费医疗的一部分，这将对丹麦没有子女的夫妻产生不利影响。[②]

（一）伦理规约

从 20 世纪 80 年代到《辅助生殖法》（1997 年法案）生效期间，丹麦人类辅助生殖技术快速发展，相关规范却支离破碎。然而，这不意味着这一时期丹麦辅助生殖不受规管，伴随着人类辅助生殖滋生的社会伦理问题日益凸显，丹麦伦理委员会开始发挥监管职责。

1983 年，丹麦首创了生物技术伦理责任分离模式，内政部成立两个委员会研究人类辅助生殖技术安全及伦理问题：一个聚焦技术安全问题，另一个关注社会伦理问题，新成立的体外受精、人工授精、胚胎诊断伦理问题委员会（Committee on Ethical Problems Regarding in Vitro Fertilization，Artificial Insemination，and Diagnostics）撇开安全议题后专门调查与体外受精、人工授精与植入前遗传学诊断以及基因科技有关的伦理问题。[③] 1984 年该

① NYBOE ANDERSEN A，ERB K. Register data on assisted reproductive technology（ART）in Europe including a detailed description of ART in Denmark [J]. International journal of androlog，2006，29（1）：12-16.

② Denmark cuts ART reimbursement under new savings scheme [EB/OL].（2010-05-26）[2012-07-06]. http://phys.org/wire-news/36335398/denmark-cuts-art-reimbursement-under-new-savings-scheme.html.

③ JAMISON ANDREW，LASSEN JESPER. Assessing genetic technologies in Denmark [C] //HÄYRINEN-ALESTALO M，KALLERUD E. Mediating public concern in biotechnology：a map of sites，actors and issues in Denmark，Finland，Norway and Sweden [M]. Oslo：Norwegian Institute for Studies in Research and Higher Education，2004：39-41.

委员会发表《进步的代价》调研报告，建议建立一个独立伦理咨询委员会讨论公众关注的人类辅助生殖规范化问题。① 1988 年内政部正式设立丹麦伦理委员会（Danish Council of Ethics），基于人类生命始于受精时刻的理念，专门就人类受精卵、活体胚胎与胎儿保护以及用于受精的人类配子基因试验展开伦理审查，旨在就国家卫生服务与生物医学领域的伦理问题为丹麦议会、政府与公众提供参考。

在伦理委员会的努力下，丹麦政府的报告、政策、指南、通告、命令中，有许多是规范人类辅助生殖技术应用的。1987 年 6 月丹麦议会通过的《伦理委员会建制及生物医学实验规范法》（Act on the Establishment of an Ethical Council and the Regulation of Certain Forms of Biomedical Experiments）首次规定尊重人类尊严与完整，这里的人包括人的早期阶段，如受精卵与胚胎。据此，在丹麦伦理委员会构建保护胚胎框架以前，任何宗旨的胚胎研究都被禁止。1992 年，丹麦议会通过《科学伦理委员会制度与生物医学研究项目执行法》（Act on a Scientific Ethical Committee System and the Handling of Biomedical Research Projects，以下统称 1992 年法案）进一步规定涉及人（包括胚胎）的研究项目应当充分考虑受试者权利、安全与健康，遵循伦理委员强制审查制度、受试者的知情同意制度以及受试者损益风险平衡制度等，以确保健康研究项目合乎研究伦理。法案特别规定，人类受精卵与用于受精的配子研究应当旨在提高人类辅助生殖的结局与体外受精治疗的质量。受精 14 天后的胚胎不得用于研究。已用于研究的卵子不得植入妇女体内，除非没有遗传病风险或缺陷等。胚胎研究前应当征得捐赠夫妻的知情同意。卫生部根据 1992 年法案颁布人类卵子冻存与捐赠指令，规定下列情况下可以冻存（未）受精卵：第一，将来植入提供卵子的妇女体内；第二，基于研究目的之捐赠；第三，为植入另一妇女体内的捐赠。但是在冻存以前，妇女应当被口头或书面告知冷冻的后果，并作出冻存知情同意书；妇女应当同时同意法律规定的冷冻管理条件；受精卵最多保存一年，一年期满未受精卵应当销毁；在

① CONRADSEN INGER MARIE. Replacing lost certainty: the case of regulating assisted reproductive technologies: a comparative study of Denmark and the United Kingdom [M]. European University Institute, 2002: 69.

此期间当事人一方死亡、分居或离婚，应当销毁冷冻卵子；为了植入提供卵子的妇女体内的冷冻未受精卵应当按照妇女的意愿解冻与使用；受精卵的解冻与使用，须经夫妻就每个治疗周期作出知情同意。①

1993 年 8 月，丹麦私立医院发生两起案件引发社会对辅助生殖安全及其监管问题的关注。一例是一名糖尿病患者在私立医院接受辅助生殖治疗妊娠 12 周后才发现怀有九胞胎，后因合并羊水过多住院治疗。资深产科专家建议实行许可制，呼吁规范激素治疗（在丹麦任何医生都可以不受监管地提供激素治疗），要求私立医院应当告知其职员激素治疗的可能副作用。丹麦伦理委员会负责人则建议不孕症治疗只应当在公立医疗机构实施。另一起案件中，一名医生将匿名捐赠者的配子进行受精后成功植入妇女体内，警察已考虑起诉（根据最新立法精神，妇女不应生出她及其伴侣的非生物学子女），涉案医生则声称，政客们不应允许排除双方均患有不孕症的夫妻为人父母。②

社会的关注迎来丹麦不孕共识会议的召开，奠基于 20 世纪 80 年代的共识会议作为一种新兴民主决策模式被广泛应用于各种科技决策，不同专业背景的公众针对冲突性科技议题进行平等、自主与理性的公众讨论，进而求同存异，形成社会共识。共识会议的结论虽然无法律拘束力，但对立法创制与政府决策具有一定的参考价值。③ 1993 年年底召开的这次不孕共识会议由丹麦伦理委员会、技术委员会与议会研究委员会组成。大会最后文件建议避免多胎妊娠并引入中央登记系统，记录病人及其后代信息，以此观察治疗的远期疗效。④ 两个月后（1994 年 1 月），丹麦体外受精登记制度正式建立，要求所有公立、私立医院都要进行治疗周期与妊娠结局登记，包括所有体外受精、卵细胞浆内单精子显微注射、FER 以及卵子捐

① Current European laws on gamete donation [J]. Human reproduction, 1998 (suppl 2): 106 - 108.

② DOLLEY M. Controls urged for Denmark's private infertility clinics [J]. British medical journal, 1993, 307 (6905): 643 - 644.

③ 蔡定剑. 公众参与——欧洲的制度和经验 [M]. 北京：法律出版社，2009：26 - 36.

④ Nordic Council of Ministers. Assisted reproduction in the Nordic countries: a comparative study of policies and regulation [M]. Copenhagen: Nordic Council of Ministers, 2006: 55.

赠治疗周期。[①] 欧洲建立人类辅助生殖数据收集与报告制度的国家很多，但具体的制度并不完全相同，丹麦、法国、荷兰、瑞典、挪威与英国都建立了官方强制注册系统，收集的数据也最为完整[②]，而丹麦是欧洲唯一系统地、完整地登记所有人类辅助生殖活动数据的国家，也是欧洲唯一建立法定报告制度的国家，人工授精向丹麦不孕学会（Danish Fertility Society）报告，其他辅助生殖治疗向丹麦国家健康委员会（National Board of Health）报告。[③] 同年，丹麦议会建立辅助生殖新方法的审批制度，要求所有即将采用的新治疗方法都要接受国家健康委员会的专业评估与伦理委员会的伦理评估，评估合格后，再由卫生部决定是否批准这一治疗项目。

但是，丹麦早期的人类辅助生殖监管措施主要集中在医学技术安全方面，而对人类辅助生殖技术应用带来的社会风险及家庭影响预见不足，所以在《辅助生殖法》颁布以前，丹麦的辅助生殖实践非常自由，所有妇女，无论其年龄或婚姻状况如何，都可以在私立医院接受人类辅助生殖服务，不涉及金钱与中介的代孕安排也被广为接受。直到1995年，丹麦伦理委员会发布《辅助生殖》报告，人类辅助生殖技术的伦理与社会方面才越来越受关注。这份报告指出：人类辅助生殖技术应用与发展可能对群体利益或价值构成威胁，伦理委员会的基本任务是对人类辅助生殖进行伦理审视。[④] 伦理委员会积极发挥公众参与与公共咨询的悠久传统，逐渐把辅助生殖的监管重点引导到伦理道德方面，最终推动辅助生殖迈向法制化轨道，特别是伦理共识的形成为强化人类辅助生殖监管与法律规范的出台铺平了道路。

---

① BLENSTRUP LT，KNUDSEN LB. Danish registers on aspects of reproduction [J]. Scandinavian journal of public health，2011，39（Suppl 7）：79-82.

② NYGREN KG，ANDERSEN AN. Assisted reproductive technology in Europe，1997. results generated from European registers by ESHRE [J]. Human reproduction，2001，16（2）：384-391.

③ NYBOE ANDERSEN A，ERB K. Register data on assisted reproductive technology（ART）in Europe including a detailed description of ART in Denmark [J]. International journal of androlog，2006，29（1）：12-16.

④ The Danish Council of Ethics. Assisted reproduction：a report [R]. The Danish Council of Ethics，1995：37，56，13.

（二）法律规制

1996年2月，《辅助生殖法(草案)》提交议会审议，由于法案涉及伦理问题，议员被允许进行良心投票，而不必依据其所在党派的原则。[①] 草案总体上比较宽松：允许单身妇女与女同性恋者接受治疗，也允许精子与卵子捐赠，妇女年龄上限为更年期。草案一出就在丹麦引发长达两年的激辩，争论主要集中在三方面：受术者年龄上限、单身妇女与同性恋者的治疗资格以及辅助生殖是否应当免费提供。对受术者设置年龄限制几乎没有异议，分歧在妇女年龄上限是多少较为合理。医生认为已过不惑之年的妇女治疗效果将大大降低，没必要在这个年龄段的妇女身上花这么大的代价，况且，等待名单上还有数百对没有子女的夫妻。他们相信，如果高龄妇女具有在公立医院的治疗资格，这个问题将更加尖锐。议会最终决定，无论是在公立医疗机构还是在私立医院接受任何辅助治疗，妇女年龄上限都为45岁。[②] 关于辅助生殖治疗是否可以使用纳税人的钱，尽管有反对的声音，但是大多数人认为妇女有权用纳税人的钱购买公立医院的辅助生殖服务。[③] 另一个有争议的问题是单身妇女与同性恋者是否有权使用人类辅助生殖技术。丹麦以性自由闻名，是世界上最早承认同性关系合法的国家，《辅助生殖法》生效前，单身妇女与同性恋夫妻可以在私立不孕诊所获得这项服务。法律草案在第一次审议阶段，宣称子女的幸福取决于父母两个人的社会民主党议员提出了一个修正案，把不孕症治疗对象限定为已婚妇女或与男子处于稳定的、类似结婚关系中的45岁以下妇女。[④] 这一建议最终成为《辅助生殖法》第三章的一个条款，即：医学辅助生殖只对已婚妇女或与某男子有事实婚姻关系的妇女施行。《辅助生殖法》于1997年10月6日起生效，这是丹麦第一部综合性辅助生殖法。除了一些具体

---

① TEN HAVE, HENK AMJ, GORDIJN B. Handbook of global bioethics [M]. Berlin: Springer, 2014: 1074-1075.

② SKOVMAND KAARE. Danish fertility bill sparks debate [J]. Lancet, 1996, 347 (8999): 462.

③ SKOVMAND KAARE. First-ever fertilisation bill passed in Denmark [J]. Lancet, 1997, 349 (9066): 1678.

④ Nordic Council of Ministers. Assisted reproduction in the Nordic countries: a comparative study of policies and regulation [M]. Copenhagen: Nordic Council of Ministers, 2006: 59.

制度设计外，1997 年法案涉及辅助生殖治疗、生物医学研究以及配子与胚胎诊断三个领域，与瑞典以及挪威等欧洲国家的基本框架与制度体系比较接近，后经 2003 年、2004 年与 2006 年多次修正后沿用至今。现将其主要制度及其变迁情况概括如下。

1997 年法案为没有子女的已婚妇女或与某男子稳定同居的 45 岁以下妇女提供辅助生殖，单身妇女与同性恋者不得作为受术对象。禁止实施的治疗行为主要有：(1) 除非目的是将未经基因改良的卵子与未经基因改良的精子结合，否则不得进行辅助生殖；(2) 禁止将完全相同的（未）受精卵植入一个或多个妇女妊娠；(3) 除非卵子来自生子女的妇女或精子来自其伴侣，否则不得诱导妊娠；(4) 生孩子的妇女高于 45 岁不得进行辅助生殖；(5) 受精卵不得在妇女子宫外进一步发育；(6) 禁止使用流产女胎、夭折女孩或死亡妇女的卵子；(7) 禁止基于治疗不孕为目的的卵巢移植；(8) 禁止销售或以其他任何方式参与（未）受精卵子的商业化；(9) 禁止代孕；(10) 禁止受精卵出口。

在配子保存、捐赠与使用问题上，法案规定：人类卵子不得买卖或变相买卖。捐赠者应当事先告知捐赠的后果，并作出书面捐赠同意，捐赠者应当有合理的时间考虑。捐赠卵子受精前，捐赠者可以撤销其捐赠同意书，医生应当确保捐赠者匿名，捐赠者不会得到相关夫妻或子女的身份信息。受精卵自受精后在妇女子宫外连续保存不得超过两周（受精卵冷冻时间不计）。受精卵最多可以保存 5 年，5 年期满应当销毁；为植入目的提供卵子的妇女的冷冻卵子应当销毁，如果在此期间当事人一方死亡、分居或离婚也应当销毁冷冻卵子。不得将（未）受精卵带到国外研究或施行人工受孕。未受精卵可以捐赠用于研究或供其他妇女受精。

法案还对下列行为设置限制：(1) 卫生部批准授权前禁止申请辅助生殖新疗法。新疗法批准前，应当充分考虑伦理与卫生保健问题。(2) 精子或受精卵植入妇女子宫前，基于性别选择的精子或受精卵选择只有为了预防子女携带伴性遗传病才可以实施。(3) 只有在子女确实或可能携带遗传病或为了探查或排除染色体异常的情况下，才可以对受精卵实施植入前遗传学诊断技术。(4) 植入前遗传学诊断可以在考虑家族有严重遗传病的子女需要的情况下由卫生主管机关批准。(5) 使用已进行操作的人类精子的辅助生殖只能在医生的监督下进行。[①]

另外，只有经过科学伦理委员会批准才可以进行下列辅助生殖相关研究：(1) 旨在提高体外受精或类似技术的研究；(2) 旨在提高植入前遗传学诊断技术以确诊严重遗传性疾病的研究；(3) 旨在获得新知识以促进人类疾病治疗的受精卵与干细胞研究。

但是法案禁止下列研究：(1) 基于创造相同基因个体的研究；(2) 在胚胎植入前通过将不同胚胎或胚胎部分融合以生产个体的研究；(3) 旨在创造不同基因嵌合体的研究；(4) 在其他动物子宫创造人类个体的研究。

（三）改革进展

1997 年法案的通过并不意味着辅助生殖使用权之争偃旗息鼓。首先是男女同性恋（lesbian and gay）团体的强烈抗议。[②] 1997 年法案禁止医生为单身妇女及同性恋者提供服务，无论是公立医院还是私立医院，无论是免费的还是付费的；医生也不得为私立精子库提供帮助（例如进行精子的人类免疫缺陷病毒检测），这些精子可能被用于单身妇女与同性恋者，而这些服务在法律颁布前都是可行的。反对者认为这些新规无疑是赤裸裸的歧视，是违反丹麦《卫生法》平等医疗权条款的。禁令的支持者则认为禁止一部分人使用人类辅助生殖技术是合理的。理由是：第一，想生子女的女同性恋者的生育障碍不是生病，不存在否认治疗权一说；第二，子女的最大利益是同时拥有父亲与母亲，把子女利益置于人工授精的准父母利益之上不构成歧视，因为在这个问题上，子女是弱势群体。法律支持者意识到法律并不能完全禁止这两种群体设法通过辅助生殖生育子女，也不能完全禁绝医生帮助他们生育子女，但是，他们坚信议会有理由向公众传达一些信号，也有责任制定规则，申明子女同时拥有父亲与母亲是社会的基本价值。一位自由主义者代言人声称：如果一个妇女人工授精了，我认为

---

① TEN HAVE，HENK AMJ，GORDIJN B. Handbook of global bioethics [M]. Berlin：Springer，2014：1075 - 1076.

② SKOVMAND KAARE. First-ever fertilisation bill passed in Denmark [J]. Lancet，1997，349 (9066)：1678.

这是她自己的决定，国家不应干涉，不应充当道德守望者。① 为了推翻相关规定，反对者先后提出多份修正案，1999 年 10 月在一名助产士于哥本哈根开设一家私立不孕医院为单身妇女与同性恋者提供供精人工授精服务后，这场人类辅助生殖技术使用权之争更加尖锐了。这家医院自 1997 年法案生效后就开始依法运行了（1997 年法案虽然禁止医生为单身妇女与同性恋者提供人类辅助生殖服务，但并未明确禁止助产士提供这项服务），其服务对象不论顾客的种族背景、宗教信仰、婚姻状况与性取向。基督教人民党与保守党成员认为这个医院的存在违背了《辅助生殖法》的精神，发誓要堵住这个漏洞。为此，他们提出一份修正案建议实施使用者付费制，并规定供精人工授精只能在医生的监管下执行。但是议会左翼党派以付费制打破免费住院治疗原则为由否决了这个修正案。2004 年 10 月，这一议题被再次提交审议时，内政与卫生部提出一个解决方案向伦理委员会咨询：单身妇女与同性恋者可以自费在私立医院使用辅助生殖，为了让未来子女有一个父亲，这个方案建议废除匿名捐赠制。2005 年 4 月伦理委员会作如下答复：所有成员强烈认为子女的利益应当优先考虑。大部分人主张取消“夫妻条件”，公立医院与私立医院一视同仁，让单身妇女与女同性恋者都可以在医生的帮助下受精。当少部分人考虑维持现有的匿名制时，多数人则主张完全废除匿名制，但当谈及单身妇女与女同性恋者的受精时无人支持废除论。调查表明，从 1992 年到 2002 年的 10 年中，匿名制对大多数捐赠者很重要。如果废除匿名制，招募精子捐赠者很可能会变得非常困难。②

其次是配子与胚胎的保存、捐赠与使用。生殖治疗、诊断与研究都以配子与胚胎为重要操作对象，故胚胎法律地位是法律规范的核心内容之一。1997 年法案实施后，1992 年法案中的配子与胚胎保护规范被更新，

① ALBÆK ERIK. Political ethics and public policy: homosexuals between moral dilemmas and political considerations in Danish parliamentary debates [J]. Scandinavian political studies, 2003, 26 (3): 245-267.

② ERNST E, INGERSLEV HJ, SCHOU O, et al. Attitudes among sperm donors in 1992 and 2002: a Danish questionnaire survey [J]. Acta Obstetricia et Gynecologica Scandinavica, 2007, 86 (3): 327-333.

胚胎研究最长不得超过受精 14 天，胚胎保存时间最长为 2 年（2006 年修订为 5 年），胚胎研究的目标除了 1992 年法案规定的促进不孕症的辅助生殖治疗外，还增加了一个目标，即有利于植入前遗传学诊断，2003 年修正案增加了第三个目标，旨在增进对人类疾病治疗方法的认识。2003 年修正案中首次增加了胚胎干细胞系条款，但仍然只允许使用体外受精培育的剩余胚胎，禁止纯粹为研究目的创造胚胎、禁止克隆人研究、禁止混合胚胎与杂交胚胎创造人的研究。继 2003 年修正案后，2004 年 3 月内政与卫生部再次提交修正案对 1997 年法案提出五个方面的修订：（1）公立医院可以为夫妻提供生育一个子女的治疗；（2）内政部与卫生部可以发布评估父母资格的规定；（3）国家卫生委员会可以允许使用植入前遗传学诊断人类白细胞抗原（PGD），防范威胁未来子女生命的疾病；（4）卵子与胚胎可以保存在公立医院，夫妻生下一个子女后，卵子与胚胎应当销毁，也可以捐赠用作研究或送到私立医院用于将来治疗；（5）卵子与胚胎保存不得超过 5 年。2006 年的最新修订本适用于由医生实施或在医生指导下实施的与辅助生殖有关的治疗、诊断与研究。辅助生殖治疗前应当取得妇女配偶或伴侣的书面知情同意，医生应当确保在治疗开始时同意书有效。违反本法规定的，医生应当罚款或监禁 4 个月，但是当事人不处罚。

纵观丹麦辅助生殖立法过程，可以发现其立法设计以广泛的社会动员与民主协商为特点，注重技术评估、公众参与以及政策制定者、专家、普通民众之间的深度对话，实现大众传媒、社会中间力量与立法决策者的有效互动。虽然丹麦法律只允许异性恋夫妻使用辅助生殖，但是法律上有个漏洞，单身妇女与同性恋夫妻可以通过位于哥本哈根的医院治疗。因此，学者认为丹麦辅助生殖立法设计是北欧五国中最自由的中间型，法律制度也相对宽松。与北欧其他国家的法律相比，丹麦《辅助生殖法》坚持保护捐赠者的匿名权。而且，丹麦长久以来都以性自由而闻名，性自由主义者对精子捐赠的看法很简单。这一宽松的环境吸引了来自瑞典等以人类辅助生殖法严格著称国家的妇女前来丹麦实施人工受孕，因而促进了丹麦的跨国捐精业务的发展。丹麦作为全球最大的精子库之一的克瑞奥斯国际精子库（Cryos International Sperm Bank Ltd.）的发源地闻名全世界。克瑞奥斯 1987 年创建于奥胡斯（Aarhus），1990 年开始开展捐赠业务。目前，克瑞奥斯已能在全球市场进行开拓，其董事长奥尔·舒尔（Ole Schou）丝毫不掩饰其全球战略雄心，自称有望成为精子界的麦当劳。[①] 目前，伴随网络宣传，克瑞奥斯的客户已遍及七十多个国家与地区，包括欧洲的西班牙、北美的美国、南美的巴拉圭与非洲的肯尼亚等。2012 年 9 月，在该公司的竞争对手诺帝斯克精子库（Nordisk Cryobank）发生了一起由于精子问题导致的基因疾病遗传事件，诺帝斯克没有对 7042 号捐赠者的精子进行遗传病筛查。精子随后供不同的生育诊所使用。据报道，此人的精子已在 14 个体外受精诊所生育了 43 个子女，这些诊所不仅分布在丹麦，而且分布在瑞典、挪威与欧洲内外。事发后，诺帝斯克因没有立即召回该捐赠者的精子受到丹麦医疗卫生局（Danish Health and Medicines Authority）的批评。捐赠所生子女的父母也考虑采取法律行动。丹麦目前限制每个精子捐赠者生 25 名子女。当丹麦卫生当局发现捐赠者已经传播了一种罕见的遗传病给至少五个子女后，收紧了捐赠者准入门槛，从 2012 年 10 月开始，现在新的捐赠者应当接受详细的身体检查，并进行定期的健康评估，他们的家族疾病史也应当受到详尽的考察。每个精子捐赠者不得生超过 12 个子女。此外，一旦得知精子可能传播遗传病，精子库应当立即召回精子。[②]

五、冰岛：立法迟滞却勇于因时制宜

冰岛辅助生殖立法滞后，却最终顺应历史潮流并能够因时制宜及时调整。当瑞典与挪威对辅助生殖的讨论风生水起的时候，冰岛却波澜不惊，社会对辅助生殖伦理几乎没有太多争论，也似乎更容易达成共识，因而成为北欧五国中辅助生殖立法最不复杂的代表者。《人工受孕法》1996 年生效后十年间竟然没有修订一次，卫生与社会保障部（Ministry of Health and Social Security）官员也不期待法律未来会有任何改变。然而，随着胚

---

① Nordic Council of Ministers. Assisted reproduction in the Nordic countries: a comparative study of policies and regulation [M]. Copenhagen: Nordic Council of Ministers, 2006: 52 - 62.

② HANSEN ANDERS. Danish sperm donor passed neurofibromatosis on to five children [J]. British medical journal, 2012, 345 (7877): 6.

胎干细胞研究的破冰，这种局面逐渐改变，部分条文经2006年、2008年与2010年修订，最终发展为《人工受孕及用于干细胞研究的配子与胚胎使用法》。学者认为，在冰岛这样一个小国，任何可能影响立法设计的群体都能发挥重要作用。但是，冰岛的立法设计类型还是被描述为专家设计型。①

（一）立法概况

20世纪90年代以前，体外受精在冰岛并不受法律保护。在此以前，冰岛的不孕症夫妻都出国寻求体外受精治疗。随着生殖旅游的增多，这种治疗的补贴问题就被提上了议事日程，1987年5月15日卫生与社会保障部发布规定，让国家社会保险研究所（State Social Security Institute，SSSI）对已婚夫妻出于医疗目的使用自己配子的治疗付费。1988年，国家社会保险研究所与大量接收冰岛夫妻的英国剑桥伯恩霍尔诊所签订协议，SSSI将对以下情况承担其治疗费用，即：夫妻已婚或至少同居两年，且妇女不高于38岁，无子女的夫妻比有子女的夫妻享有优先权。当然，冰岛夫妻也可以选择伯恩霍尔诊所以外的诊所就诊，只是他们选了其他诊所，国家社会保险研究所不会支付比伯恩霍尔诊所更高的补贴。而且，国家健康保险承担的费用仅限于治疗费，至于车旅、住宿与翻译等费用则由夫妻自己承担。为解决冰岛是否引入辅助生殖治疗与医疗补贴问题，1986年冰岛政府曾成立一个人类辅助生殖技术调查委员会，但是没有取得实质性进展。1989年政府财政预算草案开列体外受精设施支出，1991年正式筹备体外受精治疗业务。在无法可依的情况下体外受精治疗不免出现不规范的情况，1992年卫生与社会保障部批准大学附属医院委员会起草操作规范，这些法规包括：夫妻应当已婚或处于一种稳定的关系至少3年；妇女最大42岁；禁止冷冻胚胎；有子女的夫妻没有受术资格；夫妻只能用自己的配子（后来允许捐赠精子）。②

1992年，冰岛的辅助生殖立法终于提上议程，1995年，卫生与社会保障部向议会提交《人工受孕法》草案，草案除了匿名捐赠问题的争论外几乎

---

① Nordic Council of Ministers. Assisted reproduction in the Nordic countries：a comparative study of policies and regulation [M]. Copenhagen：Nordic Council of Ministers，2006：50.

② 同①44.

没有引发社会争议。草案建议实行完全匿名制——捐赠者的任何信息都不会被告知接受者与子女，反之亦然。但是，进步党代表对匿名捐赠表示担忧，理由是：基因信息对卫生保健至关重要，人类辅助生殖中人权的考虑越来越普遍，冰岛已批准加入《儿童权利公约》，治疗不孕症不应牺牲捐赠所生子女的人权。妇联代表则建议由配子接受者在匿名与非匿名之间进行选择，而赋予配子捐赠者拥有未来子女知情权的决定权可能产生问题。而大多数议会总务委员会委员主张，鉴于国际体外受精实践中亲朋之间的捐赠较为普遍，完全匿名捐赠不太可行，不如实行双轨制，授权配子捐赠者决定是否匿名，也准许配子接受者选择匿名捐赠者或实名捐赠者，若选择实名捐赠者，则未来子女有权在18岁后知悉捐赠者信息；负责捐赠者无权查询该子女的信息，除非该子女先联系他们。结果，冰岛议会采纳了总务委员会的双轨制建议。①

（二）《人工受孕法》及其实施办法

《人工受孕法》颁布后，卫生与社会保障部制定了更详细的《人工受孕法实施办法》（568/1997），这部实施办法于1997年9月生效。《人工受孕法》与《人工受孕法实施办法》的主要内容如下。

1. 实施机构条件。人工受孕（含人工授精和体外受精）只能在已获得卫生与社会保障部许可的医疗机构为医疗目的在妇产科医生的监督下实施。

2. 受术者条件。（1）受术妇女只有处在婚姻或民事伴侣关系中，或与其伴侣在一起生活3年或更长时间才可以使用这项服务。（2）受术妇女及其丈夫或同居者应当申请人工受孕，正式手术同意书应当由相关卫生机构制作成特殊形式。（3）开始治疗时双方通常年满25岁，妇女不得大于42岁。如果使用冻存胚胎、卵子或捐赠的精子，可以打破妇女的特别年龄限制，但胚胎移植时妇女年龄不应超过45岁，丈夫或同居者通常不得超过50岁。（4）夫妻的身心健康条件与社会条件应当合理。（5）其他解决不孕问题的手术失败或不可行。

3. 申请形式。申请人工受孕的夫妻应当按照法定形式申请。要进行的人工受孕由医生决定。在评价申请人工受孕的妇女是否符合法定条件

① Nordic Council of Ministers. Assisted reproduction in the Nordic countries：a comparative study of policies and regulation [M]. Copenhagen：Nordic Council of Ministers，2006：46－47.

时，应当考虑她的能力以确保有利于子女发育的环境。如果医生认为有必要，他有义务在夫妻的同意下索要有关专家对该夫妻身心健康的证书；同样，如果医生认为有必要，他也可以索要社工或其他人提供这对夫妻社会条件的证书。如果这对夫妻不同意收集上述信息，医生有权拒绝人工受孕。如果医生对这对夫妻是否满足抚养小孩的社会条件持保留意见，他可以向儿童福利机构寻求建议。

4. 告知与批准。(1) 人工受孕申请一经获得批准，夫妻应当于审批前被依法告知治疗及其任何可能的医疗、社会与法律后果信息。告知应当采用法定的口头或书面形式。(2) 如果医生拒绝人工受孕，夫妻可以向公共卫生总署投诉。投诉自拒绝到达之日起3个月内作出。公共卫生总署应当将投诉及时提交卫生与社会保障部任命的特别委员会审查。委员会的裁定是终局裁定。(3) 实施人工受孕前，负责实施手术的医疗机构应当告知夫妻可能由心理学家、社会工作者提供的专业咨询，如果这对夫妻申请咨询，专业咨询机构应当提供这种咨询。

5. 手术实施。(1) 供精人工授精只适用于该男子生育力损伤的情况，他有严重的遗传性疾病或有其他使用捐赠者配子的医学原因。(2) 体外受精应当使用夫妻的配子。但是如果不孕男子或妇女的生育力损伤，或他们有严重的遗传性疾病或有其他使用捐赠者配子的医疗原因，可以使用捐赠者配子。除使用伴侣或同居者的配子外不得进行体外受精。禁止胚胎捐赠与代孕。

6. 配子冷冻保存。(1) 配子与胚胎只能保存在卫生与社会保障部许可实施人工受孕的医疗机构。(2) 配子保存只能为了个人以后使用，或为研究目的的配子捐赠，或用于人工受孕的配子捐赠。(3) 配子提供者应当正式同意按照规定的目的保存，假如他（她）已收到相关信息（如关于配子保存的影响及配子保存的法定条件）。(4) 允许为将胚胎植入提供卵子的妇女或提供精子的男子的同居者保存胚胎。禁止用于其他目的胚胎保存。(5) 在提供配子的男女按照规定目的给出正式保存同意书的情况下可以保存胚胎，前提是他们此前已收到关于配子保存影响的信息与法律规定的配子保存条件的信息。胚胎只能按照配子提供者同意的方式方法使用。(6) 冷冻胚胎植入提供卵子的妇女子宫或提供精子男子的同居者子宫，应当再次作出正式知情同意。用丈夫或同居者的保存备用的精子进行人工授精时也同样适用这一规定。(7) 胚胎最多可以保存 5 年；5 年期满，未使用胚胎应当销毁。配子最多可以保存 10 年；期限届满未使用配子应当销毁。当男子或妇女为个人将来患有某种不可预知的不孕症时使用配子而保存的，如果他们因为没有满足法定条件而没有机会使用配子，他们可以申请延展。延展申请应当提交给有关医疗机构。如果被拒绝，可以向公共卫生总署申诉。如果配子提供者去世，应当销毁未使用配子，除非保存目的是捐赠配子用于人工受孕。提供配子的男子与妇女如果结束婚姻或同居关系，或任何一方死亡，胚胎应当销毁。保存胚胎与配子的所有者，在保存期开始时应当以口头或书面形式被告知最长的保存时间。

7. 配子捐赠。(1) 如果使用捐赠配子，负责治疗的医生应当选择合适的捐赠者。配子捐赠者应当进行必要体检，以确保身体健康、有生育力，且没有遗传病。如果使用进口配子，也应当满足上述条件。医生应当努力实现申请者的意愿，配子捐赠者的体型、身高、眼睛与头发的颜色与血型尽可能像父母。(2) 捐赠者有匿名权。如果捐赠者希望保持匿名，卫生人员有义务确保尊重这一意愿。在这种情况下，捐赠者不会接收到接受配子者或子女的信息，这对夫妻或子女也不会接收到捐赠的信息。如果捐赠者不希望保持匿名，医疗机构应当保存一个特殊的档案信息。捐赠所生子女与接受配子的夫妻应当保存在同一份档案中。如果捐赠者不要求匿名捐赠，所生子女 18 岁时可以为获取捐赠者的身份信息使用该档案。如果该子女在医疗机构接收到配子捐赠者的信息，告知机构应当尽可能告知捐赠者孩子已经获知其信息。(3) 如果配子捐赠在家庭内部成员发生，告知机构应当事先告知捐赠者、接受者以及未来子女可能遇到的特别问题。(4) 准捐赠者应当事先以口头与书面形式被告知如下事项：配子捐赠的意义、匿名权、匿名或公开身份适用的规则、配子捐赠可能会出现的医疗与道德问题、捐赠者及所生子女的法律地位。(5) 申请使用捐赠配子人工受孕的夫妻应当以口头与书面形式被告知如下事项：配子捐赠的意义、申请者以及未来子女的法律地位、捐赠者是否希望保持匿名及其适用的规则、手术前以及人工受孕与配子捐赠可能产生问题以前接受专业咨询的权利、被视为捐赠精子或卵子人工受孕所生子女父亲或母亲的权利。(6) 使用配子捐赠人工受孕实施以前，夫妻双方应当给出特别书面知情同意。

8. 胚胎研究及其相关活动。（1）禁止任何胚胎研究、实验与操作，除非是体外受精治疗的一部分，或者目的是诊断胚胎本身遗传病或者促进不孕症治疗或者增进对先天疾病与流产原因的认识。（2）禁止单纯为研究目的培养或制造胚胎，或者体外培养胚胎超过 14 天，或者将人类胚胎植入动物，或者施行克隆。（3）违反上述规定应当罚款或监禁 3 个月。

冰岛 1996 年的《人工受孕法》规定了人工授精数量的要求，以维护子女的最佳利益。为了保护子女有两个家长的权利，妇女应当已婚或与他人同居至少 3 年。单身妇女与同性恋者不被允许通过人工授精生育子女，因为子女只可能有一个家长。法律规定通过这种方式所生子女与精子捐赠者没有法律关系，捐赠者信息不会透露给子女。非婚生子女与其他子女没有区别，唯一例外的是父亲受法律保护。法律明确禁止代孕。

（三）《人工受孕及用于干细胞研究的配子与胚胎使用法》

如前所述，《人工受孕法》实施十年间未有任何修订，直至胚胎干细胞研究破冰，这种局面才有所改观。《人工受孕法》禁令给胚胎干细胞研究带来巨大压力，2005 年 10 月，科学家要求突破《人工受孕法》的制度桎梏，呼吁促成卫生与社会保障部任命一个专家委员会评估干细胞研究与治疗立法问题。要求改革辅助生殖制度的呼声也高涨起来，诸如要求提高不孕症夫妻治疗的年龄上限、延长胚胎的最长保存时间、放宽受术者资格条件、规范私立医院操作规程、胚胎植入数量与配子捐赠者最大年龄等。2006 年 6 月 27 日，新修订的《人工受孕及用于干细胞研究的配子与胚胎使用法》生效，2008 年与 2010 年部分条文再次修订。《人工受孕及用于干细胞研究的配子与胚胎使用法》除了总则、最后条款与临时条款外，特别规定了人工受孕制度、配子与胚胎捐赠制度、与体外受精治疗有关的胚胎研究制度以及剩余胚胎用于干细胞研究制度，具体如下。

1. 基本原则

（1）人工受孕只能在已获得卫生与社会保障部许可（证）的医疗机构为医疗目的在妇产科医生的监督下实施。卫生与社会保障部规定获得许可证的特殊条件（如实验室人员的能力与知识、卫生部门的监管、信息与设施的提供等）。

（2）利用基于生殖的体外受精剩余胚胎进行胚胎研究与实施核移植只能在卫生与社会保障部授权许可的实验室进行。许可授权条件包括遵守本法及其实施办法的规定、实验室位于冰岛、有令人满意的保存胚胎的设施等。持牌人违反本法及其实施办法或许可条件，卫生与社会保障部可以适当警告、暂扣许可证限期整改或永久吊销其许可证。医疗机构被依法授予许可证，应当提供申请人工受孕者、潜在的捐赠者与社会工作者或心理学家等的专业咨询。

（3）只有满足下列条件方可实施人工受孕（治疗）：1）妇女已作出书面且经见证了的同意；如果妇女已婚（或与他人同居），对方也已作出书面与见证了的同意。值得注意的是，2006 年法案还明确规定妇女的伴侣也可以是妇女（这可能是同性恋法律地位的重要变化之一），并且允许单身妇女使用人类辅助生殖技术（这一规定与该法中关于子女享有父亲权的条款存在冲突）。2）务必确保这种程序所生子女有健康成长的良好条件。3）妇女处在自然生育年龄，身体健康足以承受治疗、怀孕与生育产生的压力。4）夫妻或妇女的心理健康与社会环境良好。

（4）实施人工受孕前，应当依法告知治疗及其可能的医疗、社会与法律影响。是否满足人工受孕的条件由医生评估。被医生拒绝实施人工受孕的可以向卫生与社会保障部医务总监（Medical Director of Health）申诉，不满医务总监的决定可以向卫生与社会保障部申诉。申诉程序遵守《行政程序法》及卫生与社会保障部据此发布的详细规则。

（5）经手治疗的医生应当选择合适的捐赠者。如果捐赠者希望保持匿名，卫生人员有义务确保尊重这一意愿。在这种情况下接受配子者的信息不提供给捐赠者，接受者夫妻或子女也不会收到捐赠者的信息。如果捐赠者申请匿名，医疗机构应当以特殊文件保存捐赠者信息。接受捐赠配子夫妻与捐赠配子所生子女的数据都应当保存在同一个文件中。捐赠者没有要求匿名的，捐赠配子所生子女 18 岁时可以依法请求获取捐赠者信息，医疗机构应当尽快告知捐赠者已提供了信息。

（6）违反本法及其实施办法的规定，应当罚款或监禁 3 个月；违反本法关于胚胎研究的禁制，应当罚款或监禁 1 年。

2. 人工受孕

（1）人工受孕可以通过人工授精或体外受精实施。只有在生育力损伤，或有严重遗传病，或因其他医学原因需要使用捐赠者配子，方可使用捐赠配子进行人工受孕。

（2）禁止胚胎捐赠与代孕。2007年以来代孕被媒体多次曝光，这一制度在冰岛引发了一场激辩，有的强调为人父母之权及相应的对其提供必要帮助的义务，有的则注重子女及代孕母亲的利益。议会通过一项议案，建议利他型代孕在冰岛合法化。但是，参与评论该法案的专业组织几乎都反对这一建议。

3. 配子与胚胎保存制度

（1）只能在卫生与社会保障部授权许可实施人工受孕的机构为下列目的保存配子：当事人以后自用或为研究目的的捐赠或为人工受孕目的捐赠配子。配子提供者被告知配子保存的意义及适用的规则后，应当为其保存配子作出书面知情同意。可以为将胚胎植入提供卵子的妇女保存胚胎。禁止为其他目的保存胚胎。胚胎使用应当符合配子提供者的知情同意。

（2）卫生与社会保障部应当发布配子与胚胎保存期限的规则。存储期间届满后，未使用的配子与胚胎应当销毁。存储期间届满前配子提供者死亡的，未使用的配子与胚胎应当销毁，除非配子存储的目的是捐赠用于人工受孕。存储期届满前，同意存储胚胎的夫妻离婚或终止同居关系，胚胎应当销毁。如果配偶一方死亡，胚胎也应当销毁，除非胚胎捐赠用于人工受孕。应当销毁的胚胎如果取得配子捐赠者的同意可以进行干细胞研究。根据本条款提供胚胎，胚胎来源信息应当加密，密码应当由牌照负责人保管。特殊情况下经过生物伦理委员会的许可，胚胎来源信息可以解密。配子捐赠者可以随时撤销其同意，在这种情况下，牌照责任人应当确保捐赠者的配子不用于研究，并及时销毁。

4. 与体外受精治疗有关的胚胎研究制度

依法被授予牌照的医疗机构，经配子捐赠者的知情同意，可以进行对体外受精胚胎、胚胎的部分或为了诊断遗传病所创造的胚胎进行研究、试验与手术。为了预先治疗不孕症或增加对先天疾病与流产的认识，同样适用本规则。

5. 剩余胚胎用于干细胞研究制度

（1）依法被授予牌照的实验室经过生物伦理委员会批准，可以使用依法提供的剩余胚胎创造干细胞系。

（2）依法授予牌照的实验室经过生物伦理委员会批准以及卵子捐赠者与人类遗传物质的提供者的同意，可以进行核移植，以创造可用于医疗或获得生物医学知识的干细胞系（如果使用剩余胚胎或其他方法创造的干细胞系不可能实现同样的结果或获得同样的知识）。进行核移植的卵子不得培育 14 天以上。禁止将任何阶段的已完成核移植的卵子植入子宫。禁止单纯为了研究目的培养或制造胚胎，或胚胎体外培养超过 14 天，或将人类胚胎植入动物，或为生殖目的施行核移植。

六、芬兰：立法探索筚路蓝缕二十载

（一）立法探索

芬兰《辅助生殖治疗法》的探索前后历经二十载，其主要障碍是使用捐赠配子所生的子女的基因知情权、单身妇女与女同性恋者的人类辅助生殖技术使用权以及特殊群体的代孕生殖权等问题。20 世纪 80 年代以来芬兰先后有几个立法建议提交议会但均遭到反对。[①] 医生声称，严格的限制会阻碍医学的进步，阻碍新疗法的引进，终结某些被证实有效的有益治疗，因此，医学进步之初没有必要立法。事实上，因为芬兰没有重大丑闻被发现，辅助生殖立法没有被提上政治优先考虑地位，况且 20 世纪 90 年代解决其他迫切问题的重要性压倒一切。例如，1991 年苏联解体及随后的世界经济危机给芬兰政治经济带来严峻挑战，芬兰出口市场锐减，社会经济迅速衰退，社会保障日益削弱，国家福利几乎陷入崩溃。经济衰退中的芬兰政府，面对欧洲一体化与苏联的解体，已经不能激起对辅助生殖的政治热情了。

尽管如此，芬兰辅助生殖立法最终还是在司法部、社会与卫生部悄无

① MALIN M，BURRELL R. Finland：unregulated practices，familiarity and legality ［C］//BLYTH E，LANDAU R. Third party assisted conception across cultures：social，legal and ethical perspectives ［M］. London and New York：Jessica Kingsley Publishers，2004：86.

声息地启动。立法之初出现了两种激烈的争论：一种针对捐赠者匿名捐赠权或子女基因来源知情权。在芬兰，自20世纪80年代开始捐赠者的精子用于生殖治疗，实践中捐赠者大部分匿名，但也有实名者。广大医务人员担心引入实名制可能减少捐赠者，反对将捐赠者的信息提供给子女，他们把捐赠者视为慈善者，认为其是出于行善帮助别人，不应受到不必要的干扰。而律师代表则站在法律的立场支持子女获得配子捐赠者信息的权利。① 另一种争论是关于受术者的资格问题，单身妇女与女同性恋者接受服务的问题尤其引发了激烈的公众讨论。公众对这个问题的兴趣部分是因为20世纪末其他北欧国家通过立法承认同性恋。芬兰也在跟风，并于2001年筹备《同性关系登记法》，因而引起公众对同性恋法律地位的关注。尽管这些问题成了辅助生殖法出台的主要障碍，但是立法的基本方向与原则始终保持不变，即保护辅助生殖子女的权利。保护子女利益是芬兰儿童法改革的动因，儿童法都有一个共同特点：强调把子女作为一个独立个体，把儿童权利与他们的父母分开独立保护，其目的是确保所有儿童享有平等的法律权利（无论其父母的婚姻状况如何）。然而，当强化儿童权利已被广泛接受并被作为立法的原则时，如何在辅助生殖领域适用它，多年来有各种各样的解释。

1982年，国家卫生委员会成立第一个人类辅助生殖工作组，其任务限于人工授精的伦理与法律问题。② 虽然这个工作组比后来的工作组关注范围狭窄，但是它对儿童权利的强调被后来的工作组所采纳。1988年司法部任命的另一个工作组起草了综合性的辅助生殖建议，主张人类辅助生殖技术由国家卫生委员会许可的机构监管。受术对象仅限于已婚（或同居）且没有子女或可能将严重遗传病传给后代者。配子捐赠者与所生子女之间不产生法律关系。捐赠者的信息不得透露给接受者及所生子女，但是在子女长到18岁后有权获知捐赠者的身份。由于第一个工作组在接受者资格与捐赠匿名制问题上未能达成共识，1990年司法部工作组发表了第

① MALIN M, BURRELL R. Finland: unregulated practices, familiarity and legality [C] // BLYTH E, LANDAU R. Third party assisted conception across cultures: social, legal and ethical perspectives [M]. London and New York: Jessica Kingsley Publishers, 2004: 86.

② Nordic Council of Ministers. Assisted reproduction in the Nordic countries: a comparative study of policies and regulation [M]. Copenhagen: Nordic Council of Ministers, 2006: 65.

二份建议，它与前者的主要差别在于建议子女不享有获知其捐赠者身份的权利。工作组就捐赠匿名制的争论阻碍了建议呈递给芬兰议会，在这种情况下，1993 年 6 月 24 日产生的一份新报告建议在捐赠匿名制上折中，即国家法医局（National Authority for Medicolegal Affairs）有权决定捐赠者信息能否披露给 18 岁以上的子女，但是揭露仅为了子女健康或幸福。

鉴于上述建议都没有形成一部政府法律草案，所以国家福利与健康研究发展中心（National Research and Development Center for Welfare and Health，STAKES）的工作组发布了自己的草案《关于加快起草不孕症治疗法案的建议》，建议允许捐赠者有匿名决定权，这种双轨制作为一个折中策略，允许接受者选择匿名或非匿名捐赠者。该工作组还力图修订早期建议中的个别条款，如认为“人工生殖”（artificial reproduction）这个概念已过时且易生误解，应当用“不孕症治疗”（infertility treatment）取代，以契合芬兰不孕症医生的意愿，因为他们的医生同行谴责他们提供的是“精英式”与“非自然”的治疗，不孕症医生想用名词术语创造一个全新的辅助生殖形象，以更积极的姿态展示他们的成就。

司法部第三个工作组满足了不孕症医生的诉求，用术语“不孕症治疗”代替“人工生殖”，从此“不孕症治疗”成为辅助生殖的流行说法。1997 年 10 月工作组发表的建议《医学生殖治疗中配子与胚胎的使用》比起先前的建议有两个显著变化：第一，子女可以获得捐赠者信息被写了进去，其本质是 18 岁以上的子女有基因知情权，只要捐赠者在捐赠时同意，或子女申请后经国家法医局通知后捐赠者同意。第二，工作组建议代孕在特定状况下被允许。代孕在大部分欧洲国家都是被禁止的，更不消说在北欧其他国家了。芬兰允许代孕，不仅背离了与北欧国家法律保持一致的原则，而且使其游离于跨国代孕旅游的合法市场中。因而司法部、社会与健康部工作组联合提出的建议认为代孕不应被允许，起初大部分专家也反对代孕。但是自从 20 世纪 90 年代起芬兰医疗实践中代孕不乏其例，不孕症医生认为只要在合适的监管下，代孕已被证明是一个行之有效的辅助生殖形式。①

① Nordic Council of Ministers. Assisted reproduction in the Nordic countries：a comparative study of policies and regulation [M]. Copenhagen：Nordic Council of Ministers，2006：66 - 69.

在受术资格问题上，政府的态度首次发生转变。工作组建议单身妇女或女同性恋者在两种情况下有资格接受生殖治疗：第一，该妇女属于非自愿性无子女（involuntary childless）或不孕不育之列；第二，在生殖治疗中其配子被使用的男子（即捐赠者与生物学父亲）同意该治疗，并在知道其身份以后可能被披露（在其同意的基础上）而成为子女合法父亲的情况下。早先的建议明确否认在捐赠者与子女之间建立法律关系，这无疑是一个重大变化。根据 1998 年建议，如果父权应母亲或生物学父亲或 15 岁以上子女的要求而建立，那么法律父亲的权利与责任问题都将接踵而至。第二个资格是关于所生子女的，司法部要求单身妇女或女同性恋者所生子女的法律地位与自然生殖的子女一样，要有一个合法父亲。这个要求与司法部二十年来的立法立场一致，即子女福利要通过立法保障，因为子女无法自己保护其利益。基于同样的立场，女性主义评论员与绿党成员却强烈要求有效阻止单身妇女或同性恋者通过辅助生殖成为父母。芬兰医学会（Finnish Medical Association）担心捐赠者减少也反对赋予子女基因知情权。起初，医生甚至普遍反对法律监控人类辅助生殖，但是随着时间的流逝，医生逐渐转变观念，认为法律缺乏造成部分辅助生殖服务供给停滞不前，也是造成芬兰人类辅助生殖在国际竞争尴尬局面的根源，因此确实需要主管当局依法监管。但不孕症医生不愿意承担“看门人”的角色，决定谁与什么情况下应当使用辅助生殖。①

2002 年春天，司法部、卫生与社会部联合磋商修订的新建议《生殖治疗中配子与胚胎使用法与父权法修正案的政府建议》提交芬兰议会，单身妇女与女同性恋者条款及其中的父权问题引发媒体密切关注。一些公众起初被报道误导，以为任何精子捐赠者都是供精人工授精子女的法定父亲。为了澄清这个问题，2002 年 3 月司法部长发表了一篇通稿，保证精子捐赠者不可能单凭其捐赠行为成为子女的法律父亲，结果引发了公众对单身妇女与女同性恋者条款的关注，建议的核心目标——确保不孕症夫妻通过人类辅助生殖

① MALIN M，BURRELL R. Finland：unregulated practices，familiarity and legality［C］//BLYTH E，LANDAU R. Third party assisted conception across cultures：social，legal and ethical perspectives［M］. London and New York：Jessica Kingsley Publishers，2004：86.

技术的帮助获得子女——却被公众忽视了。[①] 2003 年 2 月这份文件被送交到法律委员会（Legal Affairs Committee）后又发生两个明显变化：第一，18 岁以上捐赠所生子女都有获知其捐赠者身份的合法权利；第二，只有已婚或同居的异性恋夫妻有接受生殖治疗的合法权利。法律事务委员会对将单身妇女与女同性恋者排除在外的决定给出了两个解释：第一，允许无父之子出生这一立法结果将严重破坏父亲在社会文化制度中的重要地位。第二，每个子女都需要父亲与母亲符合立法的重要原则——未来子女的权益应当有保障。2003 年 2 月 11 日，这份新文件在议会遭遇了尖锐的批评而被迫撤回，司法部不得不考虑引入一个新草案，允许单身妇女与女同性恋者接受不孕症治疗。

胚胎研究与基因治疗也是新草案的重要议题，草案规定：受精 14 天内（冻存时间除外）的胚胎可以进行研究，逾期应当销毁；禁止为了研究创造胚胎，除非是为了寻求新的治疗严重疾病的方法；研究项目的每一个环节都要经过伦理委员会审批，并要求父母双方知情同意。体细胞核移植也引起了立法机构的关注。芬兰 1999 年的《医学研究法》就已经实际允许核移植了，该法对胚胎有个新定义，即胚胎是一组已经受精、尚未移入妇女身体的活细胞群。据此，采用体细胞核移植（克隆）技术得到的细胞群诱导干细胞不是受精，因此不会落入克隆陷阱。生殖胚胎系基因治疗也在考虑之列。总之，《医学研究法》已经构建了不同于其他欧洲国家的条款，即：修改生殖细胞系的基因治疗仅能用于旨在治疗严重疾病的研究，而在包括瑞典在内的其他大部分国家则在禁止之列。[②]

2006 年 12 月 22 日，经过长期酝酿的芬兰《辅助生殖治疗法》（Act on Assisted Fertility Treatments，2006/1237）终于通过，并于 2007 年 9 月 1 日生效。

（二）《辅助生殖治疗法》

1. 基本原则与制度

（1）法律的适用范围。本法适用于辅助生殖治疗服务以及用于辅助生

① Nordic Council of Ministers. Assisted reproduction in the Nordic countries：a comparative study of policies and regulation ［M］. Copenhagen：Nordic Council of Ministers，2006：70.

② HOVATTA OUTI. A North European perspective in assisted reproduction：new legislation is coming in Finland and in Sweden ［J］. Reproductive BioMedicine Online，2002，4 (2)：197 - 198.

殖治疗的配子与胚胎的捐赠与存储。基于本法目的，没有被授权的医生或其他专业人员的参与，为了酬金用未经处理以及未冷冻的男子精子为妇女受精，不得被视为辅助生殖治疗。

（2）名词定义。基于本法的目的，夫妻意味着已经结婚或处于事实婚姻中的男子与妇女；（治疗）接受人包括已婚夫妻或未婚或未同居的妇女；配子捐赠指将自己的精子或卵子捐赠给他人用于辅助生殖治疗，捐赠配子给他人的人称为捐赠者；服务提供者指持有法定许可证的医疗单位与医生；医疗单位指《国家卫生法》（National Health Act，66/1972）中的健康中心与医院、《特别医疗照护法》（Act on Specialized Medical Care，1062/1989）中的独立医疗单位以及《私立卫生保健法》（Act on Private Healthcare，152/1990）中的其他医疗保健服务提供实体。

（3）辅助生殖治疗中的配子与胚胎使用。依据本法规定的接受人的配子与胚胎以及捐赠的配子与胚胎可以用于辅助生殖治疗；符合本法规定的捐赠者、捐赠以及捐赠的配子与胚胎条件的进口配子与胚胎可以用于辅助生殖治疗。

（4）配子与胚胎使用的一般限制。基因操作过的配子与胚胎、克隆胚胎以及已用于研究的配子与胚胎不得用于辅助生殖治疗。基于本法的目的，下列情况不视为研究：1）拟用于辅助生殖治疗的配子与胚胎监测或施于配子与胚胎上的其他程序，其目的在于维持或改善配子与胚胎的发育，如果这种观察或其他程序并不危及胚胎的自然发育，以及 2）可以允许不危及配子或胚胎自然发育的程序以确认他们没有携带某些严重遗传病或依据本法规定鉴定胚胎性别。当捐赠者配子供给 5 个接受人妊娠，则该人捐赠的配子不得再用于其他人的辅助生殖治疗。

（5）配子与胚胎的处置。服务提供者一旦发现配子提供者或其配子发育成胚胎者任何一方死亡，保存的配子与胚胎应当及时销毁。服务提供者一旦收到配子提供者或其配子发育成胚胎者的处置请求，保存起来自用的不孕症的配子与胚胎应当及时销毁。当通过体检或其他方法检查发现捐赠的配子或胚胎不能用于辅助生殖治疗或捐赠者依法撤销使用其配子进行辅助生殖治疗的知情同意书时，捐赠者配子与胚胎应当及时销毁。捐赠的配子与胚胎自提取捐赠 10 年后应当销毁。服务提供者如果发现特定捐赠者的配子在处置前没有用于辅助生殖治疗应当通知国家法医局。如果配子提供者或产生胚胎的配子提供者同意，上述配子与胚胎也可以不销毁，而用于其他合法目的。

2. 辅助生殖治疗的提供

(1) 禁止提供的辅助生殖治疗。如果出现下列情况，不得提供辅助生殖治疗：1) 尚未获得接受人的书面同意；2) 受术夫妻任何一方与第三人结婚；3) 由于妇女年龄或健康因素，妊娠会对母婴构成巨大风险；4) 同意接受辅助生殖治疗者已撤销同意或死亡；5) 子女的均衡发展明显得不到保证；或 6) 有理由认为子女不会被收养（抚养）。

(2) 服务提供者提供信息的义务。提供治疗前，服务提供者应当告知接受人所生子女的法律地位及其他当事人的法律地位。捐赠配子或胚胎用于辅助生殖治疗活动中，服务提供者应当告知接受人所生子女生物起源对家庭成员关系的潜在影响以及如何预防或缓解可能出现的任何问题。服务提供者应当为接受人提供一个与专家讨论这些问题的机会。《病人地位与权利法案》(Act on the Status and Rights of Patients，785/1992) 关于病人知情权的规定适用于治疗接受人的知情权。

(3) 治疗接受人的知情同意文件。辅助生殖治疗同意书应当制定成一个格式文件（治疗同意书），包括知情同意者的姓名与个人身份证号或出生日期、同意的治疗方法、提供治疗的任何可能附加条件、同意的有效期、确认收到法定的咨询与服务以及同意者与服务提供者接受同意的日期与签名等内容。治疗同意书副本应当给同意者一份，另一份副本应当在服务提供者处存档，与其他病人的文件独立存储。同意者可以通知其服务提供者撤销同意。

(4) 辅助生殖治疗的决定。提供辅助生殖治疗的决定应当由主治医生确保提供治疗的条件已完全满足后作出。

(5) 辅助生殖治疗的告知与证明。辅助生殖治疗方法遵守的强行性条件、使用该方法的日期以及妊娠证明都应当标注于治疗同意书副本。服务提供者应当应治疗接受人的请求提供这些数据。如果捐赠者的配子或胚胎用于辅助生殖治疗，则治疗同意书应当依法标注捐赠代码。依法使用捐赠配子生出子女的，辅助生殖治疗服务提供者应当通知提取捐赠的服务提供者与同意被认定为此种治疗所生子女父亲的精子捐赠者。提取捐赠的当事人应当及时通知捐赠者并告知他分配给他的捐赠代码与治疗提供者。

3. 配子与胚胎的捐赠与移植

（1）捐赠者。在确保满足下列条件时，年满 18 周岁体检合格者可以捐赠配子：1）配子捐赠对其不造成健康损害，并且 2）他们没有对接受治疗的妇女或此种治疗所生子女带来任何严重遗传病或任何可能导致严重疾病的传染性疾病。

（2）捐赠代码。依法体检被接受为捐赠者后，捐赠者被提及时应当只使用代码（即捐赠代码）而不是身份证号码。服务提供者提取捐赠应当依法将捐赠代码归档于捐赠者同意书副本与配子捐赠的存储容器。如果捐赠者已同意被认定为孩子的父亲，应当在捐赠代码中注明。

（3）捐赠者信息的收集。尽管有保护个人数据的规定，但是可以依法定目的，描述捐赠者肤色、眼睛、头发、身高以及民族信息，并记录于捐赠者的体检资料（法律另有规定的除外）。

（4）捐赠者配子使用的同意。只有捐赠者同意服务提供者提取捐赠，其配子方可被用于辅助生殖治疗。捐赠者同意前应当就配子捐赠的医学与法律后果接受咨询。只有捐赠者同意，其配子方可被用于以辅助生殖方法治疗夫妻以外的人。精子捐赠者可以进一步就是否承认以这种生育方式所生子女的父亲另外作出知情同意，此种情况下，本法关于告知辅助生殖治疗接受人的规定适用于他。捐赠者可以撤销上述两种情况下的知情同意，但是，治疗提供者收到撤销通知前其配子已用于辅助生殖治疗的，撤销不产生任何法律效力。撤销应当向提取捐赠的服务提供者作出。该提供者应当将注明日期的撤销通知标注于捐赠者同意书，并为捐赠者开具收到捐赠撤销凭证，同时应当及时将撤销同意通知移交给辅助生殖治疗服务提供者。撤销涉及同意承认作为捐赠所生子女的父亲，收到撤销同意的服务提供者与被通知的服务提供者应当确保任何装有未使用配子的容器标明由收到表明捐赠者没有同意承认亲子关系的撤销凭证的服务提供者签发的新捐赠代码。服务提供者应当保存配子移交给另一服务提供者的登记。登记应当记载：其配子已移交的捐赠代码、移交日期以及配子移交给的服务提供者名称。

(5) 捐赠知情同意文件。应当为捐赠者准备一份其配子用于辅助生殖治疗的同意文件(捐赠知情同意书),载明下列事项:1) 捐赠者的身份数据,2) 法定体检证明,3) 法定接受咨询证明,4) 配子使用的条件(如果有的话),5) 法定辅助生殖治疗同意书(如果有的话),6) 法定亲子关系确认同意书(如果有的话),7) 同意的有效期,以及 8) 捐赠者与服务提供者接受同意的日期与签名。捐赠同意书副本应当给捐赠者一份,给提取捐赠的服务提供者一份存档,且应当与其他病人的捐赠文件分开保存。

(6) 捐赠者捐赠登记信息的通知。提取捐赠的服务提供者应当及时将捐赠代码与身份证号码通知捐赠登记机构,并详细说明捐赠是否包含精子、卵子与胚胎。捐赠登记机构应当依法通知捐赠者作出的承认亲子关系的同意书。捐赠者随后撤销这种同意,捐赠登记应当注明捐赠者的新代码。

(7) 捐赠者文件的存储与处理。收集到的捐赠者信息与法定体检信息应当在有责任保存捐赠者捐赠同意书的服务提供者处存档,并与其他病人的捐赠资料单独保存。捐赠者身份数据与体检信息、捐赠同意存档副本以及法定登记信息,应当从服务提供者处移走归档,并在捐赠配子使用、处置或胚胎移植两年后销毁。

(8) 胚胎捐赠与移植。夫妻可以将他们在辅助生殖治疗中创造的剩余胚胎捐赠,用于他人的辅助生殖治疗。男子与妇女都需要作出捐赠同意,都应当视为捐赠者。关于配子捐赠与移植的规定适用于这种胚胎的捐赠与移植。

(9) 报酬。捐赠配子不得给予或承诺给予报酬。但是,捐赠者可以给付一笔合理的补偿金、收入损失以及卫生与社会部指令规定的由捐赠带来的诸多不便。任何有关捐赠的其他报酬或支付协议均不产生法律效力。

4. 捐赠配子或胚胎所生子女的信息获取权

(1) 捐赠登记。国家法医局负责保管用于辅助生殖治疗的捐赠配子与胚胎的登记。每个捐赠者的身份数据与捐赠人代码的信息、承认亲子关系同意书及其同意的撤销以及服务提供者关于捐赠是否包含精子、卵子与胚胎的详细说明等,都应当记录在这个登记册里。[①]

---

① 治疗同意书上标明的捐赠代码与从捐赠登记上获得的信息只能披露给依法有权获得信息的人。信息应妥善保管。写进捐赠登记的信息与治疗同意书上注明的捐赠代码不得销毁。但是,配子尚未用于以及不再用于辅助生殖治疗的捐赠者的信息可以从捐赠登记中删除。

(2) 信息获取权 (right to obtain information)。尽管有保密规定，捐赠配子或胚胎所生子女年满 18 岁者，有权从服务提供者那里获取捐赠者身份（通过提供捐赠登记代码获取治疗同意书副本及捐赠人代码）。已提供法定辅助生殖治疗活动且精子捐赠者已同意成为这种治疗所生子女父亲，母亲与儿童有权从服务提供者处通过提供捐赠登记代码知晓捐赠代码与捐赠者的身份。

5. 相关活动的提供

(1) 执照。存储配子与胚胎以及提供辅助生殖治疗要有国家法医局颁发的执照。执照应当授予拥有活动所必需的专门技术、人员以及适当的设施设备的医疗单位或专业医师，并依法提交一份有关适当组织咨询服务的报告。执照也可以授予仅适用于特定的存储或治疗方法。

(2) 存储费用。服务提供者可以要求配子与胚胎存储费，这些费用最多包括这些活动的成本与报酬。

(3) 活动与审计活动的信息。为了监督、监测与统计资料汇编，服务提供者应当按照卫生与社会部指令的进一步规定，向有关部门提供本法规定的活动信息。国家法医局可以命令开展审计活动。

(4) 吊销执照。一旦在提供配子或胚胎存储或辅助生殖治疗活动中有重大违法行为，国家法医局可以吊销执照。一旦出现瑕疵或缺陷活动，国家法医局可以责令暂停执业活动直到这些瑕疵或缺陷得以补救；或吊销执照，如果瑕疵或缺陷没有在合理的时间内补救。暂停执业活动或吊销执照的决定在申诉期间不停止执行。

(5) 停止活动。服务提供者停止运行时，有关存储配子与胚胎的档案应当移交国家法医局指定的公共服务提供者或私人服务提供者妥善保管。剩余的配子或胚胎也应当经同一服务提供者同意一并移交。如果不同意，剩余配子或胚胎应当销毁。服务提供者停止运行时，治疗同意书应当移交有关部门归档。

6. 相关犯罪

(1) 非法使用配子罪。一个人因故意或重大过失，非法使用配子应当判处罚款或 1 年以下监禁：1) 在辅助生殖治疗中违法使用配子或胚胎；2) 影响或试图影响子女的特征；3) 未经捐赠者同意，在辅助生殖治疗中收集、存储或使用配子或胚胎；或4）没有依法颁发的执照而保存配子或胚胎或提供辅助生殖治疗。

（2）妨碍子女身份确认罪。一个人因故意或重大过失，未能遵守有关捐赠代码、捐赠登记信息通知或文件保管规定，应当以妨碍子女身份确认罪，判处罚款或处1年以下监禁。

（3）辅助生殖治疗罪。一个人因故意或重大过失，非法提供辅助生殖治疗，以辅助生殖治疗罪判处罚金或1年以下监禁。

（4）非法辅助生殖治疗。故意违法给予或承诺给予任何报酬或补偿费，捐赠配子或胚胎的，应当以非法辅助生殖治疗判处罚款。

（三）简评

芬兰曾是北欧辅助生殖最宽松的国度——所有妇女无论婚姻状况如何，包括单身妇女与女同性恋者都可以使用辅助生殖治疗、代孕以及任何形式的捐赠（包括卵子捐赠、精子捐赠与胚胎捐赠）妊娠。虽然当时只有异性夫妻可以在公立机构治疗，但是配子捐赠均可以在公立与私立机构匿名实施，且有代孕成功妊娠案例发生，部分通过代孕为人父母者来自国外。芬兰也是北欧最晚颁布辅助生殖法的国家①，直到2007年9月1日《辅助生殖治疗法》才颁行，在此之前的辅助生殖治疗提供由通用的医疗法与职业道德规范。立法缺乏导致一些严重问题，也使芬兰人类辅助生殖临床实践取得诸多进展。1984年芬兰首例“试管婴儿”诞生后，1985年报道首例妊娠代孕，1987年诞生首例冷冻胚胎移植（frozen embryo transfer，FET）婴儿，1994年诞生首例卵细胞浆内单精子显微注射所生婴儿。芬兰还是北欧第一个联合使用胚胎冻存与单胚胎移植项目的国家，从而将多胎妊娠率降到北欧最低。立法缺失也使芬兰的辅助生殖立法设计处于没有抉择的状态。② 在这方面，芬兰与比利时有一些相似之处。比利时是另

① KINNARI Eva-MIKAELA. Between the ordinary and the deeply religious-re/negotiating the religious and the secular in the Finnish parliamentary debate on assisted reproduction [J]. Graduate journal of social science，2009，6（1）：72-94.

② ROTHMAYR C，VARONE F，SERDUELT U，et al. Comparing policy design across countries：what accounts for variation in ART policy? [C] //IVAR B，MALCOLM L，GOGGIN，et al. Comparative biomedical policy：governing assisted reproductive technologies [M]. London：Routledge，2004：250.

一个长期未制定人类辅助生殖法的欧洲国家，法律缺失意味着执业医师的自由度较大，但是，芬兰的不孕症医生并未利用立法缺失造成的便利，他们认为任何鲁莽法行为都将产生一定的不良后果，因而保持着有效的克制。① 立法滞后也不意味着止步不前。2006 年《辅助生殖治疗法》终于千呼万唤始出来。不孕不育治疗可以提供给有婚姻或同居关系的夫妻，包括女性伴侣以及没有婚姻或伴侣关系的妇女。子女的父亲是与治疗接受人有一定关系且同意接受不孕症治疗的男子。如果夫妻使用捐赠精子治疗，子女的父亲是作出知情同意的丈夫，而不是捐赠的精子。年满 18 周岁的子女有权知晓捐赠者的身份。如果为女同性恋者或单身妇女捐赠精子的男子同意作为子女的父亲，则子女母亲有权知道捐赠者的身份。所有配子与胚胎捐赠者都应当注册。代孕生殖治疗由法律另行禁止。这些制度既有对其他国家制度的借鉴，也有芬兰自己的独创。当然，《辅助生殖治疗法》还有一些规定不够详细，诸如：关于配子与胚胎的保存与处置、体检、捐赠代码及其使用、登记记录、补偿、费用、服务提供者活动信息的提供、档案移交的措施以及库存配子与胚胎的销毁等，都有待于进一步完善。

七、北欧国家人类辅助生殖法律制度述评

综上所述，北欧国家辅助生殖立法差异性与趋同性共存。首先表现在立法内容的宽严程度上。借用 Goggin 等人的比较分析法，可以从自主权与使用权两个维度考察各国辅助生殖立法的宽严水平：一个是法律对医学团体自主权的干涉程度，一个是法律对受益者使用权的限制程度。宽松的立法模式往往赋予广泛的使用权与高水平的自主权，严格的立法设计则导致对使用权与自主权的管理限制，介于两者之间的则属于中间型设计。② 挪威 2003 年的《医用生物技术使用法》是北欧最严的，属于严格型。这

① Nordic Council of Ministers. Assisted reproduction in the Nordic countries：a comparative study of policies and regulation ［M］. Copenhagen：Nordic Council of Ministers，2006：63 - 72.

② GOGGIN ML，ORTH DA，BLEIKLIE I，et al. The comparative policy design perspective ［C］ //IVAR B，MALCOLM L，GOGGIN，et al. Comparative biomedical policy：governing assisted reproductive technologies ［M］. London：Routledge，2004：4 - 5.

个法案禁止卵子与胚胎捐赠、胚胎研究与代孕，从而使挪威的自主权处于较低水平状态，使用权仅限于异性恋夫妻，被认为处于中级水平。在芬兰尚未提出法律框架前，冰岛、丹麦仍然处于第二代辅助生殖立法阶段，挪威则已几次更新人类辅助生殖法了。这些更新都强化了挪威在辅助生殖上的严格立场。与挪威类似，瑞典通过几次更新进入第三代辅助生殖立法设计。然而，与挪威辅助生殖立法相比，瑞典的辅助生殖立法经历了从严格到宽松的一个逐渐变革过程。瑞典最早进行辅助生殖立法，20 世纪 80 年代，瑞典采用分别立法模式，率先颁布《人工授精法》与《体外受精法》，几经修订的《体外受精法》允许大部分人类辅助生殖技术，只禁止胚胎捐赠，代孕也没有明确禁止（只是没有实践过）。在此基础上更新的统一调整涉及人的医学研究与生殖医学的《基因人格法》沿袭旧制，允许配子捐赠、同性恋夫妻接受辅助生殖、受精卵冷冻 5 年，禁止代孕、死后生殖与单身妇女接受辅助生殖，并增加了基因筛查、生殖系细胞修饰、生殖性克隆、基于医学研究的胚胎创造与非医学需要的植入前遗传学诊断等。新法还为基因治疗、保险领域的基因隐私以及人类卵子的研究与使用等设置了条件。可见，医学从业者的自主权与人类辅助生殖技术使用权在瑞典最新立法中的水平都较高。丹麦对人类辅助生殖技术的初始反应显示它将人类辅助生殖技术视为一个基础医学问题，最好留给医学团体自主管理。但是，20 世纪 90 年代的两件事使丹麦立法趋向严格：第一，1993 年丹麦私立不孕症诊所发生了引起高度关注的丑闻；第二，1995 年丹麦伦理委员会发表的报告高度关注人类辅助生殖伦理方面，从而催生了《辅助生殖治疗法》。但是，丹麦因为有较高水平的自主权与较高水平的使用权被视为宽松型，人类辅助生殖执业医生可以广泛实施各种人类辅助生殖技术，包括卵子与胚胎捐赠、植入前遗传学诊断、代孕与干细胞研究等。公众的使用权也相对自由，法律虽然规定不孕症服务仅限于异性恋夫妻使用，但是单身妇女与女同性恋者可以凭借法案上的漏洞使用辅助生殖服务。然而，因为使用不孕症服务的水平仅是中间水平，所以这个国家属于中间类型的政策设计。冰岛的政策设计也属于中间类型。冰岛不允许胚胎捐赠与干细胞研究，并且仅限于异性恋夫妻使用。此外，由于冰岛《人工受孕法》采用双轨制，配子捐赠者可以在匿名与非匿名之间选择，接受者也可以在匿名捐赠者与实名捐赠者之间选择。然而，在精子捐赠方面这个选择仅仅是理论的，因为所有捐赠的精子都从丹麦进口，在丹麦捐赠者匿名制是受法律保护的。

其次表现在立法的时间选择与立法进程上。北欧辅助生殖立法在时间上大致分为三个批次：挪威与瑞典是较早实施体外授精与颁布法律的，早在20世纪80年代就出台了第一批以严格著称的辅助生殖立法。第二批立法诞生于20世纪90年代，冰岛与丹麦各自通过了相关法律。冰岛直至20世纪90年代早期才将体外授精引入临床实践，比其他北欧国家几乎晚了10年，所以立法也较迟。第三批是芬兰，2007年最后一个出台了《辅助生殖治疗法》。立法时机的选择取决于人类辅助生殖技术的成熟度与社会的接受度，基于此，罗伯特（Robert）等人认为政府放弃最初的立法努力是明智之举，从而鼓励充分争论与讨论，以达成一些道德共识。[①] 但是也有例外。早期的立法者挪威与瑞典将体外受精引入临床实践不久就颁布了严格的法律。很明显，严格的立法设计属于“否定”性的回应。第二批立法者冰岛与丹麦从长期的辅助生殖实践中受益。丹麦立法比冰岛稍迟，但比冰岛人类辅助生殖试验早了几年，这可能说明其设计稍微宽松。瑞典用了二十多年几次更新了立法。挪威限制性的立场历经多年至今没有任何改变的迹象。冰岛近年来达成辅助生殖自由化的共识，在某种程度上是基于大众的支持。如果芬兰继续遵循这种模式，将有越来越多的人接纳人类辅助生殖技术，那么它将采用更宽松的辅助生殖立法设计。

再次表现在参与者的信仰上。倾向于宽松立法设计的参与者认为，人类辅助生殖技术既然对人类有益就应当采用，国家介入也应当最小化。严格型立法的支持者怀疑生物医学与科学进步，认为风险比潜在的利益更大。他们呼吁国家为专业人员自主权与受益人使用权设置严格限制。在挪威，基督教民主党是有影响力的睿智参与者，它能够确保其核心价值在辅助生殖立法中占据优势。该核心价值与立法设计不谋而合，因而被描述为

---

① LEE R，DEREK M. Human fertilisation & embryology：regulating the reproductive revolution [M]. London：Blackstone Press Limited，2001：267.

以党派设计为特点。① 瑞典的人类辅助生殖技术似乎在逐步地自由化，从限制性立法到宽松型立法的过渡源于社会民主党与少部分医学团体的推动。瑞典国家医学会是学术团体，瑞典医学协会（Swedish Medical Association，SMA）是行业组织。瑞典国家医学会与瑞典医学协会的竞争关系推进了国家卫生与福利委员会的权威。国家卫生与福利委员会在瑞典卫生政策构想与立法设计上赋予了极大的自由。② 丹麦立法设计的特点是瑞典国家医学伦理委员会的角色有点模糊不清。一方面，《丹麦伦理委员会法》（Act on the Danish Council of Ethics）授权该委员会在伦理事务上给丹麦议会、公共机构与一般公众提供建议与信息。该委员会的工作一直致力于将辅助生殖概念化为伦理与社会问题，而不仅是医学问题。这一理念似乎导致了 1997 年《人工授精法》条款自由元素的减少。另一方面，近年来伦理委员会对人类辅助生殖的观点朝着宽松的方向发展。这些观点与丹麦医学团体以及现任政府联盟的限制性观点不一致。芬兰立法进程早期，医学团体认为国家干预将阻碍辅助生殖的进步，因此，芬兰辅助生殖立法的迟滞似乎与参与者的利益冲突与信仰不同有关。这种不一致表现在司法部、社会与卫生部之间的分歧以及政府与议会之间的分歧上，并且导致了政府 2002 年在议会上撤销了其建议，成功地拖延了法律的出台。冰岛立法展示了专家设计型立法的某些元素：由于重要参与者中的利益与信仰一致，基于大多数明智参与者的主流信仰，产生一个连续的有意义的设计过程与一个内容丰富的立法结果。尽管大家普遍认为人类辅助生殖技术在这个国家十分成熟，但是所有参与者都认为有必要颁布国家立法作为一种制度化的规范。③

---

① ROTHMAYR C，VARONE F，SERDUELT U，et al. Comparing policy design across countries：what accounts for variation in ART policy? ［C］//IVAR B，MALCOLM L，GOGGIN，et al. Comparative biomedical policy：governing assisted reproductive technologies ［M］. London：Routledge，2004：233，251.

② GARPENBY P. Resource dependency，organised medicine and the state：quality control in Sweden ［J］. Social science and medicine，1999，49 （3）：405－424.

③ ROTHMAYR C，VARONE F，SERDUELT U，et al. Comparing policy design across countries：what accounts for variation in ART policy? ［C］//IVAR B，MALCOLM L，GOGGIN，et al. Comparative biomedical policy：governing assisted reproductive technologies ［M］. London：Routledge，2004：244.

最后，在立法的广阔背景上，科技进步、公众认知、媒体报道以及重大事件等都可能成为影响立法的外部因素。一些重要事件，不论是丑闻、科学发现还是能唤起读者共鸣的报道，因经常受到媒体的广泛关注和公众讨论，可能影响议程设置与决策时机。例如，发生在 1993 年丹麦不孕症诊所中的医学丑闻，似乎强烈呼吁对这个国家的人类辅助生殖进行更严格的控制。丹麦与挪威“救命手足”的例子推动了政策朝相反的方向发展。邻国的动向也会影响立法设计。北欧国家在立法上有合作传统。凡是立法通常都要调查其他国家，特别是北欧国家的立法情况，通过把它们作为范例来遵循或当作失败经验来避免，例如瑞典授精委员会 1985 年报告反对卵子捐赠，因而 1988 年的《体外授精法》禁止了卵子捐赠。授精委员会报告的这一原则被挪威采用，即便瑞典 2002 年取消了这一禁令，挪威法律仍然继续禁止卵子捐赠。①

---

① Nordic Council of Ministers. Assisted reproduction in the Nordic countries: a comparative study of policies and regulation [M]. Copenhagen: Nordic Council of Ministers, 2006: 73 - 86.

第七章　人类辅助生殖技术监管制度比较研究

构建一套协调稳健的监管体制及灵活高效的运行机制是各国人类辅助生殖法律制度体系的核心内容。纵观各国四十年的实践探索，许多国家已经摸索出相对稳定的适合本国国情的人类辅助生殖监管体制，建立健全了行政监督管理体制、行业外部监督体制和机构伦理自律体制。就具体的运行机制而言，监管主体则会不断适时推陈出新，在监管理念、监管目标、监管重点、监管手段、制度体系以及技术支持等方面加以调整和完善，在组织效率化、程序民主化和目标具体化等方面克服传统运行机制的缺陷，这种改革创新在很大程度上保证了人类辅助生殖监管的科学性和有效性。

科学规范的人类辅助生殖从业准入制度是人类辅助生殖法律制度体系的基础制度和重中之重。它是国家根据相关实体要件和程序要件，通过对从业者主体资格的审核和确认，赋予符合从业条件的机构和人员从事某种人类辅助生殖的法律资格。这项法律制度从内容上包括机构准入制度、业务准入制度和人员准入制度，其实质在于禁止或限制不具备资质的机构和人员进入人类辅助生殖领域开展人工授精和体外受精—胚胎移植技术等活动。

要达到科学有效的预期监管效果，过程控制制度显得尤为重要。这就需要设计科学合理的动态管理流程，实现过程控制的标准化、规范化和高效化，确保合规律性与合目的性的有机统一。科学制度体系不是各种具体制度的无序堆砌，而是根据内在的逻辑建构起来的规范高效的制度系统，包括全程性、分阶段日常监管，有效的预警制度、应急制度、退出制度、补救制度等。而且制度体系应实现全覆盖，不留制度漏洞，制度设计上应成熟、定型且便于操作。

一、人类辅助生殖技术监管体制与运行机制比较

1. 行政监管体制

英国是行政监管模式的代表。英国的人类受精与胚胎学管理局隶属卫生部，是世界上首个依法成立的人类辅助生殖技术国家监管机构，同时也是一个具有高度独立性、强制性的公共管理机构。1991 年它正式行使涉及人的生殖医学临床实践与胚胎研究许可及监管职能。人类受精与胚胎学管理局的机构设置具体包括申诉委员会、审计与治理委员会、伦理与标准委员会、许可委员会与许可执行专家组、注册研究专家组（Register Research Panel）、法定审批委员会、科学与临床发展咨询委员会及档案委员会等多个委员会，各委员会独立开展工作。人类受精与胚胎学管理局职权十分广泛：其一，人类受精与胚胎学管理局的基本角色是人类辅助生殖服务及相关研究的监管者与指导者。《人类受精与胚胎学法》授予人类受精与胚胎学管理局广泛的监管权，主要包括：对进行开展人类辅助生殖服务及相关研究的机构进行认证与审查，监管配子及胚胎等生殖材料的冻存与使用，记录登记诊所、研究机构与存储中心的相关活动，向公众公开公布相关研究现状与信息，协助制定相关监管措施，贯彻落实欧盟细胞与组织指令的再许可任务，监管胚胎干细胞的研究等。其二，人类受精与胚胎学管理局是辅助生殖领域的裁判者及当事人与公众利益的保护者。提供辅助生殖服务的医疗机构需要向人类受精与胚胎学管理局提交申请并注册登记，人类受精与胚胎学管理局通过认证体系对开展人类辅助生殖服务及相关

研究的机构进行详细的调查研究，并依法作出是否予以认证的决定。已获认证的机构也要定期向人类受精与胚胎学管理局提供年度报告及相关信息接受人类受精与胚胎学管理局查核（过去每年重新审核一次，目前对获得成果的机构改为每三年更新一次常规审核），作为下一周期能否继续获批的参考依据。没有资质的机构无法获得认证或是被剥夺原有的认证资格，从而确保病人、捐赠者、后代及公众的利益。其三，人类受精与胚胎学管理局是辅助生殖政策制定者与国家立法建议者，有权为人类受精与胚胎学管理局及其官员发布常规命令，为被认证的医疗机构制定《执业守则》（Code of Practice）及各种相关政策，如2007年年底，人类受精与胚胎学管理局制定了生育治疗导致的多胞胎减胎政策，并作为国家生育战略的一部分。此后人类受精与胚胎学管理局推出有关精子、卵子与胚胎捐赠及其补偿的政策，以提高社会对配子捐赠及配子质量重要性的认识与关注。根据人类受精与胚胎学管理局的规定，一个捐精者最多只能提供给10个家庭，每次就诊最高可获得35英镑的补偿。① 由于辅助生殖领域一直是颇受争议的风险领域，因而人类受精与胚胎学管理局在制定相关政策前会进行广泛的调查与实证研究，以收集全面、准确的临床信息与试验数据，并就争议问题广泛征询公众意见，作为其制定政策与立法建议的科学依据。

人类受精与胚胎学管理局对人类辅助生殖的规制和监管表现出了实用主义倾向。人类受精与胚胎学管理局充分吸收科学团体与社会公众的参与，运行机制公开透明，工作效率也非常灵活：其一，由于认证是通过一个由相关专家与普通民众共同参与的具有独立性与透明度的委员会会议进行的，公众、专家与研究团体可以分享委员会作出的判断及制定相关议案所依据的信息，而且有机会进行讨论与交流，这样就能避免委员会作出不被社会认同的决定，从而有助于建立起社会对委员会的信任。其二，解决新现象新问题的灵活性与适应性是这一机制的另一特征。该特征奠定于认

① Sperm donation and the law for donors [EB/OL].（2019-01-09）[2019-07-08]. https://www.hfea.gov.uk/donation/donors/donating-your-sperm/sperm-donation-and-the-law-for-donors/.

证机构与认证机构制定的《执业守则》之间的密切联系上。[①] 在这个机制中，人类受精与胚胎学管理局制定了具有可操作性的《执业守则》。《执业守则》涉及面广，以保护未出生婴儿的福祉为首要目标，包括对研究活动的适当指导、儿童福利、捐赠者的审查与选择、保密性、信息的提供、知情同意的获得、配子与胚胎的应用、配子与胚胎的冻存与监管、研究的标准与禁止事项等，为临床治疗与实验研究提供必要的指导方针，也是评判医疗机构的专业标准。虽然《执业守则》本身没有强制力，但医疗机构一旦违反就可能被撤销认证。另外，《执业守则》不同于法律，具有很高的社会适应性，可以随着人类辅助生殖技术的发展变化与社会的认同程度不断因时损益，目前《执业守则》已经更新到第 9 版。[②] 总之，人类受精与胚胎学管理局已经积累了 30 年的丰富专业知识与监管经验，在监管人类辅助生殖服务及相关研究方面获得了较高的公信力，也发挥着重要作用。[③]

包括英国在内，立法规范人类辅助生殖服务的国家和地区通常都选择严格、规范的行政监管体制。类似于英国人类受精与胚胎学管理局的监管机构还有前述澳大利亚 RTAC 及维多利亚辅助生殖治疗管理局（Victorian Assisted Reproductive Treatment Authority，VARTA）、新西兰辅助生殖技术咨询委员会（Advisory Committee on Assisted Reproductive Technology，ACART）、加拿大人类辅助生殖管理局、中国香港地区人类生殖科技管理局、瑞典遗传完整委员会（Committee on Genetic Integrity）、以色列审批委员会（Approving Committee）、挪威生物技术咨询委员会、西班牙国家人类辅助生殖委员会等，负责监督法律的实施，制定执业准则，实施技术准入管理，处罚违法行为等。我国采取的也是这种模式，只是没有成立专门的主管机关，而是由各级卫生主管部门统一管辖，

① 牧山康志．英国人类胚胎研究管理体制建立的背景及其现实功能分析——兼论日本生命科学技术的社会管理体制结构［J］. 医学与哲学，2004，25（4）：12－15.

② The new version of the Code of Practice is now available.（2019－12－05）［2019－12－09］. https://www.hfea.gov.uk/media/2793/2019－01－03－code-of-practice-9th-edition-v2.pdf.

③ ENGLISH V. The future of the human fertilisation and embryology authority［J］. Reproductive biomedicine online，2013（26）：305－306.

详见本书第十章，此处不赘。

2. 行业自律体制

美国是这种体制的典型代表。在美国，生殖服务除受到联邦、州政府主管部门有限的规管外，基本上都由专业医疗学会如辅助生殖技术学会实行行业自我约束。具体表现如下。

其一，政府主管部门职责有限且分散，不集中管理。政府对生殖科技的管理由联邦政府与州共同行使，但是大部分职责下放给各州，联邦政府只作最低限度的规管。联邦政府在人类辅助生殖监管中的职责分由三个机构行使：美国疾病预防与控制中心负责收集与发布人类辅助生殖资料；食品药品监督管理局（Food and Drug Administration，FDA）主要负责对美国国内生产及进口的药品、疫苗、生物医药制剂、医学设备、放射性设备进行监督管理，同时拥有筛查与检测生殖细胞的管辖权，目前，该机构发布的人类细胞组织规范已经编入《人体细胞、组织及以细胞组织为基础的产品》（Human Cells，Tissues and Cellular and Tissue Based Products）；医疗保险与医疗补助服务中心（Centers for Medicare and Medicaid Services，CMS）负责实施《临床实验室改进规范》（Clinical Laboratory Improvement Amendments，CLIA），《临床实验室改进规范》计划的主体部分是保障各种临床实验室检测的质量。在州一级，州医学委员会既是医师执照的认证机构，也是违法医师证照的吊销机构，但是进行生殖科技程序并无特别的资质要求，只要拥有一个医疗牌照（用于一般医疗业务）就可以。而且各州立法的着眼点是辅助生殖子女亲子关系的界定（详见本书第九章），而不限于生殖科技程序的具体监管。目前只有弗吉尼亚州及新罕布什尔州就人类辅助生殖程序制定了详尽的规管法例，其他各州既无规管索取配子捐赠人资料的法例，也无管制人类辅助生殖程序中性别选择的法例。

其二，行业团体强化自我管理。医疗界自行制定行业规范作为临床生殖医学专家自我管理的重要依据。在美国，生殖医学专家经住院医师培训与考核通过后，由美国妇产科学委员会或泌尿委员会认证。为保持认证的有效性，继续医学教育与定期复审也是必要的。美国生殖医学会就是为其成员提供继续医学教育与科研奖励计划，旨在保护病人、辅助生殖子女、医生与社会整体的利益，致力于促进生殖医学及其实践的多学科非营利性组织，其成员包括产科医生、妇科医生、生殖内分泌学专家、儿科医生、胚胎学专家与心理健康专家等医学专业人士。美国生殖医学会伦理委员会定期发布有关伦理问题的报告，美国生殖医学会实践委员会则以指导方针、最低标准、委员会意见、技术公告、教育公告等形式发布报告。目前，美国生殖医学会正在成为生殖领域公认的全国性乃至国际性多学科信息提供、教育、宣传与制订生殖标准的领军者。另一学术团体美国辅助生殖技术学会是美国病理学会（College of American Pathologists，CAP）的下属机构，偏重于为人类辅助生殖临床实践专业人士服务，代表美国90%的人类辅助生殖诊所，其使命是建立并维护人类辅助生殖技术的标准，以提高医疗照护水平。美国生殖医学会与美国辅助生殖技术学会经常互相配合，联合发挥行业自律功能，如美国生殖医学会与美国病理学会为胚胎学实验室认证管理机构，以确保它们符合国家高质量标准，美国辅助生殖技术学会则严格监控诊所对美国生殖医学会指南的遵守及胚胎学实验室的认证、员工的资质与提交给美国疾病预防与控制中心的数据等情况。美国生殖医学会与美国辅助生殖技术学会共同发布一系列重要的专家共识、建议与指南，对推动诊疗规范和学科发展起到了非常重要的作用。如美国生殖医学会和美国辅助生殖技术学会曾多次发布体外受精周期胚胎移植的数量，因此生育诊所的多胎妊娠率正在显著降低。[1] 由于美国95%的体外受精诊所都遵守美国辅助生殖技术学会和美国生殖医学会的医学指南，这些指南的长期效应值得期待。

不仅仅是美国，许多国家的人类辅助生殖技术都受到行业规范约束，而不管该国有无健全的人类辅助生殖法。就配子或胚胎捐赠而言，有些国家的学术团体、行业组织制定的指导方针经证明是行之有效的。例如，在印度，只允许对不能产生配子或有遗传疾病的夫妇捐赠胚胎；在新西兰，需要伦理委员会进行个案审查；在越南，需要双方的协议书；在俄罗斯，被接受体外受精治疗的夫妻放弃的胚胎可以捐赠。毫无疑问，提升行业自

① Practice Committee of the Society for Assisted Reproductive Technology, Practice Committee of the American Society for Reproductive Medicine. Guidelines on number of embryos transferred [J]. Fertility and sterility, 2006, 86 (suppl 5): S51 - S52.

律规范的价值意味着政府规管可以不必大包大揽①，事无巨细。

3. 伦理监督模式

生命科学研究的突破及其临床应用产生了大量伦理、法律与社会问题，切实发挥生殖医学伦理委员会的独特价值对医学技术临床应用进行伦理监督，是国际医学界的通行做法，有助于打破医学专家在生命价值评估中的垄断地位，规范生命伦理议题，强化专家的社会责任与自我约束，促进社会公众参与技术决策，保护病人及利益相关者的安全。几乎所有立法规范人类辅助生殖的国家早期都成立了专门的伦理委员会对人类辅助生殖技术应用所涉伦理法律等问题进行调查研究。如瑞典授精委员会基于长期的调查研究，先后发布多份对瑞典辅助生殖立法产生深远影响的调研报告。授精委员会深入调查了人工授精与体外受精所生子女的生存状况。就人工授精而言，授精委员会确认了如下事实：瑞典每年约有 200 个供精人工授精子女出生，国内外均有各种形式的有偿供精广告，私立医院所付酬金较多，公立医院付的较少。授精委员会最为忧虑的是供精人工授精子女监护权之争，在一起离婚案件中，妻子扬言如果丈夫索要孩子的监护权就公开他不是孩子生物学父亲的事实。在另一起离婚诉讼中，原本同意供精人工授精的丈夫事后翻悔，拒绝承担孩子的抚养费，最高法院裁判，丈夫不是孩子的生物学父亲，与孩子无法律上的权利义务关系。这一裁决为授精委员会对供精人工授精子女的担忧增添了紧迫感。授精委员会认为供精人工授精的先决条件应当是满足未来子女的权利需求与基因完整。而保护供精人工授精子女利益最重要的是赋予其基因知情权。然而，事实上保护捐赠者隐私在瑞典乃至全世界都是惯例。在瑞典，医生一般不保存常规档案，而只保留私人记录，妊娠一经完成，这些记录一般都会销毁，以免捐赠者将来被认出。被登记为子女父母的妇女及其配偶通常也不倾向于告知子女供精人工授精之事。妇产科医生反对实名制，甚至预言实名制将对供精人工授精治疗产生不利影响。而授精委员会尽管对法律父母会不会告知供精人工授精子女实情并不乐观，但是还是认为儿童健康成长必须有和谐

① STOCKAGE A. Regulating multiple birth pregnancies: comparing the United Kingdom's comprehensive regulatory scheme with the United States' progressive, intimate decision-making approach [J]. Michigan State journal of international law, 2009, 18 (3): 559-588.

稳定的家庭关系以及开诚布公的亲子关系，因而建议卫生保健部门展开宣传教育，指导准父母告知子女实情。鉴于供精人工授精子女与养子女情况较为类似（至少父母一方不是子女的自然父母），而收养制度已非常完善，授精委员会对两者进行全面比较，试图借鉴收养制度的成熟经验。由于以保护子女利益为依归的收养是在成文法规范下的公开的组织行为，且被收养人有获知其生物学父母信息的合法权利，他们在寻找生物学父母的过程中也有权请求政府的帮助。所以，授精委员会认为供精人工授精子女也应有知情权，捐精记录应当妥善保管并在适当的时候向子女公开。就体外受精而言，授精委员会认为为人父母从来都不是一项绝对特权，有时必须接受自然缺陷，任何人都有人格尊严，不得成为他人的手段。实施人工授精必须基于未来孩子的最佳利益。以此为依据，授精委员会提出如下质疑：第一，谁应当成为子女的母亲？是捐卵者还是生产者；第二，捐赠卵子是否会造成家庭冲突与心理困境；第三，尚无临床证据表明，捐赠卵子从一妇女体内植入另一妇女体内究竟会不会产生不良影响；第四，捐赠卵子是科技的产物，完全违背自然过程。基于此，授精委员会得出结论：捐赠卵子不应当成为不孕症治疗方法。基于这两份报告，瑞典颁布了严格的《人工授精法》与《体外受精法》，均把保护儿童权利与健康成长置于首位，以此为基础创设的子女基因知情权制度曾引起全球持久的关注与热烈讨论，并被许多国家借鉴。

英国沃诺克委员会的影响也较大。1978 年，世界首例“试管婴儿”路易斯·布朗在英国诞生。这个女孩特别的出生方式在全球范围内引起强烈反响。考虑到新技术可能带来的影响，为消除人们的担忧，1982 年，英国健康与社会保障部（Department of Health and Social Security）成立人类受精及胚胎研究调查委员会，委员会由玛丽·沃诺克（Mary Warnock）担任主席，故也被称为沃诺克委员会。沃诺克委员会的基本职责是对与人类受精和胚胎学研究的发展前景及由此产生的各种社会伦理和法律问题进行全面调研和综合评估，在此基础上提出相应的对策建议和立法思路。这些问题涉及的技术及其实验范围非常广泛，包括体外受精、供精人工授精、夫精人工授精、卵子捐赠、胚胎捐赠、跨物种受精以及研究性胚胎的使用与损坏等。鉴于这些问题的重要性和争议性，沃诺克委员会向社会各界广泛征求意见和建议。对争议最大的代孕生殖问题，所有委员都不赞成使用，但也认为法律不应介入——因为法律具有“侵入”性。委员会最终在预防商业性代孕上达成共识，并建议需要明确的、强有力的法律介入。1984 年 7 月，沃诺克委员会发布了著名的《沃诺克报告》，这份对英国辅助生殖立法产生深远影响的报告建议：尽快立法并建立专门的审查许可机构，规范辅助生殖技术和人类胚胎研究；代孕所潜藏的危机远远超过可获得的利益，完全得不到伦理辩护，避免代孕及其负面影响的唯一有效方法就是宣布其非法；禁止一切营利性和非营利性代孕活动，并对参与其中的医疗机构和个人科以重刑。同时，委员会建议未来立法应当明确代孕协议的法律地位，宣布一切代孕协议没有法律效力，不能申请法院强制执行。①《沃诺克报告》的核心目标是借助法律手段强力遏制代孕协议和代孕中介活动。不久，英国又发生一起跨国商业代孕案件，英国妇女吉姆·科顿（Kim Cotton）经一家美国商业性代孕中介机构的介绍，为一对美国夫妇提供有偿自然代孕服务，约定酬金 6 500 美元。尽管依据英国法律收养孩子附有对价为违法，法官最终还是依据“子女最佳利益原则”判决提供精子的美国夫妇适合承担孩子的照顾和监护责任，并允许其将孩子带出英国。② 此案发生后，《沃诺克报告》受到英国立法机关的高度重视。鉴于秘密的“地下”代孕已经客观存在并且不可能完全禁绝，但是如果鼓励和任由其发展又会强烈冲击社会、伦理和法律秩序，立法机关最终采纳沃诺克委员会的部分建议出台了《代孕协议法》，严厉打击商业性代孕和代孕中介，而有酬性自愿代孕（voluntary surrogacy）却得到了合法化。此后的《人类受精与胚胎学法》延续了《代孕协议法》的立场、宗旨和制度，并对其加以补充和修正。因此可以说，《沃诺克报告》的结论和建议在一定程度上奠定了《代孕协议法》与《人类受精与胚胎学法》的基础和框架。③

---

① MARY WARNOCK. A question of life: the Warnock report on human fertilization & embryology [M]. New York: Basil Blackwell, 1985: 80-86.

② BRINSDEN PR, APPLETON TC, MURRAY E, et al. Treatment by in vitro fertilisation with surrogacy: experience of one British centre [J]. British medical journal, 2000, 320 (7239): 924-929.

③ 潘荣华，杨芳．英国“代孕”合法化二十年历史回顾 [J]. 医学与哲学（人文社会医学版），2006 (11): 49-51.

成立国家级人类辅助生殖伦理委员会的还有一些国家，如新西兰成立了国家辅助生殖程序与人类生殖研究伦理委员会；还有一些国家虽然没有成立专门的国家级人类辅助生殖伦理委员会，但是有综合性的国家级伦理委员会统辖人类辅助生殖技术，如丹麦伦理委员会、德国伦理委员会、比利时国家生物伦理咨询委员会、瑞典国家医学伦理委员会等。瑞典国家医学伦理委员会就是这样一个国家机关，虽然从行政管理的角度来看，该委员会隶属于卫生与社会事务部，但它是一个拥有多个办公室的独立机构。2013 年 2 月 28 日，该委员会提交了一份辅助生殖伦理方面的报告，主题是探讨代孕、胚胎捐赠、社会冷冻卵子以及生育治疗的年龄限制，主张开放一些新型治疗方法，并提出具体的实施建议与意见，如建议开放受精卵捐赠。在医学伦理委员会看来，允许这种做法，可能意味着更多的非自愿无子女者有望为人父母，而被废弃的受精卵将可以得到充分使用，这是积极的、有意义的善举。再如受精卵的最长存储时间，过去是 5 年，医学伦理委员会建议进一步延长并从医疗、心理与社会的角度确定具体的存储时间。至于配子与受精卵处理权问题，瑞典《生命银行法》并未全面规定。委员会认为，关于受精卵的处理权应被限制给接受治疗的夫妇，夫妇不仅有权处理其胚胎，而且有权将其带到国外治疗，当然配子买卖仍属于违法。①

近年来，随着人类辅助生殖技术的广泛应用，生殖医学的伦理监督也逐渐制度化、法律化。我国也确立了伦理监督原则，并与国际接轨。《人类精子库管理办法》规定：申请设置人类精子库的医疗机构应当设有医学伦理委员会。修订后的《人类辅助生殖技术与人类精子库伦理原则》增加"伦理监督的原则"专条，首次提出伦理监督概念，确立了生殖医学伦理委员会的指导、监督与审查地位，明确了伦理监督的内容、范围、形式与途径等，对提升我国人类辅助生殖伦理调控的规范化与监管水平意义重大。② 但是，我国生殖伦理委员会还需要在工作机制、职能落实、自我约

① Swedish National Council on Medical Ethics. Assisted reproduction-ethical aspects (Summary of a report) [R/OL]. [2013-12-17]. http://www.smer.se/wp-content/uploads/2013/03/Slutversion-sammanfattning-eng-Assisted-reproduction.pdf.

② 李利君，卢光琇．我国人类辅助生殖技术伦理调控规范化建设的重大发展——《人类辅助生殖技术和人类精子库伦理原则》特征刍议 [J]. 医学与哲学，2004，25（12）：40-41.

束与外在制约等方面进一步完善，才能充分实现其应有的价值。[①] 因此有必要探寻一种以个案为基础的合理的法律监督模式，但是这在我国似乎是不现实的，因为在这种背景下，每个案例都应当经过伦理委员会的讨论。[②]

一些著名国际组织下属的专业伦理委员会也发挥着积极作用，如欧洲人类生殖暨胚胎学会建立的伦理监督机构对会员国产生了一定影响。其伦理法律工作组从 2001 年到 2014 年就植入前胚胎的道德地位、配子及胚胎捐赠与冻存、植入前遗传学诊断、多胎妊娠、代孕、跨境生殖服务以及特殊人群的辅助生殖、非医学需要的性别选择等发布了二十多份调研报告。如 2006 年 8 月发布的《死后辅助生殖》报告分析了备受争议的死后辅助生殖伦理问题，建议从现有法律的规定与所生孩子的心理健康角度进行全面道德评估，认为在死者死亡前已经书面同意，且遗孀已经接受全面的咨询并有 1 年冷静期的情况下，死者配子或胚胎可以用于其遗孀，第三方使用通常只限于配子与胚胎捐赠的情况。[③]

综上所述，各国的人类辅助生殖监管体制与运行机制并不完全一致，即便在同一国家的不同地区或不同法域，就人类辅助生殖监管问题达成内部共识来实现管理体制的完全一致也相当困难。这种多元化管理体制与运行模式，可以理解为每个国家对人类辅助生殖技术的宽容度与接受度及其折射出来的道德价值观不同的结果。

二、人类辅助生殖技术准入与应用监管制度比较

人类辅助生殖技术是一种对社会伦理道德有重大影响的高风险的特殊

① 涂玲，卢光琇．伦理管理在人类辅助生殖技术中的应用与价值［J］．生命科学，2012，24（11）：1283－1288.

② WILHELM M，DAHL E，ALEXANDER H，et al. Ethical attitudes of German specialists in reproductive medicine and legal regulation of preimplantation sex selection in Germany [J]. PLoS ONE，2013，8（2）：1－9.

③ PENNINGS G，WERT DE G，SHENFIELD F，et al. ESHRE Task force on ethics and law 11：posthumous assisted reproduction [J]. Human reproduction，2006，21（12）：3050－3053.

医疗技术。大部分国家依据国际惯例实行各种严格的技术准入与技术应用管理制度，以预防人类辅助生殖技术应用可能出现的负面效应，诸如生殖的商品化、影响孩子的心理健康、给卵子捐赠者带来的健康风险、危及家庭稳定与社会和谐等。① 以欧洲为例，据欧洲人类生殖暨胚胎学会的调查统计，截至 2018 年 3 月，在 86 个受访的国家中，有 51 个（59%）实施了许可或认证制度。②

主管机关健全了准入管理，即制定具有一定强制性、规范性的法律法规或指导方针，通过循证医学原理及方法，对人类辅助生殖技术的安全性、有效性、经济性与社会适应性等方面进行系统评估，决定其是否能进入临床试验阶段或者从探索性医疗技术转变为临床应用性技术。③ 应用管理是对已经应用于临床的某技术进行分级分类管理与实时监管或过程控制（包括事前预防、事中控制或事后救济）等。准入与应用管理制度的目标都是促进技术进步、提高医疗质量、保障医疗安全、维护患者权益、控制医疗费用上涨以及保障全民卫生计划的落实等目标。④ 如 2004 年新西兰历时八年出台了《人类辅助生殖技术法》，这是新西兰首部人类辅助生殖法，直至法律通过，诸如人类胚胎研究、人类克隆、胚胎与配子的商业供应以及植入前遗传学诊断等议题仍然充满了争议。⑤《人类辅助生殖技术法》的主要目标之一就是实行人类辅助生殖技术准入与管理，具体表现在：第一，确保人类辅助生殖技术及其研究在维护与促进人的健康、安

① STORROW RF. Religion，Feminism and abortion：the regulation of assisted reproduction in two Catholic countries [J]. Rutgers law journal，2011，42 (3)：725 - 764.

② International Federation of Fertility Societies. International Federation of Fertility Societies' Surveillance (IFFS) 2019：global trends in reproductive policy and practice，8th edition [J/OL]. Global reproductive health，2019，4 (1)：12. [2019 - 10 - 10]. http：//dx. doi. org/10.1097/GRH. 0000000000000029.

③ 李大平．医疗技术准入的概念及其与相关制度的关系 [J]. 中国医院管理，2006，26 (4)：10 - 12.

④ 王小燕，李大平．医疗技术准入的法律功能分析 [J]. 中国医院管理，2006，26 (4)：13 - 14.

⑤ SNELLING J. Implications for providers and patients：a comment on the regulatory framework for preimplantation genetic diagnosis in New Zealand [J]. Medical law international，2006，8 (1)：23 - 49.

全、尊严与权利的情况下造福个人与社会。第二，禁止不可接受的辅助生殖程序与研究，包括某些与人类生殖相关的商业交易。第三，建立一个强大而灵活的监管体制，成立两个法定机构：辅助生殖技术咨询委员会和辅助生殖技术伦理委员会，咨询委员会负责依法制订相关决策，划清合法行为与非法行为的界限；伦理委员会负责生殖技术应用与生殖医学研究的审批，凡是未经伦理委员会审批的生殖技术应用与生殖医学研究均属违法。第四，建立丰富的信息存储制度，确保从胚胎或生殖细胞捐赠出生的子代可以获知其基因来源。基于此，该法把人类辅助生殖程序及其研究分成三种类型：常规程序、规管审批程序与法定禁止程序，法定禁止程序共九类，具体包括以人工方法克隆人或人类胚胎，将人类胚胎与动物胚胎或人畜混合胚胎植入人体或动物，将转基因配子、人类胚胎或人畜混合胚胎植入人体，将从胎儿获取的配子或胚胎培育成的胎儿或胚胎植入人体等。[①] 我国《医疗技术临床应用管理办法》与《特殊医疗技术临床应用管理办法》（征求意见稿）也把人类辅助生殖技术定为需要特殊管理的第三类医疗技术，加以严格控制与管理。下面将全球各种人类辅助生殖技术（人工授精与常规体外受精—胚胎移植除外）的准入及应用管理情况简要概括如下。

（一）显微操作技术

卵细胞浆内单精子显微注射、辅助孵化（assisted hatching，AH）与细胞质移植（cytoplasmic transfer）等显微操作技术大大增加了体外受精周期的成功率。卵细胞浆内单精子显微注射作为治疗严重少、弱、畸形精子症、阻塞性、非阻塞性无精症等男性因素不育问题的首选治疗手段得到公认。该程序虽然已被证明是安全的，但是由于避开了自然选择的筛选，从而引入了不可预测的因素，可能导致基因印迹缺陷以及增加后代异常发生率。因此，迫切需要选择合适的对象，采取严格的操作规程与开展长期的随访研究。辅助孵化是在胚胎移植前借助显微操作技术，在透明带上开

---

① LOVELOCK K. Conceiving reproduction：new reproductive technologies and the redefinition of the kinship narrative in New Zealand society [J]. Anthropological forum，2010，20 (2)：125 - 146.

一个小口或削薄透明带，帮助胚胎钻出透明带，从而提高胚胎着床率。① 目前，辅助孵化常用方法有传统的机械法（透明带切开法）、化学方法（Tyrode 液法或蛋白酶法）、激光方法（透明带开孔法、透明带部分减薄法、1/4 周透明带减薄法）等。辅助孵化可能增加单卵双胎率且在透明带上开孔会损伤胚胎"保护层"，因此，目前没有足够证据证明辅助孵化可以广泛应用于常规体外受精—胚胎移植周期，而只推荐在体外受精—胚胎移植预估预后不良的患者中使用。② 其他类型的显微操作，如使用异源细胞质进行细胞质移植在全世界都是罕见的。有关此项操作的安全与有效性的主要争议问题是异体卵细胞质移植有可能传播线粒体遗传疾病，因为细胞质移植并非线粒体嵌合那么简单，使用异源细胞质可能发生基因表达缺陷并影响个体发育，而这种基因表达缺陷也可能遗传给下一代。③ 根据国际生殖学会联盟的调查分析，卵细胞浆内单精子显微注射在世界范围内是被普遍接受的，辅助孵化也取得了普遍认可。④ 例如，在巴西，卵细胞浆内单精子显微注射在所有人类辅助生殖周期几乎都可以使用；在澳大利亚、爱尔兰、芬兰、利比亚与美国的一些诊所也经常使用；在南非与斯洛文尼亚，50%～60%的人类辅助生殖周期使用卵细胞浆内单精子显微注射。辅助孵化在美国常被用于 38 岁以上、透明带较厚或者植入反复失败的妇女，在委内瑞拉仅用于特定情况下，在南非与西班牙目前比过去较少使用，利比亚也只有满足特定的入选标准才能使用，比利时、丹麦与拉脱

① COHEN J，ELSNER C，KORT H，et al. Impairment of the hatching process following IVF in the human and improvement of implantation by assisting hatching using micromanipulation [J]. Human reproduction，1990，5 (1)：7－13.

② Practice Committee of Society for Assisted Reproductive Technology，Practice Committee of American Society for Reproductive Medicine. The role of assisted hatching in in vitro fertilization：a review of the literature. A Committee opinion [J]. Fertility and sterility，2008，90 (suppl 5)：S196－198.

③ HAWES SM，SAPIENZA C，LATHAM KE，et al. Ooplasmic donation in humans [J]. Human reproduction，2002，17 (4)：850－852.

④ International Federation of Fertility Societies. International Federation of Fertility Societies' Surveillance (IFFS) 2019：global trends in reproductive policy and practice，8th edition [J/OL]. Global reproductive health，2019，4 (1)：18—19. (2019—10—10) [2021－08－18]. http：//dx. doi. org/10. 1097/GRH. 0000000000000029.

维亚则只有少数诊所使用，意大利、捷克与以色列也很少使用。[①] 而利用异源细胞质进行移植的使用非常有限，主要是担心第三方 DNA 的介入会带来问题。在许多国家，这些程序被认为是实验性的，要么实施时受政府限制，要么基于宗教原因不被允许实施。[②]

（二）着床前胚胎遗传学诊断或筛查技术

植入前遗传学诊断或筛查使有遗传变异风险的夫妇有机会移植不受影响的胚胎。近年来，植入前遗传学诊断或筛查在一些国家正由医学实验项目转变为常规医疗手段。[③] 欧洲人类生殖暨胚胎学会最近颁布多项指导方针与建议，明确了植入前遗传学诊断或筛查的实验室要求，并且为诊断与辅导程序给出了较高的实践标准。[④] 此外，欧洲人类生殖暨胚胎学会伦理与法律组曾在一次讨论中明确表示植入前遗传学诊断或筛查应当成为常规医疗保健项目的一部分。[⑤] 目前，该技术在许多植入前遗传学诊断或筛查合法化的国家越来越受欢迎[⑥]，被广泛用于诊断或检测 X-连锁性疾病、单基因遗传疾病、染色体数目与结构异常、非整倍体筛查、非医疗性别选择、迟发性疾病的基因预测以及人类白细胞抗原配型。

作为一种成熟可靠的人类辅助生殖程序，植入前遗传学诊断或筛查错误发生率较低，帮助所生孩子阻断遗传性缺陷进而避免了堕胎。2013 年

---

① BANKER M, BRINSDEN P, BUSTER J, et al. IFFS Surveillance 2013 [EB/OL]. (2013 - 10) [2013 - 11 - 08]. p81. http://c.ymcdn.com/sites/www.iffs-reproduction.org/resource/resmgr/iffs_surveillance_09 - 19 - 13.pdf.

② JONES HW, COOKE I, KEMPERS R, et al. IFFS Surveillance 2010 [J]. Fertility and sterility, 2011, 95 (2): 107 - 109.

③ AARDEN E, VAN HOYWEGHEN I, VOS R, HORSTMAN K. Providing preimplantation genetic diagnosis in the United Kingdom, the Netherlands and Germany: a comparative in-depth analysis of health-care access [J]. Human reproduction, 2009, 24 (7): 1542 - 1547.

④ CORVELEYN A, MORRIS M, DEQUEKER E, et al. Provision and quality assurance of preimplantation genetic diagnosis in Europe [J]. European journal of human genetics, 2008, 16 (3): 290 - 299.

⑤ PENNINGS G, DE WERT G, SHENFIELD F, et al. ESHRE task force on ethics and law 14: equity of access to assisted reproductive technology [J]. Human reproduction, 2008, 23 (4): 772 - 774.

⑥ GOOSENS V, HARTON G, MOUTOU C, et al. ESHRE PGD Consortium data collection IX: cycles from January to December 2006 with pregnancy follow-up to October 2007 [J]. Human reproduction, 2009, 24 (8): 1786 - 810.

的调查与2004年、2007年和2010年的相比，表明植入前遗传学诊断在全球人类辅助生殖服务中越来越受到普遍欢迎。① 目前，全世界来自50 000多个体外受精—植入前遗传学诊断周期成功孕育了10 000多个新生儿。② 据国际生殖学会联盟2013年调查，46个被调查国家中有44个实施植入前遗传学诊断，其中，有38个国家是在法律法规与指导方针下实施的，这其中又有8个国家仅限于特定的遗传性疾病使用植入前遗传学诊断。就植入前遗传学筛查而言，有26个国家在法律法规与指导方针下实施，10个国家的法律法规与指导方针未规定，7个国家禁止植入前遗传学筛查。③ 据该机构2021年调查，随着植入前遗传学诊断技术的成熟，这种服务比前几年有大幅增多，只是适用时仍受到法律或当地临床传统的规制，以免发生不可预知的技术风险。④

国际生殖学会联盟调查只描述了全球植入前遗传学诊断或筛查监管的概貌，具体到不同国家，植入前遗传学诊断的监管模式并不完全相同。有一些国家（如美国、以色列）采取相当自由的监管法律或没有法律监管，但植入前遗传学诊断问题被专业标准约束着。⑤ 这些国家中大多数有特定的监管机制来控制植入前遗传学诊断的使用，而且植入前遗传学诊断通常也有专门的机关颁发许可证或批准。⑥ 如以色列成立了一个由心理学家、生物伦理学家、社会工作者、律师、专攻基因学的专家、妇产科专家与宗

---

① BANKER M，BRINSDEN P，BUSTER J，et al. IFFS Surveillance 2013［EB/OL］.（2013-10）［2018-11-8］. http://c.ymcdn.com/sites/www.iffs-reproduction.org/resource/resmgr/iffs_surveillance_09-19-13.pdf，104-105.

② SIMPSON JL，RECHITSKY S，KULIEV A. Next-generation sequencing for preimplantation genetic diagnosis［J］. Fertility and sterility，2013，99（5）：1203-1204.

③ 同①104.

④ The European IVF-Monitoring Consortium（EIM）for the European Society of Human Reproduction and Embryology（ESHRE），WYNS C，DE GEYTER CH，et al. ART in Europe，2017：results generated from European registries by ESHRE［J］. Human reproduction open，2021：1-17.【doi】10. 1093/hropen/hoab026.

⑤ NELSON EL. Comparative perspectives：regulating preimplantation genetic diagnosis in Canada and the United Kingdom［J］. Fertility and sterility，2006，85（6）：1646-1652.

⑥ SOINI S. Preimplantation genetic diagnosis（PGD）in Europe：diversity of legislation a challenge to the community and its citizens［J］. Medicine and law，2007，26（2）：309-323.

教官员组成的七人专业委员会，负责审查与裁决性别选择申请。① 有些国家，如加拿大、丹麦、芬兰、法国、荷兰与英国，则采用中间调整路线，还有些国家已经制定非常严格的法律加以规范，如奥地利、德国与瑞士。② 可见，尽管同是欧洲国家，各国立法态度却颇有差异，如德国、荷兰与英国就大相径庭。德国作为严格保护胚胎的国家，其《胚胎保护法》禁止非以生殖为目的使用任何体外创造胚胎，此条款通常被理解为禁止植入前遗传学诊断，但是目前此项技术的临床实践并不罕见。荷兰的植入前遗传学诊断最初受到医学治疗法制约，该法视遗传学领域的医疗程序为实验性程序，只能由取得了荷兰卫生部许可的诊所进行。2003 年的新法令进一步规定，遗传学治疗只能在大学附属医院进行，而植入前遗传学诊断技术只在马斯特里赫特医院进行，新法令并不限制植入前遗传学诊断的指征，但明确该程序是用于预防严重遗传疾病。最近，荷兰公众围绕植入前遗传学诊断的应用展开了热烈的辩论，要求引进更加严格的植入前遗传学诊断标准以及更加严格的操作手段，建议对每个病例进行评估，以规范诊所的植入前遗传学诊断使用。③ 英国的植入前遗传学诊断管理机构是人类受精与胚胎学管理局，管理依据是《人类受精与胚胎学法》及人类受精与胚胎学管理局颁布的《执业守则》。《执业守则》规定区分体外受精与植入前遗传学诊断程序的基本依据是：进行植入前遗传学诊断的诊所不仅需要取得许可证，而且诊断只能应用于特定疾病。④ 植入前遗传学筛查被允许在英国使用，大部分植入前遗传学诊断诊所都可以提供此项服务，但没有大范围推广。一些临床医生批评它们进行植入前遗传学筛查仅是出于商业

① ZAFRAN R. Non-medical sex selection by preimplantation genetic diagnosis：reflections on Israeli law and practice [J]. North Carolina Journal of Law & Technology，2008，9 (2)：187 - 217.

② HUDSON KL. Preimplantation genetic diagnosis：public policy and public attitudes [J]. Fertility and Sterility，2006，85 (6)：1638 - 1645.

③ AARDEN E，VAN HOYWEGHEN I，VOS R，et al. Providing preimplantation genetic diagnosis in the United Kingdom，the Netherlands and Germany：a comparative in-depth analysis of health-care access [J]. Human reproduction，2009，24 (7)：1542 - 1547.

④ HFEA. Code of Practice：7th edition [M] . London：Human Fertilisation and Embryology Authority，2007.

原因，况且相比于体外受精，该技术并没有提高怀孕数量。① 德国、荷兰与英国的例子说明，虽然各国出台了各种政策与监管举措来规范植入前遗传学诊断的申请、实施以及分娩过程，但是欧洲各国医疗管理体制的不同使植入前遗传学诊断或筛查的广泛应用实现起来困难重重。

植入前遗传学诊断或筛查也是一把双刃剑。WHO 1995 年发布的《遗传医学伦理诸问题及提供遗传服务指南》就反对采用这种疗法增加患者的经济负担，如果将植入前遗传学诊断用于性别选择，则可能导致社会的性别比例失衡。基于以上忧虑，各国对植入前遗传学诊断选择性别的态度也呈现多样性发展趋势。据国际生殖学会联盟 2010 年调查：在被调查的 105 个国家中，依法禁止性别选择的有 43 个国家，法无明文规定的有 15 个，允许的有 15 个国家，另有 26 个国家在实际中允许或接受通过植入前遗传学诊断等技术对体外受精所生胚胎进行性别选择，它们主要是伊斯兰与基督教国家。② 在我国，《母婴保健法》、《人口与计划生育法》与《关于禁止非医学需要的胎儿性别鉴定与选择性别的人工终止妊娠的规定》等都明确规定禁止非医学需要的胎儿性别鉴定，《人口与计划生育法》第 36 条还规定：利用超声技术与其他技术手段为他人进行非医学需要的胎儿性别鉴定或者选择性别的人工终止妊娠的，由计划生育行政部门或者卫生行政部门依据职权责令改正，给予警告，没收违法所得；违法所得 1 万元以上的，处违法所得 2 倍以上 6 倍以下的罚款；没有违法所得或者违法所得不足 1 万元的，处 1 万元以上 3 万元以下的罚款；情节严重的，由原发证机关吊销执业证书；构成犯罪的，依法追究刑事责任。这体现了立法机关打击违法选择性别的决心。在我国香港地区，利用生殖科技选择婴儿性别也引发了广泛的公众讨论，卫生主管机关根据公众意见主张禁止基于非医学理由利用人类辅助生殖技术选择性别，如因医学理由需要选择性别应予批准，但须受到管制。立法委员也认为，基于社会原因利用生殖科技选择性别可能加深性别歧视，打破性别比例的自然平衡，因此应禁止基于社会因

① HARPER J, SERMON K, GERAEDTS J C, et al. What next for preimplantation genetic screening? [J]. Human reproduction, 2008, 23 (3): 478 - 480.

② JONES HW, COOKE I, KEMPERS R, et al. IFFS Surveillance 2010 [J] . Fertility and sterility, 2011, 95 (2): 107 - 109.

素的性别选择，只允许基于医学理由的性别选择。[①] 基于此，《人类生殖科技条例》规定：任何人不得借生殖科技程序（包括将某一性别的胚胎植入一名妇女的体内）而直接或间接使胚胎的性别被选择，但如果进行选择是为避免可能损害胚胎健康的法定伴性遗传疾病，及有不少于 2 名注册医生各以书面说明该项选择是为上述目的而进行，且对该疾病的患者而言，该疾病的严重程度足以支持进行性别选择，则属例外。

总之，对植入前遗传学诊断或植入前遗传学诊断研究与治疗的监管充满了道德争议。植入前遗传学诊断或植入前遗传学诊断研究与治疗属于父母生育自主权与隐私权范畴，但是，植入前遗传学诊断或植入前遗传学诊断研究与治疗的指征又具有公共属性，特别是在政府资助人类辅助生殖的国家和地区。此外，由于获得植入前遗传学诊断或实施植入前遗传学诊断需要专业人员的帮助，这就需要一个“看门人”（包括医生、专业组织或政府本身）参与其中。尽管政府监管植入前遗传学诊断备受争议，如涉嫌干预个人的生殖权，但不能因为担心政府监管可能抑制植入前遗传学诊断或筛查发展而弃之不顾，上述国家和地区的监管事实证明，依法加大政府或行业监管力度非常必要。[②] 而在无法可依的国家和地区，如何强化医疗机构自律更是一个具有挑战性的问题。[③]

（三）多胎妊娠的控制与选择性减胎

在过去的四十年里，由于高龄妊娠、过度卵巢刺激与体外受精使用频繁，多胎妊娠数量迅速增长。[④] 近十年来，这一问题已经受到广泛关注，许多国家立法限制胚胎移植数量，以预防多胎妊娠并发症。来自瑞典、丹麦、荷兰与比利时的研究表明，单胚胎移植比双胎移植与三胎移植的并发

① 生殖科技临时管理局就性别选择所作出的讨论摘要［CB（2）979/98－99（01）］［EB/OL］.（1999－01－20）［2013－06－07］. http://www.legco.gov.hk/yr98－99/chinese/bc/bc53/papers/p979c01.pdf.

② NELSON EL. Comparative perspectives：regulating preimplantation genetic diagnosis in Canada and the United Kingdom［J］. Fertility and sterility，2006，85（6）：1646－1652.

③ JONES HW，COOKE I，KEMPERS R，et al. IFFS Surveillance 2010［J］. Fertility and sterility，2011，95（2）：107－109.

④ American College of Obstetricians and Gynecologists. Multifetal pregnancy reduction (Committee Opinion No. 553)［J］. Obstetrics and gynecology，2013，121（2）：405－410.

症大大降低，而且实现的妊娠率与活产率并不比后者低。一些国家已经制定了严格的法律法规，要求几种特殊病人只能移植单胚胎。在英国，监管机构已采取措施以确保多胎妊娠率保持在"试管婴儿"出生率的10%以下。美国生殖医学会2012年推荐的单胚胎移植的适应证为：妇女年龄低于35岁、有多个高品质胚胎可供移植、属于第一或第二个治疗周期、曾有成功的体外受精周期、接受捐赠者卵子产生的胚胎。① 专家还持续强烈呼吁实施选择性单胎移植。② 一些欧洲国家甚至推荐更为严格的e-SET标准，如年龄设限为低于37或38岁。③ E-SET标准为北欧国家所提倡与遵守，且在比利时等国家得到成功实践，效果良好。意大利法律虽然规定所有受精卵都必须同时移植，但是受精卵个数限制为不超过3个。在其他国家，也有年龄与最大移植数量的限制。如美国妇产科学会（American College of Obstetricians and Gynecologists，ACOG）2007年指出：避免减胎问题的第一个方法是且应当是预防。限制胚胎移植的数量是更可取的，以防止病人与医生需要考虑减胎的情况。④ 一些国家还设置了严厉的违规行为处罚条款，如德国。⑤

尽管许多国家立法限制胚胎移植数量，但还是有一些医疗中心为获得更好的成功率移植三个或更多胚胎，再加上诱导排卵以及体外受精周期未得到充分监控，高序多胎妊娠（high order multiple pregnancy，HOMP）发生率非常之高。据2021年统计，2017年时欧洲一些国家的多胎移植率依然很高，这直接导致多胎妊娠率与分娩率增高，并诱发了围产期风险和并发症，单胎妊娠、双胎妊娠和三胎妊娠的早产风险率分别为2.4%、

---

① BANKER M，BRINSDEN P，BUSTER J，et al. IFFS Surveillance 2013 [EB/OL]. (2013-10) [2013-11-8]. http://c.ymcdn.com/sites/www.iffs-reproduction.org/resource/resmgr/iffs_surveillance_09-19-13.pdf，35.

② GERRIS J. Single-embryo transfer versus multiple-embryo transfer [J]. Reproductive biomedicine online，2009，18 (2Suppl)：63-70.

③ 同①.

④ ACOG Committee. Multifetal pregnancy reduction [J]. American journal of obstetrics and gynecology，2007，369：1-5.

⑤ JONES HW，COHEN J，COOKE I，et al. IFFS Surveillance 2007 [J]. Fertility and sterility，2007，87 (suppl 1)：s20.

10.3%和21.7%。[①] 这一结论与国际生殖技术监测委员会2015年发布的2007年全球人类辅助生殖报告结论相似，全球平均每周期胚胎移植数为2.16，其中，希腊、土耳其、黑山共和国、马其顿、匈牙利、意大利和塞尔维亚平均胚胎移植数目分别为2.67、2.65、2.52、2.46、2.44、2.29与1.99，而马其顿、黑山共和国、保加利亚与希腊四胎移植率竟分别高达18.3%、12.4%、11.9%与10.3%。[②]

在多胎移植与多胎妊娠数量居高不下的情况下，多胎妊娠减胎术（multi-fetal pregnancy reduction，MFPR）就成为减少多胎妊娠并发症或高序多胎妊娠的必要手段之一。减胎是一个低风险的程序[③]，已被广泛接受与积极实践，但它确实带来诸多心理与伦理困境，接受减胎者及其伴侣所遭受的情感影响尤其深刻。[④] 有鉴于此，许多国家曾一度禁止多胎妊娠减胎，还有些国家不能或不愿意面对这一问题。[⑤] 时过境迁，欧美国家已经在认真考虑多胎妊娠减胎的伦理问题了。欧洲人类生殖暨胚胎学会伦理与法律工作组指出：多胎妊娠减胎的伦理困境源自其与堕胎问题紧密联系，但二者是有区别的，多胎妊娠减胎的明确意图不是终止妊娠而是提高剩余胎儿的发育机会，尤其是高序多胎妊娠，不实施多胎妊娠减胎术将会增加妊娠损失与胎儿风险。从这个意义上说，多胎妊娠减胎是有医学指征的，在道德上可以接受，其第一要务是确保出世孩子的幸福，减少高序多胎妊娠对剩余胚胎的好处超出了足月妊娠或流产风险之缺点。预防多胎妊

---

① The European IVF－Monitoring Consortium（EIM）for the European Society of Human Reproduction and Embryology（ESHRE），WYNS C，DE GEYTER CH，et al. ART in Europe，2017：results generated from European registries by ESHRE［J］. Human reproduction open，2021：1－17.【doi】10. 1093/hropen/hoab026.

② ISHIHARA O，ADAMSON GD，DYER S，SILKE D，et al. International Committee for Monitoring Assisted Reproductive Technology：world report on assisted reproductive technology，2007［J］. Fertility and sterility，2015，103（2）：402－413（e11）.

③ EVANS M I，CIORICA D，BRITT D W，FLETCHER J C. Update on selective reduction［J］. Prenat diagn，2005（25）：807－813.

④ JONES HW，COHEN J，COOKE I，et al. IFFS Surveillance 2007［J］. Fertility and sterility，2007，87（suppl 1）：s44.

⑤ DIMITRIOU G，PHAROAH P O D，NICOLAIDES K H，et al. Cerebral palsy in triplet pregnancies with and without iatrogenic reduction［J］. European journal of pediatrics，2004，163（8）：449－451.

娠应首选多胎妊娠减胎术。①

经过多年努力，多胎移植率与生产率总体上也有所下降，根据国际生殖技术监测委员会2009年发布的全球人类辅助生殖报告，2002年53个国家超过600 000个周期平均每周期移植数为2.47胎，其中双胎、三胎与多胎生产率分别为12.4%、45.2%与42.3%，其中，北美洲分别为6.8%、33.3%和59.9%，澳大利亚与新西兰分别为23.5%、69.3%和7.2%，欧洲分别为13.7%、54.8%和31.6%，亚洲分别为14.1%、23.8%与62.0%。② 而该机构2014年发布的2007年全球人类辅助生殖报告显示，55个国家超过1 251 881个人类辅助生殖周期共诞生229 442个孩子，全球平均每周期胚胎移植数降低到2.16，其中，单胎、双胎与多胎移植率分别占总移植周期的23.4%、46.3%和30.2%，只是国家与地区差异依然很大，北美洲分别为10.9%、49.2%和39.8%，澳大利亚与新西兰分别为59.7%、39.4%和0.9%，欧洲分别为21.4%、53.4%与25.2%，亚洲分别为33.5%、31.9%和34.6%。③ 根据2017年统计数据，欧洲多胎移植率和妊娠率控制得都很好，体外受精和卵细胞浆内单精子显微注射后单胎、双胎和三胎移植率分别为82%、17.5%和0.5%，冷冻胚胎移植周期里，多胎妊娠率为12.8%；两类数据都与2012年基本持平。④ 但是，该机构2021年统计的2013年全球人类辅助报告显示，上述平均数据比欧洲的略高，这说明治理多胎移植和分娩还任重道远。⑤

---

① The ESHRE Task Force on Ethics and the Law. Ethical issues related to multiple pregnancies in medically assisted procreation [J]. Human reproduction, 2003, 18 (9): 1976-1979.

② International Committee for Monitoring Assisted Reproductive Technology (ICMART). World collaborative report on assisted reproductive technology, 2002 [J]. Human reproduction, 2009, 24 (9): 2310-2320.

③ ISHIHARA O, ADAMSON G D, DYER S, et al. International Committee for Monitoring Assisted Reproductive Technology: world report on assisted reproductive technology, 2007 [J]. Fertility and sterility, 2015, 103 (2): 402-413 (e11).

④ CALHAZ-JORGE C, DE GEYTER C, KUPKA M S, et al. Assisted reproductive technology in Europe, 2013: results generated from European registers by ESHRE [J] . Human reproduction, 2017, 32 (10): 1957-1973.

⑤ BANKER M, DYER S, CHAMBERS GM, et al. International Committee for Monitoring Assisted Reproductive Technologies (ICMART): world report on assisted reproductive technologies, 2013 [J]. Fertility and sterility, 2021, 116 (3): 741-756.

总之，完善的医疗实践是通过认真监控排卵诱导与人工授精周期预防多胎妊娠减胎，并且只移植一个胚胎或两个选定的患者接受体外受精或相关技术的治疗。但是 MFPR 作为改善高序多胎妊娠的结果，已经成为管理不善导致的诱导排卵与人工授精周期以及体外受精与卵细胞浆内单精子显微注射治疗后多胎妊娠的必要补救措施。①

（四）子宫租借和移植的法律规制

鉴于代孕争议较大，许多国家的临床实践都予以禁止，一些国家即便接受妊娠代孕，一般也较为审慎地加以管控，严格限制补偿性问题。② 例如，在澳大利亚，妊娠母亲的名字必须出现在出生证上（各州具体规定略有不同）；在巴西，代孕者必须与委托夫妻有亲属关系，且不得付酬；在希腊，代孕必须符合一定的医学指征，必须得到法院的批准，且禁止付酬；在以色列，代孕虽然可以付酬，但是代孕事宜必须经过有关机关的批准，并有社会工作者全程监督子女监护权转移；新西兰也要求代孕必须提交国家生殖技术伦理委员会（National Ethics Committee on ART，NECART）审批；俄罗斯则要求代孕者必须在 20 岁到 35 岁之间且至少生过一个孩子；南非除了要求代孕者至少生过一个孩子外，还需法院批准，并且只能为当地居民服务；在泰国，妊娠母亲是孩子的法律母亲，基因父母必须收养所生孩子；英国也有类似规定，并且委托者必须符合规定的医学指征，但允许向代孕者支付必需的费用。③ 美国虽然对代孕的态度比较开放，但是仍保持审慎的行业监管，近年来美国生殖医学会和辅助生殖技术学会曾多次发布对妊娠代孕相关的问题的评估建议。这些建议是在整合美国疾病预防与控制中心、食品药品监督管理局和组织库学会（American

① JONES HW，COOKE I，KEMPERS R，et al. International Federation of Fertility Societies Surveillance 2010 [J]. Fertility and sterility，2011，95（2）：89.

② International Federation of Fertility Societies. International Federation of Fertility Societies' Surveillance（IFFS）2019：global trends in reproductive policy and practice，8th edition [J/OL]. Global reproductive health，2019，4（1）：113 - 118. [2019 - 10 - 10]. http://dx.doi.org/10.1097/GRH.0000000000000029.

③ JONES HW，COOKE I，KEMPERS R，et al. International Federation of Fertility Societies Surveillance 2010 [J]. Fertility and sterility，2011，95（2）：107 - 109.

Association of Tissue Banks，AATB）的最新数据后联合发布的。①

此外，高难度的子宫移植（womb transplant）技术的风险性也备受关注。由妇女子宫缺失或无能造成的不孕在医学上几乎是不可医治的。子宫移植技术就是将活体或尸体的子宫移植到缺失子宫妇女的身上以解决其不孕问题。瑞典国家医学伦理委员会曾讨论过这一问题，认为子宫移植技术尚在临床研究阶段，其技术风险尚难预知，况且允许活体或尸体子宫移植给缺失子宫的妇女难免会发生伦理问题。② 但是，2014 年新年伊始，瑞典一名负责子宫移植先驱计划的医师透露，陆续接受亲戚捐赠移植子宫的 9 名妇女将很快尝试怀孕。③ 据报道，同年 9 月已有一名接受活体子宫移植的妇女成功妊娠并因并发症而提前通过剖宫产诞下一名健康男婴。④ 医师同时也宣称，移植子宫目前只是尝试性研究，可能达到成功妊娠并分娩活产儿的结果，但尚不能完全保证良好的临床妊娠结局。一些专家说，这种尝试为没有子宫的妇女多提供了一种选择。⑤ 土耳其和沙特阿拉伯之前也有两例移植子宫个案（未能怀孕生子）。英国医生也打算尝试移植子宫，但只考虑从濒死或已死人员中寻找子宫供体。⑥ 2015 年 11 月，我国第四军医大学西京医院妇产科等 11 个学科、38 位专家协作，成功将一位母亲的子宫移入其女儿体内并成活。这也是国内首例成功的人子宫移植手术。⑦

① Practice Committee of the American Society for Reproductive，Medicine and Practice Committee of the Society for Assisted Reproductive Technology. Recommendations for practices utilizing gestational carriers：a committee opinion. [J]. Fertility and sterility，2017，107（2）：e3－e10.

② Swedish National Council on Medical Ethics. Assisted reproduction-ethical aspects（Summary of a report）[R/OL]. [2018－12－17]. http://www. smer. se/wp-content/uploads/2013/03/Slutversion-sammanfattning-eng-Assisted-reproduction. pdf.

③ Ethical Considerations. [2014－01－06]. http:// www. wombtransplantuk. org/index. php/why4/ethical-considerations.

④ JOHNSON S，EVANS C. Swedish woman world's first to give birth after womb transplant.（2014－10－04）[2014－12－06]. http://www. reuters. com/article/2014/10/04/us-sweden-transplant-idUSKCN0HT0GC2014 1004.

⑤ Womb transplants hailed as success in pioneering Swedish project.（2014－01－13）[2014－01－16]. http:// www. theguardian. com/society/2014/jan/13/womb-transplants-success-swedish-project.

⑥ 同③.

⑦ 中国首例人子宫移植手术成功 妈妈把子宫给女儿 [N]. 成都商报，2015－11－26（10）.

2016 年 3 月 7 日外媒报道，美国克利夫兰诊所成功为一位 26 岁的女子进行了子宫移植，该女子也是在美国本土首位接受子宫移植的人。① 2018 年 12 月，Ejzenberg 等人在《柳叶刀》上详细报告了世界首例使用已故捐赠者子宫进行移植后获得临床妊娠并成功分娩活产儿的病例。② 这项研究为通过移植已故捐赠者的子宫为患有子宫因素不孕症的妇女开辟了一条健康怀孕的道路（而无须活体捐赠者或代孕者）。然而，就目前发展情况来看，子宫移植技术仍然属于治疗子宫因素不孕的实验性手术③，其安全性、有效性以及对所生后代的远期影响都有待于进一步的研究和评估，尽快以此为根据发布技术标准和共识、伦理审查标准是法律规制重点。

---

① 美国首个子宫移植女子手术结束 一年后才能怀孕．[2016－03－08]．http://toutiao.com/i625960307060 7426049.

② EJZENBERG D，ANDRAUS W，MENDES L，et al. Livebirth after uterus transplantation from a deceased donor in a recipient with uterine infertility [J]. Lancet，2019，392 (10165)：2697－2704.

③ Practice Committee of the American Society for Reproductive Medicine. American Society for Reproductive Medicine position statement on uterus transplantation：a committee opinion [J]. Fertility and sterility，2018，110 (4)：605－610.

第八章　辅助生殖权的法律界定比较研究

辅助生殖在增加不孕夫妇生殖机会的同时，也使辅助生殖权（生育权）与自然生殖权尖锐对立起来①，刺激生殖扩张。借助辅助生殖方式生育子女的权利独立为辅助生殖权，会产生一系列重大而严肃的现实敏感问

① 生殖权在我国的语言习惯中常称之为生育权，包括“生”和“育”两个方面的内容，但是，辅助生殖的进步导致“生”和“育”分离，使生育权演变为两个相对独立的权利，即“生殖权”（right to reproduction）与“抚养权”（right to children-rearing），对此我国法学论著和法律文献不作严格区分，统称其为“生育权”，甚至不直接使用生育权概念，而是使用“生育”、“生育子女的权利（自由）”、“生育的权利”与“生育的义务”等，相关规定如“国家尊重和保障人权”；“中华人民共和国公民的人身自由不受侵犯”；“中华人民共和国公民在年老、疾病或者丧失劳动能力的情况下，有从国家和社会获得物质帮助的权利，国家发展为公民享受这些权利所需要的社会保险、社会救济和医疗卫生事业”；“国家推行计划生育，使人口的增长同经济和社会的发展计划相适应”；“夫妻双方有实行计划生育的义务”。其他法律也对生殖权作了规定，如 1992 年《妇女权益保障法》第 47 条规定，“妇女有按照国家有关规定生育子女的权利，也有不生育的自由”，这是我国法律第一次确认公民的生育权。2002 年 9 月 1 日生效的《人口与计划生育法》更是明确提出了公民生育权的概念，并规定：“公民有生育的权利，也有依法实行计划生育的义务，夫妻双方在实行计划生育中负有共同的责任。”国外一般严格区分这两个权利，如在著名的 Baby M 案中，法官就宣称，生殖权是指通过性交或者人工授精获得亲生孩子的权利……孩子出生后的监护、照料、养育等并不属于生殖权。邓冰，苏益群．大法官的智慧［M］．北京：法律出版社，2003：86－90.

题，诸如：生殖是纯粹的权利，还是义务与权利的统一体？设定辅助生殖权的宗旨是满足生殖需求还是治疗疾病？谁有权使用人类辅助生殖技术，是夫妻共同体，还是任何个人？非不孕不育夫妻（例如罹患遗传疾病的夫妻）以及单身妇女、同性恋者、在押犯等特殊群体、死者是否有权使用人类辅助生殖技术？辅助生殖权人行使权利的方式是否应当受到限制？第三方可否介入以及介入程度如何？“借腹生子”以及“设计婴儿”可否被允许？诸如此类，亟须法律给予正面回答并作出妥适的制度安排。

一、辅助生殖与生殖权利的扩张

医学技术的日新月异极大地刺激了生殖权主体、内容与客体的扩张，产生诸如“是否生（殖）”、“如何生”、“谁可以生”、“由谁生”、“生什么”、“何时生”以及“生几个”等现实问题，具体分析如下。

其一，“是否生”的权利，其价值在于确立公民的生殖自由权以及在自然生育受到疾病等因素困扰时有权获得国家的帮助。“是否生”的权利首先是一项自由权，是对国家的自由，个人有“生”与“不生”的自由，国家公权力不得肆意介入与不当干预，不得强制其生殖或者不生殖，否则就是侵犯生殖权的行为。生殖权又是一种积极的社会权利，生殖权的实现有赖于国家权力的积极介入，通过提供一定的服务或者给付，比如提供经济、组织、医疗、政策以及法律上的保障等去帮助权利实现。例如前述以色列著名的“那曼尼案”中，法院所面临的问题是如何平衡旗鼓相当的母亲的生育自由与父亲的不生育自由，经过漫长的诉讼过程后，最高法院最终裁定母亲的生殖权是一项积极权利，并支持母亲的积极权利。但是，那个时候，以色列尚未颁布代孕立法，允许无子宫的妇女通过代孕实现生殖权并获得政府资助，因此，为人父母权是否制约国家限制人类辅助生殖资助的权力成为一个悬而未决的问题，又成为以色列社会讨论的焦点。再如，匈牙利是《国际人口与发展会议行动纲领》（Programme of Action of the International Conference on Population and Development）的签约国，在实现生殖权利方面有着形形色色的记录。但是，匈牙利宪法中未承认某些尚未被明确授予的权利，如生殖自由权，因此，1997 年匈牙利颁布

《卫生法》以前，在政府是否有义务发展人类辅助生殖技术与制定相关法律帮助公民实现生殖权上曾缺乏统一的结论。如果生殖权被理解为需要政府较少干预的消极权利，则能从卫生保健系统获得的支持也较少；如果被理解为是健康权与医疗保健权的一部分，那么广泛的国家干预则是合理的，并且也为保险广泛覆盖这些服务提供了机会。在大多数情况下，律师与政府代表支持前一种观点，而辅助生殖中心的产科医生更倾向于后者，强调他们的服务可以被视为不孕症治疗的一种形式。①

其二，"如何生"的权利，即生殖方式的选择权。人类辅助生殖技术不仅大大有助于不孕症患者实现为人父母的梦想，而且推动了人类生育模式的重大变革，以性为基础的传统自然受孕模式不再是人类繁衍后代的唯一选择。换言之，随着辅助生殖成为重要的生育模式②，以自然生育为基础、以辅助生殖为补充的二元生育模式已经初步形成。③ 辅助生殖技术的日益昌明已经能够为不孕症患者提供更多的生殖方式，而人类辅助生殖技术及其衍生技术种类繁多，可以选择的范围非常广泛。在这种情况下，"如何生"的权利就变得非常有意义了。显然，"如何生"的权利只能定位于"社会权"，因为由于生理缺陷或者疾病原因，不孕症患者生殖权的实现须有赖于国家的积极介入与协助。但是，由于医疗供给能力的有限性，目前大多数国家都不把辅助生殖列入基本医疗范围，再加上辅助生殖往往需要他人提供精子、卵子甚至子宫，如果一味满足不孕症患者的权利需求，则有侵害他人基本人权之虞。因此，作为一种社会权利，"如何生"的权利能否实现以及实现的程度并不能由公民自决，而是取决于医疗技术的成熟度、国家的经济发展水平以及国家医疗保障能力的覆盖面，取决于国家的法治状况与人权发育水平。例如，匈牙利 1997 年颁布的《卫生法》，第一次明确了生殖权的性质：一方面，法律推进了病人自主权规定

① SÁNDOR J. Reproductive rights in Hungarian law: a new right to assisted procreation? [J]. Health and human rights, 2000, 4 (2): 196-218.

② 有科学家预言，试管受孕十年后将成人类主流生育方式。科学家称：试管受孕将取代性爱成"造人"首选［N］. 每日邮报．［2015-05-18］. http://news.163.com/10/0518/11/66VAEIK4000125LI.html.

③ 徐国栋．体外受精胚胎的法律地位研究［J］. 法制与社会发展，2005（5）：50-66.

的可执行性；另一方面，法律专章规定了获得不同形式辅助生殖服务的条件（此后有关部门颁布配子、胚胎的储存与治疗等实施细则，进一步规范辅助生殖服务的技术与医学方面），创立了比较宽泛的辅助生殖使用权，只禁止商业性配子与胚胎捐赠以及商业性代孕，承认男女在生育中所做贡献的差异，甚至允许创建胚胎后离婚或丧偶的妇女接受辅助生殖的后续治疗。① 再如，在社会福利水平与生命科技创新水平较高的瑞典，其《基因人格法》沿袭旧制，允许配子捐赠、同性恋夫妻接受辅助生殖、受精卵冷冻5年，禁止代孕、死后生殖与单身妇女接受辅助生殖，并增加了关于基因筛查、生殖系细胞修饰、生殖性克隆、基于医学研究的胚胎创造与非医学需要的植入前胚胎基因诊断等新规定。该法还为基因治疗、保险领域的基因隐私以及人类卵子的研究与使用等设置了条件。瑞典辅助生殖法的总体特征是限制成人的辅助生殖权与保障子女最佳利益，最具影响力的制度是子女基因知情权制度。

其三，“谁可以生”的权利。人类辅助生殖技术使得生儿育女似乎不再像以往那样受年龄、疾病以及生存与否的限制，因此，高龄妇女、癌症患者、艾滋病患者索要生殖权的案件屡屡发生。如近年来，不断有高龄妇女诞下“试管婴儿”的报道，如2005年1月16日罗马尼亚67岁大学退休女教授阿德里安娜·伊利斯库通过剖宫产手术生下一名“试管婴儿”，创造了高龄产妇纪录。2006年12月29日这一世界纪录被西班牙老妇卡梅拉·布萨达打破，当时已经66岁的她谎称自己只有55岁，成功生下一对双胞胎儿子，卡梅拉比阿德里安娜大128天。2008年7月4日英国媒体报道，现年70岁高龄的印度老妇奥姆卡莉·潘瓦尔在怀胎8个多月后经剖宫产生下一对龙凤双胞胎，再次创造了生育奇迹。② 随着社会公众逐渐认识到各种恶性肿瘤疾病对生育健康的影响，各种冷冻保存技术不断发展以

① SÁNDOR J. Reproductive rights in Hungarian law: a new right to assisted procreation? [J]. Health and human rights, 2000, 4 (2): 196-218.

② 助孕激素害死“最高龄产妇”?［N］. 南方都市报，2009-07-17（B05）；70岁老妪体外授精生下双胞胎 创下怀孕母亲最年长新纪录［N］. 扬子晚报，2008-07-04；印70岁老妇试管生女危及生命［N］. 扬子晚报，2010-06-15.

满足各种生育力保存服务需求。[①] 这种需求的增加由育龄期癌症病人的增加及其存活率提高引发，例如在美国每年就有 40 000 名育龄妇女因罹患癌症而损伤生育力。[②] 但是，生育力保存技术不仅促使育龄夫妇推迟生育，而且客观上延长了配子或受精卵发育时间，使配子可能在很长的若干年后才会受精、植入或发育，从而打破了“十月怀胎”的经验之谈。如此一来，生殖保险就会产生一些伦理法律问题。例如，1990 年安德鲁不幸患上睾丸癌，在治疗前夕，安德鲁和女友莎丽决定将安德鲁的精子冷藏起来，以便日后生儿育女。随后，安德鲁接受了手术和化疗，保住了性命。1992 年 5 月，两人结婚；2001 年 4 月，在安德鲁首次冷冻精子 11 年后，莎丽终于在第三次试管授精治疗中怀孕，生下了儿子马修；2007 年 5 月，夫妇俩又利用同一批已经冷冻了 16 年的精子生下女儿安娜贝尔。据悉，目前世界上成功受孕的冷冻精子最长保存时间纪录是 21 年。2002 年，英国曼彻斯特圣玛丽医院的医学专家采用一名不育丈夫 21 年前冷冻的精子，通过人工授精法成功使他的妻子怀孕，后诞下一名健康的男婴。[③] 本案中，姑且不讨论精子冷冻十数年的安全隐患问题，仅其伦理法律问题就令人担忧。试问：如果将某男子冷冻几十年的精子受精生子，那么这个“冰冻儿”是该男子其他儿孙的长辈还是晚辈？在这种情况下，生育力保存的时间是否应当受到限制就是一个值得慎重研究的问题了。

其四，“何时生”的权利。人死之后为其施行取精手术与辅助生殖的案件也时有发生。人死之后一定期间内，就尸体提取的精子仍有生殖能力，可以通过人类辅助生殖技术生育子女。美国、英国、日本，以及中国台湾地区都发生过死后取精生子案，例如，2005 年年初，一名日本商人在中国台北跳楼身亡，在其妻子强烈要求与检察官同意之下，台北荣民总医院在其死后 3 小时完成取精。鉴于死后生子开启先例，对中国台湾地区冲击太大，“卫生署国民健康局”严正声明：日商妻子一定不得在中国台

① MCLAREN JF, BATES GW. Fertility preservation in women of reproductive age with cancer [J]. American journal of obstetrics and gynecology, 2012, 207 (6): 455 - 462.

② WOODRUFF TK. The Oncofertility Consortium—addressing fertility in young people with cancer [J]. Nature reviews clinical oncology, 2010, 7 (8): 466 - 475.

③ 用冷冻精子怀孕 英国一母亲生下俩“冰宝宝”[N]. 现代快报，2007 - 07 - 15.

湾地区以亡夫精子做人工生殖；如果医师为其施行人工生殖手术，不仅违反医学伦理，必要时还可以“医疗法”相关规定处理。① 经过两个月的思考，日商妻子同意销毁丈夫“最后的遗物”②。2005 年 9 月 7 日，中国台湾地区再次发生震惊岛内的孙某某死后取精案：“陆军上尉连长”孙某某因公殉职，其女友李某某强烈要求死后取精，为未婚夫留下后代。“卫生署”起初坚决反对，认为死后取精“于‘法规’不合”③，但是“立法委”认为，“人工协助生殖技术管理办法”属于行政命令，已经形同虚设；“人工生殖法”（草案）正在“行政院”审议，尚未完成，目前处于“‘法律’空窗期”，且上述“办法”的条文中也没有明确规定取精是否可行，所以死后取精并不违法。9 月 9 日“行政院”负责人指示“卫生署”先行取精，以避免错过取精黄金时间，至于如何使用的问题，再依相关“法令”进行研议。在“立法委”的推动与“行政院”的干预下，“卫生署”只得表示，死后取精“无‘法’可管”“无权禁止”。得到“卫生署”的默许后，生殖中心立即施行手术，摘取了孙某某的睾丸、副睾丸及贮精囊等组织，并完成萃取、冷冻程序。此间“卫生署”两度召开专家会议，竭力劝说李某某冷静考虑半年再作生子决定。李某某意志坚定、初衷不改，请求“卫生署”准许她人工受孕；而孙某某的家属经过反复权衡后，决定放弃保存精子。12 月 22 日，保存了 104 天的孙某某的精子被销毁。④ 这场跌宕起伏的死后生子案终因孙、李两家发生矛盾而提前落下帷幕。死后生子虽然夭折，但是给社会带来的震荡余波未了，其凸显的情、理、法冲突多少折射出生命科学时代法律的滞后与尴尬。死后取精与死后生子是一个问题的两个方面，既密切关联，又都对现有法律观念与法律制度造成强大的冲击。事件发生后，有人乐观其成，有人坚决反对，法律层面的讨论更是观点纷呈，莫衷一是。很显然，从遗体取出精子涉及对死者生殖自主权、

---

① 李树人．“国健局”：绝不允亡夫取精生殖 [N]. 联合晚报，2005-03-25 (3).

② 韦丽文，李树人．死者取精违法，将送回日本 [N]. 联合晚报，2005-03-25 (1).

③ 台湾地区当时的“人工协助生殖技术管理办法”规定，须配偶双方健在始得人工受孕；已移送“立法院”审核的“人工生殖法”（草案）也是以不孕夫妇与子女权益为立法重点，规定，“捐赠人或受术夫妻一方死亡，两个月内，应销毁其保留的精子、卵子或胚胎”。

④ 取精夭折 台连长断后 [N]. 香港文汇报，2005-12-23.

知情权和遗体处分权的尊重。身体（包括遗体）完整权是宪法所保障的基本人权，凡是对人体、组织、器官的使用，哪怕只是极小部分（例如生殖细胞），都必须得到身体承载者的知情同意，否则不但直接侵犯死者的知情权、自我决定权，而且有可能侵犯遗体权。因此，除非死者生前明确表示同意死后取精，否则任何侵入性的手术（切除生殖器，取出睾丸、副睾丸、储精囊，萃取精子，销毁精子）在人死亡之后进行，都是违背知情同意法则的。总之，行使生殖权须在满足个人生育自由的同时尊重人性尊严和关怀后代福祉。死后取精通常是受悲情驱使，而非死者生前意愿，也有违公序良俗，不应当被允许。为此，应当严禁死后取精，禁止使用死亡者的生殖细胞，死亡后寄存在医疗机构的生殖细胞应销毁；严禁死后授精。①

2006 年 9 月 4 日日本最高法院作出首例死后生育诉讼判决，推翻高松高等法院的二审判决，不予认定一名妇女用丈夫生前冻存的精子受孕产下的 5 岁男孩与其先夫的亲子关系。本案被告丈夫数年前因白血病要多次放疗，为防止病后患上无精症，两人决定在接受放疗前冻存丈夫精子并同意如果丈夫去世不再保留精子。但这位妇女在丈夫去世后并没有告知保存精子的医院，而是将之取出在另一家医院做了人工授精手术，于 2001 年 5 月产下一名男婴。但是，在这位妇女为孩子办理户籍登记时，日本地方行政部门按照现行法律规定，不承认该妇女的丈夫与男孩间的父子关系。2002 年该妇女提起诉讼，要求认定孩子与其丈夫间的亲子关系。一审法院驳回了她的诉讼请求；但二审时高松高等法院裁定，鉴于存在自然的血缘关系，加之该妇女的丈夫也曾表示同意，判决认定其父子关系。不过，有关行政部门方面随即向最高法院提出上诉。日本最高法院的判决认为，现行的日本民法没有关于死后生育问题的规定，在界定这个问题的新的立法出台之前，无法在此案中给予亲子关系的法律认定，因此，撤销了此前高松高等法院的判决，驳回了该妇女的请求。日本最高法院在就此次判决的补充意见中提出，针对日本出现的越来越多的死后生育

① 杨芳，姜柏生．死后人工生殖的民法问题研究——兼谈台湾地区人工生殖立法新趋向[J].河北法学，2006（11）：111－114.

问题，应尽早进行相关立法，修改现行民法的有关条款，并完善、规范当前生育医疗领域内的法律和制度。此前，另有两桩有关死后生育的诉讼也分别被东京和大阪高等法院驳回了亲子关系法律认定的请求。此间舆论认为，日本最高法院的这次判决对今后同类案件将具有重要影响。①

其五，“由谁生”或“跟谁生”的权利。辅助生殖为不孕症患者带来福音的同时也推动了人类生殖方式的根本变革，把原本由丈夫与妻子协力完成的自然生殖过程分割为供卵、供精、受精、移植、妊娠、分娩及抚育等若干阶段，分别由夫、妻、捐赠者、代孕者以及医务人员协力完成。②这是人类辅助生殖技术最尴尬的一个问题——人类辅助生殖不仅排除了自然生殖模式的性行为，而且颠覆了传统的亲子关系与家庭结构：一方面，常规体外受精技术允许任何人的卵子与任何人的精子受精，并且允许基因提供者与接受者之间实行互盲；另一方面，生殖与性的分离，对传统家庭与亲子关系造成强大挑战，第三方介入其中则使这种关系变得更加错综复杂，对夫妻双方、第三方与子代都将产生重要伦理影响，特别是争议性较大的卵子捐赠与代孕所产生的问题早已显山露水，其中一个尖锐的问题就是如何防范近亲通婚带来的社会隐忧。另外，代孕造成基因母亲与妊娠母亲的分离，捐赠卵子造成基因母亲与养母的割裂，在这种情况下又需要重新构架二元生殖模式下的亲子制度，既要确立谁是子女的法律父母，又要廓清子女的法律地位。例如，挪威与瑞典已经颁布了限制性的法律来反对配子与胚胎捐赠与代孕，瑞典最早进行辅助生殖立法，也最早赋予供精人工授精子女基因知情权。20 世纪 80 年代，瑞典采用分别立法模式，率先颁布《人工授精法》与《体外受精法》。新近更新的《基因人格法》统一调整涉及人的医学研究与生殖医学，保护生物医学应用中的人格完整。而在一些深受宗教影响的国家，人类辅助生殖法则比较注重维护传统家庭秩序，这些国家的宗教伦理观在调整辅助受孕实践活动中扮演着重要角色。

---

① 林忠．最高法院首判死后生育诉讼 利用生前遗留冷冻精子孕育的婴儿不予认定亲子关系[EB/OL].（2006－09－06）[2013－12－8]. http://www.legaldaily.com.cn/bm/content/2006－09/06/content_403348.htm.

② 杨芳．人工生殖模式下亲子法的反思与重建——从英国修订《人类受精与胚胎学法案》谈起[J]. 河北法学，2009（10）：117－122.

如梵蒂冈认为，生命始于怀孕，并禁止所有类型的生殖技术，包括避孕、堕胎、体外受精、第三方配子捐赠与代孕。他们反对第三方生殖的理由包括：匿名捐赠者的孩子之间未来乱伦风险、孩子因为生物来源不明而导致个人身份缺失、父母拒绝捐赠的孩子（尤其是不育男子不能声称自己是生物学父亲）与优生学风险（例如生下一个带有受欢迎的特性的孩子）等[①]，因而梵蒂冈与保守政客共同倡导的意大利《医学辅助生殖法》成为众所周知的最严厉的法律制度之一。[②] 情况并非绝对如此，同样出于对家庭生活的保护，另一个笃信天主教的国家西班牙则对第三方生殖非常宽容，是世界上第三方生殖制度最自由的国家之一。西班牙宽松的法律环境吸引了一些外国人到西班牙实施为本国法律所限制或禁止的人类辅助生殖项目。[③] 如德国《胚胎保护法》严格禁止卵子捐赠，而西班牙的捐赠者已经受到严格的管理，其捐赠是严格匿名的，捐赠补偿率也比其他国家的高得多，所以慕名而来寻求卵子捐赠的德国人常云集于此，而许多来自东欧的移民或在校学生也在这个庞大的国际生育市场发现了一份新的兼职机会，那些经济收入低下的阶层更是积极加入捐卵队伍的行列。在美丽的巴塞罗那，旅游业、商业与技术设施发达便利，已经建立起有序的捐赠体制与拥有一批捐赠者队伍，这里已经发展成为全球最重要的生殖旅游城市与卵子捐赠目的地之一。[④] 伊朗 20 世纪 90 年代颁布的宗教法开放了配子捐赠，但要求不得破坏传统家庭结构。关于卵子捐赠，法令规定卵子捐赠本身并未受到法律的禁止，但是卵子捐赠者与不育母亲应当遵守关于育儿的宗教法。因此，卵子捐赠者的孩子有权从她那儿获得遗传基因，而接受卵子的不育女子被认为是养母。至于精子捐赠，法令规定精子捐赠出生的孩

---

① BENAGIANO G，GIANAROLI L. The new Italian IVF legislation [J]. Reproductive biomedecine online，2004，9 (2)：117 - 125；LA SALA GB，NICOLI A，CAPODANNO F，et al. The effect of the 2004 Italian law on outcomes of assisted reproductive technology in severe male factor infertility [J]. Reproductive biomedicine online，2010，20 (1)：2 - 10.

② STORROW RF. Religion，feminism and abortion：the regulation of assisted reproduction in two Catholic countries [J]. Rutgers law journal，2011，42 (3)：725 - 764.

③ SHENFIELD F，DE MOUZON J，PENNINGS G，et al. Cross border reproductive care in six European countries [J]. Human reproduction，2010，25 (6)：1361 - 1368.

④ BERGMANN S. Reproductive agency and projects：Germans searching for egg donation in Spain and the Czech Republic [J]. Reproductive biomedicine online，2011，23 (5)：600 - 608.

子的名字将会随不育父亲而不是精子捐赠者的姓氏。①

其六，“生什么”的权利。辅助生殖的巨大突破使“设计婴儿”已经不再是神话。有学者曾经预言：“如果20世纪因生育控制而著称，21世纪科研的重点则转移到制造一个没有缺陷的、讨人喜欢的，并且来得正是时候的孩子。”② 目前，运用科技手段对人类胚胎进行基因组修改，按照父母意愿对未来孩子的长相（如头发与眼睛颜色、身高、肤色）、体格、性格、智力、性别进行定制，从而生出父母需要的聪明、完美的婴儿，甚至免于罹患某些疾病。但是，这种“设计婴儿”技术不仅本身存在重大的安全隐患，而且存在难以逾越的伦理障碍。例如，植入前遗传学诊断或筛查技术通过对配子或早期胚胎进行分子遗传学的诊断，理论上可以剔除携带遗传缺陷的异常胚胎，设计出堪称完美的“试管婴儿”，然而植入前遗传学诊断或筛查操作是否会对胚胎发育及子代健康带来不良影响至今尚无定论，况且“设计婴儿”实际是要扮演“上帝”的角色取代自然选择，而引入所谓的“优秀基因”未必得到预期的结果，更有甚者，万一被剔除的“坏基因”本来可能抑制一些“更坏的基因”而导致更糟糕的结局。③ 因而在支持父母有使用植入前遗传学诊断或筛查选择权的声浪里，反对者们认为植入前遗传学诊断或筛查是疾病歧视，人们有权拒绝完美。事实上，澳大利亚一桩讼案已经证明认定该技术万无一失尚为时过早。维多利亚州一对夫妇为保下一代远离癌魔，在当地著名的莫纳什人工受孕医疗中心通过植入前遗传学诊断技术诞下“设计婴儿”，岂料人算不如天算，在孩子满3个月时的一次例行检查中，测试显示他带有遗传性的变异基因，于是向法院起诉，称医疗中心失职，将有缺陷基因的胚胎植入母体内，日后有可能转化为癌症，要求赔偿孩子一生的住院及医疗费用、另一名无癌基因婴儿的抚养费以及两人的精神损失费。尽管诉状没有列明金额，但法律界

---

① INHORN M C. Making Muslim babies：IVF and gamete donation in Sunni versus Shi'a Islam [J]. Culture，medicine and psychiatry，2006，30（4）：427-450.

② 罗杰·戈斯登．设计婴儿：生殖技术的美丽新世界［M］．徐凌云，译．上海：上海科学技术出版社，2004：6.

③ 王一飞．生殖安全转化医学研究：挑战与展望［J］．国际生殖健康，2013（4）：225-228.

人士估计，若求偿成功，该案会是澳大利亚最大一宗医疗赔偿案。① 但是，尽管植入前遗传学诊断或筛查面临伦理责难，在过去的十多年里还是在临床上获得广泛应用。如 2005 年植入前遗传学诊断或筛查约占欧洲体外受精周期的 5%，而西班牙的植入前遗传学诊断或筛查周期约占其中的 33%。这与西班牙特殊的文化、社会与经济因素有关，与西班牙胚胎干细胞研究以及地中海地区体外受精业务蓬勃发展交互影响有关，尤其与辅助生殖技术法 2006 年的改革为植入前遗传学诊断或筛查大开方便之门有关。② 英国研究人员更是在“设计婴儿”技术中屡屡有重大突破，自 2012 年以来使用这种技术对生物的 DNA 序列进行修剪、切断、替换或添加，成为 2013 年的十大科技突破之一，由此开启了遗传学领域的新时代。但是有专家认为，这种所谓的遗传修饰并非一劳永逸的解决办法。③ 在引起全球关注的有关“一父两母”婴儿线粒体置换技术的合法化讨论中，深受遗传性疾病困扰的家庭与科学家都支持这一计划，强调此举每年将裨益于数百个家族；社会学家们则认为这项技术将不同基因“恣意”组合配对，可能导致发育或生理障碍。从伦理和社会层面而言，“一父两母”已经逾越了道德底线，反对者还认为该技术若合法化将影响人类进化。有学者甚至认为，改变天性去适应世界，而不是反过来，其实是最深层次的权利剥夺的方式。④ 总之，诸如此类的“设计婴儿”技术的重大进展说明，“生育仍然是一种冒险，往往在一个明明良好的开端之后出现失败，或者制造出一个不完美的‘产物’”⑤。

综上所述，人类辅助生殖技术的广泛应用已经客观上刺激了父母在生育问题上的权利欲求，从而导致生殖权内涵与外延的扩张，使借助人类辅助生殖技术实现生殖愿望的权利成为一个特殊的权利议题。因此，有必要

---

① 澳大利亚“设计婴儿”带突变基因 [J]. 广州日报，2008-01-22 (A22).

② Vincenzo P，Flor A. Beyond the geneticization thesis：the political economy of PGD/PGS in Spain [J]. Science，technology & human values，2012，37 (3)：235-261.

③ 刘霞．“设计婴儿”来袭，我们准备好了吗？[N]. 科技日报，2015-02-17 (2).

④ 迈克尔·桑德尔．反对完美：科技与人性的正义之战 [M]. 北京：中信出版社，2013：93.

⑤ 罗杰·戈斯登．设计婴儿：生殖技术的美丽新世界 [M]. 上海：上海科学技术出版社，2004：6.

准确厘定这种辅助生殖（使用）权的法律属性，明确其主体范围、行使方式以及权利客体等内容，以区别于作为自然权利的生殖权。[①] 本书把这种权利姑且称为辅助生殖权。

二、辅助生殖权法律属性的厘定

渴望生儿育女是人类的天性，生育是人类与生俱来的自然权利，即使他们处于很差的经济状况，即使他们可能有精神障碍或遗传疾病，即使他们的子女被遗传基因疾病，而且父母行使这一权利时很少受到政府干涉，生殖权成为政府必须履行积极义务的人权问题则是非常晚近的事。现在，人类生殖领域中的现代医学技术可以使很多受自然生殖困扰的人为人父母。但是当用医学辅助方法帮助人们实现生殖愿望时，这些规则会发生改变吗?

（一）生殖权的法律属性

生殖权是横跨公法与私法的概念，从国际人权公约与各国立法趋势来看，生育自由越来越受到责任、义务以及法律的限制。

生殖权首先表现为一种文化现象。在中国古代社会，婚姻的目的就是“上以事宗庙，而下以继后世”（《礼记·昏义》），传宗接代的婚姻观念不但根深蒂固，而且很早就上升为法律，《礼记·本命》就有“妇有七去：不顺父母去，无子去，淫去，妒去，有恶疾去，多言去，窃盗去”，正所谓“有子月经天，无子若流星。天月相终始，流星没无精”（曹植《弃妇篇》）。传统生育文化绵延数千年，至今仍然影响着人们的生育行为，尤其是在农村，人们深受“不孝有三，无后为大”“多子多福”“传宗接代”观念的影响。生殖权的文化权利特性要求可获得的生殖服务应当足以满足其所处的文化背景。法律不可以无视这种生育文化的作用和影响。

其次，生殖权作为公法上的权利，是政治权利，也是社会权利；是消极权利，也是积极权利。繁衍后代是生殖权的基本要义，关系到人的基本

① 杨芳，姜柏生．辅助生育权：基于夫妻身份的考量［J］．医学与哲学（人文社会医学版），2006（7）：34-36.

人权和自由。作为一项基本人权，生殖权首先是人身自由（权）。作为最古老的基本人权之一，人身自由与一般意义上的作为人的本质属性的自由是不同的，它只与人的自由的一个极为特别的方面相联系：在最狭隘的意义上的身体活动的自由①，人身自由不受国家的非法约束、控制和妨碍。生殖权还是一项社会权利，国家既要尊重和保护每一个人的生殖权免遭社会和经济上的不公正，又要尽可能通过发展卫生事业或提供立法保障等手段协助公民实现生殖意愿，“尊重”、“保护”和“协助”有机地构成了公民实现生殖权过程的国家基本责任和义务。由此可见，生殖权是积极权利又是消极权利，并分别对应国家的消极义务与积极义务。美国学者桑斯坦曾生动地描述这两种权利的功能：“消极权利禁止政府，并把它拒之门外；积极权利需要并盛情邀请政府。前者需要公职人员蹒跚而行，而后者需要公职人员雷厉风行。”“消极权利的特点是保护自由，积极权利的特点是促进平等。”“前者辟出了一个私人领域，而后者要再分配税款。”“前者是剥夺与阻碍，后者是慈善与奉献。”“如果消极权利成为我们躲避政府的处所，那么积极权利则提供我们政府的服务。”② 这些话形象地说明了国家消极义务与积极义务的关系，而公民生殖权的实现有赖于国家既要履行消极义务，又要履行积极义务，后者实质上是在经济资源有限的情况下如何确定生殖健康服务的优先性问题。③

再次，生殖权作为一种私权利，专属于每一个自然人，具有排他性、对世性。在传统社会，绝大部分国家通常把生殖权赋予有合法的婚姻关系的自然人，由夫妻共同行使。从这个意义上说，生殖权又是配偶权之一种，体现为夫妻身份利益。关于配偶权的性质如何，学说上有不同解释。第一种主张认为是“夫对妻以及妻对夫的身份权”④。第二种观点认为“配

---

① 国际人权法教程项目组．国际人权法教程［M］．北京：中国政法大学出版社，2002：132.

② 史蒂芬·霍尔姆斯，凯斯·R．桑斯坦．权利的成本——为什么自由依赖于税［M］．北京：北京大学出版社，2004：23.

③ SHALEV C，GOOLDIN S. The uses and misuses of in vitro fertilization in Israel：some sociological and ethical considerations ［J］. Nashim：a journal of Jewish women's studies & gender issues，2006（12）：151－176.

④ 张俊浩．民法学原理［M］．北京：中国政法大学出版社，1991：161.

偶权是指配偶之间要求对方陪伴、钟爱和帮助的权利”①。第三种观点认为，配偶权是指夫妻之间互为配偶的基本身份权，表明夫妻之间互为配偶的身份利益，由配偶专属支配，其他任何人均不得侵犯。② 第三种观点指出了配偶权的身份性、专属性、排他性、平等性和法定性，概括准确、全面、具体，是可取的，笔者采纳这一种意见。作为配偶权的一项权能和内容，生殖权是夫妻双方共同享有的生育子女的身份利益（生育利益），包括决定是否生育子女、如何生育子女以及生育间隔的自由，具体包括如下特征：第一，配偶双方均为生殖权的权利主体，双方互享权利，互负义务，平等地支配生育利益，任何一方均可要求对方配合，而不能擅自决定生育问题。第二，生殖权是夫妻之间基于结婚产生的生育利益，包括配偶双方的家庭利益、妇女的健康利益、夫妻双方对胎儿的利益、胎儿本人的生命利益等。第三，丈夫和妻子的生殖权具有不对等性。妻子基于生理和社会因素在生育中承受更大负担和风险，当夫妻在生育问题上意见不一时，妻子保留最终的生育决定权，可单方面决定避孕、绝育和堕胎，但必须以维护其健康利益为限。第四，生殖权是权利义务的综合体。家庭和个人在生育方面应当服从国家、民族利益大局，承担义务。没有义务就没有权利。有鉴于此，目前，大多数国家和地区的婚姻家庭法都把生殖权赋予了夫妻共同体。生殖权实际上是基于配偶关系派生的身份权利，配偶关系是实现生殖权的基础，生殖权是配偶权的派生与延伸，而辅助又是生殖权的行使方式。将生殖权界定为权利与义务的综合体并对生殖权进行必要的限制，不仅是社会经济文化的要求，而且有深厚的伦理基础与充分的法律依据。

生殖权的这些属性也得到国际社会的普遍关注并被写进了联合国人权文件。如1968年的《德黑兰宣言》规定，“家庭及儿童之保护仍为国际社会所关怀。父母享有自由负责决定子女人数及其出生时距之基本人权”。1974年8月布加勒斯特世界人口会议通过的《世界人口行动计划》对生殖权的内涵进行了全面阐述：所有夫妇和个人都有自由和负责任地决定生

① 韩松．婚姻权及其侵权责任初探［J］．中南政法学院学报，1993（3）：35．

② 杨立新．人身权法论［M］．北京：人民法院出版社，2002：768．

育孩子数量和生育间隔并为此而获得信息、教育和手段的基本权利；夫妇和个人在行使这种权利时有责任考虑他们现有子女和将来子女的需要以及他们对社会的责任；个人的生殖行为与社会的需要和愿望应当互相调和。墨西哥城会议通过的《为进一步执行〈世界人口行动计划〉的88条建议》也规定，各国政府可以作出较多的努力去帮助人民以负责的态度作出有关生殖的决定；任何权利的行使也意味着责任；夫妇与个人行使生殖权利时，应当认真考虑他们自己的情况以及他们的决定对其子女与他们所生活的社区的平衡发展有何影响。1994年《国际人口与发展会议行动纲领》进一步指出，（夫妇与个人）在行使这种（生殖）权利时，他们应考虑到他们已有的与将来的子女的需要以及他们对社会所负的责任。促进所有人负责任地行使这些权利应成为政府与社区支持的生殖健康包括计划生殖方面政策与方案的基础，从而使生殖权的内容从“自由”发展到“自由负责”，再到“对子女负责与对社会负责”①。联合国人口会议文件在重视夫妇和个人生殖权利的同时，也充分强调他们在生育问题上的社会责任。“人权不能用来为不负责的行为辩护。自由的范围是由责任所决定的，人权标准要求人们对他们自己的生育活动负责。”“政府为影响人们的生育行为而进行的干预并不一定都是和人权标准相违背的。在涉及父母以及未来的父母行为时，政府可以限制个人的自由以保护他人，尤其是儿童的权利和自由以及子孙后代的权利。”② 所以，生殖权是相对的、有限的，生殖权人在决定是否生育以及生育子女的时间、数量与间隔时，应当以对社会、国家与子女健康成长负责为条件。基于此，西方国家立法对生育自由的限制是普遍的。例如《意大利终止妊娠法》规定：“国家保证一切具有母爱和责任感的生殖权。”换言之，不以“母爱和责任感”为基础的生殖权利不受“国家保证”，而缺乏保证是谈不上权利的。③ 我国对生殖自由的限制主要是《宪法》第51条与《人口与计划生育法》的相关规定。总之，生殖自由往往受到国家计划生育政策的影响，并且应当依法行使，不

① 焦少林．试论生育权［J］．现代法学，1999（6）：86-88.

② 卡塔琳娜·托马瑟夫斯基．人口政策中的人权问题：为瑞典国际发展合作署作的一项研究［M］．北京：中国社会科学出版社，1998：20.

③ 姜玉梅，中国生育权制度研究［M］．成都：西南财经大学出版社，2006：97.

得损害公共秩序和公序良俗，不得突破权利的边界，滥用生育自由权。

（二）辅助生殖权的价值取向

既然国际社会将生殖权界定为权利与义务的统一，作为生殖权的医学实现手段或辅助方法的辅助生殖权就应当为不孕不育者所享有。然而，辅助生殖权的具体制度设计是充满争议的过程，各国立法者与社会公众都曾围绕辅助生殖服务的宗旨展开激烈讨论，争论的焦点是不孕不育是不是一种疾病。过去，不孕不育通常不危及个体的生命，也不影响公众参与社会治理的能力，但对个体的生活质量有很大影响，因而不孕不育被视为一种疾病或残疾。但是，伴随着辅助生殖的广泛应用，人类辅助生殖以及优生学“正极力满足人们拥有一个健康孩子的宝贵愿望”①，甚至已经背离了治疗不育症的初衷。伴随着不孕不育越来越被视为一种社会现象，以公积金支持人类辅助生殖治疗逐渐成为一个极富争议的话题。②

早在体外受精技术诞生之初，全球曾产生一系列的反对、恐惧与担心，评论家在寻找具有说服力的论据完全禁止或限制约束体外受精时，其重要论据之一是不孕治疗的价值受到质疑。女权运动者认为不育是对社会弊端的一种表达，心理学专家则强调至少在某些情况下，不育是一种身体保护行为。两种论据均避免了通过提出一个定义来进行价值判断。有人甚至声称，夫妻确实遭受了没有孩子的痛苦，但是这一痛苦为什么应当得到治疗呢?③ 对疾病定义的评论涉及无子女的社会效应与不育夫妻遭受的压力。因为在实践中，有些不育者采取度假与放松的措施最后成功怀孕，这是治疗原因不明的不孕不育最有效的良药。统计显示，度假与治疗期间怀孕远比生殖医学成功概率大。④ 显然，不孕者与其立即采取干预措施，不

---

① 罗杰·戈斯登．设计婴儿：生殖技术的美丽新世界［M］．上海：上海科学技术出版社，2004：6.

② HUGHES EG，GIACOMINI M. Funding in vitro fertilization treatment for persistent subfertility：the pain and the politics［J］. Fertility and sterility，2001，76（3）：431－442.

③ STAUBER M. Psychosomatische Befunde bei Sterilitat［C］//FRICK-BRUDER V，PLATZ P. Psychosomatische probleme in der gynakologie und geburtshilfe［M］. Berlin：Springer，1984：139－148.

④ WIESING U. In vitro fertilization：regulations in Germany［J］. Cambridge quarterly of healthcare ethics，1993，2（3）：321－326.

如努力创造条件使得器官适合生育。

由此看来，不孕不育不仅是一个医学问题，还是一个社会问题，前者属于健康权范畴，即患者有权为了未来的生育而要求合理的卫生保健服务的权利（积极权利）；后者属于生殖权的范畴，即无子女者享有生育子女的自由，包括采用任何不受他人干预的合法辅助生殖措施的自由（消极权利）。因此，辅助生殖领域必然引发极其复杂的伦理争议与权利冲突。相应地，立法的首要问题是划清积极权利与消极权利、权利与自由的界限，厘定健康权（医疗权）与生殖自由权的差别。

意大利制定《医学辅助生殖法》时就面临这样的抉择——是保护受术者的生殖权，还是健康权，抑或兼而有之？一些裁判与教义曾试图勾勒出一个绝对的生殖权，但是反对者认为，这是不能令人信服的，而主张不孕不育治疗属于健康权领域。[①] 换言之，不育与不孕症是不良的健康状况，辅助生殖问题必须以保护健康的视角来解决，从这个意义上看，辅助生殖必须遵循医疗程序并且必须出于治疗的需要。解决不孕症女性或夫妻的健康问题接受辅助生殖是合法的。这与疾病的概念一致，且包含在广泛的健康权概念中。事实上，这样一个健康理念不仅为国际社会所接受，而且为意大利卫生法所接受。从《医学辅助生殖法》的制度安排及相关裁判来看，立法者感兴趣的似乎是从保护健康权的视角解决问题。从这个意义上看，辅助生殖必须遵循医疗规程并且必须出于治疗需要。换言之，为解决不孕症患者的健康问题接受辅助生殖是合法的，纯粹出自满足生儿育女需要，而以非治疗目的的辅助生殖是不合法的。前文已经述及，为了落实这一原则，《医学辅助生殖法》一方面把辅助生殖限定为自然生殖的必要辅助方法，另一方面规定国家在预防与应对不孕不育方面的基本义务。把不孕症的预防置于首要位置的同时也努力遏制对辅助生殖的过度需求，也与梵蒂冈在《生命祭》中的谆谆告诫不谋而合：科学家应该继续开展以预防和治疗不育为目标的研究，使不育夫妻能在充分尊重个人及其胎儿尊严的条件下得以生儿育女。

---

① LOCKWOOD GM. Pregnancy, autonomy, and paternalism [J]. Journal of medical ethics, 1999, 25 (6): 537-540.

对辅助生殖权的限制实际上涉及有限医疗资源的公平分配或不孕症治疗的公正性问题。但是，如何实现医疗公正，这个问题并不好回答，更难制度化。第一是定义谁“需要”不孕症治疗。第二，在卫生保健体系中，不孕治疗与其他治疗方法相比是否应当优先考虑。不孕是否应当被视为一种疾病，在此前提下，明确治疗是否应当基于医学原因或社会原因以及谁应当有治疗的权利或资格。第三，这些治疗方法是否足够有效与安全。① 第四，如何合理分配稀缺医疗资源及其对公众健康的最大好处。不孕症治疗的资助与资源配置有关，如果体外受精服务只能由私营部门提供，使用权将取决于受术者的支付能力，否则取决于政府的资助或报销的额度。所有国家在规划其辅助生殖法时都不得不考虑这些问题。

以色列也曾面临这些问题。在以色列，每一个成年人都有权接受生育治疗，除非治疗技术的使用可能会带来不公平。当然，医生在任何情况下都有权拒绝提供与他的宗教信仰、社会良知或他的医学判断相反的生殖治疗。为此，以色列建立了一个多学科的阿洛尼委员会，由委员会决定授权禁止不需要医疗干预的自然生殖。在决策时应当充分考虑各种因素，其中一个基本原则是所生孩子的权利应当与从性爱中出生的孩子具有同等的法律地位。② 根据阿洛尼委员会 1994 年发布的报告，辅助生殖权涉及的诸多问题都要详加考虑，包括使用权、父母的界定、儿童获取信息的权利以及代孕协议的监管。报告强调宪法中的个人隐私权与在家庭生活中的生育自主权，然而报告并未表明这些权利本质上是积极权利（即政府是否有义务助其实现），也未对生殖技术的公积金支持提出任何建议。那曼尼案凸显了生殖权制度安排的利益冲突，最终，消费者的激进主义（香火必须延续）与行业利益（医学需要进步）和政治利益（人口维系国家安全）的一致性以及与鼓励生育文化（多子多福）的共同观念的一致性平息了人类辅助生殖技术配给之争问题，只留下许多悬而未决的需依靠政治伦理与社会观念来判断的问题。例如，为人父母的权利是不是积极权利，并需要政府

① PETERS PG. How safe is safe enough? Obligations to the children of reproductive technology [M]. London：Oxford University Press，2004：263.

② JOSEPH G，Schenker. Legal aspects of ART practice in Israel [J]. Journal of assisted reproduction and genetics，2003，20 (7)：250-259.

履行义务帮助实现？以公积金资助不孕症治疗是不是宪法权利？如果这种权利得到承认，那么又有什么限制呢？合理拒绝公积金资助的无效治疗到底要达到什么样的程度？公积金可以因为人类辅助生殖技术对妇女与孩子健康的风险与成本而受到使用限制吗？公众的需要与人类辅助生殖技术配给有关吗？以色列鼓励生育文化以及这种环境下没有子女的社会性痛苦是使用人类辅助生殖技术的正当理由吗？应当由谁通过什么程序裁决？配给决策总是面临各种利益之争，充满艰难的道德选择。前文已经述及，与其他国家相比，以色列人类辅助生殖技术使用的规模仍然是经济问题与其他医疗成本问题的主要抨击目标。尽管如此，社会与文化力量的积累使人类辅助生殖服务从国家财政支持体系里剔除的决策几乎不可能实现。①

澳大利亚各州在立法之时围绕子女利益维护问题争论最大的不是最敏感的后代获取捐赠者身份信息权问题，而是辅助生殖权的主体问题，即谁有资格获得人类辅助生殖技术才符合子女的利益。维多利亚州自从 1984 年首次引入人类辅助生殖法以来就规定了人类辅助生殖技术使用权的资格条件。最初只有已婚夫妇能够获得治疗，2010 年的新法虽然取消了以婚姻关系与性取向为基础的资格标准，允许单身妇女与女同性恋者获得人类辅助生殖服务。然而，该法要求所有妇女或夫妻都必须通过犯罪记录与儿童保护规定的审查才可以寻求治疗，即便他们使用自己的精子与卵子或已经通过人类辅助生殖技术生过孩子。南澳大利亚州 1988 年法案也有婚姻关系的条件（这个条件因为不符合 1984 年的性别歧视法案而没有实施），而在 2010 年 9 月生效的新法取消了“婚姻条件”。然而，医疗需要仍然是获得治疗的一个条件。在最初的法律中，医疗需要包含医学上的不孕与传播某种严重遗传疾病的风险。这个定义已经在修正案中扩大到包括传播严重传染性疾病的风险。1995 年，南澳大利亚州是澳大利亚第一个限制刑事犯获得人类辅助生殖的州，并要求申请治疗者签署法定声明，报告他们不曾被监禁、没有犯罪记录与涉及性侵儿童或暴力犯罪以及没有遗弃过孩子。相比之下，新南威尔士州 2010 年通过的法案没有设置资格条件。与

① SHALEV C，GOOLDIN S. The uses and misuses of in vitro fertilization in Israel：some sociological and ethical considerations [J]. Nashim：a journal of Jewish women's studies & gender issues，2006 (12)：151 - 176.

设置资格条件的其他州相比，这代表了澳大利亚人类辅助生殖监管方法的显著不同。①

对于长期奉行高福利社会政策的国家而言，辅助生殖权的范围要宽泛得多。除前述以色列、英国、西班牙、荷兰、比利时以及美国各州外，匈牙利也很有特色。与其他大多数欧洲国家相比，匈牙利 1997 年《卫生法》有一项重大创新，即创立了非常宽泛的辅助生殖使用权，不仅允许非商业性代孕，而且承认男女在生育中所做贡献的差异，甚至允许在胚胎创造后离婚或丧偶的妇女接受辅助生殖的后续治疗。② 以此为基础，新法律明确规定了下列原则：辅助生殖只能用于不能自然生育的夫妻的替代方法；只有合法的配偶与异性夫妻可以申请辅助生殖；辅助生殖应通过夫妻联合的书面请求才能启动，如果是丧偶或离异妇女，需要通过经公证的书面请求；特殊的知情同意过程必须遵循：通知夫妻额外的医学治疗可能是必须的；优先考虑个人的权利，包括有尊严的、不受歧视的治疗权（包括后续治疗权）以及尊重与保护个人名誉；禁止商业性配子与胚胎捐赠；禁止商业代孕行为，但是允许亲戚之间的利他性代孕行为。③ 该法创设的不孕症后续治疗权是辅助生殖使用权进一步扩大的最重要一步。立法起草委员会起初拒绝了单身妇女的生殖服务权。然而，在吸取了其他国家（尤其是法国）的教训后，他们认为寡妇与离婚妇女在受精完成之后应当有继续治疗

---

① THORPE R，CROY S，PETERSEN K，PITTS M. In the best interests of the child? regulating assisted reproductive technologies and the well-being of offspring in three Australian states [J]. International journal of law，policy and the family，2012，26 (3)：259 - 277.

② SÁNDOR J. Reproductive rights in Hungarian law：a new right to assisted procreation? [J]. Health and human rights，2000，4 (2)：196 - 218.

③ 1997 年之前，由于缺乏明确的法律规定，代孕生殖在匈牙利已经存在了。1997 年立法审议过程中，关于代孕生殖的争议就是代孕所生子女母亲是谁。1997 年《卫生法》最终禁止商业代孕行为，但是要求代孕者与父亲或母亲是亲属，年龄在 25～40 岁之间，为了避免夫妻与妊娠代孕者之间可能的法律冲突，法律还要求代孕母亲至少生过一次孩子，当事人均需签署书面知情同意，并禁止向代孕者给予经济补偿。但是，《卫生法》这些表面上的保护因素实际上会产生很严重的问题，这对不能生育的和没有亲戚愿意为其代孕的妇女不利。另外，这也会给能生育的年轻妇女带来压力，因为她们需要帮助家庭中不能生育的亲戚。考虑到这一现实问题，《卫生法》代孕条款暂停实施两年。1999 年修订后《卫生法》干脆禁止代孕。SÁNDOR J. Reproductive rights in Hungarian law：a new right to assisted procreation? [J]. Health and human rights，2000，4 (2)：196 - 218.

的权利。这种法律创新在一定程度上是源于男性与妇女在辅助生殖上的不平等的认识。精子捐赠没有特殊的风险，而卵子捐赠则需要漫长的激素治疗，而且吸卵术本身就是一种常有重大风险的侵入性的干预。正是因为这些风险，吸卵术不能重复操作。因此，按照匈牙利的法律思维（匈牙利的立场是在尊重胚胎监管的情况下拒绝性别平等概念），在辅助生殖中对妇女角色的要求更高，并且有潜在的风险，如果可能的话，她们有权要求不接受重复治疗。因此，1997 年匈牙利妇女有一种独特的生殖权——“继续不孕症治疗的权利”，适用于丧偶的妇女与在辅助受精后离婚的妇女。医务人员必须在夫妻开始辅助生殖治疗之后告知他们这个法律规定。法律允许夫妻起草一份书面协议以限制妇女继续接受治疗的权利。然而，不能达成协议的，妇女为了怀孕可以无限制地接触到她的胚胎。综上所述，随着匈牙利 1997 年卫生法的明确规定，那些以前无法实现生殖权的人不但可以借助生物医学技术生育，而且能够通过获取各种形式的信息与服务的机会来进一步扩大生殖权的范围，特别是后续治疗权解除了辅助生殖当事人的诸多尴尬。对全世界来说，匈牙利经验对国际辅助生殖权概念的构建是值得借鉴的。①

在我国香港地区，生殖科技服务对象只限于不育夫妻。1997 年的《人类生殖科技条例（草案）》规定生殖科技服务只能应用于不育夫妻身上，政府从不鼓励生殖科技政策出发也不反对这种限制。早先的研究委员会原本也支持已婚夫妻经医学证明为不育时才可使用生殖科技代替自然受孕，但是最初的草案并未明文规定“只限向不育夫妻提供生殖科技服务”，因而有必要增加该项原则，并明确界定“不育”的定义。但是，如何定义“不育”以及用何种方法界定夫妻“不育”非常棘手，表现在：一是加上一条明确的条文反映政策取向可能会影响储存配子的规则；二是定义过于狭窄可能引致法律歧视，但是定义过于宽泛又可能导致滥用。如同居夫妻能否获准接受生殖科技程序？夫妻并非由于不育而是为避免或预防子代携带遗传疾病而要求使用生殖科技程序是否被允许？为了避免在《人类生殖

① SÁNDOR J. Reproductive rights in Hungarian law: a new right to assisted procreation? [J]. Health and human rights, 2000, 4 (2): 196-218.

科技条例（草案）》内硬性界定“不育”，有议员提议建议采用另一做法，即在草案内规定须由两名注册医生核实证明夫妻不育。然而，在许多情况下医生也难以确定某对夫妻是否不育，况且这样可能会额外增加病人的费用，而且会为医生滥用权力随意开具证明书提供机会。因此，卫生福利局提出在草案内加入一条款，授权卫生福利局局长将来如有任何滥用生殖科技服务的情况出现时，可以设定规范性标准限制生殖科技的提供。该法的好处在于它具有更大的弹性，不至于完全禁止那些不能清晰界定但却能真正受益于生殖科技服务个案的实施。总之，明确界定“不育”一词的含义是个至关重要的议题，既要切实可行，能为公众接受，还须在必要时因时修订。立法决策应当审慎地平衡利益冲突，而不能将个人价值观加诸法律而罔顾公众选择自己生活方式的权利。基于以上考虑，草案委员会的报告与《人类生殖科技条例》原则上都只支持向已婚夫妻提供生殖科技服务。

我国内地辅助生殖立法较为滞后，对辅助生殖权各项要素缺乏明确具体的规定。辅助生殖服务基本依据卫生部出台的《人类辅助生育技术管理办法》与《人类精子库管理办法》等规章。2015 年 10 月 25 日，党的十八届五中全会公报宣布“全面实施一对夫妇可生育两个孩子政策，积极开展应对人口老龄化行动”。这是继 2013 年党的十八届三中全会决定启动实施“单独二孩”政策之后，为适应经济社会发展形势，中国人口与生育政策的又一次历史性调整。为了积极应对人口老龄化，2021 年 5 月 31 日，中央政治局召开会议，决定进一步优化生育政策，实施一对夫妻可以生育三个孩子的政策及配套支持措施。伴随着“单独二孩”、“全面二孩”和“三孩政策”的落地，《人口与计划生育法》先后于 2015 年 12 月 27 日和 2021 年 8 月 20 日两次修正，以确保重大生育政策改革于法有据。随着“新政策”的推行，许多家庭开始追生二胎、三胎，但是有不少夫妻年龄偏大，生育力可能降低，可能会有更多夫妻寻求人类辅助生殖技术的帮助。① 由

① 从国家卫计委报道的数据来看，我国目前每年出生试管婴儿约 5 万人，与美国并驾齐驱，位列世界第一，占世界每年出生试管婴儿总数的 1/7。2009 年我国内地做了 11 万例试管婴儿，“单独二孩”放开后，会有试管婴儿相对稳定增长的趋势。目前还没有统计出 2013 年的数据，估计至少会有 25 万例。乔杰．辅助生殖技术：从基础到临床的转化医学 [J]. 北京大学学报（医学版），2013 (6)：835 - 837.

此可见，面对这样一个庞大的生育群体，尽快完善立法，妥善厘定辅助生殖权是至关重要的。

综上所述，尽管存在诸多争议，总体而言，国际社会已经就辅助生殖权达成基本共识，即：辅助生殖服务是解决不孕不育的重要医学辅助手段，应当以治疗不孕不育为目的，而非创造生命、改造生命的工具，且应当向健在的不孕不育者提供。基于上述考虑，许多国家立法都规定接受辅助生殖服务须满足两个基本“指征”：一是不孕症是一种疾病，人类辅助生殖技术是一项医疗技术，辅助生殖服务只能以治疗不孕不育为目的，而非创造生命、改造生命的工具；二是医疗辅助生殖权的主体仅限于不孕不育患者，通常只能由健在的不孕症者享有。但是，医疗实践与法律实践中由于受到各种因素的影响，各国辅助生殖权的制度安排要复杂得多。下文中笔者将就国际社会对辅助生殖权的主体范围、权利的边界或者第三方介入程度等重点问题进行进一步分析。

三、辅助生殖权主体的法律界定

第一，生殖权的主体是否受婚姻状况、性取向、病因、年龄以及生存与否的限制。换言之，同居者、死者、单身妇女、同性恋者、性病患者、艾滋病毒携带者以及“失独”老人（我国）等特殊群体与已婚夫妇的辅助生殖权是否能够相提并论。据国际生殖学会联盟调查，一些国家甚至把已婚作为接受人类辅助生殖治疗的绝对的先决条件，这些国家主要是伊斯兰世界与东南亚国家。在大多数国家，辅助生殖还可以为处在稳定同居关系的异性恋者所用，如奥地利、比利时、保加利亚、巴西、丹麦、突尼斯、俄罗斯与以色列等，但是，在许多国家证明同居关系“稳定”的证据与方法并不完全相同。在法国，未婚夫妇必须有一个在一起共同生活的证明；瑞典要求当事人至少同居两年。过去，单身妇女与女同性恋者通常不能受益于人类辅助生殖技术。但是近年来这一限制逐渐被打破。① 如希腊、匈

① JONES HW，COOKE I，KEMPERS R，et al. IFFS Surveillance 2010［J］. Fertility and sterility，2011，95（2）：107－109.

牙利、印度、白俄罗斯、以色列的单身妇女接受人类辅助生殖技术是可能的，比利时、保加利亚、丹麦、拉脱维亚、英国、巴西、南非、西班牙等国家的法律既允许单身妇女与也允许同性恋者使用人类辅助生殖技术，而在芬兰、爱尔兰、阿根廷、新西兰与美国则对受术者婚姻状况与性取向不作任何要求，挪威允许同性恋者而不允许单身妇女接受人类辅助生殖技术。[①] 在澳大利亚，各州获得人类辅助生殖服务的资格条件不同。新南威尔士州、维多利亚州与西澳大利亚州接受人类辅助生殖技术服务者非常广泛，几乎是任何妇女，无论婚姻状态或性取向。因此，这些州的单身女性与女同性恋者可以使用捐赠的精子或胚胎获得人类辅助生殖服务。南澳大利亚州法律限制使用人类辅助生殖技术须为异性恋结婚或事实上的夫妻与医学不育单身女性，而女同性恋者与不是医学上不育的单身女性无权使用人类辅助生殖技术。在其他各州，人类辅助生殖的资格由不同诊所决定。

综上所述，全球立法在辅助生殖权主体问题上的共同特点是所有开展人类辅助生殖的国家都将辅助生殖权授予已婚夫妇，即便各国对结婚与同居的法律界定并不统一，还有相当多的国家也将其授予同居的异性恋者；但是在是否允许单身妇女与同性恋者使用人工授精与体外受精上，各国有很大差异。

第二，设置保险与补助范围对辅助生殖受术对象进行限制，间接排除一部分人使用人类辅助生殖技术。如前所述，不孕不育属于疾病范畴，辅助生殖属于一种医疗方案，不孕不育患者生殖权的实现有赖于国家与医疗机构的帮助。对国家与政府而言，就是提供人力、物力与法律支持，大力发展包括辅助生殖在内的医疗卫生事业；对医疗机构而言，就是严格遵守法律法规与社会公德，为不孕不育患者提供优质的辅助生殖服务。调查显示，世界各国对人类辅助生殖治疗提供的保险覆盖面差距非常大。尽管WHO与世界银行发布的2011年《世界残疾报告》中将不孕不育视为一个重要的公共卫生问题，并将其定义为导致残疾的一个重要因素，但是各

---

① BANKER M，BRINSDEN P，BUSTER J，et al. IFFS Surveillance 2013 [EB/OL].（2013-10）[2013-11-08]. http://c.ymcdn.com/sites/www.iffs-reproduction.org/resource/resmgr/iffs_surveillance_09-19-13.pdf，32-33.

国对不孕不育的支持力度的差异仍在持续，不孕不育疾病负担也在不断加重。① 据国际生殖学会联盟调查，欧洲大部分国家国民健康计划对人类辅助生殖部分覆盖，少部分国家是完全覆盖，但是附加各种限制。最常见的要求是年龄限制（38 岁到 44 岁不等），如妇女年龄丹麦要求低于 45 岁，斯洛文尼亚要求低于 42 岁，西班牙与新加坡要求低于 40 岁，拉脱维亚要求低于 38 岁。另一常见要求是已生产一胎，如丹麦，或人类辅助生殖周期数限制，如葡萄牙要求每对夫妇 3 周期，法国 4 周期，匈牙利 5 周期。②还有一些国家需要综合考虑多种因素，如年龄、婚姻状况、收入与周期次数等，如斯洛文尼亚报销头胎资助 6 周期，不小于 42 岁者活产一胎后资助 4 周期，以色列资助两个孩子出生后停止资助。而韩国为家庭收入低于城市平均收入 150%、年龄不高于 44 岁的已婚夫妇提供部分（即 4 个体外受精周期与 3 个宫腔内人工授精周期）保险覆盖。许多国家为国民健康计划部分覆盖，如挪威病人需要为 3 个治疗周期支付 2 500 欧元；比利时需要夫妻自付治疗周期费用的 10%③，并试图根据单胚胎移植选择人口纳入国民医疗保险；捷克也比较类似，即如果前两胎是单胚胎移植，则会补助 4 个体外受精周期的额外付现（out of pocket）费用④，但卵细胞浆内单精子显微注射或冷冻保存等在捷克是不被覆盖的。⑤ 一些国家的报销制度限制全国的人类辅助生殖周期总数量，如俄罗斯 2011 年与 2012 年共资助 10 000周期，哈萨克斯坦每年资助 700 周期。一些国家由私人保险公司承保人类辅助生殖周期（如美国）。沙特阿拉伯与利比亚私立医疗保险承保私立

---

① World Health Organization，The World Bank. World report on disability [R/OL]. Geneva：WHO，2011：57 - 70. [2013 - 08 - 09] https://www.who.int/disabilities/world_report/2011/en/.

② BANKER M，BRINSDEN P，BUSTER J，et al. IFFS Surveillance 2013 [EB/OL].（2013 - 10）[2013 - 11 - 08]. http://c.ymcdn.com/sites/www.iffs-reproduction.org/resource/resmgr/iffs_surveillance_09 - 19 - 13.pdf，21.

③ JONES HW，COOKE I，KEMPERS R，et al. IFFS Surveillance 2010 [J]. Fertility and sterility，2011，95 (2)：107 - 109.

④ BANKER M，BRINSDEN P，BUSTER J，et al. IFFS Surveillance 2013 [EB/OL].（2013 - 10）[2013 - 11 - 08]. http://c.ymcdn.com/sites/www.iffs-reproduction.org/resource/resmgr/iffs_surveillance_09 - 19 - 13.pdf，22.

⑤ 同③.

机构的人类辅助生殖服务。还有相当一部分国家没有医疗保险覆盖人类辅助生殖服务。这包括我国、印度与巴西3个全球人口大国，以及来自中美洲、拉丁美洲与非洲的其他国家。由此看来，人类辅助生殖治疗的医疗保险可得性的差距令人印象深刻①，而且全球获得人类辅助生殖治疗的不公平性还在持续。这说明国际社会尚未达成人类辅助生殖服务健康医疗保险覆盖范围的共识。②

第三，明确规定死后受精或死后生殖的地位。死后受精常见于两种情况：其一，某男子在死亡前已经以知情同意书或其他法律文件明确表达取精愿望的情况下提供了精子，例如，冻存精子的患癌男子在放疗或化疗前死亡。其二，死后取精（posthumous sperm retrieval，PSR）发生于事先没有给出知情同意明确表达愿望的男子死亡（或脑死亡）后，从死者尸体中取精用于辅助生殖等过去闻所未闻的情况近年来却频频见诸报端，并已经引发深刻的伦理大讨论，至今尚未达成共识，主张宽容对待者有之③，力主限制使用者有之④，但是，鉴于死后生殖的特殊性，即便是支持者也强烈建议严加约束。社会各界的主导性观点已经影响了一些国家的医疗决策和立法走向。在第一种情况下，一些国家允许在已经取得死者书面知情同意的情况下使用死者精子，然而，由于许多国家的立法只允许使用活人的配子或胚胎实施人类辅助生殖技术，不得特许在病人死亡后实施人类辅助生殖技术，这种情况下是否允许在该男子死亡后继续实施人类辅助生殖技术通常是基于其事先的知情同意书由法院、医生或医院裁决。在第二种情况下，在男子昏迷（通常是脑死亡）或死亡后24小时内实施死后取精

---

① BANKER M，BRINSDEN P，BUSTER J，et al. IFFS Surveillance 2013 [EB/OL].（2013-10）[2013-11-08]. http://c.ymcdn.com/sites/www.iffs-reproduction.org/resource/resmgr/iffs_surveillance_09-19-13.pdf，22.

② JONES HW，COOKE I，KEMPERS R，et al. IFFS Surveillance 2010 [J]. Fertility and sterility，2011，95（2）：107-109.

③ ORR RD，SIEGLER M. Is posthumous sperm retrieval ethically permissible? [J]. Journal of medical ethics，2002，28（5）：299-302；PARKER M. Response to Orr and Siegler—collective intentionality and procreative desires：the permissible view on consent to posthumous conception [J]. Journal of medical ethics，2004，30（4）：389-392.

④ LANDAU R. Posthumous sperm retrieval for the purpose of later insemination or IVF in Israel：an ethical and psychosocial critique [J]. Human reproduction，2004，19（9）：1952-1956.

在理论上是可行的，但是死者生前没有书面知情同意或法律协议详细表达其万一死亡情况下的生殖愿望，在这种情况下使用其精子进行人类辅助生殖争议非常大，因此通常为立法或为伦理准则所禁止。

国际生殖学会联盟 2018 年调查了 82 个国家的死后受精治理情况。调查显示：与过去相比，死后生殖有所增加。① 但是，允许使用的国家往往对使用有不同的要求与限制：在英国、阿根廷、澳大利亚、比利时、荷兰、希腊、匈牙利、拉脱维亚、新西兰以及美国的一些州，只有在死者书面知情同意的情况下才可以死后授精。② 至于美国，虽未全面禁止死后取精，实践中也有允许使用死者预存精液实施辅助生殖的判例，但往往需要半年左右的冷静期，并要充分知情（同意）。当面临死后取精请求时，医师首先应当考虑死者的意愿，否则，医师不得采取任何侵入性医疗行为，但若家属提出证据表明死者生前曾表达许可意思，则医师应当考虑给予协助。③ 知情同意原则在我国台湾地区的“医疗法”、“人工协助生殖技术管理办法”以及“人工生殖法”中都有申明。例如“人工协助生殖技术管理办法”第 8 条规定，医疗机构施行人工生殖技术时，应事前取得“受术夫妻亲自签名之书面同意书”，并告知这种人工生殖技术的成功率、危险性及可能发生的并发症。第 15 条第 1 款第 2 项规定，当受术夫妻一方死亡时，医疗机构应不得再使用受术夫妻之精子、卵子或胚胎，并于情形发生后两个月内销毁之。对此，“人工生殖法”第 21 条也规定，生殖细胞提供者死亡，人工生殖机构应销毁捐赠之生殖细胞；受术夫妻婚姻无效、撤销、离婚或一方死亡，人工生殖机构应销毁受术夫妻为实施人工生殖形成之胚胎。在新西兰，除了需要事先同意外，样本只能供指定的人使用。在以色列，这种程序

---

① International Federation of Fertility Societies. International Federation of Fertility Societies' Surveillance (IFFS) 2019：global trends in reproductive policy and practice，8th edition [J/OL]. Global reproductive health，2019，4 (1)：9 - 12. [2019 - 10 - 10]. http://dx. doi. org/10. 1097/GRH. 0000000000000029.

② BANKER M，BRINSDEN P，BUSTER J，et al. IFFS Surveillance 2013 [EB/OL]. (2013 - 10) [2013 - 11 - 08]. http:// c. ymcdn. com/sites/www. iffs-reproduction. org/resource/resmgr/iffs _ surveillance _ 09 - 19 - 13. pdf，53

③ 张哲瑞联合律师事务所．裸露的权利：美国法与性 [M]. 北京：法律出版社，2005：162.

只能由配偶或普通法上的妻子经法院申请批准后方可使用。在英国，死后授精必须充分考虑孩子的利益，接受广泛的咨询，但是死去父亲的名字可以填写在出生证上。死后多久治疗必须开始或完成通常也有不同的限制。西班牙只允许死后6个月之内实施；比利时只允许死后1年内使用。① 总之，死后受精在一些国家只有在书面知情同意的情况下才被允许，事先没有同意的死后取精仍存在争议，通常为国家法律所不许与为指导方针所反对。至于死后受精程序在被许可的国家是否被实际应用，则不一定。②

尽管死后受精在有法规或指导方针规范的国家已经有所应用，但是在那些没有法规或准则的国家存在种种障碍。例如，在阿拉伯联合酋长国与冰岛，任何存储精子者死亡的必须销毁精子。在挪威，这一规则也适用于供精人工授精，诊所必须定期询问捐赠者以确认其是否还活着。在捷克，单身女性不能用这种方法治疗。在日本，一名妇女体外受精后不久丈夫死亡，随后要求确认死者为孩子父亲的申请被法院驳回。在印度，死亡时存储的样本成为死者法定继承人的财产，尽管他不能用它们为他选择的女性受精。如果没有对样本主张权利，它们可以被销毁或捐赠用于研究。综上所述，尽管死后人工授精没有广泛应用，但是伦理背景似乎已经解决了，并且死后人工授精比以前更加审慎与规范，如频繁要求有效的书面知情同意，一些国家还规定了存储样本使用的时限。③

四、第三方参与生殖的法律限制

回顾全球辅助生殖立法，特别是关于第三方生殖的规定，可以发现，尽管各国对第三方生殖的社会认同与法律规定存在微妙的差别，总的来说第三方生殖已经成为社会与法律接受的一种家庭组建方式。第三

① JONES HW，COHEN J，COOKE I，et al. IFFS Surveillance 2007 ［J］. Fertility and sterility，2007，87（suppl 1）：s26.

② BANKER M，BRINSDEN P，BUSTER J，et al. IFFS Surveillance 2013 ［EB/OL］.（2013－10）［2013－11－08］. http://c.ymcdn.com/sites/www.iffs-reproduction.org/resource/resmgr/iffs_surveillance_09-19-13.pdf，54.

③ JONES HW，COOKE I，KEMPERS R，et al. IFFS Surveillance 2010 ［J］. Fertility and sterility，2011，95（2）：107－109.

方生殖实践的首要原则是：生殖是利他的行为；捐赠所生子女的利益有权得到最大限度的尊重，必要的时候有权被告知他们的基因来源；决定捐赠或接受配子或胚胎以及签订代孕协议的人有权接受关于第三方生殖的社会、心理、经济、身体、伦理与法律影响的咨询。这些原则确保捐赠者不受经济利益驱动，确保捐赠（所生）后代可以辨识与会见捐赠配子或胚胎的人，确保捐赠者与接受者都能了解与仔细考虑第三方生殖的潜在后果。下文将重点梳理各国对第三方捐赠配子或胚胎以及代孕的法律规制。

（一）配子捐赠制度的法律限制

配子与胚胎捐赠奠定了不孕症治疗临床实践的基础。然而，卵子的需求增加与捐赠者的匮乏之间的矛盾造成卵子短缺已经成为世界性的难题。原因是卵子本身稀缺且取卵的难度较大，捐赠者自身利益与健康风险无法得到合理保证与规避，而不孕患者通常倾向于将取卵周期内全部卵子进行受精或冻存。一些私人诊所为了激励不孕妇女捐赠卵子推出各种经济措施，如通过放弃部分治疗费用促使她们同意与他人"分享"其卵子。[①] 一些医疗机构还利用互联网公开招募捐赠者，呼吁妇女以利他之心帮助不孕妇女。以可观的酬金诱使妇女加入供卵行业容易导致妇女身体客体化，再加上卵子捐赠的匿名原则，使得本来充满亲密温情的生殖关系转变为冷酷无情与神秘隐蔽的商业交易，令人心生羞愧，以至于卵子行业不再是一个受人尊敬的行业。与精子捐赠商业化倾向相比，卵子捐赠领域的物化妇女与剥削妇女现象更令人担忧。卵子的稀缺性与需求上升的矛盾已推动卵子跨国市场与全球性的"生殖旅游"的出现。

为了缓解卵子稀缺局面与避免卵子市场的乱象，一些国家已经在积极探索各种行之有效的捐赠制度。但是，由于深受各自的法律、文化与伦理传统的影响，其在各地区的实际应用中有相当大的差异。精子库与精子捐赠已经存在了半个多世纪，建立了一整套标准化的检验、筛查、冷冻（6个月）与复检制度并被安全广泛地使用。2008年美国生殖医学会实践委

① RABINERSON D, DEKEL A, ORVIETO R, et al. Subsidised oocyte donation in Israel (1998-2000): results, costs and lessons [J]. Human reproduction, 2002, 17 (5): 1404-1406.

员会提供了一份关于优化筛查与测试性传播疾病、遗传病与配子及其捐赠者心理评估的最新建议。① 英国也已经发布了新的技术指南。② 至于为体外受精与非体外受精应用程序服务的卵子银行则是伴随着玻璃化技术的出现新近才快速发展起来的。最近，美国生殖医学会与欧洲人类生殖暨胚胎学会都认可卵子冷冻为能够产生健康宝宝的安全常规程序。这项技术目前不仅正在用于卵子捐赠，而且用于那些接受肿瘤治疗或其他可能损害生殖腺的治疗，以及为基于个人或职业原因选择推迟生育的妇女储备生育力。欧洲人类生殖暨胚胎学会工作组就此发布了一份更新的文件③，美国生殖医学会实践委员会最近指出，“有证据表明卵子玻璃化与冻融不应再视为实验性的”④，改变了 2008 年的建议⑤，并于 2013 年更新了关于配子与胚胎捐赠的建议。⑥ 配子捐赠的动因通常包括助人为乐、获利、研究与代孕。当后代与父母的利益被经常强调的时候，配子捐赠者的责权利问题也就凸显出来。美国生殖医学会伦理委员会已经在其 2019 年的关于配子和胚胎捐赠的利益、义务和权利建议中详加分析并描述了第三方捐赠产生的道德、法律和心理问题，建议鼓励配子接受者向所生子女适时披露接受捐

---

① Practice Committee of the American Society of Reproductive Medicine and the Practice Committee of the Society of Assisted Reproductive Technology. 2008 Guidelines for gamete and embryo donation: a Practice Committee report [J]. Fertility and sterility, 2008, 90 (suppl 5): S30 - S44.

② Association of Biomedical Andrologists, Association of Clinical Embryologists, British Andrology Society and Royal College of Obstetricians and Gynaecologists. UK guidelines for the medical and laboratory screening of sperm, egg and embryo donors (2008) [J]. Fertility and sterility, 2008, 11 (4): 201 - 210.

③ ESHRE task force on ethics and law: oocyte cryopreservation for age-related fertility loss [J]. Human reproduction, 2012, 27 (5): 1231 - 1237.

④ The Practice Committees of the American Society for Reproductive Medicine and the Society for Assisted Reproductive Technology. Mature oocyte cryopreservation: a guideline [J]. Fertility and sterility, 2013, 99 (1): 37 - 43.

⑤ Practice Committee of the American Society of Reproductive Medicine and the Practice Committee of the Society of Assisted Reproductive Technology. 2008 Guidelines for gamete and embryo donation: a Practice Committee report [J]. Fertility and sterility, 2008, 90 (suppl 5): S30 - S44.

⑥ The Practice Committee of the American Society for Reproductive Medicine and the Practice Committee of the Society for Assisted Reproductive Technology. Recommendations for gamete and embryo donation: a committee opinion [J]. Fertility and sterility, 2013, 99 (1): 47 - 62.

赠之情。[①] 同时，大多数国家也已制定法律禁止或限制捐赠补偿。英国、加拿大以及澳大利亚逐渐形成了公认的非商业性原则、自愿原则与无偿捐赠原则。也有一些国家的指导方针允许向后代提供身份证明信息。[②]

（二）体外受精代孕生殖的法律边界

当女性因缺失子宫而不能生育时，代孕就有了用武之地。所以，体外受精代孕常见于有卵巢功能但没有子宫，或由于先天性子宫缺失或是行子宫切除术的妇女，精子由抚养母亲的丈夫提供。这种类型的代孕必须与代孕者提供女性基因成分与子宫的部分代孕明确区分开。尽管代孕相比部分代孕问题较少，但代孕治疗仍然重重困难，尤其是在法律与实践方面，因此它并没有得到广泛的应用或承认。[③] 因此，充分了解每个国家的法律状况是必不可少的。

在美国，对代孕双方进行全面的医疗评估与提供咨询是至关重要的。根据 2017 年 ASRM 实践委员会和 SARM 实践委员会联合发布的推荐意见，只有“妊娠代孕”治疗是被考虑在内的。发起代孕安排并且使用其配子的夫妇被称为“基因夫妇”，随后怀孕孩子的妇女将被称为“代孕者”。体外受精代孕治疗的主要适应证是：（1）患者无子宫，但一侧或双侧卵巢有功能：（a）先天性无子宫妇女；（b）由于癌症或其他原因子宫切除的妇女。（2）反复性流产的妇女，足月怀孕分娩婴儿的前景非常遥远。这一群体中，经过多次体外受精治疗仍未能怀孕的妇女也可以被考虑在内。（3）对于如果妊娠可能危及生命的妇女，虽然具备医疗条件，但体外受精对她们长期健康的前景是好的；以及由于职业或社会原因的要求不被认为是合理的适应证。各国法律对代孕的态度又是如何呢？

---

① Ethics Committee of the American Society for Reproductive Medicine, American Society for Reproductive Medicine. Interests, obligations and rights in gamete and embryo donation: an Ethics Committee opinion [J]. Fertility and sterility, 2019, 111 (4): 664 - 670.

② Practice Committee of the American Society for Reproductive Medicine and Practice Committee of the Society for Assisted Reproductive Technology. Recommendations for practices utilizing gestational carriers: a committee opinion [J]. Fertility and sterility, 2017, 107 (2): e3—e10.

③ JONES HW, COHEN J, COOKE I, et al. IFFS Surveillance 2007 [J] . Fertility and sterility, 2007, 87 (suppl 1): s50.

在澳大利亚，只允许利他性代孕，且生身母亲必须写在出生证上，在不同的州有不同的规定。① 多年来，代孕只有在澳大利亚首都直辖区与维多利亚州是合法的。在过去的几年里，其他国家与地区已经改变了它们的法律法规允许利他代孕，现在这在澳大利亚大部分地区是合法的。此外，澳大利亚政府目前正在考虑协调各州代孕政策。澳大利亚对代孕有诸多限制。例如，代孕者不能使用自己的卵母细胞，而只能使用委托妇女或捐赠者的卵子。澳大利亚禁止商业性代孕，当然允许补偿合理的费用，包括：妊娠与生产产生的可补偿的相关医疗费用，相关的咨询费，妊娠或生产相关的差旅费，妊娠或生产期间产生的误工费，代孕安排所规定的医疗保险费、残疾费或人身保险。各州代孕的资格条件有所不同。各州法律、澳大利亚国家卫生与医学研究委员会伦理指南要求参与者接受相关咨询，且只有不孕夫妇无法自己怀孕或分娩才可以代孕（在西澳大利亚州，无法怀孕或生产的单身妇女也可以寻求代孕，在维多利亚州，同性伴侣与单身人士也可以委托代孕者），且对代孕者有年龄要求且要求其有过妊娠史与生育史。②

在我国，《人类辅助生殖技术管理办法》《人类辅助生殖技术与人类精子库校验实施细则》等法规文件都明文规定：医疗机构和医务人员不得实施任何形式的代孕手术。之所以明令禁止就是考虑到代孕技术的实施与现行的法律法规和社会道德相违背。但是，遗憾的是，一段时间以来，被明令禁止的代孕中介依然暗流涌动，甚至逐渐“半公开化”。代孕中介之所以禁而不止，一方面是因为卫生规章只对（也只能对）医疗机构的医疗行为进行约束，无权对这类中介网站作出任何限制性的规定。这就为代孕网站规避法律提供了可乘之机；另一方面是非法网站的不科学宣传和误导刺激了人们的代孕欲求，致使痴迷于“不孝有三，无后为大”的人不惜铤而走险，选择没有资质的非正规医疗机构和非法行医者进行“地下”交易或

---

① JONES HW，COOKE I，KEMPERS R，et al. IFFS Surveillance 2010. Fertility and sterility，2011，95（2）：107－109.

② KARIN H，LOUISE J，TRACEY P. Gamete and embryo donation and surrogacy in Australia：the social context and regulatory framework［J］. International journal of fertility and sterility，2011，4（4）：176－183.

选择在允许代孕的国家和地区实施手术。换言之，代孕在我国虽属非法医疗行为，但是实际上有广阔的市场，屡禁不止的地下中介和交易势必造就一批代孕所生子女。正因如此，代孕当事人及代孕所生子女合法利益的保护，是我国未来亲权立法无法回避的现实问题。

在我国香港地区，特别行政区政府对代孕的立场可以简单归纳为两点：第一，禁止商业性代孕及相关安排，容许非商业性且有遗传关系的代孕；第二，母子关系以怀孕关系而非血缘关系为基础。① 然而，香港虽然采纳了禁止商业性代孕和代母安排不可强制执行两项原则，但无意完全杜绝代母安排，只不过代孕安排需以对家庭结构产生最小影响为原则，表现为：第一，所有人类生殖科技（包括代孕）只能提供给已婚夫妻，同性恋者和单身者不能接受生殖科技。第二，《父母与子女条例》承认怀孕关系是母亲子女关系的基础，代母可以依据《父母与子女条例》拒绝移交婴儿，而代母安排不可以强制执行，以保障代母的权益。第三，只容许有遗传关系的代母安排，目的是努力保持委托夫妻与子女的遗传关系一致，令家庭关系有一个较巩固的基础。这些观点均与研究委员会和生殖科技临时管理局的意见一致。换言之，有遗传关系的代孕方法不属违法。所以，只要这个安排不涉及金钱和其他利益关系，政府是意图容许代母怀有与委托夫妻双方均有遗传关系的婴儿的。基于此，有学者认为，官方对禁止商业性代母安排的建议有值得商榷的地方，不足以把问题全部解决，最佳的做法还是全面禁止各种形式的代母安排。②

总而言之，代孕对无子宫或由于其他医疗原因不能孕育孩子的妇女是一种有用的治疗选择。它允许委托夫妇生育有他们自己基因的孩子。代孕治疗又是一个全球性的争议问题。它的施行必须高度关注相关法律问题。根据 2018 年国际生殖学会联盟收到的 73 个国家的调查数据，无论是妊娠代孕还是传统代孕在大多数国家都不被允许。在允许它的地方，妊娠代孕

① 陈浩文，陶黎宝华．香港应否全面禁止代母怀孕的道德探索［C］//陶黎宝华，邱仁宗．价值与社会：第 1 集[M]. 北京：中国社会科学出版社，1997：137 - 155.

② 陈浩文，陶黎宝华．香港应否全面禁止代母怀孕的道德探索［C］//陶黎宝华，邱仁宗．价值与社会：第 1 集[M]. 北京：中国社会科学出版社，1997：137 - 155.

比传统代孕略多一些。① 然而，在一些国家，代孕越来越多地被提供给从其他国家来“生殖旅游”或寻求跨国生育服务的夫妇，要么因为他们自己的国家禁止代孕，要么因为这里的治疗便宜得多。这种趋势正在引起普遍关注，最近已经导致一些委托夫妇无法收养孩子或孩子在返回祖国后无法获得公民身份。即使是在双方当事人签订了法律合同的情况下，也出现了问题，特别是在非居住国进行治疗。出于对代孕商业化、剥削代孕者与增加国际生育旅游的担忧，即便代孕合法化的国家也大都禁止任何形式的补偿以防止贩卖儿童或生殖剥削，在一些禁止代孕商业化的国家，代孕者通常为委托父母的亲戚或朋友，可获准收取“合理费用”。而在没有法律规范的国家和地区，特别是有更大开放潜力的欠发达国家，代孕者、委托人和所生孩子的利益保障和身心健康就成为一个社会问题。为此，美国生殖医学会发布了使用家庭成员作为代孕者的伦理和临床指南②，欧洲人类生殖暨胚胎学会也提倡对需要这种专门治疗的少数妇女进行彻底的评估和管理。③

在代孕所生孩子的亲子关系问题上，在大多数国家，生身母亲（birth mother）通常是孩子的合法母亲。而出生的孩子与亲生母亲无遗传关系的代孕使一般的规则更复杂，许多国家或其地方政府已经改变了规则，允许“遗传父母”成为出生孩子的合法父母。这些问题，以及其他的问题，例如，代孕者改变了她的想法并且希望养育孩子或夫妇离婚，已经使代孕成为一种挑战，而且出现一些新的意想不到的难以促成法律法规或指导方针生成的条件。特别是在印度，据报道，代孕数量显著增长，向代孕者支付报酬也被允许。然而，大多数情况下，如果全力以赴地管理夫妻的融洽程度、适当的咨询与法律建议，施行就不存在问题，并为一小部分因此将无法

---

① International Federation of Fertility Societies. International Federation of Fertility Societies' Surveillance（IFFS）2019：global trends in reproductive policy and practice. 8th edition ［J/OL］. Global reproductive health，2019，4（1）：113 - 116. ［2019 - 10 - 10］. http://dx.doi.org/10.1097/GRH.0000000000000029.

② The Ethics Committee of the American Society of Reproductive Medicine. Using family members as gamete donors or surrogates ［J］. Fertility and Sterility，2012，98（4）：797 - 803.

③ Practice Committee of the American Society for Reproductive Medicine and Practice Committee of the Society for Assisted Reproductive Technology. Recommendations for practices utilizing gestational carriers：a committee opinion. ［J］. Fertility and sterility，2017，107（2）：e3 - e10.

拥有他们自己基因孩子的妇女提供一种积极与成功的治疗选择。两大国际生育团体——欧洲人类生殖暨胚胎学会①与美国生殖医学会②都考虑了代孕的难题及与它相关的伦理问题，为需要这种特殊治疗的妇女群体发布了指南。

代孕者的报酬仍然是引起持续争论的一个问题。许多国家禁止付款给代孕者，从而导致没有足够多的妇女愿意成为代孕者。在这些国家中，代孕者往往更多地与委托夫妇有关系或是他们的私人朋友，并且她们愿意为其家庭成员或朋友完成治疗、妊娠与分娩。他们只被允许接受“合理的费用”。其他国家允许为代孕者付费，这往往使更多的代孕者可用，尤其是在一些欠发达国家，滋长了以牺牲安全性为代价的商业代孕与“生殖旅游”。总之，伴随着国际收养的日益严格以及代孕计划的全球扩张，跨国代孕市场将会更加繁荣。供方市场集中在一些容易获得现代技术和技术人员、可以较低的成本满足较富裕国家（如美国）的生育客户需求的欠发达国家（如印度）。而这些国家都缺乏从国家层面保护作为代孕母亲的女性的利益以及她们所孕育的孩子们，或是那些去海外委托妇女代孕的人们的利益。毫无疑问，在这个缺乏有效的监督与制衡的全球自由市场中，受到最大伤害的是这些议价能力最弱的妇女与儿童。③ 有鉴于此，为了杜绝对妇女儿童的危害，禁止国际代孕是非常必要的。④ 遗憾的是，当前尚缺乏有效的国际代孕文件。当然，就目前的形势而言，制定一份跨国反代孕文件也不现实，而且即便有这样一份国际文件，其实施效果如何也令人怀疑。因此，从国家层面分别制定适合本国国情的代孕法不失为一个良策。⑤

---

① SHENFIELD F，PENNINGS G，COHEN J，et al. ESHRE task force on ethics and law 10：surrogacy [J]. Human reproduction，2005 (20)：2705 - 2707.

② The Ethics Committee of the American Society of Reproductive Medicine. Using family members as gamete donors or surrogates [J]. Fertility and sterility，2012，98 (4)：797 - 803.

③ SMERDON UR. Crossing bodies，crossing borders：international surrogacy between the United States and India [J]. Cumberland law review，2008，39 (1)：15 - 85.

④ 也有人担忧，废除代孕也很可能会导致地下代孕市场的繁荣，反而会使代孕者与委托父母失去免受剥削的法律保护资源。Baby Manji Yamada vs. Union of India & Anr. [2008] INSC 1656 (2008 - 09 - 29).

⑤ SMERDON UR. Crossing bodies，crossing borders：international surrogacy between the United States and India [J]. Cumberland law review，2008，39 (1)：15 - 85.

综上所述，全球对辅助生殖权的法律界定可谓千差万别。在某些基本问题上，各国的一致性是广泛的，差异性也是广泛的。一致性主要表现在：所有国家都将人类辅助生殖技术使用权授予已婚夫妇，大多数国家授予同居的异性恋；捐赠人工受孕在大多数国家可以使用，通常受赠夫妻不能选择捐赠者；在捐赠卵子或胚胎可接受的情况下，法律母亲是生出孩子的妇女；非商业化是各国惯例；代孕协议通常无效且没有强制执行力，法律通常禁止代孕广告与宣传。出现这些一致性的原因可能是人类基本价值观的一致性：保护生命、匿名权、人格尊严、保护人权与组建家庭权、反歧视等这些人类的共同价值可能促进了法律的和谐与互通。这些共识和一致性为国际社会治理跨国“生殖旅游”提供了基础和便利。[①] 差异性主要表现在：是否允许单身妇女与同性恋者获得人工授精与体外受精有差异；辅助生殖子女有无基因知情权有差异；是否允许人类胚胎与卵子捐赠有差异；人类辅助生殖技术是否为保险覆盖有差异。差异性的原因也是多方面的，诸如宗教信仰、公共舆论、女权运动以及受立法目的与立法水平影响的立法介入强度等。正是这些差异性导致了各国辅助生殖法律制度的显著不同，进而又因国际上缺乏统一的法律制度助长了国际“生殖旅游”[②]，导致了跨国代孕和卵子买卖等剥削妇女现象的扩大，加大了建立国际治理体系的难度。

---

① SIMOPOULOU M, SFAKIANOUDIS K, GIANNELOU P, et al. Treating infertility: current affairs of cross-border reproductive care [J]. Open medicine, 2019, 14 (1): 292—299.

② PASHKOV V, LYFAR A. Assisted reproductive technologies: the problems of legal enforcement [J]. Wiadomosci lekarskie, 2018; 71 (5): 1066—1070.

第九章　第三方生殖子女亲子关系法律认定比较研究

辅助生殖，尤其是第三方生殖，对传统法律秩序产生了全面而深刻的影响，其重要表现之一就是造成父母身份的分裂与多元，打破了“分娩者为母”的铁律，强烈冲击传统亲子关系认定标准，使“父母”这个词语不断被赋予新的内涵，“基因说”（geneticism）、“意思说”（intentionalism）与“子女最佳利益说”（best interests of the child）等新标准不断被引入辅助生殖子女法律父母的认定。这些认定标准各有短长，各有特定的适用空间。从各国司法实践与立法经验来看，摒弃单一标准，采用多元标准，已经成为辅助生殖子女亲子关系认定的新趋势。本章主要考察第三方生殖对传统亲子关系的冲击及一些国家的法律回应，通过对国外相关立法与司法判例进行考察，进一步探讨辅助生殖模式下亲子关系的新变化，分析“分娩说”（gestationalism）、“基因说”、“意思说”与“子女最佳利益说”等认定标准的利弊与适用范围，在此基础上厘清我国辅助生殖子女亲子关系的三个基本问题：第一，谁为孩子的法律父母？是基因提供者、怀孕生产者，还是委托者？第二，所生子女法律地位如何确立？是亲子女、继子女、养子女，抑或单独规定？第三，怎样保护代孕（无论合法与否）所生子女的合法权益？

一、辅助生殖对传统“分娩说”的挑战

（一）辅助生殖对亲子关系的挑战

确立“亲”与“子”的概念及认定标准是厘清亲子之间权利义务关系的前提。亲谓父母，子谓子女，因此，确认“亲”与“子”关系的过程实际上是对“父母”与“子女”身份的确认过程，二者相辅相成。何谓父母？谁为父母？这原本不是一个问题。通俗地讲，传统意义上的父母即生养子女的人，亦即通常所说生物学父母（biotic parents）或自然父母（natural parents）。但是，辅助生殖在推动人类生殖方式根本变革的同时，也使婚姻—性爱—生育一体化的以“父—母”为基础的自然生殖过程，被分割为供卵、供精、受精、移植、妊娠、分娩及抚育等若干个阶段，分别由夫、妻、捐精者、捐卵者与代孕者承担，继而打破“分娩者为母”的铁律，造成父母职能的断裂与父母身份的多元化和亲子关系的不安定，导致不同性质的“母亲”之间、“父亲”之间、“父亲”与“母亲”之间以及第三方配偶与相关当事人之间在辅助生殖中的紧张与对立。不同的人类辅助生殖对亲子关系的影响有所不同。

夫精人工授精与供精人工授精的不同在于前者由丈夫提供精子，后者由第三方提供精子。夫精人工授精与自然生殖并无本质差别，只要夫妻双方协商一致，无论从生物学角度还是从社会学视角看，所生子女都应是夫妻婚生子女（即便实施人工授精后夫妻离婚或者丈夫死亡）。当然，夫精人工授精也不是绝对不会产生法律纠纷。例如，如果妻子未经丈夫同意擅自实施夫精人工授精，丈夫能否以侵犯生殖权或知情权为由对妻子或者该婚生子女行使抗辩权？丈夫死亡后仍以其冷冻精子实施人工授精的，既已丧失婚生推定之基础，子女能否继承生父遗产？夫妻离婚后仍然以其前夫精子实施人工授精后，除非前夫事前同意或者事后同意，可视前夫为非匿名供精者：问题是，于离婚后经前夫事前同意或者事后同意以其冷冻精子实施人工授精的，子女是前夫的婚生子女，还是非婚生子女？倘若妻子再

婚，则子女是后夫的继子女、婚生子女，还是养子女？

由于供精人工授精系由第三方提供精子，孩子有一个母亲，两个父亲。妻子既是孩子的自然母亲，又是社会母亲，自然也是法律母亲。供精者虽然与所生子女有基因遗传关系，但是捐赠者无论是否保持匿名，通常都是为了成人之美，而不是为了为人父母，如果认定其为孩子的法律父亲有悖人之常情，且不利于孩子的健康成长；但是，在一些特殊情况下，为了避免子女沦为孤儿，也可以考虑供精者为子女法律父亲（美国部分州）。丈夫与所生子女没有基因关系，但是基于丈夫与妻子的婚姻关系，一般应将子女推定为双方的婚生子女。当然也不能一概而论，夫妻双方是否协商一致是确定子女法律地位的关键。如果实施手术前双方已经协商一致，所生子女应认定为双方的婚生子女，即使子女是在夫妻离婚后或者丈夫去世后出生，也未必影响子女的合法地位。倘若人工授精是妻子的单方擅自行为，如果丈夫提出否认之诉，可能推翻子女的婚生地位与免除丈夫的抚养责任。如果丈夫事后表示追认或者不予否认的，即可推定其为子女的法律父亲，但问题是：子女是婚生子女、继子女还是养子女？亲子关系的确立是否需要履行特定的法律程序？

体外受精—胚胎移植根据是否需要委托人以外的供精者或者供卵者参与，可以分为三种情形：一是将丈夫的精子与妻子的卵子经体外受精后植入妻子的子宫内，二是将由丈夫的精子与第三方的卵子经体外受精后植入妻子子宫内，三是将丈夫之外的人的精子与妻子之外的人的卵子经体外受精植入妻子子宫内。在亲子关系认定上，第一种情况与夫精人工授精、第二种情况与供精人工授精只是受精地点在体内与体外的差异，其他情况基本相同，由此所生子女的亲子关系可作同样的解释。第三种情况中，孩子存在两个生物父母与两个社会父母。供精者、丈夫的法律地位与供精人工授精中供精者、丈夫的法律地位类似；由于母亲的职能被分裂为受胎与生产两个片段，自然母亲的身份也相应地分解为基因母亲与妊娠母亲，这就使妻子的法律地位变得异常尴尬，显而易见，如果依据“分娩者为母”的准则，妻子可认定为孩子的自然母亲，但是，如果从遗传学上看，由于妻子与孩子之间并无基因联系，则妻子并不是孩子的自然母亲。那么，生母的定义是否需要修正？

代孕的情形最为复杂。代孕根据是否需要第三方（包括代孕者）提供生殖细胞，可分为六种情形：一是精、卵均来自委托夫妻，由人工取出受精后，植入代孕者体内孕育、生产；二是卵子来自女性委托人，但因男性委托人不孕（或其精子有基因缺陷）而由他人捐精；三是精子来自男性委托人，因女性委托人无法排卵或卵子有基因缺陷而由代孕者以外的人捐卵；四是男女委托人因故均无法提供精、卵，须由代孕者以外的他人捐赠；五是精子来自男性委托人，卵子来自代孕者，经由人工授精后在代孕者子宫内发育；六是因男性委托人不孕，或其精子有遗传基因缺陷，由他人捐精与代孕者的卵子受精。代孕所生子女就可能有两个父亲和三个母亲，即：基因父亲（供精者）、委托父亲（收养父亲）、委托母亲（收养母亲）、基因母亲（供卵者）和妊娠母亲（怀孕生产者）。如果再加上捐赠者的配偶，则情况更为复杂。① 由此可见，代孕不仅遭遇了上述各种辅助生殖方式的共同难题，而且导致母亲职能割裂，继而造成法律父亲身份的悬疑。

（二）传统“分娩说”面临的挑战

“分娩者为母”是自罗马法以来确认母子关系的基本法则与判定父子关系的基础关系。在传统亲子法中，血缘与婚姻关系是确立亲子关系的基础。具体而言，首先根据“分娩者为母”的准则确定母亲身份，再根据母亲的婚姻关系确定其配偶为子女的父亲身份。这是由妇女在人类自身再生产中的独占性决定的。特别是在群婚社会里，“谁是某一个孩子的父亲是不确定的，但谁是孩子的母亲则是确定的”②。这使女性在亲子关系的确立中具有独特的优先性，因之形成以女性为中心的母权组织。在罗马法时代，虽然早已结束了“知其母，不知其父”的混沌状态，但是这一自然法则与习惯观念，就像一粒“种子”，孕育出以血缘关系为基础的亲权制度。③ 罗马法在亲权主体认定方面的贡献，一是确立“分娩者为母”的母

---

① SODERSTROM-ANTTILA V，WENNERHOLM U，LOFT A，et al. Surrogacy：outcomes for surrogate mothers，children and the resulting families—a systematic review [J]. Human reproduction update，2016，22（2）：260－276.

② 马克思恩格斯选集：第4卷［M］. 2版. 北京：人民出版社，1995：38.

③ 梁治平曾说：人类的早期历史经验就是这样一粒种子，它孕育了传统，将它原初的混沌体验化作一种组织起来的隐秘经验，一代一代传递下去。梁治平. 寻求自然秩序中的和谐：中国传统法律文化研究［M］. 北京：中国政法大学出版社，1997：15－16.

亲身份判定方法，将集受胎、分娩与养育于一身的母亲置于亲权身份的首位，确立“母亲永远是确定的”的基本准则；二是确立“父亲是不确定的”的法律原则，并且以婚生推定制度加以明确。自罗马法确立“分娩者为母”与“婚姻示父”原则以来，各国立法大都以分娩事实作为确立母子关系的依据，进而明确母子间的权利义务关系，简单方便，不易推翻，只要证明子女所从出或者自己是子女所从出（如医院出具的出生证明文件）即可，同时适用“母亲的丈夫就是子女的父亲”的原则，以妻子在婚姻存续中受孕之子女为婚生子女（除有反证外）。[①] 在自然生殖社会里，这一法则跨越时空，历久不衰，原因就在于它是“一种与自然相符合的正当理性”，“具有普遍的适用性并且是不变而永恒的”[②]。

然而，生殖科技的日新月异打破了“分娩说”的千年法则，特别是代孕突破临床禁区后，“分娩者为母”遭遇前所未有的挑战。面对这一现实难题，是继续坚持传统标准，还是另觅新的认定方法？理论界与实务界都经历了艰难抉择。有学者认为，分娩说既为民法认定母子关系的传统法则，早已为社会所接受，没有必要因为生殖技术而改变[③]，仍应维持分娩说在认定母子关系中的绝对地位。但是，更多学者认为应当尊重社会现实，另寻其他标准或者赋予分娩说以新的内涵。学者一般认为，在第三方捐赠卵子的情况下，坚持“子宫优于血缘”的原则，把亲权授予怀胎的委托母亲很有必要，因为委托母亲不但要供应胎儿的生命所需，而且有意成为孩子的母亲，故其地位应较供卵者重要。[④] 事实上，大多数国家法律都规定，供卵须匿名进行（配偶间人类辅助生殖除外）且属于捐赠行为，母亲权一般授予委托母亲，其丈夫亦推定为所生子女的婚生父亲。

毋庸置疑，分娩说尊重子宫与分娩的价值，使怀胎受孕的委托母亲优先于供卵者成为孩子的法律母亲，可以避免或者消解委托者与供卵者之间的母权纠纷，确保委托母亲对无基因联系的辅助生殖子女的亲权地位，对于维护

---

① 周枏．罗马法原论［M］．北京：商务印书馆，1994：185.

② 博登海默．法理学——法律哲学与法律方法［M］．邓正来，译，北京：中国政法大学出版社，1999：14.

③ 王海南．由法律观点谈人工生殖技术［J］．法律评论，1988（6）：9－10.

④ 王洪．婚姻家庭法［M］．北京：法律出版社，2003：250.

“分娩说”也有积极作用。但是，在采用代孕的情况下，分娩说将造成基因母亲与妊娠母亲（gestational mother）之间的权利冲突，甚至会使作为妊娠母亲的代孕者比基因母亲产生亲权上的优先性。事实的确如此。在一些女性主义者（feminist）看来，怀孕、生产是一个充满煎熬与风险的漫长过程，尤其是十月怀胎与分娩的痛苦都加深了代孕者与胎儿之间的骨肉亲情，这是代孕协议与金钱给付无法割舍的，这对胎儿来说是最重要的爱①，因此，女性主义者坚称，代孕者不应当仅仅是一个妊娠者，还应当是孩子的法律母亲，虽然她不能持续地介入子女的生活。② 还有学者从孩子发育过程中对妊娠母亲、委托母亲所花费的时间、精力以及情感投入等方面进行比较，论证代孕者母亲地位的合理性。③ 同样站在代孕者的立场，也有学者大胆质疑，认为如果按照“分娩说”的思维模式定义代孕者的话，则代孕者及其丈夫将与同自己毫无血缘关系的子女具有法律上的权利与义务关系，这是不合理的枷锁。④

至于分娩说能否体现代孕所生子女的利益就更值得怀疑了。因为代孕者绝大多数是经济窘迫、疲于奔波的妇女，如果赋予其亲权身份，只会使其雪上加霜，还可能给子女的生活平添阴影。虽然我们不怀疑代孕者母爱的伟大（即使她最初并未打算要这个孩子），但是，对子女来说仅有母爱还是不够的。这一顾虑的合理性可以从 1985 年发生在英国的 Baby Cotton 案中得到支持。⑤

---

① Rothman BK. Recreating motherhood: ideology and technology in a patriarchal society [M]. New York: W. W. Norton & Co., 1989: 229 - 245.

② HOFHEIMER A. Gestational surrogacy: unsettling state parentage law and surrogacy policy [J]. Review of law & social change, 1992, 19 (3): 571 - 616.

③ PEÑA-GUZMÁN DM. A legal-political framework for feminist bioethics: the case of international gestational surrogacy [J]. International journal of feminist approaches to bioethics, 2017, 10 (1): 50 - 77.

④ ZAFRAN R. Non-medical sex selection by preimplantation genetic diagnosis: reflections on Israeli law and practice [J]. North Carolina journal of law & technology, 2008, 9 (2): 187 - 217.

⑤ 这是一起跨国商业代孕案件，一位英国妇女通过美国一家商业中介机构，与一对美国夫妇约定，以自然代孕方式为其提供代孕服务，酬金 6 500 美元。依据英国法律，收养孩子不得附有对价，否则为违法行为。法官最终依据“子女最佳利益原则”判决提供精子的美国夫妇适合承担 Cotton 的照顾和监护责任，并允许其将孩子带出英国。BRINSDEN PR, APPLETON TC, MURRAY E, et al. Treatment by in vitro fertilisation with surrogacy: experience of one British Centre [J]. British medical journal, 2000, 320 (7239): 924 - 929.

很显然，如果采用分娩说，那么未打算（至少在怀孕前）当母亲的妇女将成为孩子的法律母亲，而千方百计想当母亲的妇女反落得人财两空，甚至还会承担违法风险。然而，无论是在代孕合法化的国家还是在代孕非法化的国家，“分娩说”都不是毫无用武之地。在代孕非法化的国家里，为达到遏制非法代孕，使当事人代孕目的不致实现，继而维护传统伦理秩序与家庭秩序，采此学说不失为一条行之有效的办法。然而，如前所述，将子女归属于代孕者并不一定符合子女最佳利益。所以，英国《人类受精与胚胎学法》就规定，代孕者及其配偶是代孕所生子女的法律父母（legal parents)，委托父母不能直接取得亲权身份，除非向法院申请亲权命令。① 以色列《代孕协议法》规定，委托夫妻应在孩子出生后7日内向法院申请亲权命令，法院批准收养申请后，委托夫妻即成为孩子的法律父母。② 这样规定似乎过于严苛，但有助于控制与阻断地下交易，确保婴儿利益不受损害。

二、辅助生殖技术时代“父母”定义的多元化

（一）基因说

随着“分娩说”的用武之地越来越小，一些国家的立法与司法实践开始针对不同的辅助生殖，综合考虑生物或自然关系（biological relationship）与社会关系（social relationship），以基因遗传（血缘）、生产事实、生育意愿、子女利益等因素来确认亲子关系，“血缘说”（血统说）、“生殖意思说”（又称意思表示说、协议说、辅助生殖目的说）与“子女最佳利益说”等新标准正被逐步引入司法领域。其中，“血缘说”虽然秉承血缘主义的基本精神，并进一步衍化为“基因说”，与早先的“分娩说”大异其趣。其理论基础如下。

基因说亦即血缘说，主张把基因来源（genetic derivation）作为认定母亲身份和亲子关系的基本依据，谁提供了生殖细胞谁就是孩子的法律父

① Human Fertilisation and Embryology Act 1990（UK） s 28.

② BENSHUSHAN A，SCHENKER JG. Legitimizing surrogacy in Israel [J]. Human reproduction，1997，12（7）：1832-1834.

母。① 在自然生殖模式下，基因说与分娩说并无本质区别，都强调血缘真实主义，共同维护传统社会的亲权秩序。证明血缘关系的传统方法很多，诸如对孩子与疑似父母的体貌特征（如身高、眼睛、头发的颜色）进行比较，但是这些方法未必科学。得益于医学科技的发展，DNA 测试已经成为较为科学的鉴定亲子血缘关系的准确方法。只是鉴于基因说操作复杂，成本很高，一般只作为分娩说的补充与特例，适用于前述婚生推定被否认的亲子关系认定问题。但是，在辅助生殖模式下，自己娩出的孩子未必与自己有血缘联系，而自己的基因子女也未必从己出。换言之，作为亲子关系认定标准的 DNA 检测与分娩说已经大异其趣，甚至尖锐对立。1993 年，美国俄亥俄州的“Belsito v. Clark”案无可辩驳地说明生孩子的妇女未必是孩子的基因提供者。本案中，原告安东尼（Anthony）和夏莉·贝尔西托（Shelly Belsito）夫妇与被告卡萝莉·克拉克（Carol S. Clark，夏莉的妹妹）签订一份代孕协议，然后接受了体外受精手术，三人分别在知情同意书里签署了自己的名字，明确了自己的身份：被告注明是孩子的“生产者”；原告夫妇分别注明是孩子的“父亲”与“母亲”。但是医院根据俄亥俄州的法律通知原告，只有生孩子的妇女才能以孩子母亲的身份填写在出生证上。原告为此请求法院宣告：（1）他们是孩子的自然父母，因而也是法律父母；（2）他们的法律地位应当反映在出生证明文件上；（3）他们没有理由“收养”自己的基因孩子。法官认为，双方争议的根源在于医疗技术造成怀孕与分娩的分离，分娩孩子的妇女未必是孩子的基因提供者；依据俄亥俄州的判例法，法律应当将亲权授予有证据证明自己是自然父母或者养父母的人，据此，夏莉与卡萝莉都是孩子的自然母亲（natural mother），但是，该法产生的时候代孕技术尚未出现，妊娠母亲与基因母亲也不可能分离，必须假定现有法律的初衷不是把母亲一分为二。况且，《统一父母身份法》也规定，自然父母身份的确定是 DNA 检测，其目的是赋予子女合法地位而不是使代孕合法化。因而，卡萝莉只是一个“妊娠代孕者”（gestational surrogate），与所生子女没有任何基因关系，通过妊娠代孕所生子女的基因父母应为孩子的自然父母与法律父母。因此法

① HALL B. The origin of parental rights [J]. Public affairs quarterly，1999，13（1）：73－82.

院最终依据DNA检测技术认定，被告只是一个“代孕者”，与所生子女没有任何基因关系，而代孕者所生孩子的自然母亲与法律母亲是委托方之妻。①

（二）意思说

由上可知，在两名妇女分别提供卵子与子宫的情况下，出生证明不再是自然母亲的唯一判断标准，基因检测也可以揭示自然母亲的身份。但是，两种标准导致了两个自然母亲，这种矛盾如何解决？司法实践中，也有撇开“分娩说”与“基因说”的矛盾，采取第三种途径的案例。

在1993年的“Johnson v. Calvert”案中，美国加利福尼亚州最高法院就采用了第三条路，以“生殖意思（意愿）”作为标准，判决代孕母亲安娜·约翰逊（Anna Johnson）对为不孕症夫妇马克（Mark）与克里斯皮娜·凯尔弗特（Crispina Calvert）所生的孩子不享有母亲权。案情大致如下：马克与克里斯皮娜夫妇同安娜签署一份协议，约定将夫妻俩的受精卵植入安娜体内，所生孩子归马克与克里斯皮娜，安娜放弃全部母亲权利。安娜怀孕后，马克与克里斯皮娜离婚，双方都要求独立行使孩子的监护权，安娜也决定保留孩子。庭审中，安娜和克里斯皮娜都证明自己是孩子的生物学母亲：安娜以出生证表明自己是妊娠母亲，克里斯皮娜以DNA检测证明自己是基因母亲，但是加利福尼亚州法律只承认孩子有一个生物学母亲。法院认为，无论以分娩事实还是基因检测为标准都将剥夺另一个母亲的权利，鉴于自然母亲的身份并不仅仅取决于怀孕生产事实，在两人均有平等的母亲权情况下，受孕时双方在代孕协议中的“意思”是判断母亲身份的关键：受孕时克里斯皮娜“有意”让孩子出生并且“有意”将子女视同己出，而安娜并无养育所怀孩子之意图。而代孕协议是双方当事人的一致意思，也没有产生明显社会负面影响，并不违反公共秩序，因此协议是有效的，应当得到法院的尊重。基于此，法院判定克里斯皮娜为孩子的法律母亲。② 由此可见，人类辅助生殖技术的高歌猛进成就了不孕症患者为人父母的梦想，也凸显为人父母的“意思”作为亲子关系认定标准的重要意义。③

---

① Belsito v. Clark，644 N. E. Rep. 2d 760（Ohio C. C. P. 1994）.

② Johnson v. Calvert，851 P. 2d 776，782（Cal. 1993）.

③ 杨芳．人工生殖模式下亲子法的反思与重建——从英国修订《人类受精与胚胎学法案》谈起［J］. 河北法学，2009，27（10）：117－122.

意思主义隐含的价值是：既然当事人在实施辅助生殖以前已经通过代孕协议或者手术同意书商定让委托夫妻成为所生子女的法律父母，法律就应当尊重当事人的决定，即便委托夫妻没有亲历十月怀胎之苦，也没有提供孩子以遗传物质；反之，最初以助人为目的的捐精者、捐卵者与代孕者不得为法律父母。很显然，意思主义的宗旨是使接受人类辅助生殖技术者可以直接因怀孕事实成为孩子的法律母亲，而其丈夫也因婚生推定直接成为婴儿法律上之父亲。意思主义更强调亲子关系的道德性①，而不是生物性②，主张把当事人的意愿作为授予亲权的基本考虑因素。③ 最高人民法院 1991 年 7 月 8 日作出的《关于夫妻离婚后人工授精所生子女的法律地位如何确定的复函》规定："在夫妻关系存续期间，双方一致同意进行人工授精，所生子女应视为夫妻双方的婚生子女，父母子女之间权利义务关系适用《婚姻法》的有关规定。"这也是以委托人知情同意书所载"意思"作为人工授精子女亲子关系确立的依据。

意思说也是利弊参半。毋庸置疑，辅助生殖立法的目的就是治疗不孕不育疾病，使不孕症患者有机会接受医疗技术的恩泽，实现生儿育女、繁衍子孙的目的；允许捐精者、捐卵者与代孕者参加辅助生殖活动正是基于他（她）们的"助人"愿望。意思说使有意担任子女父母者成为孩子的法律父母。但是，身份法中的意思自治从来都是相对的。人们通常认为代孕协议有违公序良俗④，应当以缺乏正当性基础被宣告无效；代孕协议存在明显的意思表示瑕疵也是毋庸置疑的。况且，即便协议没有瑕疵，代孕协议很强的人身性也似乎难以强制执行。还应当看到，意思说固然维护了当事人参加辅助生殖的初衷，打破了基因母亲与妊娠母亲之间的僵局，但是将"意思"作为确定母亲权的充分条件，不具有基因联系的委托者可以轻

---

① GIULIANNA F. Genetic Ties: Are they Morally Binding? [J]. Bioethics, 2006, 20 (2): 64 - 76.

② HILL JL. What does it mean to be a parent? The claims of biology as a basis for parental rights [J]. New York University law review, 1991, 66 (2): 353 - 420.

③ VAN ZL. Intentional parenthood and the nuclear family [J]. Journal of medical humanities, 2002, 23 (2): 107 - 118.

④ 梁慧星．市场经济与公序良俗原则［C］//梁慧星．民商法论丛：第1卷．北京：法律出版社，1994：57.

而易举地取得亲权地位，那么，承受十月怀胎之苦将婴儿带到这个世界的妊娠母亲势必降格为孕育生命的机器，这显然有违法律的公平正义。再者，亲子法是充满人性与温情的，它应当给每一个人表达真爱与接纳真爱创造条件，而不是斩断真情，拒绝真爱。怀胎生育是一个充满爱与奉献的特殊生命历程，不是买卖东西①，孩子出生前后当事人会有完全不同的体验，将手术前的意思作为未来孩子的归属与权利义务的依据，不容许妊娠母亲对所生孩子表达爱与奉献爱，这是否失之残忍与武断?②

（三）子女最佳利益说

上述几种认定标准都存在一个重大缺陷，即均未站在辅助生殖所生子女的立场考虑问题，因此，“子女最佳利益说”作为判断亲子关系的标准被提了出来。以子女最佳利益作为处理儿童事务的基本准则已经形成国际共识③，例如《儿童权利公约》第 3 条规定，关于儿童的一切行动，不论是由公私社会福利机构、法院、行政当局或立法机构执行，均应以儿童的最大利益为首要考虑。子女最佳利益说的最大特色是以子女的立场为出发点，而非以父亲、母亲或其他人的立场来决定未成年人有关的事项，其中心问题是父母离婚后子女亲权行使问题④，现已成为大多数国家亲属在处理父母离婚后子女监护案件时的最高准则。⑤ 如美国统一州法委员会 1971 年通过的《统一结婚离婚法》（Uniform Marriage and Divorce Act）第 402 条为全国各州法院厘定了判定子女最佳利益的基本准则。英国 1989 年《儿童法》（Children Act）与 1971 年《未成年人监护法》（Guardianship of Minors Act），也将子女利益作为处理儿童监护纠纷的优先考虑因素。子女最佳利益并没有统一的恒定标准，但是其优点显而易见：以子女利益最大化作为处理儿童事务的出发点与归宿，并允许国家公权力介入儿童事

---

① ANDERSON ES. Is women's labor a commodity? [J]. Philosophy & public affairs, 1990, 19 (1): 71-92.

② 杨芳．人工生殖模式下亲子法的反思与重建——从英国修订《人类受精与胚胎学法案》谈起 [J]. 河北法学, 2009, 27 (10): 117-122.

③ 王雪梅．儿童权利论：一个初步的比较研究 [M]. 北京：社会科学文献出版社, 2005: 63.

④ 李立如．朝向子女最佳利益的婚生推定制度 [J]. 中原财经法学, 2004 (13): 1-38.

⑤ 王洪．论子女最佳利益原则 [J]. 现代法学, 2003 (6): 31-35.

务，对私权利给予必要的干预或者限制。20世纪80年代开始，子女最佳利益原则被引入辅助生殖子女监护纠纷中，如前所述英国的Baby Cotton案采用了这一原则。随后，美国新泽西州最高法院以此为依据为“Baby M”案画上圆满句号。本案中，斯特恩（Stern）与玛丽（Mary）夫妇签下基因代孕协议。孩子出生后，玛丽违反约定拒绝放弃孩子，为此引发缠讼。初审法院判定代孕协议有效，监护权授予生父斯特恩。玛丽提起上诉，新泽西州最高法院以代孕协议违背现行法和公共秩序为由判决无效：一是现行法令禁止收养小孩给付金钱，且须在收养之前证明孩子父母有遗弃或者伤害孩子的行为，私人之间转让监护权依法是可以撤销的；二是公共政策认为孩子应当由亲生父母来抚养，代孕协议却使孩子永远离开自己的亲生母亲。据此，法院认为，以婴儿为交易对象实则是贩卖孩子，至少是贩卖母亲权，即便买方是孩子的父亲；代孕协议漠视子女的利益与妇女的人格，不具有强制执行力。法院还认为，终止亲权只能由法院依法裁决，而不得以协议约定；父亲与母亲的权利原则上平等，代孕协议把权利给了父亲，却剥夺了母亲的权利，况且生父与生母的亲权并不产生平等保护问题，取消供精者的亲权比取消妊娠者的亲权更合理；在监护权归属问题上应当基于“孩子最佳利益”原则判断。据此，法院保护了玛丽的亲权（以探视方式行使），监护权则由斯特恩行使。① 但是，子女最佳利益原则作为一个“标准”，本身是模糊的，充满不确定性与随意性，很大程度上依赖于决策者的价值体系，以至于很难判断是否会对子女造成难以预测与不可避免的侵害。② 然而，在辅助生殖秩序尚未完全形成，依据上述三种标准又不能直接体现儿童需要与利益的情况下，有必要采取司法审查的办法授权法院以儿童最佳利益原则裁定子女的法律父母。“交由法院个案审查的差别是，与其断然在当事人意愿、子宫与卵子间取舍，不如仔细考虑个案，尤其是保护子女利益。同时，法院个案判断的不确定性，除了可以对商业中介发挥抑制效用，也可以避免立法不当的宣示效果，使不孕夫妻在求助代孕之前，仍会仅可能考虑收养等其他途径，使更多儿童有机会被

---

① In re Baby M.，537 A. 2d 1227，1240（N. J. 1988).

② EEKELAAR J. The interests of the child and the child's wishes：the role of dynamic self-determinism [M]. Oxford：Clarendon Press，1994：59.

收养。”①

综上所述，辅助生殖对人类法律秩序尤其是亲子法的冲击是巨大而深远的，辅助生殖子女亲权主体的确定是一个复杂的现实问题。在辅助生殖技术已经撼动分娩说权威的情况下，基因说、意思说、子女最佳利益说的地位逐渐得到提升。但是，上述标准各有利弊，各有特定适用空间。基因说（血缘说）的价值主要在于：奉行血缘主义比较符合人之常情与人伦道德；以精卵决定基因，而基因的价值是独一无二的。同时，基因说以配子提供者为自然父母与法律父母，比较迎合不育者希望拥有基因子女的愿望，为解决受术夫妻对代孕所生子女的亲权地位基本上是有利的，可以预防代孕者通过“分娩者为母”成为孩子的法律母亲。但是，如果受术夫妻有一方不能提供生殖细胞，则血缘说极易导致受术夫妻与生殖细胞捐赠者之间的亲权冲突。如上所述，在部分使用受术夫妻配子的情况下，受术夫妻提供一半基因，因此与所生子女之间存在血缘关系，供精者、供卵者与代孕者也分别与孩子存在血缘关系，分别是孩子的基因父（母）与妊娠母亲，在这种情况下极易导致受术夫妻与生殖细胞捐赠者之间的亲权冲突。因此，要使受术夫妻依据血缘说取得亲权就必须同时规定，供精者、供卵者与代孕者不得就捐赠行为主张亲权，否则将难防争议。如在“供精者精＋供卵者卵”型与“供精者精＋代孕者卵”型代孕情况下，受术夫妻不提供卵子或精子，与辅助生殖子女毫无基因关系，如果适用血缘说这显然有违辅助生殖的目的。不仅如此，采用血缘说就意味着要对当事人与婴儿进行 DNA 鉴定，这就大大增加了辅助生殖的成本。子女最佳利益说似乎是一个至善的标准。其优点显而易见：以实现子女利益最大化作为处理儿童事务的出发点与归宿，并且允许法院等国家公权力机关介入儿童事务，对私权利给予必要的干预或者限制。司法审查一般须授权法院进行，可能会增加审查机关的负荷，甚至可能因此降低审查品质。② 但这是必要的，也是可行的，因为代孕并不是普遍采用的生殖方式，提交审查的毕竟是少数，因此不会导致审查品质降低一说。鉴于“分娩说”“基因说”“意思

① 雷文玫．两对父母亲的拔河：从父母子女关系之认定看近来代理孕母合法化争议［J］．月旦法学杂志，1999（52）：46－59.

② 薛瑞元．代理孕母所生子女的身份认定［J］．月旦法学杂志，1998（38）：65－74.

说”等理论与做法的有限性，同时，只以某一因素作为父母身份认定的依据造成不同标准之间的尖锐对立（“一元论”），为了解决上述冲突，应当根据第三方参与辅助生殖的情况，综合考虑多种因素来认定亲子关系，此为“多元论”①。从“一元论”发展到“多元论”，表明辅助生殖子女亲子关系认定理论已经趋向成熟。我们有理由相信：为了提高诉讼结果的可预测性、减少讼累以及规范法院自由裁量权，确定某一种或某几种标准是必须的，也是可行的。②

三、各国辅助生殖子女亲子关系立法概况

（一）各国辅助生殖子女亲子关系的法律确认

面对辅助生殖技术对亲子关系的冲击，许多国家都在积极致力构架二元生殖模式下的亲子关系制度，有的是在普通法里加以规定（如北欧各国），有的是在辅助生殖技术特别法里明确（如英国、以色列）；有的强调传统秩序与社会利益（如德国、瑞典），有的彰显个人的权利与自由（如英国、澳大利亚）；有的倾向保守（如德国），有的渐趋激进（如以色列）。现以英国、美国、德国以及北欧等国家与地区为例进行述评。

英国早在20世纪80年代就已经在辅助生殖立法方面屡开先河，就连备受争议的代孕也成为治疗不孕症的法定手段。因此，如何厘定受术夫妻、捐赠者与代孕者之间以及他们与辅助生殖子女之间的权利义务关系就被提上了议事日程。经过四十多年发展的《人类受精与胚胎学法》是一部辅助生殖子女法律地位的特别法。③ 该法坚持“分娩者为母”的标准，规定怀孕、分娩者或者将精子、卵子植入其体内的任何妇女（包括代孕者）是子女唯一的法律母亲；当胚胎、受精卵、精子或者卵子植入妇女体内时，该妇女处在婚姻关系中，即使植入其体内的胚胎、精子或者卵子不是其配偶提供的，孩子仍推定为其配偶的婚生子女，除非他能够证明该植入行为未征得

① BAYNE T，KOLERS A. Toward a pluralistic account of parenthood［J］. Bioethics，2003，17（3）：221－242.

② 杨芳．人工生殖模式下亲子法的反思与重建——从英国修订《人类受精与胚胎学法案》谈起［J］.河北法学，2009（10）：117－122.

③ Human Fertilisation and Embryology Act 2008（UK）.

他的同意并且在孩子出生后6个月内提出否认之诉。至于代孕所生子女的法律地位，在《人类受精与胚胎学法》实施以前，委托夫妻必须依据收养法的条件与程序"收养"自己的子女，才能取得亲权身份，《人类受精与胚胎学法》简化了委托夫妻取得父母身份的条件与程序——在孩子出生后的6个月内向法院申请亲权令。

根据上述规定，委托人即便与孩子之间存在基因关系，也不能单纯凭借代孕协议自动取得法律父母身份，而必须在孩子出生后的6个月内向法院申请"亲权令"。亲权令是为受术夫妻设定的取得法律父母身份的简便收养程序，法院批准亲权令后，委托人即可成为孩子的法律父母。委托夫妻获得亲权令的条件是：孩子已经与委托夫妻居住在一起；夫妻一方或者双方与孩子有基因关系并且在英国有住所；夫妻双方均年满18周岁；代孕者（及其配偶）已经知情同意且无任何酬金给付。诸如此类的规定，使英国辅助生殖子女亲子关系的认定从其一出生就置于法律的严格规范之下。

从英国《人类受精与胚胎学法》的规定来看，委托夫妻并不能凭借代孕协议当然成为代孕所生子女的法律父母，无论该子女与其有无基因关系。依据"分娩者为母"的原则，子女出生后，先在出生证上将代孕者（及其配偶）登记为孩子的父母，然后由委托夫妻向法院申请亲权令"收养"子女。这样设计可能是基于"子女最佳利益"的考虑，避免所生子女被遗弃或被争抢。前者的目的是，一旦委托夫妻拒绝收养孩子，由代孕者承担孩子的抚养与监护责任；后者的目的是，一旦代孕者爽约拒绝交出孩子，在代孕协议无强制执行力的情况下，委托夫妻可以借助准收养程序成为孩子的父母。总之，《人类受精与胚胎学法》突出子女利益的法律保护与无效代孕协议的法律救济，这样就把事前预防与事后救济很好地结合起来，既提高了立法的针对性与实效性，又最大限度地保护了代孕所生子女的合法权益。① 修订后的《人类受精与胚胎学法》继续坚持1990年法案与1985年《代孕协议法》的基本原则，除依法保护"代孕"等辅助生殖技术的应用外，也在胚胎研究、辅助生殖的受术对象、"父母"的定义以

① 潘荣华，杨芳．英国"代孕"合法化二十年历史回顾［J］．医学与哲学（人文社会医学版），2006（11）：49－51．

及亲子关系的认定等方面作出重大调整。规定提供生殖医疗服务时应充分考虑子女利益，子女需要“父亲”，更需要“家长”；利用捐赠的精子成为母亲的妇女，有权同意让任何人（近亲属除外，包括女性）成为孩子的第二家长（other parent）。该法还规定怀孕者、分娩者或者将精子、卵子植入其体内的任何妇女（包括代孕者）是子女唯一的法律母亲（第33、34条），子女是该妇女配偶的婚生子女（第35～37条）；在代孕情况下，委托人即便是孩子的基因父母，也不能单凭代孕协议自动取得法律父母（legal parents）身份，而必须依法向法院申请亲权令。[1] 这样规定似乎过于严苛与烦琐，但对司法审查与个案监督来说，有助于控制与阻断地下交易，确保婴儿利益不受损害。而其在辅助生殖子女“父母”认定标准的新规定，也使英国的亲子法完全摆脱了单一的遗传因素的束缚而获得巨大突破。

美国联邦议会并未制定统一的辅助生殖法。但是，全国统一州法委员会先后制定了《统一父母身份法》与《统一人工受孕子女法律地位法》等，在统一辅助生殖子女亲子关系方面作了积极努力，也为各州制定相关法律提供了蓝本。1973年《统一父母身份法》只对人工授精子女法律父亲进行了规范。该法规定，已婚妇女经由丈夫同意使用供精者精子人工受孕，供精者并不是所生子女的法律父亲。1988年《统一人工受孕子女法律地位法》重新厘定了法律父母的含义与亲子关系的判断标准。一是除已婚夫妇与代理孕母依法签订的有效代孕协议约定法律父母之外，不论受孕方式如何，任何生产孩子的妇女都是孩子的法律母亲，该母亲的丈夫视为孩子的法律父亲。二是除了依据上述代孕协议确立的法律父母之外，任何捐赠精子与卵子用于人工受孕的供卵者与供精者均不是孩子的法律父母。三是在使用其精子或者卵子受孕之前已经死亡的人也不能成为孩子的法律父母。四是对于代孕所生子女，鉴于社会对代孕尚未达成共识，该法设计了两种方案供各州选择，第一种是代孕协议没有法律效力，不可以对抗任何一方当事人；第二种是承认代孕协议的法律效力，原则上以委托夫妻为

---

① Human Fertilisation and Embryology Act 2008 (C.22).

所生子女的法律父母。[①] 2002 年，统一州法委员会修正了《统一父母身份法》，进一步统一全国婚生与非婚生子女、自然生殖与辅助生殖子女的亲权关系，其中对辅助生殖子女亲子关系认定的内容十分丰富，涉及捐赠人的法律地位、父亲身份认定标准、否认之诉的条件、知情同意的形式、解除婚姻关系或者撤销知情同意的法律效力、已故者的父母身份等。[②]

美国各州法律虽然对辅助生殖和代孕问题的规定差异较大，但是，子女法律地位及其法律父母的认定都是各州成文法与判例法不可或缺的重要内容。例如在北达科他州、亚利桑那州与犹他州，一般承认代孕者是孩子的法律母亲，如果代孕者已婚，则代孕者的丈夫为孩子的法律父亲。内布拉斯加州法律规定，代孕所生子女的基因父亲享有对孩子利益方面的全部权利与义务。纽约州代孕所生子女的法律父母视具体情况而定，法院不得以生产母亲参与代孕协议为由作出不利于其母亲权利、地位与义务认定的判决。还有一些州甚至立法保护代孕协议的效力，只是开放的方式、类型与程度有所不同。如阿肯色州法律规定，代孕协议有效并可强制执行，且明确规定委托父母为孩子的法律父母，不论当事人与孩子有无基因联系，也不考虑其婚姻状况如何。这是其他各州法律所没有的特点。2005 年 1 月 1 日，更为激进的《妊娠代孕法》（Gestational Surrogacy Act）在伊利诺伊州正式生效。未婚者、异性婚与同性伴侣都可以通过妊娠代孕生育自己的子女，并且代孕所生子女一出生，委托人即可直接拥有孩子唯一的亲权与监护权，出生证的签发也不需要法院批准。总之，受立法体制的影响，美国联邦与各州对辅助生殖政策与立法并不统一。在亲子关系的认定上，美国法律以子女利益保护为出发点，考虑血缘联系与当事人意思，容许委托夫妻直接取得父母身份，无须通过收养、认领等程序。

德国作为辅助生殖立法保守国家的代表，制定了非常严格的《胚胎保护法》。然而，受“生殖旅游”的影响，特别是受曾有“授精天堂”之称的意大利等周边国家的冲击，《胚胎保护法》的严厉刑罚并未完全遏制生殖权滥用行为。为保护所生子女的利益，德国本着求真务实的立法精神，

① Uniform Status of Children of Assisted Conception Act（USA）s 8.

② Uniform Parentage Act 2002.

尊重非法辅助生殖客观存在的事实，于修订后的《收养协议法》（Adoption Arrangements Act）中增列代孕中介内容，一方面，重申《胚胎保护法》的立场，禁止代孕协议，禁止代孕中介与广告宣传；另一方面，特别增加代孕所生子女法律地位条款，规定孩子出生后，交由违法委托夫妻收养，使委托者通过收养方式成为孩子的法律父母，以确保辅助生殖子女不被遗弃或者被争抢。

支持代孕的国家也以代孕者为母，委托父母再进一步通过法律程序（如收养）获得亲权。如瑞典《人工授精法》颁布后，《亲子法》等相关法律也随之修订。瑞典早期的《亲子法》（Children and Parents Code，SFS 1949：381）规定，子女在父母婚姻关系存续期间受孕者，推定为婚生子女，从父姓；子女于丈夫死亡后出生，可以推算出其于婚姻关系存续期间受孕者，推定为夫之子女，从父姓；妇女离婚后所生子女不得推定为前夫之子女。20 世纪 70 年代的《亲子法》取消婚生与非婚生提法，并规定丈夫在特殊情况下可以提出否认之诉。1985 年《亲子法》再次修正时增加人工授精子女法律地位内容，规定妇女实施人工授精征得丈夫或同居者同意者，即使不使用配偶或同居者精子，子女也视为其婚生子女，但应当符合《亲子法》关于婚生推定的规定。

1994 年挪威《医用生物技术法》实施后，《儿童法》则修订为：如果母亲接受捐精人工授精，其丈夫或伴侣已同意授精，则法庭应当判决丈夫或伴侣为父亲，除非有正当理由认为所生子女并非人工授精的结果。精子捐赠者不应判决为父亲，但这不适用于使用丈夫或伴侣精子实施人工授精的情况。

丹麦 1997 年颁布《辅助生殖法》后亲子关系法也随之变化，从 2002 年 7 月 1 日起，父权问题开始适用丹麦《儿童法》（Children Act）：如果捐赠的精子由医生用于辅助生殖或供给满足卫生主管机关要求的公立或私立精子库，捐赠者不视为父亲；如果妇女的丈夫或伴侣同意治疗，且子女被认定为这项治疗所生，则妇女的丈夫或伴侣是子女的父亲。在其他场合下精子捐精者视为子女的父亲，除非他的精子被使用时他本人不知情或已死亡。如果不是在医生负责下实施，《儿童法》强制要求非匿名捐赠者成为基因子女的父亲。2013 年 6 月，丹麦议会再次修订《儿童法》，拟让女同性恋者从子女一出生就登记为子女的共同法律父母（co-mothers），即使子女生于在公立医院或私立医院实施的辅助生殖，无论捐精者是匿名还是实名。如果法律通过就意味着女同性恋者将与《亲子法》上的父亲平起平坐。在代孕问题上，丹麦的法律体系内存在不统一，除《辅助生殖法》规定代孕是违法犯罪，《收养法》与《儿童法》规定当事人之间的代孕协议无效外，其他法律似乎只禁止商业性代孕。

冰岛《亲子关系法》也有辅助生殖子女的丰富条款，具体有：第一，子女知晓父母的权利。子女有权知道他们的父母，除法律特别规定外，母亲有义务告知子女他们的父亲是谁。如果子女于其婚姻关系存续期间出生，子女母亲的丈夫应当视为该子女的父亲。如果子女出生于其婚姻关系解除不久，这一规则同样适用。但是，如果子女在妊娠期间该夫妻被判决离婚或母亲在子女诞生前与另一男子结婚或注册伴侣，则不适用这一规则。如果子女出生后，子女母亲与一个她声称是子女父亲的男子结婚，则该男子视为子女的父亲，倘若子女的亲子关系以前尚未建立。第二，辅助生殖所生子女父母的认定。生下辅助生殖子女的妇女视为子女的母亲。单身妇女通过辅助受孕生育的孩子没有父亲。母亲的配偶（伴侣）为该辅助生殖子女的父亲。第三，辅助受孕所生子女父亲的否认。同意妻子或伴侣接受辅助生殖治疗的男子，有证据表明子女不是生于辅助生殖的，可以提出父权否认之诉。

卢森堡没有具体的立法规范人类辅助生殖。但是，其《民法》第312/1979条规定否认使用人工授精受孕所生孩子的父权否认的合法性，条件是有证据证明孩子是受孕于人工授精，且经丈夫书面同意供精人工授精或夫精人工授精。①

（二）各国辅助生殖子女亲子关系法律确认的共同趋势

1. 人工授精子女法律父亲的认定

（1）夫精人工授精子女法律父亲的认定。

夫精人工授精，一般隐含两个基本法律事实：一是委托夫妻须出示结

① Steering Committee of Bioethics（CDBI）. Replies by the member States to the questionnaire on access to medically assisted procreation（MAP）and on right to know about their origin for children born after MAP（CDBI/INF（2005）7 REV 2）. Strasbourg，2012：13.

婚证书，证明婚姻关系合法有效；二是须夫妻双方亲自到场，共同行使知情同意权，并在书面的知情同意书上签名。如上所述，夫精人工授精与自然受精的唯一区别是以非性交方式受胎，但子女仍然源自委托夫妻的遗传物质，是委托夫妻的共同婚生子女。依据分娩事实，委托母亲是子女的自然母亲与法律父母；委托父亲推定为子女的父亲。但是实践中，由于医疗机构或者委托夫妻的过失，夫精人工授精可能存在以下几个疑难问题并给子女的认定带来障碍。

第一，知情同意瑕疵。未得到妻子或者丈夫的完全知情同意，未知情同意的一方有无否认权？史尚宽先生从保障子女利益出发，认为婚姻生活系以子女的出生及对子女负抚养责任为基础，不应容许夫单方可任意回避子女之出生，故不问夫之承诺或在协力之下施行手术，抑或夫不知情之中，甚至违反夫之意思而施行手术，只要在婚姻关系存续中以夫之精子受胎者，均应认系婚生子女。[①] 这一观点非常有道理：知情同意并非孩子婚生的必要条件，况且孩子为婚姻关系存续期间由丈夫精子受胎所生，丈夫无由提出否认之诉。实践中确有侵犯丈夫生殖权的个案，但是仍不可以侵犯生殖权主张免除父亲的法律责任。

第二，医务人员不慎将他人冷冻精子误为丈夫精子实施人工授精。从法理上说，丈夫与妻子均有权否认婚生性，请求法院否认丈夫与该子女的父子关系。但是，授予夫妻否认权可能不利于子女。因为，在自然生殖条件下，子女婚生性如果被否认，则非婚生子女依然享有与婚生子女同样的法律地位，可以通过强制认领迫使生父履行父亲责任；但是，人工授精子女的婚生性一旦被推翻，则子女即沦为“无父之子”，命运必然令人担忧。因此，从子女最佳利益考量，不宜适用婚生性否认权；当然，由此给委托夫妻造成损害，医院应当承担侵权责任。

第三，使用已故丈夫冷冻精子实施人工授精。死后生殖为公序良俗所不许，也违背民法精神，但是若违法造成死后生殖的事实或者主张[②]，则子女的法律地位如何确定？学者聚讼纷纭，实务中亦不统一，笔者认为，

---

① 史尚宽．人工授精在民刑法上之问题［C］//史尚宽．史尚宽法学论文选集［M］．台北：荣泰印书馆，1973：525－526.

② Hall v. Fertility Institute of New Orleans，647 So. 2d 1348（La App. 4 Cir. 1994）.

应当立足于子女最佳利益，认定子女为死亡丈夫的婚生子女。在这方面，德国《胚胎保护法》为子女法律地位的厘定提供了一个很好的范本，该法规定，禁止夫死亡后使用夫之精液实施辅助生殖，但如违反此规定而出生子女，倘子女系夫死亡后300日内出生，仍认定为夫之婚生子女。

第四，婚姻瑕疵的男女当事人实施人工授精。在价值多元化与全球化社会里，未婚男女、同性伴侣以及单身女性通过"生殖旅游"方式在国外实施人工授精，我国法律是否承认其合法地位？从子女利益角度考虑，答案是肯定的，但是我国《民法典》婚姻家庭编、《人口与计划生育法》和《人类辅助生殖技术管理办法》均不允许未婚男女实施人工授精，鉴于子女并非在婚姻关系存续期间所生，法律可以直接规定："受术者不论其婚姻状况如何，均应对其同意人工授精的子女承担法律父母责任，抚养教育该子女。"

（2）供精人工授精子女法律父亲的认定。

供精人工授精子女有一个母亲、一个基因父亲和一个意思父亲（养父），母亲身份并无争议，问题在于谁是孩子的法律父亲。依据各国惯例，父亲资格一般授予与子女无基因关联的意思父亲而不授予供精者，只是这种父子关系是基于婚生推定还是当事人意思，学界争议很大，立法实践与司法审判也有悬殊。一种观点认为子女系婚姻关系存续期间受胎，应适用婚生推定，但丈夫因未提供精子，故有婚生否认权；另一种观点不反对婚生推定，但是认为丈夫既已同意供精人工授精，就不应再提起婚生否认之诉，否则就违背禁止权利滥用原则。史尚宽先生就反对丈夫提出否认之诉，认为"以获得夫妻间的共同子女之积极的意思所生子女，至少可认为否认权之抛弃，甚至可认为与收养相当，对于此项子女自不能免其为父之责任"①。我国最高人民法院《关于夫妻离婚后人工授精所生子女的法律地位如何确定的复函》即是将供精人工授精子女"视为"夫妻双方的婚生子女，当事人不得举反证予以否认。还有一种观点认为丈夫与供精人工授精子女并无血缘关系，已经完全丧失婚生推定的生物基础，可以通过收养成为丈夫的子女。德国《收养协议法》和英国《人类受精与胚胎学法》采

① 史尚宽．亲属法论［M］．北京：中国政法大学出版社，2000：538.

用的就是这种办法。这是基于供精人工授精子女并非单纯依据血缘关系或者婚姻关系或者收养行为（一般意义上的收养系子女出生后的法律行为，而辅助生殖子女是出生前的准“收养”）出生，而兼具血缘、婚姻与协议三重属性的辅助生殖行为的结晶，将其视为婚生子女、非婚生子女、养子女或者继子女都不完全符合事实，而应将其与上述四种子女并列作为第五种子女，赋予其独立的法律地位。① 笔者认为，将子女视为委托夫妻的亲生子女，禁止丈夫就已同意实施的辅助生殖行使否认权，无论是对婚姻、家庭与社会的稳定还是对子女最佳利益，均不失为一种最佳的选择。② 国外立法经验也表明，赋予供精人工授精子女婚生法律地位已是大势所趋。例如，英国《家庭法改革法》规定，妻子因供精人工授精受孕，除非丈夫不同意妻子人工授精，丈夫应视为该子女的父亲；美国《统一父母身份法》也建议：经丈夫书面承诺与共同签名的供精人工授精，丈夫是子女的父亲，供精者不视为子女的父亲；法国第 94－653 号法律规定，作为配子捐赠人的第三方与辅助生殖子女之间不得确立任何亲子关系，《亲子关系修正案》也规定，无论子女属于丈夫还是第三方，依丈夫之书面同意，以人工方法怀胎者，不论以任何方法为证明，均不许否认。③ 我国《澳门民法典》也规定，任何人不得因孩子之孕育系透过得到生殖细胞捐赠人之帮助而经医学辅助达成之事实，而对孩子之亲子关系提出异议。

尽管知情同意为医疗常规，但是，实践中仍可能存在未经知情同意的人工授精，因此有必要在理论上廓清丈夫的婚生否认权问题：第一，由于在供精人工授精缺乏丈夫的授权的情况下，排除丈夫的否认权显然对丈夫极为不公，故授予丈夫否认权成为通说。但是，笔者认为，为了维护子女身份的安定性，有必要规定时效限制，过了该法定期间，丈夫不得再提起否认之诉。第二，丈夫在供精人工授精子女出生后表示追认或者放弃否认

---

① 巫昌祯，王德意，杨大文．当代中国婚姻家庭问题［M］．北京：人民出版社，1990：181.

② 杨芳．人工生殖模式下亲子法的反思与重建——从英国修订《人类受精与胚胎学法案》谈起［J］．河北法学，2009，27（10）：117－122.

③ 冯建妹．生殖技术的法律问题研究［C］//梁慧星．民商法论丛：第 8 卷．北京：法律出版社，1997：78.

权，在法定的否认期间内反悔的，不得再提起任何确认父子关系不存在之诉。第三，由于妻之行为不构成通奸，供精者亦不便确认为子女的父亲，一旦丈夫否认了子女的婚生性，子女即沦为没有父亲的孩子，这对子女利益是一个极大的损害。因此，笔者建议，参考外国立法例，规定除非夫妻离婚，否则不得解除已经推翻子女婚生性的丈夫抚养该子女的责任，并允许丈夫可就医疗机构怠惰失职造成的损失主张赔偿。

2."试管婴儿"法律父母的认定

体外受精有同质体外受精与异质体外受精之分，异质体外受精又可分为妻卵异质体外受精、捐卵同质体外受精与捐卵异质体外受精。同质体外受精与夫精人工授精情形相同，配子均来自委托夫妻，所生子女与夫精人工授精子女无异，应视为夫妻双方的共同婚生子女，此处不赘述。

第一，妻卵异质体外受精是以妻卵与捐赠精子在体外受精后再植入妻子宫内孕育分娩，此种生殖方式除了因在体外完成而有别于供精人工授精外，其他情形基本与供精人工授精相同，所生子女法律地位应与供精人工授精子女相同，即以供精人工授精取得丈夫知情同意的，所生子女推定为夫妻的婚生子女；事前或者事后未取得丈夫知情同意的，丈夫可在法定期间内提出否认之诉，逾期未起诉的丧失否认权；否认理由成立的，除非夫妻离婚，丈夫对子女的抚养责任不得解除，但可以就此要求医院赔偿损失。

第二，捐卵同质体外受精的争议主要在于法律母亲的认定。主要意见有三：一是坚持血缘真实主义，让配子提供者成为法律母亲；二是主张当事人意思自治，让有意成为子女母亲的人成为法律母亲；三是建议依据分娩者为母原则，认定妻子为子女的法律母亲。三种观点中，第一种意见完全打破配子捐赠者不得为法律父母的惯例，违背辅助生殖的初衷，因此不可采。第二种和第三种观点主张委托父母为法律父母，符合辅助生殖的初衷，均有一定的可采性，但是过于强调生殖意思或者分娩事实而使问题绝对化。笔者主张结合分娩事实与生殖意愿为基础认定妻子为法律母亲；捐卵同质体外受精中的丈夫无论是从血缘、意思，还是从婚生性上看，均应当认定为子女的法律父亲。

第三，捐卵异质体外受精子女同时有两个父亲（意思父亲和生物学父亲）与两个母亲（意思母亲和生物学母亲），但是明确了妻卵异质体外受精与捐卵同质体外受精的认定标准后，情况就不复杂了。依据医疗惯例，供卵者与供精者均因匿名制而不得认定为法律父母；妻与夫的地位分别与捐卵同质体外受精中妻与妻卵异质体外受精中夫的地位类似，应视为子女的法律父母；法理同上，此处不赘述。至于夫或者妻能否就子女的婚生性提起否认之诉，答案是否定的。这里的委托夫妻与子女虽然没有基因联系，但事前已经明示同意使用第三人卵子生育子女且又有分娩事实的，依据诚信原则与权利禁止滥用原则，自然不得提起否认之诉。①

3. 代孕所生子女法律父母的认定

目前绝大多数国家视代孕为非法，我国《人类辅助生殖技术管理办法》也严禁任何形式的代孕。但是，实践中，代孕似乎难以完全禁绝。假设当事人就非法代孕所生子女的亲子关系认定诉至法院，法院出于保护子女利益和公共秩序，有必要依据子女最佳利益原则，综合考虑各种因素，并借鉴国外学说、判例与立法经验，确认代孕者或者委托者成为子女的法律母亲。

第一，夫妻一致知情同意后实施的由夫（妻）或者第三者供精（卵）的代孕，所生子女视为夫妻双方的共同婚生子女，与代孕者不发生法律上的权利义务。此种情况下，所生子女是夫妻双方精卵结合的结果，且是夫妻一致同意才实施的，而代孕者同意实施代孕行为意在帮助他人并愿意放弃亲权。法律尊重当事人的意思表示，认定意思父母为法律父母。

第二，未经妻子的同意，由丈夫供精、第三人供卵的代孕，所生子女为夫的非婚生子女，除非事后妻子追认或者不予否认，否则妻子不承担母亲责任，供卵者及代孕者与该子女均不发生亲子关系。

第三，未经丈夫的同意，由妻子供卵、第三人供精的代孕，所生子女为妻的非婚生子女，除非事后丈夫追认或者不予否认，否则丈夫不承担父亲责任，供精者及代孕者与该子女均不发生亲子关系。

第四，未经丈夫（妻子）的同意，由第三人供精、第三人供卵的代孕，所生子女为丈夫（妻子）的养子女，除非事后丈夫（妻子）追认或者

---

① 杨芳．人工生殖模式下亲子法的反思与重建——从英国修订《人类受精与胚胎学法案》谈起 [J]. 河北法学，2009 (10)：117-122.

不予否认，否则丈夫（妻子）不承担父亲（母亲）责任，供精者及代孕者与该子女均不发生亲子关系。

第五，子女出生后，代孕者反悔，拒不交出子女的，代孕者为孩子的法律母亲，代孕者的丈夫推定为孩子的法律父亲，其他人不得主张亲权。

值得注意的是，鉴于代孕对传统家庭与现代社会造成的强大冲击，对社会心理、道德和法律的影响极其复杂，无论采用哪种亲子关系认定标准，都不能完全解决委托者、代孕者、未来孩子、配子捐赠者和整个社会的愿望和权益的不相容性，从任何角度提出的任何解决办法都不能确保所有人的愿望和权利同时实现。①

综上，辅助生殖技术的广泛应用已经造成生殖方式双轨化与父母身份多元化，也必将促使立法者与司法官拓宽视野，承认父母身份多元性，努力寻求一种能妥善平衡各种利益关系的亲子认定标准。由于经济基础、法律文化、民族习惯与生育观念的差异，各国在对待与处理辅助生殖子女亲子关系问题时可能有很大的差异，要想找到一个放之四海而皆准的普遍标准绝非易事。如前所述，基因说、意思说、子女最佳利益说等各有所长，也各有所短，而传统的分娩说也不是毫无价值。毫无疑问，大量立法与司法判例已经证明并将继续证明，无论哪种标准都揭示一个共同问题——传统家庭结构与亲子关系认定标准正被改变。②

（三）捐赠所生子女基因知情权的法律保护

为了确保子女最佳利益，除了要采取公平合理的亲子关系认定新标准，确立辅助生殖子女的法律父母，还需以此为基础，进一步明确辅助生殖子女与法律父母之间的权利义务关系。而对辅助生殖子女而言，一旦其法律地位明确，其作为子女的监护权、受教育权、继承权等权利与其他子女的法律权利并无任何区别，这里不再赘述。然而，辅助生殖子女的基因知情权作为一项特殊人权，专属于捐赠所生子女。

但是人权只是宣示了国家的政治性（或者道德性）义务，为国家制定

① KONECNÁH，SVATOŠ R. Issues in determining parenthood in "surrogacy" [J]. Human affairs，2019，29 (2)：129 - 144.

② SKINNER DA，KOHLER JK. Parental rights in diverse family contexts：current legal developments [J]. Family relations，2002，51 (4)：293 - 300.

实定法提供一种应然的判断依据，它本身并不必然导致具体的请求权，违反或者侵害人权也并不招致法律制裁；唯有通过立法程序将应然权利上升为法定权利，人权才能落到实处。基因知情权立法尤为复杂，因为确认捐赠所生子女的基因知情权不仅意味着要通过具体烦琐的程序（如捐赠登记）获取捐赠者的隐私信息，而且还要保护配子或胚胎捐赠者的隐私，以防非法侵犯捐赠者的隐私权。尽管任重道远，但目前越来越多的国家正积极探索出适合本国国情的配子或胚胎捐赠制度。

捐赠所生子女知情权的制度基础之一是人类辅助生殖注册（登记）制。早在20世纪90年代，法国、澳大利亚、美国、德国、芬兰、英国等就已经建立登记制。进入21世纪，更多的国家加入登记制行列。

当然，每个国家的登记中心记录的资料与数据不尽相同，特别是利益相关者的伦理数据如何筛选性录入差异很大，而且为了减轻记录、保管与使用这些核心信息的负担①，各国采取的注册登记制以及登记机构也不尽相同。有的是强制性的政府登记，如在保加利亚，国家注册中心是强制性的，由保加利亚器官移植局（Bulgarian Transplantation Agency）组织实施。有的是自愿性的政府登记，如塞浦路斯，是自愿基础上的国家注册，由卫生部组织实施，向主管机关报告则是一项法律义务。爱尔兰生殖学会（Irish Fertility Society）组织的国家注册也是以自愿为基础。还有一些国家的注册登记由行业组织实施，包括一些发展中国家，如泰国规定所有批准实施人类辅助生殖的中心每年都有义务向泰国皇家妇产科医师学院生殖医学委员会（Reproductive Medicine Subcommittee of the Royal Thai College of Obstetricians and Gynaecologists）提交病人数量、周期数、人类辅助生殖技术类型以及治疗结果的报告。②

登记注册中心的建立、保留详细记录对人类辅助生殖的结果与风险提

① GERMOND M，WIRTHNER D，SENN A. Core data for assisted reproductive technology registers：results of a consensus meeting [J]. Reproductive biomedicine online，2008，17（6）：834－840.

② VUTYAVANICH T，PIROMLERTAMORN W，ELLIS J. Assisted reproductive technologies in Thailand：2001－2007 results generated from the ART Registry，Royal Thai College of Obstetricians and Gynaecologists [J]. The journal of obstetrics and gynaecology research，2011，37（3）：236－244.

供公开透明的证据，应当被认为是监测各种人类辅助生殖技术干预的长效性与安全性的最好方法。① 强制登记与自愿登记对保证数据的真实性以及安全性影响可能存在差异。例如西班牙实行强制登记与自愿登记双轨制，国家注册中心由西班牙生殖学会（Spanish Fertility Society，SFS）组织，西班牙也建有地方性人类辅助生殖治疗登记中心（如加泰罗尼亚政府），并且有法律义务向当地主管机关报告。有学者观察到强制登记与自愿登记数据中有关配子捐赠周期、妊娠率与多胎妊娠率信息的真实性与有效性存在显著差异，需要进一步研究。② 有鉴于此，一些国家都在运行自愿注册与强制注册相结合或政府注册与行业注册相结合的制度，如罗马尼亚存在两种系统：一是由一个罗马尼亚胚胎学会（Romanian Embryology Association，REA）组织的国家注册，以自愿为基础；另一个是 2008 年由国家主管机关运行的，注册登记是法定职责，在此之前不是强制性的。2007 年瑞典建立了一个新的国家注册中心，但诊所向新国家注册中心报告不是法律义务（2006 年以前须向国家卫生与福利委员会报告），但是向卫生局报告提供相关数据是强制性的。换言之，在瑞典提供数据是强制性的，但不是向这个新注册中心提供，当然，目前人类辅助生殖诊所已经同意提供数据供注册。丹麦国家注册中心与地方注册中心同时并存，都是强制性的，分别由主管机关与丹麦不孕学会运行。芬兰也同时存在自愿性与强制性的注册中心，强制性的由主管当局国家医学局（National Agency for Medicines）组织，另一个是由国家卫生与福利委员会（National Institute for Health and Welfare）与国家卫生与福利许可机构组织，前者报告每年的人类辅助生殖数据，后者则是捐赠者登记。③ 丹麦国家体外受精注册中

① ZIEBE S，DEVROEY P. Assisted reproductive technologies are an integrated part of national strategies addressing demographic and reproductive challenges [J]. Human reproduction update，2008，14 (6)：583-592.

② LUCEÑO，CASTILLA JA，GÓMEZ-PALOMARES JL. Comparison of IVF cycles reported in a voluntary ART registry with a mandatory registry in Spain [J]. Annals of ophthalmology and otology，2010，25 (12)：3066-3071.

③ ESHRE Central Office. Comparative Analysis of Medically Assisted Reproduction in the EU：Regulation and Technologies (SANCO/2008/C6/051) -Final Report [R/OL]. (2010-12-10) [2012-08-09]. http://ec. europa. eu/health/blood _ tissues _ organs/docs/study _ eshre _ en. pdf.

心建立于1994年1月1日。这个中心相较于其他人类辅助生殖注册中心有诸多优点。首先，它要求丹麦所有公立私立诊所实施的人类辅助生殖周期都必须进行强制性登记。其次，每个人都编有一个特殊的个人信息标识码，并且与丹麦医疗注册中心相连，因此，人类辅助生殖数据也可以与来自其他注册中心的数据相连。①

保护捐赠所生子女知情权的第二步是限制捐赠者的匿名权或推行实名捐赠。为了保护捐赠所生子女的正当权益，许多国家的注册制度往往要求捐赠者实名登记，以备捐赠所生子女将来查询其基因来源。关于捐赠是匿名还是实名问题，为了保护捐赠者、医生与父母（如意味着男性不育的耻辱），配子匿名捐赠几乎是人类辅助生殖治疗的常规做法，因而给配子捐赠实践笼罩上神秘的色彩。打破匿名制是一个漫长的艰难的抉择。早在1985年年初，瑞典就颁布法律要求精液捐赠者提供他们自己的信息以备后代成熟时查询。新西兰也是如此，有一个信息共享系统已经开放了一段时间。② 从那时起，了解个人遗传背景的重要性逐渐得到公众的重视，使一些国家开始审查其匿名制法律的伦理挑战。但是，尽管任重道远，尽管立法者要妥善平衡捐赠者隐私权与捐赠所生子女知情权之间的尖锐冲突，尽管大多数捐赠所生后代的家长仍不愿告诉他们的孩子关于他们的怀孕经历③，但目前捐赠所生子女获取自己的基因遗传信息还是越来越作为一个权利问题反映在全球辅助生殖立法政策的变革中。④ 目前，已经有一些国家正在接受一个更加公开透明的模式——捐赠者的身份信息或非身份信息数据被登记与记录下来以供后代将来查询。一些国家的法律也已经发生悄

① WESTERGAARD HB，JOHANSEN AM，ERB K，et al. Danish National In-Vitro Fertilization Registry 1994 and 1995：a controlled study of births，malformations and cytogenetic findings [J]. Human reproduction，1999，14（7）：1896－1902.

② JONES HW，COHEN J，COOKE I，et al. IFFS Surveillance 2007 [J]. Fertility and sterility，2007，87（suppl 1）：s33.

③ LYCETT E，DANIELS K，et al. School-aged children of donor insemination：a study of parents' disclosure patterns [J]. Human reproduction，2005，20（3）：810－819.

④ FREEMAN T，JADVA V，et al. Gamete donation：parents' experiences of searching for their child's donor siblings and donor [J]. Human reproduction，2009，24（3）：505－516.

然改变。[①] 这可以从澳大利亚、英国、新西兰等国家废除捐赠者匿名权窥见一斑。[②]

维多利亚州是澳大利亚也是全球第一个建立捐赠者信息登记制的地区。根据 1988 年生效的《不孕（治疗程序）法》，一个记录捐赠者与所生后代非识别性信息与识别性信息的中央登记中心建立起来，非识别性信息可以应请求向捐赠所生子女、父母与捐赠者公开，而识别性信息只有经相关人的同意才能公开。此外，根据维多利亚州 2008 年的《辅助生殖治疗法》(Assisted Reproductive Treatment Act)，2010 年 1 月 1 日后出生的捐赠所生子女的出生证有一条获取进一步信息的附加说明。这就意味着，此后在维多利亚州出生的捐赠所生子女将能够根据其出生证追踪其受孕方法。[③] 2017 年 3 月 1 日，《辅助生殖治疗法》修正案生效，进一步扩大捐赠所生子女基因知情权的范围，允许向捐赠受孕所生子女发布匿名捐赠者的信息，允许子女们知晓其捐赠父母的姓名、出生日期、种族、身体特征、遗传条件和捐赠代码，甚至在被要求匿名的情况下也是如此[④]，这等于通过信息追溯变相地取消了捐赠者的匿名权。[⑤]

根据新南威尔士州 2007 年立法，已经由卫生部建立中央捐赠者登记中心 2010 年 1 月 1 日之后出生的捐赠所生子女 18 岁时可以向卫生部申请查询捐赠者的识别信息。2010 年 9 月 1 日修改的南澳大利亚州法律包含建立捐赠登记规定，但未经捐赠者的同意不能披露他们的信息。除了各州立

---

① VAN DEN AKKER O. A review of family donor constructs：current research and future directions [J]. Human reproduction update，2006，12 (2)：91 - 101.

② BLYTH E，FRITH L. Donor-conceived people's access to genetic and biographical history：an analysis of provisions in different jurisdictions permitting disclosure of donor identity [J]. International journal of law，policy and the family，2009，23 (2)：174 - 191.

③ THORPE R，PETERSEN K，PITTS MK，et al. New assisted reproductive technology laws in Victoria：a genuine overhaul or just cut and paste? [J]. Journal of law&medecine，2011，18 (4)：835 - 850.

④ Parliament of Victoria. Assisted Reproductive Treatment Amendment Act 2016 (No. 6 of 2016).

⑤ SYMONS X. The right to know versus the right to privacy：donor anonymity and the Assisted Reproductive Treatment Amendment Act 2016 (Vic) [J]. Medical journal of Australia，2017，207 (9)：377 - 378.

法需要收集关于捐赠者的信息外，澳大利亚国家卫生与医学研究委员会2007年指南与澳大利亚生育学会生殖技术认证委员会的2008年行为守则都建议捐赠者不应当匿名。在实践中，新南威尔士州的大多数诊所与南澳大利亚州的所有诊所都遵守澳大利亚国家卫生与医学研究委员会指南从事非匿名捐赠者接受配子已长达5年时间，然而，这并不是一个法律要求，而且诊所不能确保孩子们获得捐赠者的识别性信息。①

1990年，英国法律开始保护匿名捐赠者，2006年以后的英国法律允许年满16岁后代获知捐赠者的非身份信息，年满18岁后代获知捐赠者的身份信息。② 在美国，由于缺乏这样的法律，医疗习惯是保持捐赠者匿名性，不向子女提供其身份信息，但是，已经在少数情况下通过司法裁判支持捐赠所生子女知悉捐赠者身份的权利，医学团体的指南也倾向建议提供非身份信息。丹麦当前也采取非匿名捐赠，俄罗斯与白俄罗斯也一样（尽管白俄罗斯只允许匿名捐赠冷冻且筛查后6个月的配子）。葡萄牙已经建立了一个公立配子库。在我国香港地区，精子捐赠可以公开（匿名与非匿名捐赠），但卵子捐赠必须指定（非匿名）。在奥地利，捐赠所生子女可以在任何年龄获知捐赠者的非身份信息以及14岁以后获知其身份信息。在瑞士，后代年满18岁可以获知身份信息。在比利时，身份信息与非身份信息都可以公开，但是公开后者必须事先有正式的协议。保加利亚、斯洛文尼亚与以色列都不允许披露捐赠者的信息。捷克、希腊、匈牙利与拉脱维亚只可以披露非身份信息，印度与南非也是如此。在西班牙，身份信息只有后代出现严重疾病时才会被披露。法国虽然保护匿名性（1994年通过生命伦理法律，捐赠是自愿的、无偿的、匿名的与保密的），但是经过一个专门委员会审查后也允许使用非身份信息。在丹麦、芬兰、冰岛、哈萨克斯坦与瑞典，身份信息与非身份信息只有在孩子18岁以后提出请求

① National Health and Medical Research Council (NHMRC). Ethical guidelines on the use of assisted reproductive technology in clinical practice and research [R/OL]. Canberra: Australian Government, 2007. [2015-02-02]. http://www.nhmrc.gov.au/_files_nhmrc/file/publications/synopses/e78.pdf.

② HFEA Code of Practice. [2013-08-21]. http://www.hfea.gov.uk/333.html http://www.hfea.gov.uk/333.html.

时才可以披露，在瑞典还是强制性的。① 荷兰在 2004 年颁布了法律，赋予由捐赠精液或卵母细胞孕育的后代了解捐赠者身份的权利，前提条件是他们年满 16 岁。② 出于尊重卵子捐赠，匈牙利通过法律要求捐赠者是夫妇的亲戚。③ 在依指导方针规范的印度，只有依法院裁判才可以提供身份信息。在日本，妇产科协会（Obstetrics & Gynecological Society）指南建议匿名捐赠，但需保留记录，阿根廷的社团也如此建议（尽管提供捐赠者的信息不是强制性的且饱受争议）。在其他拉美国家，指导方针不解决匿名性问题。根据国际生殖学会联盟 2018 年的调查，虽然各国法律对披露配子捐赠所生子女基因来源的立场差异仍然较大，但已有一半的受调查国家允许公开捐赠者的身份信息，甚至同意披露识别性身份信息，如澳大利亚、奥地利、喀麦隆、加拿大、芬兰、希腊、冰岛、哈萨克斯坦、新西兰、尼加拉瓜、挪威、俄罗斯、瑞士和美国等。也有一些国家允许捐赠者获取后代的非身份信息，如澳大利亚、巴巴多斯、玻利维亚、哥伦比亚、芬兰、希腊、匈牙利、冰岛、哈萨克斯坦、新西兰、俄罗斯、斯里兰卡、瑞士、泰国、美国、英国和乌拉圭。其中澳大利亚、喀麦隆、哈萨克斯坦、新西兰、俄罗斯和美国等 6 个国家允许捐赠者获取后代的识别信息。④

总之，当前关于是否向后代与父母保守与披露捐赠者信息的制度与实践是不断发展的，这一趋势已经从完全匿名捐赠转向更加灵活公开的新模式。⑤

---

① BANKER M，BRINSDEN P，BUSTER J，et al. IFFS Surveillance 2013 [EB/OL]. (2013-10) [2013-11-08]. http://c.ymcdn.com/sites/www.iffs-reproduction.org/resource/resmgr/iffs_surveillance_09-19-13.pdf，75.

② JANSSENS PMW，SIMONS AHM，VAN KOOIJ RJ，et al. A new Dutch law regulating provision of identifying information of donors to offspring：background，content and impact [J]. Human reproduction，2006，21 (4)：852-856.

③ JONES HW，COHEN J，COOKE I，et al. IFFS Surveillance 2007 [J]. Fertility and sterility，2007，87 (suppl 1)：s33.

④ International Federation of Fertility Societies. International Federation of Fertility Societies' Surveillance (IFFS) 2019：global trends in reproductive policy and practice，8th edition [J/OL]. Global reproductive health，2019，4 (1)：9-12. [2019-10-10]. http://dx.doi.org/10.1097/GRH.0000000000000029.

⑤ BANKER M，BRINSDEN P，BUSTER J，et al. IFFS Surveillance 2013 [EB/OL]. (2013-10) [2018-11-08]. http://c.ymcdn.com/sites/www.iffs-reproduction.org/resource/resmgr/iffs_surveillance_09-19-13.pdf，75.

打破匿名性也产生了一些消极影响，在一些国家甚至成为配子供应量减少的主要原因，因而被认为是获取卵子与精子的一个主要绊脚石。荷兰曾对取消捐赠者匿名权问题争论了15年之久，其间捐精者数量减少70%以上，精子库数量减少了一半。① 英国的一项研究表明，这种减少使一半数量的人们愿意在所有年龄组考虑捐赠。② 在加拿大，2004年政府通过《人类辅助生殖法》禁止所有精子购买或出售，导致人们对未来配子可得性的严重担心。此外，联邦政府将记录所有的捐赠者与捐赠者后代的信息。③ 由此产生的配子捐赠短缺尤其是卵子匮乏，已经导致了“生殖旅游”及其他固有的风险。例如，瑞典法律保护所生子女的基因知情权，而丹麦则保护捐赠者的匿名权，瑞典不孕夫妻就赴丹麦寻求生殖细胞。但是，也有研究表明，每年超过250名捐赠者出于利他主义前往缺少捐赠者的丹麦。④

---

① JANSSENS PMW，SIMONS AHM，VAN KOOIJ RJ，et al. A new Dutch law regulating provision of identifying information of donors to offspring：background，content and impact [J]. Human reproduction，2006，21 (4)：852 - 856.

② BRETT S，SACRANIE RR，THOMAS GE，et al. Can we improve recruitment of oocyte donors with loss of anonymity? A hospital-based survey [J]. Human fertility，2008，11 (2)：101 - 107.

③ JONES HW，COHEN J，COOKE I，et al. IFFS Surveillance 2007 [J] . Fertility and sterility，2007，87 (suppl 1)：s33.

④ EKERHOVD EA，FAURSKOV A，WERNER C. Swedish sperm donors are driven by altruism，but shortage of sperm donors leads to reproductive travelling [J]. Upsala journal of medical sciences，2008，113 (3)：305 - 313.

第十章　我国人类辅助生殖法律制度研究

与人类辅助生殖技术广泛应用的现实相比，我国相关立法理论和司法经验都很薄弱。20世纪80年代以来，伴随着我国人类辅助生殖技术的临床应用，我国大陆（内地）和港澳台地区分别就人类辅助生殖问题制定了详略不等、层级不一的法律法规。[①] 香港特别行政区继1999年陆续颁布《人类生殖科技条例》（香港法例第561章）及相关配套规定后，2006年4月20日又实施了《父母与子女条例》（香港法例第429章），专门规范辅助生殖子女父母身份的认定问题。澳门特别行政区虽然没有专门的人类辅助生殖法律规范，但是在澳门民法典第三编“亲子关系”第一章“亲子关系之确立”第1723～1728条规定了“辅助生育”模式下的父亲身份。[②] 台湾地区相关文件称人类辅助生殖技术为人工（协助）生殖技术，先后颁布

① 我国四法域对人类辅助生殖技术有关的概念称谓各不相同，内地、香港、澳门和台湾依次称之为人类辅助生殖技术、人类生殖科技、医学辅助生育程序和人工协助生殖技术，本书在论及港澳台的法律制度、组织机构和名词术语时，为了保持行文简洁顺畅和便于读者查证，对其中涉及的原有称呼称谓不作特殊处理。

② 鉴于澳门立法相对简要，本章只在最后一节予以比较研究。

“人工生殖技术伦理指导纲领”“人工协助生殖技术管理办法”等规范性文件，对人类辅助生殖进行规制。进入21世纪，台湾地区总结各阶段管制模式的成败得失，积极探索制定“人工生殖法”的路径，经过广泛的调研和长期的争论，最终撇开备受争议的代孕问题，于2007年3月21日经“立法院”通过“人工生殖法”，标志着人类辅助生殖管制模式在经历了道德规约和行政管制的转变后终于选择了法律规制。“人工生殖法”对医疗机构在人工生殖之管理、人工生殖之施行、生殖细胞及胚胎之保护、人工生殖子女之地位、数据之保存与管理及利用、法律责任等制度方面均有重大突破。当前“人工生殖法”正在修订中，拟开放代孕生殖。与港澳台地区相比，大陆（内地）相关规定过于原则，缺乏可操作性；立法层次过低，法律效力低下；重大制度缺失，缺乏健全的法律体系。现规范均出自卫生部（即现在的国家卫生健康委员会），主要有《人类辅助生殖技术管理办法》（2001年卫生部第14号部长令）、《人类精子库管理办法》（2001年卫生部第15号部长令）、《人类辅助生殖技术规范》、《人类精子库基本标准和技术规范》、《人类辅助生殖技术和人类精子库伦理原则》（卫科教发［2003］176号）和《卫生部人类辅助生殖技术与人类精子库评审、审核和审批管理程序》（卫科教发［2003］177号）等部门规章。这些规章制度虽然不是严格意义上的法律，但是对规范辅助生殖技术临床应用和保护相关利益者的合法权益仍发挥了重要作用。我国人类辅助生殖技术规范及其制度体系的主要内容如下。

一、大陆（内地）人类辅助生殖管理制度研究

（一）管理制度的法律依据

大陆（内地）人类辅助生殖技术的研究和应用起步较晚，但发展迅速。1983年，湖南医科大学首次用人类冷冻精子进行人工授精成功诞下婴儿。1988年，大陆（内地）第一例“试管婴儿”在北京医科大学附属第三医院顺利诞生。同年，大陆（内地）首例异质“试管婴儿”在湖南医科大学第二临床医院诞生。1990年，我国首个人类冷冻胚胎库在湖南医科大学建成。①

① 刘长秋，陆庆胜．辅助生殖犯罪略论［J］．江西公安专科学校学报，2006（3）：20－23.

此后，人类辅助生殖技术飞速发展，并为解决一系列社会问题提供了技术保障，但人类辅助生殖技术属于特殊生命技术，与之相伴而生的社会、伦理和法律问题也接踵而至。为此，我国加强了对人类辅助生殖技术和精子库的监管。

2001 年 2 月，卫生部颁布了《人类辅助生殖技术管理办法》和《人类精子库管理办法》（以下并提时统称“两个管理办法”）。虽然两个管理办法法律位阶较低，但它们是目前我国规制人类辅助生殖技术和精子库的基本规范，其宗旨是为促进我国人类辅助生殖技术安全、有效和健康发展，规范人类辅助生殖技术和人类精子库管理，保障人民群众健康权益。根据两个管理办法的规定，卫生部主管全国人类辅助生殖技术应用和人类精子库监督管理工作；县级以上地方人民政府卫生行政部门负责本行政区域内人类辅助生殖技术和人类精子库日常监督管理。人类辅助生殖技术的应用应当在医疗机构中进行，以医疗为目的，并符合国家计划生育政策、伦理原则和有关法律规定；禁止以任何形式买卖配子、合子、胚胎；医疗机构和医务人员不得实施任何形式的代孕技术。人类精子库必须设置在医疗机构内；人类精子库是指以治疗不育症以及预防遗传病等为目的，利用超低温冷冻技术，采集、检测、保存和提供精子的医疗机构；精子的采集和提供应当遵守当事人自愿和符合社会伦理原则；任何单位和个人不得以营利为目的进行精子的采集与提供活动。根据两个管理办法，我国法定人类辅助生殖技术分为人工授精与体外受精—胚胎移植及其各种衍生技术，人工授精分为供精人工授精和夫精人工授精。体外受精—胚胎移植技术及其各种衍生技术主要包括常规体外受精—胚胎移植、配子或合子腹腔镜下配子输卵管内植入术、卵细胞浆内单精子显微注射术、胚胎冻融、植入前遗传学诊断等。同年 5 月 14 日，卫生部还发布《人类辅助生殖技术规范》、《人类精子库技术规范》、《人类精子库基本标准》和《实施人类辅助生殖技术的伦理原则》（生殖界常简称为“技术规范、基本标准和伦理原则”）。

上述文件的实施，对规范我国人类辅助生殖技术的发展及应用，推进人类精子库安全有效地实施，保护当事人及子孙后代的健康起到积极的效果；但是，随着国内外人类辅助生殖技术、人类精子库技术和生命伦理的不断进步，上述规范的局限性也开始显现，需要适时修订、补充和完善。

为此，卫生主管机关多次组织有关专家对原“技术规范、基本标准和伦理原则”进行修改，修订后的“技术规范、基本标准和伦理原则”包括《人类辅助生殖技术规范》、《人类精子库基本标准和技术规范》和《人类辅助生殖技术和人类精子库伦理原则》，自 2003 年 10 月 1 日起执行。新文件进一步提高了技术实施机构的设置标准、技术人员的资质要求以及技术操作的质量标准和技术规范，并进一步阐明了技术实施的伦理原则。同时，为了防止片面追求经济利益而滥用人类辅助生殖技术和人类精子库技术，切实贯彻我国的人口和计划生育政策，维护人的尊严和生命伦理，把人类辅助生殖技术带来的负面影响及危害降低到最小，新文件对控制多胎妊娠、提高减胎技术、严格掌握适应证、严防供精与供卵商业化及卵胞浆移植技术等方面提出了更规范和更具体的技术及伦理要求。

为了保证人类辅助生殖技术准入评审、审核与审批管理工作的科学、严谨、客观和公正，使其更加公开透明、公平公正，更具可操作性和有章可循，卫生部制定了《人类辅助生殖技术与人类精子库评审、审核和审批管理程序》（卫科教发［2003］177 号，以下简称《审批管理程序》），对人类辅助生殖技术和精子库的申请、论证、评审、审核、申报、审批及监督、监控进行规范。同时，为加强人类辅助生殖技术和人类精子库从业人员生殖医学基础知识、基本理论和基本技能的培训，巩固并提高我国人类辅助生殖技术整体水平，卫生部还制定了《人类辅助生殖技术与人类精子库培训基地认可标准及管理规定》（卫科教发［2006］43 号）。

此外，为切实有效地实施两个管理办法，严格执行“技术规范、基本标准和伦理原则”，确保人类辅助生殖技术及其衍生技术的规范化应用和有序化发展，不断完善动态监管机制，提高我国生殖医学整体水平，切实保护受术者及其后代的正当权益和医疗机构及其卫生技术人员的合法权利，依据两个管理办法中关于对批准证书实施两年校验的规定，卫生部制定了《卫生部关于印发人类辅助生殖技术与人类精子库校验实施细则的通知》（卫科教发〔2006〕44 号，以下简称《校验实施细则》）等。2015 年 4 月，卫计委妇幼健康服务司根据专项整治行动发现的问题，梳理形成进一步加强管理的工作思路，印发了《关于加强人类辅助生殖技术与人类精子库管理的指导意见》（国卫妇幼发［2015］55 号）、《关于印发人类辅助生殖技术配置规划指导原则（2015版）的通知》（国卫妇幼发［2015］53号）和《关于规范人类辅助生殖技术与人类精子库审批的补充规定》（国卫妇幼发［2015］56号），进一步加强人类辅助生殖技术与人类精子库的管理。

另外，《医师法》、《人口与计划生育法》、《民法典》、《医疗机构管理条例》、《医疗事故处理条例》和《计划生育技术服务管理条例》（2004年国务院令第428号）、《医疗技术临床应用管理办法》（卫医政发［2009］18号），以及最高人民法院1991年7月8日发布的《关于夫妻离婚后人工授精所生子女的法律地位如何确定的复函》（［1991］民他字第12号）也略有涉及。

从这些规范性文件来看，我国人类辅助生殖技术和精子库已经开始步入规范有序的程序化管理阶段，初步形成了以准入审批制、定期校验制和动态退出制为基础的事前监督和事中控制相结合的长效监管机制。现依据两个管理办法及其相关技术规范、基本标准和伦理原则，对我国大陆（内地）人类辅助生殖技术和精子库监管制度概括如下。

（二）人类辅助生殖技术服务准入制度

1. 申请制度

医疗机构申请开展人类辅助生殖服务和设置人类精子库的基本条件和具体要求、申报材料、机构设置条件以及人员要求大同小异。

基本条件包括：国家卫生行政部门根据区域卫生规划、医疗需求和技术条件等实际情况，制订人类辅助生殖技术应用规划。凡拟开展人类辅助生殖技术的机构必须由所在省、自治区、直辖市卫生行政部门根据区域规划、医疗需求予以初审，并上报卫生主管部门批准筹建；筹建完成后由卫生主管部门组织专家进行预准入评审，试运行一年后再行正式准入评审；实施体外受精—胚胎移植技术及其衍生技术必须是持有医疗机构执业许可证的综合性医院、专科医院或持有计划生育技术服务机构执业许可证的省级以上（含省级）的计划生育技术服务机构。申请设置人类精子库除了满足上述条件外，还必须符合《人类精子库管理办法》的规定。

申报材料包括：申请开展辅助生殖和设置精子库的医疗机构应当向所在地省、自治区、直辖市人民政府卫生行政部门提交下列资料：（1）可行性报告；(2) 医疗机构执业许可证正、副本复印件及医疗机构基本情况；(3) 拟开展的人类辅助生殖技术的业务项目和技术条件、设备条件、技术人员配备情况等；(4) 拟开展人类辅助生殖技术的场所的建筑设计平面图；(5) 开展辅助生殖的操作手册及各项规章制度；(6) 与人类精子库的供精意向书（开展供精人工授精技术须提供）；(7) 医学伦理委员会成立文件及组成人员名单。

人类精子库的基本任务：(1) 对供精者进行严格的医学和医学遗传学筛查，并建立完整的资料库；(2) 对供精者的精液进行冷冻保存，用于治疗不育症、提供生殖保险等服务；(3) 向持有国家卫生行政部门供精人工授精或体外受精—胚胎移植批准证书的机构提供健康合格的冷冻精液和相关服务；(4) 建立一整套监控机制，以确保每位供精者的精液标本最多只能使 5 名妇女受孕；(5) 除上述基本任务外，还可开展精子库及其相应的生殖医学方面的研究，如：供精者的研究、冷藏技术的研究和人类精子库计算机管理系统的研究等。

2. 审批制度

根据两个管理办法等文件的规定，我国的人类辅助生殖技术和精子库准入资格采取行政审批制，在审批过程中需满足以下基本要求：第一，符合本区域卫生发展规划和医疗技术需求的实际情况，严格控制人类精子库设置，每省不得超过一家；开展辅助生殖的机构由各省、自治区、直辖市卫生厅局根据人群客观需求和实际承受能力及本省技术力量情况自行决定，但要严加控制其数量和质量，严禁人类辅助生殖技术的商业化和产业化，严格按照相关技术标准、技术规范和伦理原则进行申请、评审、审核、申报和审批。第二，实行“有入”“有出”的动态监督管理机制。在两个管理办法颁布实施后，拟开展辅助生殖和设置人类精子库的机构，对其妊娠成功率和治疗周期数等其他相关质量指标，将不作为卫生部专家评审的统一要求和规定，但对其从事生殖医学技术专业人员基本理论、基本知识、基本技能的培训情况和生殖医学的执业资质要进行严格的审查和考核。第三，根据《国务院关于第四批取消和调整行政审批项目的决定》，各地区、各部门要切实加强后续监管，依法对行政审批项目实行动态管理，加强对行政审批权的监督制约，努力在规范审批行为、创新审批方式、完善配套制度、建立长效机制等方面取得新进展。

这里需要说明的是，根据两个管理办法、“技术规范、基本标准和伦理原则”和《审批管理程序》，不同类型的医疗机构批准主体有所不同：(1) 计划生育服务机构。根据《计划生育技术服务管理条例》第 24 条第 2 款，从事计划生育技术服务的机构使用辅助生育技术治疗不育症的，由省级以上人民政府卫生行政部门审查批准，并向同级计划生育行政部门通报。(2) 中外合资、合作医疗机构。根据 2002 年 10 月 1 日起实施的国务院《计划生育技术服务管理条例》和 2000 年 7 月 1 日起实施的卫生部、外经贸部《中外合资、合作医疗机构管理暂行办法》的有关规定，凡持有计划生育技术服务机构执业许可证的省级以上（含省级）计划生育技术服务机构，以及同时持有卫生部医疗机构执业许可证和原外经贸部（现商务部）颁发的外商投资企业批准证书的中外合资、合作医疗机构，符合设置条件和上述规范要求的，可以提出开展辅助生殖和设置人类精子库的申请，经国务院卫生行政部门按照两个管理办法审查批准后，方可开展相关的技术服务。(3) 隶属于中国人民解放军的医疗机构。隶属于中国人民解放军的医疗机构，申请开展供精人工授精技术的，在符合所在省份区域卫生发展规划的前提下，由所在省、自治区、直辖市卫生行政部门或总后卫生部科技部门负责审批，并报卫生部备案；申请开展供精人工授精、体外受精—胚胎移植及其衍生技术和设置人类精子库的，由所在省、区、市卫生行政部门或总后卫生部科技部门组织专家论证、评审和审核，报卫生部审批。(4) 其他医疗机构。根据《人类辅助生殖管理办法》第 8 条，申请开展丈夫精液人工授精技术的医疗机构，由省、自治区、直辖市人民政府卫生行政部门审查批准。对申请开展供精人工授精和体外受精—胚胎移植及其衍生技术的医疗机构，由省、自治区、直辖市人民政府卫生行政部门提出初审意见，卫生部审批。在 2003 年 10 月 1 日前，尚未申报的省、区、市卫生行政部门需将拟申请开展供精人工授精、体外受精—胚胎移植及其衍生技术和设置人类精子库并经审核的机构的申报材料报至卫生部科教司。自 2003 年 12 月 1 日起，凡未经卫生行政部门批准，任何机构均不得开展相关技术服务，否则依据两个管理办法的相关规定予以严厉处罚。

但是，随着法治政府建设向纵深发展和行政审批制度改革的深化，辅助生殖准入资格审批法治化和审批权下放已是大势所趋。特别是伴随着《行政许可法》的颁行，“直接关系公共安全、人身健康、生命财产安全的重要设备、设施、产品、物品，需要按照技术标准、技术规范，通过检验、检测、检疫等方式进行审定的事项”被列入《行政许可法》第12条作为可以设定行政许可的项目。但是，由于行政许可设定从某种程度上说是立法范畴，设定主体只能是全国人大及其常委会，国务院（不包括国务院各部委），省、自治区、直辖市人大及其常委会及省、自治区、直辖市人民政府，设定形式也只能是法律、行政法规、国务院决定、地方性法规以及省、自治区、直辖市人民政府规章，其他规范性文件（包括国务院部门规章）一律不得设定行政许可。由于我国目前人类辅助生殖技术法律法规缺失，卫生主管部门的规章又不能设定行政许可，因此国务院“决定”就成为人类辅助生殖技术行政许可设定权的唯一可行形式。为了确保国务院“决定”设定的行政许可依法、公开、公平、公正实施，国务院2004年6月29日发布《国务院对确需保留的行政审批项目设定行政许可的决定》（国务院第412号令），对所属各部门的行政审批项目进行了全面清理，对法律、行政法规以外的规范性文件设定、确需保留且符合《行政许可法》第12条规定事项的500项行政审批项目，根据《行政许可法》第14条第2款的规定，予以保留并设定行政许可，其中就包括“医疗机构设置人类精子库审批”和“医疗机构开展人类辅助生殖技术许可”。在此期间，国务院先后五次取消和调整行政审批项目，2007年10月9日《国务院关于第四批取消和调整行政审批项目的决定》（国发［2007］33号）对国务院部门的行政审批项目进行了新一轮集中清理，取消和调整186项行政审批项目，其中，下放管理层级29项，原属卫生部的“医疗机构设置人类精子库审批”和“医疗机构开展人类辅助生殖技术许可”审批权下放到省、自治区、直辖市卫生行政主管部门。这样，从2007年10月9日起，就由省、自治区、直辖市卫生行政主管部门负责人类辅助生殖技术与人类精子库的评审、审核和审批。

根据上述规定，省级卫生主管机关接到申报材料后，组织进行专家论证和现场审查，出具审查审核意见，并在收到专家论证报告后30个工作日内进行审核，审核同意的，发给批准证书；审核不同意的，书面通知申请单位，书面说明理由，并告知申请人享有依法申请行政复议或者诉讼的权利。批准开展人类辅助生殖技术或设置人类精子库的医疗机构应当按照《医疗机构管理条例》的有关规定，持批准证书到核发其医疗机构执业许可证的卫生行政部门办理变更登记手续。由于申请、论证、评审、审核、申报、审批及监督、监控是一个长期的动态管理过程，一次性的“技术准入”很难完全达到标准，要严格按照两个管理办法及其《技术规范、基本标准和伦理原则》有关规定和要求，实行“有入”“有出”的动态监管调控运行机制。凡未经卫生行政部门批准，擅自开展辅助生殖和设置人类精子库的，省、自治区、直辖市卫生行政部门要严格按照两个管理办法第四章“处罚”规定予以处罚。

此外，2015 年 5 月国家卫生计生委针对过去审批管理中存在的问题，根据两个管理办法，制定了《关于规范人类辅助生殖技术与人类精子库审批的补充规定》，对原 177 号文进行了补充完善：一是调整了审批主体，二是发挥第三方作用，三是严格评审要求，四是加强分类管理。此处不再赘述。

（三）人类辅助生殖技术服务过程控制制度

实施人类辅助生殖技术及其衍生技术的事中监督制度包括伦理监督和过程控制两个方面，关于伦理监督原则和制度详见第二章和第七章的相关内容。本章重点论述过程控制制度。辅助生殖和精子库实施的过程控制总体要求是：人类辅助生殖技术必须在经过批准并进行登记的医疗机构中实施；未经卫生行政部门批准，任何单位和个人不得实施人类辅助生殖技术；实施人类辅助生殖技术应当符合《人类辅助生殖技术规范》的规定。实施人工授精和体外受精—胚胎移植及其各种衍生技术的医疗机构应当与经批准的人类精子库签订供精协议，严禁私自采精。医疗机构在实施人类辅助生殖技术时应当索取精子检验合格证明。机构必须预先认真查验不育夫妇的身份证、结婚证以及符合国家人口和计划生育法规和条例规定的生育证明原件，并保留其复印件备案；涉外婚姻夫妇及外籍人员应出示护照及婚姻证明并保留其复印件备案。

1. 实施体外受精—胚胎移植技术管理制度

第一，管理制度内容。实施体外受精—胚胎移植及其衍生技术的管理制度主要包括：实施体外受精—胚胎移植及其衍生技术的机构，必须遵守国家人口和计划生育法规和条例的规定，并同不育夫妇签署相关技术的知情同意书和多胎妊娠减胎术同意书。机构必须预先认真查验不育夫妇的身份证、结婚证和符合国家人口和计划生育法规和条例规定的生育证明原件，并保留其复印件备案；涉外婚姻夫妇及外籍人员应出示护照及婚姻证明并保留其复印件备案。机构必须按期对工作情况进行自查，按要求向卫生部提供必需的各种资料及年度报告。机构的各种病历及其相关记录，须按《医疗机构病历管理规定》的要求予以严格管理。机构实施供精体外受精—胚胎移植及其衍生技术，必须向供精的人类精子库及时准确地反馈受者的妊娠和子代等相关信息。机构应建立生殖医学伦理委员会工作制度、病案管理制度、随访制度、工作人员分工责任制、接触配子与胚胎的实验材料质控制度等。此外，机构还必须具备一定的技术安全要求，每周期移植胚胎总数不得超过 3 个，其中 35 岁以下妇女第一次助孕周期移植胚胎数不得超过 2 个。

第二，适应证与禁忌证制度。体外受精—胚胎移植的适应证包括女方各种因素导致的配子运输障碍、排卵障碍、子宫内膜异位症、男方少（弱）精子症、不明原因的不育以及免疫性不孕。卵细胞浆内单精子显微注射的适应证包括：严重的少、弱、畸精子症，不可逆的梗阻性无精子症，生精功能障碍（排除遗传缺陷疾病所致），免疫性不育，体外受精失败，精子顶体异常以及需行植入前胚胎遗传学检查的人群。胚胎植入前遗传学诊断目前主要用于单基因相关遗传病、染色体病、性连锁遗传病及可能生育异常患儿的高风险人群等。接受卵子赠送适应证包括丧失产生卵子的能力、女方是严重的遗传性疾病携带者或患者以及具有明显的影响卵子数量和质量的因素。赠卵的基本条件是：赠卵是一种人道主义行为，禁止任何组织和个人以任何形式募集供卵者进行商业化的供卵行为；赠卵只限于人类辅助生殖治疗周期中剩余的卵子；对赠卵者必须进行相关的健康检查（参照供精者健康检查标准）；赠卵者对所赠卵子的用途、权利和义务应完全知情并签订知情同意书；每位赠卵者最多只能使 5 名妇女妊娠；赠卵的临床随访率必须达 100%。实施体外受精—胚胎移植及其衍生技术的禁忌证如下：女方子宫不具备妊娠功能或严重躯体疾病不能承受妊娠。有如下情况之一者，也不得实施体外受精—胚胎移植及其衍生技术：男女任何一方患有严重的精神疾患、泌尿生殖系统急性感染、性传播疾病；患有《母婴保健法》规定的不宜生育的、目前无法进行胚胎植入前遗传学诊断的遗传性疾病；任何一方具有吸毒等严重不良嗜好；任何一方接触致畸量的射线、毒物、药品并处于作用期。

第三，质量标准。为了切实保障患者的利益，维护妇女和儿童健康权益，提高人口质量，严格防止人类辅助生殖技术产业化和商品化，以及确保该技术更加规范有序进行，《人类辅助生殖技术与人类精子库相关技术规范、基本标准和伦理原则》规定：任何生殖机构每年所实施的体外受精—胚胎移植及其衍生技术不得超过 1 000 个取卵周期。机构对体外受精—胚胎移植出生的随访率不得低于 95%。体外受精的受精率不得低于 65%，卵细胞浆内单精子显微注射的受精率不得低于 70%。取卵周期临床妊娠率在机构成立的第一年不得低于 15%，第二年以后不得低于 20%；冻融胚胎的移植周期临床妊娠率不得低于 10%。对于多胎妊娠必须实施减胎术，避免双胎，严禁三胎和三胎以上的妊娠分娩。

2. 实施人工授精技术管理制度

第一，管理制度。实施人工授精技术的管理制度包括：实施授精前，不育夫妇必须签订知情同意书及多胎妊娠减胎术同意书；供精人工授精只能从持有卫生部批准证书的人类精子库获得精源；机构必须及时做好不育夫妇的病历书写并按《医疗机构病历管理规定》严格管理，对每一位受者都应进行随访；实施供精人工授精的机构，必须向人类精子库反馈妊娠、子代以及受者使用冷冻精液后是否出现性传播疾病的临床信息等情况，记录档案应永久保存；严格控制每一位供精者的冷冻精液最多只能使 5 名妇女受孕；除司法机关出具公函或相关当事人具有充分理由同意查阅外，其他任何单位和个人一律谢绝查阅供受精者双方的档案；确因工作需要及其他特殊原因非得查阅档案时，则必须经授精机构负责人批准，并隐去供受者双方的社会身份资料；人工授精必须具备完善、健全的规章制度和技术操作手册并切实付诸实施；机构必须按期对人工授精情况进行自查，按要求向卫生行政审批部门提供必要的资料及年度报告。

第二，适应证与禁忌证制度。夫精人工授精适应证包括：男性因少精、弱精、液化异常、性功能障碍、生殖器畸形等不育；宫颈因素不育；生殖道畸形及心理因素导致性交不能等不育；免疫性不育；原因不明不育。夫精人工授精禁忌证包括：男女一方患有生殖泌尿系统急性感染或性传播疾病；一方患有严重的遗传、躯体疾病或精神心理疾患；一方接触致畸量的射线、毒物、药品并处于作用期；一方有吸毒等严重不良嗜好。供精人工授精适应证包括：不可逆的无精子症，严重的少精症、弱精症和畸精症；输精管复通失败；射精障碍；前述适应证中，除不可逆的无精子症外，其他需行供精人工授精技术的患者，医务人员必须向其交代清楚：通过卵胞浆内单精子显微注射技术也可能使其有自己血亲关系的后代，如果患者本人仍坚持放弃通过卵胞浆内单精子显微注射技术助孕的权益，则必须与其签署知情同意书后，方可采用供精人工授精技术助孕；男方或家族有不宜生育的严重遗传性疾病；母儿血型不合不能得到存活新生儿。供精人工授精禁忌证包括：女方患有生殖泌尿系统急性感染或性传播疾病；女方患有严重的遗传、躯体疾病或精神疾患；女方接触致畸量的射线、毒物、药品并处于作用期；女方有吸毒等不良嗜好。

3. 人类精子库技术规范

第一，管理制度。人类精子库必须对精液的采供进行严格管理，并建立供精者、用精机构反馈的受精者妊娠结局及子代信息的计算机管理档案库，控制使用同一供精者的精液获得成功妊娠的数量，防止血亲通婚。具体包括：（1）建立供精者筛选和精液采集、冻存、供精、运输的流程。（2）按流程顺序做好记录。（3）做好档案管理：精子库档案管理应设专用计算机，所有资料应备份，文字资料应放置整齐有序，注意防火、防盗及保密。人类精子库资料应永久保存。（4）严格控制每一位供精者第一次供出去精液的数量最多只能提供 5 名不育妇女使用，待受者结局信息反馈后，再以递减方式决定下一轮发放的数量，以确保每一供精者的精液标本最多只能使 5 名妇女受孕。（5）精子库必须将供精者的主要信息如姓名、年龄、身份证号和生物学特性的标志等上报精子库中央信息库，予以备案，信息库工作人员必须对各精子库提供的信息保密。（6）各精子库必须将拟定的供精候选人身份情况上报精子库中央信息库，信息库必须在 10 个工作日内反馈信息，以确保供精者只在一处供精。（7）做好随访工作：

每月定期收集用精机构精液标本使用情况并记录受精者的有关反馈信息，包括受精者妊娠、子代的发育状况、有无出生缺陷及受精者使用冷冻精液后是否出现性传播疾病的临床信息等。

在质量控制方面，人类精子库必须按《供精者健康检查标准》进行严格筛查，保证所提供精子的质量；必须具备完善、健全的规章制度，包括业务和档案管理规范、技术操作手册及人类精子采供计划书（包括采集和供应范围等）等；必须定期或不定期对人类精子库进行自查，检查人类精子库规章制度执行情况、精液质量、服务质量及档案资料管理情况等，并随时接受审批部门的检查或抽查。

人类精子库工作人员应尊重供精和受精当事人的隐私权并严格保密；除司法机关出具公函或相关当事人具有充分理由同意查阅外，其他任何单位和个人一律谢绝查阅供精者的档案；确因工作需要及其他特殊原因非得查阅档案时，则必须经人类精子库机构负责人批准，并隐去供精者的社会身份资料；除精子库负责人外，其他任何工作人员不得查阅有关供精者身份资料和详细地址。

第二，人类精子库技术规范的基本内容。首先，供精者应当满足的基本条件包括：供精者必须原籍为中国公民。供精者赠精是一种自愿的人道主义行为。供精者必须达到供精者健康检查标准。供精者对所供精液的用途、权利和义务完全知情并签订供精知情同意书。其次，自精保存者应当满足的基本条件包括：接受辅助生殖技术时，有合理的医疗要求，如取精困难者和少、弱精症者。出于“生殖保险”目的，需保存精子以备将来生育者；或者男性在其接受致畸剂量的射线、药品、有毒物质、绝育手术之前，以及夫妻长期两地分居，需保存精子准备将来生育等。申请者须了解有关精子冷冻、保存和复苏过程中可能存在的影响，并签订知情同意书。最重要的是，所有供精志愿者在签署知情同意书后，均要进行初步筛查（供精者的年龄必须在 22～45 周岁之间，能真实地提供本人及其家族成员的一般病史和遗传病史，并按要求提供精液标本以供检查），初筛符合条件后，还须接受进一步的身体检查和实验室检查，达到健康检查标准后，方可供精。

4. 实施人类辅助生殖技术及精子采集与提供技术人员的行为准则

第一，实施人类辅助生殖技术人员的行为准则。实施人类辅助生殖技术人员应当遵守下列行为准则：必须严格遵守国家人口和计划生育法律法规；必须严格遵守知情同意、知情选择的自愿原则；必须尊重患者隐私权；禁止无医学指征的性别选择；禁止实施代孕技术；禁止实施胚胎赠送；禁止实施以治疗不育为目的的人卵胞浆移植及核移植技术；禁止人类与异种配子的杂交；禁止人类体内移植异种配子、合子和胚胎；禁止异种体内移植人类配子、合子和胚胎；禁止以生殖为目的对人类配子、合子和胚胎进行基因操作；禁止实施近亲间的精子和卵子结合；在同一治疗周期中，配子和合子必须来自同一男性和同一女性；禁止在患者不知情和不自愿的情况下，将配子、合子和胚胎转送他人或进行科学研究；禁止给不符合国家人口和计划生育法规和条例规定的夫妇和单身妇女实施人类辅助生殖技术；禁止开展人类嵌合体胚胎试验研究；禁止克隆人。

第二，人类精子库不得开展的工作。具体包括：人类精子库不得向未取得卫生部人类辅助生殖技术批准证书的机构提供精液；人类精子库不得提供未经检验或检验不合格的精液；人类精子库不得提供新鲜精液进行供精人工授精，精液冷冻保存需经半年检疫期并经复检合格后，才能提供临床使用；人类精子库不得实施非医学指征的，以性别选择生育为目的的精子分离技术；人类精子库不得提供 2 人或 2 人以上的混合精液；人类精子库不得采集、保存和使用未签署供精知情同意书者的精液；人类精子库工作人员及其家属不得供精；设置人类精子库的科室不得开展人类辅助生殖技术，其专职人员不得参与实施人类辅助生殖技术。

（四）人类辅助生殖技术服务动态校验制度

为了确保人类辅助生殖技术和精子库的规范有序发展，两个管理办法规定人类辅助生殖技术和人类精子库批准证书每 2 年校验一次，校验由原审批机关办理，2007 年审批权下放后，校验由省级卫生主管机关受理。校验合格的，可以继续开展辅助生殖和人类精子库工作；校验不合格的，收回其批准证书。为此，卫生部还专门颁布《校验实施细则》，不断完善动态监管运行机制。《校验实施细则》主要内容如下。

1. 基本要求

各省、自治区、直辖市卫生行政部门应加强并制定辖区内开展人类辅助生殖技术和设置人类精子库机构的设置规划，并将设置规划报原审批机关备案。不可盲目增加开展上述技术的机构，严禁此项技术的商业化和产业化，通过合理规划引导此项技术的规范应用与发展。应严格按照有关规定要求，加强日常监督、检查和管理，对未经审批擅自开展辅助生殖服务的机构进行严格的清理和处罚。未经审批，以往曾经开展过辅助生殖服务和设置人类精子库的机构，应立即停止开展相关技术服务活动，对以往实施此项技术的情况进行总结，妥善保存相关技术资料，严格按照有关文件要求进行申报、审批。自 2006 年 5 月 1 日起，仍未停止相关技术服务的机构，省级以上行政部门将不予受理其申报的申请。根据卫生部 2003 年 10 月重新修订颁布的《技术规范、基本标准和伦理原则》，校验工作于 2005 年 10 月开始实施。2004 年 6 月 1 日前，获得卫生部批准正式运行辅助生殖服务和设置人类精子库的机构，应于 2006 年 4 月 31 日前提出校验申请，卫生部将于 2006 年 7 月 30 日前完成对这些机构的校验工作。经省级卫生主管机关审核批准试运行的辅助生殖服务机构，其试运行时间不得超过 1 年，应在试运行 1 年期满前 2 个月内向所在地区的省级卫生行政部门提出正式运行评审的申请，逾期未提出申请的机构将取消试运行资格，不得继续实施相关的人类辅助生殖技术，省级以上卫生行政部门在 1 年内也不再受理其再次申请。已经审批正式运行辅助生殖服务和人类精子库的机构应认真对照卫生部有关文件和技术规范的要求，健全自查制度，加强内部监督与检查，建立严格有效的自我管理和运行机制，及时总结并上报相关技术数据，不断加强管理并提高技术水平。已经审批开展辅助生殖服务的机构，应严格掌握适应证，避免技术的扩大实施和滥用。开展辅助生殖服务的机构和人类精子库应加强联系和沟通，及时反馈相关信息，建立一套切实有效的监控机制，严格做到每一位供精者的精液标本不得使 5 名以上妇女妊娠并分娩。

2. 校验程序

根据相关规定，已经审核批准的开展辅助生殖服务和设置人类精子库的机构应于每年 3 月底前将上一年度开展上述技术的基本情况、基本数据及年度统计报表报所在省级卫生行政部门初步统计后，再报国家卫生行政部门。省级卫生行政部门和国家卫生行政部门依据各机构年度统计报表建立辅助生殖服务和人类精子库省级和部级数据库。按照国家卫生行政部门审核批准的时间，各开展辅助生殖服务和人类精子库的机构应在正式运行2年期满前3个月内，向辖区省级卫生行政部门提出校验申请，省级卫生行政部门在收到校验申请后，组织有关专家在其正式运行2年期满前实施校验工作。逾期不提出校验申请的，省级卫生行政部门将不组织专家实施校验工作，其原批准证书同时作废。省级卫生行政部门于校验前7天通知受校验单位。受校验单位应提供翔实、完整的工作材料及统计数据，以及有效的原批准证书及其副本。校验工作由省级卫生行政部门负责和组织安排，专家组具体实施。

校验专家组成员应从卫生部辅助生殖和人类精子库评审专家库中，按照从事专业、参加评审和校验次数等条件进行遴选，由5～9名（奇数）专家组成。专家组成员应具备副高级专业技术职务，从事生殖医学、妇产科、男科等相关专业，具备相关评审工作经验，作风正派，坚持原则，认真负责。遴选专家采取回避制度，不得遴选校验单位所在省区市的专家和与校验单位存在利害关系的专家。专家组依据两个管理办法、“技术规范、基本标准和伦理原则”和年度上报数据开展校验工作，根据事实撰写校验报告，提出明确的校验结论建议和具体的整改意见。省级卫生行政部门在收到专家组校验报告后30个工作日内向受校验单位反馈校验结果。省级卫生行政部门依据校验结论在“人类辅助生殖技术批准证书（副本）”或“人类精子库批准证书（副本）”上记录，并加盖省级卫生行政部门印章。对校验不合格的机构，收回其原审批证书及其副本。受校验单位应服从卫生部校验结论，根据校验报告进行整改，不断加强内部管理。

3. 校验重点

重点加强对实施供精体外受精—胚胎移植和供精人工授精技术的控制与管理。开展供精体外受精—胚胎移植技术和供精人工授精技术的机构，应与经省级卫生主管机关审核批准的人类精子库签订供精协议，并明确说明具体的使用用途；对用于实施供精体外受精—胚胎移植技术和供精人工授精技术的精液标本和相关病历资料进行分别管理，由专人负责；对精液标本的入库、出库、使用和随访工作必须实施双人核查制度并详细登记；严格掌握实施供精体外受精—胚胎移植技术的适应证，应将进行冷冻处理的胚胎结果及时向人类精子库进行反馈。实施供精人工授精技术机构的实验室负责人应具备中级以上专业技术职务或大学本科以上专业学历。

第一，人类辅助生殖技术的校验。复核相关技术数据；是否按照审批范围实施技术；技术实施与掌握情况，如实施技术的类别与总体数量、适应证掌握、胚胎移植数、减胎术应用、促排卵药物应用、胚胎冻融技术、供精和赠卵的管理与随访、卫生技术人员基础理论、基本知识和基本技能掌握情况等；管理制度落实情况；自查机制建立和实施情况；涉及社会伦理和国家重大政策等方面的内容。未经审批同意，禁止任何机构实施赠卵技术。已经审批开展人类辅助生殖技术的各机构应严格控制赠卵技术的实施，严格掌握接受卵子赠送的适应证；赠卵者仅限于接受人类辅助生殖治疗周期中取卵的妇女；为保障赠卵者的切身利益，应当在其每周期取成熟卵子 20 个以上，并保留 15 个以上的基础上进行赠卵；应当在赠卵者对所赠卵子的用途、自身权利和义务完全知情同意的基础上进行；对赠卵者应参照供精者筛选的程序和标准进行相关的健康检查及管理；对实施赠卵技术而获得的胚胎必须进行冷冻，对赠卵者应在半年后进行艾滋病抗体和其他相关疾病的检查，获得确定安全的结果后方可解冻相关胚胎；对接受赠卵的患者要依据病情和就诊时间进行排队；严禁任何形式的商业化赠卵和供卵行为。

第二，人类精子库的校验。各管理和技术部门设置情况；技术标准和伦理原则执行情况，包括供精者筛查、精液采集和冷冻、供精者档案管理、冷冻精液外供管理和信息反馈；复核相关技术和管理数据。人类精子库应加强对外供精的管理，严禁以科研或其他任何理由向未经审批的人类辅助生殖技术机构提供精液标本；制定统一的资料收集和信息反馈内容，全面、详细、及时掌握所提供精液标本的去向、用途、使用情况等信息；对用于实施供精体外受精—胚胎移植技术和供精人工授精技术的精液标本进行分别管理，其中，一次提供给用于实施供精体外受精—胚胎移植技术的精液标本每份不得超过 5 人，一次提供给用于实施供精人工授精技术的精液标本每份不得超过 8 人；对人类辅助生殖机构反馈的冷冻胚胎暂时按照临床妊娠的结果予以登记和管理。

4. 校验结论

校验工作采取听取机构两年来实施相关技术情况报告、随机抽查病历、考核卫生技术和管理人员等方式。其中各项技术抽查病历的数量不应低于年实施技术例数的10%～15%。校验工作应突出重点、提高效率，对一家机构的校验时间不得超过一天。校验结论分为三类：第一类，校验合格。在卫生部批准的技术范围开展工作；场地、人员、设备及各项主要技术指标均达到卫生部技术规范要求；管理制度健全且执行良好；无违规现象的，做出校验合格的结论，并提出具体的改进意见和建议。第二类，限期整改。基本在卫生部批准的技术范围开展工作；场地、人员、设备等接近卫生部技术规范要求，能够保证正常工作开展；主要技术指标接近卫生部技术规范要求，但在部分关键技术上存在一定差距；管理制度不健全或没有很好地落实，在实施技术总体数量、移植胚胎数量、促排卵药物应用、随访工作等方面存在较多问题；对外供精管理不够严格、供精者档案信息不够完整、部分技术尚未达到卫生部技术规范和标准的，做出限期3～6个月进行整改的结论，并提出具体整改意见，在限期整改期间暂停实施相应技术。限期整改结束后，由省级卫生行政部门负责对整改效果进行审核，决定是否可重新实施该技术项目。第三类，校验不合格。严重超出省级卫生行政部门批准的技术范围开展其他辅助生殖技术；场地、人员、设备严重不足，不能保证正常工作开展；主要技术指标均不能达到卫生部技术规范要求且存在较大差距；未能严格掌握适应证、促排卵药物应用、胚胎冻融技术、减胎术等关键技术；管理制度严重不足或管理混乱；存在违反国家计划生育政策、有关法律法规和伦理原则的行为；存在买卖配子、合子、胚胎，实施代孕技术，进行非医学指征的性别筛选，使用不具有人类精子库批准证书的机构提供的精子的行为；存在供精者档案严重不全，未对供精者进行严格的遗传性疾病、传染性疾病检测，向未经审批的机构提供精子等严重违规行为；校验中弄虚作假或以任何形式和手段阻碍校验工作的，做出校验不合格的结论，由省级卫生行政部门收回原审批证书及其副本，责令该机构全面停止实施全部人类辅助生殖技术和采集、保存、外供精子的工作，并做好善后工作。省级卫生行政部门在2年内不再受理其开展上述技术的申请。

5. 校验管理及工作要求

省级卫生行政部门负责校验工作的整体安排和专家组的遴选工作，并依据专家组校验报告确定其校验结论。受校验机构所在省、自治区、直辖市卫生行政部门具体主持和安排本辖区校验工作，负责专家组校验费用和食宿安排，为校验提供必要的工作条件，对专家组的校验工作进行监督。省级卫生行政部门的工作人员不得参与或干预专家组的校验活动。受校验机构应按照校验工作要求提前准备校验工作材料，配合专家组的检查和考核。校验单位不得参与专家组的接待和食宿安排。在校验中不得弄虚作假，隐瞒相关材料和信息，不得以各种理由拒绝和阻碍校验工作，出现上述情况，专家组有权终止校验工作并做出校验不合格的结论建议。专家组应按照指定时间、地点到达和离开校验目的地。应熟练掌握两个管理办法、“技术规范、基本标准和伦理原则”和《校验实施细则》等相关文件的具体内容。校验期间，专家组成员应积极主动、认真负责、实事求是、公平公正，不得私自外出或与受检验单位私下联系和接触、传递校验工作信息、从事与校验无关的工作；不得接受任何馈赠、观光旅游；不得提出任何与校验无关的服务和要求。如发现专家有上述行为，将给予通报批评并从卫生部专家库中除名，5 年内不得参加相关的评审和校验工作。

（五）责任追究制度

违反两个管理办法规定，未经批准擅自开展人类辅助生殖的非医疗机构，或者未经批准擅自设置人类精子库，采集、提供精子的非医疗机构，由县级以上人民政府卫生行政部门责令其停止执业活动，没收非法所得和药品、器械，并可以根据情节处以 1 万元以下的罚款；对有上述违法行为的医疗机构，由县级以上人民政府卫生行政部门予以警告、责令其改正，并可以根据情节处以 3 000 元以下的罚款；情节严重的，吊销其医疗机构执业许可证。

开展人类辅助生殖技术的医疗机构违反《人类辅助生殖技术管理办法》，有下列行为之一的，由省、自治区、直辖市人民政府卫生行政部门给予警告、3 万元以下罚款，并给予有关责任人行政处分；构成犯罪的，依法追究刑事责任：（1）买卖配子、合子、胚胎的；（2）实施代孕技术的；（3）使用不具有《人类精子库批准证书》机构提供的精子的；（4）擅自进行性别选择的；（5）实施人类辅助生殖技术档案不健全的；（6）经指定技术评估机构检查技术质量不合格的；（7）其他违反本办法规定的行为。

设置人类精子库的医疗机构违反《人类精子库管理办法》，有下列行为之一的，省、自治区、直辖市人民政府卫生行政部门给予警告、1万元以下罚款，并给予有关责任人员行政处分；构成犯罪的，依法追究刑事责任：（1）采集精液前，未按规定对供精者进行健康检查的；（2）向医疗机构提供未经检验的精子的；（3）向不具有人类辅助生殖技术批准证书的机构提供精子的；（4）供精者档案不健全的；（5）经评估机构检查质量不合格的；（6）其他违反本办法规定的行为。

（六）大陆人类辅助生殖管理制度的特点

综上所述，我国辅助生殖管理采取的是主管部门行政管制模式，尚未进入真正意义的法律规制阶段，而且我国辅助生殖监管的依据均来自作为卫生主管机关的卫生部，属于部门规章。现有部门规章弥补了法律缺失造成的监管真空，但是调整范围窄，法律层次低，法律效力弱。

部门规章是我国重要的法律渊源之一，其种类多，数量大，在调整社会关系中的作用不可小觑，是对法律、行政法规的细化和补充。部门规章的上位规则主要是最高立法机关制定的法律和最高行政机关国务院制定的行政法规。这些规则虽然位阶高和权威性高，但是制定程序复杂，周期漫长，产出率低，难以适应瞬息万变的社会发展需要。因此，部门规章有一个非常重要的作用，就是在体制转换时期对某些特殊问题亟须法律规范，但颁行法律法规的条件尚不成熟的情况下，作为权宜之计，可以发挥部门规章的“补充、试验”功能。先行出台部门规章，可以弥补法律、行政法规的空白，填平既有法律规则与现实需求之间存在的空隙和疏漏。如《人口与计划生育法》第39条规定：“严禁利用超声技术和其他技术手段进行非医学需要的胎儿性别鉴定；严禁非医学需要的选择性别的人工终止妊娠。”但是在《人口与计划生育法》颁布之后，辅助生殖技术日新月异，植入前遗传学诊断成为一种新的性别选择方法，该规定显然不足以防范性别歧视，那么，卫生部通过制定规章便可以弥补《人口与计划生育法》留下的这一空隙，事实上《人类辅助生殖技术管理办法》第22条已经规定了擅自进行性别选择的法律责任，从而保护了不同性别胎儿的平等出生权。

但是，部门规章以管理和维持社会秩序为基本价值取向，对受术夫妻、捐赠人及所生子女民事权利的保护力度明显不足。从价值理念上看，权力至上是行政法律规范的逻辑起点，因此，部门规章的核心是行政权力，其根本宗旨也是为了私权利的合法行使与实现，实现行政权力与私权利之间的平衡。① 但是，在制度操作层面上，行政机关的管理权具有主导性，私权利是第二性的，而且部门规章对私权利的保护通常是通过限制公权力来实现的，如《人类辅助生殖技术管理办法》的内容是赋予卫生行政机关的审批权和监管权，其结果才是对当事人民事权利和社会公益的保护。

另外，部门规章调整对象狭窄、单一，法律层级较低，法律效力自然也弱。由于部门规章是行政权力运行的结果，其调整对象仅限于行政关系和基于行政关系产生的监督关系②，行政相对人主要是医疗机构及其医务人员，其他社会组织和个人并不受其约束。换言之，如果非法代孕中介机构和境外非法医疗机构从事非法辅助生殖服务，卫生行政机关的管辖权难以企及，那么，受术者和所生子女的正当权益就无从保护。这种尴尬局面在《立法法》颁布以后就更为明显。为了避免部门规章与地方政府规章、地方性法规发生冲突，《立法法》对部门规章的权力进行了限制。根据《宪法》第 90 条第 2 款和《立法法》第 80 条，国务院各部、各委员会只能根据“法律和国务院的行政法规、决定、命令”，“在本部门的权限范围内”，制定和发布调整本部门范围内的行政管理关系，并不得与宪法、法律和行政法规相抵触的规范性文件。《立法法》第 80 条第 2 款中还规定，“部门规章规定的事项应当属于执行法律或者国务院的行政法规、决定、命令的事项。”由此可见，部门规章说到底只能是一种执行性行政立法，只能对现有法律和行政法规进行细则化、具体化，便于其理解、执行和操作，且需要根据法律和行政法规的授权，在本部门的权限范围内制定，否则就是越权。由于人类辅助生殖涉及的社会生活领域十分特殊，技术性、专业性强，并且日新月异，变化快，我国至今未能制定出一部完整的、全面的、严谨的统一法律或行政法规，导致两个管理办法和“技术规范、基本标准和伦理原则”“法”出无门。

---

① 罗豪才．现代行政法的平衡理论［M］．北京：北京大学出版社，1997：37.

② 罗豪才．行政法之语义与意义分析［J］．法制与社会发展，1995（4）：11－13.

部门规章法律效力低下还表现在，部门规章在人民法院司法审判中也不能作为审判依据，只能作为“参照”，对此，《行政诉讼法》第63条第3款规定：“人民法院审理行政案件，参照规章。”《最高人民法院关于适用〈中华人民共和国行政诉讼法〉的解释》第100条第2款也指出：“人民法院审理行政案件，可以在裁判文书中引用合法有效的规章及其他规范性文件。”据此，人民法院在审理行政案件时，可以“参照”符合法律和行政法规规定的部门规章的精神，确定具体行政行为的合法性和有效性，至于不符合或者不完全符合法律、行政法规原则和精神的部门规章，法院则可以根据具体情况灵活处理。据此，受“参照”条款限定，行政诉讼中部门规章的诉讼价值及其效力大打折扣。况且，在行政诉讼中，当部门规章与地方性法规对某一事项的规定不一致时，受地方主义思想的影响，基层人民法院更倾向于以地方性法规作为依据，这更使得部门规章形同虚设。事实上，我国司法实践中尚未见医疗机构或患者就人类辅助生殖技术和精子库审批和监管问题提起行政诉讼的案例，更未见涉及两个管理办法和“技术规范、基本标准和伦理原则”的讼案。另外，要提高部门规章在医疗实践和司法实践中的效力，必须执法、司法和立法齐头并进，三管齐下。在执法方面，要提高卫生行政执法人员的法律素质，在卫生行政执法时既要做到职权合法、内容合法、形式合法，又要做到文明执法、严格执法、公正执法。在司法方面，司法人员要准确理解和正确运用法律法规，并做到以事实为基础，以法律为准绳，真正做到不偏不倚，不枉不纵，充分发挥部门规章应有的诉讼价值。

总之，我国虽然制定了相关规范文件，却是由政府部门制定和颁发的“部门规章”，这虽然大大降低了立法的成本，但带来了效力级别低、规制范围过窄、内容粗疏、制裁有限和保护不力等诸多弊端。如两个管理办法全面禁止代孕，但若需求者通过非法医疗机构和医务人员进行地下代孕手术或选择去国外医疗机构实施此项技术，卫生主管机关对此无能为力，因为两个管理办法作为部门规章，调整对象只能限于国内正规的医疗机构和医护人员，对非法医疗机构、医务人员和需求者并无法律拘束力，更无域外法律效力。再如辅助生殖资料的管理，两个管理办法要求实施辅助生殖的医疗机构建立技术档案管理制度，但对档案应当记载的内容未作进一步规定，也未规定特殊情况下有关机关的查阅权以及所生子女的基因知情权，那么，如何防范子代之间的近亲结婚将是一个难题。罚则空洞也是两个管理办法的一大弊端。法律的基本功能是惩罚和预防违法，救济受侵害的权利，只有构建一个结构完整、功能互补、宽严相济的法律责任体系，才能充分体现处罚法定原则、违禁有罚原则、罚能止禁原则和罚禁结合原则。两个管理办法虽然规定了医师或医疗机构违反该办法相关规定应接受的处罚，但由于以上办法均属行政规章，违反其规定只能按照行政违法行为进行行政制裁，即警告、1 万元以下罚款和行政处分等处罚，对违法者的威慑非常有限，难以起到有效制约和监督作用。

正因为如此，当前医疗实践中出现了非法买卖卵子、代孕等不法行为等种种乱象。特别是人类辅助生殖技术的审批权下放后，开展人类辅助生殖技术的辅助生殖服务的医疗机构迅速增加，截至 2016 年 12 月 31 日，共审核批准了 451 家机构开展人类辅助生殖，比 2007 年增加 256 家；23 家医疗机构设置人类精子库，比 2007 年增加 13 家，这种趋势还在发展。截至 2020 年 12 月 31 日，经批准开展人类辅助生殖技术和人类精子库的医疗机构分别增加到 536 家和 27 家。仅广东一省经批准开展人类辅助生殖的医疗机构就达 56 家。根据《国务院关于第四批取消和调整行政审批项目的决定》，各地区、各部门要认真做好取消和调整行政审批项目的落实和衔接工作，切实加强后续监管，依法对行政审批项目实行动态管理，加强对行政审批权的监督制约，努力在规范审批行为、创新审批方式、完善配套制度、建立长效机制等方面取得新的进展。据此，下放行政审批项目的审批权意味着行政审批权力已归属于地方政府。但是，行政审批是一项复杂的系统工程，很容易出现下放的权力之间的衔接问题。作为承接下放权力的省级卫生主管机关要制定相应的措施，完善规范各种程序，有效衔接下放的权力；下放权力的卫生部也要加强后续监管，不能一放了之。然而，在医疗实践中，人类辅助生殖技术的监督主要是通过前述审批、校验等程序实现的，相关部门规章没有规定卫生主管机关依据何种程序、通过何种途径以及采取哪些措施来保障监督管理权的有效实施，这种忽视过程监督的监督程序设计，有违现代法治理念，削弱了监督的公正性，进而导致卫生主管机关监督管理权的有名无实，缺乏现实的可执行性。

在这种情况下，针对辅助生殖技术服务市场乱象，卫生主管机关于2013年2月5日联合启动人类辅助生殖技术管理专项整治行动，要求各级卫生行政部门全面清理现有审批情况，暂缓新的审批，严肃查处违法违规案件，依法严惩涉案责任人员，重点是对医疗机构未经批准或超出批准范围开展辅助生殖技术，非法采供精卵，非法买卖配子、合子、胚胎，实施任何形式的代孕技术，医疗机构工作人员参与非法实施辅助生殖技术，以及非法销售、滥用促排卵药物等行为进行查处。要传播健康知识，加强社会监督，进一步完善法律法规和技术规范，建立辅助生殖技术管理长效机制。2015年4月，国家卫生计生委妇幼健康服务司根据专项整治行动发现的缺乏配置规划、准入审批把关不严、日常监督管理薄弱、对违法违规行为打击力度不够以及社会宣传和健康教育需进一步加强等问题，印发了《关于加强人类辅助生殖技术与人类精子库管理的指导意见》等文件，进一步加强人类辅助生殖技术与人类精子库的管理。

然而，这些规范性文件只是部门规章，而非高位阶的“法律”，并不能有效遏制非法采供精、非法运行卵子库、非法买卖卵子以及非法销售、滥用促排卵药物的行为。立法缺失还造成综合监管无据和执法效能低下，以至于国家卫计委连续多年多次开展专项整治行动，仍然难以遏制非法生殖保险业务和人类生殖资源商品化的势头。立法缺失也严重影响司法救济，以至于近年凸显的离婚或死亡后发生争夺配子或胚胎处置权等法律争议的裁判无法可依，如入选2014年度全国“十大民事案件”的宜兴“冷冻胚胎继承案”，双方家庭四位“失独”老人对簿公堂，争夺其生前保存在南京鼓楼医院生殖中心的4枚“孤儿”人工体外冷冻胚胎（以下统称“孤儿”胚胎）的监管权和处置权。一审判决驳回了原告的诉讼请求。其后，江苏省无锡市中级人民法院依照原《民法通则》第5条、第6条、第7条和原《民事诉讼法》第170条第1款第2项的规定，基于伦理、情感和特殊利益的考量，撤销了一审裁判，判决4枚“孤儿”胚胎由上诉人和被上诉人共同监管和处置。二审判决虽然确定了冷冻胚胎的监管权和处置权的归属，然而四位老人并不具备处置和监管“孤儿”胚胎的条件，因而并不能实际掌控“孤儿”胚胎的命运，更谈不上实现延续香火的愿望，最多只起到了寄托哀思和精神抚慰的作用而已。本案的裁判虽然充分发挥了法官的自由裁量权[①]，但将胚胎判给年过花甲的老人终难体现“子女最佳利益原则”，而且胚胎将来如何孕育，无非代孕或胚胎收养，这难道不是又一个司法陷阱吗？再如2016年尘埃落定的全国首例因非法代孕引发的监护权纠纷，因双胞胎子女是花费80万元，通过购买卵子、代孕等非法手段获得的，因法律未对人类生殖资源的法律属性和利用方式进行明确厘定，当事人备受困扰。[②] 本案并非个案，暴露了日益严峻的卵子交易问题，也是生殖遗传材料买卖中最突出最难治理的问题。又如2019年12月23日北京市朝阳区人民法院公开审理的全国首例未婚冻卵引发的一般人格权纠纷[③]，也暴露了目前的行政规制模式的不足和尴尬。遗憾的是，2020年5月28日颁布的《民法典》也未能解决这一问题。其理由如下。

第一，《民法典》人格权编应当解决生育权的行使和实现等问题，赋予不孕不育夫妇借助人类辅助生殖技术生育子女的权利，并规定不孕夫妇在接受辅助生殖服务过程中的权利和医疗机构及其医务人员在提供辅助生殖服务中的义务。然而，人格权编虽然有多个条款涉及医疗卫生健康领域，但在人类辅助生殖技术的临床应用方面均语焉不详，若简单适用可能

---

① 江苏省无锡市中级人民法院的理由大致如下：(1) 沈某、刘某生前与南京鼓楼医院签订的“配子、胚胎去向知情同意书”和“胚胎和囊胚冷冻、解冻及移植知情同意书”等约定胚胎冷冻保存期限为一年，如果超过保存期同意将胚胎丢弃。现沈某、刘某意外死亡，合同因发生了当事人不可预见且非其所愿的情况而不能继续履行，南京鼓楼医院不能据知情同意书单方面处置涉案胚胎。(2) 在我国现行法律未对胚胎法律属性明确规定的情况下，结合本案实际，应考虑以下因素以确定涉案胚胎的相关权利归属：一是伦理。双方父母与涉案胚胎亦具有遗传关系和伦理关联性。二是情感。沈某、刘某遗留下来的胚胎承载着哀思寄托等人格利益，由双方父母监管和处置合乎人伦，亦可适度减轻其“失独”之痛。三是特殊利益保护。胚胎具有孕育成生命的潜质，应受到特殊尊重与保护。综上，判决沈某、刘某父母享有涉案胚胎的监管权和处置权合情合理，且不违背法律、公序良俗和损害他人利益。(3) 至于南京鼓楼医院在诉讼中提出，根据卫生部的相关规定，胚胎不能买卖、赠送和禁止实施代孕，但并未否定权利人对胚胎享有的相关权利，且这些规定是卫生行政管理部门对相关医疗机构和人员在从事人工生殖辅助技术时的管理规定，南京鼓楼医院不得基于部门规章的行政管理规定对抗当事人基于私法所享有的正当权利。参见江苏省宜兴市人民法院（2013）宜民初字第2729号民事判决，江苏省无锡市中级人民法院（2014）锡民终字第01235号判决。

② 参见上海市闵行区人民法院（2015）闵少民初字第2号判决；上海市第一中级人民法院（2015）沪一中少民终字第56号判决。

③ 唐唯珂．全国首例单身女性争取冻卵案开庭 冻卵权利之争再引热议［N］.21世纪经济报道，2019-12-25（8）.

造成法律和伦理的抵牾、法律制度和监管政策的冲突。如，《民法典》第1006条和第1007条分别规定了人体细胞、人体组织、人体器官、遗体捐献的自愿性原则、书面知情同意原则和无偿性原则，但是涵摄内容比较有限。配子和胚胎属于特殊的人类生物样本，既是人的早期生命物质，又是人类遗传物质，在临床实践中凡是允许捐献的都是坚持了自愿、无偿和知情同意原则。但事实上，我国对精子、卵子和胚胎的监管政策是区别对待的，是否可以捐献以及如何捐献的管理重点和伦理要求有很大差异。首先，对广为采用的精子捐献，现行精子库管理办法鼓励自愿捐献，包括允许精子库实践中精子捐献的经济补偿，《民法典》第1006条和第1007条与这些要求并行不悖，但只解决了所要遵循的自愿、无偿和知情同意原则，而无法涵盖和解决补偿限额、次数限制、匿名性等复杂问题。其次，对卵子捐献问题，我国只接受国际生殖医学界推荐的卵子分享计划，支持体外受精治疗周期剩余卵子的自愿捐献，而对纯粹利他性的自愿捐献持否定态度，对卵子冷冻保存自用也比较审慎。再次，对胚胎捐献问题，包括我国在内的禁止代孕的国家也同时禁止胚胎捐献，以免胚胎捐献为代孕留下可乘之机。因而，若把这两个条款适用于配子和胚胎捐献就会造成法律和伦理的对抗，并进一步助长社会上的卵子买卖和非法代孕。再如《民法典》第1008条和第1009条分别规定了临床试验以及与人体基因、人体胚胎等有关的医学和科研活动相关的规则，这些规定应当是基因编辑婴儿事件发生后的立法应对，但调整对象范围很窄，只是为医疗实践中广泛开展的医学研究提供了非常重要的基本法保障，并不适用于辅助生殖技术的临床应用。医学研究和临床应用是辅助生殖技术生命周期的两个重要阶段，《民法典》第1008条和第1009条调整的临床试验以及与人体基因、人体胚胎等有关的医学和科研活动都属于广义的实验性的“医学研究”范畴。辅助生殖服务虽然几乎是实现病床与实验台零距离的领域，但在性质上仍然属于常规性的“医疗服务”，是生命科学与生殖医学研究（包括临床研究）成果的转化及应用过程。医疗实践中对医学研究和医疗服务的伦理监督制度采取的是分类监管政策，伦理审查的依据和知情同意的重点也有显著差别，日常辅助生殖服务活动适用的临床技术准入制度和退出规范，只有医疗机构及其医务人员开展辅助生殖技术相关的临床研究行为才可以适用《民法典》第1008条，开展设计人类基因和人类胚胎的研究也要遵守第1009条的“三不”原则。更重要的是，按照这两条规定，所有的生命科学和医学研究都应当接受伦理审查和知情同意，但目前的临床实践并非如此，也是采取区别对待的。普通的生命科学和医学研究、生殖医学研究和应用、药物临床验证、医疗器械验证等都有专门性的行政管理规范性文件的严格管控，如《基本医疗卫生与健康促进法》第32条第3款、《疫苗管理法》第16条至第18条、《药品管理法》第18条至第23条以及《人类辅助生殖技术管理办法》、《人类精子库管理办法》、《人类辅助生殖技术规范》、《人类精子库基本标准和技术规范》、《涉及人的生物医学研究伦理审查办法》和《药物临床试验质量管理规范》等。未来需要做好上述规范规范性文件的全面清理工作，以协调它们与《民法典》第1008条和第1009条的冲突和矛盾，当前正在征求意见的《涉及人的生命科学和医学研究伦理审查办法》就是在这一重大立法变化的背景下产生。

第二，《民法典》婚姻家庭编积极回应了我国社会变迁对婚姻家庭法提出的时代之问，尤其是“婚生否认之诉”制度很好地适应了基因检测技术发展条件下多元化亲子关系确认标准。但是，婚姻家庭编对通过人类辅助生殖技术所生的子女的法律地位和父母子女关系没有作出明确规定。婚姻家庭编关于父母子女关系的规定（如第1071条、第1072条、第1111条和第1127条），并不当然适用于辅助生殖子女，最多只适用于同质人工授精和同质体外授精，致使社会上存在的异质人工授精、异质体外授精、卵子买卖、非法代孕等监管权纠纷及其衍生的继承权纠纷得不到合理高效的法律解决，因此，笔者建议《民法典》修订时弥补这一缺憾。总之，法律规制的滞后和乏力已经成为我国人类生殖材料商业化利用泛滥成灾的重要制度根源，未来亟须制定专门的人类辅助生殖法来弥补立法的短板和不足。

二、香港和台湾地区人类辅助生殖立法进展

（一）香港《人类生殖科技条例》的出台和内容

1. 立法准备

香港起初称人类辅助生殖为科学协助人类生殖，相关技术称为（人

类）生殖科技（human reproductive technology）。1986 年，继人工授精技术在香港使用二十多年后[1]，体外受精技术首次在香港成功实施，1993 年首家利用生殖科技选择婴儿性别的私立医疗服务机构宣告成立，从而引发公众对生殖科技所带来问题的关注。[2] 为了防范生殖科技滥用，当时的港英政府曾成立一个由临床医师、社工、律师、神学家、社会学家以及政府官员组成的科学协助人类生殖研究委员会（以下统称研究委员会）负责研究人类辅助生殖技术带来的社会、伦理和法律问题，并就如何处理这些问题向公众咨询意见和向政府提出建议。研究委员会分别于 1989 年、1993 年和 1996 年进行三次公众咨询，公众普遍赞成利用发牌制度和成立法定管理局规范生殖科技活动。根据公众咨询结果，研究委员会最后报告书原则上建议政府不应提倡也不应完全禁止使用生殖科技，而应采取法律措施以确保生殖科技在安全和使用者有充分认识的情况下应用。1994 年行政局通过该建议。为了实施该建议，1995 年 12 月，卫生福利司成立生殖科技临时管理局，希望通过这个咨询机构“就有关的规管法例及工作守则制定建议，并进行公众教育，确保生殖科技在安全及有充分认识的情况下妥善进行，并使人的生命受到尊重，以及家庭的价值、服务使用者的权益及借生殖科技出生的子女的福利得到保障”。1996 年 7 月，生殖科技临时管理局就性别选择、胎儿组织的利用以及发牌制度等问题发表一份咨询文件，并就人类辅助生殖技术的监管框架提出了建议，并咨询生殖科技从业人员后草拟《实务守则》。1997 年 1 月 15 日，港英政府把生殖科技临时管理局草拟的《人类生殖科技条例》草案提交立法局审议。然而，这份草案还未来得及审议立法局就解散了。而这时距离 1987 年港英政府首次研究生殖科技问题已有十年左右的时间。

香港回归祖国不久，再次启动生殖科技立法进程。1998 年 9 月 8 日与前《人类生殖科技条例（草案）》同名的草案（以下统称《条例草案》）再次提交立法会审议，并向社会各界征求意见。在 9 月 11 日的内务委员会

① 香港政府．科学协助人类生殖研究委员会最后报告书咨询文件．香港：香港政府印务局，1993：2.

② 陈浩文，陶黎宝华．香港应否全面禁止代母怀孕的道德探索［C］//陶黎宝华，邱仁宗．价值与社会：第 1 集［M］．北京：中国社会科学出版社，1997：137－155.

会议上，议员决定成立《条例草案》委员会，负责审查研究《条例草案》。在1998年9月23日举行的草案委员会首次会议上，委员和政府官员就《条例草案》对政府的约束力、《实务守则》及规例、牌照、使用限制、服务对象以及管理机构的成员组合等进行了热烈的讨论和会商。截至2000年6月21日，草案委员会共召开26次会议，邀请社会各界围绕上述问题进行深入广泛调研和深入讨论，并确定如下法律原则：第一，只限向不育夫妻提供生殖科技服务；第二，捐赠人身份资料的查询和保护以辅助生殖孩子福祉为要；第三，禁止利用生殖科技程序进行非医学需要的胎儿性别选择；第四，禁止商业性代母怀孕安排，代母安排不可强制执行。2000年6月29日，经过十多年酝酿、调研、起草、审议和修改的《人类生殖科技条例》终于破茧而出，2002年7月1日生效，2007年8月1日起所有制度全面实施。《人类生殖科技条例》作为香港辅助生殖基本法律规范，其宗旨是规管人类生殖科技程序及限制有关程序只可提供给不育夫妻、代母安排以及配子使用及胚胎研究等活动的管制。

香港生殖科技程序的规范除采用主体法例外，还包括2007年8月1日陆续执行的附属法例《人类生殖科技（牌照）规例》（以下称《牌照规例》）和《人类生殖科技（费用）规例》（以下称《费用规例》）。前者就实施《人类生殖科技条例》中有关牌照申请、发出及申诉等事宜制定相关制度，后者订明与牌照申请及与该牌照相关的其他服务向管理局支付的费用。

另外，《生殖科技及胚胎研究实务守则》（以下简称《实务守则》）及其指引也是非常重要的规范性文件。根据《人类生殖科技条例》第8条，管理局需制定和保存一份《实务守则》，为生殖科技服务提供者及胚胎研究工作者妥善开展牌照所授权进行的有关活动及其他职能作出详尽指引。《实务守则》草拟本1999年2月派发给各服务提供者和相关组织进行咨询，2002年12月发布，2007年8月1日生效，2013年1月完成修订，其目的旨在为生殖科技服务提供者及从事胚胎研究工作人员给予详细的服务守则及指引。但是，《实务守则》并无法律拘束力，任何人不得只因其没有遵守守则的任何条文而在任何法律程序中被起诉。为了增强《实务守则》的拘束力，《实务守则》规定，任何涉嫌违反实务守则的投诉，将交由管理局辖下的调查委员会进行调查，作为生殖科技服务及胚胎研究的发牌机构，在考虑发给、续发、更改、撤销或暂时吊销牌照时，需将有否遵守实务守则所载规定一事列为考虑因素之一。假如没有遵守《实务守则》本身亦构成触犯任何法定条文或任何专业的守则及公民谨慎责任的行为，则该人仍有可能被追究责任。有关的专业人士仍须受其所属专业范畴内适用的实务守则或专业操守指引所约束。

值得一提的是，香港辅助生殖子女父母身份的认定问题也得到法律确认，只不过不是在《人类生殖科技条例》中规定的，而是在1997年6月30日发布、2006年4月20日实施的《父母与子女条例》（1993年6月19日制定）规定的。至此，香港的辅助生殖法律体系基本建立健全，也标志着香港人类辅助生殖技术发展完全纳入法治化轨道。现重点评析《人类生殖科技条例》的基本制度。

2.《人类生殖科技条例》的主要内容

（1）人类生殖科技管理局的设立、职能及权力。

根据《人类生殖科技条例》第4条，人类生殖科技管理局（以下统称管理局）作为一个法定组织，下辖伦理委员会、视察委员会和调查委员会，其目的是规范生殖科技程序的提供，胚胎研究的进行，生殖或研究用配子或胚胎的处理、储存或弃置，以及代母安排的管制。第一，管理局的设立。管理局于2001年4月成立，旨在透过发牌制度订立详细规则，规管生殖科技程序，其成员来自妇产科学、法学、神学、心理学、社会学、哲学或伦理学等各界人士，均由行政长官委任，但是公职人员不得出任管理局的主席或副主席，牌照负责人、持牌人和注册医生均可以为管理局成员。第二，管理局的宗旨。管理局是规管生殖科技程序，胚胎研究，涉及生殖科技程序或胚胎研究的已使用或拟使用配子或胚胎的处理、储存或弃置，代母安排，提供审批进行人类生殖科技活动的牌照申请，以及向有关人员发出业务守则，确保生殖科技在安全和知情的情况下妥善进行，务使人类生命得到尊重，并保障家庭价值、受术者权益以及所生子女福利。第三，管理局的权力。不断检讨关于胚胎及任何与胚胎的其后发展和代母安排有关的资料；规管生殖科技程序及有关活动，并就有关事项发出牌照；刊登或以其他方式提供获发牌处所的名单，有关中心已进行的生殖科技活动相关统计及摘要，以及为服务提供者和公众提供有关生殖科技的一般资料。第四，委员会的成立、职能及权力。管理局为了更方便执行其职能和行使其权力可以设立若干委员会，委任管理局成员、牌照负责人或持牌人等为委员会成员，并委任委员会主席及副主席、决定委员会的成员人数。依法设立的任何委员会行使《人类生殖科技条例》授予或管理局依法转授的职能或权力。

（2）禁制（第4条至第17条）。

第一，禁制并非依据牌照进行有关活动。除依据牌照进行外，任何人不得进行有关活动。

第二，禁制就代母安排使用捐赠的配子。在不损害《父母与子女条例》施行的情况下，就某项代母安排而言，任何人只可使用下列两名人士的配子，即属一段婚姻的双方，及依据代孕安排接受怀有的孩子并行使该孩子父母权利者。

第三，与胚胎有关的禁制、对性别选择和提供生殖科技程序予未婚人士的禁制。具体包括：1）任何人不得：（a）为胚胎研究目的促成胚胎的制造，或将人类及非人类配子或胚胎或其任何部分结合以形成双细胞合子；（b）保留或使用已出现原痕的胚胎；（c）将非人类配子或胚胎或其任何部分放置于人体内；（d）将人类配子或胚胎或其任何部分放置于动物体内；（e）将胚胎的细胞核以取自其他细胞的细胞核取代；（f）将胚胎进行无性繁殖。2）任何人不得为生殖科技程序目的保留或使用胎儿的卵巢组织或睾丸组织。3）任何人不得借生殖科技程序直接或间接使胚胎的性别得以选择，但下列两种情况例外：（a）进行选择是为避免可能损害胚胎健康的《人类生殖科技条例》附表指明的伴性遗传疾病；（b）有不少于2名注册医生各以书面说明该项选择是为上述目的进行的，而该疾病的严重程度足以支持该疾病患者进行性别选择。4）任何人不得向并非属婚姻双方的人士提供生殖科技程序，但以下三种情况除外：（a）在不损害相关规定施行的情况下，如生殖科技程序是依据某项代母安排而向在该项安排下将会成为代母的人提供的；（b）在一段婚姻结束之前已依据向该段婚姻的双方提供的生殖科技程序将配子或胚胎放置于一名妇女的体内，则在该段婚姻结束后可继续进行该程序，但不得依据该程序而另将配子或胚胎放置于该名妇女的体内；(c) 配子取得程序。

第四，禁制订明物质的商业交易（第16条）。具体包括：1）任何人不得：(a) 在香港或其他地方为提供或为要约提供拟为生殖科技程序、胚胎研究或代母安排而使用的订明物质，而作出或接受付款；(b) 谋求寻觅愿意为获取付款而提供上述订明物质的人；(c) 提出或商议涉及为提供或要约提供上述订明物质而作出付款的安排；或 (d) 参与管理或参与控制属法团或不属法团的团体，而该团体的事务包含或包括提出或商议作出 (c) 段所提述的安排。2）在不损害前述一般性原则下，任何人不得安排公布或分发，或明知而公布或分发以下广告：(a) 邀请任何人为获取付款而提供前述订明物质，或要约为获取付款而提供该等订明物质的广告；或 (b) 显示发出该广告的人愿意提出或商议作出前述安排的广告。

第五，禁制属商业性质的代母安排等（第17条）。《人类生殖科技条例》只允许有婚姻关系的妻子不能持续怀孕至产期且无其他可行治疗方案情况下，方可依据代母安排进行生殖科技程序，除此之外，1）任何人不得：(a) 在香港或其他地方为以下事项而作出或接受付款，包括提出或参与任何以作出代母安排为出发点的商议，要约或同意商议作出代母安排，或以将资料使用于作出或商议作出代母安排为出发点而搜集该等资料；(b) 谋求寻觅愿意作出上述三个事项的人；(c) 参与管理或参与控制属法团或不属法团的团体，而该团体的事务包含或包括上述任何事项；或 (d) 在知道或理应知道某项代母安排是上述三个事项的情况下，进行或参与任何促进该项安排的作为。2）在不损害前款一般性原则下，任何人不得安排公布或分发，或明知而公布或分发关乎代母安排的广告，不论该广告是否邀请任何人作出违反前款的作为。

第六，代母安排不可强制执行。代母安排不得由作出该安排的人强制执行，亦不得针对该人而强制执行。

第七，良心反对。1）任何人如良知上认为参与牌照所授权进行的有关活动为不对，则该人无责任参与（不论该责任是如何产生的）该等有关活动。2）在任何法律程序中，证明良知上认为不对的举证责任，由声称依据此项理由的人负上。3）为免生疑问，牌照负责人或持牌人可提出良知上认为参与牌照所授权进行的有关活动为不对。

(3) 实行人类生殖科技服务牌照制度（第 21 条至第 32 条）。

发牌制度作为香港监管生殖科技服务的重要手段之一，其内容是多方面的，具体包括：任何人可向管理局申请发给牌照，以在申请书所指明的处所内进行有关活动。牌照申请人须向管理局提交管理局为决定是否应发给或拒绝发给牌照而要求的资料。管理局于接获牌照申请后，须在切实可行范围内尽快依法通知申请人发给牌照或拒绝发给牌照。牌照负责人的责任为确保：(a) 该牌照适用的其他人的品格令他们是参与该牌照所授权进行的有关活动的适合人选，而他们的经验及所受训练令他们有资格成为参与该活动的适合人选；(b) 使用的设备是恰当的；(c) 为保留配子及胚胎以及处置被容许销毁的配子或胚胎而作出恰当的安排；(d) 在整体情况下，于该活动过程中采用恰当的做法；及 (e) 牌照的条件获遵从。持牌人有责任确保牌照负责人履行上述责任（第 24 条）。牌照在最后一次发给该牌照的日期届满时失效或牌照依法被撤销（第 25 条）。另外，《人类生殖科技条例》还对牌照的有效期、续期、撤销、更改、拒发、暂时吊销、展示以及遗失等进行了详细规定。根据《人类生殖科技条例》和《牌照规例》，管理局可发放四种类别的牌照，即夫精人工授精牌照、治疗牌照、研究牌照和储存牌照。夫精人工授精牌照、治疗牌照或研究牌照亦准许储存用于或拟用于牌照授权之有关活动的配子或胚胎。施行夫精人工授精、提供治疗或进行研究的中心无须另外申领储存牌照。

(4) 建立资料查阅、数据登记和披露制度（第 33 条至第 36 条）。

对依据生殖科技程序取得的相关数据资料，《人类生殖科技条例》规定了四种制度，具体包括资料查阅制度、保密制度以及特殊情况下的信息披露和提供制度。

第一，资料查阅制度（第 33 条）。1) 管理局须备存和保存一份登记册（称为甲登记册），登记册内载有管理局所取得的有关提供生殖科技程序的资料，有关借涉及使用捐赠配子或胚胎的生殖科技程序而诞生儿童、其合法父母及相关捐赠人的资料。2) 任何成年人可借向管理局发出通知，要求管理局顺应前款要求，而管理局在以下情况下须顺应该要求：(a) 甲登记册内所载资料显示该成年人是或可能是经由生殖科技程序诞生的；及 (b) 该成年人（年满 16 岁的人）已获适当机会接受关于管理局顺应该要求的含义的恰当辅导。3）该成年人可要求管理局向其发出通知，述明甲登记册内所载资料是否显示一名非该成年人的父母的人如非因《父母与子女条例》第 9、10 及 11 条本会是或本可能是该成年人的父母，以及如该资料显示确有此情况，则：(a) 向该成年人提供资料中所有关乎有关人士而管理局依法订立的规例规定必须提供的资料；或（b）述明该资料是否显示该成年人及在要求内指明拟与该成年人结婚的人如非因上述各条本会是或本可能是有亲属关系的。4）甲登记册内载有的任何资料，自其首次记入该册当日起计 80 年内的任何时间，均不得删除。

第二，保密制度（第 34 条）。1）是或曾是：(a) 获授权人士的人；或（b）牌照适用的人或牌照的持有人的人，不得披露甲登记册内所载的，或规定须载于该册内的资料。2）前款不适用于以下情况的披露资料：(a) 向作为获授权人士的人披露；(b) 为牌照适用的人或牌照的持有人的职能的目的，而向该等人士披露；(c) 披露情况不会使有关资料所关乎的个人的身份被辨别；(d) 按照第 33 条披露；(e) 依据第 35（1）条作出的命令披露；(f) 依据第 36 条提出的要求而向该条所指的登记官披露；或（g）在关于要求根据《父母与子女条例》第 12（1）条作出命令的申请的法律程序中，为证实该条（a）或（b）段所指明的条件是否已符合而披露。3）除第（4）款另有规定外，如资料关乎为某名身份可被辨别的个人提供生殖科技程序，则：(a) 第（1）款不适用于按照该名个人在获提供该程序之前所作的书面同意而作出的披露；或（b）在以下情况下（并仅在以下情况下），第（1）款不适用于在按照该名个人在获提供该程序之后所作的书面同意而作出的披露：(i) 该项同意是按照该名个人在获提供该程序之前给予的书面准许而取得的；而（ii）该项准许容许在一般情况或该项准许指明的情况下，于该名个人获提供该程序之后与他联络，以确定他会否同意披露关乎向他提供该程序的资料。4）如根据第（3）款作出某项披露必然会同时披露关乎向另一名身份可被辨别的个人提供生殖科技程序的资料，则除非同样可根据该款披露关乎向该另一名个人提供该程序的资料，否则不得作出上述披露。5）如资料显示一名身份可被辨别的个人是或可能是经由生殖科技程序而诞生的，则第（1）款不适用于根据第（3）款作出的披露所必要附带的披露。6）本条不适用于向一名个人披露只与该名个人有关的资料，而在该名个人与另一人共同接受治疗的情况下，本条不适用于向该名个人及该另一人披露只与他们有关的资料。7)以下规定须当作为每一牌照的条件：不得为一名身份可被辨别的个人提供本可依据牌照提供的生殖科技程序，除非该名个人获提供该程序之前已作出或拒绝作出前款所提述的同意或准许。

第三，为维护公正而作出的披露（第 35 条）。1）如在法庭进行的法律程序中须就某人是否凭借《父母与子女条例》第 9、10 及 11 条属某孩子的父亲或母亲的问题作出判决，则法庭可在该法律程序的任何一方申请下作出命令，要求管理局：(a) 披露甲登记册是否载有与该问题有关的资料；及 (b) 如甲登记册载有该等资料，则披露命令所指明的该等资料的全部或部分，唯该命令不可规定管理局披露可能辨别出某名个人的资料，而该等资料为凭借该名个人的配子而属第 33（2）条所指的资料。2）除非法庭经考虑：(a) 任何由可能受该披露影响的个人所作出的陈述；及 (b) 可能受该披露影响的未成年人的福利，而信纳为维护公正而需根据第 (1) 款作出命令，否则不得作出该命令。3）如法庭进行的法律程序为民事法律程序：(a) 法庭可指示关于要求根据第（1）款作出命令的申请的法律程序的全部或任何部分须以闭门形式聆讯；及（b）如法庭作出该等命令，法庭可在当时或其后指示该法律程序的往后阶段的全部或任何部分须以闭门形式聆讯。

第四，向登记官提供的资料（第 36 条）。1）凡有人在登记官席前声称一名男性是或不是某名孩子的父亲，而就执行登记官的任何职能而言，决定该声称是否具备或可能具备充分理据乃属需要的或应当的，则本条适用。2）管理局须应登记官借向该局给予通知作出的要求，披露甲登记册内是否有倾向于显示该名男性可能凭借《父母与子女条例》第 10 条是有关孩子的父亲的资料，如有该等资料则予以披露。

3. 香港生殖科技立法的经验与启示

（1）立足实际，广泛借鉴国外立法的经验教训

香港生殖科技立法充分借鉴了英国、澳大利亚和美国等国家的立法经验，尤其深受英国立法理念和制度的影响。香港回归祖国后，港英时期的普通法传统（包括普通法、衡平法、条例、附属立法和习惯法）予以保留

（同《香港特别行政区基本法》相抵触或经香港的立法机关作出修改的除外）。香港生殖科技立法也承袭和借鉴了英国的法律传统，与英国的《代孕协议法》和《人类受精与胚胎学法》的基本制度如出一辙。当然，香港对英国法律制度的借鉴并非机械地照搬照抄，而是在取长补短的基础上有所超越。例如，在持牌人及负责人的监察及制衡机制上，立法者曾考虑持牌人和负责人不可为同一人（《人类受精与胚胎学法》并没有要求持牌人和负责人必须为两人），管理局曾就此咨询英国的人类受精与胚胎学管理局，人类受精与胚胎学管理局建议持牌人和负责人须为两人至关重要。英国法律也没有特别规定负责人必须是医生，医院经理、护士或胚胎学家也可以担任负责人。此外，那些只负责储存配子或胚胎的中心的负责人一般是科学家，只进行研究的中心的负责人则是学术顾问或科学家。正是借鉴了英国的正反两方面经验，香港的监察与制衡机制比英国的相关制度设计得更加缜密。再如，在基于医学理由利用生殖科技选择性别问题上，生殖科技临时管理局计划拟定一份严重伴性遗传病一览表供医生参考以免技术滥用。生殖科技临时管理局曾就制定伴性遗传疾病病例表咨询人类受精与胚胎学管理局，人类受精与胚胎学管理局表示，制定病例表并非适当的做法，因为事先必须界定某种疾病的严重程度是否足以纳入病例表内，而这将会导致一些任意决定。人类受精与胚胎学管理局的结论是，应由个别个案的有关临床诊治医生及父母，在充分考虑将会因此程序生出的孩子以及家中其他孩子的福利因素后作出决定。有鉴于此，生殖科技临时管理局建议在《实务守则》内加入一份没有界定严重程度的伴性遗传病一览表以备参考，但一览表不尽录所有相关疾病。此外，香港还充分汲取英国生殖科技程序的监管体制、辅助生殖子女的父母认定标准以及代孕安排制度等的经验，这里不再赘述。

与英国法律制度有着深刻渊源关系的澳大利亚也是香港借鉴的对象。澳大利亚法律源于英国法律，辅助生殖法律制度注重对传统婚姻家庭秩序的保护，以防范和减少对妇女和子女的负面影响为基点。在辅助生殖子女知情权上，维多利亚州及西澳大利亚州规定，家长及其子女可查询能辨识捐赠者身份的资料，而捐精者也可查询由其精子受孕所生子女及其法律父母的资料。这一规定在当时是非常激进的，只有瑞典和澳大利亚部分省份采取这一制度，其背后的法律精神一是虑及可能的乱伦风险，二是基于人人应有的基因知情权。香港立法者委托卫生署考察了澳大利亚的做法，鉴于披露捐赠者身份会引致诸多纠纷，例如借机敲诈勒索和遗产纠纷等，令捐精者望而却步，有议员主张，香港的文化背景决定澳大利亚的做法如果盲目引进可能造成水土不服，因而不足以为鉴。[①] 有鉴于此，《条例草案》只允许在特殊情况下查阅生殖科技资料。

香港对美国制度的借鉴主要体现在代孕制度及辅助生殖子女父母身份认定方面。美国政府对生殖科技程序及代孕协议的规管责任下放给各州，联邦政府只作最低程度的规管，各州关注的核心问题是代孕协议及第三方生殖中所生子女的父母身份问题。如加利福尼亚州规定必须有书面同意方可使用及植入捐赠配子；捐赠精子给持牌精子库的男子无须签署同意书。路易斯安那州还制定了规管人类卵子及卵子法律地位的条文。各州对代孕的立场各不相同，已经采取立法规制的州大部分支持代孕。例如佛罗里达州不仅制定了经由生殖科技程序出生孩子的父母身份的条文，而且制定了有关代母怀孕协议的条文。绝大部分州不支持代孕协议具有强制执行力，例如密歇根州、纽约州和哥伦比亚特区规定代母协议无效且不能强制执行。各州立法大都注重捐赠者隐私权的保护，例如在由生殖科技所生子女的父母身份问题上，各州法律关注的往往不是该子女是否有机会获取捐精者的资料，所以有些州规定除非因紧急医学理由而由法庭颁发命令，否则必须保守捐精者的身份资料。美国各州的立法经验为香港制定关于代孕及所生子女法律父母身份认定的规则提供了丰富的参考资料和宝贵的经验教训。

(2) 立法准备充分，充分体现立法过程的民主性和公开性。

首先，香港生殖科技立法起步早，历时长，论证充分。香港立法先后成立专门的研究委员会、生殖科技临时管理局、生殖科技管理局和草案委员会等机构，负责调查研究人类辅助生殖技术带来的各种问题，并就如何处理这些问题展开公众咨询和提供立法建议及决策参考，特别是由议员组成的草案委员会先后召开27次会议，邀请社会各界对争议较大的问题进行广泛调研

---

① 人类生殖科技条例草案（会议纪要）[EB/OL].（1998-11-18）[2018-03-21]. http://sc.legco.gov.hk/sc/www.legco.gov.hk/yr98-99/chinese/bc/bc53/minutes/bc531811.htm.

和深入讨论。例如关于生殖科技活动的记录和披露问题，《条例草案》第30条规定管理局须备存一份登记册（即甲登记册），保存关于捐赠配子或胚胎生殖科技程序资料、所生子女法律父母以及相关捐赠人的资料等。鉴于这些资料异常敏感，草案委员会进行了深入持久的调研，几乎每次例会与会者都有热烈讨论。对于最为敏感的甲登记册资料，有委员认为应在法例或《实务守则》内规定，也有委员表示须受条例内最严格的保密条款规管。那么，生殖中心有关活动的统计及摘要能否披露以及披露的范围怎样划定呢？政府部门和社会各界也献计献策。香港中文大学妇产科学系认为，不应由个别单位而应由管理局以整体数据形式向公众披露，以防泄露接受生殖科技治疗者身份，其目的是避免生殖中心变相宣传其服务，进而导致病人选择成功率高的中心求诊，或导致个别中心采取选择性治疗政策以取得较高的成功率。① 医院管理局也就上述问题给出相同意见。对于上述建议，草案委员会及时分析、评估和研究，认为建议具有一定的合理性和可行性，并据此作出分阶段发布生殖科技活动数据的决策，即生殖科技发展初期发布总体概括数据，数年后当生殖科技程序趋于普遍时可考虑提供详尽数据。②

其次，立法程序公开，汇集民意，充分体现立法过程的民主性和公开性。如前所述，香港生殖科技立法非常注意听取和汇集民意，以公开透明的立法程序作保障，积极通过座谈会、论证会、研讨会等形式开展立法调研和咨询，深入了解和反映民情；采用电话、传真、信函、网络等多种方式，广泛集中民智。特别值得一提的是，为了促进和保障立法民主，香港在制定立法规划、起草草案和审议草案的各个环节，包括委员的发言记录、有关社团的立法建议以及草案委员会的会议记录和简报等资料，都能及时向全社会公开。通过民主立法，展开深入的调查研究，全面公开草案和调研报告，积极鼓励公众参与，广泛听取专家意见，进而丰富立法决策的信息资源，保障了立法决策的民主性和合法性。例如，在《人类生殖科

---

① 香港中文大学妇产科学系的意见书［CB（2）462/98－99（01）］［EB/OL］.（1998－11－18）［2018－03－02］. http://www.legco.gov.hk/yr98－99/chinese/bc/bc53/papers/p462c01.pdf.

② 人类生殖科技条例草案（立法会CB（2）1512/98－99号文件）［EB/OL］.（1998－11－18）［2013－03－21］. http://sc.legco.gov.hk/sc/www.legco.gov.hk/yr98－99/chinese/bc/bc53/minutes/bc531811.htm.

技条例》的适用范围上，1997 年年初的前《条例草案》载有“本条例对政府具约束力”的条文，但是《条例草案》将此条删除了，根据政府的解释，删除的原因是医院管理局管辖的公营医院并非政府机构，而卫生署并无设施提供生殖科技服务，因而不再需要在条例内载有约束政府的条文。但是，有议员认为，日后生殖科技的发展难以预测，卫生署将来是否处理生殖科技问题亦不得而知，《条例草案》应未雨绸缪，删除该条文会令公众误以为政府在提供生殖科技服务方面不受法例管制。卫生福利局官员表示卫生署虽然不涉及生殖科技活动，但在执行《条例草案》各项政策时或会无意中从事某类生殖科技活动，比如该署须进行某些测试，以确定诊疗所是否非法从事某类生殖科技活动，因此会考虑草案委员会的意见，在《条例草案》恢复该条款。基于此，《人类生殖科技条例》第 3 条保留了原条文。由此可见，立法民主通过吸引更多的社会主体参与民主讨论，也可以使立法争议问题呈现得更立体、更透明、更全面，有助于最大限度地提高《人类生殖科技条例》的前瞻性、科学性和实效性。

深入的民主的立法讨论不仅提高了立法质量，而且也是重要的科普途径，有助于提高参与者的科学素养，拓宽公众理解生殖科技的路径，从而纾解公众与科技之间的张力，拓宽公众对自己生活方式的选择空间，克服科技理性的偏狭和公众对科技需求的盲目性，增强立法应对科技风险的能力。例如在精子进口管理问题上，政府曾考虑禁止进口精子，但是鉴于香港精子供不应求，政府决定批准夫妻在香港使用从海外获得的捐赠精子(但限制精子授精次数)，满足很多不育夫妻的治疗之需要。只是海外精子可以买卖形式获得，而且可以轻易运来香港，但是，从海外捐出的精子可能不具备发牌机构所需的资料而无法进口，因此有委员建议当局在《条例草案》定稿时考虑精子进口问题。为慎重起见，讨论者建议研究香港进口精子和外地出口精子的监察机制、进口精子的品质控制和保存技术、提供捐精者的资料，以及出口精子的一方应否属海外国家的法定机构，并考虑在《实务守则》中规管有关进口配子或胚胎问题。①

① 人类生殖科技条例草案（会议纪要）[EB/OL]．(1998 - 11 - 18)[2018 - 03 - 21]．http://sc.legco.gov.hk/sc/www.legco.gov.hk/yr98-99/chinese/bc/bc53/minutes/bc531811.htm.

（3）注重利益衡量，妥善沟通和协调各种利益主体之间的利益诉求。

立法活动本身既是一个制度安排的过程，也是一个相关利益主体价值选择、利益博弈的过程，积极发挥立法平衡和协调社会利益关系的作用，搭建合理的利益表达机制和商谈对话机制，及时有效地汇集和整合公众的利益诉求，消弭公众、政府与科学家对人类辅助生殖技术的接受度之间存在的罅隙，引导公众和专家学会在公共利益下考虑问题。香港生殖科技立法的利益平衡不仅表现在当事人之间、当事人与后代之间、当事人与生殖中心之间，而且表现在医学共同体和代表公共利益的监管机构之间。例如在管理局成员组成上，为了提高管理局的公信力和平衡各方的利益，避免公众误以为管理局受医界意见左右，政府认为有必要禁止委任医生为管理局正副主席一职，因此，《条例草案》规定注册医生不得出任管理局主席及副主席，牌照负责人或持牌人也不得为管理局成员。此项禁制曾引起强烈争议，有议员主张禁令应同时适用于所有生殖科技既得利益者；还有议员认为牌照负责人或持牌人的专业知识对管理局会大有裨益，况且医生参与生殖科技的管理并不必然存在利益冲突，例如不再执业的医生若成为管理局主席或副主席就不会有利益冲突。有鉴于此，有委员提出一个折中办法，即通过行政措施作出安排，禁止某些人出任管理局正、副主席，但无须在法例内订明。最后，政府接受此项建议，并将会提出一项修正案，撤销有关限制。[①] 正是充分汲取了各方建议，立法者寻找到了一个平衡点，有效地促进了各种利益共同体之间的交流和理解，有助于从源头上防范利益关系失衡，科学化解各种社会利益矛盾。

生殖科技立法中的各种利益冲突中，代际利益冲突也是一种非常特殊的利益冲突。人类社会是一个薪火相传的发展过程，“我们的先辈”、“我们”和“我们的后代”只有作为一个整体共享社会资源才能可持续发展。为了防止“我们”的恣意行为损害“我们的后代”的利益，生殖科技立法应充分关注处于弱势地位的“我们的后代”的生存状态，通过精心的制度安排来限制“我们”的趋利行为，切实肩负起保护后代利益的历史责任。

① 《人类生殖科技条例草案》委员会报告（立法会 CB（2）2296/99－00 文件）[EB/OL].（1999－05－03）[2018－03－09]. http://sc.legco.gov.hk/sc/www.legco.gov.hk/yr98-99/chinese/bc/bc53/report/b2296c.pdf.

基于此，《人类生殖科技条例》和《实务守则》等一系列制度在涉及经由生殖科技程序所生孩子有关的部分时，都将孩子的福利作为最重要的因素处理，并以孩子的福利为基本原则，诸如评估当事人是否适合接受生殖科技程序、提供储存配子及胚胎服务，评估代母（及其丈夫）以及委托夫妇是否适合进行代母怀孕，均要以拟生孩子的最佳福利为出发点。再如为拟使用捐赠配子或胚胎的当事人提供辅导，则需要提醒使用捐赠配子或胚胎的当事人考虑是否应当告诉将来的孩子有关接受配子或胚胎捐赠之事以及孩子可能作出的反应，是否应让将来的孩子知道自己有权在结婚前查询甲登记册内的信息等。向当事人和捐赠人提供各项服务数据也应当包括孩子及各有关人士的法律地位，以及孩子年满 16 岁时查询不涉及辨别捐赠人身份资料之权等。

医疗资源的公平分配也是香港生殖科技立法的核心。医疗资源作为公共资源，能够得到伦理辩护的分配方案必须建立在平等关心每个人的健康的基础之上。人类辅助生殖技术及其各种衍生技术作为高新医疗技术，既是稀有资源，也是紧缺资源，技术含量高、费用昂贵、来源稀少、可及性小，只能有条件地、限制性地向必需者提供，尤其是配子及胚胎的社会性冻存、植入前遗传学诊断和基因治疗等技术更是如此。所以，《人类生殖科技条例》规定，生殖科技服务只限向不育夫妻提供，禁止利用生殖科技程序进行非医学需要的胎儿性别选择，禁止商业性代母怀孕安排。为了落实上述法律原则，《实务守则》做了一系列周密的制度安排：当植入前遗传学诊断与体外受精和基因检测结合使用以避免基因缺陷或疾病时，资源的运用须符合爱护、平等、公平和负责的原则，并须在个人利益和集体利益之间取得平衡，以保护弱势各方免受伤害或剥削。再如关于配子及胚胎的社会性冻存问题，《实务守则》规定，生殖科技服务需始终关注儿童福祉，严格管控配子与胚胎的冷冻保存，配子和胚胎的最长存储期为 10 年。此外，《实务守则》草拟期间议员曾讨论过是否允许社会性冻存，或是否只限向因接受癌症治疗而导致不育的人提供冻存服务，因为社会性冻存涉及医疗资源的公正分配，社会各界争议较大，焦点在于冷冻技术应否被视为生殖科技程序，医学专家认为，《条例草案》的目的是规管生殖科技程序及“有关活动”，根据《条例草案》的条文，处理、储存或弃置在或拟在与生殖科技程序或胚胎研究有关联的情况下使用的配子或胚胎，均被视为“有关活动”，卫生福利局曾讨论这种个案，同意向那些因接受药物治疗、放射治疗或手术以致可能不育的癌症患者或其他患者提供冷冻保存服务，至于那些基于个人之便而采用冷冻保存技术的则另当别论。生殖科技临时管理局认为无须在法例内订明有关政策，但日后须或订立规例或在《实务守则》内订立指引。为此，《实务守则》在规定储存的配子或胚胎最长储存期不得超过 10 年外，还规定：因接受化学治疗、放射治疗、外科手术或其他医学治疗而可能导致丧失生育能力的癌症或其他病人，其配子最长储存期为 10 年，或直至病人年满 55 岁时为止（以较迟者为准）。为上述病人储存胚胎的最长期限为 10 年。然而，病人可指定 55 岁以下的年龄期限或不超过 10 年的最长储存期限。

人类配子和胚胎不同于其他临床材料，承载着人类的尊严和价值。为了防止配子滥用或被商业化，《人类生殖科技条例》始终把人类尊严作为重要的法益置于科学价值之上进行特别保护，规定供研究用的胚胎应为接受治疗夫妻的剩余胚胎，并征得他们的同意，表示自愿捐出胚胎作研究之用。但是，禁止使用受精 14 天后的胚胎进行研究、混种受精以及克隆等。《实务守则》重申了有关胚胎研究及使用胎儿卵巢或睾丸组织的规定，并就进行配子及胚胎研究作出详尽的指引。其一，配子及胚胎研究的原则是遵守《赫尔辛基宣言》。任何人不得为研究目的而促成人类胚胎的制造。涉及人体以外促使人类胚胎成长或涉及储存、操控及使用人类胚胎的研究，须获管理局发牌批准。所有人类胚胎研究方案，须先得到机构本身的科技研究伦理委员会批准，然后才可呈交管理局审批发牌。其二，重申《人类生殖科技条例》第 15 条与胚胎有关的禁制，如禁制就配子、胚胎或胎儿的卵巢或睾丸组织进行商业交易；任何研究人员如良知上认为胚胎研究是不对的，则该职员无责任参与该研究；每间涉及胚胎研究的机构，均须设立一个由多方专家所组成的科技研究伦理委员会。其三，将剩余胚胎捐赠作研究用途，须得到胚胎捐赠人的书面同意；为不育夫妇提供医疗护理的质素，不得因他们是否捐赠胚胎作研究用途的决定而受到影响；不可利诱准捐赠人或向其付款，借以影响其决定；使用人类胚胎干细胞作研究用途，须恪守及遵行《人类胚胎干细胞研究伦理指引》。其四，基因操控：

凡涉及改变配子或胚胎遗传结构的研究，须经机构本身的科技研究伦理委员会审批，然后再提交管理局审批发牌。旨在改变人类基因的介入行为或研究，须以预防、诊断或治疗疾病为目的，方可进行，而且不得以改变后代遗传基因组为目的。不得进行生殖细胞系基因疗法。其五，使用胎儿的卵巢或睾丸组织进行研究须符合以下规管原则：1）严禁进行条例所禁制的任何活动，任何人不得为胚胎研究的目的促成胚胎的制造；2）法例没有禁制的胚胎研究活动须经申请人所属机构的科技研究伦理委员会审核，再提交管理局审批发牌，然后才可依据牌照进行有关活动；3）须得到胎儿母亲的书面同意；4）如情况许可，应得到胎儿母亲的配偶或性伴侣（如未婚）的书面同意；以及5）不可借捐赠胎儿组织而获得任何金钱报酬。

综上所述，由于不同利益主体呈现出一种错综复杂的利益矛盾关系，生殖科技立法必然成为它们之间利益博弈过程的产物。利益衡量的社会意义不言而喻：其一，各个利益相关主体通过立法参与，激发了有序参与公共事务和积极回应社会关切的热情，养成了在公共空间公开表达利益诉求和意愿的习惯，从而促进公民社会的建立健全。其二，立法者在开门立法中更加重视民情，尊重民意，通过开门立法、科学立法、民主立法，依法维护公众的知情权、表达权、参与权和监督权，使法律成为平衡各种社会利益关系和维护社会公平正义的“公器”。

（4）立法技术成熟，层次结构鲜明，法律规则全面，语言严谨庄重。

立法的技术性很强，立法技术成熟及发达与否很大程度上制约着立法功能的实现和法律实施的效果。立法技术的成熟程度取决于其制度设计是否符合客观实际，也取决于其结构设计是否严密、条文表述是否严谨、逻辑是否明晰、用语是否规范等。香港生殖科技立法体系由五部法律规范组成，《人类生殖科技条例》、《实务守则》、《牌照规例》、《费用规例》和《父母与子女条例》共同构成一个完整统一的、系统分层的、动态开放的体系。《人类生殖科技条例》是主体法例，内容简明扼要。《实务守则》和两部《规例》是实施细则，内容细致具体。《人类生殖科技条例》结构严谨，逻辑清晰，采用“部”、“条”和“附录”等结构单位，全文共7“部”48“条”，将正文内容按照严密的逻辑关系依次排列组合在一起，导言和人类生殖科技管理局的设立、职能及权力，实务守则，禁制，牌照，查阅资料，强制执行和罪行，杂项等七个部分相对独立又紧密关联，构成内在统一的、层次分明的有机整体。《实务守则》作为一部操作规程，内容广泛，具体周详，涵盖生殖科技程序及胚胎研究活动15个方面的守则，主要包括：生殖科技中心的职员、设施及设备；为当事人及捐赠人作出评估，以及借生殖科技诞生的孩子的福利；向当事人及捐赠人提供资料及辅导；征求同意及治疗方法；使用、储存及处置配子和胚胎；研究；代母怀孕；为避免伴性疾病而进行性别选择；记录保存及资料管理以及投诉处理规则。

内容的全面性表现在多方面。首先是基本制度的全面性。如前所述，《人类生殖科技条例》的制度体系比较全面，诸如监管制度、牌照制度、各种禁制、资料查阅制度、法律责任制度等都有明确的规定。上述制度在《实务守则》里得到更具体的阐释。除此之外，《实务守则》还进一步规定了《人类生殖科技条例》未涉及的具体监管制度，如负责人、持牌人及医生、护士、辅导人员等职员须具备的资格、经验和责任范围，生殖科技中心临床及化验室为不同服务提供的设施和设备须符合的一般标准及最低要求，评估当事人或捐赠人及孩子福利应考虑当事人和捐赠人的精神、社会及医学因素，向当事人和捐赠人提供各项服务数据，各种生殖科技程序的具体指引等。其次是涵盖领域广泛。根据《人类生殖科技条例》和《实务守则》，香港已纳入法律规范的生殖科技程序种类繁多，从技术方法上看有人工授精程序、体外受精—胚胎移植程序及其衍生技术程序；从管制的严格性来看，有常规治疗程序、实验性治疗程序和相关的研究程序等；根据具体操作程序的不同又可细分为减胎、植入前遗传学诊断、精子洗涤、使用配子及胚胎、收集配子或胚胎、筛查及选择配子或胚胎、持牌中心之间在本地移交配子或胚胎、输入配子或胚胎、捐赠新鲜卵子、输出配子或胚胎、储存及弃置配子和胚胎、使用胚胎作研究用途、使用人类胚胎干细胞作研究用途、使用胎儿的卵巢或睾丸组织、基因操控、代母怀孕、性别选择等不同程序。再次是法律规则粗细得当。“宜粗不宜细”的《人类生殖科技条例》规定相对原则，保持了一定的稳定性和超前性，而《实务守则》是具体的行为指南，法律规定相对周密细致，可操作性强。特别是

“附录”部分提供了特殊程序的指引，如《筛查配子或胚胎准捐赠人及受赠人以预防传染病的指引》《付款予捐赠人的指引》《植入前基因诊断伦理指引》《有关移交储存配子或胚胎的指引》《有关弃置配子或胚胎的指引》和《人类胚胎干细胞研究伦理指引》等都是明确具体的行为规则。“附件”部分还制定了18份同意书范本、8份资料收集表格、8种全年统计表格范本以及2份使用捐赠配子或胚胎的申请等，也是尽量具体化，以便增强可操作性。

法律语言是书写或阐述与法律活动相关内容时所使用的语言。香港回归祖国以后，实施法律语言双语制，所有香港法例均以中英双语制定，中文文本与英文文本具有同等法律地位。尽管香港中文法律语言承载着普通法系法律文化，语言表述风格也受到普通法系的影响①，但是，作为颇具地域特色的中国法律语言的一个重要组成部分，香港中文法律语言与内地法律文本一样，具有准确、严谨、庄重、凝练、朴实等独特的语体风格。以持牌人及负责人的监察及制衡机制为例，《条例草案》规定生殖科技活动及胚胎研究实行牌照制度，但是立法者和公众对发牌照对象的措辞是使用“医疗机构”还是“人士”一词存在争议，根据草案委员会的最初建议，法定管理局应发牌照予作为“处所”的医疗机构，但法律草拟专员认为从规范意义上看，牌照应发给有法律身份的“个人”或“法人团体”才是准确的表达。关于同一人可否同时为牌照“申请人”和“负责人”也存在同样的争论。《条例草案》禁止同一人同时出任持牌人及负责人，但有议员认为，生殖科技的发展日新月异，法律语言宜模糊一些，为未来预留一定空间，负责人资格不应在法例内订明，而应由管理局决定，并在《实务守则》内或以附属法例形式加以订明。还有人主张法例除规定持牌人及负责人须为两名不同人员外，亦应容许作出弹性安排，在某些情况下持牌人及负责人可为同一人。② 有鉴于此，政府就如何能同时提供弹性安排和推行监察及制衡机制进行进一步研究后，建议在原条文中新增一条款，授权管理局容许持牌人及负责人为同一人，但须确保该项安排不影响负责人

① 潘庆云．中国法律语言鉴衡．上海：汉语大词典出版社，2004：548.

② 人类生殖科技条例草案（会议纪要）［EB/OL］．（1998－11－18）［2018－03－07］．http://sc.legco.gov.hk/sc/www.legco.gov.hk/yr98-99/chinese/bc/bc53/minutes/bc532001.htm.

履行其职责。模糊且富有弹性的法律语言有助于在法律适用过程中适应不同的情况和变化作出富有时代感的解释，从而保持了法律的稳定性和权威性。当然，由于法律中大量使用文言文，使得香港法律语言庄重凝练的同时也显得艰深晦涩，这是其缺点。

（5）多种调整方法并用，注重法律之间的和谐统一。

综合运用多种调整方法对生殖科技利用关系进行调整是香港生殖科技法的一大特色，主要表现如下。

其一，强化事前预防和事中控制，注重调整生殖科技服务中的社会关系，尤其关注受术夫妻、捐赠者和所生后代的权利和确认和保护。诸如不孕不育夫妻的生殖权、受术夫妻的知情权、选择权和隐私权、捐赠者的保密权和生活安宁权、后代的亲权和监护权等权利保障措施，《人类生殖科技条例》、《实务守则》和《父母与子女条例》都一一作了规定。第一，划定强制执行权的范围和边界，规范执法和司法人员的强制性和制裁性行为，保护生殖中心、持牌人和当事人的合法权益，并明确界定各种严重违反法律行为的罪行及刑事责任（第 39 条），严厉打击生殖科技领域的八种犯罪行为。第二，注意不同法律之间的协调，修改现行相关法律规定的条款，避免不同法律之间的冲突。这些法律包括《侵害人身罪条例》、《行政上诉委员会条例》、《性别歧视条例》和《个人资料（私隐）条例》等。第三，发挥行业自律机制的作用，倡导从业人员自觉遵守法律。如前所述，《实务守则》的目的是为生殖科技服务提供者及胚胎研究工作者提供详尽指引（仍须遵守各专业守则及职业操守），保障服务使用人的健康和利益，以及保障借生殖科技所生孩子的福利。为了发挥行业自律机制的作用，管理局制定了详细的《实务守则》，在审议发牌申请时，会把任何符合或违反《实务守则》规定的情况列为考虑因素。

其二，协调《父母与子女条例》与《人类生殖科技条例》在亲子制度上的基本价值。在比较敏感的代孕问题上，《父母与子女条例》早在 20 世纪 90 年代草拟时就注重代孕所生子女的法律保护，而不论代孕合法与否。研究委员会 1993 年的咨询报告书也不禁止自愿性和非商业性代孕，并且在家庭价值观的影响下，研究委员会建议代母因妊娠关系自动成为所生子女的法定母亲，然而只要该子女与委托夫妻双方均有遗传关系，委托夫妻即可在代母自愿放弃子女后向法庭申请命令成为法定父母。但是，从具体制度来看，《父母与子女条例》对捐精技术和捐卵技术的规管似乎比研究委员会的建议更宽松，因为研究委员会的咨询报告要求该服务只能提供给已婚夫妻，而《父母与子女条例》却无此项限制。这可能是两部法律的立法宗旨不同之故。《父母与子女条例》的目的是要明确凭医疗助孕服务而怀孕或出生的子女的父母子女关系，而不像《人类生殖科技条例》那样是要规管生殖科技在香港的应用。即便有人故意或者过失采用生殖科技程序，但是经由该等程序出生的子女的合法权益必须得到法律保护，因此需要明确该子女的法律地位以及谁人可以成为该子女的法律父母，例如代母怀有与委托夫妻一方有基因遗传关系的子女，或者未婚男女和同居者接受捐精或捐卵服务生下子女，则法律有必要明确采用这些争议性程序生出的子女的法律父母，否则对这些无辜的子女是不公平的。因此，《父母与子女条例》与《人类生殖科技条例》的立场并不冲突①，相反，二者彼此呼应，相得益彰。再如，《父母子女条例》只规定借医疗怀孕或出生子女父母身份的断定方法，但是未规定如何判定所生子女是借医疗怀孕或出生，而确定借医疗怀孕或出生子女身份的前提是构建合理的信息披露机制。为此，《人类生殖科技条例》借鉴英国《人类受精与胚胎学法》第 34 条，规定了详尽的资料查阅、数据登记和披露制度，以便于法庭判定某人是否凭借《父母与子女条例》第 9、10 及 11 条为某子女的父母，即决定谁是借医疗而怀孕或出生的子女的母亲或父亲。法庭若要发出披露资料的命令，必须符合《条例草案》第 32（2）条所列的条件：披露资料的目的是为维护公正，以及法庭在发出命令前，必须已考虑任何可能受披露资料影响的个人所作的陈述，以及可能受披露资料影响的未成年人的福利。若符合上述条件，法庭可命令人类生殖科技管理委员会披露甲登记册内是否载有与该问题有关的资料，若然，则披露命令所指明的该等资料的全部或部分。

综上所述，香港《人类生殖科技条例》颁行以来，在依法规管生殖科

① 陈浩文，陶黎宝华．香港应否全面禁止代母怀孕的道德探索［C］//陶黎宝华，邱仁宗．价值与社会：第 1 集［M］．北京：中国社会科学出版社，1997：141.

技程序和维护当事人合法权益等方面进行了积极探索，取得了一定的进展，积累了一定的经验，值得内地完善辅助生殖法借鉴。当然，随着生殖科技的发展，相关制度的落实也暴露出一些问题，并引起特别行政区政府的高度重视和积极回应。问题主要集中于违法代孕的处理和发牌投诉机制问题上。

其一是商业性代母安排为何禁而不止的法律因素。医疗实践中商业性代孕屡禁不止迫使政府不得检讨是否开禁代孕安排。2010 年 7 月恒基集团创始人李兆基独身长子李家杰在美国利用人类生殖科技程序通过代母喜获三胞胎返港[①]，因而触犯《人类生殖科技条例》第 16 条“禁制订明物质的商业交易”和第 17 条“禁制属商业性质的代母安排等”等条文。该事件已经引起香港社会对规管人类生殖科技的使用、领养制度及香港域外司法管辖权的关注。2011 年 9 月，作为规管代母安排及注册医生法定机构的管理局及香港医务委员会（以下简称委员会）就此事作出联合声明，指出：第一，代母安排是《人类生殖科技条例》所规管的一种生殖科技程序。任何生殖科技程序均需依据管理局发出的牌照进行，否则均属违法，生殖科技程序须于牌照所指明的处所内进行，及在牌照所指明的负责人监督下进行。第二，《人类生殖科技条例》禁止进行任何商业性质的代母安排。第三，于代母安排中，使用并非属于婚姻双方且将对有关孩子行使父母权利者的配子，乃属违法。第四，虽然《人类生殖科技条例》容许不涉及商业交易的代母安排，但是任何代母安排都不可强制执行。第五，如医生作出任何特定作为[②]，除因违反《人类生殖科技条例》之规定而受法律制裁外，亦可能干犯专业失当行为而受委员会纪律处分。第六，公众及注册医生应谨慎行事，以免牵涉非法的代母安排。第七，注册医生进行生殖科技程序时，更应确保遵守《人类生殖科技条例》及《实务守则》之规

① 代母产子尺度值得探讨，乱伦必须严防［N］. 明报，2010 - 10 - 28（A04）.

② 这些行为包括：(a) 并非管理局发出的牌照所适用的人士，参与生殖科技程序；(b) 身为管理局发出的牌照所适用的人士，于违反《实务守则》之情况下，从事生殖科技程序；(c) 作出上述第 3 段所列出之任何被禁止之行为；(d) 于代母安排中，使用并非属于婚姻双方且将对有关孩子行使父母权利者的配子；(e) 于婚姻中的妻子并非不能持续怀孕至产期，或并非无其他可行的治疗方案之情况下，依据代母安排进行生殖科技程序。

定。如在法律事宜上有疑问，应于提出或作出任何与生殖科技程序相关的安排前，先咨询法律意见。

其二是发牌制度欠缺投诉处理程序。2006 年管理局曾建议设立投诉处理程序，主张处理任何针对牌照申请者的投诉均会在有关牌照申请时一并考虑，而对已获发牌的持牌人或负责人的投诉则由管理局辖下的调查委员会（调查委员会成员包括管理局成员以及法律、医学和社会学界的专业人员）负责处理，包括就有关事宜进行调查、研讯，聆听持牌人或负责人的申述，然后作出调查结果和建议，最后由管理局裁定投诉是否成立、相关根据以及是否有必要更改或撤销所涉牌照。2009 年 6 月 8 日的立法会上进一步研讨发牌投诉事宜时，卫生事务委员会对管理局出现的角色冲突等问题表示关切，原因是管理局既有权根据《人类生殖科技条例》制定就生殖科技服务提供者及胚胎研究工作者的发牌及投诉处理程序，也有权审核生殖科技活动的牌照申请以及调查针对牌照申请人、牌照负责人或持牌人作出的投诉。政府回应这种担忧时表示，虽然管理局有权审核相关牌照申请，但任何人如对管理局的牌照申请、暂时吊销、更改或撤销或就投诉所作的决定不服，均可向独立的行政上诉委员会上诉。若行政上诉委员会推翻管理局决定，管理局应采取各种必要行动落实有关决定。

（二）台湾地区“人工生殖法”研究

1. 台湾地区人工生殖规制模式的选择

台湾地区自 1985 年第一例“试管婴儿”诞生以来，人工生殖子女数量显著增多，至 2005 年已成功孕育 15 000 多名“试管婴儿”。此后人工生殖治疗周期数明显增加，人工生殖技术也更加成熟，活产婴儿数趋于稳定。但是，人类辅助生殖技术在造福不孕夫妇的同时，产生的伦理、道德、婚姻、血统、法律等方面问题也逐渐显现，台湾地区逐渐加强了人类辅助生殖技术的管制。依据管制模式和管制强度的不同，台湾地区人类辅助生殖技术管制分为三个阶段：1986 年至 1994 年的道德管制（行业自律）阶段，1994 年至 2001 年的行政管制阶段和 2007 年以来的法律规制阶段。①

① 潘荣华，姜柏生．台湾人工生殖技术管制之回顾与前瞻［J］. 医学与哲学（人文社会医学版），2006（7）：39－41.

在人工生殖技术的草创时期，台湾地区采取自由放任态度，把人工生殖技术视为普通医疗行为，依照“医疗法”处理，不加特别规制。① 1996年7月，“卫生署”公告实施“人工生殖技术伦理指导纲领”，申明人工生殖的四大“伦理原则”和六条“道德禁令”②。然而，在科技爆炸的时代，人们对人工生殖技术的道德认识还存在尖锐矛盾，有的把它作为满足需求的工具，有的把它作为牟取利益的手段，还有的把它视为技术理性的合理诠释。在这种情况下，民众普遍反对“人工生殖技术伦理指导纲领”，认为“卫生署”无权以“人工生殖技术伦理指导纲领”拘束人民，于是，20世纪90年代以后，为了摆脱“人工生殖技术伦理指导纲领”的道德困境与实施障碍，台湾地区开始对人工生殖技术实行“行政管制”。

1994年，“卫生署”出台了反复酝酿的“人工协助生殖技术管理办法”，并着手进行配套规范的制定和评估机构的建构工作，如1994年组成人工协助生殖技术机构评估小组通过“‘行政院卫生署’人工生殖技术咨询委员会设置要点”并且组成“人工生殖技术咨询委员会”，1995年实施“施行人工协助生殖技术机构评估要点”和“施行人工协助生殖手术同意书”等。作为台湾地区第一部以“法规命令”形式出现的人工生殖技术规范，“人工协助生殖技术管理办法”对人工生殖技术实施机构的核准、受术夫妻和捐赠者的条件、生殖细胞和胚胎的管理、医疗档案的管理和报告等环节等都作了周密安排，可操作性大为提高。“人工协助生殖技术管理办法”颁布不久即因违反“授权明确性原则”而陷入合法性危机。因为医疗行为的实施系职业自由，属于“宪法”第15条明文保障的基本权利，若有必要加以限制，则必须通过立法程序，直接通过“法律”或经由“法律”授权。而“人工协助生殖技术管理办法”第20条的“罚则”对人工

① 王英馨．以“政策网络”途径探讨代理孕母政策［D］．台北：世新大学行政管理学系硕士论文，2003：11.

② 四大“伦理原则”是必要医疗原则、非商业化原则、自愿原则和限制使用原则。六条“道德禁令”为：（1）出于营利动机的中介与供给；（2）纯以优生为动机的人工生殖（但有罹患先天或遗传性疾病不适生育情况者不在此限）；（3）代孕人工生殖行为；（4）使用培育超过14天的胚胎；（5）使用供实验研究用途的配子或胚胎；（6）捐赠者与受赠者间不得有“民法”第983条的直系血亲或姻亲以及四亲等内旁系血亲关系。

生殖技术进行了限制，但缺乏合法性基础，“不应再予适用”①。有鉴于此，台湾地区开始了长达十年之久的探索。“人工生殖法”草案数易其稿，由于在“代理孕母”问题上聚讼纷纭，“人工生殖法”草案在是否开放代孕问题上不得不一再改弦易辙，先后有“政院”版、“立法委”版等多个版本。2004年9月代理孕母共识会议召开并作出“有条件开放代理孕母”的结论。“人工生殖法”草案在是否开放代孕问题上摇摆不定，在一定程度上反映了人类辅助生殖技术，尤其是代理怀孕问题的复杂性。除了观念上的震荡外，还直接、间接地影响家庭伦理秩序、两性关系及台湾地区政策，是一个“牵一发而动全身”的社会议题。为了避开这个难题，2005年11月25日，在孙某某死后取精案的直接推动下，“人工生殖法”正式与代孕问题脱钩，“代孕生殖法”（草案）另行拟定。2007年3月，延宕十多年的“人工生殖法”在“立法院”三读通过。“人工生殖法”对施行人工生殖医疗机构的管理、配子的捐赠、人工生殖的施行、生殖细胞及胚胎的保护、人工生殖子女的地位、相关数据的保存、管理及利用以及违法者的法律责任等制度方面均有重大突破。

2.“人工生殖法”的基本制度

（1）实行施术机构许可制度。

人工生殖作为高新医学技术，不但因手术本身对人体健康造成安全隐患，更因其与个体生命和人类尊严息息相关，其伦理性不容忽视。为维护受术夫妻及人工生殖子女的合法权益，“人工生殖法”首先规定人工生殖机构的资质条件，即：医疗机构应向主管机关申请许可后，方可实施人工生殖或者接受生殖细胞的捐赠、储存或提供生殖细胞；拟接受生殖细胞的捐赠、储存或提供生殖细胞的公益法人也应向主管机关申请许可。许可的有效期限为3年，期限届满仍欲继续实施前项行为者，应于届满3个月前申请许可。医疗机构违反上述规定，擅自实施人工生殖或者接受生殖细胞的捐赠、储存或提供生殖细胞，处新台币10万元以上50万元以下罚锾，责任医师依“医师法”规定移付惩戒。人工生殖机构违法实施人工生殖的

① 蔡维音．“人性尊严”作为人类基因工程之基础法律规范理念——“人性尊严”作为法律概念其内涵开展之可能性［C］//李瑞全，蔡笃坚．基因治疗与伦理、法治、社会意涵论文选集［M］．台北：唐山出版公司，2003：57－92.

(如对同一捐赠人捐赠的生殖细胞同时提供两对以上受术夫妻使用，并于提供一对受术夫妻成功怀孕后，未立即停止提供使用；或该受术夫妻完成活产后未依法销毁生殖细胞的)，应依法废止许可；人工生殖机构依法受废止许可处分者，自受废止之日起2年内不得重新申请上述许可。

(2) 构建配子捐赠管理制度。

捐赠人符合下列情形者，人工生殖机构方可接受其捐赠生殖细胞：男性已满20岁，不满50岁；女性已满20岁，不满40岁。经依法实施检查及评估结果，适合捐赠。以无偿方式捐赠。未曾捐赠或曾捐赠而未活产且未储存。人工生殖机构违反上述规定接受捐赠人的生殖细胞，处新台币10万元以上50万元以下罚锾；其行为医师，并依“医师法”规定移付惩戒；人工生殖机构未向主管机关查核捐赠人既往捐赠情形即使用其所捐生殖细胞，处新台币3万元以上15万元以下罚锾。

为避免配子沦为商品，无偿捐赠是必须的，如若违背无偿捐赠制度，意图营利，从事生殖细胞、胚胎买卖或居间介绍者，处2年以下有期徒刑、拘役或科或并科新台币20万元以上100万元以下罚锾；并没收所得财物，如全部或部分不能没收时，追征其价额或以其财产抵偿。但是无偿补偿并不等于不必补偿捐赠人的必要花费。故“人工生殖法”规定：受术夫妻在主管机关所定金额或价额内，得委请人工生殖机构提供营养费或营养品予捐赠人，或负担其必要的检查、医疗、工时损失及交通费用。

另外，捐赠生殖细胞后将产生一定的法律效果，为避免将来发生纷争，“人工生殖法”规定，人工生殖机构接受生殖细胞捐赠时，应向捐赠人说明相关权利义务，取得其了解及书面同意方可为之。违者处新台币3万元以上15万元以下罚锾。同时为了避免因同一捐赠人捐赠生殖细胞连续使用，“人工生殖法”规定：人工生殖机构对同一捐赠人所捐生殖细胞，不得同时提供两对以上受术夫妻使用，并于提供一对受术夫妻成功怀孕后，应即停止提供使用；俟该受术夫妻完成活产，应即依法销毁。违者处新台币20万元以上100万元以下罚锾。其行为医师，并依“医师法”规定移付惩戒。

(3) 采取施术过程控制制度。

过程控制制度主要包括以下几个方面：第一，受术夫妻或捐赠人的检查及评估。人工生殖机构于实施人工生殖或接受捐赠生殖细胞前，应就受术夫妻或捐赠人检查及评估一般心理及生理状况、家族疾病史（包括本人、四亲等以内血亲之遗传性疾病记录）、有碍生育健康的遗传性疾病或传染性疾病等（应制作记录）。违者处新台币 3 万元以上 15 万元以下罚锾。第二，坚持“医疗”原则，限制供受主体。人工生殖技术的适用对象是且只能是罹患疾病夫妻，且符合下列各款情形：1）经实施检查及评估结果，适合接受人工生殖。2）夫妻至少一方具有健康生殖细胞，无须接受他人捐赠精子或卵子。3）夫妻一方经诊断罹患不孕症，或罹患主管机关公告之重大遗传性疾病，经由自然生育有生育异常子女之虞。4）夫妻无前项情形，而有医学正当理由者，得报经主管机关核准后，实施人工生殖。违反上述规定，处新台币 10 万元以上 50 万元以下罚锾，其行为医师并依“医师法”规定移付惩戒。第三，施术机构告知制度。医疗机构实施人工生殖时，应向受术夫妻说明人工生殖之必要性、施行方式、成功率、可能发生之并发症、危险及其他可能替代治疗方式，取得其了解及受术夫妻双方书面同意，始得为之。医疗机构实施前项人工生殖，对于受术夫妻以接受他人所捐精子方式实施者，并应取得受术夫之书面同意；以接受他人所捐卵子方式实施者，并应取得受术妻之书面同意，始得为之。前项的书面同意，应并经公证人公证。违者处新台币 3 万元以上 15 万元以下罚锾。第四，供受双方匿名制度。1）医疗机构实施人工生殖，可以提供捐赠人的种族、肤色及血型数据，供受术夫妻参考，但是不得应受术夫妻要求，使用特定人所捐生殖细胞；接受捐赠生殖细胞，也不得应捐赠人要求，用于特定之受术夫妻，违者处新台币 20 万元以上 100 万元以下罚锾。2）捐赠精卵的人工生殖不得为直系血亲、直系姻亲和四亲等内之旁系血亲间精子与卵子之结合，如有违反，处行为人 5 年以下有期徒刑，并科新台币 150 万元以下罚金。其行为医师，并依“医师法”规定移付惩戒。第五，禁止实施下列人工生殖情形或方式，否则处新台币 20 万元以上 100 万元以下罚锾，其行为医师，并依“医师法”规定移付惩戒。1）使用专供研究用途的生殖细胞或胚胎。2）无性生殖方式。3）选择胚胎性别（遗传疾病原因除外）。4）精卵互赠。5）使用培育超过 7 日的胚胎。6）每次植入 5 个以上胚胎。7）使用混合精液。8）使用境外输入之捐赠生殖细胞。

（4）配子及胚胎保护制度。

第一，生殖细胞权利的归属。生殖细胞经捐赠后，捐赠人不得请求返还，以绝后患；但捐赠人捐赠后，经医师诊断或证明有生育功能障碍者，得请求返还未经销毁之生殖细胞。因此，人工生殖机构接受所捐生殖细胞，经捐赠人事前书面同意得转赠其他人工生殖机构，实施人工生殖。上述规定如有违反，处新台币 3 万元以上 15 万元以下罚锾。第二，捐赠生殖细胞的用途。依法捐赠的生殖细胞、受术夫妻的生殖细胞及受术夫妻为实施人工生殖形成的胚胎，系为人工生殖之用，人工生殖机构不得为人工生殖以外的用途（但依有关规定提供研究使用的情形不在此限）。如有违反，处新台币 3 万元以上 15 万元以下罚锾。第三，配子和胚胎的销毁。1）捐赠的生殖细胞有下列情形之一者，人工生殖机构应予销毁：提供受术夫妻完成活产一次、保存逾十年以及捐赠后发现不适于人工生殖使用。2）受术夫妻生殖细胞有下列情形之一者，人工生殖机构应予销毁：生殖细胞提供者要求销毁、生殖细胞提供者死亡以及保存逾 10 年（但经生殖细胞提供者之书面同意，得依其同意延长期限保存）。3）受术夫妻为实施人工生殖形成的胚胎，有下列情形之一者，人工生殖机构应予销毁：受术夫妻婚姻无效、撤销、离婚或一方死亡，保存逾 10 年以及受术夫妻放弃施行人工生殖。4）人工生殖机构歇业时，所保存生殖细胞或胚胎应予销毁。但经捐赠人书面同意，其所捐赠生殖细胞可以转赠其他人工生殖机构；受术夫妻生殖细胞或胚胎，经受术夫妻书面同意，也可转其他人工生殖机构继续保存。5）上述应予销毁生殖细胞及胚胎，经捐赠人或受术夫妻书面同意，并报经主管机关核准者，可提供研究使用。违反上述规定，处新台币 3 万元以上 15 万元以下罚锾，并得限期命其改善；逾期未改善者，得连续加重处罚。

（5）明确人工生殖子女的法律地位。

“人工生殖法”明确了人工生殖子女的婚生性，体现子女最佳利益原则。具体表现在以下两个方面。

第一，接受捐精人工生殖子女的法律地位。贯彻知情同意原则，以实施该人工授精是否经受术丈夫同意作为子女婚生性的判断依据，即：1）于婚姻关系存续期间，妻经夫同意使用第三人所捐精子实施人工授精时，依诚信原则及禁反言规则，与捐赠精子受胎所生子女，视为婚生子女。2）若丈夫能证明其同意系受诈欺或胁迫者，得提起否认之诉，但为避免法律关系久悬不决，诉讼须在发现被诈欺或被胁迫终止后6个月内提出。3）“民法”第1067条规定了强制认领制度，以保护非婚生子女的合法权益，但人工生殖子女已打破血缘真实主义，且基于匿名捐赠原则，与人工生殖之子女并不产生任何权利义务关系，且配子捐赠人原则上不得知悉捐赠精子的去向，若经丈夫（妻子）提起否认之诉胜诉，则人工生殖子女势必成为无父（母）之子，故不论捐精或捐卵人工生殖情形，均不适用强制认领条款。4）以诈欺或胁迫之方式使人同意接受精子捐赠者，处3年以下有期徒刑（教唆犯及帮助犯同罚）；没收所得财物，如全部或部分不能没收时，追征其价额或以其财产抵偿之。本罪告诉乃论。

第二，接受捐赠卵子人工生殖子女法律地位：1）妻于婚姻关系存续中，同意以丈夫精子与他人捐赠的卵子受胎，所生子女，应视为婚生子女。2）妻若能证明其同意系受诈欺或胁迫者，得于发现被诈欺或被胁迫终止后6个月内提起否认之诉；但受诈欺者，自子女出生之日起满3年，不得为之。3）以诈欺或胁迫之方式使人同意接受卵子捐赠者，处3年以下有期徒刑（告诉乃论，教唆犯及帮助犯同罚）；没收所得财物，如全部或部分不能没收时，追征其价额或以其财产抵偿。4）发现有婚姻撤销、无效情形之人工生殖子女法律地位：妻受胎后，如发现有婚姻撤销、无效情形，其分娩所生子女，视为受术夫妻的婚生子女。

（6）人工生殖信息管理制度。

人工生殖病历和捐赠信息涉及供受双方和人工生殖子女的权益，故各国立法中均规定较一般病历资料严格的保存制度，故“人工生殖法”规定：1）人工生殖机构接受生殖细胞捐赠，应制作记录，并载明捐赠人姓名、住（居）所、身份证统一编号或护照号码、出生年月日、身高、体重、血型、肤色、发色及种族、捐赠项目、数量及日期等信息。受术夫妻的上述信息及在医疗机构的病历号码也应制作记录。医疗机构依受术夫妻要求提供前项病历复制本时，不得包含捐赠人身份证号码或护照号码及在医疗机构的病历号码数据。2）人工生殖机构应向主管机关通报相关数据，并由主管机关建立人工生殖数据库进行管理，违者处新台币3万元以上15

万元以下罚锾。3）人工生殖子女，或其法定代理人，有权查询其人工生殖相关资料，以确认在血缘上有无违反结婚、被收养以及其他“法规”关于限制一定亲属范围的规定。

综上所述，台湾地区人类辅助生殖技术管制模式在经历了道德管制和行政管制的转变后，终于选择了“立法”控制，并初步勾画出未来“法律”的基本方向和框架。“人工生殖法”草创之初，筚路蓝缕，留下的有益经验和启示值得大陆借鉴。

第一，厘清法律与道德、政策的界限。人工生殖行为首先是一种医疗行为，伦理性和政策性都很强，需要综合采用多种调整手段进行治理和调控。尽管以往的伦理原则和行政命令不具备合法性基础，但是有其合理内核；通过制度约束逐步培养道德自觉是非常必要的，但是法律不是万能的，其作用空间也有一定限制。因此，未来的立法设计在提高管制的合法性和有效性的基础上，有必要准确划定伦理道德的底线和行政权力的边界，为伦理道德和行政命令保留一定生存空间，积极探寻多元化管制模式，进而提高立法的品质，增进法律的效能。

第二，处理好生育自由与生育责任的关系。生育和人工生殖涉及人的基本权利和自由，“立法”的核心任务是明确权利与义务、自由与责任的关系。作为一项基本人权，生殖权属于自由权，并且越来越受到责任、义务以及法律的限制。但是，个体权利观念的膨胀和人类辅助生殖技术的突飞猛进极大地刺激了生殖权主体和内容的扩张。这就要求“人工生殖法”在充分关怀后代最大福祉的基础上，妥善处理好生育自由与生育责任的关系、夫妻（或个人）生殖权利与后代利益的关系，努力实现代际平衡。

第三，注重权益保护和消解权利冲突。辅助生殖的初衷是帮助人们实现生殖权，并以此为基点进一步增进人类的福祉，但是人类辅助生殖技术的合理使用客观上会产生各种权利冲突，人类辅助生殖技术的滥用尤其可能损害当事人及所生子女的正当权益。因此台湾地区“人工生殖法”自始至终以“保障不孕夫妻、人工生殖子女与捐赠人之权益”为基本原则，既尊重受术夫妻的生殖权和父母权，也切实保护所生子女的正当权益；既维护好捐赠者的隐私权，也妥善实现所生子女的基因知情权。

第四，重视风险评估和防范。人工生殖关系生命繁衍与人类发展，台湾地区“立法”一直保持惯有的谨慎作风，坚守以治疗不孕症为宗旨的立法宗旨，把人工生殖的对象严格限定在“健在的不孕夫妇”范围内，并对受术夫妻和捐赠者进行必要的身体检查和心理评估，切实防范技术风险和保护所涉人员的权益。例如“政院”版草案规定，精卵存放者死后“应销毁”预存的生殖细胞，且保存10年即须销毁，须有婚姻关系才能接受人工生殖治疗。然而，“立法委”版却打破了这一传统，并赋予单身女性生育的权利。至于“代孕生殖法”草案更是大张旗鼓地有条件开放代孕。这不仅意味着“人工生殖法”的方向将被改变，而且意味着传统的婚姻家庭结构将被颠覆。

3. 台湾地区代孕生殖“立法”的进展

(1) 台湾地区代孕合法化之争。

台湾地区人工生殖“立法”探索过程中围绕着代孕合法化问题展开了广泛持久的论争。从20世纪90年代的初步研议，到2004年的共识会议，再到2005年“卫生署”草拟“代孕生殖法”专法，直到2013年“人工生殖法”的修订，二十多年的时间里，医学界、法律界、宗教界、妇女团体、行政当局都卷入其中，众说纷纭中既有价值理念层面的质疑，也有具体操作程序的困惑。争论对台湾地区代孕“立法”的方向、进程和模式都产生了重要影响。

首先，在“立法”的价值定位上，逐渐突出个人与社会的协调统一。传统父权社会下的生育文化把女性视为传宗接代的工具，正所谓“有子月经天”“无子当归宁”。受这种生育文化的影响，生育往往与责任、义务相联系。但是，随着女性主义思潮的深入发展，这种局面正在扭转。比较“人工生殖技术伦理指导纲领”、“人工协助生殖技术管理办法”、“人工生殖法”（草案）及“代孕生殖法”（草案）等几个文献，可以看出，台湾地区“人工生殖法”的价值定位正从以个体的义务、责任为本位向社会利益与个体利益、权利与义务并重折中调和，少数人的权利越来越受到关注与关怀。自20世纪90年代起，台湾当局代孕政策与“立法”始终坚持完全禁止模式，但是，这一模式越来越受到激进主义者的挑战。事实上，全面禁止并不能杜绝代孕的发生，在禁止的背景下，当事人只能采用迂回的方式进行地下交易，地下交易的后果比阳光交易更可怕。因此，有学者将矛头直指“卫生署”，批评当局以代孕关系的复杂作为禁止代孕的理由是一种“立法怠惰”。有学者从法哲学和宪法角度思考了当局不应禁止代孕的理由：第一，依据伤害原则，人民的自由只要不伤害到他人，当局就不能够加以禁止。第二，人民享有追求幸福（包括结婚、生育）的权力，而当局是为了保障这些权力而建立的。第三，依据正义原则，正义的制度应当是要协助社会中之劣势者、不利处境者，得以获得最大程度的改善。第四，依据台湾地区“宪法”第 23 条的规定，人民自由权利……不得以“法律”限制之。现行之“人工协助生殖技术管理办法”本身只是一个行政授权之命令，根本没有资格限制人民之自由权利……① 其次，促进“立法”民主，民众参与程度高，开门“立法”色彩浓厚。一项立法，不仅需要立法者的远见卓识和法律智慧，更需要民众的参与。随着要求开放代孕的呼声日益高涨，2004 年 9 月台湾地区迎来了代理孕母共识会议的召开，这是一种值得借鉴的公众参与模式，民众的参与、吁请和讨论为保证立法的科学性、民主性、社会性奠定了基础。代孕议题历经 5 任“署长”、无数次会议讨论，立场始终不定，但是，共识会议在两星期内、5 次会议后就达成“有条件开放”的共识，不仅效率高，其决议品质也获得外界高度评价。② 共识报告被“卫生署”接受，并成为“立法”的重要依据。这使延宕已久的代孕问题终于达成了初步的共识。第三，改变了代孕“立法”的方向和模式。台湾地区“人工生殖法”早先是采取统一立法模式，在“人工生殖法”中统一规定代孕人工生殖问题，而且在 20 世纪末均对代孕采取禁止立场。但是，随着代孕合法化之争的如火如荼，日益深入，立法者的态度越来越倾向于理性和务实。2005 年 11 月 25 日，“代孕生殖法”（草案）的出炉既标志着台湾地区“人工生殖法”新走向的开始，也标志着代孕合法化之争暂告一段落。草案共 9 章 41 条，主要有“医疗机构实施代孕生殖之管理”“代孕生殖之条件”“生殖细胞及胚胎之保护”“代孕所生子女之地位”“资料之保存、管理及使用”以及“罚则”等内容。根据草案总说明，“代孕生殖法”与“人工生殖法”虽然同样规范人

① 颜厥安．国家不应禁止代理孕母的法哲学与宪法学根据 [J]. 应用伦理学研究通讯，1997 (4)：34 - 35.

② 薛桂文．代理孕母公民会议 为“审议式民主”立典范 [N]. 民生报，2004 - 09 - 19.

工生殖，但系属两个平行法律，并非母法与子法关系，仅是“代孕生殖法”特别规范代孕生殖问题，因此，若“代孕生殖法”未规定部分，则仍适用“人工生殖法”，若属于代孕生殖问题，则仍由“代孕生殖法”规范。有条件开放代孕生殖有充分的科学依据和民意基础，所谓“有条件的开放”即代孕生殖技术仅开放给自己拥有健康生殖细胞的夫妻，而妻子因子宫因素或健康因素而无法自己怀孕者。同时，为避免代孕生殖产生诟病，“代孕生殖法”只开放无偿代孕，并禁止商业中介的介入。代孕生殖涉及主体包括委托夫妻、代孕者及代孕所生子女，当主体权益发生冲突时，有必要依据一定的标准对其进行利益平衡，因此，“代孕生殖法”的宗旨之一是进行利益平衡与风险分配。关于亲子关系的认定，该草案规定，为避免亲子关系的混乱，代孕生殖采用血统真实主义，直接以法律规定委托夫妻与代孕所生子女的亲子关系，而因亲子关系的成立并非以代孕协议为前提，所以亲子关系的法律效力并不受代孕协议效力的影响。另外，为避免他人产生纠纷以及保障代孕所生子女及当事人的利益，草案特别规定代孕协议必须经过法院认可方产生法律效力。

（2）台湾地区代孕生殖合法化的努力。

最初，“卫生署”认为代孕“涉及复杂的法律与伦理问题”，在“人工生殖技术伦理指导纲领”和“人工协助生殖技术管理办法”中均禁止代孕，结果促成了不孕者代表为代孕合法化请命。此后岛内要求开放代孕的声浪逐渐高涨，“人工生殖咨询委员会”被迫妥协，宣布“将考虑开放代孕”，并于1997年3月采取两案并陈的方式，将草案移送“行政院”，其中，甲案禁止代孕，乙案则有条件开放代孕，这使代孕合法化问题首次浮出水面。同年9月，新任“卫生署长”詹启贤也宣布将考虑开放代孕，代孕合法化呼之欲出。2000年10月，为使“人工生殖法”（草案）能在“行政程序法”实施前在“立法院”顺利通过，“卫生署”以代孕“社会的成熟度不够，各界也未形成共识”为由裁定撤回乙案，只将禁止代孕的甲案送交“行政院”与“立法院”审议。2001年“行政院”会议一读通过“人工生殖法”（草案）（此即“卫署”版或者“政院”版），明文禁止代孕，并移送“立法委”审议，致使曾喧嚣一时的代孕合法化之争再度成为大众关注的焦点。2002年后，代孕合法化的主张得到“立法委”的同情和支持，同年5月，第四届“立法委员”林耀兴等人在生殖医学会的游说下，连署提出开放代孕的“人工生殖法”（生殖医学会版）。不久第四届“立法委”任期结束，尚未完成审查程序的“人工生殖法”草案各版本被退回，需要在下一届“立法委”就职后重新提出。2003年2月，第五届“立法委”成员提出一个新版本的草案（“立法委”版），不但主张开放代孕，而且放宽了受术对象的条件：委托人不再限定为已婚夫妻，还包括不能怀孕及不适宜怀孕的不孕者。一年以后，“立法委员”邱创良等人也提出开放范围与此版相近的草案。

在此期间，“卫生署”的态度却犹疑不定。起初主张“有限度开放”，并完成甲乙两案的修订工作；但是，陈建仁任“卫生署长”后，对人工生殖与代孕“立法”的规划重又回到“原则禁止”的立场上。由于随后召开的代理孕母共识会议作出支持“有条件开放代理孕母”的结论，结果造成另一波的争论，使得“卫生署”最终决定对代孕单独“立法”。2005年11月25日，以乙案为蓝本的“代孕生殖法”（草案）首次开会讨论，初步确定无偿代孕、禁止商业中介的原则，至于受术夫妻、代孕、亲子关系认定等议题，还有待于进一步讨论。2007年3月“人工生殖法”正式通过，虽然将代孕刻意撇开，考虑另立专“法”，但是代孕属于人工生殖范畴，因而2013年台湾地区讨论“人工生殖法”修正草案问题时决定将代孕回归“人工生殖法”，这是理性而务实的选择。遗憾的是修订稿至今尚未出台，其争议焦点仍然是代孕可否入“法”以及入“法”后的制度保障问题。虽然“卫福部”“立法委”提及“国健署”都全力支持代孕入“法”，但也有许多妇女和儿童团体感到忧心忡忡，坚决反对待遇合法化的儿童福利联盟文教基金会更是认为“立法委”的“人工生殖法”部分条文修正草案相关内容是物化儿童，若贸然通过即是违背世界潮流大开儿童人权倒车，是“未来主人翁承受苦果的恶法”。理由是：其一，把儿童人权置于成人的生殖权之下，是违背世界文明的标准。“人工生殖法”修正草案对于代孕所生子女身份认定方式主要采取血统真实主义，代孕者只是孩子借住的工具，子女“属于”不孕夫妻的财产，那就更别提孩子是否有权知悉自己的身份了。其二，配套措施及管理机制缺失。代孕制度牵涉面大，法律规制国家和地区一般健全管理机制，严加规范及管理中介、广告、施术机构等。反观台湾地区，当局既没有可行的规划，也缺乏有效的监管。其三，代孕规定越来越简略，越来越宽松，究竟是谁的“最佳利益”？代孕合法化争议大、难度高，当局应当严谨务实，广纳建言，然而修正草案不但未见趋于严谨，反而更为宽松，从过去专“法”的规格简略倒退到只将代孕相关规定塞进现有的“人工生殖法”里。其四，合法化后，代孕就不是有钱人的专利？代孕所需费用甚巨，不孕家庭无力支付，所以代孕制度终究还是会成为有钱有势家庭的专属，而且让他们可以不用出国就能够得到满足。所以，“国健署”宣称代孕行为是互助无偿的行为，并非有钱人的专利，易混淆民众视听。

（3）台湾地区未来代孕制度的基本框架。

鉴于“人工生殖法”修正草案尚未正式公布，笔者结合2008年7月“行政院”送请“立法院”审议的“代孕生殖法”（草案）和正在审议的“人工生殖法”修正草案的相关内容，对台湾地区的代孕制度框架进行简要评述。

第一，代孕生殖的资格条件。首先是关于代孕者的条件。根据乙案第12条和第17条第2款，代孕者须满足以下条件：1）20岁以上40岁以下之妇女；2）现有或曾有婚姻关系者；3）经检查评估适合担任代理孕母者；4）代理孕母与受术夫妻为四亲等内辈分不相当者，不得为之。立法委版规定的条件稍有不同，一是取消“现有或曾有婚姻关系”的限制，未婚女性也可以作代孕者；二是增加“曾生育子女”条件，确保代孕者有生殖经验。显然，代孕者只要曾经生育过子女者，较能适应怀孕与生产，至于是否曾有婚姻关系无关紧要。“代孕生殖法”（草案）第8条规定代孕者除了要满足“立法委”版的诸条件外，还要求代孕者“限本国籍”，并把“曾生育子女”改为“曾有生产经验者”。其次是受术夫妻的条件。从乙案第10条、第17条第2款的规定来看，受术夫妻应当符合下列条件，医疗机构方可为其实施代孕人工生殖技术：1）受术夫妻未满60岁，经检查及评估结果，适合接受人工生殖技术者；2）夫妻一方经诊断罹患不孕症且不能治愈，或罹患遗传性疾病有生育异常子女之虞者；3）夫妻双方均有健康生殖细胞者；4）受术夫妻间无共同子女者。对此，生殖医学会版与乙案的规定有显著不同：其一，对受术夫妻年龄不作限制；其二，对乙案所规定的“罹患遗传性疾病有生育异常子女之虞者”不作强制要求；其三，放宽了受术妻的条件，无子宫者和“因子宫疾病或全身性疾病不适合怀孕”者都可以实施代孕；其四，有子宫但需要代孕的患者，应由主管机关指定的两家医疗机构认定其必要性，以防止滥用代孕者的医疗技术；其五，取消“受术夫妻间无共同子女者”的限制。由此可见，“立法委”版的开放范围要大一些。经过多年的争论和妥协，“代孕生殖法”（草案）采取折中的做法，在文字表述上也更简洁明了：夫妻双方均有生殖细胞，无须接受他人捐赠，且经医学评估无任何会透过怀孕传染代孕者或胎儿而影响其健康的传染性疾病，并有下列情形之一者，医疗机构方可为其实施代孕生殖：1）妻无子宫者。2）妻因子宫疾病难以孕育子女者。3）妻因疾病怀孕或分娩会严重危及生命者。前项各款情形，须先经主管机关许可实施人工生殖的两家教学医院（不含施术机构）证明属实；另外，“代孕生殖法”（草案）还规定：医疗机构实施代孕生殖前，还须对代孕者进行一般心理、生理状况以及是否适合怀孕等情况的检查及评估。

除了上述条件外，“代孕生殖法”（草案）还要求医疗机构每次实施代孕生殖前，应分别向委托夫妻及代孕者说明代孕生殖之实施方式、成功率、可能发生的并发症、危险及其他可能替代治疗方式，并于每次胚胎植入时，取得委托夫妻及代孕者亲署的书面同意；另外，委托夫妻及代孕者应经专业咨询后方可施行代孕生殖。

第二，用于代孕的生殖细胞及胚胎的保护。保护用于代孕的生殖细胞及胚胎是“代孕生殖法”（草案）精心设计的制度，具体有：1）胚胎植入数量的限制：委托夫妻年龄35岁以下者，医疗机构施行胚胎植入手术，每次仅能植入一个胚胎。委托妻年龄35岁至40岁者，最多两个胚胎。委托妻年龄超过40岁者，最多三个胚胎。2）妊娠前的代孕终止：代孕者尚未怀孕前，有下列情形之一者，医疗机构应停止继续施行代孕生殖手术：委托夫妻双方或一方放弃代孕生殖，代孕者拒绝继续为委托夫妻代孕，委托夫妻离婚，委托夫妻一方死亡或双亡，委托夫妻或代孕者依第19条撤销代孕契约，委托夫妻或代孕者依第27条终止代孕契约。胚胎植入手术施行后，怀孕前，有前项情形者，医师得应代孕者要求采取必要措施避免怀孕。3）妊娠后的代孕终止。代孕者经人工生殖手术怀孕后，遇有下列情形之一者，得遵照“优生保健法”施行人工流产：（a）经诊断或证明胎儿有严重遗传性疾病或畸形发育之虞，依“优生保健法”第9条孕妇得终止怀孕之情形，经委托夫妻要求终止。（b）代孕者经诊断或证明继续怀孕有“优生保健法”第9条第1项第3款之情形。（c）代孕者经诊断或证明继续怀孕有“优生保健法”第9条第1项第6款之情形。代孕者依“优生保健法”终止怀孕前，应告知医师其代孕身份。代孕者依前项第2、3款规定终止怀孕前，应通知委托夫妻。医师知悉怀孕妇女之代孕身份后，为代孕者进行人工生殖，应依本条第1项规定为之。委托夫妻依本条第1项第1款，要求代孕者终止怀孕，代孕者无正当理由拒绝而继续怀孕者，委托夫妻于代孕所生子女出生前，得终止与代孕者之代孕契约。前项之规定，于代孕者拒绝依前条第2项配合医师为避免怀孕之措施者，亦适用之。

第三，代孕所生子女的地位。亲子关系的认定标准有“血统说”“子宫分娩说”“协议说”“婴儿最佳利益说”等四种意见。乙案第29条是兼采“协议说”和“血统说”两种认定标准，即“夫妻于婚姻关系存续中，以夫之精子与妻之卵子，经代孕怀胎及分娩之子女，自受胎时起视为受术夫妻之婚生子女。但受术夫妻、代孕或其配偶能证明该子女非自受术夫妻之生殖细胞受胎者，关于父母子女关系即适用‘民法’之规定”。“立法委”版第39条对亲子关系的规定更为具体，可操作性大为增强，基本贯彻了“婴儿最佳利益说”，如依法实施代孕人工生殖所生子女，直接推定为受术夫妻之婚生子女。但能证明非由受术夫妻之生殖细胞结合形成之胚胎孕育而成者，不在此限，其亲子关系仍依“民法”之规定。再如受术夫妻依法签订书面契约并经公证，可能事后发现代孕契约有瑕疵，或婚姻效力有瑕疵或夫妻离婚，或夫妻一方或双方死亡之情形，基于该受术夫妻愿为子女之父母之意愿已经公证程序证明，以及为保障子女之权益，仍应将之视为二人之婚生子女。但是，两个草案也有很大的差别，如乙案规定代孕者所生子女自代理孕母受胎时起“视为”受术夫妻子女，不可以反证来推翻子女之婚生性，法律效力较强；“立法委”版则规定实施代孕者分娩子女“推定”为受术夫妻之婚生子女，可以举反证将子女之婚生性推翻，法律效力较弱。为此，“代孕生殖法”（草案）恢复了“视为”制度，规定：1）代孕生殖所生之子女，从受精卵着床开始视为委托夫妻之婚生子女。虽有事实足认代孕所生子女与委托夫妻无血缘关系，委托夫妻不得提起子女婚生否认之诉（应于该子女出生满一年内为之）。但该子女与代孕者有血缘关系者，不在此限，其父母子女之关系适用"民法"规定。委托夫妻依法不得提起子女婚生否认之诉者，主管机关或当地社会福利主管机关应适时为心理辅导。代孕所生子女依第1项规定为委托夫妻之子女者，委托夫妻应于代孕所生子女出生后一个月内持子女出生证明书与经法院认可之代孕契约，向户政机关申请登记代孕所生子女为婚生子女。委托夫妻未依法在一个月内提出申请登记者，代孕者、主管机关、检察官或社福团体得持上述文件申请登记代孕所生子女为委托夫妻之婚生子女（第15条）。"视为"制度尊重血缘说，满足了委托夫妻的最初愿望，但是引来广泛争议。因为国外一些开放代孕的国家，大多规定分娩者为母，委托人再通过收养或申请亲权令成为父母，但"政院"的草案"独步全球"，规定胚胎植入当下委托人即为法律父母。反对者认为，孕母不具生母身份，权益恐受损。以人工流产为例，孕母不是胎儿生母，所以不受"优生保健法"保障。外国将孕母视为生母是对孕母的尊重，政院版本未将孕母视为生母，凸显对孕母的歧视。2）代孕契约之无效、撤销及终止，不影响委托夫妻与代孕所生子女之父母子女关系。3）代孕者生产后两年内，得拜访代孕所生子女。但其拜访有害代孕所生子女利益者，法院得依委托夫妻或其他利害相关人之请求或依职权变更之。前项拜访之时间、地点、方式、次数及其他相关事宜，代孕者须与委托夫妻协议定之。协议不成，法院得依委托夫妻或代孕者之请求酌定之。

第四，代孕契约的签订、效力及履行。由于代孕契约为多方契约，权利义务关系复杂，由主管机关出面对代孕契约予以监督与指导是非常必要的，乙案、生殖医学版和"立法委"版都明确了代孕契约的法律效力，主要有以下几个方面：1）采取事前审查制，经主管机关许可的医疗机构在实施代孕人工生殖前，应拟具实施计划报请主管机关核定。2）计划经主管机关核定后，受术夫妻应与代孕者签订书面契约，并依"公证法"予以公证。代孕者有配偶者，其配偶应共同签订代孕契约。3）对契约内容进行严格控制，由主管机关拟具和公布契约格式，并规定其应记载及不得记载之事项，以使当事人的约定不致违反公序良俗、显失公平，或加予代孕者过度负担，导致对代孕者的剥削。4）明文规定违反应记载事项及不得记载事项条款的法律效力，如契约条款违反不得记载事项者，该条款无效，限制代孕者依“优生保健法”第9条第1项第3款施行人工流产权的契约条款无效。但是，上述内容显然太过粗疏，不能囊括代孕契约的各个方面，因此，“代孕生殖法”（草案）设计了更为详细具体的制度，主要有：代孕契约的认可制度、代孕契约的无偿利他制度、代孕契约的履行制度和代孕者的身体自主权制度。

第五，代孕中介的资质。代孕人工生殖毕竟涉及医学、法律、心理等方面的专业知识，有必要允许非营利性组织居中介绍和提供专业咨询。为此，草案允许非营利性代孕中介，但对代孕中介机构的条件和资质作了严格要求：“公益性法人经报请主管机关许可，得从事代孕者之中介”；“前项公益性法人之组织工作人员资格、工作内容及范围、作业准则、管理、监督及其他应遵行事项之规则，由主管机关定之”。根据草案说明，代孕中介的服务范围是“经审核通过之非营利性专业中介机构可避免其将聘请专业之精神科医师、心理师、内科医师、妇产科医师、律师和社工人员，筛选出心智成熟、身心健康的代孕者，并协助其契约之订立”。中介机构扮演要角，支持代孕的人士认为，要保障孕母权益，具谘商及过滤功能的中介机构相当重要。有学者认为，中介机构有把关及谘商的功能，有助于减少受术者与孕母在怀孕过程或生产后发生纠纷。还有人指出，中介可以扮演积极角色，可筛选孕母，也可筛选不好的受术夫妻。① 但是商业性代孕中介潜在的危害非常之大，为此，各版本草案均严禁商业性代孕中介（surrogate broker）服务，而且给予违法者严惩，如乙案规定：“意图为自己或他人不法之利益……为代孕者人工生殖之中介者依据第四十七条，处二年以下有期徒刑、拘役或科或并科新台币六十万元以下罚锾。犯前项之罪，所得之财物应予追缴，并没收之；如全部或一部不能追缴时，追征其价额。”“代孕生殖法”（草案）规定了更为严厉的惩处措施：意图营利，

① 修人工生殖法 代理孕母争议再起［N/OL］. 立报．（2013－07－09）［2018－03－10］. http://www. lihpao. com/?action-viewnews-itemid-131242.

从事生殖细胞、胚胎之买卖或居间介绍者，处 2 年以下有期徒刑、拘役或并科新台币 20 万元以上 100 万元以下罚锾。犯前项之罪者，所得之财物没收之；如全部或一部不能没收时，追征其价额或以其财产抵偿之。

第六，法律责任制度。1）医疗机构为不符合第 6 条受术条件的夫妻实施代孕生殖或实施代孕前未依据第 7 条对代孕者进行必要的检查或评估，或以不符合第 8 条妇女为代孕者，或不遵守第 12 条的胚胎植入数者，处新台币 20 万元以上 100 万元以下罚锾。医疗机构违反前项规定者，对其行为医师亦处以前项规定之罚锾。2）医疗机构违反第 5 条第 1 项未依法取得主管机关授权即开展人工生殖业务，或违反第 11 条实施代孕生殖前未向委托夫妻和代孕者履行告知义务并取得其书面知情同意，或代孕者怀孕前出现第 13 条第 1 项的情形未终止代孕生殖者，处新台币 10 万元以上 50 万元以下罚锾。医疗机构违反前项规定者，对其行为医师亦处以前项规定之罚锾。3）违反第 9 条规定代孕契约未经法院认可即实施代孕生殖者，处新台币 20 万元以上 100 万元以下罚锾。4）违反第 20 条规定实施有偿代孕者，处新台币 10 万元以上 50 万元以下罚锾。5）违反第 10 条第 1 项委托夫妻及代孕者未经专业咨询即施行代孕生殖，或违反第 14 条第 1 项代孕者经人工生殖手术怀孕后未根据“优生保健法”施行人工流产者，处新台币 3 万元以上 15 万元以下罚锾。6）违反第 5 条第 1 项或第 6 条第 1 项、第 8 条、第 9 条或第 12 条规定者，医疗机构违反第 5 条第 1 项未依法取得主管机关授权即开展人工生殖业务，或为不符合第 6 条受术条件的夫妻实施代孕生殖，或以不符合第 8 条妇女为代孕者，违反第 9 条规定代孕契约未经法院认可即实施代孕生殖者，或不遵守第 12 条的胚胎植入数者，其行为医师除依法罚锾外，还应依“医师法”规定移付惩戒。7）医疗机构受第 33 条或第 36 条规定处罚者，主管机关得限定其于一定期间停止实施代孕生殖业务。医疗机构依前项规定受废止许可处分者，自受废止之日起 2 年内不得重新依第 5 条第 1 项规定申请许可。

4. 台湾地区代孕生殖立法的经验与启示

第一，直面现实，不回避问题。代孕所涉问题复杂广泛，但是，视而不见或者一概禁止都有因噎废食之嫌，正确的选择是直面问题，不论“禁止”还是“开放”，都应当未雨绸缪，因势利导，积极应对。过去台湾地区也没有积极面对代孕问题，而是采取“一刀切”的办法，直接以行政命令方式“一禁了之”；可喜的是，台湾地区经过激烈的争论和强烈的阵痛候，终于作出了理性判断与务实选择，先是单独拟定“代孕人工生殖法”（草案）暂时搁置争议，后又回归“人工生殖法”（修订稿）。虽然法律还不是尽善尽美，对有些现实性的问题和可能的社会后果还估计不足，有些制度设计和程序规则还缺乏妥当的安排，但是，代孕政策是一个从无到有、从不成熟到日臻完善的过程，台湾地区毕竟迈出了坚实的一步，也积累了较为丰富的经验和教训。

第二，深入调研，广求民意，科学决策，民主立法。21 世纪是生命科学的时代，生命科学技术研究与应用会产生更复杂的新型社会关系，衍生出更多、更广泛、更引人争议的问题和挑战，立法不应当畏首畏尾，被动应付，更不能一味回避，在没有清楚代孕所带来的社会影响之前，立法者不应草率地作出全盘禁止或者全面开放的结论，而应当打开决策的黑箱，广泛征求民众意见，积极开展跨学科、多学科的综合研究，充分吸收进行跨学科研究，特别要整合医学、社会学、法学、伦理学以及管理学等学科的资源，科学预测代孕带来的社会震荡及可能后果，在深入调查研究的基础上尽可能地将各种讨论意见转化为“立法”的条件和资源。①

第三，主管机关直接介入，提高管制水平和法律位阶。台湾地区的医疗技术准入管理制度比较健全，在人工生殖问题上，“人工协助生殖技术管理办法”和“人工生殖法”采用机关直接介入的管制模式，由“卫生署”成立一个专业组织，依法直接对相关个案进行事前审核与事后监督，让当局不仅是主要政策的形成者及普遍标准的制订者，而且在决策过程中，通过组织及程序保障，可以避免不正当的商业运作。

如上所述，台湾地区在经历了道德管制和行政管制的转变后最终选择了“立法”规制模式。而且台湾“立法”坚守以治疗不孕症为目的的宗旨，把人工生殖的对象严格限定在“健在的不孕夫妇”范围内，并在充分关怀后代最大福祉的基础上，妥善处理好生殖自由与生殖责任的关系、夫妻（个人）生殖权利与后代利益的关系，努力实现代际平衡。毋庸讳言，

① 薛桂文．代理孕母公民会议 为“审议式民主”立典范［N］．民生报，2004－09－19（3）．

“人工生殖法”也存在诸多问题，争议最大的是受术主体的限制和代孕合法化问题，现行“人工生殖法”要求受术主体以夫妻为限，且夫妻一方须经诊断罹患不孕症或有重大遗传性疾病，同性恋者、同居男女以及单亲家长则被排除在外，代孕生殖方法的合法化问题也久议不决。因此，自“人工生殖法”实施以来，要求修订相关内容的呼声即此起彼伏。国民党“立法委员”江惠贞表示，迫于上述禁令，台湾地区约有 5 000～10 000 对因子宫病变难以怀孕生子的夫妻，不得不通过地下渠道寻求代孕，经济条件好的远赴美国，有的取道越南、柬埔寨，有的在岛内铤而走险，但遇事均无处申诉。为此，江惠贞提案，建议在现行法律里新增代孕条款，增列代孕者[①]资格（包括代孕者须满 20 岁、未满 40 岁，并曾生育子女）、施行代孕的条件（包括须符合妻具先天性无子宫或子宫因病切除者，或妻因子宫疾病或全身性疾病不适合怀孕经两家医疗机构证明属实者）以及受术夫妻条件、代孕契约、中介机构以及胎儿与受术夫妻的法律关系等。[②] 在此背景下，2012 年 9 月台湾地区举行代理孕母共识会议达成下列共识：不孕者双方或单方只要精卵健康即可找人代孕、兼顾三方（委托者、代孕者、小孩）权益、当局积极介入、无偿代孕（可给予必要费用，但非工作报酬）以及要有居间机构等。[③] 有鉴于此，“立法委”2013 年 12 月 16 日公布的“人工生殖法”修正草案将代孕纳入其中，并作出有条件开放代孕的立法动议，草案规定：代孕委托者须为不孕夫妻，且至少有夫妻其中一方的精卵，孩子出生后的父母为委托夫妻。代孕者须为 20 至 40 岁、曾生育子女的女性，且不得使用代孕者卵子，以免衍生血缘纷争；代孕应为互助、无

---

① 台湾地区对“代孕者”的界定也极不统一。“卫署”版“人工生殖法”草案称之为“代理孕母”，并定义为“接受受术夫妻之精子、卵子或胚胎植入其生殖器官并代为孕育生产胎儿者”。台湾地区生殖医学会版草案称之为“代孕者”，指“与受术夫妻约定提供子宫，接受受术夫妻之胚胎，并代为孕育生产胎儿之妇女”。“立法委”版草案则区分代孕的不同类型，分别给以不同称谓，只代孕不捐卵者称为“代孕者”，既提供子宫又捐献卵子者称“代孕母”。可见，三种定义尽管称谓不同，内涵却大同小异，都是指妊娠代孕（gestational surrogacy）中只提供子宫代替怀孕而不捐献卵子的妇女。

② 林思慧．“人工生殖法”修正草案还卡着［N/OL］. 中国时报．(2014-02-17)［2014-03-12］. http://www.chinatimes.com/newspapers/20140217000343-260102.

③ 修人工生殖法 代理孕母争议再起［N/OL］．(2013-07-09)［2014-03-10］. http://www.lihpao.com/?action-viewnews-131224.

偿方式，不可有额外的金钱报酬，但拟设检查、医疗、交通、营养、工时损失等费用上限，代孕次数暂以三次为限。目前草案已移送有关部门进行“实质审查”①。

三、我国四法域人类辅助生殖立法比较

人类辅助生殖技术虽然已经广泛应用于临床，但是其衍生的伦理、法律问题至今尚未达成共识，尤其是备受争议的代孕生殖，有的国家明令禁止，例如德国、意大利和我国；有的国家则是有限度地予以开放，例如开放程度较大的英国、以色列，但也都审慎地划定了严格禁区。事实上，即便是不同法域的同一国家内部的辅助生殖法律也存在很大差异，美国各州的立法取向就大不相同。我国也是如此。我国生育文化和法律文化同出一源，辅助生殖立法却特色迥异。香港地区有《人类生殖科技条例》和《父母与子女条例》等法律规范，分别从公法和私法两个方面规定了生殖科技程序的监管制度及经由该程序所生子女的父母身份。台湾地区则制定和实施了兼具公法和私法性质的统一“人工生殖法”，甚至一度草拟和讨论了“代孕生殖法”（草案），有意有条件开放代孕。澳门地区虽然没有制定专门的人类辅助生殖技术监管规范，但是在其《民法典》中规定了“辅助生育”模式下的父亲身份。大陆（内地）立法相对滞后，目前仍采用行政规制手段，只有卫生部制定的明令禁止一切代孕形式的部门规章。因此有必要对大陆（内地）和台港澳地区的辅助生殖立法进行比较研究，分析港澳台地区的立法进程、立法方式、主要内容以及对代孕问题的立法经验，完善大陆（内地）相关立法。

（一）监管模式和立法进程之比较

人类辅助生殖技术在造福不孕症患者的同时也带来一系列伦理问题，特别是代孕有物化妇女、违背公序良俗、挑战亲子关系等嫌疑。故而我国四法域都对人类辅助生殖技术的实施进行必要的管制，但是监管模式并不

① “人工生殖法”修订通过“一读”“代孕”或在台湾“合法化”［EB/OL］.（2020－12－03）［2021－08－28］. https：//news. ifeng. com/c/7wAn7OSEWnI.

统一。香港和澳门地区都在回归祖国后直接采取法律规制模式。香港地区立法起步较早，早在回归祖国以前就借鉴英美国家的经验进行立法调研，并在 1993 年通过《父母与子女条例》，《人类生殖科技条例（草案）》的核心议题也提交公众咨询；香港回归祖国后生殖科技立法进入快车道，2000 年 6 月以来，《人类生殖科技条例》及其配套规范陆续出台。《父母与子女条例》主要规定生殖科技程序所生子女的亲子关系，《人类生殖科技条例》及《实务守则》主要调整生殖科技程序的监管关系。台湾地区在经历了行业自律模式和行政规制模式后最终选择了“法律”监管模式。台湾地区 20 世纪 80 年代颁布“人工生殖技术伦理指导纲领”，开始对辅助生殖进行特别规制；1994 年颁布“人工协助生殖技术管理办法”，开始长达十年之久的行政规制模式。在此期间，台湾地区总结了道德规制和行政规制的缺陷，开始探索“立法”规制模式，并最终于 2007 年 3 月 21 日正式颁行“人工生殖法”。从此，台湾地区的人类辅助生殖技术规制纳入法治化轨道。由于“代理孕母”和“死后生殖”等问题未能达成社会共识，立法者考虑将代孕从普通人类辅助生殖技术中剥离，并于 2005 年 5 月 18 日首次审议“代孕人工生殖法”。总体而言，香港地区的立法是四法域中较为开放的，其重要表现是允许实施非商业性代孕，但是设置了较为严格的实质条件和程序条件，以免代孕商业化。香港生殖科技立法受英国《人类受精与胚胎学法》影响较大，但是与《人类受精与胚胎学法》立法体例并不相同，香港采取分别立法模式，《人类生殖科技条例》并未直接规定辅助生殖子女（包括代孕所生子女）的法律地位，而是在《父母与子女条例》里规定。澳门地区的法律制度是以葡萄牙法律制度为基础建立起来的，是葡萄牙法律传统在澳门特区的延伸。除了通过澳门《民法典》调整辅助生殖所涉亲子关系外，澳门是四法域中唯一没有对人类辅助生殖技术的实施实行过程控制和进行特别立法的地区。但是，1999 年 12 月 13 日颁布的《设立在生物学及医学应用方面保障人权及人类尊严之法律制度》（即第 111/99/M 号法令）也有部分内容调整辅助生殖行为。1999 年 8 月 3 日完成本地化的《民法典》第四卷“亲属法”第三编“亲子关系”第一章“亲子关系之确立”第三节“辅助生育”对辅助生殖子女的亲子关系确定以及代孕合法性作出了规定。澳门《刑法典》中则有强制供精罪。因此，澳门地区法律虽然分散、稀疏，但是兼顾了监管、民事关系和刑事犯罪等三大领域，所以立法的实效性也是非常明显的。在立法模式上，台湾地区“人工生殖法”采取公法规制和私法调整相结合的模式，将人类辅助生殖技术应用的监管及所生子女的亲子关系等问题统一规定在一部“法律”中，从而提高相关条款的规范效力，同时也避免大张旗鼓地修订“民法”。

大陆（内地）近年来加大了辅助生殖的行政监管，特别是采取了严格的技术准入和定期校验制度，建立了人类辅助生殖技术及人类精子库培训基地，实行过程控制和监督制度。但是，与港澳台地区相比，大陆（内地）辅助生殖立法步伐落后而且缓慢，是我国唯一没有颁布高位阶法律的地区。目前只有卫生部颁布的两个管理办法和“技术规范、基本标准和伦理原则”等一系列行政规章和规范性文件，对人类辅助生殖技术的实施机构和实施程序等进行规范。作为卫生主管机关的行政指导和医疗行业内部的自律规范，其运行起来具有成本低、实效高的优势。但是，囿于立法权限，两个管理办法和“技术规范、基本标准和伦理原则”作为“部门规章”，法律位阶低，法律效力弱，只对作为行政管理相对人的合法医疗机构及其医务人员有一定约束力，其有效性非常有限，不仅依法监管的效力不够，而且依法制裁的能力不足，诸如前述各种禁令，医疗机构及其医务人员遵从性较差。因此，两个管理办法和“技术规范、基本标准和伦理原则”只能是正式立法前的暂时性、过渡性和权宜性做法。

（二）立法理念之比较

国际人类辅助生殖技术发展与应用中形成了一些伦理原则，诸如有利无伤原则、知情同意原则、子女最佳利益原则、非商业化原则和伦理审查原则等。我国四法域不同程度地借鉴了这些原则，例如四法域均视辅助生殖为替代性的医疗方法，因此人类辅助生殖技术的实施均须遵守下列原则：第一，医疗原则，人类辅助生殖技术是治疗不育症的医疗手段，因此只有为治疗的目的方可实施；第二，配偶受术原则，无婚姻关系的男女原则上不得接受人类辅助生殖技术；第三，知情同意原则，实施人类辅助生殖技术前必须征得夫妻双方的知情同意并签署书面知情同意书；第四，保密原则，实施供精人工授精和异质体外受精—胚胎移植，应当做到供受双方互盲、供方与后代互盲，机构和医务人员有义务向参与者履行匿名和保密义务；第五，非商业化原则，如禁止有偿提供配子、合子及胚胎。此外，我国大陆（内地）和港澳台地区均无一例外地禁止近血亲精卵结合、禁止非医学需要的性别选择原则、禁止无性繁殖、禁止异种配子和胚胎结合等原则，但是在生育文化、风俗习俗和法律传统等方面的差异，也决定了四法域在立法理念和基本原则上也表现为诸多差异。

香港地区法律虽然没有明确归纳生殖科技立法的上述理念和宗旨，但是可以在其监管制度中窥见一斑。这主要体现在以下几个方面：其一，为了辅助生殖子女健康及福祉，生殖科技服务只限向不育夫妻提供，且只允许非商业性代母怀孕安排和基于医学理由的性别选择，另外，辅助生殖子女达到法定婚龄后有权查阅相关资料，以查证自己与结婚对象是否存在亲缘关系。为了进一步维持后代利益和人类尊严，香港地区设立专门的人类生殖科技管理局，负责规管人类辅助生殖的提供、代母怀孕安排、胚胎研究的进行、配子及胚胎的处置等事宜，以确保人类生命得到尊重，并保障家庭价值、受术者权益以及所生子女福利。作为四法域中唯一承认代孕合法性的地区，香港地区在《人类生殖科技条例》中只允许不孕不育已婚夫妻在无其他可行治疗方案的情况下方可采取代母安排，代母安排不可强制执行，且不得只使用他人配子和给付金钱。

澳门地区第 111/99/M 号法令是为落实欧洲理事会 1997 年 4 月 4 日通过的《人权与生物医学公约》基本原则而制定的。《人权与生物医学公约》申明公约签约方将在生物学和医学应用方面保护人类之尊严及身份(dignity and identity)，并保证不加歧视地尊重每一个人之完整性及其他基本权利与自由（第 1 条）；人类之利益及福祉，应优先于纯属社会或科学上之利益（第 2 条）。基于此，第 111/99/M 号法令开篇重申了人类尊严和人类优先原则，故制定该法以便在生物学及医学应用方面有效地保护人类之尊严及身份，并保证不带歧视地尊重所有人之完整性及其他权利与基本自由。

基于同样的理念，台湾地区早期的“人工生殖技术伦理指导纲领”申明了医疗原则、非商业化原则、自愿原则和限制使用原则等四大原则，其后的“人工生殖法”第 1 条规定：“实施辅助生殖技术的伦理原则为健全人工生殖之发展，保障不孕夫妻、辅助生殖子女与捐赠人之权益，维护国民之伦理及健康，特制定本‘法’。”为此，“人工生殖法”规定了人类辅助生殖技术实施许可制度、配子捐赠制度、人工生殖控制程序、信息管理制度、亲子关系制度等。

与港澳台的规定相比，《人类辅助生殖技术和人类精子库伦理原则》对人类辅助生殖技术应用的伦理原则归纳得更加明确、具体，内容也更加完备和丰富。正如《人类辅助生殖技术和人类精子库伦理原则》开篇所阐明的，人类辅助生殖技术是解决不孕不育症的一种医学干预方法。为安全、有效、合理地实施人类辅助生殖技术，促进人类精子库安全、有效、合理地采集、保存和提供精子，保障个人、家庭以及后代的健康和权益，维护社会公益，实施人类辅助生殖技术以及采集、保存和提供精子应遵循有利患者原则、知情同意原则、保护后代原则、社会公益原则、保密原则、严防商业化原则和伦理监督原则等七大原则。这些理念在其他几种规范性文件中也有同样的体现。

（三）制度体系之比较

法律理念如果没有具体的法律规则和制度作为支撑就是空中楼阁。在上述法律理念的支撑下，四法域都设计了各种人类辅助生殖技术监管制度，这可以从法律法规的章节安排上略见一斑，如台湾地区“人工生殖法”有“医疗机构施行人工生殖之管理”、“人工生殖之施行”、“生殖细胞及胚胎之保护”、“人工生殖子女之地位”、“资料之保存、管理及利用”和“罚则”等。香港地区《父母与子女条例》第Ⅴ部“借医疗怀孕或出生的个案中有关子女的父母身份如何断定”，《人类生殖科技条例》则有“人类生殖科技管理局的设立、职能及权力”、“禁制”、“牌照”、“查阅资料”以及“法律责任”等相关章节。澳门地区第111/99/M号法令在“一般规定”、“同意”、“私人生活及信息权”、“人类基因组”、“科学研究”和“禁止取得利润及利用人体之部分”等章节里也有相应的内容。《人类辅助生殖技术管理办法》章节条文虽然简单，但是也有“审批”、“实施”和“处罚”等相关内容。

这些类似章节所构筑的基本制度也有相似之处，这表现在诸多方面，如：为确保人类辅助生殖技术安全，四法域都建立实施机构的资格准入和过程控制制度，对人类辅助生殖技术的实施进行必要的监督和管理；为确保辅助生殖子女的健康，机构实施辅助生殖或接受捐赠生殖细胞前，四法域都要求对受术夫妻或捐赠人进行必要的检查及评估并作成记录；为保障受术夫妻之权益，四法域都要求机构将人工生殖相关事宜向受术夫妻详加说明，并取得受术夫妻双方书面同意；为保护捐赠人隐私权及辅助生殖子女权益，四法域都要求禁止受术夫妻要求使用特定人捐赠的生殖细胞，或应捐赠人要求施于特定的受术夫妻。诸如此类，不一而足。

虽然大陆（内地）和港澳台地区法律的章节安排与制度体系有一些共同之处，但差异还是相当显著的。首先表现在立法理念上。台湾地区的“人工生殖法”的目的是“为健全人工生殖之发展，保障不孕夫妻、人工生殖子女与捐赠人之权益，维护国民之伦理及健康”。香港地区的《人类生殖科技条例》也是旨在规管生殖科技程序和管制使用胚胎及配子做研究及其他目的；规定除守则有相反的明文规定的情况外，生殖科技程序只可对不育夫妇提供；规管代母安排；设立人类生殖科技管理局；以及就附带或有关联的事宜订定条文。澳门地区的第111/99/M号法令的目的“系在生物学及医学应用方面保护人类之尊严及身份，并保证不带歧视地尊重所有人之完整性及其他基本权利与自由”。大陆《人类辅助生殖技术管理办法》也规定“为保证人类辅助生殖技术安全、有效和健康发展，规范人类辅助生殖技术的应用和管理，保障人民健康，制定本办法”。由此可以看出港澳台地区法律虽然和大陆（内地）立法一样均以技术安全为第一要义，但是似乎更强调以权利为本的规制原则。

其次，这些原则体现在具体的法律制度上。大陆（内地）法规总体上比较倾向于对人类辅助生殖技术实施过程的规制，强调医疗机构的资质审查与操作规范和相关政府部门的责任。香港和台湾地区的制度体系更加全面具体，突出表现在：首先，就监管主体和准入制度而言，我国除澳门地区外都规定了专门的主管机构和准入程序，台湾地区由“卫生署”实施行政许可，香港地区则成立独立的管理机关，专门负责落实牌照制度和监督生殖科技程序的实施，大陆（内地）则仍然由卫生行政机关实行传统的行政审批程序。其次，在争议较大的代孕问题上，除澳门地区无具体规定外，其他三法域目前在具体的制度安排上各不相同。大陆《人类辅助生殖技术管理办法》等规范性文件都明确规定：医疗机构和医务人员不得实施任何形式的代孕手术。但是，由于法律位阶不高，对人类辅助生殖技术的管制缺乏必要力度，结果不但徒然增加了立法成本，而且还造成代孕地下化交易，也使得法律监管处于被动局面。台湾地区最初“严禁”代孕，在经过多年讨论和论证后，终于作出理性判断与务实选择，决意“有条件开放”代孕，以维护少数群体的生殖权。而香港地区更是直面问题，承认一定条件下的非商业性代孕合法，且在《父母与子女条例》中全面规定了代孕所生子女的父母身份认定。

再次，在法律责任制度上，香港和台湾地区的比较健全，不仅明确了违法行为的事前预防措施，而且强化了对违法行为的事后查处和法律救济，如台湾地区“人工生殖法”“罚则”一章共设计 9 个条款，针对不同违法行为进行不同程度的处罚，处罚种类丰富，处罚力度较大，能够有效地惩戒辅助生殖领域中的违法犯罪行为。澳门地区第 111/99/M 号法令虽然没有设置具体的法律责任制度，但是在最后一条规定：“侵犯本法规所赋予之权利或违反本法规所载之原则者，按一般法所定之制度而构成纪律、民事或刑事责任。”大陆（内地）目前仍然采用行政规制手段，法律责任制度极不健全，两个管理办法虽然也设有“处罚”一章，但是由于法律是具有强烈行政命令色彩的部门规章，大部分处罚性的条款仅是原则性规定，处罚主体和处罚对象都不够明确，处罚范围较窄，处罚力度较轻，不足以惩戒违法者。如辅助生殖子女亲子关系的确定和法律地位的确认，及违法使用人类辅助生殖技术等引起的责任追究、权利救济及经济补偿等问题都无法可依。

（四）亲子关系制度之比较

我国四法域对辅助生殖模式下亲子关系的认定及立法的思路与内容存在很大差异。大陆（内地）是四法域中唯一没有以法律形式规范辅助生殖子女亲子关系的，而港澳台地区均已构建了辅助生殖子女亲子关系制度。

虽然大陆（内地）人口出生率持续下降①，但是每年辅助生殖子女数量呈高速增长趋势。尽管目前国内尚未有权威机构对辅助生殖子女数量的

① 统计数据显示，改革开放以来，人口出生率逐步上升，1987 年达到最高峰，为 23.33‰，此后出生率指标掉头向下，持续下降，到 2007 年该指标仅为 12.1‰。周业安．人口出生率下降的经济后果［N］．中国经营报，2009-06-15（A11）．

精确统计，但是可以预期，辅助生殖子女将在未来我国出生人口中占有相当比例。遗憾的是，这一庞大群体合法利益的保护却未被完全纳入现有的制度框架。虽然两个管理办法规定受术夫妇对辅助生殖子女负有抚养、监护等职责，但是其对受术夫妻并无法律拘束力，实践中常有受术夫妻违反知情同意书约定，致使辅助生殖子女只能诉请人民法院依据最高人民法院的有关司法解释追讨被抚养权和继承权。然而，我国现行民法上的亲子关系（自然血亲关系与拟制血亲关系）制度，并不当然地涵盖辅助生殖子女。依据血统主义传统，子女母亲身份依据出生事实认定，父亲身份比较复杂，一般采用婚生推定与否认制度确认，即法律推定子女为婚生子女，母亲的丈夫推定为子女的父亲；推定难免不符合事实，丈夫可以向法院提出否认之诉，婚生推定被推翻的，子女为非婚生子女。据此，辅助生殖子女并未涵盖于自然血亲和拟制血亲制度中。可喜的是，人工授精子女的正当权益已经获得司法保护。最高人民法院1991年作出的《关于夫妻离婚后人工授精所生子女的法律地位如何确定的复函》（以下简称《复函》）规定："在夫妻关系存续期间，双方一致同意进行人工授精，所生子女应视为夫妻双方的婚生子女，父母子女之间权利义务关系适用《婚姻法》的有关规定。"这是我国唯一涉及辅助生殖子女法律地位的法律文件。这里的"视为"有两大优点：一是避免将人工授精子女与其他子女区别对待，维护子女地位的统一性与身份的安定性；二是不适用婚生推定与否认制度，禁止丈夫就已经同意实施的供精人工授精子女的婚生性提出否认之诉，避免辅助生殖子女在父母之间的权利冲突，基本体现子女最佳利益原则。遗憾的是，民法典没有及时吸收这一解释的合理内容，也未进一步明确包括代孕在内的其他辅助生殖子女的法律地位。这给法院审理辅助生殖子女追讨被抚养权、继承权案件带来了很大困扰，在无相关规定的情况下，法院只得继续援引《复函》判决。① 但是，《复函》只涉及人工授精子女，不囊括"试管婴儿"以及非法代孕所生子女。另外，在婚姻关系存续期间，如果妻子未经丈夫同意，采用他人精子或者卵子人工授精生育子女，所生子女的法律地位又将如何认定？很显然，《复函》已经无法适应辅助生殖

① 秦法，周海燕．南京人工授精之子赢回继承权［N］．扬子晚报，2006-04-21.

技术飞速发展的需要了。

香港地区2006年4月20日生效的《父母与子女条例》，对人类辅助生殖技术所生子女双亲的确认做了周密的安排，其立法宗旨之一是“就凭医疗助孕服务而怀孕或出生的个案中有关子女的父母身份断定订定条文”。该条例第Ⅴ部（第9条至第12条）确定了借医疗怀孕或出生的个案中有关子女的父母身份断定问题。在重新定义“母亲”（第9条）与“父亲”（第10条）的基础上，确立了“父亲”“母亲”定义的法律效力（第11条和第12条）。其核心内容可以归纳为以下几点：首先，“母亲”是指因胚胎或精子和卵子被放置其体内正在或曾经怀有子女的女子（子女被领养的除外）。其次，“父亲”是同意接受助孕服务的“母亲”的配偶或伴侣：就已婚夫妻而言[①]，若胚胎或精子和卵子被放置于女子体内，或接受人工授精，即使其所怀的胚胎并非由其丈夫精子产生，除非能证明该名丈夫不同意进行该助孕程序，或者法律有特别规定，否则他被视为该子女的“父亲”，其他人（包括精子提供者）不被视为该子女的父亲；就同居关系而言，一名女子与其男性伴侣共同接受助孕服务过程中，若胚胎或精子和卵子被放置于该女子体内，或接受人工授精，其所怀的胚胎并非由该男子的精子产生，除非法律另有特别规定，该男子须被视为该子女的父亲，其他人不再被视为该子女的父亲；就继承法而言，凡一名男子的精子是在他死后才被使用；或使用一名男子的精子而产生的胚胎，是在该男子死后才被使用的，则该男子不被视为该子女的父亲。再次，如某女子被视为一名子女的母亲，则在所有情况下该人在法律上均被视为该子女的母亲，反之亦然；如某男子被视为一名子女的父亲，则在所有情况下该人在法律上均被视为该子女的父亲，反之亦然。最后，男女双方必须有婚姻关系才可委托其他妇女作代母，只要代母生下的子女与委托夫妻任何一方有遗传关系，该夫妻便可依法向法院申请命令，成为代母所生子女的法定父母，条件是委托夫妻事先得到代母同意已经和该子女共同生活，而未有不合理的金钱

① 根据《父母与子女条例》第9（8）、第9（2）款中有关当其时婚姻双方的提述指在当其时他们之间是有婚姻存续的双方，除非双方当其时处于裁判分居中；但该提述包括无效婚姻的双方，只要婚姻的任何一方或双方当其时合理地相信其婚姻是有效的；同时，为了本款的规定，他们其中一人须推定为在当其时合理地相信其婚姻是有效的，除非证明并非如此。

给付，且在命令发出时丈夫及妻子年满 18 岁，且其中一人以香港为其居籍。这实际上是对代孕合法性的承认。可见，《父母与子女条例》受英国法律的影响强烈，对辅助生殖亲子关系的厘定与英国《人类受精与胚胎学法》非常类似。

澳门《民法典》第三编“亲子关系”第一章“亲子关系之确立”第 1723～1728 条也规定了“辅助生育”模式下捐赠所生子女的父亲身份的认定标准，具体有：第 1723 条“捐赠人亲子关系之排除”与第 1724 条“不可争议性”规定：“仅透过提供生育物质而参与另一人之医学辅助生育，不构成捐赠人与出生孩子间成立亲子关系之依据。任何人不得因孩子之孕育系透过得到生殖细胞捐赠人之帮助而经医学辅助达成之事实，而对孩子之亲子关系提起争议”；“然而，如母亲之丈夫未同意医学辅助生育，或证明孩子并非从其所同意进行之医学辅助生育而出生，则母亲之丈夫得对其父亲身份提起争议”。第 1725 条“在事实婚关系中对父亲身份之推定”规定：“与一女性有事实婚关系之人，如曾同意其女伴使用医学辅助生育，即被视为在该医学辅助生育过程中受孕之孩子之父亲，而不论是否符合第 1472 条第 1 款 c 项之规定；为着上款规定之效力，同意仅得由十八岁以上之人作出，且有事实婚关系之双方间不得存在第 1479 条 b 项及 c 项以及第 1480 条之规定所指之情况。”第 1726 条“为第三方生育或妊娠之协议”规定：“任何为第三方生育或妊娠之协议均属无效。”第 1727 条“保密性”规定：“与孩子之医学辅助生育有关之人之姓名资料必须保密；然而，如欠缺上述姓名资料可能会严重危害从有关医学辅助生育程序所生之人、其直系血亲卑亲属或近亲之健康，则法院得许可将该姓名数据以保密方式转达至有关医疗当局。”第 1728 条“捐赠人死亡后之受孕”规定：“为着继承之效力，所使用之生育物质来自一已死亡之人者，该人并不视为孩子之父亲或母亲。”

台湾地区 2007 年通过了“人工生殖法”。“人工生殖法”（草案）有多个版本，都对亲子关系作了规定。乙案第 29 条兼采“协议说”与“血统说”两种认定标准，即“夫妻于婚姻关系存续中，以夫之精子与妻之卵子，经代理孕母怀胎及分娩之子女，自受胎时起视为受术夫妻之婚生子女。但受术夫妻、代理孕母或其配偶能证明该子女非自受术夫妻之生殖细胞受胎者，关于父母子女关系即适用‘民法’之规定”。“立法委”版第39条对亲子关系的规定更为具体，可操作性大为增强，基本贯彻了“婴儿最佳利益说”。两个草案也有很大的差别，主要表现为：第一，乙案中关于代理孕母所生子女，自受胎时起视为受术夫妻之婚生子女；“立法委”版并无明文规定代孕者所生子女“自何时起”推定为受术夫妻婚生子女。第二，乙案规定代孕者所生子女自代理孕母受胎时起“视为”受术夫妻子女，不可以反证来推翻子女之婚生性，法律效力较强；“立法委”版则规定实施代孕者分娩子女“推定”为受术夫妻之婚生子女，可以举反证将子女之婚生性推翻，法律效力较弱。第三，乙案未规定代理孕母契约效力对子女身份变动的影响，而“立法委”版对于公证的书面代孕契约不会因受术夫妻婚姻关系的瑕疵的影响，代孕者所生子女仍推定为受术夫妻婚生子女。第四，“立法委”版对于受术夫妻举反证推翻代孕者所生子女之婚生性后，受术夫妻对于该子女仍负抚养义务；乙案对此缺乏规定。“人工生殖法”第五章“人工生殖子女之地位”规定：妻于婚姻关系存续中，经夫同意后，与他人捐赠之精子受胎所生子女，视为婚生子女；前项情形，夫能证明其同意系受诈欺或胁迫者，得于发现被诈欺或被胁迫终止后6个月内提起否认之诉；但受诈欺者，自子女出生之日起满3年，不得为之；“民法”第1067条规定，于本条情形不适用之。妻于婚姻关系存续中，同意以夫之精子与他人捐赠之卵子受胎所生子女，视为婚生子女；前项情形，妻能证明其同意系受诈欺或胁迫者，得于发现被诈欺或被胁迫终止后6个月内提起否认之诉；但受诈欺者，自子女出生之日起满3年，不得为之；妻受胎后，如发现有婚姻撤销、无效之情形，其分娩所生子女，视为受术夫妻之婚生子女。这一规定充分集中上述各草案的优长，可操作性也大大提高。

（五）公众参与程度之比较

公众参与立法过程是民主政治的必然趋势。公众参与不仅可以发挥集体智慧去解决社会问题，而且使更多公民通过参与过程认识法律的制定和执行，增强自觉贯彻执行法律规定的主动性。由于社会对人类辅助生殖技术的争议太大，许多国家和地区均把它视为国家重大决策，在广泛讨论和征求民意的基础作出决策。特别是代孕议题，牵涉到遗传、伦理、法律、性别、社会、人权、科技管制等众多层面，因此长久以来充满了争议，至今莫衷一是。在台湾地区，公众始终是影响辅助生殖立法过程的一支重要力量。起初“卫生署”认为代孕涉及复杂的法律与伦理问题，在首次召开的“人工协助生殖法”（草案）研讨会上，“人工生殖技术咨询委员会”决议暂时不把代孕列入草案，结果促成了不孕者代表为代孕合法化请命。不久召开的第二次“人工生殖咨询委员会”决定研究“人工协助生殖法”草案时应考虑代理怀孕的合法性。在此情况下，1997年6月出炉的“人工生殖法”（草案）采取甲、乙两案并陈的方式审议，其中，甲案禁止代孕，乙案则有条件开放代孕，这使得代孕合法化问题首次浮出水面。消息传开，舆论哗然，争论迭起。时隔不久，新修订的“行政程序法”实施，“人工协助生殖技术管理办法”由于不符合该法第150条第2款和174条的规定而失效。为扭转人工生殖法律缺失的局面，加快“人工生殖法”的立法进程，2000年10月，“卫生署”撤回乙案，只将禁止版的甲案送交“行政院”与“立法院”审议。2001年“行政院”会议通过“人工生殖法”（草案），明文禁止代孕。此后由于代孕合法化的声浪越来越高，“卫生署”的立场出现多次反复。2002年后，民众要求开放代孕的要求获得“立法委”的同情和支持，开放代孕的“人工生殖法”（草案）随之出笼，不但开放代理怀孕，而且扩大了受术者的范围，不限定为已婚夫妻，因病不能或不宜怀孕者均能适用。在多次反复后，举棋不定的“卫生署”决定把代孕问题交给共识会议讨论，期望能够提供品质优良的讨论场所，让过去由少数专家掌控决策的制定，尝试由不具专门知识的民众通过深入审慎的讨论形成共识，提供给当局作为决策依据。共识会议肇始于1977年美国国家卫生研究院处理乳癌检查的争议，延请专业人士对其进行专业评估，而后丹麦首次广纳普通公众参与此种共识会议，充分讨论科技政策。其法律明文规定，牵涉到伦理议题和社会争议的科技政策问题，必须征询公民意见，邀请民众参与讨论。此后许多西方国家仿效丹麦，引进这种公众参与模式，让一般大众参与科技政策问题的讨论、评估与决定过程。近年来，台湾地区引进共识会议，是希望创造公共讨论的空间来提升公共政策的品质，代理孕母共识会议是台湾地区第一次就公共政策问题所进行的共识会议。其在两星期内召开五次会议后就达成了“有条件开放”的共识，不仅效率高，其决议品质也获得外界相当高的评价。该共识报告被“卫生署”接受，并成为“立法”的重要依据。随后，“卫生署”参考该项会议结论，委托学者拟定“代孕生殖法”（草案）。2005年11月25日，该草案首次开会讨论，初步确定无偿代孕、禁止商业中介的原则。虽然这次会议并未就代孕问题达成社会共识，但是，借由共识会议，在求同存异前提下，让民众能通过阅读资料、咨询专家、理性辩论，进一步唤起民众参与公共政策的热情，促进立法与政策决定过程的透明化。①

香港地区也比较注重立法民主，鼓励公众参与。香港地区立法之初组织的研究委员会就是由临床医师、社工、律师、神学家、社会学家以及政府官员组成的。为充分汲取公众意见，研究委员会连续多年组织公众咨询，根据公众咨询结果向有关机构提出立法建议。据此建议，1995年成立的咨询机构生殖科技临时管理局在立法调研、公众教育和政府咨询等方面发挥了积极的作用。《条例草案》提交立法会审议后，社会各界响应政府号召积极提交立法建议和意见。例如在管理局成员组成问题上，专家主张不应一概禁止医生出任管理局成员，香港中文大学妇产科学系认为管理局成员应包括深谙科技治疗利弊的生殖科技单位的主管（包括牌照负责人或持牌人）；香港医学会新郇西医协会也反对《条例草案》中的管理局成员条款，认为只限制注册医生不得获委任为管理机构的主席及副主席不公平亦不能接受，医生应与其他人享有相同的出任管理机构的主席及副主席的权利。在持牌人及负责人的监察及制衡机制问题上，专家和公众意见也不完全一致。香港医学会新郇西医协会认为只应准许具备人类生殖科技专业知识者申请发给牌照以确保生殖科技合乎道德标准并达至专业水平，且无须指定一名个人监管申请人在牌照授权下进行的有关活动，须事先取得牌照申请人同意的规定也应取消。香港家庭计划指导会也认为牌照申请人与负责监管生殖科技活动的人不能由同一人兼任会造成实质困难，例如在某些机构或许难以物色不同人选分别担任持牌人及负责人。公众对胚胎或胎儿组织研究也展开了充分的讨论。赞成者认为：在赠卵缺乏的情况下，胎儿卵巢组织便可能为研究和治疗不孕夫妻提供另一选择，可以避免捐赠

① 詹中原．公共政策问题建构过程中的公共性研究［J］．公共管理学报，2006（4）：12－21．

卵子的妇女经历侵入性及不舒适的医学程序，也可以避免将遗传疾病传给下一代。反对者认为：由于胎儿生殖器官组织从未有真正机会证实其能发育成为完全成熟的个体，利用其可能有潜在异常基因及传播之可能；妇女利用本人流产胎儿组织成孕所生子女其实是未出生女儿的后代，这不为道德所接纳并可能引起不自觉的乱伦，况且会对利用死胎生育的子女可能产生不良心理影响；另外，容许胎儿组织用于辅助生殖或科学研究有可能刺激后期堕胎增加，以获取较为成熟胎儿组织，这种后期堕胎对母亲有较大危险，更有甚者，可能引致胎儿组织的商业买卖。① 公众意见为政府决策提供了重要参考依据，据此，卫生福利局建议应当禁止使用胎儿卵巢或睾丸组织治疗不育，可以批准胎儿组织用于研究但须受到管制。

与香港特区和台湾地区相比，大陆（内地）民众参与辅助生殖立法过程的广度和深度都比较有限。虽然 2003 年卫生部曾组织有关专家，在参考和借鉴国外的人类辅助生殖技术规范的基础上，结合实际情况，对相关技术规范、基本标准和伦理原则进行了大幅度修改，但是辅助生殖法至今未纳入立法规划，而是由卫生部进行行业管理。

综上所述，我国四法域的辅助生殖立法无论在立法进程、立法模式、主要内容以及对代孕问题上都有显著差异，通过比较分析可以发现，不论是香港和澳门特区按照法律调整对象的不同分别立法的模式，还是台湾地区的一揽子解决辅助生殖所涉法律问题的统一立法模式，都能够很好地调整辅助生殖问题，而大陆（内地）立法存在一些明显不足。首先，偏重行政立法，立法层级低。目前大陆（内地）人类辅助生殖技术规范均是卫生部制定的行政规章（卫生规章）和规范性文件，这些规范对于确保人类辅助生殖技术安全有效地实施和维护当事人的健康都是非常必要的，但毕竟法律位阶低，法律效力弱，不利于群众自觉遵守。其次，民事法律规范缺失。由于当前的立法均为行政规章，人类辅助生殖技术应用产生的民事关系成为法律调整的盲点，特别是关于捐赠者及受术夫妻的权益以及所生子女的法律地位等民事关系都缺乏法律规定。根据我国《立法法》第 8 条第

① 生殖科技条例草案谘询文件［CB（2）416/98－99（04）］［EB/OL］.（1998－10－14）［2013－07－16］. http://www.legco.gov.hk/yr98-99/chinese/bc/bc53/papers/p416c04.pdf.

7 项的规定，民事基本制度只能制定法律。亲子关系制度是婚姻家庭的核心内容之一，属于民事基本制度的重要组成部分，因此应当由全国人民代表大会或全国人民代表大会常务委员会制定法律。但是截至目前，辅助生殖尚未被纳入全国人民代表大会及其常委会的立法规划，《民法典》婚姻家庭编也未对辅助生殖子女的亲子关系进行制度安排，长期以来司法实践中只有依据最高人民法院 1991 年的《复函》解决人工授精子女的法律地位问题。现行卫生规章、规范性文件以及最高人民法院的《复函》均未涉及辅助生殖中母亲身份的认定、父亲身份的推定和否认、捐赠人的法律地位及补偿、死者遗留配子的归属及所生子女的法律地位等。诸如此类的问题均需依法解决。再次，由于当前的立法偏重行政规章而忽视民事法律规范，加之相关刑事立法缺位，没有形成一个完善的法律体系，这对规范和指导大陆人类辅助生殖技术的发展和应用及解决相关法律问题极为不利，导致人类辅助生殖技术实际强调行政管制而忽视权利救济和责任追究。例如机构滥用人类辅助生殖技术，实施非法代孕或死后授精，医疗机构或医务人员固然依据卫生规章会受到行政制裁，但是仅追究行政责任是远远不够的，更不能解决违法失德行为所生子女的权利保障和权利救济问题。因此仅有行政管制不足以起到应有的震慑作用。因此，我国应加快辅助生殖立法，提高法律位阶，提高立法效能，尽快跟进民事法律规范和刑事法律规范，包括：明确监管主体和监管模式（实行辅助生殖许可制度），明确法定辅助生殖技术的种类，明确生殖权的法律属性和辅助生殖权的适用对象，明确辅助生殖子女的法律地位和亲子关系认定标准，规范人类辅助生殖技术实施，进行全程监管，加强配子、合子和人类胚胎的管理（法律地位、捐赠条件、捐赠程序、使用、保存和销毁），加强人类辅助生殖资料的管理，加强对违法辅助生殖行为的法律制裁，加强对违法辅助生殖所生子女的法律保护。我国未来亲属法尤其要以保护辅助生殖子女合法权益为中心尽快建立健全相关立法，尽可能参酌前述各种认定标准的优劣利弊，努力构建一套适应我国国情和时代特征的辅助生殖子女亲子关系制度，立法重点应突出第三方参与辅助生殖法律父母身份的确认与辅助生殖子女的合法地位上，切实防范趋利避害，实现人类辅助生殖领域中的个体利益、社会利益以及代际利益的共赢。

结　论

一、人类辅助生殖带来的伦理和法律议题

人类辅助生殖技术及其衍生技术作为21世纪最受瞩目的人类生命技术之一，虽然使人类繁衍从理论上不再受疾病、年龄以及生存与否的严格限制，但是产生了大量消极影响、伦理难题与法律争议，催生了各种新型社会关系和新兴权利诉求。

人类辅助生殖领域最受争议的是第三方生殖（包括第三方捐赠配子、胚胎和代孕），其也是法律规制的重点领域和难题所在。即使不考虑配子冷冻保存的实际操作与组织管理可能带来的风险，人类辅助生殖使用第三方生殖细胞也会因为配偶以外的第三人加入而引起深层次的道德与伦理问题，并令我们认真思考遗传学父母（配子捐赠者）与社会学父母之间的对立性、捐赠人的匿名性以及亲权关系否认等问题法律规制的必要性和可能性。

最尴尬的是第三方代孕。代孕既挑战公序良俗，又打乱亲权关系。国

家应当在尊重和保护人权的宪法维度内，及早制定高位阶的辅助生殖法，既要避免将道德评价作为立法选择的唯一指归，又要充分评估代孕合法化的观念桎梏和制度障碍；既要科学引导代孕技术的合理应用，又要切实防范代孕技术的误用和滥用。

近年来，作为人类辅助生殖技术衍生技术的生育力保存技术的开发应用，也将人类置于伦理与法律的尴尬之中，尤其是随着精子库、卵子库的商业化运作，国际配子交易活动异常火爆，大有压倒代孕市场之势，再加上各国法律的差异以及跨国监管漏洞的存在，导致国际卵子交易猛增和跨境生殖旅游攀升。因而，第三方捐赠配子带来的法律问题远比代孕复杂，如果说代孕最具争议的是物化妇女问题，而第三方捐赠配子所带来的代际利益平衡将更加难以治理。

另外，人类辅助生殖技术直接促成同性恋者、单身者和非不孕症患者夫妇主张生殖权，甚至发生为死者索要冷冻配子、胚胎或孩子事件，诸如此类的诉求客观上加剧了生殖权的扩张，催生了辅助生殖权的独立化。那么，法律如何应对辅助生殖权独立趋势产生的各种法律挑战？比如，如何界定辅助生殖权的权利主体、权利内容及权利行使方式，如何确立捐赠者和代孕者在人类辅助生殖中的地位，如何保障在押犯、未婚者、已死者及同性恋者的生殖利益，如何厘清设计婴儿、植入前遗传学诊断的禁区以及回答代孕的合法性问题。这些都是辅助生殖立法不能回避的基础性问题。

二、人类辅助生殖法律规制重点

人类辅助生殖技术过度使用、不当使用以及非法滥用的社会成因非常复杂，最重要的社会因素是“政府失灵”和“市场失灵”以及行业自律在技术准入管理中的有限性，而立法滞后及其导致的行政执法疲软、司法监督乏力则是非常重要的制约因素。基于此，各国对辅助生殖的规制模式在经历了道德规制和行政规制之后逐渐选择了法律规制。

辅助生殖立法模式的三种类型虽然特色各异，但在趋利避害、尊重人权、维护家庭和睦等方面殊途同归，开放型（英国、美国、以色列、西班牙、荷兰、比利时）、保守型（德国、奥地利、瑞士、意大利）与中间型

（法国、瑞典、挪威和丹麦）模式在监管体制与运行机制也有异曲同工之妙，特别是在法定人类辅助生殖技术的种类、辅助生殖的适用对象、配子胚胎的捐赠与管理以及病案资料的保密与保管等方面表现为明显的趋同性，在分类管理、准入范围、过程控制、分析公权力提前介入侵权确认过程等方面积累的经验具有一定的普遍适用性。

人类辅助生殖技术的高歌猛进必然要求亲子关系法随之变革。重塑亲子关系法应当重点考察第三方参与人类辅助生殖过程对传统亲权秩序的冲击，分析“分娩说”、“基因说”、“意思说”和“子女最佳利益说”等亲子关系认定标准的利弊与适用范围，在此基础上厘清三个问题：第一，谁为父母？是基因提供者、怀孕生产者，还是委托者？第二，所生子女法律地位如何确立？是亲子女、继子女、养子女，抑或单独规定？第三，怎样保护代孕所生子女权益？国外亲子法的趋势是以子女最佳利益为原则，综合采用多种标准，注重代际利益平衡。

我国四法域在辅助生殖子女亲子关系制度上差异很大。香港地区《父母与子女条例》规定怀孕生子的妇女是子女的母亲，母亲受孕时的配偶为子女的父亲；但在供精人工授精和异质体外受精—胚胎移植情况下，如母亲的配偶不同意实施该项手术，则该配偶不被认定为父亲；在代孕情况下，委托夫妻不能直接依据代孕协议成为子女的父母，而必须依法向法院申请亲权命令。澳门《民法典》也遵循“谁分娩谁为母”的原则，但是若母亲的配偶（伴侣）不同意实施辅助生育，或证明孩子并非从其所同意进行之医学辅助生育而出生，则被推定的父亲有否认权，可以提出否认之诉。捐赠人与子女不成立亲子关系。任何为第三人生育或妊娠之协议均属无效。使用已故者的配子所生子女为无父之子或无母之子。台湾地区“人工生殖法”也强化对子女利益的法律保护，规定经夫妻双方共同知情同意的异质辅助生殖子女的婚生性，以及知情同意瑕疵和婚姻关系瑕疵情况下辅助生殖子女的法律地位。大陆（内地）是四法域中唯一没有以法律形式规范辅助生殖子女亲子关系的。

三、我国未来人类辅助生殖立法模式的选择

我国未来辅助生殖立法应积极探索规律性，尊重差异性，努力实现公

法与私法的互动，法律与道德的和谐共生，在充分尊重私法自治的原则下，既要运用公权力合理干预人类辅助生殖技术的使用，又要避免公权侵蚀私权。

完善辅助生殖立法，首先需要解决立法体例问题。世界各国和地区的辅助生殖立法模式很多，主要有：统一立法模式，即将人类辅助生殖技术的监督管理、辅助生殖子女的亲子关系以及相关的法律责任，合并立法，目前的英国、丹麦、新西兰、加拿大、法国、意大利以及我国台湾地区就采用这种综合性立法模式。其优点在于充分涵盖相关领域的民事、行政和刑事方面，照顾到了它们之间的内在联系和必要衔接，便于人们正确理解和准确适用法律，但是这种立法模式对立法技术提出了较高要求。反观我国人类辅助生殖技术的发展现状，目前采用这种立法模式时机还不成熟。分散（分立）立法模式，即将上述内容分别立法，在行政法里规范人类辅助生殖技术的监管，在婚姻家庭法里规定亲子关系，在刑法里规定辅助生殖犯罪及其刑事责任，如美国各州和澳大利亚各州的立法、英国早先的立法、德国、瑞士以及我国香港和澳门地区的立法都采取这种分散立法模式。其优点在于立法宗旨明确，内容界限清楚，便于实际操作，其弊端在于这种立法模式很容易顾此失彼，影响各个部分之间的衔接。

由于统一立法模式和分散立法模式各有利弊，我国辅助生殖立法到底采用哪种立法模式，有必要总结各种模式的一般规律，并结合我国实际情况通盘考虑。鉴于人类辅助生殖技术是涉及当事人的基本权利并延续后代生命权利和其他权利的特殊医疗手段。根据我国《立法法》第 8 条，这些问题与权利应当由全国人大及其常委会制定法律规定，在目前时机不成熟的情况下，至少也应当由国务院颁布行政法规。另外，由于亲子关系是婚姻家庭法的重要内容，辅助生殖子女与其他子女具有同样的法律地位，将辅助生殖子女的亲子关系写进《民法典》，可避免把辅助生殖子女与其他子女区别对待，而且原先已经制定的卫生规章和规范性文件就可以部分修改后予以保留，从而节约立法成本。而单独制定一部统一的《人类辅助生殖法》，固然可以一揽子解决人类辅助生殖技术相关问题，但是需要通盘考虑各种问题，成本高，难度大，特别是涉及诸多敏感问题而迁延时日。在立法共识难以达成的情况下，立法者通常采用回避矛盾的做法，搁置争议，留下立法空白，例如台湾地区“人工生殖法”起初因代孕问题久议不决，遂采取回避做法，留待以后单独立法，但是“人工生殖法”实施6年后立法者即发现将代孕单独剔除不符合实际，遂动议修订“人工生殖法”，将代孕囊括其中。而我国目前尚未将人类辅助生殖技术纳入国家立法规划，普通民众也未接受辅助生殖立法教育和咨询，在这种情况下，制定一部充分体现民情民智的人类辅助生殖法还有待时日。2015年12月27日第十二届全国人民代表大会常务委员会第十八次会议决定对《人口与计划生育法》修改，并删除了草案中“禁止买卖精子、卵子、受精卵和胚胎，禁止以任何形式实施代孕”的条款，这或许正反映了立法者对于这些问题的犹豫不决。当前在法律缺失的情况下，笔者认为，还需要充分发挥行政监管模式和软性管制模式的优势，借助现有法律规范和道德规范的作用，实行行业自律、行政指导和行政法规并行的多层次管制模式。

四、我国未来人类辅助生殖立法框架和具体法律制度

辅助生殖立法牵一发而动全身，需要统筹安排，精心设计。

第一，我国未来辅助生殖立法应从以下十个方面着力：

一是提高法律位阶，提高立法效能；

二是设立专门监管主体，实施全程监管和过程控制模式；

三是明确法定辅助生殖技术的种类；

四是规范人类辅助生殖技术实施，进行全程监管；

五是廓清生殖权的法律属性和辅助生殖权的适用对象；

六是厘定辅助生殖子女的法律地位和亲子关系认定标准；

七是加强配子和胚胎的管理；

八是强化人类辅助生殖资料的管理；

九是加重对违法辅助生殖行为的法律制裁；

十是强调对违法辅助生殖所生子女的法律保护。

第二，我国未来《人类辅助生殖法》的基本框架与结构体系应包括：

第一章总则，规定立法宗旨、辅助生殖服务的目标、人类辅助生殖技术的受术对象、人类辅助生殖技术的法定种类与定义、监管机构及监管

体制；

第二章医疗机构施行辅助生殖的管理，规定施行辅助生殖和保存生育力的医疗机构及其医务人员的准入条件和审批许可、受术对象或捐赠人的条件及其检查及评估、医疗机构的告知义务（解释说明义务）以及知情同意书的法律性质及基本因素、医疗机构不得实施的行为以及代孕的法律定位等；

第三章生殖细胞（配子）及胚胎的保护，规定各种情况下生殖细胞的归属、捐赠、保存、使用与销毁的条件与程序等；

第四章辅助生殖子女的法律地位，规定接受精子与卵子捐赠情况下（含婚姻关系瑕疵或知情同意瑕疵）辅助生殖子女法律父母认定以及辅助生殖子女的法律地位，特别要明确代孕所生子女的法律地位（不论代孕非法还是合法）；

第五章相关数据的保存、管理及利用，规定相关病例和记录的制作与保存、辅助生殖资料的通报与报告以及辅助生殖子女是否有查询相关数据的请求权；

第六章罚则，规定各种违法违规行为的民事责任、行政责任和刑事责任；

第三，鉴于我国辅助生殖领域已经建立了相对完善的监管体制和监管制度，未来辅助生殖立法应当切实理顺第三方生殖关系和加强刑法治理非法辅助生殖。基于此，我国未来辅助生殖立法需要特别规定以下内容。

首先，要建立健全辅助生殖子女法律父母条款及辅助生殖子女婚生地位条款，并且特别需要保护代孕所生子女合法权益。即使未来立法否认代孕的合法性和代孕协议的无效性，代孕所生子女也是无辜的，他们的被监护权、被抚养权、受教育权和继承权等合法权益均需要法律予以妥适保护。未来修订《民法典》婚姻家庭编应当增加辅助生殖子女条款，并就“父母子女关系”作出如下三种安排：第一种，亲生子女，具体包括：婚生子女和非婚生子女。第二种，法律拟制子女，具体包括养子女和继子女。第三种，辅助生殖子女，具体包括同质辅助生殖子女、捐赠所生子女和代孕所生子女。

其次，构建权利救济制度。人类辅助生殖技术属于特殊高新技术，风险性强，如因医疗过失或第三人过失导致受术夫妻生下缺陷婴儿，或者误用他人生殖细胞或者胚胎生下辅助生殖子女，那么受术夫妻如何向医疗机构提起诉讼？是违约之诉还是侵权之诉？如果是侵权之诉，请求权的基础是什么？损害赔偿的范围如何确定？所生子女能否成为主张权利的适格主体？如果受术夫妻拒绝抚养错误出生的孩子，该孩子的合法权益如何保护？如果使用已故配偶储存的生殖细胞受孕生育子女，该子女与已故者之间有无法律上的亲子关系？受术夫妻、捐赠者的隐私权和所生子女的基因知情权之间的权利冲突如何解决？诸如此类，均需要立法者借鉴其他国家和地区的立法经验审慎设计。

最后，明确滥用人类辅助生殖技术及其衍生技术的刑事责任。人类辅助生殖技术犹如一把双刃剑，一旦滥用，危害严重，需要刑法介入，严刑峻法。鉴于现行刑法未设定相关罪名，笔者建议以刑法修正案的方式，增设“非法辅助生殖技术罪”类罪，对刑法进行必要的补充和完善。这类罪是与辅助生殖技术有关的犯罪行为的统称，包括一系列具体犯罪，包括“滥用辅助生殖技术罪”“非法采精、供精罪”“非法买卖精子、卵子、受精卵或胚胎罪”“非法买卖人类遗传物质罪”“非法代孕罪”“擅自采精罪”“死后辅助生殖罪”“非法进行无医学指征的胚胎植入前诊断罪”等。此外，还有一些与非法辅助生殖罪有关的不宜单独成罪的犯罪，则可以充分利用现行刑法中的相关罪名定罪量刑，诸如医疗事故罪、非法行医罪、非法进行节育手术罪、杀人罪以及伤害罪等规定。

参考书目

[1] 凯尔森．法与国家的一般理论［M］．沈宗灵，译．北京：商务印书馆，2013.

[2] 卡塔琳娜·托马瑟夫斯基．人口政策中的人权问题［M］．毕小青，译．北京：中国社会科学出版社，1998.

[3] 凯恩．法律与道德中的责任［M］．罗杰华，译．北京：商务印书馆，2008.

[4] 伯恩·魏德士．法理学［M］．丁小春，吴越，译．北京：法律出版社，2013.

[5] 茨威格特，克茨．比较法总论［M］．北京：中国法制出版社，2017.

[6] 古斯塔夫·拉德布鲁赫．法哲学入门［M］．北京：商务印书馆，2019.

[7] 迪特尔·梅迪库斯．德国民法总论［M］．邵建东，译．北京：法律出版社，2013.

[8] 黑格尔．法哲学原理［M］．北京：商务印书馆，2016.

［9］萨缪尔·普芬道夫．论人和公民的自然法义务［M］．祝杰，韦洪发，译．长春：吉林人民出版社，2011.

［10］孟德斯鸠．论法的精神：上，下［M］．张雁深，译．北京：商务印书馆，2012.

［11］柏拉图．理想国［M］．郭斌和，张竹明，译．北京：商务印书馆，2018.

［12］亚里士多德．政治学［M］．颜一，秦典华，译．北京：中国人民大学出版社，2003.

［13］E. 博登海默．法理学：法律哲学及其方法［M］．邓正来，译．北京：中国政法大学出版社，2017.

［14］艾伦·沃森．民法法系的演变及形成［M］．李静冰，姚新华，译．北京：中国法制出版社，2005.

［15］本杰明·N. 卡多佐．法律的成长·法律科学的悖论［M］．董炯，彭冰，译．北京：中国法制出版社，2002.

［16］格兰特·斯蒂恩．DNA 和命运［M］．上海：上海科学技术出版社，2001.

［17］格雷戈里·E. 彭斯．医学伦理经典案例［M］．聂精保，胡林英，译．长沙：湖南科学技术出版社，2010.

［18］阿拉斯戴尔·麦金太尔．伦理学简史［M］．龚群，译．北京：商务印书馆，2014.

［19］霍姆斯顿·罗尔斯顿．哲学走向荒野［M］．刘耳，等译．长春：吉林人民出版社，2000.

［20］杰克·唐纳利．普遍人权的理论与实践［M］．王浦劬，等译．北京：中国社会科学出版社，2001.

［21］卡尔·J. 弗里德里希德．超验正义［M］．周勇，王丽芝，译．上海：上海三联书店，1997.

［22］理查德·A. 波斯纳．法律理论的前沿［M］．武欣，凌斌，译．北京：中国政法大学出版社，2003.

［23］罗斯科·庞德．法律与道德［M］．陈林林，译．北京：商务印书馆，2015.

[24] 庞德．通过法律的社会控制：法律的任务 [M]. 沈宗灵，译. 北京：商务印书馆，2010.

[25] 斯威特·伯里斯，申卫星．中国卫生法前沿问题研究 [M]. 北京：北京大学出版社，2005.

[26] 威廉·B. 埃瓦尔德．比较法哲学 [M]. 北京：中国法制出版社，2016.

[27] 威廉·杰欧·唐奈，等．美国婚姻与婚姻法 [M]. 顾培东，等译．重庆：重庆出版社，1986.

[28] 约翰·罗尔斯．正义论 [M]. 何怀宏，等译．北京：中国社会科学出版社，2009.

[29] 张哲瑞联合律师事务所．裸露的权利——美国法与性 [M]. 北京：法律出版社，2005.

[30] 克里斯坦·巴纳德．安乐生安乐死 [M]. 陈彪，阳京，译. 北京：中国工人出版社，1990.

[31] 植木哲．医疗法律学 [M]. 冷罗生，等译．北京：法律出版社，2006.

[32] 彼得罗·彭梵得．罗马法教科书 [M]. 黄风，译．北京：中国政法大学出版社，2018.

[33] 罗道尔夫·萨科．比较法导论 [M]. 北京：商务印书馆，2014.

[34] 厄莱斯代尔·麦克林．医疗法简明案例 [M]. 武汉：武汉大学出版社，2004.

[35] 哈特．法律的概念 [M]. 许家馨，李冠宜，译．北京：法律出版社，2018.

[36] 霍布豪斯．自由主义 [M]. 朱曾汶，译．北京：商务印书馆，2013.

[37] 吉米·边沁．立法原理 [M]. 李贵方，等译．北京：中国人民公安大学出版社，2004.

[38] 西季威克．伦理学方法 [M]. 廖申白，译．北京：中国社会科学出版社，1993.

[39] 休谟．人性论：上，下 [M]. 关文运，译．北京：商务印书馆，

1983.

[40] 瑞兹克．不孕症与辅助生殖 [M]. 孙鲲，译．北京：人民卫生出版社，2013.

[41] 陈金钊．法理学 [M]. 北京：北京大学出版社，2002.

[42] 范进学．法律与道德 [M]. 北京：北京大学出版社，2012.

[43] 范进学．法律与道德社会秩序的规制 [M]. 上海：上海交通大学出版社，2011.

[44] 付子堂．法理学初阶 [M]. 北京：法律出版社，2006.

[45] 高其才．中国习惯法 [M]. 长沙：湖南人民出版社，1995.

[46] 葛洪义．法理学 [M]. 北京：中国人民大学出版社，2007.

[47] 公丕祥．法制现代化的理论逻辑 [M]. 北京：中国政法大学出版社，1999.

[48] 郭卫华，常鹏翱．人身权法典型判例研究 [M]. 北京：人民法院出版社，2002.

[49] 胡宝海，王晓君．民法上的人 [M]. 北京：中国社会科学出版社，1999.

[50] 胡长清．中国民法总论 [M]. 北京：中国政法大学出版社，1997.

[51] 黄茂荣．法学方法和现代法学．5 版 [M]. 北京：中国政法大学出版社，2007.

[52] 黄茂荣．民法总则 [M]. 台北：三民书局，1982.

[53] 李龙．良法论 [M]. 武汉：武汉大学出版社，2001.

[54] 李龙．人本法律观研究 [M]. 北京：中国社会科学出版社，2006.

[55] 李宁，许爱花，刘挺，龚世俊．社会法的本土建构 [M]. 上海：学林出版社，2008.

[56] 李双元，温世扬．比较民法学 [M]. 武汉：武汉大学出版社，2016.

[57] 李锡鹤．民法哲学论稿．2 版 [M]. 上海：复旦大学出版社，2010.

［58］李震山．多元，宽容与人权保障——以宪法未列举权之保障为中心［M］．台北：元照出版公司，2005.

［59］梁慧星，陈华彬．物权法．6版［M］．北京：法律出版社，2016.

［60］梁慧星．民法解释学．4版［M］．北京：法律出版社，2015.

［61］梁慧星．民法总论［M］．北京：法律出版社，2001.

［62］梁慧星．民商法论丛：第1卷［M］．北京：法律出版社，1994.

［63］梁慧星．中国民法典草案建议稿附理由：合同编（上，下）［M］．北京：法律出版社，2013.

［64］梁慧星．中国民法典草案建议稿附理由：侵权行为编［M］．北京：法律出版社，2013.

［65］梁慧星．中国民法典草案建议稿附理由：亲属编［M］．北京：法律出版社，2013.

［66］梁慧星．中国民法典草案建议稿附理由：物权编［M］．北京：法律出版社，2013.

［67］梁慧星．中国民法典草案建议稿附理由：债权总则编［M］．北京：法律出版社，2013.

［68］梁慧星．中国民法典草案建议稿附理由：总则编［M］．北京：法律出版社，2013.

［69］刘德宽．民法诸问题新展望［M］．北京：中国政法大学出版社，2001.

［70］刘国涛．人的民法地位［M］．北京：中国法制出版社，2005.

［71］卢云．法学基础理论［M］．北京：中国政法大学出版社，1994.

［72］吕世伦，文正邦．法哲学论［M］．北京：中国人民大学出版社，1999.

［73］吕世伦．法理的积淀与变迁［M］．北京：法律出版社，2001.

［74］吕世伦．现代西方法学流派［M］．北京：中国大百科全书出版社，1999.

［75］邱聪智．民法研究（一）［M］．北京：中国人民大学出版社，2002.

[76] 沈宗灵．法理学．4 版［M］．北京：北京大学出版社，2014.
[77] 沈宗灵．现代西方法理学［M］．北京：北京大学出版社，2000.
[78] 史尚宽．亲属法论［M］．北京：中国政法大学出版社，2000.
[79] 孙春增．法理学基础［M］．北京：北京大学出版社，2014.
[80] 汪太贤，艾明．法治的理念与方略［M］．北京：中国检察出版社，2001.
[81] 王海明．新伦理学原理［M］．北京：商务印书馆，2017.
[82] 王家福．中国民法学：民法债权［M］．北京：法律出版社，1999.
[83] 王利民．民法道德论：市民社会的秩序构造［M］．北京：法律出版社，2019.
[84] 王利民．人的私法地位．2 版［M］．北京：法律出版社，2013.
[85] 王利明．民法解释学．2 版［M］．北京：中国人民大学出版社，2016.
[86] 王利明．民法总则研究．3 版［M］．北京：中国人民大学出版社，2018.
[87] 王利明．人格权法探微［M］．北京：人民出版社，2018.
[88] 王利明．人格权重大疑难问题研究［M］．北京：法律出版社，2019.
[89] 王利明．与民法同行：第 1 卷：民法的发展与中国民法的未来［M］．北京：法律出版社，2006.
[90] 王利明．中国民法典草案建议稿及说明［M］．北京：中国法制出版社，2004.
[91] 王泽鉴．民法概要．2 版［M］．北京：北京大学出版社，2011.
[92] 王泽鉴．民法思维：请求权基础理论体系［M］．北京：北京大学出版社，2009.
[93] 王泽鉴．民法物权．2 版［M］．北京：北京大学出版社，2010.
[94] 王泽鉴．民法总则［M］．北京：北京大学出版社，2009.
[95] 王泽鉴．侵权行为．3 版［M］．北京：北京大学出版社，2016.
[96] 王泽鉴．人格权法：法释义学、比较法、案例研究［M］．北京：

北京大学出版社，2013.

［97］魏振瀛．民法．7 版［M］. 北京：北京大学出版社，2017.

［98］温世扬．中国民法典争鸣［M］. 厦门：厦门大学出版社，2017.

［99］徐国栋．民法总论［M］. 北京：高等教育出版社，2019.

［100］徐国栋．民法基本原则解释：诚信原则的历史、实务、法理研究．再造版［M］. 北京：北京大学出版社，2013.

［101］严存生．西方法律思想史［M］. 北京：中国法制出版社，2012.

［102］杨立新．民法总则．2 版［M］. 北京：法律出版社，2018.

［103］杨立新．中国人格权法立法报告［M］. 北京：知识产权出版社，2005.

［104］杨立新．人格权法［M］. 北京：中国法制出版社，2006.

［105］杨龙．现代法治背景下的法律与道德［M］. 北京：中国社会科学出版社，2012.

［106］杨震．法价值哲学导论［M］. 北京：中国社会科学出版社，2004.

［107］张恒山．法理要论［M］. 北京：北京大学出版社，2002.

［108］张宏生，谷春德．西方法律思想史［M］. 北京：北京大学出版社，1990.

［109］张俊浩．民法学原理．修订版［M］. 北京：中国政法大学出版社，1997.

［110］张乃根．西方法哲学史纲．增补本［M］. 北京：中国政法大学出版社，2013.

［111］张文显．二十世纪西方法哲学思潮研究［M］. 北京：法律出版社，1996.

［112］张文显．法哲学范畴研究［M］. 北京：中国人民大学出版社，2001.

［113］张文显．马克思主义法理学［M］. 北京：高等教育出版社，2003.

［114］张文显．社会法与法治社会建设［M］. 北京：法律出版社，

2018.

[115] 张文显．法理学．5 版 [M]. 北京：高等教育出版社，2018.

[116] 赵万一．民法的伦理分析．2 版 [M]. 北京：法律出版社，2012.

[117] 赵震江，付子堂．现代法理学 [M]. 北京：北京大学出版社，1999.

[118] 卓泽渊．法的价值论 [M]. 北京：法律出版社，2018.

[119] 达庆东．卫生法学纲要 [M]. 上海：复旦大学出版社，2014.

[120] 段瑞春．科技与法律 [M]. 合肥：中国科学技术出版社，2010.

[121] 冯建妹．现代医学与法律研究 [M]. 南京：南京大学出版社，1994.

[122] 古津贤，李耀文．生命科技法律与伦理 [M]. 天津：天津人民出版社，2014.

[123] 郭自力．生物医学的法律和伦理问题 [M]. 北京：北京大学出版社，2002.

[124] 侯英怜．论院内感染之民事契约责任 [M]. 台北：正典出版文化有限公司，2004.

[125] 黄丁全．医疗法律与生命伦理：上，下[M]. 北京：法律出版社，2015.

[126] 曾淑瑜．医疗、法律、伦理 [M]. 台北：元照出版公司，2007.

[127] 黄丁全．医事法 [M]. 北京：中国政法大学出版社，2007.

[128] 黄华清．医药卫生法制理论研究与律师实务 [M]. 北京：中国法制出版社，2001.

[129] 姜柏生，杨芳．高新生命技术的民法问题研究 [M]. 北京：法律出版社，2010.

[130] 姜玉梅．中国生育权制度研究 [M]. 成都：西南财经大学出版社，2006.

[131] 康均心．人类生死与刑事法律改革 [M]. 北京：中国人民公安

大学出版社，2005.

［132］李善国，倪正茂，刘长秋．辅助生殖技术法研究［M］．北京：法律出版社，2005.

［133］刘士国．医事法前沿问题研究［M］．北京：中国法制出版社，2011.

［134］刘士国．中华人民共和国人格权法律条文建议附理由［M］．北京：中国法制出版社，2017.

［135］刘学礼．生命科学的伦理困惑［M］．上海：上海科学技术出版社，2001.

［136］刘长秋．生命法学理论梳理与重构［M］．北京：中国政法大学出版社，2015.

［137］刘长秋．生命科技法比较研究［M］．北京：法律出版社，2012.

［138］刘长秋．生命科技犯罪及其刑法应对策略研究［M］．北京：法律出版社，2006.

［139］刘长秋．生命科技犯罪及现代刑事责任理论与制度研究［M］．上海：上海人民出版社，2006.

［140］倪正茂，刘长秋．生命法学论要［M］．哈尔滨：黑龙江人民出版社，2008.

［141］倪正茂．生命法学探析［M］．北京：法律出版社，2005.

［142］潘迪．生殖革命与人权［M］．北京：知识产权出版社，2015.

［143］沈东．生育选择引论［M］．沈阳：辽宁人民出版社，2011.

［144］石俊华．医事法学［M］．成都：四川科学技术出版社，2004.

［145］谈大正．生命法学论纲［M］．北京：法律出版社，2014.

［146］汪丽青．人类辅助生殖私法调整机制研究［M］．北京：法律出版社，2016.

［147］吴汉东．高科技发展与民法制度创新［M］．北京：中国人民大学出版社，2003.

［148］邢玉霞．辅助生殖技术应用中的热点法律问题研究［M］．北京：中国政法大学出版社，2012.

[149] 熊永明 . 现代生命科技犯罪及其刑法规制 [M]. 北京：法律出版社，2012.

[150] 张燕玲 . 人工生殖法律问题研究 [M]. 北京：法律出版社，2006.

[151] 赵西巨 . 医事法研究 [M]. 北京：法律出版社，2008.

[152] 赵震江 . 科技法学 [M]. 北京：北京大学出版社，1998.

[153] 周平 . 生育与法律：生育权制度解读及冲突配置 [M]. 北京：人民出版社，2009.

[154] 陈麟书 . 宗教伦理学概论 [M]. 北京：宗教文化出版社，2006.

[155] 杜治政，许志伟 . 医学伦理学辞典 [M]. 郑州：郑州大学出版社，2003.

[156] 李建会 . 生命科学哲学 [M]. 北京：北京大学出版社，2006.

[157] 李建会 . 与善同行——当代科技前沿的伦理问题与价值抉择 [M]. 北京：中国社会科学出版社，2013.

[158] 邱仁宗，瞿晓梅 . 生命伦理学概论 [M]. 北京：中国协和医科大学出版社，2003.

[159] 沈铭贤 . 生命伦理飞入寻常百姓家 [M]. 上海：上海科技教育出版社，2011.

[160] 施卫星，何伦，黄钢 . 生物医学伦理学 [M]. 杭州：浙江教育出版社，1998.

[161] 孙慕义 . 医学伦理学 .3 版 [M]. 北京：高等教育出版社，2015.

[162] 万惠进 . 生命伦理学与生命法学 [M]. 杭州：浙江大学出版社，2004.

[163] 万俊人 . 现代西方伦理学史：上，下 [M]. 北京：北京大学出版社，2011.

[164] 王延光 . 中国当代遗传伦理研究 [M]. 北京：北京理工大学出版社，2003.

[165] 徐宗良 . 面对死亡：死亡伦理 [M]. 上海：上海科技教育出版

社，2011.

［166］颜厥安．鼠肝与虫臂的管制：法理学与生命伦理探究［M］. 北京：北京大学出版社，2006.

［167］翟晓梅，邱仁宗．生命伦理学导论［M］. 北京：清华大学出版社，2005.

［168］祖恒兵．礼物还是灾难：试管婴儿技术浪潮的未来冲击［M］. 上海：上海人民出版社，2006.

［169］FABIOLA BENTO，SANDRO ESTEVES，ASHOK AGARWAL. 辅助生殖技术医疗机构质量管理——实践指南［M］. 马彩虹，乔杰，主译．北京：北京大学医学出版社，2015.

［170］PETER R BRINSDEN. 体外受精与辅助生殖：诊所临床实践与实验室操作指南［M］. 北京：人民卫生出版社，2009.

［171］曹云霞．临床基本技能操作规范［M］. 合肥：安徽科学技术出版社，2008.

［172］曹云霞．人类生育力保存［M］. 北京：人民卫生出版社，2015.

［173］陈建明．实用不孕不育诊断与治疗［M］. 广州：广东科技出版社，2013.

［174］陈诵芬．临床生殖医学实用图谱［M］. 北京：人民军医出版社，2015.

［175］陈雅芳．优生咨询与指导［M］. 上海：复旦大学出版社，2015.

［176］陈子江，刘嘉茵．不孕不育专家推荐诊疗方案［M］. 北京：人民军医出版社，2013.

［177］丁显平．人类遗传与优生［M］. 成都：四川大学出版社，2011.

［178］黄国宁．辅助生殖实验室技术［M］. 北京：人民卫生出版社，2014.

［179］黄荷凤．实用人类辅助生殖技术．2018 版［M］. 北京：人民卫生出版社，2018.

［180］解晓明．人类辅助生殖技术与管理［M］．西安：陕西科学技术出版社，2007.

［181］金志春．实用不孕不育诊疗与治疗技术［M］．武汉：湖北科学技术出版社，2009.

［182］李华金．生命的延续生殖与遗传［M］．北京：现代出版社，2014.

［183］李力．实用生殖医学［M］．北京：人民卫生出版社，2012.

［184］李蓉，乔杰．生殖内分泌疾病诊断与治疗［M］．北京：法律出版社，2013.

［185］李旭，徐丛剑．女性生殖系统疾病［M］．北京：人民卫生出版社，2015.

［186］李佐山．女性不孕诊疗基础与技术［M］．沈阳：辽宁科学技术出版社，2014.

［187］刘见桥，朱伟杰．生殖生物学与生殖医学进展［M］．北京：科学出版社，2014.

［188］刘英华，张竹梅，刘海萍，等．实用辅助生殖技术［M］．广州：世界图书出版广东有限公司，2012.

［189］卢光琇．临床技术操作规范：辅助生殖技术和精子库分册［M］．北京：人民军医出版社，2010.

［190］马金龙．中国人口与生殖健康蓝皮书［M］．济南：山东大学出版社，2015.

［191］潘迪．生殖革命与人权［M］．北京：知识产权出版社，2015.

［192］乔杰．生育力保护与生殖储备［M］．北京：法律出版社，2013.

［193］乔杰．生殖医学临床指南与专家解读［M］．北京：人民军医出版社，2014.

［194］乔杰．多囊卵巢综合征［M］．北京：北京大学医学出版社，2009.

［195］全松．体外授精与辅助生殖学教科书［M］．北京：人民卫生出版社，2009.

［196］沈鸿敏．女性生殖内分泌疾病临床指导与实践［M］. 北京：中国医药科技出版社，2015.

［197］石一复，郝敏．妇科肿瘤生殖医学［M］. 北京：人民卫生出版社，2014.

［198］石一复，郝敏．卵巢疾病［M］. 北京：人民军医出版社，2014.

［199］双卫兵，章慧平，叶章群．男性生殖道疾病与生育调节技术［M］. 北京：人民卫生出版社，2015.

［200］王斌．不孕症的实验室诊断与治疗［M］. 济南：山东大学出版社，2009.

［201］王燕蓉．女性生育力体外保存技术［M］. 银川：宁夏人民出版社，2007.

［202］翁宁．人类辅助生殖技术诊疗与护理［M］. 北京：中国医药科技出版社，2014.

［203］杨登科，陈书奎．实用泌尿生殖外科疾病诊疗学［M］. 北京：人民军医出版社，2015.

［204］于修成．辅助生殖的伦理与管理［M］. 北京：人民卫生出版社，2014.

［205］张清学，徐艳文．辅助生殖技术疑难病例讨论［M］. 北京：人民军医出版社，2014.

［206］张天华．实用不孕不育诊疗学［M］. 西安：西安交通大学出版社，2014.

［207］中华医学会．临床诊疗指南辅助生殖技术与精子库分册［M］. 北京：人民卫生出版社，2009.

［208］周平．生殖自由与公共利益的博弈［M］. 北京：中国社会科学出版社，2015.

［209］ANSERMET F. The art of making children：the new world of assisted reproductive technology［M］. New York：Routledge，2018.

［210］APPLETON S F，WEISBERG D K. Adoptions and assisted reproduction：families under construction［M］. New York：Aspen Publishers，2009.

[211] AUSTIN M W. Conceptions of parenthood: ethics and the family [M]. Abingdon: Ashgate Publishing Group, 2012.

[212] BALL C A. The right to be parents: LGBT families and the transformation of parenthood [M]. New York: New York University Press, 2012.

[213] BANCHOFF T. Embryo politics: ethics and policy in Atlantic democracies [M]. New York: Cornell University Press, 2011.

[214] BARTELS D M, PRIESTER R, VAWTER D E, et al. Beyond baby M: ethical issues in new reproductive techniques [M]. New Jersey: Humana Press, 1990.

[215] BECKER G. The elusive embryo: how women and men approach new reproductive technologies [M]. Berkeley & Los Angeles: University of California Press, 2000.

[216] BEYLEVELD D, BROWNSWORD R. Human dignity in bioethics and biolaw [M]. London: Oxford University Press, 2001.

[217] BHATTACHARYYA S. Magical Progeny, Modern technology: a Hindu bioethics of assisted reproductive technology [M]. New York: State University of New York Press, 2006.

[218] BIN R, LORENZON S, LUCCHI N. Biotech innovations and fundamental rights [M]. Berlin: Springer, 2012.

[219] BLEIKLIE I A, GOGGIN M L, ROTHMAYR C. Comparative biomedical policy: governing assisted reproductive technologies [M]. London: Routledge, 2003.

[220] BLYTH E, LANDAU R. Third party assisted conception across cultures: social, legal and ethical perspectives [M]. London: Jessica Kingsley Publishers, 2004.

[221] BONACCORSO M. Conceiving kinship: assisted conception, procreation, and family in southern Europe [M]. New York: Berghahn Books, 2009.

[222] BROCKOPP J E, EICH T. Muslim medical ethics: from theo-

ry to practice [M]. South Carolina: University of South Carolina Press, 2008.

[223] BROWNER CH, SARGENT CF. Reproduction, globalization, and the state: new theoretical and ethnographic perspectives [M]. Durham: Duke University Press, 2011.

[224] BROYDE M. Assisted reproduction and Jewish law [M]. Cincinnati: University of Cincinnati Press, 1999.

[225] CAHN N R. Test tube families: why the fertility market needs legal regulation [M]. New York: New York University Press, 2009.

[226] CAHN N R. The new kinship: constructing donor-conceived families [M]. New York: New York University Press, 2013.

[227] CLARK R A, RICHARD-DAVIS G, HAYES J, et al. Planning parenthood: strategies for success in fertility assistance, adoption, and surrogacy [M]. Baltimore and London: Johns Hopkins University Press, 2009.

[228] CLARKE M. Islam and new kinship: reproductive technology and the Shariah in Lebanon [M]. New York: Berghahn Books, 2011.

[229] COHEN C B. New ways of making babies: the case of egg donation [M]. Bloomington: Indiana University Press, 1996.

[230] COLEMAN S. The ethics of artificial uteruses: implications for reproduction and abortion [M]. Abingdon: Ashgate Publishing Group, 2004.

[231] CONDIC S B, CONDIC M. Human embryos, human beings: a scientific and philosophical approach [M]. Washington: Catholic University of America Press, 2018.

[232] COOK R, SCLATER S D, KAGANAS F. Surrogate motherhood: international perspectives [M]. Portland: Hart Publishing, 2003.

[233] CROCKIN S L, JONES H W. Legal conceptions: the evolving law and policy of assisted reproductive technologies [M]. Baltimore and London: Johns Hopkins University Press, 2009.

［234］ DANIELS C R. Exposing men：the science and politics of male reproduction ［M］. London：Oxford University Press，2006.

［235］ DANIELS K，HAIMES E. Donor insemination：international social science perspectives ［M］. Cambridge：Cambridge University Press，1998.

［236］ DAVIS D S. Genetic dilemmas：reproductive technology，parental choices，and children's futures ［M］. New York：Routledge，2001.

［237］ DE JONG W，TKACH O. Making bodies，persons and families：normalising reproductive technologies in Russia，Switzerland and Germany ［M］. Münster：LIT Verlag，2009.

［238］ DE MELO-MARTÍN I. Making babies：biomedical technologies，reproductive ethics，and public policy ［M］. Berlin：Springer，2010.

［239］ DEECH R，SMAJDOR A. From IVF to immortality：controversy in the era of reproductive technology ［M］. London：Oxford University Press，2007.

［240］ DEGRAZIA D. Creation ethics：reproduction，genetics，and quality of life ［M］. London：Oxford University Press，2012.

［241］ DOLGIN JL. Defining the family：law，technology，and reproduction in an uneasy age ［M］. New York：New York University Press，1997.

［242］ DOOLEY D，DALLA-VORGIA P. Ethics of new reproductive technologies：cases and questions ［M］. New York：Berghahn Books，2003.

［243］ DOWD NE. Redefining fatherhood ［M］. New York：New York University Press，2000.

［244］ DÜWELL M，REHMANN-SUTTER C，MIETH D. The contingent nature of life：bioethics and the limits of human existence ［M］. Berlin：Springer，2008.

[245] EDWARDS J, FRANKLIN S, HIRSCH E, et al. Technologies of procreation: kinship in the age of assisted conception [M]. Manchester: Manchester University Press, 1999.

[246] EDWARDS J, SALAZAR C. European kinship in the age of biotechnology [M]. New York: Berghahn Books, 2009.

[247] EHRENSAFT D. Mommies, daddies, donors, surrogates: answering tough questions and building strong families [M]. New York: Guilford Press, 2005.

[248] ERICKSON TM. Surrogacy and embryo, sperm, & egg donation: what were you thinking?: considering IVF & third-party reproduction [M]. Bloomington: iUniverse, 2010.

[249] EVANS D. Creating the child: the ethics, law, and practice of assisted procreation [M]. Boston: Martinus Nijhoff Publishers, 1996.

[250] EVANS D. Without moral limits: women, reproduction, and medical technology [M]. Minneapolis: Crossway Books, 2000.

[251] FELDMAN E, WOLOWELSKY JB. Jewish law and the new reproductive technologies [M]. New York: KTAV Publishing House, 1997.

[252] FENWICK LB. Private choices, public consequences: reproductive technology and the new ethics of conception, pregnancy, and family [M]. New York: Dutton Adult, 1998.

[253] FLEMING S, COOKE S. Textbook of assisted reproduction for scientists in reproductive technology [M]. Fremantle: Vivid Publishing, 2009.

[254] FRAME T. Children on demand: the ethics of defying nature [M]. New South Wales: University of New South Wales Press, 2008.

[255] FRANKLIN S. Embodied progress: a cultural account of assisted conception [M]. New York: Routledge, 1997.

[256] GOLDBERG M. The means of reproduction: sex, power, and the future of the world [M]. New York: Penguin Press, 2010.

[257] GOODWIN MB. Baby markets：money and the new politics of creating families [M]. Cambridge：Cambridge University Press，2010.

[258] GUNNING J，SZOKE H. The regulation of assisted reproductive technology [M]. Abingdon：Ashgate Publishing Group，2003.

[259] HALL AL. Conceiving parenthood：american protestantism and the spirit of reproduction [M]. Michigan：Eerdmans Publishing Company，2008.

[260] HANAFIN P. Conceiving life：reproductive politics and the law in contemporary Italy [M]. Abingdon：Ashgate Publishing Group，2007.

[261] HARRISON L. Brown bodies，white babies：the politics of cross-racial surrogacy [M]. New York：New York University Press，2016.

[262] HARWOOD K. The infertility treadmill：feminist ethics，personal choice，and the use of reproductive technologies [M]. Chapel Hill：University of North Carolina Press，2007.

[263] HAYNES J，MILLER J. Inconceivable conceptions：psychological aspects of infertility and reproductive Technology [M]. New York：Routledge，2003.

[264] HOPPE N. Bioequity：property and the human body [M]. Abingdon：Ashgate Publishing Group，2009.

[265] HORSEY K，BIGGS H. Human fertilisation and embryology：reproducing regulation [M]. NewYork：Routledge-Cavendish，2006.

[266] HOSTIUC S. Clinical ethics at the crossroads of genetic and reproductive technologies [M]. Manhattan：Academic Press，2018.

[267] HUI EC. At the beginning of life：dilemmas in theological bioethics [M]. Downers Grove IL：InterVarsity Press，2002.

[268] INHORN MC，BALEN FV. Infertility around the globe：new thinking on childlessness，gender，and reproductive technologies [M]. Berkeley & Los Angeles：University of California Press，2002.

［269］ INHORN MC, TREMAYNE S. Islam and assisted reproductive technologies: Sunni and Shia perspectives ［M］. New York: Berghahn Books, 2012.

［270］ INHORN MC. Local babies, global science: gender, religion and in vitro fertilization in Egypt ［M］. New York: Routledge, 2003.

［271］ INHORN MC. Reproductive disruptions: gender, technology, and biopolitics in the new millennium ［M］. New York: Berghahn Books, 2008.

［272］ IRSHAI R. Fertility and Jewish law: feminist perspectives on Orthodox responsa literature ［M］. Hanover: Brandeis University Press, 2012.

［273］ IVRY T. Embodying culture: pregnancy in Japan and Israel ［M］. New Brunswick: Rutgers University Press, 2009.

［274］ JOSEPH R. Human rights and the unborn child ［M］. Boston: Martinus Nijhoff Publishers, 2009.

［275］ KHANNA SK. Fetal/fatal knowledge: new reproductive technologies and family-building strategies in India ［M］. Belmont: Wadsworth Publishing, 2011.

［276］ KILNER JF, CUNNINGHAM PC, HAGER WD. The reproduction revolution: a Christian appraisal of sexuality, reproductive technologies, and the family ［M］. Grand Rapids: Wm. B. Eerdmans Publishing, 2000.

［277］ KNECHT M, KLOTZ M, BECK S. Reproductive technologies as global form: ethnographies of knowledge, practices, and transnational encounters ［M］. Frankfurt: Campus Verlag, 2012.

［278］ LEE MYK. Equality, dignity, and same-sex marriage: a Rights disagreement in democratic societies ［M］. Hague: Martinus Nijhoff Publishers. 2010.

［279］ LEWIS BC. Papa's baby: paternity and artificial insemination ［M］. New York: New York University Press, 2012.

[280] LIAMPUTTONG P. Reproduction, childbearing and motherhood: a cross-cultural perspective [M]. New York: Nova Science Publishers, 2007.

[281] MACKLER AL. Introduction to Jewish and Catholic bioethics: a comparative analysis: moral traditions series [M]. Washington: Georgetown University Press, 2003.

[282] MACLEAN A. Autonomy, informed consent and medical law: a relational challenge [M]. Cambridge: Cambridge University Press, 2009.

[283] MAMO L. Queering reproduction: achieving pregnancy in the age of technoscience [M]. Durham: Duke University Press, 2007.

[284] MARKENS S. Surrogate motherhood and the politics of reproduction [M]. Berkeley & Los Angeles: University of California Press. 2007.

[285] MARSH M, RONNER W. The pursuit of parenthood: reproductive technology from test-tube babies to uterus transplants [M]. Baltimore: Johns Hopkins University Press, 2019.

[286] MARTHA KS. Reproducing Jews: a cultural account of assisted conception in Israel [M]. Durham: Duke University Press, 2000.

[287] MARTIN R, GUIDO P, JOHN B. Appleby. Reproductive donation: practice, policy and bioethics [M]. Cambridge: Cambridge University press, 2012.

[288] MCBRIEN M, HALE B. Assisted reproductive technology: a lawyer's guide to emerging law and science: 3rd edition [R]. Boston: ABA Book Publishing, 2018.

[289] MELHUUS M. Problems of conception: issues of law, biotechnology, individuals and kinship [M]. New York: Berghahn Books, 2012.

[290] MULLIN A. Reconceiving pregnancy and childcare: ethics, experience, and reproductive labor [M]. Cambridge: Cambridge Univer-

sity Press, 2005.

[291] MUNDY L. Everything conceivable: how assisted reproduction is changing our world [M]. New York: Anchor Books, 2008.

[292] NAHMAN MR. Extractions: an ethnography of reproductive tourism [M]. London: Palgrave Macmillan, 2013.

[293] PACELLE RL. Between law and politics: the solicitor general and the structuring of race, gender, and reproductive rights litigation [M]. Texas: Texas A & M University Press, 2003.

[294] PETERS PG. How safe is safe enough? obligations to the children of reproductive technology [M]. London: Oxford University Press, 2004.

[295] PORTUGESE J. Fertility policy in Israel: the politics of religion, gender, and nation [M]. Westport: Greenwood Publishing Group, 1998.

[296] President's Council on Bioethics. Reproduction and responsibility: the regulation of new biotechnologies [R]. Washington: Government Printing Office, 2004.

[297] RAE SB, RILEY DJ. Outside the womb: moral guidance for assisted reproduction [M]. Chicago: Moody Publishers, 2011.

[298] ROBERTSON JA. Children of choice: freedom and the new reproductive technology. Princeton [M]. New Jersey: Princeton University Press, 1994.

[299] RYAN MA. Ethics and economics of assisted reproduction: the cost of longing [M]. Washington: Georgetown University Press, 2001.

[300] SACHEDINA A. Islamic biomedical ethics: principles and application [M]. London: Oxford University Press, 2009.

[301] SARGENT MG. Biomedicine and the human condition: challenges, risks, and rewards [M]. Cambridge: Cambridge University Press, 2005.